GERMANISCH-ROMANISCHE
MONATSSCHRIFT

Begründet von Heinrich Schröder
Fortgeführt von Franz Rolf Schröder

In Verbindung mit
Heinz-Otto Burger · Johannes Janota
Sebastian Neumeister · Franz K. Stanzel

Herausgegeben von
CONRAD WIEDEMANN

GRM-Beiheft 17

MARGRETH EGIDI

# Höfische Liebe: Entwürfe der Sangspruchdichtung

Literarische Verfahrensweisen
von Reinmar von Zweter
bis Frauenlob

Universitätsverlag
C. WINTER
Heidelberg

Die Deutsche Bibliothek – CIP-Einheitsaufnahme

Egidi, Margreth:
Höfische Liebe: Entwürfe der Sangspruchdichtung:
Literarische Verfahrensweisen von Reinmar von Zweter
bis Frauenlob / Margreth Egidi. – Heidelberg: Winter, 2002
   (Germanisch-romanische Monatsschrift: Beiheft 17)
   Zugl.: Berlin, Freie Univ., Diss., 1997
   ISBN 3-8253-1271-2

Gedruckt mit Unterstützung
der Deutschen Forschungsgemeinschaft

UMSCHLAGBILD
Walter Dexel: Figuration 1923/IX, 1923,
Stiftung Wilhelm Lehmbruck Museum,
Foto: Bernd Kirtz, Duisburg

ISBN 3-8253-1271-2
ISSN 0178-4390

Dieses Werk einschließlich aller seiner Teile ist urheberrechtlich geschützt. Jede Verwertung außerhalb der engen Grenzen des Urheberrechtsgesetzes ist ohne Zustimmung des Verlages unzulässig und strafbar. Das gilt insbesondere für Vervielfältigungen, Übersetzungen, Mikroverfilmungen und die Einspeicherung und Verarbeitung in elektronischen Systemen.

© 2002 Universitätsverlag C. Winter Heidelberg GmbH
Imprimé en Allemagne · Printed in Germany
Druck: Strauss Offsetdruck GmbH, 69509 Mörlenbach

Gedruckt auf umweltfreundlichem, chlorfrei gebleichtem
und alterungsbeständigem Papier

Für Franz

# Inhalt

Vorwort _____ 11

1 Einleitung: Problemhorizont und Forschungsstand _____ 13
  1.1 'Höfische Liebe' _____ 15
    1.1.1 Höfische Lyrik: Positionen der Minnesangforschung ____ 15
    1.1.2 Höfische Liebe als literarisches Phänomen _____ 32
  1.2 Sangspruchdichtung _____ 37
    1.2.1 Zum Gattungsbegriff und zur Relation von Minnesang und
        Sangspruch _____ 37
    1.2.2 Zur Literarizität der Sangspruchdichtung:
        Ein Forschungsresümee _____ 50
  1.3 Forschungsansätze zu Liebesentwürfen Frauenlobs _____ 71
  1.4 Der höfische Liebesdiskurs im Sangspruch _____ 78

2 Ermahnung im Minnespruch _____ 87
  2.1 Minnespruchstrophen vor Frauenlob _____ 88
    2.1.1 Konturierung der Liebe über Wertoppositionen:
        Abgrenzungen gegen 'falsche' Liebe _____ 89
    2.1.2 Bestimmung der Grenze höfischer Liebe:
        Der disziplinierte Affekt _____ 100
  2.2 Minnespruchstrophen Frauenlobs _____ 107
    2.2.1 Konturierung der Liebe über Wertoppositionen _____ 107
    2.2.2 Bestimmung der Grenze höfischer Liebe:
        Die Selbstdisziplinierung _____ 118
    2.2.3 Liebesentwürfe in der Innensicht:
        Das Verhalten der Liebenden zueinander _____ 126
  2.3 Resümee _____ 134

3 Beschreibung der Minne als Agens und des Minneprozesses ____ 137
  3.1 Minnespruchstrophen vor Frauenlob _____ 138
    3.1.1 Das unifizierende Verfahren: Liebe als Einheit und Gleichheit _ 139
    3.1.2 Das zergliedernde Verfahren: Liebe als Unterschiedenheit und
        Ungleichheit _____ 146
  3.2 Minnespruchstrophen Frauenlobs _____ 160
    3.2.1 Zergliederung und Unifizierung: Liebe als Wechselseitigkeit _ 160
    3.2.2 Aufspaltung: Liebe als Selbstwiderspruch _____ 170
  3.3 Resümee _____ 181

4 Frauenpreis im Sangspruch _____ 185
   4.1 Frauenpreisstrophen vor Frauenlob _____ 189
      4.1.1 Möglichkeiten metaphorischer Rede _____ 189
         4.1.1.1 Ausarbeitung der mariologischen Metapher _____ 189
         4.1.1.2 Systematisierung durch metaphorische Vernetzung ___ 197
      4.1.2 Explizites Argumentieren _____ 202
         4.1.2.1 Das mariologische Argument _____ 202
         4.1.2.2 Das *proles*-Argument _____ 209
      4.1.3 Zusammenfassung _____ 214
   4.2 Preisstrophen Frauenlobs _____ 216
      4.2.1 Strophen außerhalb des *wîp-vrouwe-Streits* _____ 217
         4.2.1.1 Systematisierende Verwendung von Anaphernketten ___ 217
         4.2.1.2 Systematisierung durch Aufbau von Responsionsstrukturen _ 227
      4.2.2 Der *wîp-vrouwe-Streit* _____ 245
         4.2.2.1 Der Ausgangstext: V, 102 _____ 248
         4.2.2.2 Thematisierung der Namensgebung und Wertung der *namen* in V, 103 und V, 104 _____ 260
         4.2.2.3 Das *proles*-Argument in V, 105 _____ 277
         4.2.2.4 Reflexion über lobende und tadelnde Verwendung der *namen* in V, 106 _____ 281
         4.2.2.5 Argumentationen und Selektionen der Gegnerstrophen V, 109 G, V, 110 G, V, 107 G und V, 108 G _____ 291
         4.2.2.6 Die mariologischen Erwiderungen auf V, 108 G: V, 111 und V, 112 _____ 308
         4.2.2.7 Bedeutungsübertragung des 'Ehrennamens' auf die ethische Ebene in V, 113 _____ 319
         4.2.2.8 Fazit zum *wîp-vrouwe-Streit* _____ 334
   4.3 Resümee zum Frauenpreis im Sangspruch _____ 338

5 Schluß und Ausblick _____ 341
   5.1 Zusammenfassung der Ergebnisse _____ 341
   5.2 Ausblick: Überlegungen zum performativen Prozeß und zur Aufführung von Sangspruchstrophen _____ 349
      5.2.1 Ein allgemeines Modell der Performanz _____ 349
      5.2.2 Spruchstrophen und Strophensequenzen in der Aufführung ___ 354

Angaben zur Zitierweise _____ 357

Liste der Handschriftensiglen _____ 359

Literaturverzeichnis _____ 361
  1 Abkürzungen _____ 361
  2 Textausgaben_____ 362
    2.1 Lateinische Texte _____ 362
    2.2 Mittelhochdeutsche und altfranzösische Texte _____ 364
  3 Hilfsmittel und Untersuchungen _____ 367

Register _____ 385
  Register 1: Stellenregister_____ 385
    1 Bibelstellen _____ 385
    2 Lateinische Texte _____ 386
    3 Mittelhochdeutsche und altfranzösische Texte _____ 387
  Register 2: Forschungsliteratur_____ 399

Anhänge_____ 403
  Anhang 1: Die Minne- und Frauenpreisstrophen von Walther von der
    Vogelweide und Reinmar von Zweter bis Frauenlob_____ 403
  Anhang 2: Ehestrophen _____ 414

# Vorwort

Die vorliegende Studie ist die überarbeitete Fassung meiner Dissertation, die im Sommersemester 1997 vom Fachbereich Germanistik der Freien Universität Berlin angenommen wurde. Später erschienene Forschungsliteratur wurde bis zum Frühjahr 2001 weitgehend berücksichtigt.

Volker Mertens hat die Arbeit in allen ihren Phasen mit Ermutigung, Engagement und umfassender Kritik begleitet und Beistand vielfältiger Art geleistet. Ich hatte stets die Möglichkeit, zentrale Thesen, Argumentations- wie Darstellungslogik mit ihm zu diskutieren; ihm gilt mein ganz besonderer, sehr herzlicher Dank. Zu großem Dank verpflichtet bin ich sodann Tomas Tomasek für das Interesse, mit dem er als Betreuer des Graduiertenkollegs *Schriftkultur und Gesellschaft im Mittelalter* das Entstehen der Arbeit in Münster verfolgt hat, für die ausführlichen Gespräche, die mir Gelegenheit gaben, mich meiner eigenen Positionen zu vergewissern, und für die Übernahme des Koreferats.

Den anderen Betreuern des Münsteraner Graduiertenkollegs, in dem ich durch ein Doktorandenstipendium gefördert wurde, und den Kollegiaten, von denen ich vor allem Heiko Droste, Thomas Lentes und Nine Miedema nenne, möchte ich ebenfalls danken: Sie haben eine Diskussionskultur entstehen lassen, die es ermöglichte, die Überlegungen in fachübergreifendem Rahmen zu überprüfen. Sehr profitiert habe ich auch von den Arbeitssitzungen mit Michael Baldzuhn. Mein ausdrücklicher Dank geht ferner an Peter Strohschneider und Burghart Wachinger für ihre präzisen, gewissenhaft-kritischen und äußerst konstruktiven Lektüren.

Der Deutschen Forschungsgemeinschaft sei für einen großzügigen Druckkostenzuschuß, den Herausgebern der *GRM*-Beihefte für die Aufnahme in ihre Reihe sowie Horst Brunner und Johannes Rettelbach für die Möglichkeit, den Sachregisterband des *RSM* bereits vor der Drucklegung einzusehen.

Allen meinen Freunden danke ich herzlich für ihre Hilfe, insbesondere Rebecca Grotjahn, Ursula Meyer, Nine Miedema, Anne-Beate Riecke, Heiko Schulz, Petra Strzymecki, Caroline Torra-Mattenklott und Kathrin Treppner für zeitraubende und lästige Korrekturlesearbeiten. Meiner Familie, vor allem meinen Eltern Maria und Erhard Egidi, außerdem Marie-Luise und Friedrich Hasselmann, Hermine und Hans Vouga Egidi, möchte ich für ihre Unterstützung danken, ohne welche dieses Buch nicht hätte entstehen können. Ohne meinen Lebenspartner Franz Arlinghaus hätte ich die 'heißen Phasen' sicher schlechter durchgestanden; darüber hinaus sind, zumal für die Überlegungen zur Performanz, die Streitgespräche mit ihm wichtig geworden, die immer auch grundlegende Denkmuster und -gewohnheiten betrafen.

Münster, September 2001                                                                 Margreth Egidi

# 1 Einleitung: Problemhorizont und Forschungsstand

Die Thematik höfischer Liebe ist eines der wichtigsten Paradigmen, an denen die volkssprachliche weltliche Literatur des Mittelalters literarische Verfahrensweisen und Darstellungsmuster zum Entwurf und zur Strukturierung vorgestellter Wirklichkeit erarbeitet. Ihr werden in späthöfischer Zeit grundlegend neue Möglichkeiten literarischer Gestaltung erschlossen. Eine der bedeutendsten Neuerungen besteht darin, daß die thematisch heterogene Gattung der mittelhochdeutschen Sangspruchdichtung sich seit dem frühen 13. Jahrhundert der Liebesthematik anzunehmen beginnt. In der Forschung fand diese bekannte Tatsache bislang hauptsächlich in der Gattungsdiskussion um Minnesang und Sangspruch Berücksichtigung und war dort insofern von sekundärer Bedeutung, als es primär um die Frage der Abgrenzbarkeit der beiden Gattungen ging.[1] Mit literarischen Liebesentwürfen in der Spruchdichtung befaßten sich dagegen nur wenige kürzere Studien,[2] wobei aufgrund der autorzentrierten Perspektive in der Regel keine Einordnung in den Gattungskontext angestrebt wurde.

Der höfische Liebesdiskurs[3] in der Sangspruchdichtung ist Gegenstand der vorliegenden Arbeit. Sie verfolgt drei ineinandergreifende Ziele: exemplarisch am untersuchten Ausschnitt den Begriff höfischer Liebe zu bestimmen, eine Poetik der Gattung zu entwickeln und eine gattungsgeschichtliche Perspektive zu entfalten.

Das Erkenntnisinteresse richtet sich genauer auf die textuellen Verfahrensweisen und Strukturen, die in der Spruchdichtung von Walther von der Vogelweide und Reinmar von Zweter bis Frauenlob für den Entwurf höfischer Liebe wie für den Frauenpreis entwickelt werden. Damit bietet sich die Möglichkeit, an einer übersichtlichen und relativ klar umrissenen Textgruppe Darstellungsweisen des höfischen Liebesdiskurses aufzuzeigen, die sich im 13. Jahrhundert den bereits erprobten zur Seite stellen. Den Ausgangspunkt bildet die Vermutung, daß – gegenüber der Minnekanzone – die Darstellungsmöglichkeiten im Sangspruch vor dem Hintergrund einer anderen Gattungstradition und damit eines anderen Erwartungshorizonts spezifische Differenzierungen und Erweiterungen erfahren müssen. Dies anzunehmen, liegt nahe angesichts der generalisierenden Redeweise der Spruchdichtung, der spruchmeisterlichen Ich-Rollen,[4]

---

[1]  S.u., 1.2.1.

[2]  S.u., 1.2.2, S. 51f., 65-67 u. 76f.

[3]  Den Begriff des Diskurses im gebräuchlich gewordenen Kompositum 'Liebesdiskurs' verwende ich unterminologisch. In Abgrenzung von der Ebene der einzelnen Kommunikationsereignisse, in der literarischen Kommunikation des Mittelalters z.B. der Textaufführungen, ist mit 'Diskurs' hier – ohne definitorischen Anspruch – eine abgrenzbare, bis zu einem gewissen Grad institutionalisierte und durch bestimmte Regeln konstituierte Ordnung gemeint, nach der sich diese (sprachliche wie nicht-sprachliche, im Fall des Liebesdiskurses: literarische) kommunikative Praxis richtet.

[4]  Auch der Begriff der literarischen Rolle (Textrolle) wird nicht streng terminologisch gebraucht (und insofern ist seine Verwendung angreifbar), weder als soziologischer Rollenbe-

etwa des Belehrenden, Tadelnden, Ermahnenden, und der thematischen Bandbreite sowie angesichts der an diesen Konstituenten ausgerichteten Erwartungshaltung der Rezipienten. Gleichwohl sind solche Erweiterungen der Gestaltungsmöglichkeiten mit Begriffen wie 'Didaktisierung' oder 'Moralisierung' schon deshalb nicht adäquat erfaßt, weil dies häufig eine obsolete, da von der Wahrnehmung der Literarizität auch dieser Gattung nicht eingefärbte Fokussierung des 'Gehalts' impliziert.

Zugleich kann, am thematischen und zeitlichen Ausschnitt, programmatisch eine gattungsgeschichtliche Perspektive auf die Spruchdichtung entfaltet werden. Damit lassen sich schließlich auch Frauenlobs Liebesmodelle, sonst eher vom Gattungskontext isoliert und nur vor dem Hintergrund lateinisch-gelehrter Literatur betrachtet, in ihrer Verankerung in der volkssprachlichen Tradition erfassen. Zu fragen ist nach dem spezifischen Profil seiner Minne- und Frauenpreissprüche, wie es auf der Folie der Artikulationsmuster vorausgehender Spruchstrophen erkennbar wird.

Der Versuch einer hermeneutischen Standortbestimmung und methodischen Klärung bei einem solchen Vorhaben, für das die Literarizität der Gattung ernst zu nehmen die erste Voraussetzung ist, führt zunächst zu der Feststellung, daß Grundpositionen und Beschreibungskriterien der Forschung zu Sangspruch und Minnesang, zwei in den Autor-Œuvres, der handschriftlichen Überlieferung und möglicherweise auch im Vortrag benachbarte Gattungen, keineswegs kompatibel sind. Obwohl beide Gattungen, wie zu zeigen sein wird, zwar unterscheidbar, aber nicht kategorial differierenden ästhetischen Konzepten zuzuordnen sind, hat eine Grundsatzdiskussion um den der höfischen Lyrik zugrundeliegenden Kunstbegriff, wie sie die Minnesang-Philologie der letzten Jahrzehnte prägt, in der Forschung zur Spruchdichtung kein Pendant und wurde auch nicht in einzelnen methodischen Erkenntnissen übertragen.

Die Untersuchung der Minnespruchstrophen wird sich an Positionen der Minnesangforschung orientieren,[5] die aus diesem Grund in einem ersten Abschnitt des folgenden Forschungsüberblicks in den wichtigsten Aspekten zusammengefaßt werden (1.1.1); der Hauptakzent liegt dabei auf dem Verhältnis von formal-artistischem Kunstcharakter und 'pragmatischer' Dimension höfischer Lyrik sowie auf einem angemessenen Textzugang. Es schließt sich eine Bestimmung höfischer Liebe als literarisches Phänomen an (1.1.2). Einer Kritik der Lied-Spruch-Diskussion, die auf die Historisierung des Gattungsbegriffs hin perspektiviert wird (1.2.1), folgt ein Durchgang durch die Sangspruchforschung, der an den vorher abgesteckten Problemfeldern – zum relevanten Kunstbegriff und zur gattungsgeschichtlichen Sicht – ausgerichtet ist (1.2.2).

---

griff noch im Sinne einer Theater-Rolle. Es versteht sich, daß auch die Rollenhaftigkeit von Textrollen – wie andere Aspekte der Literarizität eines Textes (s.u.) – eine Frage der Zuschreibung ist.

[5]  Einer solchen allgemein methodischen Orientierungsmöglichkeit sind mit generellen Gattungsdifferenzen zwischen Lied und Sangspruch selbstverständlich Grenzen gesetzt; s.u., 1.2.1, S. 40-43 u. 1.4, S. 80f.

Zuletzt ist auf die Arbeiten zur Liebesthematik im Gesamtwerk Frauenlobs einzugehen (1.3) und auf dieser Grundlage schließlich der Frageansatz zu präzisieren und das Vorgehen im einzelnen zu erläutern (1.4).

## 1.1 'Höfische Liebe'
### 1.1.1 Höfische Lyrik: Positionen der Minnesangforschung

In den letzten Jahrzehnten wurde in verschiedenen Studien zur mittelalterlichen höfischen Lyrik in bezug auf die hermeneutischen Grundannahmen eine vermittelnde Position gefunden, die sich sowohl gegen die Auffassung als rein formale Variationskunst richtet, als freies und zweckentbundenes literarisches Spiels, wie auch gegen einen Ansatz, der den selbstreferentiellen Charakter von Literatur übersieht und nur nach ihren außerliterarischen Funktionen fragt, die also der Literarizität wie der 'Pragmatik' höfischer Lyrik gleichermaßen gerecht zu werden sucht. Grundlegend hierfür sind nach wie vor die programmatischen Aufsätze Hugo Kuhns.[6] An seine für höfische Liebesliteratur basale Kategorie der 'artistischen Meisterschaft' sei daher kurz erinnert.

Die Privilegien des feudalen Geburtsadels sind im Mittelalter, um ausgeführt zu werden, durch das Erlernen der 'höfischen Künste' bedingt, zu denen auch die 'höfische Liebe' in der Praxis der Literaturaufführung gehört; Kuhn sieht diese Künste in Analogie zu den klerikalen *artes liberales*, insofern sie eine Distanz zu den realen Herrschaftsstrukturen entstehen lassen.[7] Von dem Modell der „Interaktion von Meisterschaft und Schülerschaft", nicht von dem „Interaktionsmodell von Herrschaft und Dienstbarkeit"[8] ist höfische Literatur, sind ihre „elitären Literatur-Rollen" dominiert.[9] Die Differenz zwischen beiden Interaktionsrelationen, die indes auch nicht gegeneinander auszuspielen sind, ist bewußt zu halten. Zwar trägt die höfische Literatur als „Luxus-Kunst" die Herrschaftsstruktur der Adelshöfe mit.[10] Doch – so die entscheidende Differenzierung Kuhns – ihre Literatur-Rollen werden nicht aufgrund dieser Funktion als 'elitär' begriffen (die Einordnung als 'Standesdichtung' greift also nicht), sondern aufgrund der Meisterschaft im „freien Raum" artistischer Konkurrenz,[11] was auch erklärt, wie sich die Produktion höfischer Literatur von „Geburts-Kompetenz" lösen kann.[12] Die Erkenntnis über das Interaktionsverhältnis von Meisterschaft und Schülerschaft läßt sich somit „als die historische Applikation

---

6   Kuhn, „Determinanten der Minne"; ders., „Liebe und Gesellschaft".
7   Kuhn, „Determinanten der Minne", S. 53.
8   Ebd.
9   Kuhn, „Liebe und Gesellschaft", S. 65.
10  Kuhn, „Determinanten der Minne", S. 54.
11  Kuhn, „Liebe und Gesellschaft", S. 66; vgl. ders., „Determinanten der Minne", S. 54.
12  Ebd.

und Konkretion einer Fundamentalkategorie fassen, über die sich Kunst generell als soziale Institution ausdifferenziert".[13]

Das Meistertum führt sich nicht lediglich in der für den Minnesang gleichwohl zentralen Kunst „serielle[r] Variationen von Gebrauchsmustern und Rhetoriken"[14] selbst vor, sondern es muß sich legitimieren, und das Kriterium 'artistischer' Kompetenz, das ist der zweite wichtige Hinweis Kuhns, ist die höfische Liebe[15] – in dem Sinne, daß die stets erneut zu erweisende Kompetenz in der Rede über höfische Liebe gemäß einer gattungskonstitutiven Koppelung immer Ausweis der Liebeskompetenz ist: Denn Minnesang, als Gebrauchskunst und Aufführungsform eine binäre Struktur aufweisend,[16] ist zwar nach Kuhn „immer nur Rede zur höfischen Gesellschaft über die höfische Rolle der Liebe", wird aber bekanntlich inszeniert als authentische Ich-Rede.[17] Innerhalb dieses Strukturrahmens sucht der Könner – Kunstmeister im Sinne einer „neuentdeckten Autorrolle"[18] – die so verstandene 'Liebeskunst' „zu steigern zum tatsächlichen höchsten gesellschaftlichen Wert".[19] Seine Praxis hat der Minnesang im kommunikativen Vollzug des Aufführungsgeschehens und damit im Vollzug höfischer Gesellschaft – sofern man unter letzterer keine fest definierbare und homogene soziale Gruppe versteht, sondern eine Kommunikationsgemeinschaft, die sich je neu über eben solche Praxis konstituiert.

Rainer Warning führte Kuhns Ansatz unter Berücksichtigung der Kommunikationssituation mittelalterlicher Lyrik weiter und ordnete ihn zugleich in den eingangs angesprochenen Diskussionsrahmen ein. Er wendet sich gleichermaßen gegen soziogenetische Ableitungsversuche, die den spielerischen und potentiell selbstreferentiellen Charakter höfischer Lyrik übersehen, wie auch gegen einen „textlinguistische[n] Immanentismus"[20] und gegen die Deklarierung der Liebeslyrik als *poésie formelle*, die lediglich deren Selbstbezug sieht und sie auf ein referenzloses, funktionsfreies Spiel mit der formalen Variation reduziert.[21] Gegen beide Positionen – unter den genannten Labels wird sie heute nie-

---

13 Warning, „Lyrisches Ich", S. 129, mit Hinweis auf Lotman, *Vorlesungen*, S. 39, der im Kontext der Differenzierung zwischen künstlerischen und wissenschaftlichen Modellen mit dem Begriff der Meisterschaft operiert. – Die schwierige Frage, wie weit dieser Ausdifferenzierungsprozeß in hoch- bzw. späthöfischer Zeit fortgeschritten war, scheint jedoch kaum beantwortbar.
14 Kuhn, „Determinanten der Minne", S. 55.
15 Ebd., S. 55f.; hierzu auch Warning, „Lyrisches Ich", S. 129-131.
16 Strohschneider, „Aufführungssituation", S. 59; vgl. die folgenden Ausführungen.
17 Kuhn, „Zur inneren Form", S. 173f.; vgl. Strohschneider, „Aufführungssituation", S. 59.
18 Warning, „Lyrisches Ich", S. 130.
19 Kuhn, „Liebe und Gesellschaft", S. 67.
20 Warning, „Lyrisches Ich", S. 126.
21 Ebd., S. 126f. u. 133-135. Zu der mit der Arbeit Robert Guiettes (*D'une poésie formelle*) eingeleiteten Geschichte dieser Forschungsrichtung vgl. auch Hübner, *Frauenpreis*, S. 370, Anm. 22; vgl. jedoch Jauß, „Ästhetische Erfahrung", S. [417], der Guiettes Beschreibung der höfischen Lyrik bescheinigt, sie umfasse „mehr noch als den puren Genuß der formellen Va-

'Höfische Liebe'

mand mehr vertreten, aber tatsächlich scheinen die zugrundeliegenden einseitigen Zuweisungen unausrottbar – ist mit Warning einerseits die Literarizität der Texte und andererseits der gesellschaftlich-öffentliche Bezug des literarischen Spiels zu halten, der in „der Institutionalisierung der *fin'amor*" und damit des 'Höfischen' als übergeordneter gesellschaftlicher Wert bestehen mag.[22] Insofern beide Dimensionen im Prozeß literarischer Kommunikation miteinander vermittelt werden, stellt sich das Komplementärverhältnis zwischen ihnen im performativen Geschehen her. Das zentrale Argument gegen die erwähnten und gegen vergleichbare Konzepte liegt also im Insistieren auf der komplexen Relationierung der zwei Seiten der Textinszenierung. Denn – in Weiterführung des oben zitierten Kuhnschen Diktums – es bleibt umgekehrt „die Rede zur Gesellschaft auf der Ebene des inszenierten Verhältnisses immer auch Rede zur Geliebten oder Rede zu sich selbst über erlebte Liebe".[23] Warning hat diese Konstellation bekanntlich mit dem Begriff der 'Situationsspaltung' markiert: In der Kommunikationssituation der Aufführung trete „eine interne Sprechsituation in Opposition [...] zu einer externen Rezeptionssituation".[24]

Angesichts der Tatsache, daß die Aufspaltung zwischen beiden Situationen, im Minnesang zwischen textinternem Sprecher-Ich und textexternem Sänger,[25]

---

riation", und der selbst auf die „unleugbare normbildende Wirkung des höfischen Liedes als Lebensform" verweist.

[22] Warning, „Lyrisches Ich", S. 133. Den pragmatischen Anspruch und referentiellen Bezug des Minnesangs auf 'Realität' macht J.-D. Müller, „*Ir sult sprechen willekomen*", noch betonter geltend (bes. S. 6-9), insofern „im Medium der Minnereflexion meist auch über richtiges und falsches Verhalten bei Hof verhandelt" werde (S. 1); mir scheint allerdings dem Modell Kuhns die Annahme angemessener, daß nicht so sehr konkrete Verhaltensmodelle (mit der Opposition 'richtig/falsch') zur Diskussion stehen, als vielmehr auf einer abstrakteren Ebene das 'Höfische' in immer wieder neu verhandelter Abgrenzung zum 'Unhöfischen' (s. weiter unten). Vgl. auch Mertens, „Autor, Text und Performanz", S. 383f., zit. 383: „Das Lied sollte nicht ein verbindliches Verhaltensprogramm vorführen, sondern Kompetenz in der Teilnahme am Liebesdiskurs und der Präsentation bestimmter Positionen aufzeigen".

[23] Warning, „Lyrisches Ich", S. 131.

[24] Ebd., S. 122f. u. 131f.; zit. 122 (zum Begriff der 'Situationsspaltung' auch Warning, „Der inszenierte Diskurs", S. 192f.). Die Weiterführung und Entfaltung von Kuhns Konzept gelingt Warning also zum einen durch die explizite Einbeziehung der Kommunikationssituation höfischer Lyrik. Zum anderen führt er darüber hinaus mit seiner Konnotationsanalyse ein überzeugendes Beispiel für die Möglichkeit einer konsequenten methodischen Umsetzung dieses Ansatzes vor („Lyrisches Ich", S. 135-144; Beispielanalyse S. 144-156) und zeigt, daß die Analyse dieser Lyrik als in sich geschlossenes semantisches System, eine Beschreibung also, die von nichtsprachlichen Kommunikationsumständen abstrahiert, zu kurz greift (S. 134f.). Mit der Analyse der Konnotationen, mit denen die Minnelyrik auf die „Rollenprogramme von Gottes- und Feudaldienst" rekurriert (S. 138), können auch außertextuelle Referenzsysteme in den Blick gebracht werden (S. 136f.). Die Funktion der Legitimation, die die konnotative Kodierung höfischer Lyrik erhalten kann, schließt wiederum das Spiel mit der Entfaltung bzw. Verschleierung von Konnotationen nicht aus (S. 138).

[25] Vgl. hieran anschließend J.-D. Müller zur textinternen Sprecher-, externen Sänger- und 'Autor-Rolle' („*Ir sult sprechen willekomen*", bes. S. 3-6). Mertens, „Autor, Text und Performanz", bes. S. 381-383 u. 386f., differenziert zwischen 'Performanz-Ich', 'Text-Ich' und Autor, betont mögliche Spannungen und Diskrepanzen zwischen ihnen und sieht sie durch ein je

in der Performanz[26] primär aus einer Unterscheidungsleistung des Publikums resultiert, die in der semioralen Mischkultur des Mittelalters und konkret in der Kommunikation unter Anwesenden zumindest nicht selbstverständlich ist, sind Modifizierungen des Warningschen Modells diskutiert worden. Gegen das Theaterparadigma, das Warning für den Fiktionalitätskontrakt einführte, dessen historischen Ursprung er bereits in höfischen Roman- und Lyrik-Gattungen sieht, wendete sich – in der Applizierung auf die mittelalterliche Minnesang-Performanz – Peter Strohschneider; er wies auf die Implikationen institutioneller Verfestigung und Stabilität beim Theaterparadigma und auf die 'Okkasionalität' und den mutmaßlich geringen Institutionalisierungsgrad der Aufführungssituation hin.[27] Das ändert nichts daran, daß Fiktionalität literarischer Texte ein Effekt von Zuschreibungen ist, was im übrigen auch generell für ihre Literarizität gilt.

Daß der Status fiktionaler Texte in einer solchen Kultur ungewiß bleiben muß, leuchtet ein. Eine diesbezügliche Differenzierungskompetenz – etwa zwischen textuellem Ich und Sänger – muß das mittelalterliche Publikum zweifellos irgendwann einmal 'erlernt' haben. Doch ist z.B. tatsächlich „das Umspielen der Grenze zwischen 'Realität' und 'Fiktion' eher ein Symptom dafür [...], daß das Bewußtsein von Fiktionalität erst noch zu entwickeln ist",[28] wie Jan-Dirk Müller meint, oder ist nicht vielmehr durchaus offen, wofür es Symptom ist? Diese Unwägbarkeit darf, meine ich, nicht in die diachrone Dimension aufgelöst werden, d.h. sie verbietet es, einen zum Fiktionalitätsbewußtsein hinführenden 'Einübungsprozeß' anhand der uns einzig überlieferten Texte auch nur ansatzweise zu skizzieren.[29] Dies hieße, einen Schritt von den Texten aus über diese hinauszugehen, den sie selbst nicht mehr – oder allenfalls in Einzelfällen[30] – zu

---

unterschiedlich hohes Maß an sozialer Eingebundenheit (beim Autor am stärksten) bzw. an Lizenzen (beim Text-Ich am stärksten) bestimmt.

26   Es hat sich eingebürgert, den Begriff der Performanz für das Zumthorsche *performance* ursprünglich angelsächsischer Begriffstradition zu verwenden, das dieser in den hier skizzierten Diskussionskontext eingeführt hat (s.u., Anm. 63).

27   Strohschneider, „nu sehent, wie der singet!", S. 9-13 (zur 'Okkasionalität' auch ders., „Situationen des Textes", S. 78); die Kritik an Warnings Theaterparadigma auch bei J.-D. Müller, „*Ir sult sprechen willekomen*", S. 8f. u. Anm. 23 und Haferland, *Hohe Minne*, S. 31f.; die Einführung des Theatermodells bei Warning, „Der inszenierte Diskurs", S. 193.

28   J.-D. Müller, „*Ir sult sprechen willekomen*", S. 3, Anm. 6; vgl. S. 12, Anm. 33.

29   Vgl. den Versuch bei J.-D. Müller, der sich freilich des Problems bewußt ist. Seine These ist, „daß es zumindest in der mittelhochdeutschen Literatur eines längeren Einübungsprozesses bedarf, um den Blick vom praktischen Geltungsanspruch auf den Kunstcharakter des Liedes zu lenken" (ebd., S. 6). „Erst in dem Maße, in dem der Minnesang sich als Kunstübung institutionalisiert, tritt dieser referentielle Bezug zurück." (S. 7) Problematisch ist mir die allerdings nur in der Tendenz erkennbare Projektion (die ich simplifizierend übertreibe) einer dichotomen Relation (Referentialisierung/Wahrnehmung des Kunstcharakters) auf die Zeitachse ('noch nicht'/'schon') und ferner die Koppelung der Wahrnehmung der Literarizität an einen relativ hohen Grad von institutioneller Verfestigung.

30   Ich habe den Verdacht, daß unter den 'eindeutigen' Einzelfällen immer nur solche sind, in denen sich Merkmale *fingierter* Mündlichkeit nachweisen lassen; selbst mit ihnen läßt sich,

tragen imstande sind, dabei in der Argumentation aber weiterhin auf sie zu verweisen.

Um ein Beispiel zu nennen: Das raffinierte Spiel mit dem Namen bei Hartmann von Aue und Walther von der Vogelweide[31] stellt zweifellos die „Selbstverständlichkeit in Frage", mit der sich der „jeweils anwesende Sprecher als Subjekt der Aussage in Szene setzen" kann.[32] Für das (im mittelhochdeutschen Minnesang viel seltenere) Einsetzen des Verfassernamens gilt auch hier, was Warning für die Trobadorlyrik konstatiert: „Was aber das Auseinandertreten von Autor und lyrischem Ich freisetzt, ist das Spiel mit der Möglichkeit einer Identität von besungener und realer Erfahrung."[33] Der Name *kann* den fiktionalen Status der Textrollen indizieren. Doch läßt sich mit einem solchen Signal, und das ist hier entscheidend, nicht das Bemühen belegen, Fiktionalitätsbewußtsein einzuüben; davon auszugehen, daß letzteres bis dahin nicht oder nur schwach ausgeprägt war, stellt eine Vorannahme dar.[34] Mit ebenso viel oder wenig Recht könnte argumentiert werden, daß die Pointe solcher Namensnennungen erst auf der Basis eines Fiktionalitätsbewußtseins zur Pointe werden kann: Es handelt sich um ein Kippargument. Aus dem gleichen Grund gilt für das Märe *Die Minnesinger* vom Stricker:[35] Wenn sein „Witz darauf beruht, daß die Fiktionalitätskonvention des Minnesangs nicht beachtet wird und die Worte der Minnesänger als quasi biographische Ich-Aussagen gewertet werden", kann das Märe gerade nicht beweisen, daß „in der Rezeption das Bewußtsein für die Unterscheidung der beiden Ebenen des Sprechens fehlen oder verlorengehen" kann.[36] Um nicht mißverstanden zu werden: Auch in der jeweils entgegengesetzten Argumentation könnten solche Texte keine bestimmten Rezipientenkompetenzen auch nur wahrscheinlich machen. Sie können nur dafür sensibili-

---

wie im Folgenden erörtert, nicht für die Annahme einer bestimmten Rezipientenkompetenz argumentieren. Zu nennen sind hier z.B. die von J.-D. Müller, „Ritual, Sprecherfiktion und Erzählung", S. 55-63, überzeugend analysierten Beispiele bei Neidhart, in denen „die Differenz zwischen externer und interner Sprechsituation" betont wird (S. 56), etwa dadurch, daß beide in Opposition zueinander geraten. Dagegen läßt sich, scheint mir, in der Regel nicht feststellen (auch nicht mit mehr oder weniger großer Wahrscheinlichkeit), wann ein Text auf die Aufführung verweist (s. im Folgenden) – und gerade das wäre hier von Interesse.

31  Hartmann von Aue, *MF* 216, 29-32: *Maniger grüezet mich alsô / – der gruoz tuot mich ze mâze vrô –: / „Hartman, gên wir schouwen / ritterlîche vrouwen"*; Walther von der Vogelweide, *L* 119, 11-13: *Hærâ Walther, wie ez mir stât, / mîn trûtgeselle von der Vogelweide. / helfe suoche ich unde rât* [...].

32  J.-D. Müller, „*Ir sult sprechen willekomen*", S. 15-17, zit. 15.

33  Warning, „Lyrisches Ich", S. 130. Anders Haferland, *Hohe Minne*, S. 41f., der sich allerdings mit Warnings Konzept nicht eingehender auseinandersetzt.

34  Wenn man von einer solchen Vorannahme ausginge, wäre es schwer erklärlich (aber das ist nur ein ergänzendes Argument), warum z.B. im Bereich des höfischen Romans bei relativ späten Texten wie dem *Wilhelm von Österreich* von Johann von Würzburg Fiktionalitätssignale häufen; hierzu vgl. Dietl, „*Du bist der aventûre fruht*".

35  Der Stricker, Moelleken Nr. 146 (Bd. 5, S. 83-97).

36  J.-D. Müller, „Ritual, Sprecherfiktion und Erzählung", S. 52.

sieren, daß auch mit der Möglichkeit spielerischer Referenzialisierung zu rechnen ist.
Angemessener als der Rückgriff auf Texte ist es in meinen Augen, systematisch anzusetzen und von der Hypothese eines Kontinuums, einer Skala unterschiedlicher Grade der 'Situationsspaltung' auszugehen:[37] und zwar modellhaft, im Wissen, daß die Texte, was ihre eigenen pragmatischen Rahmenbedingungen betrifft, die für uns nicht mehr zugänglich sind, zwar nicht 'nichts' implizieren, aber stets nur Mehrdeutiges, so daß sie uns hier nicht als Argumentationsbasis dienen können.[38] Modellbildungen über den performativen Prozeß müssen sich also grundsätzlich selbst tragen, in sich stimmig und kohärent sein. Damit ist gerade nicht ihre Präsuppositionslosigkeit behauptet, sondern vielmehr ein größerer Zwang, ihre Implikationen und Vorannahmen deutlich zu machen; sie sind daher auch von der Textanalyse abzulösen, um erst in einem weiteren Schritt auf sie rückbezogen zu werden. Ein solches Modell könnte z.B. darauf zielen, die Vielfalt der auf einer basalen Differenzierungskompetenz des Publikums beruhenden Rezeptionsmöglichkeiten hypothetisch zu erfassen: Auf der Grundlage einer solchen Kompetenz (von ihr auszugehen wäre hier die wichtigste Präsupposition) ließe sich ein von Sänger wie Publikum getragenes 'Referentialisierungsspiel' konstruieren,[39] das die ganze Skala von Möglichkeiten zwischen offen 'theatralischer' Inszenierung einerseits und der Suggestion von Mündlichkeit und Präsenz andererseits nutzt und für das nonverbale Kommunikation zweifellos wichtige Funktionen hätte, ohne daß diese von vornherein festlegbar wären (Referentialisierung oder Kappung von Referenzen, Suggestion oder 'Löschung' von Präsenz etc.). Damit wäre die Option, daß grundsätzlich auch überhaupt keine Unterscheidungen getroffen, also interne und externe Kommunikationssituation identisch gesetzt werden können,[40] zwar nicht vergessen, aber aus *diesem* Modell ausgeklammert – ein Beispiel dafür, daß der hermeneutische Zirkel mitthematisiert werden muß.

Eine grundlegende Kritik an der Performanz-Diskussion formuliert Thomas Cramer. Treffend sind seine Bemerkungen insbesondere dort, wo er einem gewissen Unbehagen an der ungebrochenen Begeisterung für 'Kulturen der Präsenz' und der 'Stimme' Ausdruck verleiht, einer Begeisterung, mit der die Degradierung des schriftlichen Textes zum sekundären Phänomen einhergeht (die man allerdings Müller kaum unterstellen kann): „Mit der Anwendung dieses Begriff [des Begriffs der Partitur, M.E.] auf die uns überlieferten Gedichttexte bekommen diese den Charakter der toten Anleitung zu einer immer wieder neu

---

[37] Vgl. mit anderer Akzentuierung die Diskussionsbeiträge von Erich Kleinschmidt und Hans Ulrich Gumbrecht („Grade" bzw. „Stufen von Präsenz"), in: Unzeitig-Herzog, „Diskussionsbericht", S. 131 bzw. 132.

[38] Vgl. Strohschneider, „Aufführungssituation", S. 69.

[39] S. auch unten, 5.2.1, S. 349-354.

[40] Eine Möglichkeit, von der allerdings nicht plausibel gemacht werden kann, daß sie die primäre Option war.

zu bewirkenden Erweckung ins Leben durch die Stimme."[41] Cramers Äußerungen bleiben jedoch zum Teil uneinheitlich: Es wird nicht ganz klar, ob er, wenn er gegenüber der verbreiteten Konzentration auf das Aufführungsparadigma die Beschäftigung mit den Minneliedern als literarischen Texten einmahnt, sich für die entgegengesetzte Position entscheidet, oder ob er lediglich die Perspektive erweitern und die genannte Emphase durch Distanznahme relativieren möchte. Es finden sich sowohl Aussagen, in denen er die lesende Rezeption als weitere Möglichkeit neben den Vortrag stellt,[42] wie auch solche, in denen das Lesen zum 'eigentlichen', den Texten adäquaten Rezeptionsmodus wird.[43] Hier legt er dann doch fest, was nicht festlegbar ist – oder nur als eigene Vorentscheidung, nicht aber als etwas mit Text-'Belegen' Rekonstruierbares. Cramer zieht die (unbestreitbare) Literarizität der Texte als Argument dafür heran, „daß Performanz nur *eine* bestimmende Größe dieser Lyrik ist, und [...] nicht die wesentliche."[44] Dies scheint nahezulegen, die 'wesentliche' Größe[45] in der lesenden Rezeption zu sehen. Cramer suggeriert damit, daß die Kompetenz zur Wahrnehmung ästhetischer Dimensionen den Modus des Lesens voraussetzt und nur in ihm sich wirklich entfalten kann.[46] Mit dieser Zuordnung argumentiert er jedoch strukturell analog wie die Vertreter der Gegenposition. Grundsätzlich scheint mir die Infragestellung gängiger Zuordnungen bestimmter Kompetenztypen und Rezeptionsregister zur Aufführungsituation respektive zur Lektüre noch dringlicher als die von Cramer neu entfachte Diskussion der Annahme, daß Minnesang primär vorgetragen worden ist.

Ein prägnantes Beispiel für eine Studie, deren Argumentation in sich geschlossen und in hohem Maß von den vorgängigen Entscheidungen abhängig ist, stellt die Habilitationsschrift von Harald Haferland dar. In diametralem Ge-

---

[41] Cramer, *Waz hilfet âne sinne kunst?*, S. 12; leicht verknüpfbar ist dies mit einer (nicht als solche explizierten) Logozentrismus-Kritik. Vgl. S. 11: Die Kategorie des Erlebnishaften werde von der Textinterpretation der Minnelieder, für die sie im 19. Jahrhundert mit dem Konzept der 'Erlebnislyrik' prägend war, in den Auftritt des Sängers verschoben.

[42] Z.B. ebd., S. 130: „Die Unverbindlichkeit der Publikumsbezeichnungen läßt es zu, das im Gedicht apostrophierte Autor-Publikum-Verhältnis in allen Spielarten zu denken zwischen den Extremen: tatsächlicher Auftritt des Autors/Sängers vor einer körperlich anwesenden Gesellschaft (welcher Größe und bei welcher Gelegenheit auch immer) und nicht situativ gebundenes, literarisch imaginiertes Gegenüber eines im Text als Rolle sich artikulierenden Autors und des 'einsamen' Lesers."

[43] Ebd., S. 7, 43 u.ö. Was Cramer auf S. 130 als optional auffaßt, formuliert er auf S. 128 als Ausschlußrelation; vgl. ferner S. 11.

[44] Ebd., S. 7.

[45] Sie kann es ohnehin nicht geben, wenn man davon ausgeht, daß die Kommunikationsteilnehmer in 'mündlicher' wie in schriftgestützter Kommunikation in jedem einzelnen Augenblick über die relevanten Zuschreibungen entscheiden; s.u., 5.2.1.

[46] Vgl. Cramer, *Waz hilfet âne sinne kunst?*, S. 7f. u. 16. Unbestreitbar bleibt, daß textuelle Phänomene wie Akrostichon, Anagramm und Palindrom nicht hörbar sind, doch bewegt man sich damit nicht auf einer zu schmalen Argumentationsbasis, wenn es im Grunde um die generelle Koppelung 'Lesen – literarisch-ästhetische Kompetenz' geht?

gensatz zu den bisher Genannten ist er der Ansicht, „daß der Sänger als die reale Person, die er ist, um eine reale Dame wirbt", und zwar „[m]it einem – nicht: in einem! – Minnelied".[47] Er wendet sich damit gegen alle sonstigen Positionen der Minnesangforschung zur Fiktionalität, deren Zuschreibungscharakter er nicht sieht. Die Zuspitzung der Thesen Haferlands, die er als einzige Alternative zur Annahme einer der neuzeitlichen Theateraufführung entsprechenden, vollständigen Aufspaltung von Text-Ich und Sänger darstellt,[48] mag auch dem bewußt polemischen Charakter der Arbeit geschuldet sein.[49] Sie beruhen jedoch wesentlich auf der nicht begründbaren und für den Autor unhintergehbaren Vorannahme, daß bei dieser Art von Literatur dem 'Wortlaut' – was man darunter im Kontext seiner Argumentation zu verstehen habe, wird nicht erläutert[50] – grundsätzlich Priorität zukomme.[51] Abgesehen davon, daß damit die Beschreibung der Literarizität der Minnelieder höchst problematisch würde[52] (wobei ich allerdings eine Präferenz des 'Wortsinns' auch für nichtliterarische Texte nicht teile) – abgesehen davon, so könnte man zunächst sagen, handelt es sich einfach um eine Entscheidung. Doch das Problem verschärft sich dadurch, daß Haferland zu der vom Autor „intendierten Rezeptionsform zurückzugelangen" sucht, unter der er die Interaktion zwischen Autor und den Erwartungshaltungen der Rezipienten, wohlgemerkt in der frühesten Rezeption, versteht und die er über den Aufweis der Differenz zu späteren Rezeptionen ermitteln möchte.[53] Die 'intendierte Rezeptionsform' koppelt er an den 'Wortlaut' der Texte:[54] Das Fundament seiner Argumentation bildet die Annahme, man könne über diesen auf den 'eigentlichen', substanzhaft gedachten Sinn stoßen und so die Unhintergehbarkeit von Präsuppositionen, auch von solchen, die der eigenen Textinterpretation vorausgehen, ausschalten.[55] Daß dies selbstredend nicht

---

47    Haferland, *Hohe Minne*, S. 32 u. 31.

48    Der Kritik am Theatermodell ist an sich zuzustimmen (ebd., S. 31f.), doch läuft sie mit der Postulierung einer solchen Ausschlußrelation ins Leere.

49    Darauf deuten auch beiläufig geäußerte Differenzierungen seiner Position hin, z.B. ebd., S. 32.

50    Offensichtlich wird der Begriff ungefähr synonym mit 'Wortsinn' verwendet; daß auch letzterem, zumal (aber wohl nicht nur) im Falle literarischer Texte, etwas Schimärenhaftes anhaftet, bedarf wohl keiner Erwähnung.

51    Haferland, *Hohe Minne*, S. 9.

52    Dazu paßt, daß Haferland den Minnesang zwar „als ein literarisches und historisches Phänomen" auffaßt (ebd., S. 14), jedoch nur expliziert, wie er ihn als letzteres einordnet („Vollzug der Werbung" als „realer Vollzug"; ebd.), während ersteres unausgeführt bleibt.

53    Ebd., S. 10-13, zit. 13.

54    Vgl. ebd., S. 36.

55    Vgl. ebd., S. 12: Haferland suggeriert, es gebe „die Möglichkeit einer Rückkehr zur Interpretation seines Wortlauts" [sc. eines Liedes] tatsächlich. Das Motiv der Rückkehr, daß eine Ursprünglichkeitsannahme impliziert, taucht auch sonst auf, etwa (in Umkehrung eines Aperçus von Hugo Kuhn, der damit die Reflexion der Historizität eigener Positionen einklagt): „So scheint es mir eher, als sollte man vielleicht von Celan aus den Weg wieder rück-

der Fall ist, zeigt sich nicht zuletzt darin, daß die Hoffnung auf Vermeidbarkeit von Präsuppositionen selbst eine ist. Die Historizität der eigenen Position läßt sich nicht fortargumentieren, die Kluft zwischen ihr und einem möglichen mittelalterlichen Minnesangverständnis nicht überspringen.

Albrecht Hausmann schließlich vertritt die These, daß bei der 'älteren' Gattung des Wechsels aufgrund der Struktur der Texte, ihrer 'Erzählfiktionalität', auch die Ich-Aussagen deutlich als fiktional erkennbar seien, indem der Rezipient „zur Frage nach dem Hervorbringer dieses Liedes" und damit zur Autorkonkretisation veranlaßt werde.[56] „[I]n der Gattungsentwicklung vom Wechsel zum mehrstrophigen Manneslied" zeige sich, so heißt es weiter, „die zunehmende Konventionalisierung von Fiktionalität", insofern nämlich „im 'jüngeren' Manneslied [...] bisweilen mit Vehemenz gegen das ausgeprägte Fiktionalitätsbewußtsein der Rezipienten gearbeitet werden [muß], um die inszenierte Authentizität glaubhaft zu machen".[57] Abgesehen davon, daß dies wohl nicht die einzige Erklärung dafür ist, daß die Texte Authentizität thematisieren, und daß die Hypothese einen Entwicklungsgedanken impliziert, der nicht unproblematisch ist,[58] wird für die einzelne, modellhaft vorzustellende Kommunikationssituation entgegen der Postulierung einer diesbezüglichen 'Bandbreite'[59] doch an der Dichotomie 'fiktional/nicht-fiktional' festgehalten. Ferner implizieren insbesondere die Ausführungen zur 'Erzählfiktionalität' des Wechsels, daß die Rezeption als sehr stark von Textstrukturen vorgegeben aufgefaßt wird.[60] Nicht gesehen wird dann die Möglichkeit, daß der Rezipient unter der Voraussetzung einer basalen Unterscheidungskompetenz als potentiell aktiver Kommunika-

---

wärts beschreiben, ohne sich bei Gleim aufzuhalten." (S. 13). Was „über den Wortlaut hinaus" geht, ist laut Haferland „Spekulation" (S. 180).

56  Hausmann, *Reinmar der Alte*, S. 95-99, zit. 95. In das Zentrum der Untersuchung, in der Hausmann mit der Beschreibungskategorie der 'Autorkonkretisation' überzeugend für die Vereinbarkeit von Überlieferungsvarianz und einem (rezeptionsgeschichtlich orientierten) Autorbegriff argumentiert, indem er Textanalyse mit überlieferungsgeschichtlicher Forschung verknüpft, zielen die folgenden Bemerkungen nicht. – Allerdings ist anzumerken, daß es zwar zutrifft, daß „der konkret anwesende Autor [...] kein 'besseres' Referenzangebot für die Autorkonkretisation [...] als der Autorname oder das Autorbild" darstellt (Hausmann, *Reinmar der Alte*, S. 33), aber zweifellos doch ein anders funktionierendes (so auch J.-D. Müller, „Performativer Selbstwiderspruch", S. 382f.); unbedingt zuzustimmen ist Jan-Dirk Müller, der in seiner Kritik an Hausmann auf der Bedeutung medialer Differenzen der Bedingungen literarischer Kommunikation (schriftgestützte Kommunikation/Aufführung) insistiert (ebd., S. 381, Anm. 8 u. S. 383; zu Müllers Aufsatz s. auch unten, S. 26f.). Darüber hinaus fragt sich, ob das Konzept 'Autor' für die Rezeption im performativen Prozeß tatsächlich notwendigerweise (und nicht nur im Fall von 'Erzählfiktionalität'; vgl. Hausmann, *Reinmar der Alte*, S. 87-101) zentral gewesen sein muß. Produktiv ist es jedoch allemal, die Frage der Autorkonkretisation mit der Performanz-Debatte in Verbindung zu bringen.

57  Ebd., S. 99, Anm. 50.

58  S.o., Anm. 29.

59  Hausmann, *Reinmar der Alte*, S. 97.

60  Dies im Gegensatz zu der von Hausmann zustimmend referierten Kritik von Stanley Fish an Wolfgang Isers Rezeptionstheorie; ebd., S. 28.

tionsteilnehmer die ganze Palette der vielfältigen Zuschreibungsoptionen von 'suggerierter' Mündlichkeit bis zur eindeutigen 'Löschung von Präsenz' erproben könnte; die Rezeption im performativen Prozeß wird um die Möglichkeiten des Changierens und der Ambivalenz verkürzt.[61] Anders gesagt: Die Ergebnisse, zu denen Hausmann kommt (z.B. die Auffassung der 'Rollenspielfiktionalität' als Negation von 'Erzählfiktionalität')[62] sind als Einzeloptionen der Rezeption mit zu berücksichtigen, aber nicht absolut zu setzen.

Entsprechendes gilt damit auch für die Relation von Text und performativem Kontext.[63] Daß wir die konkrete, singuläre Aufführung eines Textes nicht mehr rekonstruieren können, wird niemand bestreiten.[64] Eine gewisse Verbreitung hat jedoch die Annahme erfahren, daß die merkmalshaften Unbestimmtheiten und Offenheiten des Minnesangs auf textueller Ebene deshalb für die Rezipienten akzeptabel waren und das kommunikative Gelingen durch sie deshalb nicht in Frage gestellt war, weil sie in der Konkretisation der Performanz, die von körperlicher Kopräsenz der Teilnehmer, Pluralität der Zeichenebenen und potentieller Wechselseitigkeit gekennzeichnet ist, durch nonverbale Kommunikation wie Gestik, Mimik und Proxemik etc. 'geschlossen' werden konnten. So setzt beispielsweise Helmut Tervooren bei der starken Pronominalisierung vieler Minnelieder an, die Referenzidentitäten textintern offen läßt, wodurch die Textkohärenz aufgehoben scheine; dies lege eine Auflösung der Ambiguität in der Aufführung, etwa durch Zeigegesten, nahe.[65] Ungeachtet der differenzierten und vorsichtigen Argumentation ist der Ansatz insbesondere hinsichtlich seiner Prämissen – abgesehen von den bereits erwähnten generellen Einwänden – angreifbar:

Erstens lassen sich noch andere mögliche Bedingungen für den kommunikativen Erfolg angesichts solcher textuellen Unbestimmtheiten anführen, z.B. ein relativ homogenes Wissen des Publikums über typische Strukturen der Texte und eine an der 'Ästhetik der Identität' (hierzu s.u.), am Prinzip variierender Regelerfüllung, ausgerichtete Erwartungshaltung.[66]

---

61  Vgl. hierzu Egidi, „Text, Geste, Performanz", S. 136-138.
62  Hausmann, *Reinmar der Alte*, S. 130-138.
63  Die zentralen Referenztexte für diese Diskussion müssen kaum mehr genannt werden: Kuhn, „Minnesang als Aufführungsform"; Zumthor, *La poésie et la voix*; vgl. ders., „Körper und Performanz".
64  Vgl. Mertens, „Autor, Text und Performanz", S. 380.
65  Tervooren, „Die 'Aufführung' als Interpretament"; ausführlicher hierzu und zum Folgenden Egidi, „Text, Geste, Performanz", S. 133-136; zur Kritik an Tervooren vgl. auch Hausmann, *Reinmar der Alte*, S. 34, Anm. 52.
66  Vgl. Strohschneider, „Situationen des Textes", S. 82-85. Gleichwohl ist Kommunikation hier stets in besonderem Grad prekär, und zwar aufgrund der Zirkelstruktur, die darin besteht, daß der Erwerb des Rezipientenwissens und die Wiederholbarkeit des kommunikativen Gelingens wechselseitig Bedingung füreinander sind und die performative Situation selbst keine oder eine geringe institutionelle Stabilität aufweist; ebd., S. 79.

Zweitens ist die Vorannahme hinterfragbar, nonverbale Zeichensysteme hätten tendenziell sinn- und kohärenzsichernde Funktion, während der Text 'bloße Partitur' sei.⁶⁷ Das Argument verhält sich analog zu Peter Strohschneiders Kritik, der gegen Zuschreibungen, laut denen Unbestimmtheit, Offenheit, Inkohärenz dem Text,⁶⁸ Geschlossenheit, Bedeutungssicherung, Kohärenz der performativen Situation eignen, „die Offenheiten und Imponderabilien des kommunikativen Liedvollzugs" selbst hält.⁶⁹ Ein Hintergrund für solche Vorannahmen ist allgemeiner noch in den Implikationen eines emphatischen, an die 'Stimme' gebundenen Präsenz-Begriffs hermeneutischer Tradition zu sehen, der über die Engführung von Stimme und Gestik auf körpergebundene Kommunikation übertragen werden kann:⁷⁰ Auch letztere stützt dann – im Gegensatz zum Paradigma der Schrift, das „zu einer Vorstellung von Sprache als einer Dimension der Labilität und der Dynamik" führt – „die komplexe Illusion, dass wir der gesamten und stabilen Bedeutung eines finiten Texts [...] gewärtig sein können", worin die Gefahr der „Leblosigkeit der Textdimension" gesehen werden kann.⁷¹

Drittens sollte, wenn schon vom kommunikativen Geschehen der Aufführung die Rede ist, hypothetisch doch auch der Rezipient als potentiell aktiver Teilnehmer berücksichtigt und der Sinnkonstituierungsproreß nicht für abge-

---

⁶⁷ Vgl. in der Diskussion um Mündlichkeit und Schriftlichkeit z.B. Ong, *Orality and Literacy*, S. 105; Bäuml, „Autorität und Performanz", S. 250.

⁶⁸ Dieser Zuordnung ist für sich genommen, jenseits der Polarisierung, im Sinne der *mouvance* und 'Unfestigkeit' mittelalterlicher Texte als Leitkonzept der *New Philology* zuzustimmen; vgl. hierzu die Beiträge in: *Speculum* 65 (1990) sowie in: Tervooren/Wenzel, *Philologie als Textwissenschaft*; hier zur mittelhochdeutschen Lyrik insbesondere Cramer, „Mouvance"; zur Epik ferner Bumke, *Die vier Fassungen*.

⁶⁹ Strohschneider, „Aufführungssituation", S. 65-70, zit. 70; hinzu kommt der Binarismus 'Prozeßhaftigkeit' (allein dem Text zugestanden) versus 'Statik' bzw. 'Simultaneität' (der Situation zugeordnet).

⁷⁰ Dies ist z.B. bei Zumthors Erfahrungskonzept von 'Gegenwärtigkeit' und 'Unmittelbarkeit' in der Performanz der Fall, das er an Stimme und Gestik koppelt. „C'est la voix et le geste qui procurent vérité et cohérence" (Zumthor, *La poésie et la voix*, S. 88; vgl. ders., „Körper und Performanz", S. 708). Er suggeriert ferner Vollständigkeit und Abgeschlossenheit des *aufgeführten* Textes, der als solcher in sich selbst ruhe (ebd.). Zumthors *performance*-Konzept ist insgesamt allerdings vielschichtiger und geht über derlei logozentrische Implikationen durchaus hinaus; neben der Opposition 'Stimme/Schrift' steht bei ihm die Differenz zwischen „linguistischen" und „soziokorporelle[n] Formen", beide „formalisiertes Produkt einer Ästhetik" (ebd., S. 707). Und im Gegensatz zu den genannten Konnotationen des Präsenzbegriffs steht wiederum Zumthors radikale Betonung der Dynamik und Instabilität der „orale[n] poetische[n] Rede" („Orale Dichtung", S. 369); das sich in dieser Gesamtheit manifestierende „Werk-in-der Aufführung [...] ist folglich niemals *vollendet*, niemals *authentisch*, es hat keine abgeschlossenen Konturen" (ebd.; vgl. jedoch Strohschneider, „Textualität", S. 27, zum komplementären Konzept der „überpersonalen Totalität" eines Kontinuums des Sprechens bei Zumthor). In der Rezeption Zumthors in der mediävistischen Diskussion um die Textaufführung scheinen seine vielschichtigen Zuschreibungen jedoch häufig vereindeutigt zu werden.

⁷¹ Gumbrecht, „Ein Hauch von Ontik", S. 39 u. 40.

schlossen erklärt werden, bevor er ins Spiel kommt;[72] das erhöht die Unwägbarkeiten noch einmal erheblich. Gelegentlich könnte man den Eindruck haben, als gebe – obwohl doch die medialen Differenzen immer wieder betont werden – die Relation 'Text – Leser' das Muster ab für eine Modellierung der Aufführungssituation mit der Konzentration auf Text und Sänger;[73] logischerweise fällt bei der Übertragung eines zweistelligen Modells auf ein potentiell dreistelliges (Text – Sänger – Publikum)[74] eine Instanz fort.

Selbstverständlich dürfen die differierenden kommunikativen Bedingungen der schriftgestützten Kommunikation einerseits und der Performanz andererseits nicht ignoriert werden. Wenn aber, wie in einem kürzlich erschienenen Aufsatz Jan-Dirk Müllers, auf die Ergebnisse pragmalinguistischer Forschung zu unterschiedlichen Funktionen und Strukturen mündlicher Rede und schriftlicher Texte hingewiesen wird,[75] läßt dies die Frage nach der Übertragbarkeit der hier festgestellten Unterschiede auf *literarische* Kommunikation entstehen bzw. auf eine Kommunikation, in der – was den performativen Prozeß betrifft – zumindest die stets neu zu verhandelnde und wesentlich von der Rezeption abhängige Differenz zwischen 'literarisch' und 'nicht-literarisch' von zentraler Bedeutung sein muß. Ferner ist die Relation 'schriftlicher Text/mündliche Rede' eben nicht identisch mit dem Verhältnis von schriftgestützter Kommunikation und vokaler Aufführung konzeptionell schriftlicher Texte.[76] Das gewichtigste Argument

---

72   Gegen Bäuml, „Autorität und Performanz", S. 265: „Die Rezeption wird in allen Aspekten von der Performanz gesteuert, da die Leerstellen des Textes durch die Performanz, die Teilnahme der Rezipienten und die Traditionalität der Rezeption innerhalb der Performanz ausgefüllt werden." Vgl. S. 253.

73   Aufschlußreich ist in diesem Kontext, daß bestimmte Elemente der Beschreibungssprache in der Diskussion um die Performanz letztlich in der Iserschen Rezeptionsästhetik beheimatet sind, die ja aber auf den Leser und schriftgestützte Kommunikation hin orientiert ist; vgl. etwa Tervooren, „'Aufführung' als Interpretament", S. 65: „Auffüllung semantischer Leerstellen"; ferner die gebräuchliche (zugleich der Musikwissenschaft entlehnte) Partitur-Metapher z.B. bei: Wolfgang Iser, *Der Akt des Lesens*, S. 177 u.ö.; Jauß, „Literaturgeschichte als Provokation", S. 129. Die Debatte um die mittelalterliche Aufführung scheint der Konstanzer Rezeptionsästhetik stärker verpflichtet zu sein, als dies explizit gemacht wird; in diesem Zusammenhang ist es interessant, daß Jauß (ebd., S. 156, Anm. 7) im Kontext seines rezeptionsästhetischen Entwurfs ein Valéry-Zitat wiedergibt (der ursprüngliche Kontext des Zitats ist hier nicht von Belang), an das, insofern die Aufführung als spezifische Form der alle literarische Kommunikation konstituierenden 'Ausführung' betrachtet werden kann, die Thesen Zumthors erinnern: „C'est l'exécution du poème qui est le poème".

74   *Potentiell* dreistellig, da das Publikum auch keine Unterscheidung zwischen Text und Sänger vollziehen kann.

75   J.-D. Müller, „Performativer Selbstwiderspruch", S. 383f.

76   Die hier getroffene Unterscheidung 'Oralität/Vokalität' entspricht in etwa derjenigen Zumthors, der die Begriffe einführte. (Bei ihm ist „oralité" „l'historicité d'une voix, son usage", „vocalité" dagegen „sa capacité de produire la phonie et d'en organiser la substance"; Zumthor, *La poésie et la voix*, S. 11f.; vgl. ferner Schaefer, *Vokalität*.) In erster Linie rekurriert sie jedoch auf die bekannte, in der mediävistischen Diskussion allerdings relativ selten berücksichtigte Differenzierung zwischen konzeptioneller und medialer Mündlichkeit (bzw. Schriftlichkeit) bei Koch/Oesterreicher; „Sprache der Nähe" (vgl. auch die späteren Aufsätze

Müllers für sein Plädoyer, bei der konkreten Textanalyse „den Aufführungscharakter mittelalterlicher Lieddichtung in Rechnung zu stellen", scheint in dem an sich sehr ernstzunehmenden Hinweis darauf zu liegen, daß „die an schriftliterarischen Texten entwickelten Verfahren [...] keine neutralen Instrumente, sondern von dem Typus abhängig [sind], an dem sie abgelesen wurden".[77] Gerade dies sollte jedoch für die meines Erachtens schwerstwiegende Problematik von Textanalysen sensibilisieren, die in der angedeuteten Weise mit der Kategorie 'Aufführung' operieren: daß nämlich die hier eingesetzten Verfahren ebenfalls keineswegs 'neutrale Instrumente', sondern selbst wiederum von Konstruktionen von Mündlichkeit abhängig sind, wie etwa dem an die Stimme gebundenen Präsenz-Konzept, von dem bereits die Rede war.[78] Der Rekurs auf die Texte kann dann sehr leicht den Effekt haben, solche Präsuppositionen zu verschleiern. Vor allem aus diesem Grund bin ich der Meinung, daß wir uns noch nicht einmal ein Urteil darüber bilden können, ob es wahrscheinlich ist oder nicht, „daß sich dieser andersartige Status [von gesungenen Texten, M.E.] in der textuellen Gestalt ausprägt", daß sich also in den verschriftlichten Texten „Spuren dieses Status" finden lassen.[79] Es ist zwar zu vermuten, daß „literarische Produktion häufig im Blick auf mündliche Realisation erfolgt" ist.[80] Doch wie entscheidet man, ob bestimmte Merkmale eines schriftlich überlieferten Textes auf eine Konzeption verweisen, welche die Aufführung im Blick hatte, oder auf fingierte Mündlichkeit?[81] Indizieren z.B. explizit performative Äußerungen wie „ich preise die Frauen", ich ermahne euch", „ich klage", „ich sage euch, was ich

---

von Oesterreicher, z.B. *„Verschriftung* und *Verschriftlichung"*). – Ähnlich problematisch wie die Bezugnahme auf die Pragmalinguistik ist in diesem Zusammenhang meines Erachtens diejenige auf Erkenntnisse der kognitiven Psychologie einerseits und der *oral poetry*-Forschung andererseits (beides bei Bäuml, „Autorität und Performanz", S. 262 bzw. 252); im letzten Fall wird eine weitgehende Übertragbarkeit von primärer Oralität auf die literal-orale Mischkultur des Mittelalters unterstellt, diese also lediglich als 'Variante' von jener aufgefaßt.

77 J.-D. Müller, „Performativer Selbstwiderspruch", S. 385 u. 382.

78 Vgl. Egidi, „Text, Geste, Performanz", S. 135f.

79 J.-D. Müller, „Performativer Selbstwiderspruch", S. 384. – Aus dem Gesagten ergibt sich im übrigen ferner, daß auch die *mouvance*, die nachweisliche Unfestigkeit mittelalterlicher Texte, nicht – zumindest für uns nicht mehr feststellbar – auf die mittelalterliche Aufführungskultur zurückweist. Vergleichsweise verbreitet scheint die häufig nicht oder nur andeutungsweise explizierte Auffassung zu sein, daß unterschiedliche, gleichberechtigte 'Fassungen' eines Textes Spuren der Performanz und ihrer Variationsmöglichkeiten erkennen lassen (vgl. z.B. Heinen, *Mutabilität*, S. V; Schweikle, *Mittelhochdeutsche Minnelyrik*, Bd. 1, S. 31; ders., *Walther von der Vogelweide*, Bd. 1, S. 44f.; Wenzel, „Beweglichkeit der Bilder", S. 226; von älteren Arbeiten vgl. Moser, „'Lied' und 'Spruch'", S. 196f.; Niles, *Pragmatische Interpretationen*, S. 168 u.ö.). Eine solche Annahme würde bedeuten, die Eigengesetzlichkeit des Mediums Schrift und die Konventionen zu leugnen, die sich in der handschriftlichen Überlieferung mittelalterlicher Literatur im Umgang mit diesem Medium herausgebildet haben. – Zur Differenzierung des Varianzkonzepts jetzt grundlegend J.-D. Müller, „Aufführung – Autor – Werk", S. 161-166.

80 Ebd., S. 150.

81 Vgl. ebd., S. 155 u. Anm. 22.

weiß" etc. – d.h. „ich vollziehe hier und jetzt das, was ich ausspreche" –, indizieren solche Sätze also, daß sie für den tatsächlichen Vollzug des Preisens, Mahnens etc. in der Aufführung konzipiert wurden oder handelt es sich um 'hergestellte' Mündlichkeit? Wir verfügen über keine Kriterien für diese Unterscheidung, die generalisierbar wären.

Für Fragen der Rezeption in der Performanz scheint es mir somit geboten, die verschiedenartigen Grundlagen und Bedingungen der Sinnkonstituierung in literarischer Kommunikation zunächst getrennt voneinander zu untersuchen: die Analyse der Struktur der Texte einerseits und die Modellierung des Aufführungsgeschehens andererseits. Damit ist man zunächst, für die Erkenntnis der Poetik der Texte bzw. Texttypen, auf diese selbst zurückverwiesen.

Auf der Suche nach einer der mittelhochdeutschen Lyrik adäquaten Beschreibungssprache wurde in der Minnesangforschung bereits mehrfach auf Jurij M. Lotmans Kategorie der 'Ästhetik der Identität' hingewiesen.[82] In der Tat ist sie bedeutsam für den Versuch, die Struktur und Poetik höfischer Lyrik zu erfassen, zielt diese doch – im Gegensatz zu einer neuzeitlichen 'Ästhetik der Differenz',[83] der Regelverletzung – auf Wiederholung und Regelbestätigung und hat in solchem Rahmen ihre Pointe in der „überraschende[n] Anwendung" der Regel:[84]

> Damit aber eine Identifizierung [der Erscheinungen A', A'' usw. mit A; M.E.] stattfinden kann, ist auch Vielfalt vonnöten. [...] Die Einförmigkeiten an dem einen Pol der Identität wird kompensiert durch zügelloseste Vielfalt am anderen Pol. [...] Wenn wir es nur mit starren Regeln zu tun hätten, so wäre jedes neue Werk nur eine genaue Kopie des vorigen, die Redundanz erdrückte die Entropie, und das Kunstwerk büßte seinen Informationswert ein.[85]

Daß die Unterscheidung zwischen beiden Typen der Ästhetik Präzisierungen und Modifizierungen zuläßt, erhöht nur ihre Brauchbarkeit. So gehört auch ein bestimmter Sprachgestus zur Poetik mittelalterlicher volkssprachlicher Lyrik: Es ist „ein Moment [der] spezifischen Alterität" dieser Texte, „immer wieder so zu tun, als ob sie es wären", nämlich identisch. „Es handelt sich also um Stilisierungen der poetischen Kommunikation, welche Momente der Änderung, der Innovation, des Traditionsbruchs abschatten, welche Wandel als Dauer zeigen [...]."[86] Insofern wäre es sicher unzureichend, für mittelalterliche höfische

---

[82] Lotman, *Struktur literarischer Texte*, S. 404-419; vgl. Eikelmann, *Denkformen im Minnesang*, S. 13-15; Strohschneider, „Situationen des Textes", S. 84, Anm. 82.

[83] Renate Lachmann verdanke ich den Hinweis, daß dies (nicht „Ästhetik der Gegenüberstellung", wie der Herausgeber Rolf-Dietrich Keil übersetzt), die adäquate Übersetzung des Lotmanschen Terminus ist.

[84] Eikelmann, *Denkformen im Minnesang*, S. 14.

[85] Lotman, *Struktur literarischer Texte*, S. 410f.

[86] Strohschneider, „Situationen des Textes", S. 85. Derartige Differenzierungen sind für historisierende Anwendungen der Kategorien notwendig, da Lotman bewußt vereinfachend

Literatur nur von den dialektisch aufeinander bezogenen 'Polen' auszugehen, von denen Lotman spricht. Der Begriff der Ästhetik der Identität ist, wenn man ihn auf beides ausdehnt, auf die 'tatsächliche' Traditions- und Schemagebundenheit wie auf den Textgestus (auch dieser ist ja eine Bestätigung des Tradierten, hierin jedoch ambivalent), kompatibel mit Kuhns Betonung des artistischen Charakters des Minnesangs und seiner Ästhetik, die (zunächst) die auf 'Meisterschaft' zielende Beherrschung und Erfüllung tradierter Muster fordert.[87] In Kuhns Modell schließt die artistische Dimension den Diskussionscharakter des Minnesangs ja gerade nicht aus, sondern bedingt ihn und umgekehrt – genau das besagt seine Verwendung der mit ihren Implikationen von 'Oberfläche' und 'Tiefe' problematisch gewordenen Metapher sichtbarer und verborgener Textschichten, die in ihrer überraschenden Umkehrung hier noch einmal heuristischen Wert gewinnt:

> Allerdings gilt es bei der höfischen Liedkunst des Mittelalters nicht, wie bei Celan, die persönlichen Metaphern und das subjektive Erleiden von Weltdeutung als zweite, verdeckte Sprachschicht aufzudecken. Sondern gerade umgekehrt: die konventionellen Gebrauchsmuster, die artistische Brillanz der Formensprache, die Topoi einer generellen Rhetorik der Huldigung und der Zeitkritik sind hier die verborgene Sprachschicht, auf deren Hintergrund erst die persönlichen Nuancen und inhaltlichen Ausfüllungen der Muster verständlich werden.[88]

Im Anschluß an Kuhn hat Manfred Eikelmann die Doppelfunktion der 'verdeckten Sprachschicht' plausibel gemacht. Die Tatsache der Konventionalität der Sprachelemente (seien dies nun einzelne Topoi und Motive, rhetorische Figuren, Verknüpfungsmuster oder Aussagetypen) zeigt die Verbindlichkeit des Vorgeprägten an, die für das Gelingen der Kommunikation unter fragilen Rahmenbedingungen besondere Bedeutung hat, und ist *zugleich* Voraussetzung der Offenheit für potentiell je neue Sinngebungen, die vor dem Hintergrund der im Text präsent gehaltenen Anwendungsgeschichte der Sprachmittel sichtbar werden.[89]

---

systematisiert und die Extreme im Blick hat. So muß man ihm vielleicht auch nicht in allen Implikationen folgen, denn der Maßstab für seine Unterscheidung scheint immer noch eine 'Ästhetik der Differenz' zu sein.

[87] Kuhn, „Determinanten der Minne", S. 55 u.ö.

[88] Ders., „Manessesche Handschrift", S. 83f.; vgl. ders., „Tristan", S. 34: „Die in alle Textgestaltung investierte Hörerwartung ist zunächst einmal jene literarische Spannung durch das Unerwartete im Erwarteten, das Wunderbare im Gewöhnlichen [...] – dieses doppelbödige Zuhören-Müssen, dem das Schema und die Schemabrüche zusammen 'Bedeutungen' *ansagen* ohne sie *auszusagen* [...]."

[89] Eikelmann, *Denkformen im Minnesang*, S. 3 u. 10. Eikelmann hat ein anderes Erkenntnisinteresse als die vorliegende Arbeit: Er fragt nach der Bedeutungsleistung und der Anwendungsgeschichte bestimmter „Aufbauformen" und „Aussagetypen" (S. 3) – insbesondere von konditionalen Verknüpfungsmustern –, die aufgrund ihres Bedeutungs- und Funktionswandels als Denkformen begriffen werden können (S. 4 u.ö.).

Für einen dieser Lyrik angemessenen methodischen Zugang verliert daher der literaturwissenschaftliche Gemeinplatz an Banalität, daß Sprachgestalt und propositionaler Gehalt keine voneinander unabhängigen Größen darstellen: Denn Kunstformen, deren Elemente gattungsspezifisch in ihrem Bestand relativ festgelegt und in hohem Grad konventionalisiert sind, fordern sowohl, der Geprägtheit Rechnung zu tragen, wie auch zu berücksichtigen, daß geprägte Spracheelemente sich aufgrund wechselnder Kontextualisierungen „mit dem Eintritt in neue Situationszusammenhänge und Begründungsabläufe über längere Zeit hin immer wieder als bedeutungshaltig erweisen".[90] Die Frage nach einem bestimmten Liebesmodell etwa ginge, sofern sie nicht mit der genauen und für Nuancen sensiblen Analyse der Sprachgestalt und Mikrostruktur begänne, an der Eigenart höfischer Lyrik generell wie des konkreten Textes vorbei.[91] Daß die spezifische Verwendung und Bedeutungsleistung von Einzelelementen und Schemata nur in der jeweiligen kontextuellen Einbindung erkennbar ist, macht es schließlich unerläßlich, sie im Gefüge des Textganzen, nicht isoliert von ihm zu untersuchen, um Aufschluß über das Eigenprofil eines Textes zu erlangen.[92]

Der Ansatz leistet zweierlei. Zum einen wird höfische Lyrik in ihrem artistischen wie ihrem Diskussionscharakter erfaßt. Darüber hinaus aber verbindet sich mit der postulierten Hinwendung zum Einzeltext und seiner Sprachgestalt die Eröffnung einer geschichtlichen Perspektive, mit der es möglich wird, der simplifizierenden Verwendung der Opposition 'innovativ/traditionsverhaftet' zu entgehen. Insofern die Typik konventionalisierter Sprachmittel im Text deren Anwendungsgeschichte gegenwärtig hält und insofern das 'Neue' – nicht in emphatischer Akzentuierung als das noch nie Dagewesene verstanden – sich in mittelalterlicher höfischer Lyrik gerade im Rahmen der Regelbestätigung zeigt, wird mit Kuhns Formel einer zweiten, verdeckten Sprachschicht die Relation von Sinnerneuerung und Traditionsgebundenheit in den Text selbst hineingetragen.

Komplementär zu Eikelmanns Ansatz, geprägte Spracheelemente nicht nur in ihrer Typik und auf formale Varianten hin zu beschreiben, sondern auch in ihrem Bedeutungswandel in wechselnden Kontexten,[93] ist, so wurde gesagt, die Frage nach literarischen Verfahrensweisen und Textstrukturen der Frage nach 'Minnekonzepten' insofern vorzuordnen, als letztere nicht vorab beantwortet werden kann,[94] sondern nur über die Analyse der je spezifischen Verwendung

---

90  Ebd., S. 3.
91  Vgl. ebd., S. 2.
92  Ebd., S. 10f.
93  Ebd., S. 3, 10f. u.ö.
94  Dies hat etwa, wie Ranawake demonstriert, zum Klischee einer Revolutionierung des Minnesangs durch Walther von der Vogelweide geführt (Ranawake, „Reinmar-Fehde", S. 7f. u.ö.; dies., „Der manne muot", S. 180); sie macht dagegen Kriterien der Sprachgebung der

von konventionalisierten sprachlichen Elementen und Darstellungsschemata. Über das Methodische hinaus ergeben sich hier weiterreichende Folgerungen, die zunächst hypothetischen Charakter behalten und, zum folgenden Abschnitt überleitend, dort ausführlicher diskutiert werden: Es lassen sich in bezug auf 'Minnekonzeptionen' – und insofern der Begriff dies häufig impliziert, ist die Frage nach ihnen falsch gestellt – keine bestimmten Inhalte festschreiben, die von der Sprachgestalt ablösbar sind und gleichsam auch unabhängig vom Einzeltext existieren. Höfische Liebe ist auf der Basis dieser Vorüberlegungen nicht als feste Größe *ante rem* zu begreifen, als mehr oder weniger vollständig vorab definiertes Konzept, welches die Texte gleichsam generiert, oder als ein der literarischen Gestaltung vorausliegender 'Erfahrungsinhalt', der in den Texten 'bewältigt' würde. Als genuin literarisches Phänomen wird sie in ihren spezifischen Sinnakzentuierungen vielmehr in den Einzeltexten jeweils neu entworfen und erhält ihre spezifische Kontur erst mit deren konkreter Sprachgestalt.[95] (Daß ein solcher Textzugang nur die Konkretisierung eines altgedienten literaturwissenschaftlichen Common place zum propositionalen Gehalt literarischer Texte als Effekt der Gestaltung von Sprachmaterial darstellt, heißt nicht, daß er nicht im Gegensatz zu einer verbreiteten mediävistischen Praxis stünde.) Auch hier ist selbstverständlich nicht das Neue im Sinne einer emphatischen Abkehr vom Tradierten gemeint, sind doch die einzelnen Liebesentwürfe immer auf einen verbindlichen Rahmen und über ihn auch auf die Entwürfe vorausgehender Texte bezogen. Dieser Rahmen wäre also noch genauer zu bestimmen.

Das im Folgenden zu präzisierende Modell ist kompatibel mit dem in einer Arbeit von Jochen Conzelmann entwickelten, der überzeugend auf systemtheoretischer Basis argumentiert.[96] Er stuft „die höfische Literatur als eine *Selbstbeschreibung* (sensu Luhmann) der 'höfischen Gesellschaft' ein[...], die mittels der *Leitdifferenz* höfisch/unhöfisch gerade erst selbst um die Abgrenzung der höfischen gesellschaftlichen Sphäre gegenüber anderen Bereichen der mittelalterlichen Gesellschaft bemüht ist."[97] Das 'Höfische' konstituiert sich, mit anderen Worten, als genau die Sphäre, in der diese Leitdifferenz Gültigkeit hat.[98]

---

Texte, wie z.B. unterschiedliche Sprechhaltungen, und Gattungskonventionen geltend (ebd., S. 182; „Reinmar-Fehde", S. 11-13). Auch die These von Walthers angeblicher Abkehr von den Konventionen des 'Hohen Minnesangs' setzt ja voraus, daß von einer vorab fixierten, normativen Vorstellung höfischer Liebe auszugehen ist, welche dann die Folie für die Einordnung der Texte als affirmativ oder abweichend bildet und so die eingehendere Textanalyse ersetzt. Vgl. auch Hübners Kritik an Forschungskonstrukten zum 'Frauenbild' des Minnesangs (*Frauenpreis*, S. 17f. u. 365f., Anm. 8).

95 So auch Mertens, „Autor, Text und Performanz", S. 383-386 u. 396f.

96 Conzelmann, *Minnediskurs*, bes. S. 44-76. Für die Überlassung des Manuskripts danke ich dem Autor sehr herzlich.

97 Ebd., S. 8. Unter der Voraussetzung, daß die höfische Gesellschaft als 'soziales System' beschreibbar ist, hat – insofern die beständig notwendige Reproduktion bei sozialen Systemen „mittels gesellschaftlichen Vollzugs via Kommunikation" funktioniert (S. 54) – höfische Lite-

Die Distinktion höfisch/unhöfisch jedoch als *Leitdifferenz* [...] zu verstehen, bedeutet gerade nicht, auf der Beobachter-Ebene Höfisches und Unhöfisches scheiden zu wollen. Im Gegenteil: *Die Leitdifferenz eines sozialen Systems legt nicht fest, wie die beiden Seiten der ihr zugrundeliegenden Distinktion inhaltlich zu bestimmen sind.*[99]

Dabei lagern sich der Leitdifferenz weitere Binarismen an (z.B. 'schön/häßlich' etc.); die Tatsache, daß deren Relationierung untereinander ebenfalls nicht fixiert, sondern offen und variabel ist, zeigt jedoch gerade, daß die höfische Literatur in einer reinen 'Repräsentationssemantik', die zweifellos eine ihrer Dimensionen ausmachen kann (und der gemäß der Gute auch schön, der Adlige tugendhaft ist), nicht vollständig aufgeht, sondern „das Repräsentationsmodell auch *problematisiert*".[100]

### 1.1.2 Höfische Liebe als literarisches Phänomen

Die Diskussion der angedeuteten Problematik setzt bei den Arbeiten Rüdiger Schnells zum Begriff höfischer Liebe an.[101] In seiner grundlegenden Kritik an Forschungskonstruktionen zum 'höfischen Minnekonzept', die sich vielfach zu normativen Vorstellungen als Präsuppositionen der Interpretation verfestigt haben und hier nicht im einzelnen wiederholt werden müssen ('ehebrecherische Liebe', 'Entsagungsliebe', 'unerfüllte Liebe' etc.),[102] weist Schnell schon in seiner älteren Arbeit nachdrücklich auf die Unterschiedlichkeit und Vielfalt höfischer Liebesdarstellung hin.[103] Die Antwort auf seine Frage, wie dann ein gemeinsames, allen Ausformungen zugrundeliegendes Liebesideal vorgestellt werden könne, ist ein Modell, mit welchem er durch die Unterscheidung zwischen 'substantiellen' und 'akzidentellen' Merkmalen die in der Forschung häufig behaupteten polaren Gegensätze zwischen unterschiedlichen 'Minnekonzeptionen' zu überwinden sucht und das er auf die verschiedenen Gattungen höfischer Literatur anwendet.[104] Dem entspricht die Differenzierung zwischen

---

ratur, insbesondere der höfische Liebesdiskurs, „maßgeblichen Anteil an der Systemreproduktion des sozialen Systems 'höfische Gesellschaft'" (S. 55).

98 Ebd., S. 68f.

99 Ebd., S. 67.

100 Ebd., S. 68. Insofern sich auch in mittelalterlicher höfischer Kultur die Leitdifferenz verdoppeln und systemintern eingeführt werden kann (*re-entry*), ist bereits hier Selbstbeobachtung im Sinne Luhmanns möglich (S. 69f.; vgl. 94-101).

101 Schnell, *Causa amoris*; ders., „'Höfische' Liebe".

102 Zur Forschungskritik Schnell, *Causa amoris*, S. 103-135 u.ö.; zur Heterogenität der Forschungspositionen zur Definition höfischer Liebe S. 80-97; ferner ders., „'Höfische' Liebe", S. 233f.

103 Schnell, *Causa amoris*, S. 126 u.ö.

104 Ebd., S. 127ff. Hübner, *Frauenpreis*, S. 375, Anm. 35, will – sich sonst Schnell anschließend – zu Recht die Unterschiede zwischen den „Problemvarianten höfischer Liebe" in den verschiedenen Gattungen nicht zu sehr eingeebnet wissen.

4 „[k]onzeptionelle[m] Kern und literarische[r] Vielfalt".[105] Schnell betont einerseits, daß kein „Kodex, auch keine systematische Theorie [...] der 'höfischen' Liebeskonzeption zugrunde liegt".[106] Andererseits gilt sein Interesse doch vorrangig dem den verschiedenen literarischen Ausprägungen Gemeinsamen, dem „Kern 'höfischer' Liebesauffassung".[107] Die Rede von einer „Essenz" höfischer Liebe[108] verrät im Versuch ihrer Bestimmung einen substantialistischen Rest. In einem späteren Aufsatz bestimmt er „das literarische Phänomen 'höfische Liebe'" dezidiert „eher als Diskurs über die rechte, wahre Liebe denn als Reproduktion einer stets vorausgesetzten festumrissenen Liebeskonvention".[109] Indes sind die 'Leitvorstellungen', an denen Schnell diesen Diskurs ausgerichtet sieht[110] und die er durch antagonistische Züge der höfischen Liebe ergänzt,[111] im wesentlichen dieselben wie die in *Causa amoris* erläuterten. Dabei legt er beispielsweise die Hierarchie zwischen 'inneren' und 'äußeren' Werten eindeutig fest:[112] Ein „Leben von den Innennormen des Herzens her" und „das völlige Absehen von Außenwerten" seien die Zielvorstellungen des höfischen Liebesdiskurses.[113] Gert Hübner, der grundsätzlich Schnells Ansatz zustimmt, geht diese „Betonung der Innerlichkeit [...] zu weit"; er hält an der Relevanz auch der 'Außennormen', insbesondere der ständischen Bindung, fest.[114] Beiden Positionen kann entgegengehalten werden, daß die Relation zwischen äußerer und innerer Schönheit oder zwischen Geburtsadel und Tugendadel in höfischer Lyrik eben gerade nicht fixiert ist, sondern verhandelt wird; dabei ist nicht erst an

---

[105] Schnell, *Causa amoris*, S. 126. Vgl. auch Hübner, *Frauenpreis*, S. 25, der mit Blick auf die Minnekanzone das Konzept der 'hohen Minne' im Sinne der Möglichkeit unterschiedlicher Gewichtungen und Akzentuierungen einzelner Aspekte als „variationsfähig" bezeichnet und zugleich als „in einem schwer definierbaren Umfang [...] fest". Mit der Einbeziehung der Rezeptionsperspektive bei Hübner (ebd.) kommt das Gattungswissen als Voraussetzung für das Verständnis 'hoher Minne' in den Blick, das die Rezipienten befähigt, Angedeutetes zu ergänzen; s. hierzu auch – im Kontext der Gattungsdiskussion – unten, S. 44-50.

[106] Schnell, *Causa amoris*, S. 135; vgl. ders., „'Höfische' Liebe", S. 235f.

[107] Schnell, *Causa amoris*, S. 135.

[108] Ebd., S. 125. Er bestimmt sie als eingeforderte „Aufrichtigkeit, Treue, Beständigkeit in der Liebe, Warten auf die Liebesgunst der begehrten Person, Freiwilligkeit der sexuellen Hingabe"; ebd., S. 135.

[109] Schnell, „'Höfische' Liebe", S. 237.

[110] Ebd., S. 238-275; als 'substantielle' Merkmale des höfischen Liebesideals werden hier genannt: Ausschließlichkeit der Liebesbeziehung, Beständigkeit (*staete*), Aufrichtigkeit (*triuwe*), Selbstlosigkeit der Liebe, Gegenseitigkeit, Freiwilligkeit und Rücksichtnahme, Maß und Vernunft, Leidensbereitschaft.

[111] Ebd., S. 275-293.

[112] Ebd., S. 293-298.

[113] Ebd., S. 294 u. 296; vgl. auch S. 298; Schnell, *Causa amoris*, S. 124.

[114] Hübner, *Frauenpreis*, S. 376f. (zit. 376), Anm. 42.

solche Entwürfe zu denken, in denen dieses Verhältnis explizit thematisiert wird.[115]

Als Konsequenz dieser Überlegungen läßt sich ein Modell formulieren, in welchem höfische Liebe als literarisches Phänomen nicht durch bestimmte Merkmale und Leitvorstellungen konstituiert wird, sondern vielmehr durch eine variable Struktur nicht vordefinierter Relationen (beispielsweise zwischen Innen und Außen, Individuum und Gesellschaft oder zwischen verschiedenen Wertkategorien),[116] die als grundlegende Kriterien der literarischen Kommunikation je verschieden besetzt und präzisiert werden können. Diese Struktur, die nicht als in sich homogen vorzustellen ist, insofern auch die Relationen selbst untereinander nicht in vorab fixierten Verhältnissen stehen, bildet den verbindlichen Rahmen, auf den die literarischen Liebesentwürfe bezogen bleiben und über den sie miteinander verbunden sind. Sie sind als stets neue Auseinandersetzung mit Fragen aufzufassen, die sich aus der skizzierten Rahmenstruktur, deren Offenheit sich zur Vorgeprägtheit der verwendeten Sprachelemente komplementär verhält, erst ergeben und nicht schon mit ihr beantwortet werden. Konkrete Antworten der einzelnen Texte können nicht, wie Abbilder auf ihr Urbild, als sekundäre Ableitungen auf ein vorab definiertes 'Konzept' zurückgeführt werden, sondern sind als singuläre Entwürfe höfischer Liebe, die mit ihnen erst realisiert wird, ernst zu nehmen.

Für einzelne Textreihen bzw. Texttypen – möglicherweise auch für den gesamten Liebesdiskurs innerhalb einer Gattung – werden dabei immer bestimmte Relationen zentraler sein als andere, woraus sich Voreinstellungen für die Gestaltungsmöglichkeiten des einzelnen Textes ergeben; mit den ihm vorausgehenden Texten, auf die er antwortet, etablieren sich bereits relationale Strukturen als die dominanten, die aber selbstverständlich nicht unveränderlich sind. Welche Relationen sich in den Spruchstrophen mit Minnethematik und Frauenpreis jeweils zu zentralen Kriterien verdichten, soll in den Textanalysen herausgearbeitet werden.

An dieser Stelle ist mit Blick auf die späthöfische Lyrik einem Einwand zu begegnen. Ist nicht zumindest für sie die These eines je neuen Entwurfs höfischer Liebe in den einzelnen Texten

---

[115] Dem sind selbstverständlich Grenzen gesetzt; z.B. wird kaum ein Text dezidiert – es sei denn in parodistischer Absicht – die Überordnung der physischen Schönheit über die 'Tugendschönheit' vertreten. Doch innerhalb dieses Rahmens (s. hierzu im Folgenden) sind unterschiedliche Relationierungen möglich. Beispielsweise kann die Einheit von Geburts- und Tugendadel als unproblematisches Ideal vorausgesetzt werden; sie läßt sich diskutieren oder in eine Werthierarchie auflösen; schließlich kann eine spannungsvolle Beziehung zwischen beidem als unaufgelöste Ambivalenz entworfen werden.

[116] Ferner können etwa die Relation zwischen den Liebenden oder allgemein Ursache-Folge-Relationen relevant sein, speziell in der Minnekanzone die Relation zwischen dem liebenden Ich und der Dame, zwischen dem Ich und 'den anderen', zwischen verschiedenen Ich-Rollen etc. Es ist zu vermuten, daß die einzelnen Gattungen höfischer Literatur dabei tendenziell zur Thematisierung bestimmter Relationen neigen und andere eher vernachlässigen.

einzuschränken? Des öfteren ist in der Forschung die Rede von der Verfügbarkeit und Verfestigung der Inhalte in der Lyrik etwa seit der Mitte des 13. Jahrhunderts. Gewiß wird man hinter Kuhns Ergebnisse zu Tendenzen der Formalisierung bei Burkhard von Hohenfels, Gottfried von Neifen und Ulrich von Winterstetten nicht zurückgehen wollen.[117] Es scheint jedoch, daß Kuhns aus sorgfältiger Analyse gewonnene Beschreibungskriterien und Ergebnisse zum Teil mit unzulässigen Simplifizierungen rezipiert worden sind; beispielsweise wird suggeriert, daß formale Virtuosität automatisch einen inhaltlichen Schematismus, eine 'Erstarrung' der Inhalte im selbstgenügsamen formalen Spiel mit sich bringe, die Aussage werde bis zur völligen Leere reduziert etc.[118] Die Fragen, ob eine Formalisierung literarischer Darstellungsformen stets eine Verfügbarkeit der Inhalte mit sich bringe, ob ferner im Zusammenhang mit der Kanonbildung in späthöfischer Zeit und der Orientierung an den kanonisierten 'Klassikern' (die nicht nur, aber auch als Gestus der Texte zu verbuchen sein mag) eine Neuakzentuierung von 'Inhalten' innerhalb der tradierten Texttypen nicht mehr möglich war – ich halte beides für unzutreffend –, können hier nicht erschöpfend beantwortet werden. Die Möglichkeit einer inhaltlichen Schematisierung soll keineswegs in Abrede gestellt werden. Zu bedenken ist jedoch zum einen, daß ein Text immer das Ergebnis mehrfacher Selektionen ist. Auch wenn man von der Geprägtheit der späteren Generationen durch die hochhöfischen Autoren oder von der teilweisen 'Vorstrukturiertheit von Inhalten' ausgeht, sind damit nur bestimmte Entstehungsbedingungen eines Textes unter mehreren erkannt, ist dieser selbst damit noch nicht 'erklärt', da die Möglichkeit unterschiedlicher Selektionen nicht in Anschlag gebracht wird.[119] Zum anderen darf nicht a priori von einer bestimmten Art der Vermittlung von sprachlicher Form und Gehalt ausgegangen werden, ohne nach der Möglichkeit eines jeweils spezifischen Konnexes zu fragen.[120] Zum dritten scheint mit den genannten Vorannahmen

---

[117] Kuhn, *Minnesangs Wende*; Kuhn charakterisiert die Tendenz des 'Formalismus' als „ein vom Erringen der Inhalte abgerücktes, ein ausgesprochen formales, d.h. auf Methoden, Kombinationen und formtechnischen Schmuck gerichtetes Interesse" (S. 144f.). Es stellt sich allerdings die Frage, ob sich bei Kuhn hier nicht doch eine Dichotomie ('Gehalt/Form') zu erkennen gibt, die er sonst immer verworfen hat.

[118] Vgl. z.B. Wehrli, *Geschichte der deutschen Literatur*, Bd. 1, S. 427 u. 448f.; Erzgräber, „Europäische Lyrik", S. 50 (zur späthöfischen Epik) u. 55f.; Karnein, „Deutsche Lyrik", S. 313f. – Die von Kuhn zur Überwindung des Epigonalitätsklischees erarbeiteten Beschreibungskriterien scheinen zum Teil wieder zu neuen Klischees erstarrt zu sein.

[119] Dies zeigt ja allein schon die Tatsache, daß neben der Formalisierung in der Lyrik des 13. Jahrhunderts auch andere Möglichkeiten entwickeln wie Parodie, 'Konkretisierung' oder 'Biographisierung' des Minnesangs; vgl. hierzu Heinzle, *Wandlungen und Neuansätze*, S. 116-119; Glier, „Konkretisierung im Minnesang"; Wachinger, „Was ist Minne?", S. 262-264.

[120] In diese Richtung weisen auch einzelne Beobachtungen Eikelmanns (*Denkformen im Minnesang*, S. 300f.), der sich kritisch mit Cramers („*Sô sint doch gedanke frî*", S. 53f.) Annahme inhaltlicher Unverbindlichkeit in Liedern Burkhards von Hohenfels auseinandersetzt und aufgrund eigener Textanalyse am konkreten Beispiel zu dem Ergebnis kommt, daß die unverkennbare „artistische Qualität des Liedes Nr. V [...] nicht in Gegensatz zu dessen Bedeutungsgehalt gebracht werden" muß, sondern „einen Sinnzusammenhang hervor[bringt], der nicht problemlos und keineswegs ausschließlich auf die Dimension eines unverbindlichen Gedankenspiels reduziert werden kann" (*Denkformen im Minnesang*, S. 301); ferner zu unzulässigen Verallgemeinerungen über Entwicklungstendenzen im 13. Jahrhundert ebd., S. 312f.; vgl. auch Hübner, *Frauenpreis*, S. 338f. u. 349, zit. S. 338: „Die Vorstellung, nach Walther verlagere sich das poetologische Interesse von der konzeptionellen Substanz auf das Spiel mit den Ausdrucksformen, greift zu kurz: Der Minnesang war immer am artistischen Umgang mit Ausdrucks- *und* Inhaltsformen [...] interessiert"; indes erscheint mir hier, aus ähnlichen Gründen wie in der Kritik zu Schnell geäußert, wiederum der Zusatz problematisch, „seine konzeptionelle Substanz" habe „schon vor der Klassikergeneration" festgestanden (ebd.).

grundsätzlicher noch die Struktur höfischer Lyrik generell nicht erkannt,[121] die, wie ausgeführt, in der dialektischen Beziehung zwischen Konventionalisiertheit der Sprachelemente und Innovation besteht.

Grundsätzlich gilt, daß die Rede über Liebe als bevorzugtes Paradigma höfischer Literatur im Sinne der Leitdifferenz 'höfisch/unhöfisch' darauf zielt, einen umfassenden Exklusivitätsanspruch stets erneut zu formulieren. Er weist zwei Grundkomponenten auf, die in den Texten gar nicht oder in sehr unterschiedlichem Grad gegeneinander ausdifferenziert sein können: höfische Liebe als Wert – als literarisches Phänomen mit der Suche nach Wertkriterien, mit der je unterschiedlichen Auswahl und dem Erproben variabler Relationierungen solcher Kriterien realisiert –, sowie höfische 'Rede über' in ihrer artistischen Dimension, ebenfalls ein Wert, der für 'das Höfische' steht und nicht von vornherein fixiert ist. Der Exklusivitätsanspruch verlängert sich bis in die Praxis höfischer Lyrik hinein, ihre Performanz, die als 'Vollzug' höfischer Gesellschaft diese je neu konstituiert.

---

[121] In diesem Sinne kehrt die *poésie formelle*-Position hier in anderer Gestalt wieder, indem sie ihre zentrale Dichotomie in falsch verstandener Historisierung auf der Zeitachse einträgt.

## 1.2 Sangspruchdichtung
### 1.2.1 Zum Gattungsbegriff und zur Relation von Minnesang und Sangspruch

Der Klärung der am Minnesang erarbeiteten Position schließt sich nun ein Überblick über die Forschungsdiskussion an, die sich um die Unterscheidbarkeit von Minnesang und Sangspruch entspann – zunächst, weil sich eine Untersuchung zu Minne- und Frauenpreissprüchen der Eingrenzbarkeit ihres Textmaterials versichern muß. Vor allem aber geschieht dies deshalb in solcher Ausführlichkeit, weil am Lied-Spruch-Problem die grundsätzlichere Frage nach dem Gattungsbegriff in seiner Anwendbarkeit auf mittelalterliche Literatur exemplifiziert werden kann.

Die Berechtigung der Simrockschen Unterscheidung 'Minnesang/Spruch' ist wiederholt hinterfragt worden.[122] Notwendig und weiterführend waren diese Zweifel insofern, als sie sich gegen eine starre, normative Definition der Gattung Spruchdichtung in Abgrenzung zum Minnesang richteten. Bedenken solcher Art äußerte bereits Hermann Schneider,[123] dessen Argumente, oftmals wiederholt und zugespitzt, zum Ausgangspunkt späterer Beiträge wurden.[124] Gegen eine feste Grenzziehung zwischen Lied und Sangspruch hält er, daß sowohl formale (Mehrstrophigkeit versus Einstrophigkeit) als auch inhaltliche Kriterien (Liebesthematik versus Vielfalt der Sangspruchthemen) nicht durchgehend gültig seien. Er verweist hierzu auf mehrstrophige Komplexe in Spruchtönen Walthers von der Vogelweide und einstrophige Lieder im frühen Minnesang sowie auf 'spruchtypische' Themen in Liedern Walthers und die Übernahme der Liebesthematik bei den späteren Spruchdichtern.[125] Weniger rezipiert wurde, daß Schneider Unterschiede zwischen beiden Gattungen insofern durchaus nicht völlig einebnet, als er für die Gattungsdifferenz Entwicklungen konstatiert.[126]

Eine breitere Diskussion wurde erst mit dem Buch Friedrich Maurers über *Die politischen Lieder Walthers von der Vogelweide* ausgelöst. Die Hauptthese faßte er in einem späteren Aufsatz noch einmal zusammen,[127] wo er daran festhält, daß im Œuvre Walthers „die Spruchstrophen des gleichen Tons [...] in fast allen Fällen sich jeweils zu einer Einheit, einem Lied zusammenfügen", und für diese 'Lieder' auch noch einen bestimmten, begrenzten Entstehungszeitraum

---

[122] Einen Überblick über die Diskussion zu dieser Frage bis zum Beginn der 70er Jahre gibt Tervooren, „'Spruch' und 'Lied'".

[123] Schneider, „Mittelhochdeutsche Spruchdichtung".

[124] Vgl. die im Folgenden besprochenen Arbeiten von Maurer, Moser und Tervooren. – Allerdings ist Schneider nicht primär an einer Entscheidung in der Frage nach dem Lied-Spruch-Verhältnis interessiert, sondern an der Abgrenzung zwischen 'Sangspruch' – ein von ihm eingeführter Begriff – und didaktischer Reimpaardichtung (ebd., S. 137-139).

[125] Ebd., S. 135f.

[126] „Von der Minnelyrik zunächst durch Thema, Form und sozialen Abstand getrennt, nähert sich die Spruchpoesie ihr immer mehr." Ebd., S. 137.

[127] Maurer, „Walthers 'Sprüche'".

postuliert.[128] Daß die These, die er auch auf die frühere und spätere Spruchdichtung ausdehnen will,[129] unhaltbar ist, wird niemand mehr bestreiten; erhellend ist indes, auf welchen Pauschalisierungen sie beruht: Zwischen verschiedenen Modi der Strophenverknüpfung und zwischen unterschiedlichen Möglichkeiten der Text-Ton-Relation differenziert Maurer nicht, wenn er mit der Aufdeckung eines thematischen Zusammenhangs von Strophen sofort deren 'liedhafte Einheit' behauptet.[130] Er klärt die Leistung des Begriffs der 'Einheit' nicht, wie in weiten Teilen dieser Forschungsdiskussion generell. Thematische Strophenbindung in einzelnen Tönen Walthers nimmt er als Merkmal aller seiner Töne und schließlich als Norm für Spruchtöne generell an.[131] Es ist leicht zu erkennen, daß Maurer lediglich an die Stelle alter normativer Vorstellungen neue setzt, was besonders beim Zirkelschluß der Athetese von nicht in die 'Liedeinheit' passenden Strophen deutlich wird.[132]

Vorsichtiger und differenzierter, aber generell zustimmend, sucht Hugo Moser die Thesen Maurers für seine Problematisierung des Verhältnisses zwischen Lied und Spruch auszuwerten.[133] Da grundsätzlich „mit der Möglichkeit der Mehrstrophigkeit zu rechnen" sei, lasse sich „die Einstrophigkeit als Wesensmerkmal für die hochmittelalterliche deutsche 'Spruchdichtung' nicht aufrechterhalten".[134] Um an dieser Auffassung festhalten zu können, braucht Moser die einseitigen Thesen Maurers nicht unmodifiziert zu übernehmen; er verweist darauf, daß sich auch innerhalb eines Tons mehrere Strophengruppen bilden oder daß gleichtonige Strophen in loserer Verbindung stehen können.[135] Inhaltliche Merkmale vermögen aufgrund der thematischen Heterogenität der Spruchdichtung in seiner Sicht ebenfalls „keine eigene lyrische Art zu konstituieren";[136] auch die Unterscheidung zwischen dem 'subjektiven' Charakter der Minnelyrik und dem 'objektiven' Charakter der Spruchdichtung stelle eine unzulässige Vereinfachung dar. Spürbar wird ein – allerdings nicht explizit geäußertes – Unbehagen an substantialistischen Definitionen, die der Vielfalt literarischer Phänomene nicht gerecht werden. Die irrige Folgerung aus diesem an sich richtigen Einwand ist jedoch – und auch diese Verkürzung kennzeichnet

---

128  Ebd., S. 147.
129  Ebd., S. 152-154.
130  Vgl. auch die Kritik von Niles, *Pragmatische Interpretationen*, S. 160.
131  Maurer, „Walthers 'Sprüche'", S. 152f.
132  Ebd., S. 169.
133  Moser, „Minnesang und Spruchdichtung?"; ders., „'Lied' und 'Spruch'".
134  Moser, „Minnesang und Spruchdichtung?", S. 375 u. 376.
135  Ebd., S. 376 u. Anm. 22a; vgl. auch Moser, „'Lied' und 'Spruch'", S. 184f. (einschränkend zu Maurer); zu Differenzierungen bezüglich der Art der Strophenverbindungen ebd., S. 192-194.
136  Moser, „Minnesang und Spruchdichtung?", S. 377f.; zit. 377.

weithin die Diskussion –, die generelle Unterscheidung zwischen beiden Gattungen aufheben zu müssen.[137]

Helmut Tervooren schließlich zieht die Linie Mosers weiter aus:[138] Die Unterscheidungsmerkmale der Tonverwendung (einmalige versus mehrfache Verwendung) und der Thematik seien keine tauglichen Kriterien für die Scheidung zwischen Lied und Sangspruch.[139] Was das Kriterium der Strophenbindung betrifft, sieht Tervooren lediglich graduelle Unterschiede zwischen den Gattungen, da die Spruchstrophe zwar relativ geschlossen, aber ebenfalls „auf mehrstrophige Verbände angelegt" sei.[140] Einerseits weist er darauf hin, daß „die Art und der Umfang der Mehrstrophigkeit" in der Spruchdichtung noch zu klären seien und vorerst offenbleiben müsse, ob „es sich bei diesen Strophen um grundsätzlich andere Einheiten handelt als im Minnelied".[141] Andererseits legt er sich fest, indem er sich eindeutig dagegen entscheidet, hierin ein Differenzierungsmerkmal zu sehen: Es scheine „nicht sinnvoll, Lied und Sangspruch als autonome Gattungen zu verstehen".[142] In seiner vor wenigen Jahren erschienenen Einführung zur Spruchdichtung hält Tervooren an dieser Auffassung fest.[143] Indem er betont, „daß der Sangspruch keine 'Naturform' ist",[144] wendet er sich lediglich – für diesen Fall – gegen eine normative Gattungsdefinition, die literarischen Gattungen jedoch ohnehin inadäquat ist. Als Alternative hierzu sieht er daher die grundsätzliche Infragestellung der gattungshaften Bestimmbarkeit der

---

[137] Die von Moser statt dessen vorgeschlagene Gliederung hochmittelalterlicher Lyrik, welche die Spruchdichtung „in die Einzelarten aufzulösen" sucht („Minnesang und Spruchdichtung?", S. 380-387, zit. 379) und auch den Minnesang als gleichgeordnet umfaßt, hat, abgesehen von ihrer Unschärfe und unzureichenden Systematik (vgl. hierzu die Kritik U. Müllers, „Beschreibungsmodell", S. 61f.) einen geringen Erkenntniswert, da sie lediglich ein rein beschreibendes Klassifikationsmuster darstellt, mit dem z.B. keine Relationen einzelner Typen zueinander erfaßt werden. Dies gilt grundsätzlich auch für den (systematischeren und differenzierteren) Klassifikationsversuch Müllers, ebd., S. 57-72. – Am anregendsten sind Mosers Ausführungen dort, wo er die Variabilität von Strophenfolgen (die er allerdings als Vortragsfolgen interpretiert, hierzu s.o., Anm. 79) und die unfeste Textgestalt von Spruchstrophen herausarbeitet („'Lied' und 'Spruch'", S. 195-198), womit er auf die aktuell (insbesondere am Minnesang) diskutierte Beschreibungskategorie der *mouvance* vorausweist; zu untersuchen bleibt, ob für Sangspruch und Minnesang mit unterschiedlichen Formen der 'Unfestigkeit', also mit einem gattungsspezifischen Status von Textualität zu rechnen ist.

[138] Tervooren, Art. „Mittelhochdeutsche Spruchdichtung"; vgl. auch ders., *Einzelstrophe oder Strophenbindung?*.

[139] Tervooren, Art. „Mittelhochdeutsche Spruchdichtung", Sp. 161b-162a.

[140] Ebd., Sp. 161b. In seinem Forschungsüberblick, „'Spruch' und 'Lied'", S. 24, verweist Tervooren in diesem Zusammenhang auf die Ergebnisse seiner Dissertation (ders., *Einzelstrophe oder Strophenbindung?*).

[141] Tervooren, Art. „Mittelhochdeutsche Spruchdichtung", Sp. 164b u. 165a.

[142] Ebd., Sp. 162a.

[143] Tervooren, *Sangspruchdichtung*, S. 1 u. 85-89; das Kapitel „Terminologisches. Das Problem Lied – Spruch" (S. 81-89) stellt im wesentlichen eine erweiterte Fassung des Reallexikon-Artikels („Mittelhochdeutsche Spruchdichtung") dar.

[144] Tervooren, *Sangspruchdichtung*, S. 1.

Sangspruchdichtung;[145] das impliziert, daß keine alternativen Gattungskonzepte denkbar wären.

Sofern die Kritik sich auf den Einzelfall beschränkt und nicht erkannt wird, daß sie sich eben nur gegen einen substantialistischen Gattungsbegriff richtet, wird dieser grundsätzlich gerade wieder bestätigt. Bei der Ablehnung der Gattungsdifferenzierung mit dem Argument, daß bestimmte Texte oder Textgruppen nicht erfaßt werden und daß darum die entsprechenden Kriterien untauglich seien, wird vergessen, daß die adäquate Einordnung aller Texte allein in historischer Perspektive sinnvoll und möglich wäre.[146] Positionen, die weiterhin an der Gattungsunterscheidung im normativen Sinne festhalten, marginalisieren umgekehrt die nicht passenden Gegenbeispiele als 'Sonderfälle',[147] argumentieren also ebenfalls ahistorisch.

Fruchtbar wurde die Diskussion um Lied und Spruchdichtung daher erst dort, wo bewußt war, daß der Gattungsbegriff nicht notwendig mit substantialistischen Bestimmungen gekoppelt sein muß. Die Einführung einer geschichtlichen Perspektive in die Gattungsfrage führt exemplarisch die Arbeit Kurt Ruhs vor.[148] Er fragt in seiner Auseinandersetzung mit Maurers Thesen zunächst nach der spezifischen Einheit von Spruchtönen am Beispiel von Strophen Walthers von der Vogelweide und sucht den Begriff der Einheit in einem „geschichtlich determinierten Sinne", ausgehend von den Liedern Walthers, zu fassen.[149] Das Ergebnis ist eine differenzierte Sicht auf das Verhältnis zwischen Strophen-Einheit und Ton-Einheit, das sich in den Minneliedern und in den Spruchtönen Walthers als „grundsätzlich verschieden" erweist.[150] Vom Beispiel aus eröffnen sich in einem zweiten Schritt weitreichende Überlegungen zum grundlegenden Gattungsverständnis. Im Rückgriff auf den Entelechie-Begriff Kuhns[151] postuliert Ruh die Historisierung des Gattungsbegriffs: Gesetzmäßigkeiten einer Gattung „sind nicht einer normativen, an (scheinbar) zeitlosen Mustern orientierten Ästhetik zu entnehmen, sondern je und je den zeitverhafteten Denkmälern abzulesen"; an formalen, thematischen und sozialgeschichtlichen Kriterien kann er

---

145  Ebd. u. S. 86-89; Tervooren sieht die Unterscheidung zwischen Lied und Spruch für den konkreten literaturwissenschaftlichen Gebrauch als „praktisch und produktiv" an, hält sie aber auf systematischer Ebene nicht für möglich (S. 89).

146  Dabei wurde schon in Schneiders Artikel („Mittelhochdeutsche Spruchdichtung", S. 137; s.o.) deutlich, daß die 'Gegenbeispiele' gegen eine Unterscheidung zwischen Lied und Spruch im Sinne geschichtlicher Prozesse beschrieben werden können, was er selbst nicht weiter ausgeführt hat.

147  Vgl. z.B. de Boor, *Deutsche Literatur im späten Mittelalter*, S. 408 u. 410 („späte Vermischung").

148  Ruh, „Mittelhochdeutsche Spruchdichtung"; zur Historisierung des Gattungsbegriff vgl. grundsätzlich auch Grubmüller, „Gattungskonstitution im Mittelalter".

149  Ruh, „Mittelhochdeutsche Spruchdichtung", S. 88.

150  Ebd., S. 91.

151  Kuhn, „Gattungsprobleme", S. 56-61.

*Sangspruchdichtung* 41

festhalten, ohne „unveränderliche[] Konstanten" annehmen zu müssen.[152] Ergänzend kann hinzugefügt werden, daß dabei wohl auch Verschiebungen in der Relation gattungsbestimmender Merkmale untereinander, also in ihrem Zusammenwirken, ihrer Hierarchie und Gewichtung, eine Rolle spielen dürften, und nicht erst Fortfall und Neuentstehung einzelner Merkmale. Wie andere Gattungen ist auch der Sangspruch als „Produkt einer geschichtlichen Aus- und Eingliederung" zu erfassen, wobei der 'Motor' hierfür der Minnesang ist.[153] Das Nachbarverhältnis von Lied und Sangspruch ist also ein Beispiel für die an sich selbstverständliche Tatsache, daß auch das Verhältnis zwischen Gattungen wandelbar ist und daß die einzelne Gattung sich in Relation zu bzw. auf der Folie der jeweils anderen profiliert. Die Gattungsentwicklung der Spruchdichtung von ihren Anfängen bis hin zu Walther[154] beschreibt Ruh als Prozeß der allmählichen Sonderung bis zur scharfen Trennung von Lied und Spruch, der wiederum eine Annäherung folgt.[155] Nach der Ausgliederung des Minnesangs (Der von Kürenberg und Umfeld) und dann der Spruchdichtung ('Herger') aus dem „Komplex unterliterarischer Kleinformen"[156] seien die Gattungen in dieser frühen Phase in ihrem Themenrepertoire (die neue Liebesthematik versus Lebensweisheit, religiöse Lehre und Fürstenpreis) sowie im sozialen Status der Produzenten (Adelsdichtung versus Berufsdichterproduktion)[157] voneinander unterschieden. Das Text-Ton-Verhältnis dagegen ist noch kein gattungsunterscheidendes Merkmal: Im Minnesang wie im Spruch sind Eintonigkeit und Einstrophigkeit bzw. relative Selbständigkeit der Einzelstrophe auch bei der Bildung von Strophenreihen kennzeichnend. Erst mit der Rezeption der romanischen, formal anspruchsvollen Lyrik im Minnesang, an der die Spruchdichtung zunächst nicht teilnimmt (Spervogel), werden auch die formalen Merkmale in ihrer Bündelung zu eindeutigen Gattungskonstituenten: Tönevielfalt, Strophenbindung zu einer höheren Einheit und stollige Form grenzen das Minnelied deutlich vom Spruch ab,[158] der bei Einstrophigkeit, Eintonigkeit und unstolli-

---

[152] Ruh, „Mittelhochdeutsche Spruchdichtung", S. 91.
[153] Ebd., S. 92.
[154] Da Ruhs Ausgangspunkt die Diskussion von Maurers Thesen ist, berücksichtigt er die Zeit nach Walther nicht mehr.
[155] Ruh, „Mittelhochdeutsche Spruchdichtung", S. 92-97.
[156] Ebd., S. 92.
[157] Gegen eine Zuordnung des Minnesangs in seiner gesamten zeitlichen Ausdehnung zu den 'adligen Dilettanten' (welchen die Ministerialen ganz unterschiedlicher Positionen zur Seite zu stellen wären) und der Spruchdichtung zu den nicht-adligen, fahrenden Berufsdichtern vgl. Kiepe-Willms, „Herman Dâmen", bes. S. 34 u. 49 (ihre Kategorie der 'bürgerlichen Fahrenden' ist jedoch durch die des Fahrenden außerhalb der Ständeordnung zu ersetzen). – Für die Poetik der Gattungen ist die Frage nach dem sozialen Status der Autoren allerdings irrelevant, was sich aus der Überlagerung des Interaktionsmodells von Herrschaft und Dienstbarkeit durch dasjenige von Meisterschaft und Schülerschaft ergibt (Kuhn; s.o., 1.1.1, S. 15f.).
[158] Diese Entwicklung des Minnesliedes zeichnet sich jedoch in Ansätzen schon vor der vollen Rezeption der Trobador- und Trouvère-Kunst ab: Tendenzen zur Vieltonigkeit und zur Gleichung 'ein Lied – ein Ton' sind besonders bei den angezweifelten Strophen Dietmars von

gem Strophenbau verharrt. Walther vollzieht dann als erster eine Angleichung der Gattungstraditionen, indem er das Prinzip der Vieltonigkeit sowie die Kanzonenstrophe und die formale Perfektion des Strophenbaus auch in seiner Spruchdichtung übernimmt. Als Abgrenzungskriterien sind jedoch, wie Ruh betont, selbst bei der Bildung größerer Einheiten in Walthers Spruchtönen die Autonomie der Einzelstrophe und der offene Charakter des Tons grundsätzlich gewahrt. Eher eine Addition und Reihung von Strophen, sei die Bindung in Spruchtönen nicht zu verwechseln mit der Verklammerung und Sukzession im Lied. Für Walthers Spruchdichtung bleibe damit die Einheit der Strophe „gattungsbestimmendes Formkriterium".[159]

Die weitere Entwicklung der Spruchdichtung im Verhältnis zum Minnesang ist von Ruh nicht mehr erfaßt worden. Zumindest noch bis Frauenlobs Spruchdichtung wird man mit Frieder Schanze von der Einheit der Strophe und ihrer relativen Selbständigkeit als eines (potentiell) distinktiven Gattungsmerkmals gegenüber der Orientierung der Minnesang-Strophe auf die übergeordnete Liedeinheit hin ausgehen dürfen.[160] Zum Aspekt des Tongebrauchs ist ferner die gattungsgeschichtliche Studie von Gisela Kornrumpf und Burghart Wachinger anzuführen, die auch die Zeit nach Walther berücksichtigt:[161] In dieser Phase werden – mit Ausnahme Reinmars von Zweter – die Tönevielfalt und vor allem das Töne-Erfinden als besondere Kunstleistung geradezu zum Kennzeichen der 'Spruchmeisterschaft';[162] die Strophenform nähert sich noch mehr der des Liedes an (Bevorzugung der Kanzonenform bzw. von Da-capo-Formen). Im 14. Jahrhundert erst beginnt auch die Mehrstrophigkeit zum Usus zu werden (z.B. bei Heinrich von Mügeln); selbst dann bleibt jedoch als Opposition zum Minnesang die Offenheit der Spruchtöne bestehen.

Als variable Differenzierungsmerkmale sind ferner unterschiedliche Sprechhaltungen zu nennen, die sich aber in beiden Gattungen noch auf jeweils unterschiedliche Art verschränken können: Der Rede des unmittelbar involvierten, liebenden Ich im Rahmen der Fiktion des Liedes steht zunächst die verallgemeinernde Rede des Sangspruchs gegenüber. Des weiteren stehen dem Spruchdichter im Sprechen auf ein Allgemeines hin bestimmte Rollen zur Verfügung, die ebenfalls als Ich-Rollen inszeniert werden können (etwa das Ich des Beleh-

---

Aist, beim Burggrafen von Regensburg und beim Burggrafen von Riedenburg zu beobachten; vgl. Kornrumpf/Wachinger, „Alment", S. 404.

[159] Ruh, „Mittelhochdeutsche Spruchdichtung", S. 97.

[160] Vgl. Schanze, *Meisterliche Liedkunst*, S. 2-4 u. 17-19, der den Beginn der Durchsetzung des mehrstrophigen Bars als literarische Norm etwa um die Mitte des 14. Jahrhunderts ansetzt und die Spruchdichtung bis zum ersten Drittel des Jahrhunderts „durch das Prinzip der pointierten, als in sich geschlossene Einheit konzipierten Einzelstrophe" gekennzeichnet sieht, was die Annahme gelegentlicher Strophenverknüpfungen nicht ausschließt (S. 2).

[161] Kornrumpf/Wachinger, „Alment", S. 403-411.

[162] Ebd., S. 397-401 u. 408-410, sehen den Typus des töneerfindenden Spruchmeisters im 13. Jahrhundert, des *gernden meisters*, in deutlichem Gegensatz zu den 'Nachsängern'.

renden und Tadelnden, das des fahrenden, um Lohn bittenden Sängers), sich jedoch charakteristisch von den minnesangtypischen Rollen unterscheiden. Schließlich ist dem Kriterium der Sänger-Rolle noch das des literarischen Autortyps zur Seite zu stellen.[163]

In der Arbeit von Sabine Obermaier zur poetologischen Thematik in Sangspruch und Minnesang fehlt zwar sowohl eine Reflexion des Gattungsbegriffs als auch eine eingehendere Diskussion der Forschung zur Relation zwischen beiden Gattungen;[164] zudem spielen Präsuppositionen zu deren ästhetischen Konzepten eine Rolle, mit denen eine der beiden gängigen Polarisierungen von Lied und Spruch noch einmal festgeklopft wird ('Artistik' versus 'Pragmatik').[165] Die Ergebnisse bestätigen jedoch – zu abstrahieren ist dabei von denjenigen Aspekten, die sich den genannten Vorannahmen verdanken – die Gattungsdifferenz, die auch in den unterschiedlichen Formen und Funktionen poetologischer Aussagen virulent wird:[166] Im Minnesang seien sie nur auf die Gattung selbst bezogen und stärker mit anderen Themen verwoben, im Sangspruch in ihrer Ausrichtung offener,[167] wo ferner die „Ausbildung selbständiger Formen" poetologischer Aussagen zu verzeichnen sei.[168]

---

[163] So weist Wachinger, *Sängerkrieg*, S. 306f. u. 309f., auf den im 13. Jahrhundert neu entstehenden Autortyp des Berufsliteraten hin, der durch sein am Leitbild des *meisters* orientiertes Literatenbewußtsein charakterisiert ist (dieser Autortyp ist zwar nicht auf die Spruchdichtung beschränkt, doch häuft sich hier eine ihm entsprechende Form literarischer Polemik); s.u., 1.2.2, S. 57.

[164] Als formales Differenzkriterium läßt Obermaier die Text-Ton-Relation, als inhaltliches das Themenspektrum gelten (*Nachtigallen und Handwerker*, S. 17f.). Einen ahistorischen, keinen Wandel der Merkmalshierarchie mit einkalkulierenden Gattungsbegriff impliziert z.B. die Ablehnung des Kriteriums 'Einstrophigkeit/Strophenbindung' mit dem Argument, ersteres komme auch im Minnesang, letzteres auch im Sangspruch vor (S. 17). – Seltsam muten ferner Bemerkungen wie die folgende an: „der Leich kann je nach thematischer Ausrichtung zum Minnesang oder zur Sangspruchdichtung gezählt oder gar als Sonderform betrachtet [...] werden" (S. 18; dies braucht kaum noch mit dem Hinweis kommentiert werden, daß Forschungen von Kuhn, *Minnesangs Wende*, Bertau, *Sangverslyrik*, Glier, „Minneleich" u.a. hinreichend plausibel gemacht haben dürften, daß der Leich eine distinkte Gattung darstellt).

[165] Hier s.u., 1.2.2. Vgl. Obermaier, *Nachtigallen und Handwerker*, S. 18: „Der Anspruch der Sangspruchdichtung ist meines Erachtens ein eher gnomischer, didaktischer oder paränetischer, der Anspruch des Minnesangs dagegen ein eher artistischer, weshalb ich die Sangspruchdichtung als die pragmatischere Gattung ansehe, wobei ein Wille zur Kunst auch hier nicht geleugnet werden darf." Der letzte, einschränkende Zusatz stellt die Polarisierung nicht wirklich in Frage und scheint in der entsprechenden Forschungsrichtung mittlerweile beinahe selbst schon topisch geworden zu sein.

[166] Ebd., S. 339 u. 361.

[167] Ebd. u.ö. Nicht ganz klar wird, wie sich dieses Ergebnis zu der Aussage verhält, daß in späthöfischer Zeit bei *beiden* Gattungen die Tendenz erkennbar werde, die poetologische Thematik aus der Verschränkung mit anderen Themen zu lösen (S. 355).

[168] Ebd., S. 275. – Ferner spricht die spätere, getrennte Überlieferung von Minnesang und Spruchdichtung für ein unterscheidendes Gattungsbewußtsein in der Rezeption; vgl. Brunner, *Die alten Meister*, S. 3f. u.ö.

Vor allem mit Blick auf die gattungstypischen Sänger-Rollen und Sprechhaltungen sind wiederholt die Experimente Walthers von der Vogelweide mit der Gattungsgrenze untersucht worden. Gerhard Hahn beschreibt Walthers Einsatz der Minnesänger-Rolle in der Spruchdichtung und umgekehrt die Einführung der Rolle des Belehrenden in die Minnekanzonen.[169] Besonders in der zweiten Hälfte des 13. Jahrhunderts werden das generalisierende Sprechen über die Liebe wie auch der verallgemeinernde Frauenpreis zu einer weiter verbreiteten Tendenz im Minnesang.[170] Solche Lieder etwa als 'spruchartig' einzuordnen, ist insofern nicht sinnvoll, als in der Regel die liedhafte Strophenbindung gewahrt bleibt, d.h. daß bei Gattungsinterferenzen, bei denen bestimmte Differenzmerkmale fortfallen, andere als die entscheidenden Kriterien um so mehr hervortreten (s.u.). Schließlich wird umgekehrt die Liebesthematik, die bei Walther erst in wenigen Spruchstrophen Einzug erhält, in größerem Rahmen bei späteren Autoren in das thematische Repertoire der Spruchdichtung aufgenommen, am ausgeprägtesten bei Reinmar von Zweter und Frauenlob.

Der von Ruh eröffnete Weg zu einer Beschreibung von Gattungen als historische Phänomene am konkreten Beispiel der Lied-Spruch-Diskussion erhielt bekanntlich wenige Zeit später mit dem von Hans Robert Jauß entwickelten, in der Hermeneutik beheimateten und strukturalistisch angeleiteten rezeptionsgeschichtlichen Ansatz, mit dem der prozessuale Charakter literarischer Gattungen ernstgenommen wird, einen theoretischen Rahmen.[171] Jauß versteht ihn als Al-

---

[169] G. Hahn, „Ein Minnesänger macht Spruchdichtung"; ders., „*ich*-Aussagen"; vgl. Ortmann, „Der Spruchdichter am Hof" (ausführlicher hierzu s.u., 1.2.2, S. 62-64) und dies., „Die Kunst *ebene* zu werben"; vgl. ferner Ranawake, „Reinmar-Fehde", bes. S. 19-23; dies., „*Der manne muot*", S. 111f. u.ö., zum 'objektivierenden' Sprechen in Walthers Minnekanzonen und zur 'Didaktisierung' der Liebesthematik.

[170] Konrad von Würzburg ist zwar der Hauptvertreter dieser Tendenz (Schröder 3-5; 7-12; 16-17; 20-22; 29-30; zu Konrads Liedern vgl. Brandt, *Konrad von Würzburg*, S. 81-86 und – mit Abstrichen – Kokott, *Konrad von Würzburg*, S. 179-197), aber weder der erste noch der einzige Autor, in dessen Liedschaffen ein solches 'objektivierendes' Sprechen, ermahnend oder preisend, zu beobachten ist. Dieses kann sowohl in einzelnen Liedstrophen stärker hervortreten (u.a. bei Gottfried von Neifen, Ulrich von Singenberg, Ulrich von Liechtenstein, dem Marner, Walther von Klingen und Schenk Konrad von Landeck) als auch das ganze Lied beherrschen; z.B. Markgraf Heinrich III. von Meißen, *KLD* 21, V; Reinmar von Brennenberg, *KLD* 44, III; der Marner, Strauch V; IX; der Kanzler, *KLD* 28, V-XII; Christan von Hamle, *KLD* 30, IV; der Junge Meißner, Peperkorn A, IV; V; Hugo von Mühldorf, *KLD* 26. Überdies finden sich Liedstrophen (bzw. einstrophige Lieder) mit Minnethematik, die gänzlich ohne die Fiktion des liebenden Ich auskommen, also durchweg allgemein (zum Teil nicht preisend, sondern belehrend) gehalten sind, vereinzelt auch schon vor Walther: *MF* 3, 12 (anonyme Strophe in M); Meinloh von Sevelingen, *MF* 12, 1; 12, 14; 14, 14; Dietmar von Aist, *MF* 33, 31; Heinrich von Veldeke, *MF* 61, 1; 61, 18; 61, 25; 65, 21; zu letzterem Lieb, „Modulationen".

[171] Jauß, „Theorie der Gattungen"; hierzu Hübner, *Frauenpreis*, S. 385, Anm. 64. – Ich betrachte den Ansatz von Jauß durchaus nicht „als gescheitert", oder doch nur mit Blick auf seinen Entwurf eines mittelalterlichen Gattungs*systems* – und hauptsächlich auf diesen zielt wohl Grubmüllers Urteil („Gattungskonstitution im Mittelalter", S. 199; vgl. 205 u. 210). In seinem Systematisierungsversuch sehe ich indes keineswegs die Hauptleistung von Jauß, sondern

ternative zu den Extrempositionen der „nur Klassifikationen a posteriori zulassenden Skepsis" und „des Rückzugs in zeitlose Typologien".[172] Mag in seinem Modell auch der Status des Historischen zum Teil unklar und die Vorstellung des 'Sinnpotentials' eines Textes, dessen sukzessive Entfaltung in den historischen Konkretisationen der Rezeption die Literaturwissenschaft zu beschreiben habe, problematisch sein[173] – einige der Jaußschen Beschreibungskategorien, nicht zuletzt sein Gattungsbegriff in der Koppelung mit dem Begriff der Erwartungshaltung, sind längst „in das Grundrepertoire literaturwissenschaftlichen Arbeitens eingegangen [...] und [haben] damit ihre Auffälligkeit verloren".[174] Die Gattungszugehörigkeit eines literarischen Textes besteht darin, daß er sich auf einen „vorkonstituierte[n] Erwartungshorizont" beziehen muß, um überhaupt rezipiert werden zu können.[175] Kontinuität und Wandel literarischer Normen können so auf verschiedenen Ebenen eines literarischen Systems beschrieben werden;[176] Gattungsnormen im Sinne gattungsspezifischer Erwartungshaltungen entstehen und verändern sich durch die Textreihe, aus welcher sich das Gattungswissen herleitet, sowie durch die je unterschiedliche Antwort der Texte auf den Erwartungshorizont. Wandel entsteht somit aus der Interaktion von Erwartungshaltung und dem diese mitbestimmenden und auf sie reagierenden Text: „[S]o stellt sich das Verhältnis vom einzelnen Text zur gattungsbildenden Textreihe als ein Prozeß fortgesetzter Horizontstiftung und Horizontveränderung dar."[177]

Das rezeptionsgeschichtliche Gattungsmodell ist – so fest sich einige seiner Grundbegriffe auch sonst in der Literaturwissenschaft etabliert haben – in der

---

vielmehr in der Formulierung rezeptionsästhetischer Grundannahmen, die zur Historisierung und Dynamisierung des Gattungsbegriffs selbst führen und in deren Konsequenz die Überlegung liegt, daß „Überschneidungen, verfließende Ränder" (ebd., S. 199) – das Spiel mit der Gattungsgrenze also – ein gattungsdifferenzierendes Bewußtsein gerade voraussetzen (s.u.). Mit der Postulierung eines mittelalterlichen Gattungssystems, das Vollständigkeit, Homogenität und Kohärenz suggeriert, scheint Jauß seinen eigenen Vorannahmen zu widersprechen, die eigentlich nur zulassen, eine Gattung am konkreten Text, und zwar relational, zu beschreiben, nicht jedoch ihre verabsolutierte Verortung innerhalb eines Systems. Auf den Selbstwiderspruch bei Jauß macht auch Grubmüller (ebd., S. 200) aufmerksam, dem im übrigen in seiner dezidierten Ablehnung einer Argumentation, die aus dem Scheitern der Bestimmung einzelner Gattungen deren Nichtexistenz folgert, nur rechtzugeben ist (ebd.; gegen solche Positionen ist meines Erachtens nicht nur die Wandlungsfähigkeit der literarischen Reihen zu halten, sondern auch, im synchronen Schnitt, bereits die Dynamik von Gattungsrelationen selbst); gleiches gilt für Grubmüllers Insistieren auf der Notwendigkeit eines Gattungsbegriffs, „der auf historische Dynamik gegründet ist" (S. 210).

172 Jauß, „Theorie der Gattungen", S. 109.

173 Als „[m]ethodisch ungedeckt" bezeichnet etwa Warning, „Rezeptionsästhetik", S. 24, „die Insistenz auf der Geschichtlichkeit allen Verstehens bei gleichzeitigem Festhalten an 'richtigem' und 'falschem' Verstehen" (zu Jauß, „Literaturgeschichte als Provokation").

174 Richter, „Wirkungsästhetik", S. 520.

175 Jauß, „Theorie der Gattungen", S. 110.

176 Ebd., S. 111f.

177 Ebd., S. 119.

mediävistischen Forschung zur mittelhochdeutschen Lyrik vergleichsweise wenig rezipiert worden.[178] Relativ weit verbreitet ist die Rede von einem 'Verschwimmen', 'Verwischen' oder 'Aufweichen' von Gattungsgrenzen:[179] Ein solcher Sprachgebrauch ist symptomatisch für eine Haltung, welche die Möglichkeit einer historisierenden Sicht auf die Gattungsdifferenz nicht zur Kenntnis nimmt. Sofern sie auf dieser Haltung basieren, sind Zweifel an der Abgrenzbarkeit von Lied und Spruch obsolet geworden; nicht wahrgenommen wird dann, welche Beschreibungsmöglichkeiten der Gattungsbegriff in der skizzierten Perspektive bietet.

In diesem Zusammenhang ist ferner an ein Theorem des russischen Formalismus selbst zu erinnern, demzufolge, wie Jurij Tynjanov schreibt, die Korrelation eines literarischen Elements mit anderen Elementen eines als 'System' aufgefaßten Textes oder einer Textreihe (die 'Synfunktion') primär entscheidend ist, nicht seine Korrelation mit den entsprechenden Elementen anderer Systeme (seine 'Autofunktion').[180] So ließe sich, was Tynjanov für die Evolution literarischer Elemente innerhalb der gesamten Literatur einer Epoche ausführt, auch für deren Funktion innerhalb einer Textreihe oder eines Autor-Œuvres etc. behaupten: daß, wo ein Element oder Merkmal in eine untergeordnete Funktion zurücktritt, „auf seine Kosten andere Merkmale [...] und andere Elemente [...] wichtig" werden.[181] Tynjanov läßt dies explizit auch für die Relation zwischen Gattungen gelten, die immer in wechselseitigen Funktionen zueinander stehen, nur daß die Elemente, die solche Funktionen erfüllen, d.h. also die Differenzmerkmale, wechseln.[182]

Aus dem Diskussionsüberblick sind abschließend die Konsequenzen für die Relation von Minnesang und Spruchdichtung zu ziehen. Die Historisierung des Gattungsbegriffs erlaubt es, an der Unterscheidbarkeit der beiden Gattungen im Sinne der Differenzierung zwischen unterschiedlichen Erwartungshaltungen festzuhalten, ohne die Experimente mit der Gattungsdifferenz, die sich gerade im 13. Jahrhundert häufen, marginalisieren zu müssen (s.u.). Gattungswissen und das Bewußtsein von Gattungsdifferenzen müssen als produktions- wie rezeptionsseitig relevante Kriterien aufgefaßt und zu den Grundbedingungen des Gelingens literarischer Kommunikation gerechnet werden.

Die Gattungsgrenze ist allerdings nicht fest definiert, sondern kann unterschiedlich verlaufen, da auch das Verhältnis der Gattungen zueinander im Inter-

---

[178] Von neueren Arbeiten ist hier etwa Hübner, *Frauenpreis*, zu nennen.
[179] Zu Lied und Sangspruch vgl. z.B. Kokott, *Konrad von Würzburg*, S. 198 u. 218; Peil, „*Wîbes minne*", S. 179 (aus der älteren Sangspruchforschung vgl. etwa: Stackmann, *Heinrich von Mügeln*, S. 21).
[180] Tynjanov, „Literarische Evolution", S. 439. Die Autofunktion ist allerdings Bedingung der Synfunktion (ebd.).
[181] Ebd., 441-443; zit. 443. Tynjanov geht es hier um das Beispiel der 'Automatisierung' bestimmter Elemente in der Literatur einer Epoche.
[182] Ebd., S. 447 u. 451.

aktionsfeld von Gattungserwartung und Einzeltext anzusiedeln, also historisch variabel ist; dies hat in einzelnen konkreten Aspekten schon die Studie Ruhs gezeigt. Die verschiedenen Gattungsmerkmale können ihren Status wechseln und von distinktiven zu nicht unterscheidenden Merkmalen werden (die aber im Verhältnis zu einer dritten Gattung wieder distinktiv sein können) bzw. umgekehrt. Im Rahmen von Verschiebungen innerhalb der Merkmals-Relationierung ändert sich somit deren Hierarchie und Gewichtung.

Auch in der Rezeption kann die Zuordnung einzelner Texte zu einer Gattung flexibel sein. Die Gattungsunterscheidung wird auch hiermit nicht aufgehoben; vielmehr ist ein differenzierendes Gattungsbewußtsein gerade die Voraussetzung dafür, daß ein und derselbe Text mit unterschiedlichen Zuweisungen rezipiert werden kann.[183] Die Überlieferung einer Strophe Konrads von Würzburg kann dies zeigen (Schröder 3, 21). Sie ist einmal in C als letzte Strophe eines Minneliedes überliefert (C 3), welches als solches eindeutig durch den für Konrad typischen Natureingang und durch den engen Strophenzusammenhang ausgewiesen ist. Die Strophe ist außerdem einzeln, in tonfremder Umgebung, in n überliefert (n I, 8), und zwar in einem Faszikel von insgesamt 25 Strophen,[184] das eine deutliche thematische und gattungshafte Homogenität aufweist: Zusammengestellt sind hier – ohne Autorzuweisungen – fast ausnahmslos Einzelstrophen verschiedener Autoren mit Liebesthematik oder Frauenpreis, die außer Konrads Text auch in der Parallelüberlieferung, sofern vorhanden, jeweils als Sangspruchstrophen behandelt sind. Das gattungshafte und das thematische Kriterium steuerten also in Kombination miteinander die Zusammenstellung der Texte, gleichgültig, ob sie nun auf den Redaktor der Handschrift oder auf eine Vorlage zurückgeht (während die Möglichkeit, Kohärenz über einen Autornamen herzustellen, irrelevant blieb). Die Strophe Konrads konnte mit ihrem generalisierenden Frauenpreis offenbar auch als selbständige Spruchstrophe gelten. Auf ein Gattungsbewußtsein weisen also nicht nur die Zusammenstellung des Faszikels und seine Homogenität hin: Indiziert wird es auch durch die Aufnahme der einzelnen, sonst im Liedzusammenhang überlieferten Strophe, die durch die Überlieferungsnachbarschaft als Spruchstrophe definiert werden

---

[183] In eine ähnliche Richtung wie die folgenden Beobachtungen weisen Überlegungen von J.-D. Müller, „*Ir reinen wîp*", S. 4-6 u. 24f., zu variablen Strophenfolgen bei Walther, wobei auch unterschiedliche Überlieferungskontexte miteinbezogen werden.

[184] Zu n und zu Faszikel I (Bl. 91$^r$-93$^r$) vgl. Stackmann, *GA*, S. 73-79, bes. 77f.; zur Einbeziehung dreier Ehespruchstrophen in das Faszikel s.u., Anm. 379. Faszikel n III (Bl. 94$^v$-96$^v$) versammelt ebenfalls einzelne Strophen, doch weniger als die Hälfte mit Liebesthematik oder Frauenpreis (von den 31 Strophen des Faszikels: n III, 4-6; 13-18; 23-25; 27). In n III finden sich zwei weitere Beispiele für differierende Gattungszuweisungen in der handschriftlichen Überlieferung: Die ebenfalls generalisierende *wîp-vrouwe*-Strophe Walthers von der Vogelweide (*L* 48, 38) ist in A, C und e im Liedkontext überliefert, in n III dagegen als 'Spruchstrophe' (n III, 17); entsprechendes gilt für eine Strophe Leutholds von Seven mit allgemeingehaltenem Frauenpreis (*KLD* 35, II, 4), die u.a. in B und C (in der vier- bzw. fünfstrophigen Version) als Liedstrophe überliefert ist, in n III einzeln (n III, 16).

konnte. Die jeweiligen Gattungszuweisungen in C und n entstehen somit durch unterschiedliche kontextuelle Determinierungen.[185]

Auf einer abstrakten Ebene sind diese Beobachtungen strukturell analog zu denjenigen Ludger Liebs, der an ausgewählten Sangspruch- und Minnesangstrophen Heinrichs von Veldeke überzeugend herausgearbeitet, daß sie „als Kipp-Figur zu verstehen" sind und „in der Weise der Modulation auseinander hervorgehen können, dass sie zwei Seiten einer Medaille sind".[186] Die Begriffe der Modulation und der Kipp-Figur werden zwar konkret auf andere Phänomene der Lied-Spruch-Relation bezogen als die oben besprochenen, sie scheinen jedoch gleichfalls die Annahme einer Gattungsdifferenz, und zwar einer flexiblen, notwendig zu machen.[187]

So gilt also auch für die Produktion, daß Experimente mit der Gattungsgrenze als 'überraschende' Antwort der Texte auf „den aus früheren Texten vertrauten Horizont von Erwartungen und Spielregeln"[188] ein Gattungsbewußtsein gerade voraussetzen und besonders deutlich werden lassen.[189] Das Werk Reinmars von Brennenberg zeigt, daß bei solchen Transgressionen die Grenze zwischen Lied und Spruch, indem jeweils andere Merkmale betroffen sind, im konkreten Fall neu bestimmt werden kann. Vier Lieder (*KLD* 44, I-III und V) sowie 13 in einem einzigen Ton verfaßte Spruchstrophen (*KLD* 44, IV) sind von Reinmar überliefert.[190] Zwei der potentiellen gattungsspezifischen Unterscheidungsmerkmale sind hier nicht relevant: die Thematik und die Sprechhaltung. Die Spruchstrophen konzentrieren sich wie die Lieder auf die Liebesthematik[191] und den Preis der Dame. Sie sind überwiegend Rede des liebenden, unmittelbar

---

[185] Bei der Überlieferung von Strophen sowohl im Liedkontext als auch einzeln handelt es sich keineswegs um ein singuläres Phänomen; vgl. Henkel, „Vagierende Einzelstrophen"; für die Möglichkeit, das Manuskript vor der Drucklegung einzusehen, danke ich dem Autor sehr herzlich. Henkel weist darauf hin, daß hier ein eigener Sammlungstyp erkennbar wird, für den die Zusammenstellung von meistens anonym überlieferten Einzelstrophen konstitutiv ist. – Ein anderes, komplexeres Beispiel für flexible Gattungszuweisungen in der Überlieferung bespricht J.-D. Müller, „Die *frouwe* und die anderen"; er führt vor, daß verschiedene, eigenständige Überlieferungsvarianten von Minnekanzonen Walthers von der Vogelweide je unterschiedliche Formen der Gattungsinterferenz aufweisen. Dies bestätigt indirekt wieder, auch wenn es Müller selbst nicht primär um das Verhältnis zwischen Lied und Spruch geht, daß rezeptionsseitig von einem differenzierenden Gattungsbewußtsein ausgegangen werden kann.

[186] Lieb, „Modulationen", S. 42 u. 47.

[187] Lieb sieht Flexibilität allerdings als besonderes Charakteristikum von Veldekes Lyrik an (ebd., S. 48, Anm. 27). Es mag zutreffen, daß sie hier besonders ausgeprägt ist, doch sollte das Merkmal der Flexibilität Gattungsgrenzen generell zugeordnet werden.

[188] Jauß, „Theorie der Gattungen", S. 119.

[189] So bereits Ruh, „Mittelhochdeutsche Spruchdichtung", S. 97, mit Bezug auf die Lyrik Walthers.

[190] Für die Strophen *KLD* 44, IV, [14] und [15] (wie IV, 1-9 Rede des liebenden Ich) wird im *RSM* wie schon in *KLD* nicht Reinmar von Brennenberg als Verfasser angenommen.

[191] Auch die Klage um verstorbene Minnesänger schließt sich hier thematisch an (*KLD* 44, IV, 13).

involvierten Ich;[192] daneben steht in beiden Gattungen die generalisierende Rede.[193] Hier liegt ein Beispiel für das oben erwähnte Theorem Tynjanovs vor: Mit dem Fortfall der genannten Differenzmerkmale tritt die sprachlich-stilistische Unterschiedlichkeit der Lieder und Spruchstrophen um so mehr hervor und wird zum Hauptmerkmal der Abgrenzung: Neben dem charakteristischen Text-Ton-Verhältnis[194] und der ausladenderen Strophenform heben vor allem der elaborierte Stil und der schwere Ornat die Spruchstrophen von den Liedern ab. Bei Reinmar von Brennenberg wird im Verhältnis zu den Liedern somit eine bestimmte Stilebene zum spruchtypischen Merkmal, ohne daß dieses deshalb als allgemeingültiges Gattungsmerkmal festzuschreiben wäre.[195]

Grenzüberschreitungen wie etwa das Verfahren Walthers, die spruchmeisterliche Rolle des Belehrenden in die Minnekanzone zu integrieren,[196] lassen erkennen, daß solche Texte nicht nur den Erwartungshorizont der einen, sondern zugleich auch den der anderen Gattung evozieren.[197] Indem Abweichungen von Normen der einen Gattung ihr Komplement in der Bestätigung von Normen der Nachbargattung haben, kann das Spiel mit ihnen vom Rezipienten, der über ein differenzierendes Gattungswissen verfügt, mitvollzogen werden. Derartige Transgressionen lassen sich am ehesten mit der Metapher des Baukastensystems erläutern: Wenn im Sinne der Unterscheidung zwischen dem textübergreifenden System der Gattung und dem Text davon auszugehen ist, wie Hübner formuliert, „daß Autor und Rezipient zwar immer den ganzen Baukasten zur Verfügung haben, ihn aber nicht immer ganz verbauen müssen",[198] so gilt auch für die Grenzziehung zwischen zwei Gattungen, daß dafür jeweils andere der grundsätzlich verfügbaren Baukastenelemente genutzt werden können. Vielleicht ist sogar davon auszugehen, daß gerade auf dem Weg eines bewußten Ausgriffs auf den Erwartungshorizont einer 'fremden' Gattung bei gleichzeitiger Enttäuschung der Erwartungshaltung des 'eigenen' Gattungskontextes gattungsspezifische Normen (wie die spruchmeisterlichen Ich-Rollen in Liedern Walthers) in der literarischen Kommunikation deutlichere Kontur bekommen und schärfer reflektiert werden.

---

[192] Spruchstrophen mit Ich-Rede: *KLD* 44, IV, 1-9; auch in der Klage der poetologischen Strophe IV, 13 spricht ein Ich, allerdings nicht in der Rolle des Liebenden.

[193] Generalisierendes Lied: *KLD* 44, III (Ich-Lieder: *KLD* 44, I; II; V); generalisierende Spruchstrophen: *KLD* 44, IV, 10-12 (Rangstreit zwischen *Liebe* und *Schoene*, der in den letzten drei Versen von IV, 12 wieder in die Ich-Rede übergeht).

[194] Die Strophen in Ton IV lassen sich schwerlich zu einer übergeordneten Texteinheit zusammenfassen, wenn sich auch hier einzelne losere (IV, 1-9) und festere Gruppierungen (IV, 10-12) beobachten lassen; dagegen ist in den Liedern Texteinheit gleich Toneinheit.

[195] Zu einzelnen Spruchstrophen Reinmars von Brennenberg und ihrer Sprachgestalt s.u., 4.1.1.2.

[196] S.o., Anm. 169 u. unten, 1.2.2, S. 62-64, zu Ortmann, „Der Spruchdichter am Hof".

[197] Vgl. auch Grubmüller, „Gattungskonstitution im Mittelalter", S. 201.

[198] Hübner, *Frauenpreis*, S. 389, Anm. 72.

Im Laufe des 13. Jahrhunderts nimmt die Experimentierfreude mit der Differenz zwischen Lied und Sangspruch bekanntlich zu und erobert sich mehr und mehr Terrain: In Spruchtönen erscheinen Strophen mit der Ich-Fiktion des Minnesangs;[199] einzelne Lieder umfassen nur eine Strophe;[200] Liedelemente wie der Natureingang werden mit spruchtypischer Thematik wie Fürstenlehre oder *heische*-Thematik kombiniert.[201] Auch hier sollte man jedoch nicht von einem 'Verwischen der Gattungsgrenze' ausgehen: Vielmehr scheint es um das Durchspielen verschiedener Möglichkeiten der Grenzüberschreitung zu gehen. Insofern nicht stets dieselben, sondern wechselnde Kriterien betroffen sind, darf die zunehmende Verfügbarkeit von Gattungsmerkmalen für dieses Spiel vermutet werden. Der Erkenntniswert des Gattungsbegriffs wird gerade dann, wenn es um die Einordnung solcher Experimente geht, unabweisbar.

### 1.2.2 Zur Literarizität der Sangspruchdichtung: Ein Forschungsresümee

Experimente mit der Gattungsgrenze sind nicht nur Hinweise auf ein unterscheidendes Gattungsbewußtsein. Zugleich sind sie auch ein Signal dafür, daß auf seiten der Produzenten wie Rezipienten zwischen Minnesang und Sangspruch keine Kluft im Sinne eines polaren Gegensatzes von 'Dichtung' und 'Didaxe' gesehen wurde, da die Gattungen im Spiel mit literarischen Normen, im Ausgriff auf die Normen der jeweils anderen Gattung, zueinander in Beziehung gesetzt werden konnten und diese Interferenzen offensichtlich verstanden wurden. Schon aus diesem Grund ist daher bei einer kategorialen Unterscheidung zwischen der 'artistischen Kunst' des Liedes und der 'didaktischen' Sangspruchdichtung Vorsicht geboten. Gegen eine solche Trennung läßt sich ferner mit dem bereits erläuterten, von Kuhn und Warning für den Minnesang angesetzten Kunstbegriff argumentieren. Setzt man voraus, daß das höfische Publikum Minnelieder nicht allein als Demonstration rhetorischer Brillanz aufgenommen hat, sondern in deren kommunikativem Vollzug auch Teil hatte an der Institutionalisierung des 'Höfischen', dann ist es umgekehrt unwahrscheinlich, daß dasselbe Publikum die Spruchdichtung nur als Affirmation tradierter Werte rezipiert haben soll.

Nun wird man allerdings in einer feineren Differenzierung, die an späterer Stelle nachzuholen ist, für beide Gattungen nicht in Gänze dieselben Konstituenten gelten lassen wollen.[202] So ist z.B. zu berücksichtigen, daß die Spruch-

---

199  Außer den erwähnten Strophen Reinmars von Brennenberg: s.u., Anm. 1187.

200  Z.B. Rubin, *KLD* 47, XIX.

201  Der Natureingang wird bei Konrad von Würzburg kontrastiv mit der Schelte der *kerge* bzw. mit allgemeinem Tadel verknüpft (Schröder 19, 1-30; 23; 31, 1); vgl. auch: der Kanzler, *KLD* 28, XIII. Reinmar der Fiedler verbindet mehrere Strophen mit Fürstenkritik und -mahnung mit einem Tagelied-artigen Refrain (*KLD* 45, I).

202  Allerdings wiederholen sich in der Forschung mit zeitlicher Verschiebung dieselben Urteile über Minnesang und Sangspruch; so erinnert die Klage über „Uniformität und Stagna-

*Sangspruchdichtung* 51

dichtung den belehrenden Gestus, der im Lied mit anderen Sprechhaltungen verknüpft ist, in der Regel stärker hervortreten läßt und isoliert, daß sie ferner bestimmte 'Ausschnitte' der höfischen Rede über Liebe auswählt; vor allem trennt sie diese – so eine erste Vermutung – auf Textebene deutlicher voneinander ab.[203] Doch sind die Unterschiede nicht auf einer 'Tiefenschicht' im Sinne der erwähnten fundamentalen ästhetischen Opposition anzusiedeln. Im Folgenden sei zuerst ein Problemfeld der generellen Einordnung der Spruchdichtung als literarische Gattung skizziert; an diesem Rahmen wird sich der dann anschließende, gründlichere Durchgang durch die Sangspruchforschung orientieren.

In jüngerer Zeit wird gelegentlich die Literarizität der Gattung explizit hervorgehoben.[204] Um so mehr erstaunt es, daß in einer Zeit, in welcher apologetische Bemühungen um die Sangspruchdichtung nicht mehr notwendig sind, die Polarisierung von Lied und Sangspruch im Sinne der Trennung von 'Dichtung' und 'Didaxe' offenbar nicht überwunden ist.[205] Ein Beispiel mag dies illustrieren: Dietmar Peil unterscheidet in einem Aufsatz zu Reinmar von Zweter kategorial zwischen minnesang- und minnespruchtypischen Ich-Aussagen und -Rollen: Persönliche Betroffenheit des Ich, nach Peil das distinktive Merkmal der von ihm so definierten 'Minneliedstrophen' Reinmars von Zweter,[206] sei „selbstverständlich [...] stets die Inszenierung von Betroffenheit einer textuellen Sprecherinstanz".[207] Anderes setzt er voraus für das belehrende Ich der Minnesprüche; Reinmar von Zweter habe sich „nicht nur als Lehrmeister inszenieren,

---

tion" insbesondere der späthöfischen Spruchdichtung frappierend an Minnesang-Urteile aus dem 19. Jahrhundert (hierzu Hübner, *Frauenpreis*, S. 370, Anm. 22): ein Beispiel dafür, daß sich in der Forschung bei beiden Gattungen – zeitlich versetzt – dieselben Verständnisschwierigkeiten ergaben. Das Zitat stammt von Objartel, *Meißner*, S. 74, der damit Urteile der älteren Forschung paraphrasiert (vgl. auch S. 69); gegen sie sucht er sich einerseits mit dem Versuch einer Apologie der Gattung abzusetzen, kann sich andererseits aber nicht enthalten, ihnen als „sachlich nicht ganz unbegründet" doch halb zuzustimmen (S. 74).

203 Zu generellen Differenzierungen zwischen den Gattungen in bezug auf den Liebesdiskurs s.u., 1.4, S. 80f.

204 Wenzel, „Typus und Individualität", S. 14, 18f. u.ö.; Haustein, *Marner-Studien*, S. V u. 2-5. Vgl. J.-D. Müller, „*Ir sult sprechen willekomen*", S. 8, Anm. 21, der komplementär zum literarischen Charakter der Spruchdichtung die 'Pragmatik' des Minnesangs betont und hierin den Abstand zwischen den Gattungen verringert sieht.

205 Vgl. auch Brunner/Tervooren, „Einleitung", S. 7: „Diese selbstverständliche Annahme der Forschung [über die Literarizität und den Spielcharakter des Minnesangs, M.E.] hat in der Sangspruchdichtung [sic!] noch nicht die nötige Resonanz gefunden." „Das Spielelement [...] scheint überhaupt in der Sangspruchdichtung unterschätzt zu werden" (S. 7f.).

206 Peil, „*Wîbes minne*", S. 179 u. 189; nicht eingegangen werden muß an dieser Stelle auf das Problem, das Peils Zuordnung von Reinmars Strophen Roethe 24-29 zum Minnesang aufwirft (S. 179); die Strophen sind in Reinmars Hauptton (Frau-Ehren-Ton) verfaßt.

207 Ebd., S. 205 (Diskussionsbericht); auch hier ließe sich bereits insofern eine Korrektur anbringen, als, wie gesagt, neben die Beschreibungskategorie des Text-Ich in der Minnesang-Performanz die Instanz des Sängers (und gegebenenfalls die des Autors) tritt, deren je unterschiedliche Relationierung das Publikum leistet.

sondern [...] mit den Texten tatsächlich als solcher wirken" wollen.[208] Die Formulierung ist symptomatisch für eine Sicht auf die Spruchdichtung, welche deren Literarizität zumindest stark relativiert (die einzugestehen sich mittlerweile eingebürgert hat – aber offensichtlich nur eine gewissermaßen 'reduzierte' Literarizität). Peils zuletzt zögernd geäußerte Vermutung, „daß vielleicht auch in der Spruchdichtung der didaktische Gestus nicht immer ausschlaggebend ist, sondern daß auch hier wie im Hohen Minnesang das Prinzip der Variation im Sinne eines kalkulierten Rückgriffs auf verschiedene 'Prätexte' angewandt und ein kunstverständiges Publikum mit entsprechenden literarischen Vorkenntnissen vorausgesetzt wird",[209] stellt eine Erkenntnis dar, die nicht mehr im Textzugang umgesetzt wird. Die oben zitierte Äußerung bringt ferner mitsamt der Kategorie 'intendierter Wirkung' unversehens die Autorinstanz mit ins Spiel und suggeriert damit, daß das textuelle Ich ihr in irgendeiner Weise näher sei als im Minnesang, daß Sangspruchdichtung einen anderen 'Realitätsbezug' habe. Ähnlich spricht Obermaier im Zusammenhang mit poetologischen Aussagen von der „mehr ästhetisch ausgerichtete[n] 'Poetik des Paradoxen'" im Minnesang und der „mehr pragmatisch ausgerichtete[n] 'Poetik des Moralischen' (bei gleichzeitigem Kunstwollen)" im Sangspruch;[210] in bestimmten Kontexten der Spruchdichtung rücke „das Dichter-Ich der Sangspruchdichtung in viel größere Nähe zum realen Autor" als im Minnesang.[211]

Neben der hier skizzierten Auffassung findet sich auch die entgegengesetzte Einordnung des Sangspruchs als rein rhetorische Kunst. Die Arbeit Gert Hübners, der ein sehr reflektierter Umgang mit Beschreibungskriterien eignet, sei hier lediglich als Beispiel für eine andere Form der Polarisierung der Gattungen

---

[208] Ebd. Zu Recht faßt Peil zwar die Ich-Aussagen insbesondere der belehrenden Strophen Reinmars differenzierter, indem er für sie einen Zusammenhang zwischen 'persönlicher Erfahrung' bzw. 'Betroffenheit' und Belehrung postuliert („Wîbes minne", S. 189). Doch da er 'Erfahrung', grundsätzlich anders als die Belehrung, als sprachlichen Gestus, als 'nur inszeniert', auffaßt (ebd.), führt dies zu Schwierigkeiten bei der These eines engen Zusammenhangs beider (vgl. die Kritik Herfried Vögels, ebd., Diskussionsbericht, S. 205).

[209] Peil, „Wîbes minne", S. 204.

[210] Obermaier, „'Dichtung über Dichtung'", S. 31 (zu Obermaier s. auch oben, S. 43 u. Anm. 164f.). – Die Polarisierung der beiden Gattungen im Sinne der Trennung von Pragmatik und Selbstreferentialität mittelalterlicher Lyrik wird auch bei Moser, „'Lied' und 'Spruch'", S. 202, ganz deutlich und fällt um so mehr auf, als er eine Unterscheidung der Gattungen an sich nicht gelten lassen will; laut Moser trete der 'Inhalt' im Minnelied „in der Regel gegenüber der künstlerischen Gestalt" zurück, während er in der (von ihm nicht so bezeichneten) Spruchdichtung im Vordergrund stehe. Dem entspricht Mosers an anderer Stelle geäußerter Vorschlag, die Spruchdichtung als „mhd. Zwecklyrik" (!) zu bezeichnen: Sie wurzele „ohne Zweifel [...] stark in der Realität", während der Realitätsbezug im Minnesang „in viel höherem Maße ungewiß" sei (ders., „Mittelhochdeutsche 'Spruchdichtung'", S. 250). Ähnlich – wiewohl in Abgrenzung von Moser (S. 207) – formuliert auch Niles, *Pragmatische Interpretationen*, der sich unter anderem dem „Problem der Einheit der Sprachtöne Walthers" widmet (S. 15), den Vorschlag einer Unterscheidung zwischen 'Gebrauchslyrik' und 'absoluter Lyrik' (im Sinne der „Negation der Gebrauchsfunktion"; S. 210-213, zit. 211).

[211] Obermaier, *Nachtigallen und Handwerker*, S. 348.

angeführt, die er hinsichtlich der Kontextualisierung des Frauenpreises scharf voneinander abgrenzt.[212] Aus der fehlenden Einbindung der Preisrede in einen Argumentationszusammenhang, wie er in der Minnekanzone gegeben ist, schließt Hübner, daß die Lobrede im Sangspruch typischerweise „laudativer Selbstzweck" sei.[213] Der „kunstvolle[n] Gestaltung von Ausdrucksformen" in der laudativen Rede der Spruchdichtung stellt er „die Gestaltung von Inhaltsformen" gegenüber, an der die Kanzone „in ihrer gesamten Geschichte" vornehmlich interessiert bleibe.[214] Dabei spricht er den preisenden Spruchstrophen, wieder in Abgrenzung zur Minnekanzone, ein Höchstmaß an amplifikatorischer und ornativer Ausstattung im 'Lobblümen' zu,[215] was zwar als eine Tendenz insbesondere im späteren 13. Jahrhundert beschrieben werden kann, aber durchaus nicht auf preisende Sangsprüche generell zutrifft.[216] Hübner scheint hier hauptsächlich den von ihm gleich eingangs genannten Frauenlob im Sinn zu haben, der in der Einleitung als einziger Spruchdichter ausführlicher Erwähnung findet, und den Stil von dessen elaborierteren Preissprüchen für die Gattung absolut zu setzen.[217] Einen Hiat zwischen beiden Gattungen anzunehmen

---

[212] Hübner, *Frauenpreis*, z.B. S. 15f., 20 u. 37f. In seiner Untersuchung hat diese Polarisierung insofern ihre Berechtigung, als sie der schärferen Herausarbeitung der Struktur und funktionalen Einbindung der Lobrede im Minnesang dient; auch in einem solchen Rahmen ist die Unterscheidung jedoch nur in einem modellhaften Sinne aufzufassen und nicht absolut zu setzen. Zur Arbeit insgesamt vgl. auch Egidi, Rez. zu Hübner.

[213] Hübner, *Frauenpreis*, S. 38. Daß die Funktionalisierungsmöglichkeiten laudativer Rede in dem über die Ich-Rolle entfalteten Argumentationsgefüge der Minnekanzone weitaus vielschichtiger und vielfältiger als im Sangspruch sind, ist gar keine Frage. Hieraus jedoch letztlich einen fundamentalen Unterschied im zugrundeliegenden Kunstbegriff abzuleiten, scheint mir nicht zulässig zu sein. Was die fehlende (oder geringere) argumentative Einbindung des Preises betrifft, so ist auf die im Sangspruch generell stärkere 'Segmentierung' der höfischen Rede über Liebe auf der Textebene hinzuweisen, wobei die Segmente jedoch auf textübergreifender Ebene wieder aufeinander bezogen werden können; s.u., S. 80f.

[214] Hübner, *Frauenpreis*, S. 20; vgl. ferner S. 394, Anm. 99. Hübner formuliert die Unterscheidung noch einmal mit textlinguistischen Kriterien (S. 37f.): Die Lobrede im Sangspruch sei 'deskriptiv' im Sinne von nicht problematisierend, begründend oder logisch ableitend, im Minnelied sei sie dagegen in die dominant argumentative Gesamtstruktur eingebunden. Hübner räumt selbst ein, daß auch der Lobpreis per se „weitergehende kommunikative Funktionen verfolgt", indem er nämlich „eine inhärente appellative Tendenz" besitzt (S. 394, Anm. 99), betrachtet dies jedoch nicht als argumentative Funktion der epideiktischen Rede (die an sich deskriptiv sei), sondern als Ausgangspunkt für argumentative Funktionalisierungen; er beruft sich für seine strikte Trennung von deskriptiven und argumentativen Textstrukturen auf Aristoteles (S. 394, Anm. 98). Als Referenz für eine stärkere Betonung der pragmatischen Einbettung auch der Lobrede führt dagegen Huber, „Herrscherlob", S. 467f. u. Anm. 59, Quintilian mit seiner Erläuterung des *genus demonstrativum* an.

[215] Hübner, *Frauenpreis*, S. 15 u. 263.

[216] Man vergleiche dagegen z.B. die Frauenpreisstrophen Reinmars von Zweter; s.u., Anhang 1, S. 411.

[217] Vgl. Hübner, *Frauenpreis*, S. 15 u. 263. – An weiteren Frauenpreisstrophen mit auffälligerem rhetorischem Ornat sind lediglich anzuführen: Walther von der Vogelweide, *L* 27, 17 und 27, 27 (zur Frage der Autorschaft s.u., Anm. 1182); Boppe, Alex I.2; Reinmar von Brennenberg, *KLD* 44, IV, bes. 1-2. Hält man alle von Hübner (*Frauenpreis*, S. 496, Anm. 30)

im Sinne einer Opposition zwischen einer 'rein ornativen' Kunst und einer ebenfalls formal orientierten Kunst, die aber zugleich eine zentrale inhaltlich-argumentative Dimension aufweist, führt, meine ich, nicht weiter.

Die beiden gegensätzlichen Auffassungen von Peil und Hübner, die hier Grundpositionen illustrieren sollen, verhalten sich komplementär zueinander und haben eine jeweils unterschiedliche selektive Sicht auf die Gattung zur Voraussetzung: Es werden einzelne Vertreter (Reinmar von Zweter und Frauenlob) bzw. mit ihnen bestimmte Phasen der Gattungsgeschichte und zugleich unterschiedliche Spruchstrophen-Typen (ermahnende und preisende Sprüche) in den Blick genommen. Die an dieser Textauswahl beobachteten Merkmale werden als 'spruchtypisch' eingeordnet und aufgrund fester Dichotomien gedeutet. Erhellend ist eine Einordnung der unterschiedlichen, einander widersprechenden Polarisierungen von Lied und Sangspruch vor dem Hintergrund der Forschungsdiskussion zum Minnesang. Die dort weitgehend verabschiedete Opposition zwischen artistischem Spiel als Selbstzweck und dem Entwurf verbindlicher Wertordnungen kehrt wieder, wo die Spruchdichtung, auf jeweils unterschiedliche Weise in Gegensatz zum Minnesang gebracht, 'aufgespalten' und jeweils dem einen oder dem anderen Extrem zugeschlagen wird. Die Reduktionen der Gattung auf didaktische Vermittlung[218] bzw. auf die Demonstration artistischer Brillanz[219] relativieren einander so wechselseitig.

Die folgende kritische Sichtung der Sangspruchforschung, die keine Vollständigkeit beansprucht, sondern exemplarisch vorgeht, wird sich mit Untersuchungen zur Gattung insgesamt sowie in Auswahl zum Werk einzelner Spruchdichter, zu Minnespruchstrophen und zur Spruchdichtung Frauenlobs befassen.

---

selbst genannten Beispiele aus dem späthöfischen Minnesang (neben den beiden von ihm als Liedstrophen eingeordneten Strophen Reinmars von Brennenberg nennt Hübner: Konrad von Würzburg, Schröder 11 und 21; der Kanzler, *KLD* 28, VI; Frauenlob, *GA* XIV, 29) gegen die Sangspruchbeispiele, so wird deutlich, daß allenfalls eine unterschiedliche Gewichtung der beiden Gattungen hinsichtlich dieses Stils besteht, doch kein grundsätzlicher Kontrast; man wird für beide Gattungen, wenn auch in unterschiedlicher Weise, stilistische Weiterentwicklungen in späthöfischer Zeit annehmen dürfen.

[218] Vgl. Anm. 221.

[219] Gegen die Einordnung der „[f]ormale[n] Bewußtheit" von Konrads Spruchdichtung als *l'art pour l'art* wendet sich dagegen Kokott, *Konrad von Würzburg*, S. 218. – Die Deutung preisender Spruchstrophen als rein artistische Demonstration ist zugleich ein Problem der Interpretation eines auffällig elaborierten und artifiziellen Stils generell (des sogenannten 'Blümens'); vgl. z.B. Nyholm, *Geblümter Stil*, S. 16: „Die übermäßige Häufung der Bilder und Assoziationen und die klanglichen Spielereien, wie wir sie bei den Blümern finden, sind nur möglich, wenn das Inhaltliche zurücktritt [...]. Die Anforderungen, die die Blümung an die Sprache stellt, verhindern [...] einen logischen oder inhaltsschweren Gedankengang." „Der epigonale Charakter dieser Dichtung zeigt sich also in einer inhaltlichen Stagnation bei formaler Weiterentwicklung." – S. auch oben, 1.1.2, S. 34-36, zur Einordnung der Formalisierung im Minnesang des 13. Jahrhunderts.

*Sangspruchdichtung*

Von den nicht autorzentrierten Forschungen zur Spruchdichtung[220] beschränken sich insbesondere ältere Arbeiten meistens in bekannter Weise entweder auf inhaltliche Aspekte der Sangspruchdichtung mit der Zusammenstellung von Motiv- und Themenkreisen bzw. der Untersuchung thematischer Zusammenhänge[221] oder aber auf katalogartig aufgelistete stilistische und sprachliche Merkmale.[222]

Die wenigen Arbeiten, die darüber weit hinausgehen, seien im Folgenden, wenngleich sie nicht die Thematisierung höfischer Liebe im Sangspruch zum zentralen Gegenstand haben, ausführlicher besprochen, da sie, wie vor dem Hintergrund der erwähnten Polarisierung deutlich wird, mit ihren Beschreibungskriterien exemplarische Geltung beanspruchen können. Dies sind zunächst die Monographien von Stackmann, Wachinger und Huber.

Karl Stackmanns Studien zu Heinrich von Mügeln bieten weit mehr als eine Einordnung dieses Autors. Von den Beschreibungskriterien, die er für die Sprüche Heinrichs bzw. für die Spruchdichtung insgesamt entwickelt, sind in der Forschung vor allem folgende von Bedeutung geworden: das Selbstverständnis des Spruchdichters und die Bestimmung seiner Rolle durch den Typus des an ethische und religiöse Grundwahrheiten erinnernden *meisters*;[223] typische 'Denkformen', vor allem verschiedene Formen des *bezeichenlichen* Denkens sowie das Denken in Wertstufungen und -hierarchien;[224] stilistische Muster als Elemente eines spezifischen ästhetischen Konzepts (bei Heinrich von Mügeln Merkmale des 'geblümten' Stils).[225] Ferner hat Stackmann schon früh, in einer Zeit, in der sonst weder die Spruchdichtung noch das Spätmittelalter auf literaturwissenschaftliches Interesse stießen, auf die Notwendigkeit einer gattungsgeschichtlichen Perspektive hingewiesen.[226] Die Gattung faßt er als 'prozeßhafte

---

[220] Nicht besprochen werden Untersuchungen zu Tönen und Tönegebrauch (vor allem Rettelbach, *Variation*; zu Kornrumpf/Wachinger, „Alment" s.o., S. 42) und zur Überlieferung der Sangspruchdichtung (Brunner, *Die alten Meister*; Schanze, *Meisterliche Liedkunst*); grundlegend zur Spätüberlieferung mittelhochdeutscher Sangspruchstrophen in Meisterliederhandschriften am Beispiel von k jetzt Baldzuhn, *Vom Sangspruch zum Meisterlied*; ders., „Wege ins Meisterlied".

[221] Z.B. Diesenberg, *Religiöse Gedankenwelt*; Hellmich, *Gelehrsamkeit*. Auch U. Müllers auf sehr breiter Textbasis aufbauende und insofern einen guten Überblick gebende Monographie zu Sangsprüchen politischer Thematik (*Politische Lyrik*) ist symptomatisch für die 'inhaltistische' Auswertung von Texten; erklärtermaßen will sie vor allem die Sammlung und Ordnung thematisch-motivischen 'Materials' leisten (S. 541). Die Untersuchung von Franz (*Soziologie des Spruchdichters*) ist ein Beispiel für einen nicht an den Texten abgesicherten literatursoziologischen Deutungsansatz; hierzu Mertens, Rez. zu Wachinger, S. 17f.

[222] Z.B. Ganßert, *Das formelhafte Element*.

[223] Stackmann, *Heinrich von Mügeln*, S. 76-105.

[224] Ebd., S. 108-121.

[225] Ebd., S. 149-170.

[226] Ebd., S. 20, 24 u.ö.

Einheit' auf,[227] deren Kontinuität durch die geschichtlichen Erscheinungsformen hindurch er postuliert.[228] In der Sangspruchforschung seiner Zeit sieht er den Blick auf die gesamte Gattung und auf ihre Geschichte in der Regel durch ein selektives Interesse verstellt. Dieses wird zum einen durch ein vorgeprägtes, fixes Phasenmodell bestimmt, das für die Spätphase der Gattung die Verfallsmetapher vorsieht,[229] zum anderen durch die Isolierung Walthers von der Vogelweide als 'Ausnahmeerscheinung';[230] die autorzentrierte Sicht prägt zum Teil heute noch den Zugang zur Gattung. Ist das Insistieren auf einem gattungsgeschichtlichen Ansatz als großes Verdienst Stackmanns hervorzuheben, so scheint doch der Begriff der „Grundform" zugleich auf einen normativen Gattungsbegriff hinzuweisen[231] (der in den neueren Arbeiten Stackmanns freilich einer anderen Sicht Platz gemacht hat):[232] Der alle konstitutiven Merkmale umfassende „Idealtypus", zu gewinnen durch eine abstrahierende Beschreibung der Form- und Gestaltungsprinzipien, soll das „Leitbild", den Maßstab, für die Einordnung und Bewertung der einzelnen Texte abgeben.[233] Ziel ist es, durch die Bestimmung der „gattungshaften", der „überindividuellen Züge" in der Spruchdichtung Heinrichs von Mügeln zugleich deren „individueller Prägung" auf die Spur zu kommen.[234] Die Vorstellung des Prozeßhaften wird dadurch teilweise wieder zurückgenommen. So warnt Stackmann zwar: „Der Eindruck völliger Entwicklungslosigkeit [...] kann täuschen"; doch bescheinigt er ebendies denjenigen Texten, für die er eine vollständige Anpassung an die Gattungsnorm konstatiert.[235] „[D]as historische Moment" kommt somit nur im Fall der Abweichung von der Norm zur Beachtung.[236] Ausgehend von der Historisierung des Gattungsbegriffs wird man dagegen – in vielem Stackmanns Forschungen weiterhin verpflichtet – geltend machen, daß das 'Leitbild', also die Gattungsnorm, selbst variabel ist, indem die Gattungserwartungen seitens der Rezipienten auch durch die jeweiligen Antworten der Texte auf den Erwartungshorizont gesteuert werden.[237] Die Relation 'überindividuell/individuell' wäre dann nicht zur Klassifizierung von Texten als 'konventionell' oder 'innovativ' einzusetzen, sondern im Sinne des oben erläuterten Verhältnisses von 'zweiter, verborgener Sprach-

---

[227] So läßt sich zumindest Stackmanns Verwendung der Metapher des „Gewachsene[n]", des „lebendigen Organismus" interpretieren, auf deren „Schiefheiten" und eingeschränkten Erkenntniswert er selbst hinweist (ebd., S. 23).

[228] Ebd., S. 23f.

[229] Ebd., S. 24.

[230] Ebd., S. 22f.

[231] Ebd., S. 24.

[232] S.u., S. 68-70, zu Stackmann, „Wechselseitige Abhängigkeit".

[233] Stackmann, *Heinrich von Mügeln*, S. 24.

[234] Ebd., S. 15.

[235] Ebd., S. 141.

[236] Ebd.

[237] S.o., 1.2.1, S. 44f.

schicht' und spezifischer Anwendung der geprägten Sprachelemente in den Text selbst zu verlagern.[238]

Burghart Wachingers Monographie zum *Sängerkrieg* untersucht die mit dem zweiten Drittel des 13. Jahrhunderts verstärkt einsetzende literarische Polemik der Spruchdichter und den Komplex des *Wartburgkrieges* ausdrücklich mit dem Ziel, „Einsichten in die Geschichte der ganzen Gattung" zu erhalten.[239] Im Mittelpunkt steht die Frage nach dem Literaturbewußtsein der Sangspruchdichter, womit Berufsauffassung, Kunstbegriff und Traditionsbewußtsein der fahrenden Berufsmeister gleichermaßen erfaßt werden. Von entscheidender Bedeutung als Korrektur biographistischer Mißverständnisse oder literatursoziologischer Ansätze ist das Ergebnis, daß die Spruchmeisterpolemik – entgegen einer zum Teil heute noch verbreiteten Ansicht – nur in sehr geringem Maß von der ökonomischen Rivalität, der Konkurrenz im Existenzkampf, geprägt und „[i]n ihrem Kern [...] vielmehr literarischer Streit um literarische Geltung" war:[240] Die Rangstreitpolemik dreht sich um die Kunst-Meisterschaft als Leitbild der Berufsdichter des 13. Jahrhunderts.[241]

Gegenstand von Christoph Hubers Untersuchung sind Ansätze zum Sprachdenken in mittelhochdeutschen Texten. Die Reflexion auf den Zeichencharakter der Sprache wird zum einen im Zusammenhang mit literarischer Selbstreferentialität betrachtet, zum anderen werden Einflüsse der mittelalterlichen Sprachtheorie erwogen.[242] Zwar zielt die Studie insofern nicht primär auf eine Darstellung der Geschichte der Spruchdichtung, als sie sich nicht ausschließlich mit Texten dieser Gattung befaßt. Der Erkenntnisgewinn für die Sangspruchforschung ist gleichwohl beträchtlich, da die unterschiedlichen Formen und Funktionen spruchmeisterlicher Sprachreflexion, welche die verschiedensten Typen und Themenkreise der Gattung durchzieht, in den Blick genommen werden (Kapitel 3 und 5). Darüber hinaus demonstriert Huber (Kapitel 6), daß Frauenlobs spezifische Leistung, die Zusammenführung und neue theoretische Durchdringung verschiedener sprachreflektorischer Ansätze der vorausgehenden Spruchdichtung, an die er anknüpft, erst auf der Folie dieser volkssprachlichen Tradition angemessen bewertet werden kann. Ein weiteres Ergebnis betrifft die Einordnung von Frauenlobs Sprache und ästhetischem Konzept.[243] Mit dem Nachweis der begrifflichen und sprachreflektorischen Schärfe der Texte wendet sich Huber gegen die Auffassung, in der aufgrund des schweren Sprach-

---

[238] S.o., 1.1.1, S. 29f.

[239] Wachinger, *Sängerkrieg*, S. XI; vgl. Mertens, Rez. zu Wachinger.

[240] Wachinger, *Sängerkrieg*, S. 303.

[241] Ebd., S. 306 u. 309f.; hierzu eingehend Mertens, Rez. zu Wachinger, S. 17f., der Wachingers Ansatz grundsätzlich teilt, für Frauenlobs sogenannte 'Selbstrühmung' (*GA* V, 115) jedoch neben dem meisterlichen Berufsbewußtsein noch das „Selbstverständnis des Dichters von seiner Tätigkeit als der Theologie und Philosophie gleichartig und gleich geordnet" geltend macht (S. 18).

[242] Huber, *Wort sint der dinge zeichen*, S. 2f.

[243] Ebd., bes. S. 178-183.

schmucks und der Metapherndichte teilweise dunklen und nicht leicht zugänglichen Sprache Frauenlobs werde eine Poetik erkennbar, welche auf eine rein ästhetische Wirkung angelegt sei und die Auflösung einer verbindlichen Wortbedeutung zur Konsequenz habe.[244] Gegen die Ästhetizismus-These hält Huber, sich auf Thomas und Stackmann berufend:[245] „Frauenlobs ‚begrifflicher Konstruktion' auf der ersten Bezeichnungsebene, derjenigen der Worte, entspricht [...] eine nicht mindere Bewußtseinsschärfe und Experimentierfreude auf der höheren Bezeichnungsebene, der übertragenen Wortbedeutung seiner Bilder."[246] Damit ist ein nicht nur für Frauenlobs Spruchdichtung weiterführender Ansatz gefunden. Weder ist von der Sprachgestalt und der rhetorischen Dimension der Texte zu abstrahieren, um in ideengeschichtlicher Überfrachtung zum ‚Gedankengut' Frauenlobs als dem ‚eigentlichen Kern' seiner Werke vorzudringen,[247] noch sind Sprachschmuck und metaphorische Verschlüsselung als Selbstzweck absolut zu setzen. Die Frauenlob-Forschung läßt mit den von Huber kritisierten Extrempositionen eine Polarisierung erkennen, die in gemäßigter Form nicht selten auch für die Forschung zu anderen Sangspruchautoren charakteristisch ist, wo sie die Texte, vereinfacht formuliert, entweder der ‚Inhaltsseite' oder der ‚Ausdrucksseite' zuschlägt. Auch hier gilt, daß die Kritik an solcher Praxis zwar mittlerweile im Kontext einer allgemeineren Methodendiskussion selbst längst obsolet, im einzelnen jedoch durchaus noch nicht gegenstandslos geworden ist.

Ein zentrales Kapitel in Tomas Tomaseks Habilitationsschrift über das deutsche Rätsel im Mittelalter widmet sich den Rätselstrophen der mittelhochdeutschen Sangspruchdichter.[248] Tomasek, der mit formal-strukturellen und funktionsgeschichtlichen Kriterien arbeitet, kann die Literarizität und Exklusivität der Sangspruchrätsel wie der anderen von ihm untersuchten Rätseltraditionen plausibel machen. Die Funktionszusammenhänge der Sangspruchrätsel sieht er zunächst einmal von der Didaxe geprägt, mit Texten Kelins, Boppes und Rumelants zunehmend aber auch von der Berufsdichterpolemik.

---

[244] Ebd., S. 181-183. Beispiele für eine solche Position: Ehrismann, *Mittelhochdeutsche Literatur*, S. 303; Nagel, Art. „Frauenlob", Sp. 380b; de Boor, *Deutsche Literatur im späten Mittelalter*, S. 469.

[245] Huber, *Wort sint der dinge zeichen*, S. 178, schließt sich der Hervorhebung der „begrifflichen Konstruktionen" als Charakteristikum von Frauenlobs Dichtung durch Thomas an (*Untersuchungen*, S. 227); zu Stackmanns Textinterpretationen („Bild und Bedeutung") s.u., S. 68.

[246] Huber, *Wort sint der dinge zeichen*, S. 182.

[247] Vgl. Huber (ebd., S. 25f., 127f. u. 178f.) u.a. gegen Lütcke, *Philosophie der Meistersänger*, Kissling, *Ethik Frauenlobs* und Peter, *Theologisch-philosophische Gedankenwelt*; Peter nimmt zwar nicht, wie Lütcke und Kissling, eine „unzulässige[] Systematisierung der theoretischen Äußerungen" Frauenlobs vor (Huber, *Wort sint der dinge zeichen*, S. 127), bescheinigt diesem dafür aber im Gegenteil ‚Systemlosigkeit' (Peter, *Theologisch-philosophische Gedankenwelt*, S. 128; hierzu Huber, *Wort sint der dinge zeichen*, S. 128), womit sie ebenfalls von dem Kriterium einer außerliterarischen Logik und Systematik ausgeht und die Logik der sprachlichen Organisation ignoriert.

[248] Tomasek, *Rätsel im Mittelalter*, S. 260-328.

Von den nicht sehr zahlreichen Aufsätzen zur Spruchdichtung insgesamt sind besonders die Arbeiten von Grubmüller und Huber zu nennen. Klaus Grubmüller prüft textlinguistische Beschreibungskriterien auf ihren Gewinn für die Ermittlung von Denkformen und Sprechhaltungen hin. Er arbeitet eine Affinität vor allem des frühen Sangspruchs zum Denkschema des Sprichworts heraus.[249] Sie wird im Vergleich der von den Spruchdichtern häufig eingesetzten *swer-der*-Schemata, die als konditionale Muster fungieren ('wenn A, dann B'), mit der Textstruktur des Sprichworts deutlich,[250] das einen gesetzmäßigen Zusammenhang von Bedingung und Folge formuliert und damit in der konkreten Kommunikationssituation den Einzelfall, ihn solchermaßen kommentierend, auf eine Regel bezieht, für deren Akzeptanz beim Rezipienten ein allgemeines 'Erfahrungswissen' vorausgesetzt wird.[251] Mit diesen Beobachtungen ist nicht nur eine genauere Beschreibung der gewöhnlich pauschal unter dem Begriff des 'Lehrhaften' subsumierten Denkformen und Sprechweisen gewonnen, sondern auch ein Ausgangspunkt für die Erfassung von Entwicklungstendenzen der Gattung. Zum einen operieren Sangspruchstrophen mit Formen der Erweiterung, Differenzierung und Lockerung des einfachen Denkschemas eines Ursache-Folge-Konnexes.[252] Zum anderen kann darüber hinaus mit der Etablierung der Autorität des urteilenden Sprecher-Ich eine neue Instanz im Mechanismus von Bedingung und Folge zwischengeschaltet werden, mit welcher das 'von jeher Gewußte' qua Autorität sowohl bestätigt als auch umgedeutet werden kann.[253] Mit diesem gattungsgeschichtlichen Ausblick trifft sich Grubmüller mit Stackmanns Charakterisierung des literarischen Selbstbewußtseins der späteren Spruchmeister[254] und kann zugleich die Definition ihrer Rolle als ein Erinnern an Grundwahrheiten erweitern, indem er auf die Möglichkeit der Umdeutung und Innovation – gerade auch mit dem Gestus der Bestätigung, so wäre hinzuzufügen – hinweist.

Huber deckt die Verbindung literarischer Selbstreferentialität und einer auf außerliterarische Zwecke gerichteten Interessenbildung von Literatur am Beispiel der Fürstenlobsprüche des 13. Jahrhunderts auf.[255] Aus seinen Textanalysen folgert er, daß das Prinzip literarischer Autoreferenz, wie es in der expliziten Selbstreflexion von Dichtung zum Ausdruck komme, und außerliterarische Interessen einander durchaus nicht widersprechen, sondern ineinanderspielen können:[256] Mit dem Preis des Mäzens kann zugleich der Akt des Lobens und

---

249 Grubmüller, „Regel als Kommentar".
250 Ebd., S. 26-33.
251 Ebd., S. 29-31.
252 Ebd., S. 34-37.
253 Ebd., S. 38f.
254 S.o., zu Stackmann, *Heinrich von Mügeln*.
255 Huber, „Herrscherlob", S. 452, 455 u. 473.
256 Ebd., bes. S. 456-469. Den autoreferentiellen Charakter dieser Texte bringt er mit dem (hier an Jakobson orientierten) Begriff literarischer Autonomie in Verbindung, was in der

seine künstlerische Form auf unterschiedliche Weise und mit verschiedenen Differenzierungen reflektiert werden.

Monographien zu einzelnen Spruchdichtern sind auf den Versuch einer Einordnung des jeweiligen Autors in Traditionslinien der Gattung hin zu befragen. Die Untersuchungskapitel der älteren Ausgaben Gustav Roethes und Philipp Strauchs weisen diesen Anspruch ohnehin nicht auf.[257] Georg Objartel wird seinem Anspruch, die Spruchdichtung des Meißners im Kontext der Gattung zu erfassen, nicht gerecht.[258] Mit der vergleichsweise pauschalen Einordnung des Autors in seinem Verhältnis zu anderen Spruchdichtern, mit den Ausführungen zu Themenkreisen und inhaltlichen Tendenzen beim Marner sowie der Auflistung formaler und reimtechnischer Kennzeichen[259] bleibt Objartel, was die Differenziertheit der Kriterien wie der Ergebnisse betrifft, weit hinter Stackmanns Studien zu Heinrich von Mügeln zurück, an die er inhaltlich und methodisch anknüpft.[260]

Von solchen Untersuchungen sind vor allem die Arbeiten Kibelkas und Hausteins abzugrenzen.[261] Johannes Kibelkas Studie verfolgt zum Teil ähnliche Aspekte bei Heinrich von Mügeln wie Stackmann (z.B. das Selbstverständnis

---

Diskussion des Beitrags wohl zu Recht Kritik hervorrief; Bertelsmeier-Kierst, „Diskussionsbericht", S. 496. Vgl. auch Haustein, „Autopoietische Freiheit", der ebenfalls die poetologische Thematik in Fürstenpreisstrophen untersucht; für eine Literatur, deren Vollzug der Vollzug des 'Höfischen' und die (Re-)Konstituierung höfischer Gesellschaft bedeutet, ist der hier wieder anders als bei Huber gewendete Begriff der Autonomie, auf welche die Texte, insbesondere diejenigen Frauenlobs, nach Haustein zusteuern, problematisch, wenn er beinhalten soll, daß „der Literatur ein[] autopoietische[r] Freiraum jenseits einer pragmatischen Einbindung" gewonnen wird (S. 112); anders gesagt: Der Begriff wirft, so verwendet, die Frage nach dem Begriff der Pragmatik auf.

[257] Roethe, *Reinmar von Zweter*; Strauch, *Marner*. Die Ausgaben bieten materialreiche Übersichten über Motive und Themenkreise, sprachlich-stilistische und formale Merkmale des jeweiligen Œuvres; vgl. insbesondere Roethe, *Reinmar von Zweter*, S. 258-351.

[258] Objartel, *Meißner*.

[259] Ebd., S. 42-67, 68-114 u. 115-153.

[260] Er nimmt die synchronische Gattungsbeschreibung Stackmanns zum Maßstab für die Einordnung des Meißners, ohne den dort verwendeten Gattungsbegriff zu diskutieren (s.o.), und sucht auf dieser Basis das Werk des Meißners einzuordnen; ebd., S. 69f.

[261] Andere Monographien zum gesamten Œuvre einzelner Autoren, von denen auch, aber nicht nur Sangspruchdichtung überliefert ist, können hier nicht mehr besprochen werden; vgl. (außer älteren Arbeiten wie Biehl, *Der wilde Alexander* und Gerdes, *Bruder Wernher*) etwa noch Kokott, *Konrad von Würzburg*. Die Monographie ist einerseits eine sinnvolle Korrektur 'klassischer' literatursoziologischer Ansätze, stellt andererseits jedoch mehrfach einen unmittelbaren, in seinen Prämissen nicht reflektierten Konnex zwischen Charakteristika von Liedern bzw. Spruchstrophen Konrads und seiner Situation als Autor her (z.B. S. 197, 199 u.ö.), dabei ausdrücklich von „gattungsspezifischen Argumentationen" (S. 12) und damit auch von innerliterarischen Tendenzen des 13. Jahrhunderts absehend. – Hinzuweisen ist ferner auf die Habilitationsschrift von Martin Schubert, deren Titel laut freundlicher Auskunft des Autors *Reinmarbilder. Das Korpus 'Reinmar von Zweter' und seine Wandlungen in Überlieferung und Rezeption* lautet; in Kapitel 4.1.2 werden die Minnestrophen Reinmars behandelt.

des *meisters*, das poetologische Konzept und bestimmte stilistische Modelle), fragt aber, hierin ein selbständiges Komplement zu Stackmanns Monographie bildend, mit der nötigen methodischen Vorsicht[262] und textphilologischen Gewissenhaftigkeit nach Anregungen durch lateinische Traditionen insbesondere der Rhetorik.[263] Hervorhebenswert ist insbesondere Kibelkas Bestimmung von „Denkmodelle[n] und Stilmodelle[n]",[264] die sich sowohl auf Heinrichs poetologische Äußerungen als auch auf die Stiltendenz des 'Blümens' und auf bestimmte Modelle und Tropen der *bezeichenlichen* Rede bezieht.[265]

In seiner vor einigen Jahren erschienenen Monographie fordert Jens Haustein programmatisch die Berücksichtigung der Literarizität der Sangspruchdichtung.[266] Hierin wie in der Wendung gegen eine biographistische Deutung der Spruchdichtung wird man ihm uneingeschränkt zustimmen können. Haustein setzt sich als Ziel, das spezifische Profil der Marner-Strophen in ihrer literarischen Technik und unter Berücksichtigung des 'Authentizitätsproblems' zu ermitteln.[267] Darüber hinaus handelt es sich um den Versuch, die Gattung von überkommenen Wertungen zu befreien. Aus der Beobachtung, daß die Themen und literarischen Mittel das Sangspruchs im Laufe des 13. Jahrhunderts generell die gleichen bleiben und der Ehrgeiz der Autoren sich nicht auf stoffliche und stilistische Innovation richtet,[268] leitet Haustein ab, die Traditionsbezogenheit und Affirmation der Gattungsnorm gleichsam als Telos der Gattung bestimmen zu können, auf das ihre Entwicklung ziele;[269] er spricht von der „Zwangsläufigkeit, mit der sich die Gattungsgeschichte auf das Typische hin entwickelt" habe.[270] Die These sucht mit der Forderung nach einer Historisierung ästhetischer Kategorien und der diesen inhärenten Wertungen Ernst zu machen; dynamisieren ließe sie sich durch ein rezeptionsästhetisches Verständnis, nach welchem die Gattungsnorm selbst nicht ein für allemal definiert, sondern vom Wechselspiel zwischen Gattungserwartungen und Antworten der einzelnen Texte abhängig ist. Die Postulierung einer Ästhetik, die weniger durch die Negation literarischer Normen bestimmt ist als vielmehr durch deren Bestätigung, erhält eine

---

262 Vgl. Kibelkas grundsätzliche Kritik an der vorschnellen Konstatierung von 'Quellen' aus dem lateinischen Bereich und an der ideengeschichtlichen Überfrachtung, die mit vorab gewählten Einordnungen (wie etwa der Deutung sprachreflektorischer Äußerungen auf den Nominalismus hin) den Zugang zum Text verstellt (*der ware meister*, S. 11-17).

263 Ebd., S. 6f.

264 Ebd., S. 219-351, zit. 219.

265 Ebd., S. 219-237, 238-249 u. 261-304. – Zu Heinrich von Mügeln vgl. ferner Stolz, *'Tum'-Studien*, der überzeugend die poetologischen Implikationen in Mügelns Marienpreisdichtung und ihre sprachtheoretischen Hintergründe herausarbeitet.

266 Haustein, *Marner-Studien*, S. V u. 2-6; zu diesem Autor vgl. auch Wachinger, „Marner".

267 Haustein, *Marner-Studien*, S. 6-12.

268 Ebd., S. 245f.

269 Ebd., S. 247-250; Haustein (S. 147) knüpft hiermit an den Entelechiebegriff Kuhns an (Kuhn, „Gattungsprobleme", bes. S. 59-61).

270 Haustein, *Marner-Studien*, S. 250.

Stütze mit Lotmans Kategorie der 'Ästhetik der Identität', die zuläßt, die Offenheit vorgeprägter Sprachelemente für je unterschiedliche Sinnakzentuierungen zu nutzen. Genau hier entsteht jedoch die Frage, wie die These vom 'Telos' der Sangspruchdichtung mit der Tatsache vereinbar ist, daß die Traditionsbezogenheit bzw. ein entsprechender Gestus mittelalterlichen Texten generell eignet. In Anschluß an Hausteins Untersuchungen könnte somit der Spezifik des Traditionsbezuges der Spruchdichtung weiter nachgespürt werden. Ein weiterer Diskussionspunkt betrifft die Verortung Frauenlobs, für den Haustein einerseits zu Recht einen bewußten Traditionsanschluß konstatiert; andererseits bringt er nun „das ästhetische Kriterium literarischer Innovation" ins Spiel.[271] Im Ansatz bedeutet dies insofern eine Isolierung Frauenlobs von der Gattungstradition, als für ihn zum Teil andere Kriterien als etwa für den Marner gelten sollen.[272] Hausteins Ansatz, eine historische Poetik der Gattung zu skizzieren, ließe sich indes wohl auch für diesen Autor fruchtbar machen. Während die Dichotomie 'traditionsgebunden/innovativ'[273] noch nicht konsequent in die Historisierung des Gattungsbegriffs aufgelöst ist, bleibt im Kontext der Frage nach ästhetischen Kategorien von Wichtigkeit, daß Haustein, was die Repräsentation der Gattungsnorm, die Erfüllung der Regel, betrifft, die gängigen Wertungen grundsätzlich umkehrt.[274]

Nicht wenige der Aufsätze zu einzelnen Autoren,[275] die hier nur noch selektiv behandelt werden können, konzentrieren sich auf die Spruchdichtung Walthers von der Vogelweide, wobei in der Regel keine über dessen Werk hinausgehende, gattungsgeschichtliche Perspektivierung angestrebt ist. Die Arbeiten sind teilweise an der Forschungsdiskussion zu Walthers Minnesang geschult bzw. beziehen Untersuchungsergebnisse zu den beiden Gattungen bei diesem Autor explizit aufeinander. Ein Beispiel hierfür ist ein Beitrag Christa Ortmanns.[276] Sie sucht Walthers Innovationsleistung als Minnesang- wie als Sang-

---

[271] Ebd., S. 251.

[272] Ebd.

[273] Ebd., S. 246-248 u. 251f.

[274] Ebd., S. 251f. (vgl. dagegen z.B. Stackmann, *Heinrich von Mügeln*, S. 141).

[275] Außer zu Walther und zu Frauenlob (s. weiter unten) sind noch zu nennen: Behr, „Der 'ware meister'", der mit Hilfe textlinguistischer Kategorien die in Reimpaardichtung und Sangspruch unterschiedliche, jeweils mit einem bestimmten ästhetischen Konzept verknüpfte Argumentationsstruktur als Differenzkriterium herausarbeitet; Schulze, „Kaiser und Reich", zur Vorstellung der Gottbezogenheit des Kaisers, zum transpersonalen Reichsbegriff und zur Formulierung herrscherlicher Tugenden bei Walther und Reinmar von Zweter. Von Freimut Löser stammt ein brillanter Aufsatz zu Rätselstrophen („Rätsel lösen"), in dem er nicht nur demonstriert, daß diese als komplexes intertextuelles Geflecht zu verstehen sind, sondern auch vor poststrukturalistischem Hintergrund die Frage nach dem Autor fokussiert. Schließlich sei noch auf die Beiträge im jüngst erschienenen *ZfdPh*-Sonderheft zur Sangspruchdichtung hingewiesen (Brunner/Tervooren, *Mittelhochdeutsche Sangspruchdichtung*); der Beitrag von Ludger Lieb zur Lyrik Heinrichs von Veldeke wurde bereits erwähnt („Modulationen").

[276] Ortmann, „Der Spruchdichter am Hof"; vgl. ferner G. Hahn, „Ein Minnesänger macht Spruchdichtung". Diese Arbeiten stehen in enger Verbindung mit der Minnesang-Philologie

spruchautor aus dem Konzept einer neuen Autor-Rolle (der 'Walther-Rolle') und ihrem jeweiligen Einsatz in beiden Gattungen abzuleiten.[277] Das neue spruchdichterische Selbstverständnis und die Aufwertung, die zu dieser Rolle gehört, wird erst vor dem Hintergrund der gattungsspezifischen Möglichkeiten des Sangspruchs erkennbar.[278] Zu diesem Zweck arbeitet Ortmann an älteren Spruchstrophen deren strukturelle Merkmale als Gattungsvorgabe heraus. Die Sprecher-Rolle in Strophen mit *milte*-Thematik ist die ebenfalls literarische Rolle des bedürftigen Fahrenden,[279] während die Autorität des Spruchdichters, die „an der Autorität der übergreifenden Normen" teilhat, „von der Fähigkeit zur allgemein verbindlichen und appellativen Aussage" abgeleitet ist.[280] Charakteristisch ist somit für den Sangspruch die Spannung zwischen der Position des Fahrenden „außerhalb" und der Position des Weisheitslehrers „darüber".[281] An diese Konstellation kann Walther anknüpfen. Auch die 'Walther-Rolle' ist, wie grundsätzlich die des Weisheitsvermittlers, „eine literarisch definierte Autoritätsrolle", nur daß Walther für ihre Aufwertung auf seinen Rang als Minnesänger pocht: „Die Kompetenz des Spruchdichters" wird „durch die des Minne-

---

zu Walthers Liedern, die mehrere Aufsätze zu den Berührungen zwischen beiden Gattungen am Beispiel einiger seiner Minnekanzonen hervorgebracht hat; vgl. außerdem die oben, 1.2.1, Anm. 169, genannten Studien Hahns, Ortmanns und Ranawakes. – Grundlegend für die Frage nach Deutungsmöglichkeiten der Sangspruchdichtung am Beispiel von Strophen Walthers ist ferner ein Aufsatz G. Hahns, „Politische Aussage in der Spruchdichtung", der unter anderem den Traditionsanschluß Walthers beschreibt, der in seinen politischen Sangsprüchen eine konventionelle (und damit akzeptierte) Spruchdichter-Rolle und -kompetenz als Ausgangspunkt nimmt, um auf der Basis des Bekannten die neue Thematik politischen Tagesgeschehens einzuführen. Ähnlich kommt Baltzer, „Strategien der Persuasion", zu dem Ergebnis, daß die von ihm analysierten Persuasions-Strategien auch in Walthers politischen Sprüchen die Gattungsgrenzen einhalten und die Zustimmung der Rezipienten zu bestimmten konsensfähigen Prämissen aufgreifen, um sie auf umstrittene Folgerungen zu übertragen (S. 139 u.ö.). Wenzel, „Typus und Individualität", plädiert zu Recht dafür, für Lied und Spruch keinen grundsätzlich differierenden 'Realitätsbezug' vorauszusetzen; am Beispiel von Spruchstrophen Walthers demonstriert er, „daß für die Spruchdichtung derselbe objektive Charakter geltend gemacht werden muß, der den Minneliedern längst schon konzediert wird" (S. 14). Problematisch ist allerdings unabhängig von der Frage nach 'Typischem' und 'Individuellem' die Auffassung von Texten als 'Ausdruck' vorgängiger 'Inhalte' sowie die sehr starke Betonung des Repräsentationscharakters dieser Literatur (S. 21 u.ö.): Die Bemerkung, „sie zielt nicht auf Veränderung, sondern auf Repräsentation" (ebd.), scheint mir angesichts einer Ästhetik der 'überraschenden Anwendung von Regeln' eine falsche Alternative zu implizieren, die daraus resultiert, daß die Literarizität der Texte zwar hervorgehoben wird (S. 21f.), aber als etwas dem 'Gehalt' Nachgeordnetes (S. 21). Das von Wenzel schlüssig aufgezeigte Komplementärverhältnis von 'Typik' und 'Individualität' gilt nach dem oben Gesagten (1.1.1) nicht nur für die Frage nach dem 'biographischen Ich'.

[277] Ortmann, „Der Spruchdichter am Hof", S. 17. Die Studie zu Walthers Sangsprüchen ist als Gegenstück zu Ortmanns Beschreibung zur analogen Verwendung der 'Walther-Rolle' in seinen Liedern konzipiert („Die Kunst *ebene* zu werben").

[278] Ortmann, „Der Spruchdichter am Hof", S. 18.

[279] Ebd., S. 23.

[280] Ebd., S. 24.

[281] Ebd.

sängers begründet (also genau spiegelbildlich zur Funktion der Walther-Rolle im Minnesang)".[282] Abgesehen von den Erkenntnissen zu Walthers Lyrik führt der Aufsatz, was den Zugang zur Gattung betrifft, zweierlei vor: Zum einen bedeuten Gattungsinterferenzen zwischen Lied und Spruch keineswegs, daß die Grenzen 'verwischen'; Ortmanns Ansatz setzt vielmehr ein ausgeprägtes Gattungsbewußtsein voraus.[283] Zum anderen zeigt sich gerade bei solchen Experimenten, daß sie im Kontext der Sangspruchdichtung nur dann angemessen eingeordnet werden können, wenn dieselben Beschreibungskriterien wie für die Minnelieder (hier das Kriterium der literarischen Rolle) angewendet werden.

Von den Arbeiten zur höfischen Liebesthematik im Sangspruch krankt die Monographie von Michael Dallapiazza,[284] der von der These einer Umsetzung des klerikal geprägten Ehemodells in der volkssprachlichen weltlichen Didaxe ausgeht und dies unter anderem an Sangspruchstrophen zu zeigen versucht, daran, daß hier eine mittlerweile gründlich überholte Sichtweise (Abbau des feudalen Normsystems und Ersetzung durch andere, 'städtische' Normen) in holzschnittartiger Manier vertreten[285] und zudem die von Kuhn angedeutete Unterscheidung zwischen sozialen (etwa feudal-adligen) Normen und höfischen Werten[286] vernachlässigt wird; letztere können indes auch in einer in der Stadt produzierten und rezipierten Literatur gültig sein.[287] Darüber hinaus sind die begrifflichen Differenzierungen wenig überzeugend und irreführend: Unter 'Minnespruch' werden nicht nur Strophen mit Liebesthematik, sondern auch Ehesprüche subsumiert; dabei haben Ehestrophen von Reinmar von Zweter bis Frauenlob, in denen es in der Regel um die Bestätigung der traditionellen Geschlechterrollen geht, in den meisten Fällen nichts mit der Liebesthematik zu tun. Es handelt sich um zwei in der Sangspruchdichtung noch weitgehend voneinander unabhängige Diskurse.[288] Dallapiazza trennt sie zwar ('Amorsprüche' und 'Ehesprü-

---

[282] Ebd., S. 26.

[283] Ihre Ausführungen scheinen zu implizieren, daß Walther auch mit der schärferen Herausbildung eines Gattungsbewußtsein ein 'Sonderfall' ist (dies suggeriert ja z.B. ihr Begriff der 'Walther-Rolle'); ob ein solches gattungsdifferenzierendes Wissen für die ihm vorausgehende und ihm folgende Lyrik nicht in vergleichbarem Maße vorausgesetzt werden kann, wäre jedoch in einer Untersuchung der Gattungsinterferenzen bei anderen Autoren und in anderen Phasen beider Gattungen erst noch zu prüfen.

[284] Dallapiazza, minne, hûsêre.

[285] Ebd., S. 55 u.ö. Grundlegend für die Widerlegung der These eines thematisch-'ideologischen' Gegensatzes von feudaladliger und städtischer Literatur: Peters, Literatur in der Stadt, bes. S. 36-48; vgl. dies., „Roman courtois", S. 26.

[286] S.o., 1.1.1, S. 15f.

[287] Das Verhältnis von realen ständischen Strukturen und höfischer Kultur – beide im Sinne Kuhns in Distanz und doch nicht ohne Beziehung zueinander – müßte auf die Stadt, auf das exklusiv-ständische Selbstbewußtsein der städtischen Oberschicht einerseits und auf die hier entstehende höfische Kultur und Literatur andererseits, übertragbar sein.

[288] Bei Reinmar von Zweter etwa berühren sich Liebes- und Ehethematik nur in einem Fall (Roethe 44-45); s.u., S. 82f. u. Anm. 379; vgl. auch Anhang 2.

che'),[289] doch nur im Sinne der problematischen Gegenüberstellung von 'epigonaler' Rezeption höfischer Frauenverehrung bzw. Liebesdarstellung einerseits und der Einführung 'neuer' Konzepte des Geschlechterverhältnisses in die weltliche Didaxe andererseits, nicht im Sinne unterschiedlicher literarischer Diskurse.

Zu Minnesprüchen einzelner Autoren sind nur wenige Aufsätze erschienen, die den Vergleich zwischen der Liebesthematik in Liedern und Sprüchen eines Autors suchen. Der Aufsatz von Hahn wurde bereits erwähnt; Walthers von der Vogelweide Sangsprüche mit Minne- und Frauenlehre im Kontext einer allgemeinen Lebenslehre werden hier sehr knapp, als Pendant zu den Minnekanzonen mit spruchmeisterlichen Sprecher-Rollen, behandelt.[290] Ebenfalls besprochen wurde die Studie Peils zu Minnesprüchen Reinmars von Zweter.[291]

Auf die Arbeit Stackmanns zu Heinrich von Mügeln, die auf einen Vergleich mit Frauenlob zielt, gehe ich ausführlicher ein, da bei dieser Gelegenheit noch einmal Grundfragen der Textanalyse angesprochen werden können.[292] Stackmann gibt einen Überblick über die Behandlung der Liebesthematik in Sangsprüchen und Liedern beider Autoren. Zum einen konstatiert er ein unterschiedliches Verhältnis zwischen den Gattungen: Bei Heinrich von Mügeln verschwimme gelegentlich der Unterschied zwischen Liedern und Sprüchen;[293] demgegenüber ist bei Frauenlob eine scharfe Trennung beider Gattungen zu beobachten. Die differierende Behandlung der Gattungsrelation deutet Stackmann im Sinne seiner generellen Gegenüberstellung beider Autoren:[294] Frauenlobs Minnedichtung bescheinigt er „eine unerhörte Spannweite", während diejenige Heinrichs von Mügeln „außerordentlich eng" sei.[295] Abstrahiert man von den Wertungen, so wird dies in Grundzügen nicht zu bestreiten sein, nur fragt sich, ob ein solcher Vergleich den Texten Heinrichs gerecht wird – zumal Stackmann in der Gegenüberstellung der Liebesentwürfe von einer Analyse der Sprachgestalt absieht. Hier scheint die Untersuchungsperspektive, und das hat

---

289  Dallapiazza, *minne, hûsêre*, S. 57.

290  G. Hahn, „Ein Minnesänger macht Spruchdichtung", S. 66f. (s.o., 1.2.1, S. 44). – Vgl. außerdem Schweikle, „Minnethematik in der Spruchlyrik", zur Überlieferung und zum Athetese-Problem bei Minnesprüchen Walthers.

291  Peil, „*Wîbes minne*" (s.o., S. 51f.).

292  Stackmann, „Minne als Thema".

293  Ebd., S. 331. Die von Stackmann, S. 329-331, hierfür angeführten Phänomene sind im übrigen zum Teil durchaus auch im 13. Jahrhundert schon belegt; z.B. findet sich die allgemein gehaltene Belehrung im Lied, verbunden mit Werbung, Preis oder Klage des liebenden Ich, bei Ulrich von Liechtenstein, KLD 58, XVI; XVIII; XXIII; XXXVIII; die Rede des liebenden Ich in Sangspruchstrophen etwa bei Reinmar von Brennenberg, KLD 44, IV, 1-9; s. auch unten, Anm. 1187.

294  Hier wäre zu fragen, ob es nicht für die späthöfische Lyrik generell charakteristisch ist, daß die Relation zwischen den beiden Nachbargattungen ganz unterschiedlich gestaltet werden kann.

295  Stackmann, „Minne als Thema", S. 336.

wohl mit der Konzentration auf eine 'inhaltliche' Auswertung zu tun, von vorgefaßten Oppositionen – 'höfisches Liebesideal' versus 'Thematisierung von Sexualität und Ehe' – geprägt zu sein, nach deren Berechtigung erst noch zu fragen wäre. So unterscheidet Stackmann in Frauenlobs Minnesprüchen das Fortwirken des 'klassischen' Ideals höfischer Liebe einerseits – den „Geist der Hohen Minne" – von der Betonung der Sexualität in ihrer Bedeutung für das Geschlechterverhältnis und in (tatsächlicher oder vermeintlicher) 'Ehelehre' andererseits.[296] Weder die Hervorhebung der Sexualität in Ermahnungen der Liebenden noch der Preis der Frau als Gebärerin läßt jedoch auf eine ausdrückliche Thematisierung der Ehe schließen.[297] Tatsächlich ist die Ehethematik in Frauenlobs Werk als marginal einzuordnen[298] und kommt gerade im *wîp-vrouwe-Streit*, in welchem der Preis der *parens* zentral ist, überhaupt nicht vor.[299] Die Thematisierung der Sexualität in Frauenlobs Minnesprüchen wird man, ohne deren Eigenprofil zu nivellieren, ohnehin nicht in Gegensatz zum Entwurf höfischer Liebe bringen wollen, der ja die Dimension der Lust grundsätzlich mit umfaßt. Stackmann geht also von einer Opposition zwischen höfischer Liebe und Weiterungen des Modells bei Frauenlob als 'nicht-höfisch' aus, die dann einem neuen Kontext, der Ehethematik, zuzuordnen seien. Deutlich ist dies etwa bei der Vermutung, daß „Minne in Frauenlobs Sangspruchdichtung dabei ist, in eheliche Liebe umzuschlagen".[300] Die Minnedichtung Heinrichs von Mügeln betrachtet er als eine „Spätform der Hohen Minne", in welcher sich höfische Liebe gleichsam selbst überlebt und „jeden Zusammenhang mit ritterlicher Lebenswelt" verloren habe.[301] Für Strophen, die mit den Themen 'Liebe und Altern' und 'Ehebruch' andere Töne anschlagen, findet Stackmann folgende Erklärung: „In dem Maße, wie die ritterliche Standeskultur ihre bindende Kraft einbüßte, wurde die Aufnahme von Elementen, die ihm eigentlich fremd waren, in den Minnesang möglich."[302] Wieder wird deutlich, daß eine vorab fest definierte Differenz 'höfisch/nicht-höfisch' zugrunde liegt; nur wird sie mit Bezug auf Heinrichs Texte, anders als bei Frauenlob, unter dem Vorzeichen des Defizitären eingeordnet. Dies offenbart auch die abschließende Hypothese

---

[296] Ebd., S. 333-335 (zit. 334).

[297] So schließt Stackmann, „Minne als Thema", S. 334, aus der Ermahnung, *Frouwe, an dem bette sunder scham / soltu bi liebem friunde sin* (GA XIII, 45, 1f.): „Unter dem lieben *friunt* wird man den Ehemann zu verstehen haben." Das scheint mir nicht zwingend zu sein (zur Strophe s.u., 2.2.3, S. 126-128). Oder er übersetzt *der din* [sc. der *liebe*] *zu rechte pflege* (GA XIII, 49, 5): „Der von Rechts wegen Umgang mit dir hat", und folgert auch hier, daß der Ehemann gemeint sei (S. 335); zur Strophe s.u., 2.2.2, S. 123-125, hier bes. S. 124 u. Anm. 518.

[298] Hierzu s.u., 4.2.2.1, Anm. 888.

[299] Zum *wîp-vrouwe-Streit* s.u., 4.2.2. Grundsätzlich zu Ehespruchstrophen s.u., 1.4, S. 82f. u. Anm. 379; vgl. Anhang 2.

[300] Stackmann, „Minne als Thema", S. 335.

[301] Ebd., S. 336.

[302] Ebd., S. 338.

*Sangspruchdichtung* 67

Stackmanns; danach hätte Heinrich das bei dem älteren Autor 'innovative' Thema 'Sexualität und Ehe' zwar akzeptiert, „ihm aber, indem er die Dauerhaftigkeit der Treuebindung zum Maßstab des Urteilens machte, eine stark moralisierende Wendung gegeben."[303] Eine weitere Opposition kommt also hinzu: Das 'Nicht-Höfische' wird aufgespalten in 'Innovation' bei Frauenlob und 'Moralisierung' bei Heinrich von Mügeln. Die vorliegende Arbeit geht dagegen davon aus, daß solche und andere, ihnen angelagerte Differenzen nicht inhaltlich fixiert sind, sondern daß die einzelnen Texte je unterschiedliche Versuche darstellen, sie zu bestimmen.

Abschließend wende ich mich Untersuchungen zur Spruchdichtung Frauenlobs zu, wobei Einzelanalysen seiner Minnesprüche erst im folgenden Abschnitt (1.3) zur Sprache kommen. Die Isolierung Frauenlobs als 'Ausnahmegestalt' von Gattungstraditionen ist in ähnlicher Weise wie bei Walther von der Vogelweide zu beobachten.[304] Eine breitere Forschungsdiskussion zur von ihm überlieferten Spruchdichtung hat sich indes nicht etabliert: Es entsteht der Eindruck, als sei Frauenlobs Sonderstellung vornehmlich aus Beobachtungen zu seinen größeren Dichtungen (allenfalls noch zum *wîp-vrouwe-Streit*) abgeleitet.[305] Eine Einordnung seiner Spruchstrophen in die Geschichte der Gattung, die auch nach der Angemessenheit des Frauenlob-Bildes zu fragen hätte, wurde dagegen – abgesehen von den Frauenlob-Kapiteln bei Huber und Wachinger (s.o.) – bislang noch nicht in Angriff genommen.[306]

Zu Frauenlobs Sangsprüchen sind – neben der Monographie von Helmuth Thomas zur Überlieferungsgeschichte und 'Echtheitsfrage'[307] – vor allem die

---

[303] Ebd., S. 338f.

[304] Die Einordnung Walthers und Frauenlobs als Autoren mit 'individuellem' Profil, die mit dem Rest der Spruchdichter wenig gemeinsam haben, findet sich beispielsweise bei Hellmich, *Gelehrsamkeit*, S. 64 oder Objartel, *Meißner*, S. 69; ohne immer explizit zu werden, mag sie aber auch wirksam sein in den autorzentrierten Studien zu diesen beiden Autoren. Dem entspricht auf der anderen Seite die Einordnung der übrigen Spruchdichter „in das graue Heer jener Poeten [...], deren Name gleichgültig ist, weil ihr Werk nichts repräsentiert als die Allgewalt des Gattungszwanges", wie Stackmann schreibt (*Heinrich von Mügeln*, S. 141). Nicht einer Nivellierung von zweifellos vorhandenen 'Qualitätsunterschieden' sei hier das Wort geredet; es werden lediglich die Uneinheitlichkeit der Beschreibungskriterien und die Isolierung einzelner Autoren abgewehrt, deren Werk zum Teil auch heute noch (mehr als das anderer) aufgrund eines Bedürfnisses nach dem 'Einmaligen', dem es nur scheinbar entgegenkommt, mißverstanden und darum mit anderem Maß gemessen wird.

[305] Hierzu vgl. den folgenden Abschnitt (1.3); zu Rettelbach, „Abgefeimte Kunst", s.u., 4.2.2, Anm. 833.

[306] In der älteren Frauenlob-Forschung fanden die Sprüche ohnehin größtenteils nur als Belegstellen für inhaltlich oder stilistisch orientierte Arbeiten Berücksichtigung; Beispiele für ersteres: Kron, *Gelehrsamkeit*; I. Kern, *Höfisches Gut*; zu Lütcke, *Philosophie der Meistersänger*, Kissling, *Ethik Frauenlobs* und Peter, *Theologisch-philosophische Gedankenwelt* s.o., Anm. 247; stilgeschichtliche Arbeiten: Saechtig, *Bilder und Vergleiche*; Kretschmann, *Stil Frauenlobs*.

[307] Thomas, *Untersuchungen*.

Arbeiten Bertaus und Stackmanns von Bedeutung. Karl Bertau setzte als erster die Forderung von Thomas um, auch bei den gelehrt-spekulativen Texten, die theologisch-dogmatisches wie philosophisches Wissen verarbeiten, nach dem „künstlerischen Gestaltungswillen"[308] Frauenlobs zu fragen, und suchte die Sprachgestalt von Frauenlobs religiöser Dichtung zu erfassen.[309] Die geistlichen Sprüche finden zwar in einem eigenen Kapitel Berücksichtigung,[310] jedoch lediglich in einer Klassifikation unterschiedlicher Stilmodelle Frauenlobs, die von der stilistischen Untersuchung des Marienleichs und des Kreuzleichs abgeleitet ist.

Von den zahlreichen Aufsätzen Stackmanns zu den Spruchstrophen Frauenlobs[311] seien zwei besonders hervorgehoben.[312] Mit seinen grundlegenden Beobachtungen zu „Bild und Bedeutung bei Frauenlob" wies er am Beispiel des Nachrufs auf Konrad von Würzburg (*GA* VIII, 26) nach, daß auch ein Text, dessen Bildlichkeit in hohem Maß autark erscheint, nicht lediglich auf rhetorisch-ästhetische Wirkung hin angelegt sei.[313] In der genannten Strophe fügen sich die Metaphern nach eigenen Strukturgesetzen zusammen: Sie bilden drei nur angedeutete, auf einige 'Gerüstwörter' reduzierte Allegorien, die in dreifacher Verzahnung miteinander verbunden sind. Neben dem Verständnis der stark verkürzten und neu kombinierten Bilder vor dem Hintergrund ihrer langen Anwendungsgeschichte trägt zur Erschließung der semantischen Struktur des Textes bei, die Struktur der metaphorischen Rede zu erkennen; erst dann offenbart sich die Strophe als bis ins einzelne genau durchkalkuliertes sprachliches Gebilde. Die Studie zeigt exemplarisch die Priorität präziser Sprachanalyse.

In einem nicht lange nach der *Göttinger Frauenlob-Ausgabe* erschienenen Aufsatz fragt Stackmann, ob sich aus diesem Produkt seiner Editionstätigkeit Korrekturen des Frauenlob-Bildes ergeben.[314] Dies führt zunächst zum Echtheitsproblem, welches er – insbesondere im Fall von Frauenlobs Spruchdichtung – als „*prinzipiell* unlösbar" bezeichnet.[315] Die Unmöglichkeit einer endgültigen Abgrenzung der Texte Frauenlobs von dem ihm später Zugeschriebenen

---

[308] Ebd., S. X.

[309] Bertau, *Geistliche Dichtung*.

[310] Ebd., S. 72-91.

[311] Vgl. außer den im Folgenden besprochenen Aufsätzen: Stackmann, „*Redebluomen*"; ders., „Frauenlob-Überlieferung"; ders., „Frauenlob, Ettmüller"; ders., „Frauenlob und Wolfram von Eschenbach"; ders., „Verführer"; ders., „Wiederverwerteter Frauenlob".

[312] Weitere Aufsätze zu Frauenlobs Spruchdichtung befassen sich entweder mit der Überlieferung (Wachinger, „Corpusüberlieferung"; Kornrumpf, „Konturen der Frauenlob-Überlieferung"; Haustein/Stackmann, „Sangspruchstrophen in Tönen Frauenlobs") oder liefern Analysen einzelner Strophen bzw. Strophengruppen (z.B. P. Kern, „Frauenlob V, 59-61"; Huschenbett, „Frauenlobs Artus-Sprüche"; Rettelbach, „Abgefeimte Kunst"; jüngst Fritsch, „Körper – Korpus – Korporale").

[313] Zu Stackmann vgl. auch Huber, *Wort sint der dinge zeichen*, S. 182f.

[314] Stackmann, „Wechselseitige Abhängigkeit".

[315] Ebd., S. 48; vgl. auch S. 40f.

betrachtet Stackmann jedoch nicht als generelles Hindernis für eine eingehendere Beschäftigung mit diesem Autor und für die Erkenntnis seines spezifischen Profils, sondern er leitet hieraus vielmehr die Aufgabe ab, eine klarere Konturierung des Frauenlob-Bildes aus einer „Analyse typischer Denkweisen" zu gewinnen.[316] Ein Beispiel für eine solche 'typische Denkweise' sieht Stackmann in Frauenlobs Bemühen, „das Einzelne und in seiner Besonderheit Isolierte hinter sich zu lassen. Er scheint ständig auf der Suche nach einem Punkt zu sein, von dem aus das Besondere als Teil eines umfassenderen Allgemeinen erkennbar wird".[317] Für die Entfaltung abstrakter, das Partikulare integrierender Sinnzusammenhänge sind verschiedene Verfahrensweisen der 'Begriffsausdeutung' von Wichtigkeit; damit ist sowohl die Welt-Deutung durch die Verwendung bestimmter Begriffe in ihrer einordnenden und erläuternden Funktion als auch deren Interpretation durch andere Begriffe gemeint.[318]

Insofern solche Formen des begrifflichen Denkens in der Geschichte der Spruchdichtung durchaus schon vorher anzutreffen sind und hier eine neue Dimension erhalten, ist mit der Begriffsausdeutung eine gattungstypische und zugleich eine Frauenlob-spezifische Verfahrensweise benannt. Zentralen Stellenwert hat Stackmanns hieraus abgeleitete These: „Wir können nicht von Frauenlobs individueller Leistung reden, ohne mitzubedenken, daß diese Leistung *auch* als Rekapitulation und Weiterführung von Möglichkeiten der Gattung zu verstehen ist."[319] Mit der Frage nach Frauenlobs Traditionsanschluß läßt die Untersuchung seines Werks nach Stackmann auch Erkenntnisse zum Profil der Gattung erwarten, da es exemplarisch zeigt, „was potentiell in der Gattung als ganzer angelegt ist: Sie ist der Ort, an dem für die Sprecher der Volkssprache Möglichkeiten einer allgemeinen Reflexion über religiöse, ethische und kosmologische Fragen bereitgestellt"[320] und, so läßt sich ergän-

---

[316] Ebd., S. 41.
[317] Ebd., S. 42.
[318] Ebd., S. 42-45.
[319] Ebd., S. 47; vgl. auch Huber, *Wort sint der dinge zeichen*, S. 128, zur Traditionsverankerung der Sprachreflexion Frauenlobs in der volkssprachlichen Didaxe, insbesondere in der Spruchdichtung des 13. Jahrhunderts. – Stackmann faßt hier unter 'Gattung' nicht nur die Spruchdichtung in engerem Sinne, sondern die gesamte Gattungstradition („Wechselseitige Abhängigkeit", S. 47); er fordert daher die Erfassung sowohl der Frauenlob vorausgehenden Phase als auch der Folgezeit „bis in die Spätzeit des Meistergesangs" (ebd., S. 47f.; zit. 48). Eine solche Einordnung bedeute, Frauenlobs Werk insofern auch im Zusammenhang einer allgemeinen Entwicklung zu sehen, als die Gattungsgeschichte als „Teilprozeß jenes größeren Vorgangs [erscheine], der im Spätmittelalter allmählich zur Ausbildung einer die ganze Stadtbevölkerung erfassenden, auf Schriftlichkeit gegründeten Kultur in der Volkssprache führt" (S. 48). Schwerpunktmäßig beziehen sich Stackmanns eigene Ausführungen jedoch auf die Stellung Frauenlobs in der Geschichte der Sangspruchdichtung; er weist selbst darauf hin, daß die Einbeziehung der Spätphase sowie der Rezeption Frauenlobs im Meistergesang wiederum eine breitere editorische Erschließung der spätmittelalterlichen Lyrik zur Bedingung hätte.
[320] Ebd., S. 49.

zen, die hierfür geeigneten ästhetischen Darstellungsschemata ausgearbeitet werden.

Als Bilanz dieses Überblicks ist festzuhalten: 1. Die in der Minnesangdiskussion längst als unbrauchbar erkannte Opposition der Demonstration artistischer Brillanz als Selbstzweck und der Vermittlung verbindlicher Inhalte kehrt in einzelnen Bereichen der Sangspruchforschung in verschiedenen Polarisierungen der Gattungen Lied und Sangspruch wieder: Letzterer wird dann entweder auf didaktische Vermittlung reduziert oder als rein rhetorische Kunst aufgefaßt. Beides geht mit einer selektiven Sicht auf die Gattung einher.

2. Ein gattungsgeschichtlicher Ansatz, der solche Selektionen ausschließt, ist nur in einzelnen Ausnahmen realisiert worden.[321] Auf seine Notwendigkeit wurde sowohl im Kontext der Lied-Spruch-Diskussion[322] wie auch in Zusammenhang mit der Einordnung Frauenlobs[323] mit Nachdruck hingewiesen. Dessen Spruchdichtung wird mit Oppositionen wie 'innovativ/traditionsgebunden' und 'individuell/konventionell' in der Regel von der Gattungsgeschichte abgelöst; die für seine und für Texte anderer Spruchdichter verwendeten Beschreibungskriterien bleiben inkompatibel.[324]

3. Die höfische Liebesthematik im Sangspruch wurde bislang nur in wenigen Aufsätzen zu einzelnen Autoren genauer in den Blick genommen; das Hauptgewicht liegt hier – außer in den Frauenlob-Studien – auf dem Vergleich zwischen Lied und Spruch im Werk des jeweiligen Autors und nicht auf der detaillierten Analyse der spezifischen textuellen Strategien und Darstellungsmuster in Minne- und Frauenpreissprüchen.

---

[321] Vor allem von Wachinger, *Sängerkrieg* und Huber, *Wort sint der dinge zeichen*.
[322] Ruh, „Mittelhochdeutsche Spruchdichtung"; s.o., 1.2.1, S. 40-42.
[323] Stackmann, „Wechselseitige Abhängigkeit" (s.o.).
[324] Wo zwischen eher 'traditionsverhafteten' und 'innovativen' Texten Frauenlobs unterschieden wird, verlagert sich die Opposition lediglich in sein Werk.

## 1.3 Forschungsansätze zu Liebesentwürfen Frauenlobs

Frauenlobs Liebesentwürfe sind wiederholt Gegenstand von Untersuchungen gewesen, die gattungsübergreifend angelegt sind, also seine Minnesprüche, den Minneleich und *Minne und Welt* berücksichtigen. Für einen Teil der älteren Forschung sind ideengeschichtliche Ansätze typisch, die mit inadäquaten Deutungsmustern operieren – so etwa die Monographie von Barbara Völker, die Frauenlobs 'Minneauffassung' und 'Frauenbild' in eine Entwicklung einzuordnen sucht, die sie mit der Opposition zwischen der Weiterführung der 'höfischen Klassik' und einer neuen Liebesauffassung im Geist der 'Hochgotik' markiert.[325] Wie hier wurde Frauenlob auch andernorts als Repräsentant einer in sich widersprüchlichen Übergangszeit gesehen, so daß sein Œuvre selbst diesen Widerspruch – meistens wird dem 'höfischen Denken' eine jeweils unterschiedlich definierte, 'neue' Haltung und Welterfahrung gegenübergestellt – in sich trage.[326] Auch wo die Begrifflichkeit glücklicher gewählt ist als bei Völker und die Texte nicht auf 'Geisteshaltungen' reduziert werden, ist die Abspaltung 'höfischer' von 'nichthöfischen' Elementen in Frauenlobs Liebesdarstellungen grundsätzlich irreführend.[327]

Ein zentrales Paradigma der Frauenlob-Forschung ist die Heranziehung lateinisch-gelehrter Traditionen für das Verständnis seiner Texte geworden. Erstmals fragte Rudolf Krayer nach Verbindungen zur lateinischen Naturspekulation und -allegorese, wobei die Texte mit Liebesthematik in seiner Arbeit nicht im Vordergrund stehen.[328] Huber hat die wesentlichen Kritikpunkte zu Krayers Vorgehen ausgeführt,[329] der einige wenige Textstellen herausgreift und sie in zum Teil eher locker assoziierten, motivgeschichtlichen Vergleichen und Parallelisierungen bis hin zur Literatur der Antike zu überfrachten neigt.

Krayers These einer Abhängigkeit Frauenlobs von den Dichtungen des Alanus ab Insulis, der im Minneleich namentlich erwähnt wird,[330] erfuhr durch die grundlegende Studie Christoph Hubers zur mittelhochdeutschen Alanus-Rezeption eine entscheidende Korrektur:[331] Verbindungen der spekulativen Texte Frauenlobs sind weniger zu Alanus als vielmehr zur Naturphilosophie der soge-

---

325  Völker, *Gestalt der vrouwe*, bes. S. 1f., 25f. u. 73f.

326  Vgl. z.B. I. Kern, *Höfisches Gut*, S. 98: Frauenlob pendele „haltlos hin und her zwischen den beiden Geistesströmungen [sc. zwischen der 'höfischen' und der 'bürgerlichen', M.E.], die sich in seiner Zeit begegneten" (vgl. auch S. 93); Kretschmann, *Stil Frauenlobs*, S. 265; Nagel, Art. „Frauenlob", Sp. 380b; vgl. auch Krayer, *Natur-Allegorese*, S. 17.

327  Diese Kritik geht gerade nicht von einem neuzeitlichen ästhetischen Maßstab der 'Werkeinheit' aus, der vielmehr den erwähnten Thesen des 'zeittypisch Widersprüchlichen' in Frauenlobs Werk eigentlich zugrunde liegt. – Zu Völker vgl. auch Huber, *Alanus ab Insulis*, S. 137.

328  Krayer, *Natur-Allegorese*.

329  Huber, *Alanus ab Insulis*, S. 136f.; vgl. auch Kolb, Rez. zu Krayer.

330  *GA* III, 4, 2.

331  Huber, *Alanus ab Insulis*, S. 136-199.

nannten Schule von Chartres selbst zu ziehen, insbesondere zu den Werken von Wilhelm von Conches und Bernardus Silvestris. In seinem systematischen Aufriß von Frauenlobs Naturkonzept kann Huber zeigen, daß die *Anima Mundi*-Lehre der chartrensischen Naturphilosophie insbesondere in den größeren Dichtungen bei der Darstellung der Minne-Instanz eine Rolle gespielt hat.[332] Die in diesem Zusammenhang wichtigsten Texte sind das Streitgespräch zwischen *Minne und Welt* (*GA* IV),[333] das den Rangstreit zwischen den beiden Antagonisten zugunsten der Minne enden läßt und die kosmologische Dimension der Liebe wohl am deutlichsten entfaltet, und der Minneleich (*GA* III). In beiden Großdichtungen gestaltet Frauenlob einen Liebesentwurf, der als umfassendes Konzept die religiöse Dimension, die kosmologische und die Dimension der erotischen Beziehung zwischen den Geschlechtern gleichermaßen abdeckt. Der Erkenntnisgewinn der Arbeit wird dadurch nicht beeinträchtigt, daß sie teilweise den Gefahren nicht ganz entgeht, die in der Postulierung *eines* systematischen Liebesmodells Frauenlobs über die Text- und Gattungsgrenze hinaus liegen. Die Argumentation von diesem übergreifenden 'System' Frauenlobs her kann dazu führen, eine genuin kosmologische Dimension des Liebesentwurfs und der Frauenrolle auch dort zu sehen, wo sie keineswegs aufgebaut wird; dies trifft insbesondere auf die Deutung einzelner Minne- und Frauenpreisstrophen zu, die Huber möglicherweise zu sehr von den beiden großen Minnedichtungen und damit von einem kosmologischen Hintergrund her liest.[334] Die rezeptionsgeschichtliche Studie zielt indes nicht darauf, Frauenlobs Liebesdarstellung vollständig zu erfassen, da sie sich auf diejenigen Aspekte konzentrieren kann, die für den untersuchten Rezeptionszusammenhang relevant sind. So weist Huber selbst darauf hin, daß die Liebesentwürfe zugleich auch aus der volkssprachlichen literarischen Tradition leben und daß die spezifischen literarischen Verfahrensweisen, die Frauenlob in ihnen erarbeitet, erst noch aufzudecken sind.[335]

Die Monographie von Ralf-Henning Steinmetz knüpft an Hubers Forschungen an und erschließt einen weiteren Quellenbereich: die Tradition des medizi-

---

[332] Ebd., bes. S. 172-183 u. 199.

[333] Zu *Minne und Welt* vgl. auch die Interpretation von de Boor, „Frauenlobs Streitgespräch".

[334] Vgl. z.B. Huber, *Alanus ab Insulis*, S. 184f., wo er schreibt, daß die Funktionen der Frau als Freudebringerin und Gebärerin die zwei Funktionen der Natura als *vinculum mundi* und *mater generationis* spiegeln; hierzu s.u., 4.2.2.1, S. 254. Selbstverständlich weiß er auch um die volkssprachlichen Traditionen, und man wird in bezug auf den Minneleich und *Minne und Welt* zustimmen können, wenn er formuliert: „Damit wird ein Zentralmotiv des höfischen Frauenpreises, die Funktion der Frau als Freudebringerin für ihren Partner und für die Gesellschaft, in einen neuen Theorie-Rahmen gestellt" (S. 184). Doch bleibt es problematisch, den lateinischen kosmologischen Hintergrund als dominanten Deutungsrahmen für die Texte anzusetzen und sie hieraus 'erklären' zu wollen; vgl. S. 386: Frauenlob erstelle „auf der Grundlage des chartrenser Platonismus [...] im Medium volkssprachlicher Literaturtradition ein literarisches System, das [...] seine esoterische Lyrik trägt, wir wagen zu sagen: ästhetisch generiert".

[335] Ebd., S. 179 u. 185.

nischen, sexualphysiologischen Schrifttums bis hin zu Albertus Magnus.[336] Steinmetz geht es primär darum, den Begriff des *twalmes*, der bei Frauenlob im Liebeskontext, vor allem im Minneleich, mehrmals belegt ist,[337] als Entsprechung zum sexualphysiologischen Terminus 'Pneuma' (*spiritus desiderativus*) auszuweisen, mit dem in antiker und mittelalterlicher medizinischer Literatur eine feinstoffliche Materie bezeichnet wird, welche die Ejakulation der Samenflüssigkeit bewirkt, beim Orgasmus des Mannes austritt und dabei Lust erzeugt.[338] Neben einer Analyse des Streitgesprächs *Minne und Welt*, die auf den Ergebnissen Hubers zur Rezeption der Weltseele-Lehre aufbaut, konzentriert sich Steinmetz hauptsächlich auf einige Versikel des Minneleichs (*GA* III, 9-13). Hier entwickelt Frauenlob bekanntlich eine – als Vision eines Selvon ausgegebene – Allegorie der Minne in Gestalt eines hermaphroditischen Wesens; der Beginn erotischer Liebe wird als Agieren dieser Gestalt dargestellt. Die Studie beeindruckt durch ihre konzise Argumentation und durch die profunden Kenntnisse des lateinischen medizinischen Schrifttums, das in diesem Rahmen kaum gründlicher aufgearbeitet werden kann. Zwei Kritikpunkte sind gleichwohl auszuführen, die beide an der von Steinmetz folgendermaßen erläuterten Arbeitshypothese ansetzen können: „Ziel der hier vorgelegten Untersuchung [...] ist es, zu zeigen, daß der Begriff 'Liebeskonzeption' für Frauenlobs geistigen Entwurf auch dort unangemessen ist, wo die Minne im Mittelpunkt zu stehen scheint. Denn diesen Platz nimmt nicht wirklich die Liebe ein, sondern ein die gesamte Welt [...] durchwaltendes Prinzip, dem er den Namen *Minne* gibt, das er aber beinahe ebensogut auch 'Weltseele', 'Weltgeist' oder ähnlich hätte nennen können."[339] Die Wahrnehmung der Frauenlobschen Liebesdarstellungen ist somit ausschließlich vom Blick auf die lateinischen, auf die kosmologischen und sexualphysiologischen Modelle also, gesteuert; so muß Steinmetz auch bestreiten, daß in den ihn interessierenden Texten Frauenlobs überhaupt von (höfischer) Liebe die Rede ist. Zum ersten bedeutet dies, daß die Prägung durch volkssprachliche Traditionen nicht gesehen wird, indem die aus der quellenhistorischen Untersuchung gewonnenen Ergebnisse zu einem – zweifellos wichtigen – Ausschnitt von Frauenlobs Minnelyrik mit dem Anspruch, dessen 'Minneauffassung' damit in Gänze erfaßt zu haben, in unzulässiger Weise verallgemeinert werden. Die Einseitigkeit ergibt sich aus einer Selektion der Texte, die an sich durch das Frageinteresse gerechtfertigt ist, deren Konsequenzen aber in die Methodenreflexion nicht eingehen. Bezeichnend ist die Auswahl bestimmter

---

[336] Steinmetz, *Liebe als universales Prinzip*. Daneben arbeitet er noch weitere naturphilosophische und theologische Traditionen auf, vor allem die zur Zeit Frauenlobs entstehende aristotelische Vorstellung der *substantia separata* (S. 50-57).

[337] Die Verwendung von *twalm* ist in diesem Kontext außerhalb des Minneleichs (*GA* III, 9, 4; 12, 3f.; 23, 6) nur noch zweimal belegt (*GA* VI, 11, 2; VIII, 15, 6).

[338] Steinmetz, *Liebe als universales Prinzip*, S. 83-126.

[339] Ebd., S. 3f.; zu Frauenlobs Minnedichtungen vgl. ferner (ebd., S. 4): „Nicht, was wir gewöhnlich Liebe nennen, ist ihr eigentlicher Gegenstand, sondern ein Weltentwurf, der in allen Dingen ist und dieselbe Macht wirken sieht."

Texte als für die 'Minnekonzeption' relevant und hierin 'innovativ', während andere einer solchen Auffassung nach als stärker 'traditionsverhaftet' vernachlässigt werden können.[340] Es entsteht auf diese Weise ein Bild von Frauenlobs Liebesdarstellung, welches neben der kosmologischen und der religiösen Dimension hauptsächlich das sexualphysiologische Geschehen beim Geschlechtsverkehr umfaßt, nicht aber die affektive und die höfisch-werthafte Komponente der Liebe. Die damit sichtbar werdende Aufspaltung des Werks in 'innovativ' und 'traditionsgebunden' (d.h. hier volkssprachlich-höfisch) schließt von vornherein einen Ansatz aus, welcher Frauenlobs Eigenprofil gerade in der Art und Weise seiner Aneignung von (volkssprachlichen oder lateinischen) literarischen Traditionen aufspüren könnte.[341]

Zum zweiten wirft dies die Frage nach dem Erkenntniswert von Quellenstudien generell auf. Sie sind unerläßlich und sinnvoll, solange geklärt wird, was genau sie für das Verständnis eines Textes oder einer Textgruppe leisten.[342] Die Frage nach relevanten Referenztexten kann, vereinfacht gesagt, einen Teil der Entstehungsbedingungen eines Textes aufdecken. Nicht jedoch kann sie ihn selbst in seiner spezifischen literarischen Gestalt 'erklären': Wird das intendiert, dann reduziert sich das Vorhaben auf einen genetischen Herleitungsversuch, der einen Text von einem früheren – als seinem vermeintlichen 'Ursprung' – her deuten will. Für die literarische Produktion ist indes auch unter bestimmten (literarischen wie außerliterarischen) Entstehungsbedingungen, deren Relationierung hochkomplex ist, stets noch mit mehreren Möglichkeiten der Antwort auf Vorgegebenes zu rechnen, unter denen gewählt werden kann. Für das literarische Produkt als Ergebnis solcher Selektionen ist daher mit Warning auf „die Ebene der Texte selbst" zu verweisen, „auf der allein die Frage der Genese zuverlässig diskutierbar scheint."[343] Ein Rezeptionsverständnis, das die Untersuchung der je spezifischen Bezugnahme auf den Referenztext erforderte und eine Gleichsetzung der Liebe im literarischen Entwurf des volkssprachlichen Autors

---

[340] Z.B. ebd., S. 2, zu den Minneliedern Frauenlobs. Die Opposition 'innovativ/konventionell' bezieht Steinmetz zum Teil auch auf einzelne Texte; vgl. ebd., S. 66, zu dem Teil des Minneleichs, der hauptsächlich aus anaphorischem Frauenpreis besteht (*GA* III, 14-32); vgl. ferner S. 151 zum Streitgespräch *Minne und Welt*: „Die zweite, ethische Hälfte des Streits (MuW 11-21) ist für den Ausgang nicht entscheidend", was mit der Interpretation Hubers (*Alanus ab Insulis*, S. 172-179, bes. S. 174 u. 177) widerlegt werden kann; als 'wesentlich' für Frauenlobs Minneauffassung sieht Steinmetz dagegen die kosmologisch-religiösen Aspekte an.

[341] Vgl. auch Stackmanns Plädoyer („Wechselseitige Abhängigkeit", S. 49): „Aber neben einer solchen Art der Behandlung, die den einzelnen deutschen Text punktuell, von seinem Gattungszusammenhang isoliert, mit einem lateinischen in Verbindung bringt, sollte eine andere treten, die seine Position und seine Funktion in der Gattung, allgemeiner gesagt: in der Entwicklung der Volkssprache und der durch sie vermittelten geistigen Orientierungsmöglichkeiten in den Blick nimmt." Vgl. auch S. 50.

[342] Vgl. hierzu Huber, *Alanus ab Insulis*, S. 17-22.

[343] Warning, „Lyrisches Ich", S. 128, wendet sich hier mit Berufung auf Kuhn („Determinanten der Minne") gegen sozio- und psychogenetische Ableitungsversuche.

mit dem *Anima Mundi*-Modell ausschlösse, wird, wie auch das obige Zitat zeigt, bei Steinmetz nicht erkennbar. Seiner Hervorhebung der „genuin philosophische[n] Dimension" eines Weltentwurfs, der den Hintergrund bilde, vor dem die größeren Minnedichtungen Frauenlobs zu verstehen seien,[344] sowie grundsätzlicher noch seiner Annahme eines der literarischen 'Ausgestaltung' gleichsam vorgängigen, substanzhaft gedachten 'Minnekonzepts' ist die genuin literarische Dimension der Texte entgegenzuhalten: Wo Frauenlob auf der Basis zweifellos außergewöhnlicher theologischer, naturphilosophischer und medizinischer Kenntnisse sich in seinen Dichtungen auf bestimmte vorgeprägte Modelle bezieht, folgt die Form der Bezugnahme der Eigengesetzlichkeit ästhetischer Strukturen.[345]

Neben die umfassenderen Quellenforschungen treten die Arbeiten zu bestimmten Gattungen mit Liebesthematik in Frauenlobs Œuvre. Die Minnelieder, zu denen eine Reihe von Aufsätzen erschienen sind,[346] stehen mit ihrer 'subjektivierenden' Sprechhaltung insofern für sich, als Frauenlob, wie Wachinger hervorhebt, „den alten Gattungsgegensatz zwischen Minnesang und Spruchdichtung [...] noch einmal eminent ernst genommen" hat.[347] Wachinger zeigt für die Lieder, daß sie die von der Gattungstradition bereitgestellten Möglichkeiten der Ich-Reflexion radikal weiterführen bis zur Darstellung von Fremdbestimmung und Ich-Verlust, der in der Selbstwahrnehmung des Ich noch einmal reflektiert wird.

Der Minneleich, den wie die Minnesprüche die 'generalisierende' Rede über Liebe kennzeichnet und zu dem ein sehr ausführlicher Stellenkommentar von Thomas Bein vorliegt,[348] ist mehrfach unter den Aspekten formaler und musikalischer Entwicklung analysiert worden.[349] Darüber hinaus ist für diesen Text, anders als für die Lieder und Sangspruchstrophen, auch eine Situierung in der Gattungsgeschichte versucht worden: neben Überlegungen bei Bertau[350] vor al-

---

[344] Steinmetz, *Liebe als universales Prinzip*, S. 154.
[345] Ähnlich auch März, Rez. zu Steinmetz, S. 117f.
[346] Bühler, „Lyrisches Ich"; Eikelmann, „Todesmotivik"; Köbele, „Liedautor Frauenlob"; Wachinger, „Hohe Minne um 1300"; ders., „Drei spätmittelalterliche Lieder"; Scheer, „Frauenlobs Lied 4"; zu Köbele, „'Reine' Abstraktion?", s.u., 3.2.2, Anm. 643.
[347] Wachinger, „Hohe Minne um 1300", S. 148.
[348] Bein, *Frauenlobs Minneleich*.
[349] Bertau, „Krypto-Polyphonie"; ders., *Sangverslyrik* (der größere Teil der Monographie ist eine systematische Form- und Melodieuntersuchung zum mittelhochdeutschen Leich; die einzelnen Leichdichtungen werden kürzer abgehandelt; zur musikalischen Struktur speziell von Frauenlobs Minneleich: S. 188 u.ö.). Formale und musikalische Aspekte stehen in der Forschung zur Gattungsgeschichte des Leichs generell im Vordergrund; neben Bertau sind hier vor allem zu nennen: Kuhn, *Minnesangs Wende* (S. 91-142); März, *Frauenlobs Marienleich*; Apfelböck, *Tradition und Gattungsbewußtsein*.
[350] Bertau, *Sangverslyrik*, S. 184-188; ders., „Genialität und Resignation", S. 320-323; hier sucht Bertau, an seine *Untersuchungen zur geistlichen Dichtung Frauenlobs* und an *Sangverslyrik* anknüpfend, aus den drei Leichdichtungen Frauenlobs verschiedene Stilmodelle so-

lem mit den Ausführungen Ingeborg Gliers zum Gattungstyp des Minneleichs.[351] Sie diskutiert Typenprobleme der Gattung Leich einmal nicht, wie Kuhn und Bertau, vorrangig mit Blick auf metrische und musikalische Formen, sondern unter den Aspekten der sich wandelnden Themen und Textstrategien. An einzelnen Texten des späten 13. Jahrhunderts – insbesondere von Hadlaub, Dem von Gliers, Konrad von Würzburg und Meister Alexander – beobachtet sie, in je unterschiedlicher Ausprägung, bestimmte immer wieder auftretende Merkmale: vollständig generalisierende Redeweise, klare thematische Gliederung und strenger Aufbau, explizite und systematische Minnelehre, Bezugnahme auf die aus lateinischer Schultradition aufgegriffenen Modelle der Allegorie und Allegorese.[352] Diese Beobachtungen zu anderen Leichdichtungen lassen Frauenlobs Minneleich nicht mehr so scharf von der Gattungstradition abgelöst erscheinen, wie es ein erster vergleichender Blick suggerieren mag. Glier kann aufzeigen, daß hier Tendenzen, die bereits zuvor mehrfach nachweisbar sind, gesteigert auftreten und miteinander verknüpft werden; Frauenlobs Eigenprofil wird gerade in seinem Anschluß an bereits erprobte textuelle Verfahren erkennbar. Neben der grundsätzlichen Generalisierung des Frauenpreises, der strengen Themenführung und der allegorischen Entwürfe erzielen vor allem der gesteigerte Abstraktionsgrad der Rede und ein bis dahin so nicht bekannter 'theoretischer' Anspruch, der in der Aufnahme und Verarbeitung naturphilosophischer Modelle sichtbar wird, zusammen mit der Analogie wîp/Maria eine neue Qualität der 'Objektivierung' von Minnelehre und Frauenpreis, wobei sich noch in der exuberant 'geblümten' Sprache „ein Kern strenger Sachlichkeit" verberge.[353] Hervorhebenswert ist schließlich, daß im Text selbst sowohl der Traditionsanschluß an den höfischen Frauenpreis wie auch, im letzten Versikel, die textuelle Verfahrensweise expliziert wird, welche das Sujet des Preises, das weibliche Geschlecht, nach Lebensstadien 'auffächert' und zugleich wieder zusammensieht.[354] Mit Traditionsbezug und literarischem Verfahren sind zwei auch für die Annäherung an Frauenlobs Minne- und Frauenpreissprüche zentrale Aspekte benannt.

Mit den Minnesprüchen selbst befassen sich nur wenige Studien.[355] Weiterführend ist vor allem die knappe Skizze Hubers,[356] der Entwürfe des Minnepro-

---

wie eine sich wandelnde Kunstauffassung abzuleiten. Vgl. ferner de Boor, *Deutsche Literatur im späten Mittelalter*, S. 363f.

[351] Glier, „Minneleich", S. 449-456.

[352] Ebd., S. 438-448. Ferner stellt Glier Typenanalogien zwischen den späten Minneleichs und den Minnereden in ihren Anfängen fest; ebd., S. 438f., 444-447, 455-457.

[353] Ebd., S. 449-456, zit. 454.

[354] Ebd., S. 453f.; vgl. *GA* III, 33, 3 (*gepartiret und geschrenket*); Glier, „Minneleich", S. 454, paraphrasiert: „Teilen und Verflechten", und vermutet darin eine „Verfahrensansage".

[355] Zu Stackmanns Vergleich zwischen Heinrich von Mügeln und Frauenlob s.o., 1.2.2, S. 65-67.

[356] Huber, „Frauenlob zum Minneprozeß"; zu Minnesprüchen Frauenlobs vgl. ferner noch den gegenüber Hubers Ausführungen weniger überzeugenden Aufsatz von Bein, „Liep unde

zesses in seiner Verlaufsstruktur beschreibt, wie sie sich bei Frauenlob in verschiedenen Gattungszusammenhängen finden. Im Vordergrund stehen – neben der erwähnten 'Selvon-Vision' des Minneleichs und Strophen aus *Minne und Welt* – einzelne Minnestrophen.[357] Huber sucht systematische Zusammenhänge der Minneprozeßdarstellungen aufzudecken und kommt zu dem Ergebnis, daß die Belege „für Frauenlob ein in den Grundlinien konsistentes Modell des Minneablaufs auf der Diskursebene der Partnerbeziehung" bestätigen:[358] Das Modell umfaßt die Blickverschmelzung wie das Wirken der verschiedenen, eine stringente Reihe bildenden Instanzen *liebe*, *lust* und *minne*, wobei sowohl Liebe als naturale Kraft, die ambivalente Affekte hervorruft, beschrieben wie auch ihre ethische Bewältigung eingefordert wird. Dieses Schema, für welches Huber zu Recht betont, daß die dargestellte Abfolge der Geschehnisse flexibel bleibt und der Minneablauf „von Fall zu Fall neu differenziert werden kann",[359] sieht er hauptsächlich – auf der Folie von Minneleich und *Minne und Welt* – in naturphilosophischen Zusammenhängen.[360] Gerade für die von ihm analysierten Minnesprüche kann jedoch, was seinen Ergebnissen nicht widerspricht, zugleich ein volkssprachlicher Traditionskontext aufgezeigt werden; das erstreckt sich auch auf die 'naturale' Dimension der Liebesmodelle und deren Sprachgestalt.[361]

Als Fazit ist festzuhalten, daß sich in der Forschung zu Frauenlobs Liebesentwürfen der äußerst gründlichen Aufarbeitung der Rezeption gelehrt-lateinischen (naturphilosophischen wie medizinischen) Schrifttums bislang keine entsprechende Untersuchung seiner Einbindung in volkssprachliche Traditionen der Liebesdarstellung und des Frauenpreises zur Seite stellen läßt, wie sie von Stackmann nachdrücklich gefordert wurde.[362]

---

*lust*". Zu der wichtigen Studie von Kellner zum *wîp-vrouwe*-Streit („*Vindelse*") s.u., 4.2.2, Anm. 840, 918 u. 986.

[357] Frauenlob, *GA* VII, 38-40; VIII, 15; VI, 9-11; V, 101; vgl. Huber, „Frauenlob zum Minneprozeß", S. 154-158.
[358] Ebd., S. 158.
[359] Ebd., S. 156f.
[360] Ebd., S. 154.
[361] S. hierzu unten, 3.2.1 u. 3.2.2.
[362] S.o., 1.2.2, S. 69f.

## 1.4 Der höfische Liebesdiskurs im Sangspruch

Die abschließende Bündelung der einleitenden Ausführungen zielt auf eine Präzisierung des Frageansatzes und der methodischen Vorüberlegungen. Ausgangspunkt ist die Arbeitshypothese, daß zentrale Positionen der Minnesangforschung, wie sie insbesondere von Kuhn und (für die Trobadorlyrik) von Warning vertreten wurden, sowie ihre Konsequenzen für den Textzugang und für eine Begriffsbestimmung höfischer Liebe auf die Spruchdichtung – mit Einschränkungen, von denen noch zu reden ist – übertragen werden können.[363]

Folgende Argumente sprechen dafür, daß eine solche Übertragung möglich und sinnvoll ist. Exemplarische Arbeiten zur Spruchdichtung[364] demonstrieren in ihren Fragestellungen und Ergebnissen, was eigentlich selbstverständlich ist: daß die Wahrnehmung der Literarizität der Texte auch dieser Gattung notwendige Voraussetzung ihrer adäquaten Analyse ist. Grundsätzlicher noch ließ sich zeigen, daß die aus selektiven Sichtweisen resultierenden, je unterschiedlichen Polarisierungen von Minnesang und Sangspruchdichtung, und hier besonders die Reduzierung der letzteren auf didaktische Vermittlung bzw. auf die Demonstration formal-artistischer Brillanz, einander wechselseitig relativieren: Das spricht gegen die Annahme einer scharfen Differenz zwischen beiden benachbarten Gattungen in den ihnen zugrundeliegenden ästhetischen Konzepten. Schließlich läßt auch die Tatsache, daß die Autoren mit der Gattungsgrenze spielen (es konnte gezeigt werden, daß dies ein gattungsdifferenzierendes Bewußtsein gerade voraussetzt), daß sie sich also auf die den Erwartungshorizont der Rezipienten konstituierenden (veränderlichen) Normen der einen wie zugleich der anderen Gattung beziehen – diese Tatsache läßt es als sinnvoll erscheinen, kompatible Beschreibungskriterien für Lied und Sangspruch zu finden.

Für die Beschreibung textueller Verfahrensweisen und Darstellungsmuster in Minne- und Frauenpreisstrophen hat die Vereinheitlichung der Kriterien folgende Konsequenzen:

1. Nicht anders als für den Minnesang ist für die Sangspruchdichtung eine Position adäquat, welche die Texte in der Institutionalisierung der *cortesia*, des Höfischen, als inhaltlich unbestimmter, höchster gesellschaftlicher Wert wie auch in der Selbstreferentialität und Iterativität einer formal-rhetorischen Kunst beschreibt, beides verstanden als Doppelaspekt, mit dem ein umfassender Exklusivitätsanspruch immer wieder erneut formuliert wird.[365] Das bedeutet, daß die Vorgeprägtheit der Sprachelemente und Verknüpfungsmuster, die deren

---

[363] Das Plädoyer von Brunner und Tervooren, „Minnesang- bzw. Liebesliedforschung nicht strikt getrennt von der Sangspruch- bzw. Meisterliedforschung zu betreiben", ist, meine ich, auch umkehrbar (Brunner/Tervooren, „Einleitung", S. 5).

[364] Vgl. vor allem Stackmann, *Heinrich von Mügeln*; Wachinger, *Sängerkrieg*; Huber, *Wort sint der dinge zeichen* (s.o., 1.2.2).

[365] S.o., 1.1.1.

*Der höfische Liebesdiskurs im Sangspruch* 79

Anwendungsgeschichte im Text als 'zweite, verdeckte Sprachschicht' präsent hält, auch in der Spruchdichtung berücksichtigt werden muß: Sie erst läßt die potentiell je neuen Sinnakzentuierungen der Sprachelemente im einzelnen Text erkennen, und zwar aufgrund von deren kontextueller Determinierung nur unter Berücksichtigung des Textganzen.

Wie der Minnesang hat auch die Sangspruchdichtung ihre Praxis – und in ihr werden die beiden erwähnten Dimensionen miteinander vermittelt – im kommunikativen Vollzug der Aufführung, damit im Vollzug höfischer Gesellschaft. Da aber, wie oben ausgeführt, die Texte Hypothesen, die über sie hinausgehend auf ihre Situation zielen, selbst nicht zu stützen vermögen – zumindest nicht jenseits von Einzelfällen, nicht mit größerer Reichweite – und eine solche Argumentation 'mit den Texten' die Notwendigkeit, eigene Präsuppositionen transparent zu machen, vergessen lassen kann, sollten Thesen zu dieser Praxis nur als Modelle formuliert werden, die sich selbst tragen (s.o., S. 18-28). Die Analyse von Struktur und Poetik der Texte und die Modellierung des performativen Geschehens müssen folglich in einem zweischrittigen Verfahren voneinander getrennt werden. In dieser Arbeit soll in größtmöglicher Präzision ersteres geleistet werden; erst in einem zweiten Schritt können der Aufführungsprozeß und hier insbesondere Formen der Sinnkonstituierung in der Rezeption modelliert, kann ferner die Frage geklärt werden, ob diesbezüglich für die Sangspruchdichtung spezifische Strukturen geltend zu machen sind. Vorüberlegungen hierzu können indes nur noch ausblickartig im Schlußteil skizziert werden.

Daß die Untersuchung der Minne- und Frauenpreisstrophen mit einer möglichst genauen, auch die Nuancen erfassenden Analyse ihrer Sprachgestalt und Mikrostruktur einsetzen wird, muß nach dem Gesagten kaum noch betont werden. Als Konsequenz eröffnet sich eine geschichtliche Perspektive, mit welcher der Binarismus von Traditionsbindung und Innovation in den Text selbst hineingetragen wird. Abgesehen von dem von der Minnesangtradition bereitgestellten Arsenal vorgeprägter Motive, rhetorischer Figuren und Aussagemuster, die ja auch in anderem Gattungskontext aufgegriffen werden können, ist die jeweilige Textgestalt innerhalb einer Textreihe, d.h. vor dem Hintergrund der textuellen Verfahren vorausgehender Spruchstrophen, zu betrachten. Insbesondere für die Einordnung der Liebesentwürfe von Frauenlobs Spruchstrophen dürfte sich dieser Ansatz als fruchtbar erweisen. Frauenlobs Minnelyrik wird mit der Konzentration auf die Sangspruchdichtung allerdings nur in einem Ausschnitt erfaßt. Eine Erschließung der Minnelieder und des Minneleichs – für letzteren jedoch von Glier schon begonnen[366] – im Kontext der jeweiligen Gattungstradition steht noch aus. Ich habe mit Rücksicht auf die Homogenität der Darstellung von einer solchen Erweiterung des Vorhabens abgesehen. Zudem fiel die Entscheidung gegen eine breitere Textbasis zugunsten eines möglichst ausführlichen Eingehens auf die einzelnen Texte.

---

[366] Glier, „Minneleich" (s.o., 1.3).

2. Die Textanalysen gehen von dem oben entwickelten Modell höfischer Liebe aus:[367] Sie ist keine feste, den Texten gleichsam vorausliegende Größe, nicht durch bestimmte, vordefinierte konzeptionelle Merkmale gekennzeichnet, sondern wird als literarisches Phänomen im Einzeltext jeweils neu entworfen. Grundlegend hierfür ist eine variable Rahmenstruktur nicht fixierter Relationen (etwa zwischen Instanzen der Liebeskommunikation, Innen und Außen, verschiedenen Wertkoordinaten etc.), auf die sich die Entwürfe mit verschiedenen Bestimmungen der Relationen beziehen. Diese Struktur ist in sich inhomogen und flexibel, denn die relevanten Relationen als basale Kriterien sind auch untereinander nicht fest aufeinander bezogen und als Rahmen der literarischen Kommunikation insofern verbindlich, als für sie die Leitdifferenz 'höfisch/unhöfisch' Gültigkeit besitzt.

Aus einem solchen Verständnis höfischer Liebe ergibt sich, daß für die Spruchdichtung nicht a priori, etwa mit dem Etikett der Didaktisierung oder Ethisierung höfischer Liebe, ein generell von 'der' Liebesauffassung der Minnekanzone abweichendes 'Minnekonzept' postuliert werden darf. Auch hier gilt, daß die Beschreibung von literarischer Verfahrensweise und Sprachgestalt der Frage nach dem Gehalt (die damit nicht gegenstandslos wird) insofern vorzuordnen ist, als letztere erst über jene beantwortet werden kann. Schließlich läßt ein Ansatz, der die in den Texten im skizzierten Rahmen entfalteten 'Vorschläge' in ihrer Eigenständigkeit anerkennt, die häufig auch auf Liebeskonzepte angewendete Dichotomie 'innovativ/traditionsgebunden' hinter sich.

Grundsätzliche Unterschiede zwischen Spruchstrophen mit Liebesthematik bzw. Frauenpreis und Minneliedern, die bislang unerörtert blieben, seien nun noch zur Sprache gebracht. Nicht intendiert ist allerdings ein Vergleich zwischen unterschiedlichen Liebesentwürfen in beiden Gattungen, der fundamentale Differenzen zu berücksichtigen hätte, etwa daß die Authentizitätsproblematik des Minnesangs, der sich als authentische Ich-Rede inszeniert, im Sangspruch nicht zentral ist und daß hier andere Textrollen als im Lied konstitutiv sind. Es geht vielmehr um eine modellhafte Unterscheidung, die allein auf strukturelle Aspekte zielt.

Ausgangspunkt ist die Überlegung, daß die höfische Rede über Liebe in verschiedenen Ausschnitten realisiert wird, die in sehr unterschiedlichem Grad (oder auch gar nicht) gegeneinander ausdifferenziert und auf verschiedene Weise ineinander verwoben sein können; zu nennen ist im Rahmen der gattungsspezifischen Möglichkeiten des Minnesangs etwa die Thematisierung der Kunst des Sängers, die Ich-Reflexion, die Thematik erotischer Liebe, die Diskussion höfischer Werte in ihrem Verhältnis zueinander etc. Das einzelne Lied wird nie alle von diesen Ausschnitten realisieren, aber stets mehrere miteinander verknüpfen oder nicht differenziert direkt übereinander blenden. Für den Sangspruch läßt sich demgegenüber als Arbeitshypothese eine sehr viel stärkere

---

[367] S.o., 1.1.2.

*Der höfische Liebesdiskurs im Sangspruch* 81

(allerdings keine vollständige) Segmentierung der Ausschnitte vermuten. Diese Annahme kann wiederum an Beobachtungen der Minnesangforschung anknüpfen. Jan-Dirk Müller führt zu Minnekanzonen Walthers von der Vogelweide aus, daß hier verschiedene Komponenten der Rede über Liebe – über „exemplarisches Minnewerben, verbindliche höfische Ordnung und exklusive Kunstübung" – auseinandertreten.[368] Er hält jedoch fest, daß bei dieser Ausdifferenzierung die drei Ebenen „in der Reflexion über rechte Minne, rechte Kunst und rechte Ordnung in der höfischen Gesellschaft"[369] gleichwohl aufeinander bezogen bleiben; Walther geht es gerade um die Neubegründung und Explizierung ihrer Einheit.[370] Dagegen lösen sich dem hier vorgeschlagenen Modell zufolge im Sangspruch solche Ausschnitte in schärferer Segmentierung und Ausgliederung deutlicher voneinander ab;[371] dies gilt etwa für die explizite Wertediskussion, die Analyse der Entstehung der Liebe, die Kritik an der Ambivalenz sowie den Preis der Minne und schließlich für den Frauenpreis. Die mit den verschiedenen Segmenten verbundenen Möglichkeiten literarischer Darstellung werden in der Regel nicht unmittelbar miteinander verknüpft, ihre Einheit wird in den Texten nicht hergestellt. Gleichwohl stehen sie nicht beziehungslos nebeneinander, sondern sind zunächst über den Gattungszusammenhang und ferner auf der Ebene des Liebesdiskurses – nur eben nicht auf der Ebene der Texte selbst – aufeinander bezogen. Offenbleiben muß dabei, ob mit der vermuteten Segmentierung ausschließlich eine Gattungsdifferenz oder zugleich auch eine Entwicklung späthöfischer Lyrik generell erkannt ist, die sich dann in abgeschwächter Form auch im Minnesang zeigte. Die Einordnung von Spruchstrophen mit Begriffen der 'Vereinfachung' und 'Reduktion' gegenüber der Komplexität des Liedes jedenfalls wird mit der These einer stärkeren Ablösung der Ausschnitte voneinander hinfällig. Vielmehr ist von einem in Minnesang und Sangspruch differierenden Status des Einzeltextes, von einer unterschiedlichen Relation zwischen ihm und der Gesamtheit der Segmente höfischer Rede über Liebe auszugehen.

Besonders deutlich lösen sich in der Spruchdichtung drei solcher Ausschnitte voneinander ab, auf die sich die Untersuchung deshalb – und auch weil sich hier leichter Textreihen bilden lassen als in anderen Textbereichen, Kontinuität von Darstellungsmustern wie deren Variation somit besser beobachtbar ist – konzentrieren wird:[372] die Ermahnung zu einem bestimmten propagierten Verhalten in der Liebe, der Preis der Minne bzw. die Beschreibung des Minneprozesses

---

[368] J.-D. Müller, „Die *frouwe* und die anderen", S. 128f., zit. 128.

[369] Ebd., S. 127.

[370] Ebd., S. 128f.

[371] Mit dieser Segmentierung geht im Sangspruch auch eine Selektion der Segmente einher, da z.B. allein schon diejenigen Komponenten des Minnesangs hier fortfallen, welche die Konstituierung der Ich-Rolle des Liebenden voraussetzen.

[372] Diese Ausschnitte sind auch für die Minnekanzone von Bedeutung, weisen aber dort die liedtypische Vernetzung auf.

und der Frauenpreis; die induktiv gewonnene Klassifizierung wurde wesentlich von Kriterien der Sprechhaltung, Textstrategie, Strukturierungsschemata und Motivik bestimmt.[373] Diesen Ausschnitten ist, wie weiter unten zu zeigen sein wird, wenn auch nicht die Gesamtheit, so doch der größte Teil der generalisierenden Sangspruchstrophen mit Liebesthematik zuzurechnen.

Auf zwei gewichtige Einschränkungen, was die Textgrundlage betrifft, muß an dieser Stelle hingewiesen werden; sie sind zwar mit guten Gründen getroffen, haben aber keine absolute, über ihre Funktion in dieser Arbeit hinausgehende Gültigkeit. Erstens beschränke ich mich, um ein übersichtliches und kompaktes Textcorpus zu erhalten, auf die Zeit von Walther von der Vogelweide bzw. Reinmar von Zweter bis Frauenlob, mit der bereits eine zentrale Phase der Sangspruchdichtung mit Liebesthematik und Frauenpreis erfaßt ist. Weitere Untersuchungen, welche die anschließende Zeit fokussierten und damit einen weiteren Abschnitt der gesamten Gattungstradition bis zum Meistersang erschlössen, könnten sich hier anschließen. Zweitens wurde, ebenfalls um die Eingrenzbarkeit der Textgrundlage noch zu gewährleisten, Vollständigkeit nur bei den Autorcorpora angestrebt und anonyme Strophen in Tönen der behandelten Autoren bzw. in unter ihrem Namen überlieferten Tönen (in Meisterliederhandschriften wie k etc.) nur vereinzelt berücksichtigt.[374]

Weitere Entscheidungen schließen sich hier an.[375] Da es gerade um neue Darstellungsmuster und Verfahren der höfischen Liebesthematik geht, die so nicht im hoch- und späthöfischen *genre subjectif* zu finden sind, werden Spruchstrophen mit der Rolle eines in das Geschehen involvierten, liebenden Ich nicht berücksichtigt; die einzige Ausnahme bilden Preisstrophen in Reinmars von Brennenberg Ton IV.[376]

Auch Strophen mit Ehethematik werden nicht mit einbezogen. Abgesehen von den im fokussierten Zeitraum durchaus seltenen Fällen, wo Ehe- unmittelbar mit Liebesthematik bzw. Frauenpreis verbunden und das Vokabular des höfischen Liebesdiskurses verwendet wird,[377] zielt das Gros der Ehesprüche pri-

---

[373] Auswahl und Klassifizierung haben einen Überblick über generalisierende Spruchstrophen mit Liebesthematik und Frauenpreis zur Grundlage, der mit der Durchsicht des *RSM* (Bd. 3-5), der Sammelausgaben *MF*, *KLD* und *SSM* sowie der Autor-Editionen zu Walther von der Vogelweide, Reinmar von Zweter, Boppe, Konrad von Würzburg, dem Meißner, dem Marner, dem Jungen Meißner und Frauenlob gewonnen wurde. Das Textcorpus konnte anhand des *RSM*-Registers überprüft und ergänzt werden; für die Möglichkeit, das Register vor der Drucklegung einzusehen, und für ihre Hilfsbereitschaft danke ich Horst Brunner und Johannes Rettelbach sehr herzlich.

[374] Dies gilt für die Textgrundlage der Analysen; in Anhang 1 und 2 dagegen sind solche Strophen zahlreich, wenn auch mit etwas geringerer Konsequenz als die der Autorcorpora aufgenommen.

[375] Vgl. auch die Erläuterungen zu Anhang 1, S. 403f.

[376] *KLD* 44, IV; zur Begründung dieser Ausnahme s.u., 4.1.1.2, S. 197.

[377] Es handelt sich um nur vier Strophen (ohne die anonymen Strophen und Lieder in Meisterliederhandschriften oder Drucken); vgl. Anhang 2, S. 414.

*Der höfische Liebesdiskurs im Sangspruch* 83

mär auf die Affirmation der traditionellen Geschlechterrollen, d.h. auf die Überordnung des Mannes, und weist damit auch eine andere Sprache auf.[378] In beiden Aspekten grenzen sich diese Ehesprüche deutlich vom höfischen Liebesdiskurs ab, ja von jeglicher Thematisierung der Liebe überhaupt. Man darf also für den behandelten Zeitrahmen davon ausgehen, daß Ehe- und Liebesdiskurs in der Spruchdichtung noch weitgehend unabhängig voneinander sind.[379]

Der Auswahl der den drei genannten Segmenten zuzuordnenden Textbereiche, die der Kürze halber als 'Spruchtypen' bezeichnet werden, ohne daß die Klassifikation verallgemeinerbar und eine eigentliche Typologie zu sein beansprucht,[380] folgt auch die Gliederung der Arbeit: Der Mahnung zum 'richtigen' Liebesverhalten, der Beschreibung der Minne als Agens und/oder als Prozeß und dem Frauenpreis wird jeweils ein Kapitel gewidmet. Die Minnespruchtypen erhalten an dieser Stelle eine erste, modellhafte Charakterisierung, die in den Einleitungen zu den einzelnen Kapiteln zum Teil noch zu präzisieren ist.

1. Adhortative Minnesprüche sind zum einen durch ihren Appellcharakter gekennzeichnet, der mit der Herausformung der Ich-Rolle des Belehrenden einhergehen kann. Der Appellcharakter wird auf unterschiedliche Weise sprachlich realisiert: Er kann, besonders deutlich in der direkten Apostrophe, explizit werden,[381] wird aber sehr häufig auch implizit zum Ausdruck gebracht, insbesondere in verallgemeinernden Relativsatzgefügen mit konditionaler Bedeutung (wie *swer – der*; *swelch – diu*). Diese geben in ermahnenden Sprüchen meistens als Bedingung ein bestimmtes Verhalten und als Konsequenz eine bestimmte Wertung an; beides verknüpfen sie im Sinne eines regelhaften Zusammenhangs

---

[378] Hinzu kommen Spruchstrophen mit dem Preis der Ehe und der Schelte des Ehebruchs, die im gewählten Zeitrahmen allerdings noch nicht sehr häufig sind. Vgl. Anhang 2, S. 415.

[379] Anders Lomnitzer, „Geliebte und Ehefrau", S. 114. – Möglicherweise kann bereits für das spätere 14. Jahrhundert, die Entstehungszeit von n, von einer Änderung im Verhältnis von literarischem Ehe- und Liebesdiskurs ausgegangen werden; zumindest finden sich in Faszikel I in n, das sich durch eine deutliche thematische Homogenität auszeichnet (s.o., S. 47), neben 22 Minne- und Frauenpreisspruchstrophen auch drei Ehespruchstrophen: Reinmar von Zweter, Roethe 101 (n I, 20); Roethe 102 (n I, 22); *L* 152, 1 (n I, 23); eine anonyme Strophe in der Gespaltenen Weise Walthers von der Vogelweide; das Stichwort *ê* fällt allerdings erst im vorletzten Vers – bis dahin kann man den Eindruck einer allgemeinen Frauenschelte jenseits der Ehethematik haben). Die Verknüpfung beider Themen liegt dann in anonymen Strophen bzw. Meisterliedern in Tönen älterer Autoren in Meisterliederhandschriften und Drucken vor (z.B. *BML* 55 [in Regenbogens Briefweise]; *RSM* ¹Regb/4/563.1-3; *RSM* ¹HerzE/5.1-9), sowie vor allem bei Meistersängern wie etwa Michel Beheim und Jörg Schiller; hier scheint das Thema der Eheliebe, der Entwurf der Liebesbindung als Grundlage der Ehe also, als literarisches Thema in der Lyrik erst eigentlich institutionalisiert zu sein. Dies gilt im übrigen auch für die Schelte des Ehebruchs, die erst im Meistersang zu einem verbreiteteren Motiv wird, so bei Hans Sachs und noch später, etwa bei Benedict von Watt oder Ambrosius Metzger.

[380] Ein differenzierter Versuch einer solchen Typologie liegt vor von Kibelka, „Typen der Spruchdichtung".

[381] Z.B. mit imperativischen Formen, mit Konstruktionen mit Hilfsverben, mit dem Konjunktiv Präsens.

(etwa: „Eine Frau, die sich auf diese Weise verhält, hat Lob verdient bzw. ist zu tadeln"). Die *adhortatio* verknüpft sich dann mit Preis (s.u.) oder Schelte. Zum anderen ist die Orientierung an Wertoppositionen und damit eine 'dualistische' Struktur charakteristisch, wie sie die Gegenüberstellung propagierter und verworfener Verhaltensmuster aufweist. Die ermahnenden Minnesprüche zielen somit auf das Problem der Wertverwirklichung im Kontext der Geschlechterliebe, doch wird das eingeforderte Liebesverhalten selbst und damit 'höfische Liebe' in ihren spezifischen Konturen erst im einzelnen Text bestimmt: Die sich als Verhaltensanweisungen inszenierenden Texte sind ebenfalls nicht von einem vorab definierten 'Minnekonzept' abgeleitet, sondern entfalten die Entwürfe höfischer Liebe, 'wie sie sein soll', in ihren spezifischen Sinnakzentuierungen je neu.[382] Dementsprechend beinhaltet die Opposition 'richtig/falsch' – und so ist auch ihr Gebrauch in dieser Arbeit zu verstehen – keine moralischen, von außen an das Liebesmodell angelegten Wertmaßstäbe, sondern die Orientierung an der Leitdifferenz 'höfisch/unhöfisch'.[383] Die Analysen werden die Einordnungs- und Deutungskriterien, welche die Texte zur Bestimmung höfischer Liebe erarbeiten, sowie die zur Differenzierung, Präzisierung und Vereindeutigung eingesetzten literarischen Verfahrensweisen zu ermitteln suchen (Kapitel 2).

2. Minnespruchstrophen, welche die Minne als Agens und/oder den Minneprozeß konturieren, formulieren nicht das eingeklagte oder getadelte Verhalten, mit dem die Liebenden auf die Liebe Einfluß nehmen, und kreisen nicht um die Opposition zwischen 'richtig' und 'falsch'. Vielmehr wird der appellierende Gestus in der Beschreibung der Minne als überpersonale, den Menschen manipulierende Instanz und/oder als Entstehungsprozeß bzw. dessen Produkt, als Erfahrung der Liebenden, ausgeklammert, nicht jedoch grundsätzlich jede Form der Wertung. Die Entwürfe können entweder wertfrei bleiben, auf die Ambivalenz der Liebe zielen oder auch mit dem Preis der Minne als Agens verknüpft sein. Auch sie sollen auf die Darstellungsmöglichkeiten hin befragt werden, die für die präzisierende Bestimmung höfischer Liebe entwickelt werden (Kapitel 3).[384]

3. Frauenpreisstrophen schließlich umfassen sowohl den absolut gesetzten Preis der Frau, der als uneingeschränkt gültig formuliert wird, wie auch das ermahnende, differenzierende Lob, das gleichsam nur unter der Bedingung des angemessenen Verhaltens erteilt wird und wiederum die für die *adhortatio* typische Orientierung an Wertoppositionen aufweist (s.o., zu 1.) Dieser Spruchtyp weist also im ermahnenden Lob Überschneidungen mit der *adhortatio* auf, doch auch Frauen- und Minnepreis können miteinander verknüpft sein oder ineinander übergehen. Die Untersuchung wird daher eine spezifische Komponente der laudativen Rede fokussieren, welche die bisher genannten Spruchtypen nicht aufweisen: die Selbstreferentialität des Preises, der stets, ausdrücklich oder im-

---

[382] Ausführlicher hierzu s.u., 2.
[383] S.o., 1.1.2.
[384] S.u., 3 u. 3.1.

*Der höfische Liebesdiskurs im Sangspruch* 85

plizit, fragt, warum die Frauen zu loben sind, mithin seine eigene Begründung anzugeben sucht und sich selbst zum Gegenstand macht. Zu unterscheiden ist hier zwischen der generellen Selbstbezüglichkeit und der sich aus ihr ergebenden Möglichkeit der expliziten Selbstreflexion in einem Meta-Diskurs über das Loben. Folglich zielen die Textanalysen nicht darauf, das jeweilige 'Frauenbild' zu ermitteln, sondern die Begründungen des Preises und ihre jeweiligen Spezifizierungen sowie die hierfür entwickelten textuellen Verfahren und Argumentationsstrategien aufzudecken (Kapitel 4).[385]

Rechtfertigen läßt sich die Fokussierung auf die drei relativ klar voneinander abgrenzbaren Spruchtypen auch mit ihrer Repräsentativität:[386] Ihnen können für die Zeit von Walther von der Vogelweide und Reinmar von Zweter bis Frauenlob insgesamt 136 Strophen zugerechnet werden.[387] Von allen mir bekannten generalisierenden Minne- und Frauenpreisstrophen dieses Zeitraumes fallen nur 21 Strophen[388] aus dem Raster heraus, das durch die drei Typen entsteht. Davon können sechs Texte (drei bzw. vier stammen von Reinmar von Zweter)[389] wieder in drei Untergruppen gefaßt werden, denen gemeinsam ist, daß – wie in den Texten, denen sich Kapitel 3 zuwendet – die personifizierte Minne im Mittelpunkt der Entwürfe steht, wobei jedoch anders als dort die Orientierung an Wertoppositionen zentral ist.[390] Es bleiben somit 15 Strophen als Rest (davon sieben von Reinmar von Brennenberg und Meister Alexander), die sich keiner der erwähnten Gruppen zuordnen lassen.[391] Die Auswahl der einzelnen Texte innerhalb der drei Spruchtypen findet ihre Begründung darin, daß in ihnen, was bei dem hier gewählten Ansatz von besonderer Bedeutung ist, leichter als in an-

---

[385]  S.u., 4; dort auch Anm. 547.

[386]  Sie läßt sich anhand von Anhang 1 überprüfen. Er führt alle von mir eruierten Minne- und Frauenpreissprüche auf, angeordnet nach den drei Spruchtypen, und wird ergänzt durch eine Liste derjenigen Minnestrophen, die sich hier nicht einordnen lassen, sowie schließlich durch einen zweiten Anhang zu Ehespruchstrophen. – Sowohl Register 1, genauer das Stellenregister zu mittelhochdeutschen und altfranzösischen Texten, wie auch beide Anhänge dienen ferner als Konkordanz, über die sich die *RSM*-Nummern ermitteln lassen; diese werden, um die Anmerkungen zu entlasten, nur in den seltenen Fällen bereits im Text angegeben, wo ich auf eine nicht edierte Strophe verweise.

[387]  1. Ermahnende Minnesprüche: 84 Strophen; 2. Beschreibung der Minne als Agens und/oder des Minneprozesses: 16; 3. Frauenpreisstrophen: 57 (vgl. Anhang 1, S. 404-412); in 21 Fällen ist eine Strophe unter mehreren Rubriken verzeichnet. – Strophen, die im *RSM* einem Autor mit Fragezeichen zugewiesen sind, werden mitgezählt, Anonyma hingegen nicht. Schon aufgrund unsicherer Zuschreibungsverhältnisse und aufgrund der schwierigen Datierbarkeit anonymer Strophen handelt es sich, was die Anzahl von Minne- und Frauenpreisstrophen in einem bestimmten Zeitraum betrifft, selbstverständlich nicht um 'harte Zahlen', sondern um ungefähre relationale Angaben.

[388]  Vgl. Anhang 1, S. 412f.; nicht mitgezählt sind zwei Strophen, die zugleich auch unter der Rubrik 'Frauenpreis' bzw. 'Ermahnung' aufgeführt sind (der Junge Meißner, Peperkorn A, I, 6; Reinmar von Zweter, Roethe 274).

[389]  In einem Fall (Roethe 254) ist laut *RSM* die Autorschaft fraglich.

[390]  Vgl. Anhang 1, S. 412.

[391]  Ebd., S. 413.

deren eine Kontinuität von Verfahrensweisen und Darstellungsmustern herausgearbeitet werden kann.
　Grundsätzlich werden bei allen drei Minnespruchtypen zunächst Strophen von Spruchdichtern vor Frauenlob und im Anschluß daran dessen Texte besprochen.[392] Dabei ist sowohl nach der Konventionalisiertheit von Darstellungsschemata und Artikulationsmöglichkeiten als auch nach der Eigenleistung der einzelnen Texte in ihren jeweiligen Liebesentwürfen zu fragen, die sich auf dieser Folie abzeichnen. Ermahnende und beschreibende Minnesprüche können zu diesem Zweck unter Berücksichtigung der jeweiligen relationalen Kriterien der Rahmenstruktur (s.o.), mit denen sie operieren, sowie der Kategorien, die sie zur jeweiligen Bestimmung höfischer Liebe erarbeiten, zu Textreihen zusammengestellt werden. Für die Frauenpreisstrophen wird ein etwas anderes Vorgehen gewählt, da es hier schwieriger ist, konsistente Textreihen zu bilden. Weniger die auch im Sangspruch weitertradierten Begründungen des Preises, welche die Frau als Garantin der Liebesfreude wie gesellschaftlich-höfischer Werte erhöhen, werden im Vordergrund stehen, als vielmehr die in den Spruchstrophen hinzukommenden Argumentationsstrategien, die auf zusätzliche, neue Begründungen des Lobes zielen, sowie die Integration dieser Begründungsstrategien und Argumente in den höfischen Preis des *wîbes* mit seinen überkommenen Mustern.
　Ein solcher Ansatz verspricht, auch über die Einordnung der Liebesmodelle Frauenlobs in seinen Spruchstrophen Aufschluß zu geben. Verhindert wird damit, sie im Sinne der Opposition von 'konventioneller' und 'innovativer' Auffassung der Geschlechterliebe aufzuspalten. Vielmehr gilt, wie im Verlauf dieser Studie immer wieder an den Texten zu zeigen sein wird, für Frauenlob wie für die früheren Autoren, daß neue und zunächst nicht aus dem höfischen Liebesdiskurs selbst heraus entfaltete Aspekte in höfische Modelle der Liebe und in den höfischen Preis vollständig integriert werden. Vor allem mit Blick auf diese Integration ist das Eigenprofil der Frauenlobschen Texte, das sich im Traditionsanschluß zu erkennen gibt, über die Untersuchung vorgeprägter und je neu genutzter Darstellungsmuster und Verfahren zu erforschen.

---

[392] Insofern im Fall Frauenlobs einerseits laut Stackmann das 'Echtheitsproblem' grundsätzlich unlösbar ist (s.o., 1.2.2, S. 68-70) und die vorliegende Arbeit andererseits nicht auf den Autor-Begriff verzichtet, wird hier mit einem 'Frauenlob'-Œuvre gearbeitet, dessen Eingrenzung das Produkt einer – allerdings keineswegs willkürlichen – Setzung ist: derjenigen der *Göttinger Ausgabe*. Dies ist legitim, solange der Setzungscharakter bewußt bleibt: Es handelt sich nicht um ein 'historisches' Autor-Œuvre. Grundsätzlich stellt sich die Problematik ähnlich auch für die anderen Spruchdichter dar. – Bei den untersuchten Frauenlob-Texten werden die Konjekturen Stackmanns oder verschiedene überlieferte Lesarten gelegentlich, sofern sie für die Analyse relevant sind, diskutiert. – Mit dem *Wörterbuch zur Göttinger Frauenlob-Ausgabe* stand ein unschätzbares Arbeitsinstrument zur Verfügung; um der größeren Benutzerfreundlichkeit willen werden in allen für die Textanalyse relevanten Fällen die Angaben des *Wörterbuchs* eigens wiedergegeben bzw. gelegentlich auch ausführlicher erörtert.

## 2 Ermahnung im Minnespruch

Ermahnende Minnesprüche zeichnen sich durch die Verwendung bestimmter Aussagetypen aus, die ihrem Gestus nach ein Verhalten oder eine Haltung als gültige Norm behaupten bzw. deren Realisierung einfordern (normative bzw. deontische Aussagemuster).[393] Damit zielen die Texte – ausdrücklich oder implizit – immer auf die Bestimmung dessen, was 'höfische Liebe' sein soll und was nicht. Um diese Bestimmungen soll es im vorliegenden Kapitel gehen. Höfische Liebe ist, so die These, auch als Gegenstand der adhortativen Rede keine feste Größe. Daß der normative Charakter des Liebesideals in den ermahnenden Sprüchen so sehr betont wird, bedeutet eben nicht notwendigerweise auch, daß es fest definiert wäre; seine Offenheit wird allein schon an der semantischen Offenheit häufig verwendeter Wertbegriffe wie *triuwe*, *stæte*, *zuht* etc. ersichtlich. Statt ihre 'Anweisungen' und 'Ermahnungen' von einem in seinen Inhalten und Konzepten bereits fixierten Liebesideal abzuleiten, suchen die Spruchdichter dieses umgekehrt in den Texten erst genauer zu bestimmen. Gerade das ständige Bemühen um Präzisierung, Vereindeutigung, Differenzierung und systematische Darstellung zeigt, daß als Movens hierfür die Offenheit des Liebesmodells vorausgesetzt werden darf.

Die These, daß die 'ermahnenden' Minnesprüche um die Klärung höfischer Liebe kreisen und hierbei zu unterschiedlichen Lösungen kommen können, impliziert ferner eine Aussage über den Realitätsbezug der Texte: Die 'Anweisungen' sind nicht primär als 'identifikatorisches Rezeptionsangebot' anzusehen, und es sind nicht in erster Linie „konkrete[], auf Verhaltensänderungen der Rezipienten zielende[] Wirkungsintentionen" des Autors anzunehmen.[394] Vielmehr formulieren die Texte mit der Konturierung von Verhaltens- und Rollenmodellen unterschiedlich akzentuierte Liebesentwürfe. Nicht in ihrem Realitätsbezug also unterscheiden sich die 'ermahnenden' Strophen von anderen Minnespruchtypen, sondern in der Wahl des (Liebes-)Diskursausschnitts, dem sich ein spezifisches Erkenntnisinteresse sowie ein bestimmter Sprachgestus und bestimmte Aussagetypen zuordnen lassen. Der im Einzeltext erarbeitete Verhaltens- und Liebesentwurf tritt neben andere Vorschläge, welche vom Rezipienten als zu demselben Diskurssegment gehörig aufeinander bezogen werden können. Die im Folgenden verwendeten Begriffe 'Anweisung', 'Ermahnung', 'Warnung' etc. sind dementsprechend im Sinne solcher zur Diskussion gestellten Vorschläge zu verstehen.

---

[393] Beide Aussagetypen werden hier unter dem Begriff 'Ermahnung' zusammengefaßt. Zu den ermahnenden Minnestrophen s. auch oben, 1.4, S. 83f.

[394] Von letzterem geht Peil, „*Wîbes minne*", aus, ersteres will er zumindest nicht ausschließen (Diskussionsbericht, S. 205f., zit. 205); in der Diskussion wurde vorgeschlagen, alternativ dazu die Aufforderung zu einem bestimmten Verhalten „als Element eines Ensembles von Rollenentwürfen zu lesen [...], welches auf seine diskursive Verarbeitung durch die Rezipienten angelegt wäre" (ebd., S. 206).

Mit ihren Entwürfen schließen sich die Texte an den höfischen Liebesdiskurs an. Dies lassen die zugrundeliegenden Kriterien erkennen, anhand derer die Frage nach den Konturen höfischer Liebe potentiell je neu beantwortet und deren Verwendung von übergeordneten textuellen Verfahrensweisen gesteuert wird. Die Kriterien sind zum Teil ethisch akzentuiert. So sind z.B. Wertoppositionen an sich von Bedeutung, ohne daß damit jedoch die beiden Seiten der Unterscheidung 'rechte'/'falsche' Liebe schon definiert wären. Ein weiteres Kriterium ist die Relation zwischen Innen und Außen, die ebenfalls unterschiedlich eingesetzt wird. Mit diesen semantischen Kriterien entwickeln die Texte, die hierbei auch auf Topoi und vorgeprägte Darstellungselemente des Minnesangs zurückgreifen können,[395] unterschiedliche Einordnungs- und Deutungskategorien zur Bestimmung höfischer Liebe. In textnaher Analyse sind die relevanten literarischen Verfahrensweisen herauszuarbeiten sowie die je spezifische semantische Struktur der Texte. Zugleich sind die einzelnen Texte vor dem Hintergrund der jeweils von anderen Spruchstrophen formulierten Liebesmodelle und in ihrer spezifischen Nutzung vorgeprägter Sprachmittel zu untersuchen. Dies gilt auch für Frauenlobs Strophen, deren Eigenprofil auf diese Weise gerade in ihrem Traditionsanschluß aufgedeckt werden kann.

## 2.1 Minnespruchstrophen vor Frauenlob

Grundsätzlich zeichnen sich in den adhortativen Minnesprüchen zunächst zwei Möglichkeiten der Erfassung höfischer Liebe ab: zum einen ihre Bestimmung mit Hilfe von Wertoppositionen, zum anderen ihre Konturierung von der der Liebe gesetzten Grenze her. Damit sind zwei grundlegende Relationen genannt ('werthaft/wertlos', 'diesseits/jenseits der Grenze'), die selbst immer wieder von neuem geklärt werden müssen. Eine wichtige Rolle für die präzisierende Bestimmung höfischer Liebe spielt als weiteres Kriterium die Relation zwischen Innen und Außen, die in den ermahnenden Minnesprüchen unterschiedliche Konkretisierungen und Funktionalisierungen erhalten kann. Die im Bereich dieser Möglichkeiten erarbeiteten Verfahrensweisen sollen im Folgenden an einzelnen Texten exemplarisch aufgezeigt werden. Ausgewählt und zu Reihen zusammengestellt wurden die Spruchstrophen unter Berücksichtigung der allgemeinen Kriterien, mit denen sie operieren, und solcher Kategorien der Einordnung und Deutung höfischer Liebe, die mehreren Texten bei je unterschiedlicher Ausarbeitung gemeinsam sind. Das Interesse gilt primär den textuellen Verfahrensweisen, sodann der von ihnen gesteuerten Verwendung der semanti-

---

[395] Dies gilt, um nur einige Beispiele zu nennen, für die Forderung der richtigen Partnerwahl (das *scheiden*), für das Postulat der *tougen minne* oder für die Kritik an der Inkongruenz von Worten und Gedanken. Die einzelnen Forderungen stehen auch in den Spruchstrophen durchaus unterschiedlichen, kontextabhängigen Akzentuierungen der Begründung und Erläuterung offen (auf die Tradition der Topoi im Minnesang wird im Folgenden jeweils anläßlich ihrer Untersuchung in den einzelnen Spruchstrophen verwiesen).

schen Relationen. Konkrete (und in der Regel bekannte) 'Inhalte' der Minnelehre sind, wenn auch häufig die Rede auf sie kommen wird, von untergeordnetem Interesse; von hier aus ist immer wieder der Abstraktionsschritt auf die zugrundeliegende semantische Struktur der Texte und weiter auf die sie hervorbringenden Strukturierungs- und Verbalisierungsmodi hin zu vollziehen.

### 2.1.1 Konturierung der Liebe über Wertoppositionen: Abgrenzungen gegen 'falsche' Liebe

Die Unterscheidung zwischen 'rechter' und 'falscher' Liebe ist für die höfische Minnedidaxe als allgemeiner Bezugsrahmen grundlegend. Sie ist jedoch nicht nur grundsätzlich Basis vieler Minnesprüche, die sich an dieser Opposition orientieren, sondern wird auch selbst als Postulat formuliert: Es soll zwischen werthafter und wertloser Liebe, zwischen dem wahren und dem falschen Liebenden unterschieden werden.

Ist die Relevanz solcher Oppositionen offensichtlich, so ist ebenso deutlich, daß auch sie keine festgeschriebenen Größen sind. Die Eingrenzung höfischer Liebe und die Bestätigung ihrer Werthaftigkeit erfolgt häufig einfach über die Ausgrenzung ihres Gegenteils innerhalb einer unspezifisch gehaltenen Wertopposition. Ausgewählte Minnesprüche Reinmars von Zweter, des Jungen Meißners und Walthers von der Vogelweide sollen auf Ansätze zur Klärung dieser semantisch offenen Opposition und der eingeforderten Unterscheidungsleistung sowie auf die literarischen Darstellungsmodi hin befragt werden, die zu diesem Zweck entwickelt werden.

Mit der Forderung der richtigen Wahl greifen die Spruchdichter auf einen Minnesang-Topos zurück, auf die Bitte des Ich an die Dame, zwischen wahrer Liebe und Heuchelei zu trennen; den konkretisierenden Bezugsrahmen für die Wertopposition bildet dort die Konfiguration 'das Ich und die anderen'. In einigen seiner Minnekanzonen[396] löst Walther von der Vogelweide, der hier die spruchmeisterliche, offen belehrende Rede in den Minnesang integriert, die Forderung zum Teil aus diesem Bezugsrahmen und formuliert sie zum allgemeingültigen Postulat der *bescheidenheit*, der Unterscheidungs- und Urteilsfähigkeit, in der Partnerwahl um.[397] Dem Appell an die Frauen, mit Hilfe ihrer Erkenntnisfähigkeit die richtige Wahl zu treffen, stellt Walther das Programm des Sängers zur Seite, der in der Reflexion über die angemessene Verteilung von Lob und Tadel seine Differenzierung zwischen *guoten* und *bœsen wîben* wiederum mit dem gesellschaftlich-höfisch begründeten Postulat des *scheiden* rechtfertigt: Das *gelîchen*, das gleichmachende Lob, ist in der Konsequenz ent-

---

[396] Die zentralen Lieder sind: *L* 44, 35; 48, 12; 58, 21; 95, 17; vgl. auch den 'Lehrdialog' *L* 43, 9.
[397] Vgl. Ranawake, „*Der manne muot*", S. 188-191 (zum Motiv des *scheiden* bei Walther von der Vogelweide und Ulrich von Liechtenstein) und G. Hahn, „*ich*-Aussagen", S. 100f.

wertend, was Walther mit dem in der topischen Zeitklage geschilderten allgemeinen Wertverlust und der Pervertierung höfischer Liebe in Zusammenhang bringt.[398] Durch die Verbindung mit poetologischer Reflexion wird die spruchtypische, explizite Ermahnung in die Poetik der Minnekanzone integriert; damit geht die Öffnung des Liebesdiskurses auf eine umfassendere höfische Wertediskussion einher.

Gegenüber der hier zutage tretenden komplexen Verflechtung von offener Didaxe, poetologischem Programm und der Rede des involvierten Ich, die ja selbst in diesen Kanzonen Walthers nie ganz fortfällt, neigt die Spruchdichtung eher dazu, die verschiedenen Diskurssegmente stärker voneinander abzulösen. So konzentrieren sich die im Folgenden behandelten Strophen auf die an die Adresse der Frauen gerichtete *discretio*-Forderung. Ein prägnantes Beispiel hierfür ist eine Strophe Reinmars von Zweter (Roethe 38):[399]

> Ir vrouwen, scheidet man von man!
> seht wol gemuoten man     mit êregernden ougen an,
> die ungelîch gemuoten     dien sult ir niht gelîch gern ane sehen.
>
> Der guote ist dar umbe guot,
> 5    daz er von iuwer wirde     wirt ie baz unt baz gemuot;
> dâ bî sol dem versmæhten     nimmer herzeliep von iu geschehen.
>
> An swem ein vrouwe unrehtez leben erkenne,
> diu criuze ir ôren, swâ man ir den nenne,
> tuo zuo ir ougen unt ir herze,
> 10   daz er dar în iht müge gephaden:
> lât si sich bringen ûf ir schaden
> von êren wege,     daz wirt ir herzen smerze.

Die Strophe sucht das Postulat zu präzisieren und plausibel zu machen. Augenfälliger noch als bei Walther wird hier durch die didaktische Ausführlichkeit und Klarheit der Sprache, daß die Forderung zu unterscheiden als minnespezifisches Pendant zum Gebot der *discretio* im umfassenderen Sinne formuliert wird. Wenn Thomasin von Zerklære etwa über die Fähigkeit ethischer Unterscheidung und Erkenntnis sagt: *Ratio bescheiden sol, / waz ste ubel oder wol*,[400] so macht Reinmar in vergleichbarer Weise einen allgemein gehaltenen Wertge-

---

[398] Auf diese Weise nutzt Walther Möglichkeiten der Spruchdichter-Rolle für seine Minnelehre im Lied und rechtfertigt die Integration von Kritik und Ermahnung als 'spruchmeisterliche' Haltungen in seine Minnelieder; zum Ineinander von Minnesang- und Sangspruchkonventionen bei Walther vgl. G. Hahn, „Ein Minnesänger macht Spruchdichtung", bes. S. 58f. (zum Motiv des *scheiden*), der das Spannungsverhältnis zwischen den gattungstypischen Autor-Rollen des 'Minnesängers' und des 'Spruchdichters' herausarbeitet; ders., „*ich*-Aussagen", S. 100f. Zur 'Objektivierung' der Liebesthematik bei Walther vgl. auch Ranawake, „Reinmar-Fehde", S. 19-23 und dies., „*Der manne muot*", S. 180.

[399] Vgl. ferner zum *discretio*-Gebot: Reinmar von Zweter, Roethe 40, 7-12; 54, 7-12.

[400] Thomasin von Zerklære, *Der Welsche Gast*, v. 8827f. (alte Zählung nach Rückert); vgl. auch v. 8841f. Der Kontext ist die Erläuterung der vier Seelenkräfte, daher steht hier aufgrund des 'gelehrten' Hintergrundes der lateinische Terminus.

gensatz zur Basis seiner Verhaltensanweisungen. Die Opposition selbst wird nur dadurch präzisiert, daß die Wechselbeziehung zwischen den Geschlechtern prognostiziert wird: Der Wert und die höfische Freude des *guoten* wird durch weibliche *wirde* noch erhöht, während diese und damit die *vröude* der Frau durch den Unwert des falschen Werbers zerstört wird (v. 4f. und 11f.).

Der Abgesang arbeitet noch stärker mit Analogien zur Moraldidaxe. Dies betrifft nicht nur das Postulat des *erkennen*, sondern auch die Ausrichtung des Verhaltens, die in einem zweiten Schritt aus der Erkenntnis hervorgehen soll: Vor dem falschen Werber möge die Frau Ohren, Augen und Herz verschließen.

Die Sprachgebung verweist auf eine analoge Forderung in der geistlichen Paränese, deren moraltheologische Grundlage die traditionelle Auffassung über die Entstehung der Sünde ist: Die fünf Sinne sind die Tore (Pforten, Fenster) des Leibes, durch welche die Sünde einzufallen und in die Seele einzudringen vermag; erstmals entwickelt Origines von der spirituellen Deutung der alttestamentlichen Warnung Ier 9, 21 her diese dem ganzen Mittelalter geläufige Konzeption der Sündenentstehung.[401] Der beste Schutz ist daher das Verschließen der Sinne nach außen, denn die Gefährdung und Korrumpierbarkeit des Inneren besteht darin, daß die Sinne sich durch die trügerische Außenseite der sichtbaren Welt täuschen lassen können. So findet sich die Ermahnung, Augen, Ohren und die anderen Sinne zu behüten, allenthalben in der moraltheologischen Literatur, in der lateinischen wie in der volkssprachlichen. Ein Beispiel mag hier für viele stehen: Hugo von St. Viktor bezieht sich in einer Predigt direkt auf Ier 9, 21: *Custodiamus, charissimi, sensus nostros, ne forte (quod absit!) ingrediatur per fenenestras nostras mors ad animas nostras.*[402] Dieselbe Grundlage hat auch die bekannte moral-

---

[401] Vgl. Scheerer, Art. „Die Sinne", Sp. 832; Schrader, *Sinne und Sinnesverknüpfungen*, S. 62-83 (Kap. 3: Die sündigen Sinne). Vgl. ferner Vinge, *The Five Senses*, S. 29-46 u. 63-68, zur Warnung vor den Versuchungen durch die Sinne als Einfallsorte der Sünde (angefangen mit Lactantius und Augustinus), sowie zur metaphorischen Tradition, deren einzelne Elemente (Burg, Fenster) auf die Antike zurückgehen (Cicero u.a.), von den Kirchenvätern weitergegeben werden und schließlich zur vollständigen Allegorie der belagerten Stadt (Festung, Haus) mit den Sinnen als Pforten, Fenster oder Türen ausgebaut werden (Hugo von St. Viktor, Petrus Damiani und Vincent von Beauvais); weitere Belege bei Schnell, *Causa amoris*, S. 245f. (Augen) u. 341f. (alle Sinne) und Schleusener-Eichholz, *Auge im Mittelalter*, S. 884-891. Die christlichen Autoren konnten sich dabei auf Schriftworte beziehen wie: Is 33, 15; Ier 9, 21 (allegorische Auslegung der *fenestrae* auf die Augen oder alle Sinne); 1 Io 2, 16. – Die Auffassung von der Entstehung der Sünde ist gleichsam das theologische Pendant zur wissenschaftlichen Lehre von den Sinnen: In der scholastischen Wahrnehmungslehre wird in Fortführung antiker Traditionen die Vorstellung entwickelt, daß die visuellen Eindrücke als Abbilder der Gegenstände ins Auge und dort in die erste der drei Gehirnkammern gelangen, wo in der Regel die *imaginatio* angesiedelt wird (belegt sind eine Vierer-Aufteilungen und andere Besetzungen der Kammern); vgl. hierzu Scheerer, Art. „Die Sinne", Sp. 834-840 und Huber, *Alanus ab Insulis*, S. 47-53.

[402] Hugo von St. Viktor, Sermo XXXV, *PL* 177, 986A. Volkssprachliche Beispiele: Berthold von Regensburg, Richter Nr. 4 („Vom dreifachen Ordensgelübde"), S. 58, 19-25: Warnung vor der Unkeuschheit der Sinne, die durch Sehen, Hören und die anderen Sinne entstehen kann; Heinrich von Langenstein (?), *Erchantnuzz der sund*, Teil 2, 30, S. 104, 65-68, über die Ursachen der Unkeuschheit: Der Mensch möge seine Augen behüten – sie sind die Pforten in der Festung des Leibes. Weitere Belege bei Schleusener-Eichholz, *Auge im Mittelalter*, S. 799 u. 810f.

didaktische Trias 'Augen, Ohren, Mund verschließen',[403] die ebenfalls auf Schutz und Selbstbewachung des solchermaßen gefährdeten Inneren zielt.

Die Analogie zwischen Reinmars Minnelehre und den Ermahnungen in geistlicher Paränese und Morallehre ist offensichtlich. Augenfällig ist sie besonders bei der Formulierung, die Frau möge ihre Ohren 'bekreuzigen', um sie gegen die Werbung des falschen Liebhabers zu schützen und zu verhindern, daß er den Weg in ihr Herz findet.

Die These, auf die in dieser Arbeit mehrfach zurückzukommen sein wird, lautet: Keineswegs wird hier Minnelehre von den Lehrinhalten der Moraldidaxe oder der geistlichen Paränese 'überformt' und auf diese zurechtgestutzt. Vielmehr handelt es sich um eine Analogie sowohl der konkreten Sprachgebung wie auch übergeordneter Darstellungsmuster und Denkfiguren, die über die unterschiedliche Ausrichtung weltlicher Minne- und geistlicher Didaxe hinausgehend in beiden Verwendung finden können. Daß die historische Priorität dabei in der Regel der geistlichen Didaxe zuzusprechen sein wird, sollte nicht übersehen lassen, daß die Minnedidaxe Darstellungsmuster ursprünglich geistlicher Herkunft in der konkreten Funktionalisierung ihren eigenen Bedeutungskontexten einzupassen weiß, mit ihnen also nicht notwendig auch bestimmte Inhalte oder Wertvorstellungen übernimmt.

Mit einem solchen Darstellungsmodell beschreibt die vorliegende Strophe die Verbindung zwischen der Außen- und der Innenwelt: Es führen Wege (vgl. *gephaden* in v. 10) von außen in das Innere des Menschen,[404] dieses ist über die Sinneswahrnehmungen in hohem Maß beeinflußbar durch die visible Welt. Wenn das Modell von Reinmar in seiner Frauenlehre benutzt wird, so bedeutet das nicht, daß die relevanten Wertoppositionen dieselben sind wie in analog formulierten Postulaten der geistlichen Paränese. Der falsche Liebhaber und seine Werbung stehen eben nicht synonym für Sünde oder sündhaftes Verhalten. Die hier zugrundeliegende Opposition bleibt zwar weitgehend unspezifisch, doch gibt die Strophe Hinweise auf die Unterscheidung 'höfisch/unhöfisch': Die Differenzierungen des Aufgesangs deuten auf das höfische Minnedienstmodell hin (vgl. besonders v. 4f.), und mit der abschließenden Warnung vor dem Verlust der *êre* ist ein umfassender Wertbegriff genannt, der ebenfalls auf den Bereich des Höfischen verweist.

Die Minnelehre überträgt hier also allgemeine, in geistlicher Lehre bzw. Moraldidaxe ebenfalls verwendete Darstellungsmuster auf ihre eigenen Anliegen. Der Erklärungswert der bekannten und als Deutungsmöglichkeit eingespielten Vorstellung, daß das Innere durch Außeneinfluß über den Weg der sinnlichen Wahrnehmung gefährdet ist, aber durch eigene Entscheidung geschützt werden

---

[403] Vgl. Walther von der Vogelweide, *L* 87, 1; vgl. auch Reinmar von Zweter, Roethe 339. Die Trias ist ebenfalls ursprünglich geistlicher Herkunft und wird in weltlicher Didaxe analog nachgebildet.

[404] Zum Bild der Straße für die Augen-Herz-Verbindung: Belege bei Schleusener-Eichholz, *Auge im Mittelalter*, S. 889-891.

kann, wird genutzt, um die Plausibilität der Ausführungen zu erhöhen. Eine Anknüpfungsmöglichkeit für die Übertragung auf die Liebesthematik und die Ermahnung zur richtigen Wahl ist mit der topischen Vorstellung gegeben, daß die Liebe auf demselben Weg entsteht: über die Augen, die das Bild des/der Geliebten zum Herzen leiten. Die Möglichkeit, diesen Vorgang selbst zu steuern, das Herz durch Verschließen der Sinne aufgrund der Erkenntnis von 'recht' und 'unrecht' zu schützen, wird jedoch erst mit der Analogie zur Moraldidaxe und mit dem übergeordneten, Minne- wie Morallehre umfassenden Darstellungsmodell plausibel gemacht.

Dieser Ansatz zu Entsprechungen zwischen weltlicher Lyrik und geistlicher Literatur rekurriert auf Hugo Kuhns Analogie-Begriff. Kuhn faßt, wo er auf die Relation zwischen Minnedienst und Gottesdienst in höfischer Literatur eingeht, den Begriff der Analogie *formal-strukturell*. Er spricht von einer „Analogie der Vollzugsformen" und lehnt ausdrücklich die Annahme einer Identität des Gehalts ab: „die formale Analogie-Einheit der Welten schließt im Mittelalter eine Sinn-Einheit der Welt, der verschiedenen Weltdinge, fast zwangsläufig aus."[405] Kuhn hat bei diesen Ausführungen primär an den Minnesang gedacht. Es wird noch mehrfach und an unterschiedlichen Texten zu zeigen sein, daß die Erkenntnisse zur Verfahrensweise und Funktion der Analogiesetzung, die aus Kuhns Analogie-Begriff abgeleitet werden können, auch für die Analyse generalisierender Texte im Bereich von Liebesthematik und Frauenpreis fruchtbar gemacht werden können.

Auf andere Weise als in Reinmars Strophe wird die Analogiesetzung zwischen weltlicher und geistlicher Sinnsphäre in zwei Spruchstrophen des Jungen Meißners[406] evident (Peperkorn A, I, 24 und 25). Die richtige Wahl zu treffen, wird in I, 24 erst den Männern, dann den Frauen ans Herz gelegt.

> *Ir herren, die da minner sit mit zucht genant,*
> *den wirt erkant*
> *gemeinschaft, triuwe und ere.*[407]

---

[405] Kuhn, „Innere Form", S. 175-177, zit. 177. Vgl. Warnings Deutungsansatz zu religiösen Konnotationen am Beispiel der Troubadourlyrik („Lyrisches Ich", bes. S. 135-144): Das religiöse Referenzsystem werde zur Artikulation und Legitimation eines weltlichen Rollenprogramms und seines normativen Gehalts in Anspruch genommen; ausführlicher zu Warning s.u., 4.1.1.1, S. 190f.

[406] Die Spätdatierung des Œuvres dieses Autors geht auf Objartel (*Meißner*, S. 24) zurück, der vermutet, daß der Junge Meißner mit einem 1303 urkundlich bezeugten *Mihsnerius cantor* identisch sei; Peperkorn, *Der Junge Meißner*, S. 3, Anm. 3, warnt dagegen ausdrücklich vor einer „derart schwach begründeten Identifizierung", die sich lediglich auf den (als Sängername verschiedener Dichter belegten) Namen stützt; er nimmt eine Entstehung des Werks „vor 1300" an (S. 22).

[407] Auch in Vers 2f. sind noch die eingangs apostrophierten *herren* gemeint (zum Wechsel von der 2. zur 3. Person in unmittelbarer Folge: vgl. Roethe, *Reinmar von Zweter*, S. 266ff., der eine Reihe von Beispielen aus der Spruchdichtung bringt). Sinngemäß ist gemeint: „Ihr,

```
                    got, waz sol in mere,
5                   denne daz sie falscher minne lust    niemer stunt versere?
                    du minne in wider, lieber lip,    der dich mit triuwen meine!

                    Gib urloup, frouwe, wankelen herzen, wa die sint.
                    erweltez kint,
                    du triut in, swer dich minne;
10                  mit verdachtem sinne
                    solt du in tougen blicken an.    e dir lobes zerrinne,
                    la falken ougen umme gan    gar luter unde reine.

                    Erkius ze trute dir den helt,
                    den got ze wunsche hat gezelt,
15                  gar unverselt
                    und uz geschelt,⁴⁰⁸
                    mit rechten triuwen uzerwelt.
                    wirt dir ze rume ein solich degen,    so bist du wandels eine.
```

Auch hier ist die Opposition zwischen falscher und rechter Liebe grundlegend. Die Wahl soll dorthin fallen, wo aufrichtige Gegenliebe erwartet werden kann (v. 6 und 9), die an höfischen Werten ausgerichtet ist (v. 1-3). Der Gegensatz ist mit *falscher minne lust* der Wankelmütigen benannt. Objekt der richtigen Wahl soll in der Frauenlehre der von Gott vollkommen erschaffene *helt* sein (v. 13f.), der einem nicht weiter spezifizierten höfischen Ideal vorbildhaft entspricht.

Zentral ist wieder die eingeforderte Erkenntnis von 'recht' und 'unrecht'; die Erkenntnisleistung wird unterstrichen durch die Gestaltung des Blickmotivs, welches zugleich auch das Sehen im übertragenen Sinne, die Einsicht, benennt (v. 10-12). Auch wenn in Vers 11 das Stichwort *tougen* fällt, ist das Blickmotiv hier nicht nur als Hinweis auf das Gebot der heimlichen Liebe zu verstehen,[409] sondern vornehmlich im Sinne der genauen Prüfung mit der Schärfe und Klarheit von *falken ougen*, der Einsicht in die wahre Natur des Werbenden.

Strophe I, 25 scheint zunächst nur eine variierende Wiederholung der Frauenlehre aus I, 24 zu sein, doch sehr bald wird der Appell eindeutig in Richtung auf die Gottesliebe gewendet:

```
                    Ir reinen frouwen, ruchet loser friunde nicht,
                    haltet in pflicht
                    den, der iu wiplich bilde
                    hat gegeben. wilde
5                   so lat die argen loufen hin,    die zucht ie bevilde.
                    dem dienet, der durch iuch sin leben    gap in todes neige.
```

---

die ihr tugendhafte Liebende seid, werdet auch selbst aufrichtige und beständige Gegenliebe erfahren."

[408] Zu v. 15f. Ettmüller, *Heinrich von Meissen*, S. 319; *gar unverselt*: „nicht verkauft, nicht aus seiner pflege gelassen"; dann wäre gemeint: in Gottes Obhut; *ûzscheln*: „ausschälen [...]; aus anderen herauswählen?".

[409] So Peperkorn, *Der Junge Meißner*, S. 144, Kommentar zur Stelle.

*Strophen vor Frauenlob* 95

```
        Welch frouwe in minnet, die wirt hoher minne gewert.
        sin lip niht gert
        untriuwe noch unere.
10      daz er ieman sere,
        daz mag nicht sin, sin reinekeit    die gert fuge und ere;
        sin angesiht, sin zarter lip        git wunnecliche zeige.

        Welt ir in minnen, megde, wip,
        so lat uz herzen allen kip.
15      'er leitvertrip',
        nein, schriber, schrip
        sin tugent: 'in zuchten fro belip'.⁴¹⁰
        wol ir, die sin ze trute gert:      milte ist er ⌈unt nichtl ⌉veige.
```

So eindeutig hier die Aufforderung zur Gottesliebe ist, so deutlich ist auch, daß dieselbe übergeordnete, unspezifische Wertopposition zwischen wahrer und falscher Liebe zugrunde liegt. Diese wird hier nur im religiösen Sinne gedeutet und im Gegensatz zwischen dem wahren Liebenden, Christus, und den *lose[n] friunde[n]* konkretisiert; ein analoger Gegensatz wird in I, 24 ausgearbeitet.

Die Ermahnung, Gott den Schöpfer (v. 3f.) und Christus den Erlöser (v. 6) zu lieben, wird – für die zeitgenössischen Rezipienten sicher deutlich erkennbar – in Analogie zum Gebot formuliert, in der (weltlichen) Liebe zu unterscheiden und die richtige Wahl zu treffen. So wird auch konkret minnedidaktisches bzw. minnesängerisches Vokabular verwendet.⁴¹¹ Zum einen wird der Gegensatz zwischen dem wahren Liebenden und den heuchlerischen Werbern mit Wertbegriffen höfischer Idealität charakterisiert (v. 5; 8f.; 11; 17f.). Zum anderen deutet sich das Analogiedenken im Bezug auf das höfische Minnedienstschema an, welches hier in Umkehrung erscheint: Da Christus im religiösen Kontext das *summum bonum* ist, wie in der 'irdischen Heilslehre' die Herrin, nimmt er hier gleichsam deren Position ein. In der Konsequenz werden die Relationen vertauscht: Die Frau ist es, die dienend werben soll (v. 6),⁴¹² Gott ist es, der gewährt (v. 7). Der Umkehrungsvorgang wird im Abgesang bis ins Detail fortgesetzt; dort verwendet der Preis Christi Attribute, die aus dem hier gleichsam zitierten Formelschatz des Frauenpreises stammen (v. 15 und 17). Wie sonst die weltliche Didaxe Analogien zur geistlichen Paränese aufbaut, so wird hier die religiöse Mahnung über sprachliche Analogien zur Minnelehre gestaltet.

---

⁴¹⁰ Mit Peperkorn, ebd., der in Vers 15-17 eine fingierte Anrede des Autor-Ich an einen Schreiber vermutet, ist in den Versen eine Fiktion des Diktierens – und zugleich auch der Entstehung der Strophe – zu sehen. Die Funktion ist wohl, die Preisformeln als sorgsam ausgesucht darzustellen und im fingierten Entstehungsprozeß den Preis aus Vers 15 durch die Autor-Figura mit dem Folgevers im Sinne einer nochmaligen Überbietung korrigieren zu lassen.

⁴¹¹ Wie z.B.: *dienet, minnet, hohe[] minne, gewert, gert, leitvertrip, trut[]*.

⁴¹² Dem *dienen* der Frau geht als höchster, nicht vergeltbarer Dienst Christi an der Menschheit seine Erlösungstat voraus.

Welche Konsequenzen ergeben sich hieraus für die Deutung von I, 24? Diese in B vorausgehende Strophe[413] wird keineswegs durch den eindeutigeren Text I, 25 grundsätzlich im Sinne religiöser Mahnung umgedeutet. Zwar ist es denkbar, daß I, 24 in einer Vortragszusammenstellung durch die andere Strophe in dieser Weise vereindeutigend kommentiert wurde. Doch kann aus der Überlieferungsnachbarschaft weder eine solche Vortragseinheit noch eine ursprüngliche Konzeption als Strophenpaar, also eine Produktionseinheit, zwingend abgeleitet werden. Von der Selbständigkeit der Einzelstrophe ist also auszugehen; liest man Strophe I, 24 für sich, so wird man sie als Minnelehre auffassen.

Die Möglichkeit, daß dieser Text durch einen bestimmten Kontext, etwa durch eine Vortragszusammenstellung mit I, 25, zum Appell zur Gottesliebe umgedeutet werden konnte, bedeutet gerade nicht, daß die Grenzen zwischen weltlichem und religiösem Sinnbereich verschwimmen, daß der eine in den anderen übergeht. Vielmehr zeigt dies, daß den Mahnungen mit je unterschiedlicher Ausrichtung dieselbe abstrakte Wertopposition zugrunde liegt, die je verschieden spezifiziert werden kann. Die Abstraktheit der Wertopposition bildet somit eine Voraussetzung für das Operieren mit sprachlichen Analogien zwischen Minnelehre und geistlicher Mahnung.

Die Fähigkeit des Erkennens und Unterscheidens steht im Zentrum der bisher besprochenen Strophen. Nicht selten wird in der Minnedidaxe jedoch – wieder mit Analogien zur Moraldidaxe – die Erkenntnis des Inneren als Problem dargestellt und die Möglichkeit der Täuschung eingehender thematisiert. Die Täuschung durch falsche Werber sucht eine Spruchstrophe Walthers von der Vogelweide aufzudecken (*L* 102, 1):

> Diu minne lât sich nennen dâ,
> dar sî doch niemer komen wil.
> si ist den tôren in dem munde zam
> und in dem herzen wilde.
> 5   nû hüetet ir iuch, reinen wîp.
>
> vor kinden bergent iuwer jâ,
> sône wirt ez niht ein kindes spil.
> minne und kintheit sint ein ander gram.
> vil dicke in schœnem bilde
> 10   siht man leider valschen lîp.
>
> Ir sult ê spehen, war umbe, wie, wenne und wâ, rehte unde weme
> ir iuwer minneklîchez jâ sô teilet mite, daz ez gezeme.
> sich, Minne, sich, swer alsô spehe, der sî dîn kint,
> ⌜sô wîp, sô man⌝, die andern dû vertrîp.

---

[413] Beide Strophen sind in B als letzte im Autorcorpus des Jungen Meißners überliefert (B 24 und B 25).

Wie kann die Einsicht das Innere des Menschen erreichen, das nach mittelalterlichem, biblisch gestütztem[414] Glauben Gott allein zugänglich ist?[415] Da die „Verborgenheit des menschlichen Herzens"[416] nur eine mittelbare Erkenntnis ermöglicht, ist diese auf die Übereinstimmung von Innen und Außen angewiesen.[417] Sichtbare Außenseite und unsichtbares Inneres werden dabei in einer Relation von Zeichen und Bezeichnetem gesehen; Aussehen, Verhalten, Blicke, Gebärden etc. verweisen auf Tugenden, Laster, Affekte. Wenn die postulierte Einheit von Innen und Außen auseinanderfällt, der Verweischarakter also nicht mehr gegeben ist, wird das Erkenntnisbemühen bewußt irregeleitet.

Dieser Problembereich von Personerkenntnis und Täuschung wird in weltlicher wie geistlicher Didaxe an unterschiedlichsten Themen konkretisiert.[418] Gleichbleibend ist in den verschiedenen Kontexten stets das zugrundeliegende Kriterium der Innen-Außen-Relation, die in unterschiedlichen Optionen thematisch werden kann. Die Warnung der Täuschungsgefahr impliziert das Postulat, Innen und Außen in Übereinstimmung zu bringen; hier ist z.B. an das bekannte, bereits differenzierende moraltheologische Gebot der Kongruenz von Worten, Werken und Gedanken zu erinnern.[419]

Die Kategorie der gestörten Kongruenz von Innen und Außen nutzt Walther für seine Minnelehre. Mit dieser Erklärungsmöglichkeit sucht er genauer zu fassen, was sonst nicht spezifiziert der 'wahren' Liebe als wertlose, pervertierte entgegengesetzt wird. Die Diskrepanz zwischen Außenseite und Innerem wird hier zum einen exemplifiziert mit der äußeren Schönheit, die Falschheit überdeckt (*L* 102, 9f.). Auch dies wird als Beispiel für den Verlust des Verweischarakters und die Irreführung des Erkenntnisbemühens eingeordnet, da in höfischer Auffassung die physische Schönheit idealiter Zeichen innerer Schönheit ist.

Zentraler noch ist in Walthers Strophe die Kritik an der Inkongruenz von Mund und Herz (*L* 102, 1-4): Das Wort 'Liebe' ist nur der Zunge vertraut (*zam*),

---

[414] Vgl. Iob 13, 9; Prv 15, 11; Sir 42, 18; weitere Schriftstellen bei I. Hahn, „Theorie der Personerkenntnis", S. 420, Anm. 101.

[415] Belege bei Schleusener-Eichholz, *Auge im Mittelalter*, S. 779, Anm. 538.

[416] I. Hahn, „Theorie der Personerkenntnis", S. 420.

[417] Diesen Gedanken expliziert Ulrich von Liechtenstein im spezifischen Kontext der Minnedidaxe: Im *Frauendienst* wünscht er den Frauen, daß sie *in mannes herze durch den lip / bescheidenlichen möhten sehen / und dar inne möhten wol gespehen / valschen muot und staeticheit!* (*Frauendienst*, 1760, 2-5). Daß dies unmöglich ist, weiß die Dame im Minnedisput des *Frauenbuchs* und hebt damit die grundsätzliche Problematik des *scheidens* und *erkennens* noch schärfer hervor: *des mac leider nicht geschehen, / man mac iuch nicht in die herze sehen: / da von wirt wibe vil betrogen* (*Frauenbuch*, v. 1215-1217).

[418] Vgl. hierzu I. Hahn, „Theorie der Personerkenntnis", bes. S. 419-430; ausführlicher zur Innen-Außen-Relation bei der Ausdrucksgebärde, deren Auffassung in einen übergeordneten Theorierahmen wie den der Augustinischen Zeichenlehre und der Affektenlehre gestellt werden kann, s.u., 2.1.2, S. 104f.

[419] Thomasin von Zerklære leitet mit dieser Trias das erste Buch vom *Welschen Gast* ein: *ein ieglich biderb man sol / ze allen ziten sprechen wol / oder tůn oder gedenken* (v. 143-145).

dem Inneren jedoch fremd (*wilde*); es wird also auf die bloße Worthülse reduziert und löst sich vom bezeichneten Wert. Die Einheit von Gedanken und Worten wird aufgrund der Verfügbarkeit des Sprachzeichens in der Sprechsituation als besonders gefährdet betrachtet.[420] So heißt es in den beiden Eingangsversen, daß die Minne nicht gegen den Mißbrauch ihres Namens geschützt ist: Das Wortzeichen und der bezeichnete Wert, die Minne, können auseinanderfallen.

Das Auseinandertreten von Wortzeichen und Wert wird auch außerhalb der Liebesthematik problematisiert.[421] Da in der volkssprachlichen Sprachreflexion zwischen dem abtrakten 'Begriff' und dem gesprochenen Wort, der Lautgestalt (*dictio*), nicht differenziert wird,[422] ist immer gerade auch die Verfügbarkeit und Gefährdung des Wertbegriffs im Gebrauch gemeint. Die Spruchdichter reflektieren die Möglichkeit des Verfalls der Wertsemantik eines Begriffs und suchen ihr in sprachkritischen Ansätzen mit klärenden Definitionen zu begegnen, die den Wertbegriff vor Ambivalenz bewahren sollen, indem sie den pervertierten Wert definitorisch aus dem Anwendungsbereich des Wortzeichens ausschließen. Die Ansätze zur Begriffsabgrenzung zeigen stets das Denken in übergeordneten Wertoppositionen (wie *minne/unminne*) und haben ihrerseits in den Minnesprüchen ein Pendant im *discretio*-Postulat, zwischen rechter und falscher Liebe zu unterscheiden. Auch in der Minnelehre kann die Relation zwischen Worten und Gedanken, zwischen Mund und Herz, unter den verschiedenen Verweisrelationen besonderes Interesse beanspruchen, da die postulierte (und gefährdete) Einheit von Wortzeichen und bezeichnetem Wert Voraussetzung für die Bewahrung des Wertbegriffs selbst ist.

Nicht nur in der Spruchstrophe Walthers wird die Täuschungsproblematik im Kontext der Liebesthematik aufgegriffen. Die Inkongruenz von Worten und Gedanken, stets bezogen auf seine heuchlerischen Rivalen, beklagt auch das minnesängerische Ich in Minnekanzonen Heinrichs von Morungen und Walthers. Bei Morungen stellt das Ich der 'leeren' Klage nur des Mundes seine echte, aber wortlose Klage des Herzens gegenüber (*MF* 132, 11). Bei Walther wird die Diskrepanz zwischen *wort* und *werken* bzw. Worten und innerer Haltung als Schädigung des aufrichtig liebenden Ich getadelt (*L* 14, 6f. und 14, 24-29).

Es gibt jedoch entscheidende Unterschiede der Darstellungsweise der Innen-Außen-Problematik in Minnesang und Spruchdichtung; für letztere finden sich außer der Strophe Walthers noch weitere Beispiele.[423] Die Unterschiedlichkeit

---

[420] Vgl. zu dieser Strophe und zu Reinmar von Zweter (?), Roethe 254: Huber, *Wort sint der dinge zeichen*, S. 97f. u. 103f.

[421] Grundlegend hierzu ebd., S. 106-126.

[422] Ebd., S. 106.

[423] Reinmar von Zweter (?), Roethe 254 (Roethe, *Reinmar von Zweter*, S. 122, ist bezüglich der Verfasserschaft unentschieden, neigt aber eher dazu, die Strophe Reinmar zuzusprechen). Der Text bringt ebenfalls zwei Beispiele für die gestörte Verweisrelation: 1. Mißbrauch und Verfälschung durch die Verfügbarkeit von *bilt* und *gebærde* der Minne, an der sie selbst unschuldig ist: *Diu Minne mac sich niht erwern, man trage ir bilde wol / mit glîhsenheit unt mit*

erschöpft sich nicht in der gattungsbedingten Differenz zwischen der Ich-Rede des Liedes und der generalisierenden Rede des Sangspruchs.[424] So wird zum einen das Problem der falschen Rede (mit dem ja immer die konkrete Sprechsituation anvisiert ist) in den Minneliedern nicht mit der gefährdeten Relation von Wortzeichen und Bezeichnetem in Zusammenhang gebracht und auf die Frage der Bewahrung von Wertbegriffen hin perspektiviert, während es bei Walther und anderen Spruchdichtern andeutungsweise eine sprachkritische Dimension erhält.

Zum anderen wird bei Walther, wie später bei Reinmar und Frauenlob, das übergeordnete Problem ansatzweise systematisch, nämlich an verschiedenen Beispielen durchgeführt. Auf diese Weise wird implizit auf die abstrakte Problematik verwiesen: Stets ist es die gestörte Relation von Innen und Außen, die in unterschiedlichen Konkretisierungen angesprochen wird. Indem das Erklärungsmodell für verschiedene Bereiche der Täuschung gleichbleibt, wird zugleich auf das übergeordnete Erkenntnisproblem aufmerksam gemacht, das im drohenden Verlust des Zeichencharakters besteht.

Diese allgemeine Kategorie, die analog in unterschiedlichen, weltlichen wie auch geistlichen Bereichen der Didaxe erarbeitet wird, nutzt Walther für die Einordnung und Klärung dessen, was Liebe als Wert sei, und sucht die unspezifische Wertopposition zu profilieren. Unvereinbar mit Minne, mit ihr verfeindet, ist *kintheit* (*L* 102, 6-8), womit hier der Mangel an Einsicht akzentuiert ist. Die *kin*[*t*], vor deren Werbung gewarnt wird, sind aufgrund dieses Mangels *tôren*, wie auch das Gegensatzpaar *zam/wilde* andeutet: Liebe ist ihrem Herzen fremd (*L* 102, 3f.). Die Täuschung, abstrakt gefaßt als Diskrepanz zwischen Zeichen und Bezeichnetem, wird also nicht nur als Störung der Kommunikation aufgefaßt, sondern zugleich auch als Erkenntnisdefizit der Täuschenden: Die Törichten kennen nichts als die Außenseite, nichts als das Wortzeichen 'Liebe'.

Folgerichtig heißt es weiter: Wer die eingeforderte Einsicht, das Unterscheidungsvermögen, besitzt und sie auch in der Wahl des Partners fruchtbar zu machen weiß, nur dem ist die höfische Liebe vertraut, der ist von ihrer Art (*L* 102, 11-14). Die Kinder-Metapher wird – für die klug Liebenden, die der Sprecher der apostrophierten Minne empfiehlt – mit umgekehrter Wertung fortgesetzt, um den Gegensatz zu den Törichten augenfällig zu machen. Das *spehen*, die genau betrachtende Prüfung, wird hier nicht nur als Postulat formuliert, sondern auch als wertvolle Eigenschaft der zur Liebe Tauglichen, gibt also zugleich ein Unterscheidungskriterium an die Hand.

---

*gebærden lîht an der stat, da ez ir versmâhet* (v. 1f.); 2. Inkongruenz von *muot* und *munt* (Gedanken und Worten) aufgrund der Verfügbarkeit ihres *namen* in der Sprechsituation: *si nimt ein tumbe rüemic man ûz lærem muote in vollen munt / unt nietet sich mit rede ir namen* [...] (v. 7f.). Zu Frauenlob, *GA* VI, 9 und 10 s.u., 2.2.1, S. 107-112.

[424] So stehen etwa der Klage des Ich in der Minnekanzone über Behinderungen seiner Werbung, über Rivalen, die mit dem 'leeren Wort' Erfolg haben, womit zugleich auch eine Profilierungsmöglichkeit der Ich-Rolle genutzt wird, die generalisierende Ermahnung zur richtigen Wahl und die Warnung vor Täuschung in den genannten Spruchstrophen gegenüber.

Zu den Strophen Reinmars von Zweter, des Jungen Meißners und Walthers von der Vogelweide kann festgehalten werden: Der Ausgrenzung der falschen Liebe und der entsprechenden Ermahnung zur urteilenden Unterscheidung und richtigen Partnerwahl liegt keine feste Größe als Wertmaßstab zugrunde, sondern eine unspezifisch gehaltene Wertopposition. An den Texten konnten zwei grundlegende literarische Verfahrensweisen der präzisierenden Darstellung dieser Opposition aufgedeckt werden.

1. Die Nutzung von Analogien zu Darstellungs- und Deutungsmustern der geistlichen Paränese und der Moraldidaxe stellt eine Möglichkeit dar, die Forderung, zwischen 'recht' und 'unrecht' zu *scheiden* und das Verhalten an dieser Einsicht auszurichten, plausibel zu machen und zu präzisieren. Bei Reinmar (Roethe 38) wird durch solche Analogien zum einen die Partnerwahl als Erkenntnisleistung ausgewiesen. Zum anderen wird auf diese Weise die Beeinflussung des – daher schutzbedürftigen – Inneren durch die Außenwelt und zugleich die Möglichkeit, das Innenleben durch Verschließen der Sinne wirkungsvoll zu schützen, aufgezeigt. Die Auffassung solcher Analogiesetzung im Sinne formal-struktureller Identität bei nichtidentischem Gehalt konnte auch durch Beobachtungen an Strophen des Jungen Meißners (Peperkorn A, I, 24-25) gestützt werden. Dort wird umgekehrt die Mahnung zur Gottesliebe in Analogie zur Minnelehre formuliert, was sowohl die Bedingung der Gegenliebe als auch die Aufforderung zur genauen Prüfung umfaßt.

2. Möglichkeiten, die Wertopposition selbst genauer zu fassen, sucht Walther zu erarbeiten (*L* 102, 1). Zum einen werden Minneermahnung und Warnung auf dem Hintergrund des übergeordneten Erkenntnisproblems exemplifiziert, das aus der Störung der Verweisrelation resultiert. Die zugrundeliegende, allgemeine Gesetzmäßigkeit wird ersichtlich aus der gleichbleibenden Struktur der Täuschung. Damit ist ein allgemeines Erklärungsmodell angeboten, welches das Problem der Täuschung im Rahmen der Liebesthematik begreifbar macht. Zum anderen wird mit demselben Modell die Wertopposition zwischen rechter und falscher Liebe präziser zu erfassen gesucht. Der Wertgegensatz wird durch eine weitere Relation erläutert, nämlich durch das als Kriterium dienende Verhältnis zwischen Außen und Innen. Es wird sowohl eine Opposition zwischen dem funktionierenden Zeichenverhältnis und dem Verlust des Zeichencharakters aufgebaut wie auch zwischen der Einsicht in eben diese Relation und der mangelnden Erkenntnisfähigkeit.

### 2.1.2 Bestimmung der Grenze höfischer Liebe: Der disziplinierte Affekt

Auch in einigen der nun im Zentrum stehenden Texte spielen die Opposition zwischen wahrer und falscher Liebe sowie die Relation zwischen Innen und Außen eine Rolle. Im Folgenden wird es jedoch weniger um die auszugrenzende, wertlose Art der Liebe als vielmehr um die Grenze selbst gehen, über welche Liebe als werthaft bestimmt wird, bzw. um die hierfür eingesetzten Verfahrensweisen und Darstellungsmuster.

Die Bestimmung höfischer Liebe als – in einem oft unbestimmt gelassenen Sinne – 'gemäßigte', disziplinierte Liebe ist aus Minnesang wie Minnedidaxe bekannt. Das Bemühen einer Grenzziehung kann z.B. in der Kombinierung des Minnebegriffs mit weiteren, ebenso allgemeingehaltenen Wertbegriffen zum Ausdruck kommen. Ein Beispiel aus einer Strophe des Jungen Meißners mag hier für viele stehen: *Wer minnen wil, der sol ouch da bi maze gern, / er sol enbern / unzucht, daz heize ich sinne* (Peperkorn A, I, 7, 1-3). Mit den höfischen Basistugenden *mâze* und *zuht* sind für den Liebenden keine bestimmten Verhaltensanweisungen angegeben, sondern wird lediglich betont, daß Liebe als Wert über ihre Begrenzungen, d.h. ihre Steuerung und Kontrollierung, erfaßt wird.

Eine variierende Bestimmung findet der Marner:[425]

> Dô minne menschen muot besaz,
> ir wunder wolde toben
> an mannen und an wîben, daz
> vil maneger wil unwîslich loben:
>
> 5 [345] minne sol sîn under zwein mit stæter liebe wol behuot.
>
> Entwirfet si sich fürebaz,
> ir wirde wirt zerkloben
> und teilet sich in êren haz.
> [...]

Die Verse deuten verschiedene Oppositionen an, die zu einer Erfassung der erwähnten Grenze werthafter Liebe dienen können. Zum einen wird vor der vernunftlosen, ungesteuerten *passio*-Liebe gewarnt, die dann entsteht, wenn sie den Menschen in Besitz nimmt (v. 1-3), statt, so das implizierte Postulat, umgekehrt von ihm beherrscht zu werden. Damit ist präzise der Aspekt der Disziplinierung und Steuerung des Affekts durch den Menschen als eine Möglichkeit der Selbstbestimmung benannt.[426] Zum anderen wird eine weitere Bestimmung

---

[425] Strauch XV, 18, 1-8 [341-348]. Zu dieser Strophe und dem aus ihr entwickelten, anonymen Großgedicht über 'Minne' und 'Unminne' (*HMS* 2, Sp. 252b-256a, XV, 24-36) vgl. Haustein, *Marner-Studien*, S. 233-235; es handelt sich um ein insgesamt 17-strophiges Gedicht, von dem aufgrund von Blattverlust drei Strophen fehlen; vgl. *RSM* 4 (1988), S. 293; der Strophenverlust ist in *HMS* nicht gekennzeichnet.

[426] Zum Ideal der Selbstdisziplinierung und der Affektkontrolle im Minnesang vgl. z.B. Schnell, „Unterwerfung und Herrschaft", S. 108-118. – Entsprechend der eingangs formulierten Einordnung der ermahnenden Minnesprüche ist auch aus der Thematisierung der Selbstkontrolle nicht auf eine Funktion der Texte bzw. auf eine Intention der Autoren zu schließen, welche unmittelbar erzieherisch auf eine Verhaltensänderung der Rezipienten im Sinne der 'Trieb-Kontrolle' ziele; zur Kritik an der 'klassischen' Auffassung höfischer Liebe im Sinne eines Erziehungsprogramms der Affektkontrolle in der Minnesangforschung vgl. Hübner, *Frauenpreis*, S. 384, Anm. 58.

als normative Aussage formuliert: Die Liebe soll beständig und gut gehütet sein (v. 5). Dies meint nicht nur die Einforderung der *stæte*, sondern ist zugleich mit Bezug auf die *tougen minne* zu verstehen: Liebe soll nur *under zwein* sein, sich nicht nach außen hin zeigen, sondern verborgen gehalten und auch in diesem Sinne *wol behuot* werden. Das Heimlichkeitsgebot kann also, wie noch deutlicher an einer Strophe Konrads von Würzburg zu zeigen sein wird, als Konkretisierung des Ideals der Disziplinierung und Selbstkontrolle eingesetzt werden. In der Warnung vor dem Gegenteil („wenn die Liebe darüber hinaus geht ..."; v. 6-8) wird die Vorstellung einer Grenze, deren Überschreitung den Wertverfall der Liebe mit sich bringt, ganz deutlich.

Zur Verfahrensweise der Marner-Strophe ist festzuhalten, daß verschiedene Merkmale des postulierten Liebesideals – die Affektkontrolle, die Verborgenheit, die Beständigkeit – zueinander in Beziehung gesetzt werden. So ist die Grenze zwischen Werterhalt und Wertverlust generell durch die Selbstdisziplinierung markiert,[427] die noch konkreter gefaßt wird mit der Einforderung der *stæte* sowie der nicht nach außen dringenden Liebe. Auf diese Weise wird mit der Kombination verschiedener Wertoppositionen eine präzisere Grenzziehung erreicht, als dies allein mit Wertbegriffen wie etwa *mâze* und *unmâze* etc. möglich ist.

Die Frauenunterweisung einer Strophe Konrads von Würzburg bringt wieder die Verweisrelation zwischen Innen und Außen mit ins Spiel (Schröder 32, 91):

> Ein frouwe diu mit kiusche unstæte ûz ir gemüete riutet,
> und si daz mîdet daz si doch gar innecliche triutet,
> diu gît unde biutet
> ir lîbe grôze meisterschaft.
>
> 95  mac si ze tougenheite ir minnegernden sin verkêren,
> sô daz si mit gebærden wil dekeinen man versêren,
> sô wirt si mit êren
> an ir gemüete sigehaft.
>
>      ez enkan hôchclünger niht kein lebende crêatiure sîn,
> 100  danne ein wîp clâr unde fîn,
>      diu minneflamme demphet,
>      und si daz hilt sô daz nâch ir kein wille sî verkremphet.
>      [...]

Das Kriterium der Innen-Außen-Relation diente in der oben besprochenen Strophe Walthers von der Vogelweide (*L* 102, 1) einer differenzierenden Darstellung des Problems der Erkenntnis und Täuschung; hier wird es eingesetzt, um das Postulat der Selbstkontrolle und Disziplinierung zu begründen und zu präzisieren. Es erscheint zugespitzt im Ideal des inneren Kampfes, der Selbstüberwindung (v. 93f.; 97f.). Die Geschichte der topischen Forderung, die eigene

---

[427] Zum Disziplinierungsgebot, das nicht nur die Liebe, sondern alle Affekte umfaßt, vgl. z.B. noch die Frauenlehre Reinmars von Zweter, Roethe 40, 4-6.

Natur zu besiegen, sowie der Vorstellung einer moralisch qualifizierten 'Natur der Frau' werden Gegenstand eines anderen Kapitels sein.[428] Hier soll nach dem Zusammenhang gefragt werden, der in Konrads Darstellung zwischen der Selbstdisziplinierung und dem Verweisverhältnis von innerer Haltung und äußerem Verhalten aufgedeckt wird.

Die Selbstkontrolle wird gleichgesetzt mit der Beherrschung des Affekts. Diese wird, wie andeutungsweise bereits beim Marner, präzisiert in dem Gebot, den Liebesaffekt geheim zu halten (v. 95 und 102). Auch mit der Metapher der *minneflamme*, die [ge]*demphet* werden soll (v. 101), wird daher nicht eingeklagt, das Liebesverlangen vollständig zu ersticken, sondern – in der Konsequenz – es zu verbergen. Eine solche Umwandlung des *minnegernden sin*[*nes*] ist geboten (v. 95), der ungesteuert danach streben würde, sich zu offenbaren.

Inwiefern kann *tougen minne* als eine Form der Disziplinierung des Affekts aufgefaßt werden? Die Grundlage hierfür ist die Einordnung der *gebærde* als sichtbares Zeichen des Inneren. Der Begriff *gebærde*, der semantisch umfassender ist als das neuhochdeutsche „Gebärde" und häufig das Verhalten in ganz allgemeinem Sinne bezeichnet,[429] meint im Folgenden das sinnlich erfaßbare, also körpergebundene Verhalten und Benehmen, insofern es als Zeichen über sich selbst hinausweist;[430] auch in dieser Bedeutung ist der Begriff belegt.[431] Er umfaßt dann nicht nur Ausdrucksbewegungen der Extremitäten (wie Handgebärden) und Mimik, sondern z.B. auch Haltung und Bewegung des ganzen Körpers, physiologische Symptome (Erröten etc.) und nonverbale Lautgebärden (Lachen, Klagelaute).[432]

In der Darstellung von Konrads Frauendidaxe läßt die *gebærde* gerade keine Täuschung zu, sondern verrät im Gegenteil den Affekt; das Verweisverhältnis

---

[428] S.u., 4.2.2.7, S. 324-327.

[429] Lexer 1, Sp. 747: *gebærde*, „aussehen, benehmen, wesen"; BMZ 1, Sp. 148b: *gebære*, „die art und weise, in der sich jemand benimmt; – in der etwas erscheint"; ähnlich *gebâr* (Sp. 145b); *gebære* swv., „zeige mich, benehme mich" (Sp. 149a); *gebærde*, „die art wie jemand *gebâret*; sein äußerlich sichtbares benehmen, wesen" (ebd.). Zum Folgenden vgl. auch Peil, *Gebärde*, S. 18 (Definition von 'Gebärde'); S. 21-27 (Verwendung der mittelhochdeutschen Begriffe *gebâr*, *gebære*, *gebærde* etc.); ferner I. Hahn, „Theorie der Personerkenntnis", S. 409-428.

[430] Vgl. die Definition bei Peil, *Gebärde*, S. 18; die zeremoniell gebundene Gebärde kann in den hier interessierenden Zusammenhängen vernachlässigt werden.

[431] *gebærde* kann explizit die visuelle (oder auch akustische) Zeichensprache meinen (Belege bei Peil, ebd., S. 21-25); die Gebärde ist sichtbar bzw. hörbar (Belege ebd. und bei I. Hahn, „Theorie der Personerkenntnis", S. 412, Anm. 56-59). Das innere Befinden ist an der Gebärde erkennbar (Hartmann von Aue, *Iwein*, v. 1321-1323; Wolfram von Eschenbach, *Parzival*, Buch XIV, 709, 26-710, 3); es wird zwischen *gebærde* und *wort* sowie zwischen *gebærde* und der inneren Einstellung unterschieden (*Parzival*, Buch I, 33, 14f.; Buch IV, 201, 27-29; Buch VII, 363, 29; vgl. Thomasin von Zerklære, *Der Welsche Gast*, v. 193-216).

[432] Thomasin von Zerklære etwa läßt seinen allgemeinen Erläuterungen zur *scham* in Rede und Gebärde genaue Anweisungen zu beiden Punkten folgen; *gebærde* umfaßt hier das Sitzen, Stehen, Gehen und Reiten, das Sehen, Verhalten bei Tisch und das Lachen (*Der Welsche Gast*, v. 411-536).

ist unbeeinflußbar. Diese Deutungsmöglichkeit des körpergebundenen Zeichens weist genaue Analogien zu Ausführungen in der Moraldidaxe und lateinischen gelehrten Literatur auf.[433]

Augustinus diskutiert den Verweischarakter der Gebärde im Kontext seiner Zeichenlehre.[434] Gemäß seiner Definition von *signa naturalia* und *signa data*[435] können Gebärden unter beide Kategorien fallen, je nachdem, ob sie 'unfreiwillig' (*nulla eius uoluntate*; lib. II, I, S. 33) auf etwas verweisen (affektive Ausdrucksgebärde) oder ob sie intendierte Zeichen, also mit Verweisabsicht gesetzt sind (z.B. die zeremonielle Gebärde). Während die als Zeichen festgesetzte und intendierte Gebärde vollständig dem menschlichen Willen unterworfen ist, hat die Ausdrucksgebärde unwillkürlichen Charakter. Augustinus zögert, ihr den eigentlichen Zeichen- und Mitteilungscharakter zuzusprechen, da die Verweisintention fehlt. Die volkssprachlichen Autoren machen diese Unterscheidung nicht;[436] wenn sie den Verweischarakter der Gebärde thematisieren, meinen sie häufig gerade die Ausdrucksgebärde des Affekts.

Wo die Affektgebärde zum Gegenstand der Didaxe wird, kann auf Versatzstücke der Affektenlehre zurückgegriffen werden, deren Tradition bis in die Antike zurückreicht[437] und von den geistlichen Autoren des lateinischen Mittelalters, integriert in das Wertesystem der christlichen Ethik, weitertransportiert wurde.[438] Sie wiederholen in diesem Zusammenhang nicht nur die Definition des *gestus corporis* als *signum mentis*,[439] sondern tradieren die Affektenlehre als ausgefeiltes kodifiziertes System mit relativ konstanten Zuordnungen des einzelnen Gefühls zu seinem physischen Ausdruck. So nennt Richard von St. Viktor verschiedene feste Zeichenbeziehungen, wie die zwischen dem gesenkten Blick und der Scham, auf welche jener verweist.[440] Hugo von St. Viktor, der in *De institutione novitiorum* ausführlich über die Disziplinierung von Innen und Außen handelt, von Körper und Geist,[441] zählt in einer Gebärdensystematik sechs verschiedene Arten (*modi*) des *gestus* auf, die jeweils ein bestimmtes Laster bezeichnen, wie der *citatus* [sc. *gestus significat*] *inconstantiam*.[442] Vorausgesetzt wird in diesen Kontexten stets der Mitteilungscharakter und die eindeutige Lesbarkeit der Ausdrucksgebärde sowie ihre weitgehende Unabhängigkeit vom menschlichen Willen.

---

433 Hierzu vgl. auch Wenzel, *Hören und Sehen*, S. 158-169.

434 Zur Gebärde im Zusammenhang mit Augustins Zeichenlehre: I. Hahn, „Theorie der Personerkenntnis", S. 410; Peil, *Gebärde*, S. 297f.

435 Hierzu Peil, ebd., S. 298f. (zu Augustinus, *De doctrina christiana*, lib. II, I-II, CCSL 32, S. 32f.): Das *signum naturalis* ist ein nicht intendiertes Zeichen (ohne Verweisabsicht), das 'unfreiwillig' auf etwas anderes hinweist (das Beispiel des Rauchs als *signum naturalis* für das Feuer); das *signum datum* ist ein als Verständigungsmittel intendiertes und durch Konvention festgelegtes Zeichen (intentionaler Charakter).

436 Vgl. I. Hahn, „Theorie der Personerkenntnis", S. 410f.

437 Ebd.

438 Zum Folgenden vgl. Peil, *Gebärde*, S. 299-303.

439 Arnulf, *De modo bene vivendi*, PL 184, 1215B; weitere Belege bei Peil, *Gebärde*, S. 300, Anm. 20.

440 Richard von St. Viktor, *De gemino paschate*, PL 196, 1064A.

441 Zur Gebärdenlehre Hugos von St. Viktor in *De institutione novitiorum* vgl. Schmitt, *La raison des gestes*, S. 174-177 (zu Hugos Definition der Geste S. 177-179). Zum Disziplinierungsideal und zur Innen-Außen-Relation in *De institutione novitiorum* vgl. ferner Bumke, „Höfischer Körper", S. 70f.; Bumke stellt Beziehungen zwischen den Ausführungen Hugos von St. Viktor und der Thematisierung der Gestik in höfischer Literatur her (bes. S. 80-86).

442 Hugo von St. Viktor, *De institutione novitiorum*, PL 176, 938A-B; zit. 938B. Zur Systematik der Gebärden und Laster vgl. Schmitt, *La raison des gestes*, S. 179-184.

*Strophen vor Frauenlob*

Im Bereich der volkssprachlichen Didaxe werden die Vorgaben der Augustinischen Zeichentheorie und der Affektenlehre den Zwecken der Tugendlehre angepaßt und entsprechend ausgewählt und akzentuiert. Selten wird der unwillkürliche Charakter und die sichere Deutbarkeit der affektiven Gebärde so ausführlich erläutert wie im *Welschen Gast* des Klerikers Thomasin von Zerklære. Mit zwei Vergleichen illustriert er, daß das Innere sich nicht verbergen läßt, sondern auch ungewollt nach außen dringt in den Bereich des sinnlich Wahrnehmbaren:[443] Zu stark gärender Wein bewirkt, daß die Faßreifen bersten (v. 897f.); aus einem zu voll gewordenen Faß fließt das Wasser über (v. 903f.). Die Vergleiche stellen zum einen das nach außen hin Sichtbare, *des libes geberde* (v. 913), als Folge und Wirkung des ursächlichen *innen* dar und deuten ein Übermaß des sich solchermaßen offenbarenden Affekts an. Zum zweiten hebt Thomasin den Rezeptionsaspekt hervor: Die Gebärde ist für den Klugen auf das Bezeichnete hin deutbar. Somit wird die Erkenntnis (*erscheiden, versten, erchennen*; v. 916; 918; 921) des Inneren ermöglicht.[444] Zum dritten gilt dies für den gesamten innerseelischen Bereich: Jeder Affekt, auch die Liebe, jede Tugend, jedes Laster hat seine eigene, seine spezifische Gebärde, die in unverwechselbarer Weise auf den jeweiligen Zustand des Inneren verweist (v. 919-926). Das einzelne Zeichen ist somit Teil eines ganzen Zeichensystems, das – neben dem unwillkürlichen Charakter der Gebärde – eine weitere Voraussetzung für ihre Lesbarkeit ist.[445]

Der in lateinischer Tradition und volkssprachlicher Morallehre vermittelten Affektenlehre und Systematik der Gebärdenzeichen entspricht das Modell der Beziehung von Außenseite und innerer Haltung, welches Konrads Minnelehre zugrunde liegt.[446] Auch hier würde eine Einordnung zu kurz greifen, die von einer Überformung der Minnedidaxe durch Moraldidaxe ausgeht; es werden nicht schlicht deren Mahnungen und Forderungen der Diskussion um die Geschlechterliebe übergestülpt. Vielmehr wird die Kategorie, welche ganz allgemein das Verhältnis zwischen Innen und Außen als genaue, aber nicht vom Willen gesteuerte Entsprechung angibt, als Erklärungs- und Darstellungsmöglichkeit für

---

[443] Thomasin von Zerklære, *Der Welsche Gast*, v. 893-926; zu der Stelle vgl. I. Hahn, „Theorie der Personerkenntnis", S. 413-415.

[444] *des libes geberde uns dicke bescheit / hat ein man lip oder leit. / da von mach ein charger man, / der die geberde erscheiden chan, / bi der geberde, ob er wil, / versten dinges harte vil* (Thomasin von Zerklære, *Der Welsche Gast*, v. 913-918).

[445] An anderer Stelle wird im *Welschen Gast* die Übereinstimmung zwischen Tat, Gebärde und Rede in der Tugendübung (*scham*) gefordert (v. 193-216), wobei die Kongruenz zwischen Gebärde und innerer Haltung gerade nicht eingeklagt, sondern als selbstverständlich vorausgesetzt wird (v. 205-207; 209). Die alte paränetische Trias *gedanc – wort – werk* wird damit differenziert.

[446] Der Reflex auf die Lehre von den Affekten und auf die Gebärdentheorie findet sich in der mittelhochdeutschen höfischen Literatur allenthalben, und zwar unter denselben Aspekten wie bei Thomasin, wenn auch in der Regel nicht in systematisch-didaktischer Ausarbeitung: Ein starker Affekt ist kaum zu verbergen (Beispiele bei I. Hahn, „Theorie der Personerkenntnis", S. 414 u. Anm. 70), denn die unwillkürliche Gebärde läßt das Innen (*muot*) im Außen (*lîp*) sichtbar und so der Erkenntnis zugänglich werden; die Gegenüberstellung von *innen* und *ûzen* z.B. bei Konrad von Würzburg, *Herzmaere*, v. 280-283; weitere Belege s.o., Anm. 431. Im Bereich der Minnedidaxe behandelt besonders ausführlich die *Winsbeckin* die Ausdrucksgebärde (5, 9-8, 10; hin und her fliegende, *wilde* Blicke als Zeichen der *unstæte*); außerdem gibt eine Strophe Reinmars (Roethe 33) in genauer Analogie zu den Ausführungen Richards von St. Viktor (s.o., Anm. 440) den Zeichenbezug zwischen gesenktem Blick und der *scham* bzw. *zuht* an: *Wîp, mit scham sich vür dich ûf die erden* (v. 7); *zuht meisterschaft zimt wol in vrouwen ougen* (v. 12).

eigene Zwecke eingesetzt und erhält eine spezifische Funktion: Sie dient der Präzisierung der Grenze, die der Geschlechterliebe gesetzt wird, wenn diese mit gesellschaftlich-höfischen Werten vereinbar sein soll.

Auch in Konrads Strophe wird vorausgesetzt, daß sich der Zustand des Inneren nicht verbergen läßt, sondern als Wirkursache die *gebærde* als seine Folge hervorbringt und sich also auch ungewollt offenbart. Dies impliziert z.B. die Verwendung der Feuermetapher (v. 101), die in geistlicher wie weltlicher Literatur als inneres Feuer, dessen Flammen nach außen schlagen, den sich verratenden Affekt und zugleich seine *gebærde* bezeichnen kann.[447] Der Liebesaffekt, der sich ungesteuert nach außen hin zeigt, richtet Schaden an: Auch dies besagt das Bild der Flamme. So werden als Begründung der Mahnung warnend die Konsequenzen angegeben: die 'Verwundung' des Mannes (v. 96) bzw. das (ungewollte) Hervorrufen des Verlangens (v. 102). Bildet die Auffassung der unbeeinflußbaren Affektgebärde die Grundlage der Ausführungen, so bedeutet dies ferner für das Postulat heimlicher Liebe: In *tougenheite* kann der Liebesaffekt nur bleiben, wenn die Disziplinierung und Steuerung schon bei ihm selbst beginnt, wenn die Selbstkontrolle nicht nur die Körpergebärde, sondern auch das *gemüete* umfaßt.

Abschließend ist festzuhalten, daß Konrad in seiner Frauenlehre eine Präzisierung der Grenzsetzung werthafter Liebe mittels der Innen-Außen-Relation und in Entsprechung zur Affekten- und Gebärdenlehre erarbeitet, indem er mit der Grenze zwischen Innen und Außen eine Orientierungsmöglichkeit, ein Einordnungskriterium an die Hand gibt: Der Affekt ist tolerabel, wenn er sich nicht in der unwillkürlichen *gebærde* verrät, nicht den Raum des Inneren verläßt, denn das bedeutet, daß er der Disziplinierung unterworfen ist.

---

[447] Beispiele bei I. Hahn, „Theorie der Personerkenntnis", S. 414-417 u. Anm. 70.

## 2.2 Minnespruchstrophen Frauenlobs

Die von Reinmar von Zweter, dem Jungen Meißner, Walther von der Vogelweide und Konrad von Würzburg je unterschiedlich genutzten Wege der Eingrenzung werthafter Liebe kennt auch Frauenlob; seine Texte sind vor dem Hintergrund der bereits aufgedeckten Verfahrensweisen anderer Autoren zu analysieren. Einigen seiner Spruchstrophen liegt das Kriterium des Wertgegensatzes zwischen rechter und falscher Liebe zugrunde, andere befassen sich mit der Grenze selbst, die beide voneinander trennt. Eine dritte Gruppe von Texten sucht schließlich das angemessene Verhalten der Liebenden untereinander zu bestimmen und ergänzt, wie noch eingehend zu erläutern sein wird, mit dieser Perspektive die Sichtweise der beiden anderen Textgruppen. Für alle Strophen ist ferner das Kriterium des Innen-Außen-Verhältnisses von fundamentaler Bedeutung.

### 2.2.1 Konturierung der Liebe über Wertoppositionen

Die Bestimmung von richtiger und falscher Liebe über Wertoppositionen sowie die eingeforderte Erkenntnisleistung (*discretio*) sucht Frauenlob in drei Strophen im Flugton schärfer zu erfassen und zu systematisieren (*GA* VI, 9-11). Die Strophen, die bei deutlicher inhaltlicher Nähe zueinander den Status der in sich abgeschlossenen Einzelstrophe bewahren,[448] stellen Variationen über das Thema der richtigen Wahl und über die Täuschungsproblematik dar. In VI, 9 wird die Erkenntnisthematik an der negativen Verhaltensalternative aufgeworfen:

> Ez went ein narre *un*wise,
> spricht im ein wib gutliche zu,
> der minnen dru,
> der si zuhant uf siner *wi*se gru.[449]
> 5   der ist ein diet.[450]
>
> Zuchtlicher worte spise,
> die sol ein wit zu rechte zern[451].

---

[448] Es gibt keine eindeutigen Hinweise darauf, daß sie als mehrstrophiges Gebilde konzipiert sind. Stackmann kennzeichnet sie daher mit Kleinbuchstaben, wie in allen Fällen, wo er bezüglich der Zusammengehörigkeit von Strophen eine endgültige Entscheidung nicht für möglich hält (vgl. *GA*, S. 183).

[449] Für das nur hier belegte *dru* in Vers 3 setzt Stackmann, *Wörterbuch*, Sp. 67a (unter dem mit Fragezeichen versehenen Lemma *druo, drû[he]*), im Anschluß an mhd. *drû[he]* die Bedeutung „Falle, um wilde Tiere zu fangen", „Fessel" an und paraphrasiert Vers 3f.: „Ein Dummkopf bildet sich ein, der Minne sei auf der grünenden und blühenden Wiese (seiner Hoffnungen) eine Falle aufgestellt, er könne auf Minneglück hoffen" (zu *gru* [*gruo*] Sp. 135b-136a).

[450] Stackmann, *GA*, S. 853, zu v. 5: „von denen gibt es eine ganze Menge".

```
            wib, wiltu nern
            die Minne, du must dich der sprenze erwern,
10          vrou Minne riet.

            Wib, vliuch den glanzen sprenzel,
            der treit der höne krenzel
            in sines herzen swenzel.
            bringt er dich zu dem tenzel
15          mit siner list,
            swenn er getanzet hat, du bist versmat
                von siner genist.⁴⁵²
```

Das Problem der Erkenntnis wird hier von zwei Seiten angegangen. Zunächst gilt die Kritik dem, der sich törichterweise einbildet, aus dem freundlichen Gruß einer Frau auf einen in Aussicht stehenden Liebeserfolg schließen zu können (v. 1-5). Wie bei den *kint* in Walthers Spruch *L* 102, 1⁴⁵³ deutet ein solches Verhalten auf einen fundamentalen Mangel an Einsicht hin: Töricht ist, wer die Motivierung des Gruß- und Gesprächsverhalten durch Güte verkennt, mit der die Frau höfischen Verhaltensformen gerecht wird. Aufgedeckt wird ein personales Defizit, das zu einer Mißdeutung des Gesprächsverhaltens und damit einer Verfälschung der zugrundeliegenden Intention führt; die Frau kann sich nur schützen, indem sie um so mehr auf ihre Worte achtgibt (v. 6f.).

Repräsentiert der *narre* diejenigen, welche die Außenseite, das Verhalten, aufgrund mangelnden Erkenntnisvermögens nur falsch deuten können, so steht der *sprenzel*, der Geck und Stutzer, für die Täuschung durch ein glänzendes Äußeres, dem die innere Haltung nicht entspricht, für die „Nichtentsprechung von Sein und Erscheinung [...], Absicht und Verhalten, kurz die Desintegration der Person"⁴⁵⁴. Es ist also wie in der Strophe Walthers der Verlust des Verweischarakters des sinnlich Wahrnehmbaren, der die bewußte Irreführung des Erkenntnis- und Unterscheidungsbemühens ermöglicht.

Die spezifische Leistung der Strophe besteht darin, daß sie die Kategorie der gestörten Kongruenz zwischen sichtbarer Außenseite und unsichtbarem Inneren mit einer eingehenderen Charakterisierung der pervertierten Liebe und des Verführers als persongewordene Falschheit füllt, wobei die Sprache selbst demaskierende Funktion erhält.

---

⁴⁵¹ *zern*, „verzehren" (Stackmann, *Wörterbuch*, Sp. 494b), ist auf die Metapher der Wortspeise (v. 6) zu beziehen; insgesamt ist in Vers 6f. höfisch kontrolliertes Sprechen eingefordert.

⁴⁵² Ebd., Sp. 113b, ist *genist* an dieser Stelle unter der Bedeutung „Lebensunterhalt, Nahrung" angegeben („er läßt dich keinen Anteil an seinem Vermögen haben"; Stackmann, *GA*, S. 853). Belegt ist das Wort bei Frauenlob jedoch auch in der Bedeutung „Heil, Rettung" (ders., *Wörterbuch*, Sp. 113b), die hier besser zu passen scheint; gemeint ist in Vers 16f. dann: „Nach dem Tanz verstößt er dich von seinem Glück".

⁴⁵³ S.o., 2.1.1, S. 96-99.

⁴⁵⁴ I. Hahn, „Theorie der Personerkenntnis", S. 427.

Die Metaphorik in Vers 12f., die das Innere des Stutzers umschreibt, weist schon auf die Tanzsituation (v. 14-17) voraus; die Kennzeichnung des Herzens mit Attributen des Äußeren („Kränzlein"; „Tanzkleid, [...] Schleier"[455]) deutet an, daß es selbst keine Substanz hat, daß sich hinter der glanzvollen Außenseite nichts verbirgt. Entlarvt wird der Blender ferner durch die im eigentlichen Sinne 'verkleinernden' Diminutiva der Reimwörter, die zudem durch die Neidhart-Assoziationen den höfischen mit dem dörperlichen Stutzer in Verbindung bringen mögen.[456] Im einzelnen deckt die Genitiv-Metapher *der höne krenzel* als Pendant zu gängigen Formeln wie *der êren kranz* die Verkehrung der höfischen Wertsemantik sichtbarer Zeichen auf, zu denen ja auch der schmückende Kranz gehört. Auffällig ist auch die Genitiv-Konstruktion in Vers 13: In *swenzel* verbindet sich der Bildbereich des Tanzes mit der Anspielung auf das Stutzerhafte;[457] als Charakterisierung des Inneren meint dies etwa 'ein windiges, eitles kleines Herz, das hin und her schwankt'. Es wird also die Pervertierung höfischer Werte durch den Verführer angedeutet, und in Zusammenhang damit erhält die Kritik an der Diskrepanz zwischen Außen und Innen eine neue Sinndimension, indem die Substanzlosigkeit des Inneren offen gelegt wird; so ist der *spranz* zuletzt nichts als Maske.

Zugleich wird der Mechanismus der Verführerliebe durch die Tanzmetapher umschrieben, die in Kombination mit den vorausgehenden Metaphern eine relativ große Bilddichte erzeugt und erotische Konnotationen deutlicher werden läßt. Ist der Tanz eigentlich Vollzugsform höfischer Kultur und Geselligkeit, so ist er hier nicht Ausdruck einer entsprechenden Haltung, sondern wird auf den bloßen höfischen Schein reduziert und zuletzt als Euphemismus für den sexuellen Akt aufgedeckt (*swenn er getanzet hat*).[458] Der Vorwurf des nur Scheinhaften verbindet sich in der Tanzmetapher ferner mit dem Aspekt der Veränderlichkeit. Die Vereinigung im Tanz währt eben nur, solange getanzt wird. Der sexuelle Akt ist zeitverhaftet und steht unter dem Zeichen der Vergänglichkeit; ist er alleiniges Ziel, so bedeutet sein Ende auch das Ende der Liebeswerbung.

---

[455] Vgl. Stackmann, *Wörterbuch*, Sp. 358b, zu *swenzel*; BMZ 2/2, Sp. 762a-b: *swenzelîn, swenzel*, „tanz- oder putzanzug der frauen [...]".

[456] Vgl. etwa Neidhart, Wießner 84, 12:14 (Wl 28, VIII, 5:7): *dorefsprenzel:voretenzel*; vgl. Stackmann, *GA*, S. 853.

[457] Aus derselben Wortfamilie: BMZ 2/2, Sp. 761a-762a: *swanz*, „tanzartige bewegung", „schleppkleid, tanzanzug der frauen [...]", „zierliches, stutzerhaftes gepränge, schönthun [...]"; Sp. 762b-763a: *swanze*, „bewege mich [...] geziert, [...] stolziere einher" (so auch: *swanziere, swenzeliere*, Sp. 763a); Sp. 762b: *swenze*, „putze, ziere".

[458] Diese Verwendung der Tanzmetapher sowie die Charakterisierung des Stutzers impliziert durchaus keine generelle Hofkritik, sondern den Tadel an dem nur scheinbar höfischen Verhalten. In eine ähnliche Richtung geht Strophe V, 104 aus dem *wîp-vrouwe-Streit* (hierzu ausführlicher weiter unten, 4.2.2.2), wo die Kritik allerdings eine deutlichere Sprache spricht; sie richtet sich – im Zusammenhang mit der Etymologie von 'wîp' – gegen einen König Wippeon, der die Mädchen, nachdem er sie geschwängert hatte, aus dem Land vertrieb und dessen Verhalten ironisch als *kurtois* bezeichnet wird (V, 104, 15).

Die Abgrenzung gegen die pervertierte Form der Liebe, die eine Bestimmung der werthaften impliziert (vgl. v. 8-10), richtet sich keineswegs generell gegen die sexuelle Dimension der Geschlechterliebe, sondern gegen die auf den sexuellen Akt reduzierte Verführerliebe, die ein voraussehbares Ende hat. Steht letztere für Wandelbarkeit und Vergänglichkeit als Konsequenz des gestörten Innen-Außen-Bezuges, so ist ein Merkmal werthafter Liebe die Dauer und Beständigkeit, deren Voraussetzung wiederum die genaue Entsprechung zwischen innerer Haltung und äußerem Verhalten ist. Um die Grenze zwischen rechter und falscher Liebe zu markieren, wird somit die Opposition von personaler Integration und Desintegration – diese gedeutet als Reduktion auf die Maske – mit der Opposition von Dauer und Vergänglichkeit ergänzt und präzisiert.

In VI, 10 kehrt das Thema der *list* wieder:

>  Solte ich eins wunsches bitten,
>  ich wunschte, swa zwei lieblich gern
>  der minnen stern,
>  ir beider herze einander offen wern,
> 5 uf al ir tat
>
>  Sie trügen liebe sitten:[459]
>  *die* liebe *ist* [] ein *ku*mme*r*nagel.[460]
>  daz ist ein hagel,
>  sw*a* lieb uf habeche vürt der swalwen zage*l*,
> 10 valsch ist ir phat.
>
>  Vil maniger zucker rifet,
>  der doch mit senefe slifet.[461]

---

[459] Anders als Stackmann (*GA*, S. 854) fasse ich Vers 4 nicht als Fortsetzung des in Vers 2 beginnenden indirekten Interrogativsatzes auf, sondern als direkt vom Hauptsatz (*ich wunschte*) abhängig: „daß die Liebenden ihre Herzen einander offen darbieten und in all ihrem Tun die Verhaltensweise der Liebe zeigen" (*liebe* in der Bedeutung „Liebe" bei Frauenlob: Stackmann, *Wörterbuch*, Sp. 212b [B]; *wern*, „gewähren": Sp. 465b). Mit Vers 4 setzt in dieser Deutung die Ermahnung schon ein; die 'Offenheit der Herzen' wird dann eingefordert und nicht vorausgesetzt. Die Auffassung des Satzes läßt sich dadurch stützen, daß das Postulat der Aufrichtigkeit im Folgenden auch mit der Warnung vor Falschheit thematisch wird.

[460] Zu v. 7: Stackmann, *GA*, S. 854 versteht den metaphorischen Gehalt von -*nagel* in der Gelegenheitsbildung *kummernagel* (mit Z, gegen J) im Sinne von 'unbrauchbar machen'; er bezieht Vers 7 („Liebe macht *kummer* unschädlich") auf die vorhergehende Beschreibung der rechten Liebe. Wachinger, Rez. zu Stackmann/Bertau, S. 127, gibt dagegen zu bedenken, daß der Vers auch – wenn *kummernagel* heißt: ein „Nagel, der Kummer verursacht" – auf das Folgende (die Beschreibung der falschen Liebe ab Vers 8) bezogen werden kann (bei entsprechend veränderter Interpunktion). Gegen diese Auffassung spricht vor allem, daß die Abfolge des Adjektivs und Substantivs *liebe* mit entgegengesetzter Wertung sehr schroff wäre (v. 6f.); ferner hat Stackmanns Version den Vorzug, daß Vers 7 und 10 – einfache Hauptsätze mit wertend-konstatierendem Gestus zu der einen und der anderen Alternative – eine Parallele bilden würden.

[461] „Es entsteht manches Süße, das dann doch mit bitterem Senf genossen die Kehle hintergleitet" (vgl. *BMZ* 2/2, Sp. 399b, zu *slîfen* an dieser Stelle).

|    | der vogeler suze phifet, |
|---|---|
|    | e er den vogel begrifet. |
| 15 | wib, sich dich vür! |
|    | er zeiget dir daz schaf unde helt *den* wolf |
|    | hinder der tür. |

Vor der Falschheit wird in der zweiten Strophenhälfte mit einer Reihe von Metaphern gewarnt (v. 8ff.). Das Bild des Schwalbenschwanzes, welches dem falschen Liebenden zugeordnet wird, knüpft vermutlich an die Vorstellung der falschen, unsteten Schwalbe an,[462] bezeichnet außerdem möglicherweise 'Gespaltenheit' und scheint darüber hinaus in der Zweiheit 'Habicht und Schwalbe' eine Ähnlichkeit mit dem Bild des Wolfs im Schafspelz aufzuweisen:[463] Es entsteht eine dreifach gestufte Falschheitsmetapher. Die übrigen Metaphern sind bekannter: die Bitterkeit des Senfs im Zucker – dies erinnert an die bekannte Kontrastierung von Galle (Gift) und Zucker, *siure* und *süeze* –, der Lockruf des Vogelstellers,[464] der Wolf im Schafspelz.[465]

Die Bilder deuten weniger, wie die ausführlicher gestaltete Tanzmetapher in VI, 9, konkret auf die Konsequenzen im Kontext der Liebeserfahrung hin. Vielmehr verweisen sie allgemeiner auf die Doppeldeutigkeit des Wahrnehmbaren, indem sie das Muster der Verknüpfung zweier antithetischer Eigenschaften für die Opposition von Absicht und Gebaren mehrfach wiederholen. Es handelt sich um zum Teil weit verbreitete Täuschungsmetaphern, die jeweils bestimmten Typen, vor allem den Vergiftungs- bzw. Verkleidungsmetaphern zugeordnet werden können ('Bitterkeit/Süße' bzw. 'Wolf im Schafspelz').[466] Vergiftungsmetaphern können z.B. auch in der Zungensündenschelte Verwendung finden,[467] die Wolfsmetapher ist in der Papstpolemik[468] und der Schwalben-

---

[462] Vgl. zwei Strophen des Meißners, in welchen die Schwalbe für Falschheit und Unbeständigkeit steht (Objartel XX, 1-2); zur Tradition der bösen Schwalbe vgl. auch Ploss, „Deutungsversuch", S. 215-220.

[463] Die Metapher ist in Frauenlobs Verwendung im einzelnen schwer verständlich; die Paraphrase in *GA*, S. 854, setzt voraus, daß vielleicht „ein *vüeren* im heraldischen Sinne" gemeint ist: „Wenn die Liebe in ihrem Wappen über dem Habicht den Schwalbenschwanz als Zeichen der Falschheit führt" (vgl. hierzu die eigene Korrektur Stackmanns, Frauenlob [Heinrich von Meissen], S. 139, der *liebe* hier mit „der oder die Geliebte" wiedergibt). Zum Schwalbenschwanz-Vergleich s. auch unten, Anm. 469.

[464] Der falsche Werber als Vogelsteller findet sich auch bei Thomasin von Zerklære, *Der Welsche Gast*, v. 889-892.

[465] Zum Wolf im Schafspelz (aus Mt 7, 15) in der Fabel vgl. Grubmüller, *Meister Esopus*, S. 242 u. Anm. 50.

[466] Zu Täuschungsmetaphern vgl. I. Hahn, „Theorie der Personerkenntnis", S. 425-430; dies., „Parzivals Schönheit", S. 225f. u. Anm. 92f. (bes. zu: Wolf im Schafspelz; Bitterkeit/Süße).

[467] Z.B. Walther von der Vogelweide, *L* 30, 13; Walther (?), *L* 29, 12; Reinmar von Zweter, Roethe 157, 5.

[468] So wird in Frauenlobs Strophe *GA* IX, 13 gegen den Papst als 'Wolf' polemisiert.

schwanz-Vergleich in einer Strophe über den Heuchler belegt.[469] Diese Metaphern, die also ganz unterschiedlichen Verwendungskontexten offen stehen, ordnen somit hier die falsche Liebe in die übergeordnete, unterschiedlich spezifizierbare Kategorie der 'Gespaltenheit', des antithetischen Verhältnisses von Sein und Schein ein.

Der Gegenentwurf wird in der ersten Strophenhälfte als Wunsch des belehrenden Ich formuliert (v. 1-7): Liebende mögen ihre Herzen einander „offen darbieten" und in all ihrem Tun die „Verhaltensweisen der Liebe" (liebe sitten; v. 6) verwirklichen. Die Forderung wird anschließend mit den Täuschungsmetaphern kommentiert. Sie machen das Postulat der Aufrichtigkeit in seiner Tragweite verständlich, indem sie es in die Erkenntnisproblematik einordnen: Die unmittelbare Erkenntnis des Herzens ist dem Menschen nicht gegeben und nur Gott möglich. Für die Einsicht in das Innere können die Liebenden also nur durch eigene Leistung, die Öffnung des Herzens, füreinander die Voraussetzung schaffen: Wieder klingt als notwendige Basis die Kongruenz von Innen und Außen an (vgl. v. 4-6).

In dieser Strophe wird also zugleich mit der Bestimmung falscher Liebe durch das Muster der antithetischen Struktur der Entwurf werthafter Liebe explizit erläutert: Offenheit und Aufrichtigkeit bleiben dabei keine unspezifischen Forderungen, sondern erhalten mit dem durch die Täuschungsmetaphorik hergestellten Bezug zur Grundfrage des Erkennens eine Begründung, die ihre Notwendigkeit und ihren Sinn erweist.

Die Männerdidaxe VI, 11 schließlich nimmt die Voraussetzungen in den Blick, unter denen die vom Begehren motivierte Werbung zur ungefährdeten Einheit der Liebenden führen kann:

  Swer minnen schilt wil vüren,
  da von sin art den twalm entfa,[470]
  der jage na
  und prüfe, daz sin eigen schilt si da
5  und keiner me.

---

[469] Der Schwalbenschwanz-Vergleich bei Frauenlob kann (zusammen mit dem Reim nagel:hagel:zagel) als Zitat Walthers von der Vogelweide (?), L 29, 12-14, aufgefaßt werden (vgl. Stackmann, GA, S. 854). Hier geht es um den falschen Mann, an dem alles mehrdeutig und nicht das ist, was es zu sein scheint: swâ man daz spürt, ez kêret sîn hant und wirt ein swalwen zagel. „Wenn man ihm (dem wunder der Heuchelei und Falschheit) auf die Spur kommt, dreht es (wie ein Gaukler?) seine Hand um und verwandelt sich in einen Schwalbenschwanz." – Denselben Reim hat auch eine Minnestrophe des Marner (Strauch X, 1, 5-7), die mit Frauenlobs Strophe ferner die Zucker-Senf-Metapher teilt (v. 3f.). Vergleichbar ist zudem, daß mehrere antithetische Konstruktionen gereiht werden (beim Marner noch: harter Nagel am weichen Finger, weißer Hermelin mit schwarzem Schwanz); diese haben jedoch eine andere Funktion und zielen allgemein auf die liebe-leit-Ambivalenz der Liebe.

[470] V. 2 etwa: „wodurch sein Begehren Lust empfinge"; zu den Begriffen twalm und art s.u., S. 114.

>
> Kein stich darf er mich rüren:[471]
> er warte, daz sins schildes boum
> kein wandels soum
> ich*t* habe gedacht,[472] davon ein valscher troum
> 10   vil lichte entste,
>
> So daz sins herzen bilde
> spilt wider gein i*r* schilde.[473]
> der schilt si ouch nicht wilde,
> so wirt die liebe milde.
> 15   er vl*i*e den spranz,[474]
> so liebet sich die liebe ir beider kraft
> und blibet ganz.[475]

Den metaphorischen roten Faden der Strophe stellt das Bild des Schildes dar. Es wird im Verlauf des Textes in unterschiedlichen Verwendungsmöglichkeiten genutzt, für die wiederum das Kriterium der Innen-Außen-Relation relevant ist.

Die Schildmetapher wird auch andernorts im Kontext der Liebesthematik konkret auf das Begehren und die erotische Begegnung zwischen den Geschlechtern bezogen[476] oder umschreibt das angemessene Dienst- und Werbe-

---

[471] V. 6: „Keinen Vorwurf darf er mir (wegen meiner Lehre) machen" (zu: *kein stich*, „kein bißchen"; *rüren*, „tadeln": Stackmann, *GA*, S. 855). Es mag hier auch schon die Turniermetaphorik angedeutet sein, wodurch sich der Sinn des Verses jedoch nicht wesentlich ändern würde: „mit keinem Speerstoß (Tadel) darf er mich treffen".

[472] V. 7-9 (bis *gedacht*): „Er möge darauf achten, daß sein Schild nicht die Last der Unbeständigkeit bedecke". Die katachrestische Metaphernverknüpfung *sins schildes boum* ist in der Übersetzung schwer nachzuahmen; vielleicht ist *boum* eher als Umschreibung, ohne konkrete bildliche Bedeutung aufzufassen (wie *der tugende zwî* o.ä.); Stackmann, *GA*, S. 855, paraphrasiert: „der Schild, der ebenso Schutz bietet wie das Laubdach eines Baumes, soll keine Last beschirmen, die aus *wandel*, 'Unbeständigkeit', besteht" (*soum* [v. 8], „Last": Stackmann, *Wörterbuch*, Sp. 335b).

[473] V. 11f. etwa: „so daß das Bild, das er von der Geliebten im Herzen trägt, zu ihrem Schild zurückstrahlt" (vgl. *GA*, S. 855f.). Der Anschluß dieses Modal-Konsekutivsatzes kann unterschiedlich aufgefaßt werden (vgl. ebd.). Auszuschließen ist wohl ein Bezug auf den unmittelbar vorausgehenden Nebensatz (v. 9f.), da mit *sins herzen bilde* kaum eine Erläuterung des *valsche[n] troum[es]* gegeben sein kann; daher läßt sich Vers 11f. wohl am ehesten an den übergeordneten *daz*-Satz (v. 7-9) anschließen. Ferner ist der Bezug des Pronomens *ir* in Vers 12 uneindeutig: der Schild der Geliebten oder der Minne? Ich neige zu der ersten Lösung, da sich das *widerspiln* („zurückstrahlen": Stackmann, *Wörterbuch*, Sp. 471a) sonst schwer erklären läßt.

[474] V. 15: „Er möge das Gebaren des eitlen Verführers vermeiden"; *spranz* (vgl. VI, 9, 9 und 11: *sprenze, sprenzel*) steht hier nicht für das handelnde Subjekt, sondern für das Verhalten selbst (Stackmann, ebd., Sp. 339b: „das Sich-Spreizen"; nur hier in abstrakter Bedeutung belegt).

[475] V. 16f.: „dann wird die Liebe ihnen beiden angenehm werden und unversehrt bleiben"; *ir beider kraft* steht „metonymisch für die beiden Partner des Turniers": Stackmann, *GA*, S. 856.

[476] Dies ist z.B. im Minneleich von Meister Alexander der Fall. Formeln wie *schiltgeverte* [sc. der Minne] *sîn* (*KLD* 1, VII, IV, 8 [28]), *den schilt [...] tragen* (VII, V, 2 [30]), *Swer eht ie gespilte / under Minnen schilte* (VII, VII, 5f. [45f.]) meinen das auf ein Gegenüber gerichtete sexuelle Begehren und die (ersehnte, gescheiterte oder geglückte) Begegnung von Mann und

verhalten, dem der Lohn sicher ist.[477] Wie etwa in ausgearbeiteter Form im Minneleich von Meister Alexander[478] ist das Bild in der vorliegenden Strophe Element der hier nur angedeuteten Turniermetaphorik,[479] mit welcher die Begegnung der Liebenden als Begegnung im Kampf erfaßt wird. Die sexuelle Dimension der Liebe, mit der Begehren und Lust als Movens und Ziel der Werbung bestimmt werden, wird gleich zu Anfang mit der quasi-wissenschaftlichen Terminologie hervorgehoben: In *twalm* ist vermutlich ein sexualphysiologischer Terminus zu sehen, mit welchem Frauenlob auf medizinisch-physiologische Erklärungsversuche von Sexualität in wissenschaftlichem Schrifttum anspielt.[480] Der Begriff *art* meint hier – wie in anderen Belegen in ähnlichem Kontext, in vergleichbaren Formulierungen und Wortkombinationen – wohl am ehesten 'sexuelles Verlangen (wie es der Natur des Menschen entspricht)'.[481]

Die Belehrung des Liebenden, die solchermaßen die Liebeseinheit als Ziel im Blick behält, wird gestuft;[482] die einzelnen Schritte werden mit Hilfe verschiedener Spezifizierungen ein und desselben Bildes, der Schild-Metapher, umschrieben, das auf diese Weise den inneren Zusammenhang der einzelnen Ausführungen sprachlich wiedergibt.

Der erste Schritt soll die Vergewisserung sein, daß kein Rivale bei derselben Dame seinen 'Schild' führt, d.h. um sie wirbt (v. 3-5), daß also Unaufrichtigkeit der Umworbenen ausgeschlossen werden kann. Die Warnung vor Falschheit, auf die hier nur angespielt wird, wird im folgenden Schritt, auf das Verhalten des Werbenden selbst bezogen, genauer ausgearbeitet (v. 7-10). Die Sprachgebung beider Ratschläge weist Parallelen auf, insbesondere in Vers 4 und 7, die jeweils dem Verb im adhortativen Konjunktiv Präsens den *daz*-Satz folgen lassen, der das zu Überprüfende mit der Schildmetapher formuliert. Beide Verben

---

Frau; im zweiten Teil des Leichs folgt dann die ausführliche Allegorie des Schildes Amors (*KLD* 1, VII, X-XVII).

[477] Vgl. die Vater-Sohn-Lehre im *Winsbecken*, die die Schildmetapher sowohl für die Ermahnung zum Dienst und zum rechten Verhalten des Werbenden gegenüber der Frau als auch für den Preis der Liebesfreuden einsetzt: *Winsbecke*, 16, 8-19, 10; vgl. ferner Ulrich von Liechtenstein, *KLD* 58, XVI und XXXVIII.

[478] *KLD* 1, VII.

[479] Vgl. Stackmann, *GA*, S. 856.

[480] Vgl. Steinmetz, *Liebe als universales Prinzip*, der in seiner Untersuchung über das Verhältnis von Frauenlobs minnedidaktischen Großdichtungen zu einer Tradition medizinisch-sexualphysiologischer Literatur den Begriff *twalm* als Entsprechung zu dem Terminus des 'Pneuma' (*fumus*) auffaßt, das beim Geschlechtsverkehr ausgeschüttet wird (S. 83-125; zur vorliegenden Stelle: S. 120).

[481] Vgl. ähnlich ebd., S. 117, zu *art* an dieser Stelle. *art* zusammen mit *twalm*: *GA* III, 12, 4f.; VI, 11, 2; mit *gelich[e]*: VII, 40, 2 und 18 (sinngemäß auch in VIII, 15, 1); der Kontext ist in diesen Belegen stets die Entstehung der Liebe und des sexuellen Begehrens. Zum Begriff *art* in Frauenlobs Minnedidaxe, der dort viele Bedeutungsmöglichkeiten hat; s.u., 4.2.2.7, S. 321f.

[482] Eine gestufte Minnelehre an die Adresse des Mannes, die allerdings im einzelnen nicht der hier vorgestellten entspricht, wird auch in Spruch *GA* VII, 38 entfaltet.

verweisen auf das Postulat der *discretio*, des sorgfältigen Erkenntnisbemühens, das auch bei anderen Autoren als grundlegende Forderung aufgezeigt werden konnte. Durch den Parallelismus werden beide Ermahnungen als verschiedene Seiten desselben Postulats aufeinander bezogen.

So zielt dieser zweite Schritt darauf, daß der Liebende sich selbst prüfen möge, ob er frei von Wankelmut ist. *decken* (v. 9) meint im metaphorischen Zusammenhang auch „verbergen", der Erkenntnis entziehen:[483] Der Schild der Minnewerbung, des Verhaltens nach außen, soll keine innere Unbeständigkeit verbergen. Der *valsche*[] *troum*, das Trugbild, charakterisiert demnach die Konstellation, die der unaufrichtige Liebhaber entstehen läßt; seine Liebe ist etwas „Unwirkliches, Täuschendes"[484]. Die Schild-Metapher wird nun also gezielt zur Kennzeichnung der gestörten Kongruenz von Innen und Außen eingesetzt – diese Bildverwendung gibt es analog auch im Bereich der allgemeinen Tugendlehre.[485] Wieder wird mit der Kategorie der Inkongruenz die Spielart der Liebe, die ausgegrenzt werden soll, bestimmt.

Die Wahrhaftigkeit des Werbenden ist die Voraussetzung für die in Vers 11f. verheißene, direkte Begegnung von Mann und Frau, die in das Bild des reflektierenden Schildes gefaßt wird;[486] damit ist zugleich eine nächste Stufe umschrieben. In Vers 11f. ist in sprachlicher Verknappung der Gegenentwurf zum *valsche*[n] *troum* (v. 9) ausgesprochen: Wohnt das *bilde* der Umworbenen im Herzen des Liebenden, so ist die Werbung kein Trugbild, sondern stimmt mit dem Inneren überein. Diese Vorstellung ist auch in ausführlicher Gestaltung belegt, am deutlichsten in einer Spruchstrophe Reinmars von Zweter (Roethe 27), in welcher das liebende Ich die Dame auffordert, sich in seinem Herzen umzusehen, ob sie dort etwa jemand anderen als sich selbst findet.[487] Der Gedanke ist hier bei Frauenlob nur angedeutet und als Teil einer komplexen Um-

---

[483] Ähnlich wie in der Frauenlehre *GA* XIII, 50, 7: *zucht decket dicke swachen grunt* (in C v. 6).

[484] Stackmann, *Wörterbuch*, Sp. 374b, zu *troum* an dieser Stelle.

[485] Vgl. Thomasin von Zerklære, *Der Welsche Gast*, v. 1386f.: *schilt falscher liute wesen mûz / schôn geberde unde rede sûz*.

[486] Es ist nicht auszuschließen, daß *spiln* in Vers 12 zugleich auch in der Bedeutung „spielen, kämpfen" zu verstehen ist, mit der man innerhalb der Bildlogik der Kampf- und Turniermetaphorik bliebe. Auch im Minneleich von Meister Alexander wird *spiln* in Verbindung mit der Schildmetapher in diesem Sinne verwendet (*KLD* 1, VII, V, 4f. [32f.] und VII, VII, 5f. [45f.]), für die Begegnung von Mann und Frau im 'Minnekampf'.

[487] Die Belege, die Roethe, *Reinmar von Zweter*, S. 581 (zu 27), nennt, verwenden nicht genau dieses Motiv, sondern geben den weiteren motivischen Rahmen an: Entweder wird der Wunsch formuliert, daß die Dame ins Herz sehen könne, um die Aufrichtigkeit der Liebe zu erkennen (ohne daß der Topos 'die Dame im Herzen' zur Anwendung kommt), oder es wird – wie bei Heinrich von Morungen, *MF* 127, 4-6 – allgemeiner behauptet, daß die Dame im Herzen erblickt werden könne, wenn man hineinschauen könnte; weitere Belege bei Schleusener-Eichholz, *Auge im Mittelalter*, S. 779, Anm. 535. Weder bei diesen Belegen noch bei Reinmar wird, wie bei Frauenlob, die Vorstellung des Hineinschauens mit dem Motiv des Blickwechsels und der Augen-Herz-Verbindung verknüpft.

schreibung der Liebesbegegnung im Blick mit anderen Motiven verschmolzen: Weiter wird über die Vorstellung des Reflektierens das Herz als Spiegel erfaßt, welcher das Bild der Geliebten unverfälscht zu ihr zurücksendet (v. 12). Die Schild- und Lichtreflexmetapher kann somit als äußerste Verkürzung einer Umschreibung des Blickwechsels gelesen werden:[488] Die Frau erblickt ihr eigenes Bild in den Augen des Liebenden. Die Pointe dieser Verknüpfung von Lichtreflexmetapher und dem Topos von der Dame im Herzen liegt darin, daß nur ein unverstelltes Herz – oder anders gesagt, die genaue Entsprechung von Außen und Innen – es ermöglicht, daß die Geliebte ihr eigenes Bild in den Augen (gleichsam durch sie im Herzen) des Gegenübers wiederfinden kann, daß über den direkten Weg zwischen Augen und Herz dieses dem Gegenüber offen erkennbar wird.

Mit dem Blickaustausch ist zugleich schon der erste der fünf *gradus amoris* (*visus, colloquium, tactus, osculum, coitus*) beschrieben, eine erste Einheitserfahrung der Liebenden, deren Zustandekommen hier unmittelbar an die Verwirklichung der eingeforderten Aufrichtigkeit gebunden wird. Mit der Vorstellung des Reflektierens und der unmittelbaren Augen-Herz-Verbindung ist also auch eine Charakterisierung des Minneprozesses in seinem Beginn gewonnen, dessen Ziel die Vereinigung ist.

Insofern die Voraussetzung für das Gelingen der Liebeseinheit in der Aufrichtigkeit und Wahrhaftigkeit des Werbenden gesehen wird, werden die Minnetugenden von der angestrebten Einheitsstiftung her geltend gemacht; dies bedeutet ein an der Liebe orientiertes Ethos. Ein solches ist grundsätzlich gewiß auch für die Anweisungen vieler anderer Minnesprüche geltend zu machen, insbesondere für die oft implizite Belehrung im Minnesang. In der Frauenlob-Strophe ist jedoch auffällig, daß das Postulat der Unverstelltheit des Herzens, der Entsprechung von Verhalten und innerer Haltung, unmittelbar aus dem Ziel der sexuellen Einheit abgeleitet und mit ihm begründet wird[489] und daß zumindest an dieser Stelle gesellschaftliche Aspekte für die Bestimmung rechter Liebe keine Rolle spielen.

Ähnliches gilt für die folgenden Verse. Die Mahnung, den Schild (das Liebesverhalten) nicht *wilde* sein zu lassen (v. 13), erinnert an die in der Minnedidaxe häufige Opposition *wilde/zam*[490] und könnte auf die Disziplinierung und Steuerung des Liebesaffekts zielen. Mit Stackmann kann in dem Vers auch eine Anspielung auf VI, 10, 9 gesehen und, falls dort tatsächlich verschlüsselt von

---

[488] Vgl. Huber, „Frauenlob zum Minneprozeß", S. 157.

[489] Diese Ableitung wird syntaktisch mit dem Anschluß des Konsekutiv-Satzes Vers 11f. wiedergegeben, der zugleich mit dem Widerspiegeln des Bildes der Geliebten die Blickvereinigung als Folge der Selbstprüfung und der Vermeidung von Falschheit (wie im vorausgehenden *daz*-Satz eingefordert) formuliert.

[490] Z.B. Reinmar von Zweter, Roethe 31, 4 (Erziehungsgedanke); 210, 12; auch in Verbindung mit der Opposition *wîse*[] *liute*[] – *tôren*: Reinmar, Roethe 32, 10-12; vgl. Walther L 102, 3f.

einem Wappen der Falschheit die Rede ist,[491] in diesem Sinne der *wilde* Schild als Wappen, welches das Zeichen der Falschheit trägt, gedeutet werden;[492] dies würde gut zu der vorher dargebotenen Lehre passen. In jedem Fall wird das Gebot mit der Konsequenz für die Liebe selbst begründet (v. 14).

Die Warnung vor stutzerhaftem Verhalten (v. 15) knüpft an die Warnung vor Falschheit an: Der *spranz* steht für das Unechte, für das nur auf äußere Wirkung bedachte und daher täuschende Sich-Zeigen. Die Parallele zwischen VI, 11, 15 und VI, 9, 11 (*vliuch den glanzen sprenzel*) ist deutlich genug. Der Rat an den Mann stellt somit das Pendant zur Warnung der Frau vor dem Stutzer in VI, 9 dar, der dort noch deutlicher zum Synonym für Falschheit und Heuchelei wird. Auch hier ist die Begründung des Postulats – die Vermeidung der Täuschung – von der Verwirklichung der Liebesgemeinschaft her gedacht (v. 16f.): Die Betonung bei der Verheißung der Liebesfreude in den Schlußversen liegt auf der Beidseitigkeit und Gemeinsamkeit der Erfahrung sowie auf der Bewahrung der Liebe.

Die Forderungen an den Werbenden, denen die Kategorie der Innen-Außen-Entsprechung zugrunde liegt, werden in dieser Strophe mit Blick auf die Liebeseinheit und ihr Gelingen begründet und präzisiert. Sexualität wird dabei als Beginn und Ziel werthafter Liebe aufgefaßt: Mit der angedeuteten Beschreibung des Blickwechsels wird sowohl die erotische Dimension der Liebe angesprochen als auch die Notwendigkeit der Innen-Außen-Kongruenz erläutert. Dieser innere Zusammenhang zwischen Liebesethik und Eros wird vornehmlich durch eine hochkomplexe, zum Teil verkürzte und katachrestische Bildstruktur hergestellt. Durch die Verwendung der Schild-Metapher in unterschiedlichen Funktionen und Bedeutungen werden die verschiedenen Bestimmungen der Liebe – das Begehren als Movens (v. 1f.), die negative Alternative der Täuschung (v. 4f. und 7-10), der Blickaustausch als Widerspiegeln des Bildes im Herzen (v. 11f.) und die eingeforderte Steuerung des Affekts (v. 13) – aufeinander bezogen.

Die drei Flugtonstrophen, so läßt sich zusammenfassen, gewinnen dem Kriterium der Innen-Außen-Relation im Problemfeld von Erkennen und Verkennen neue und jeweils unterschiedliche Möglichkeiten ab, die Bestimmung von rechter und falscher Liebe zu präzisieren, und ergänzen einander hierin. VI, 9 fokussiert die auszugrenzende Spielart der Liebe. Der mangelnden Einsicht in die Zeichenbeziehung zwischen der Außenseite höfischen Verhaltens und dem Inneren korrespondiert die Verführerliebe. Deren Beschreibung spezifiziert das Modell der Inkongruenz als Reduktion auf die Außenseite. Daraus ergibt sich ein Kriterium zur Wertung von Sexualität: Sie wird unter dem Vorzeichen der Substanzlosigkeit als entwertet aufgefaßt, da zu dem Merkmal des Unechten das der Vergänglichkeit tritt. In VI, 10 werden die beiden alternativen Modelle ein-

---

[491] S.o., Anm. 463.
[492] Vgl. *GA*, S. 856 und Stackmann, *Wörterbuch*, Sp. 472b-473a, zu *wilde* an dieser Stelle.

ander gegenübergestellt. Das Ideal der geöffneten Herzen als kommunikative Leistung der Liebenden wird sinnfällig gemacht, indem es auf das Problem der Erkenntnis des verborgenen menschlichen Inneren bezogen wird. Die eingeforderte Offenheit des Herzens begründet Strophe VI, 11 schließlich mit der Konsequenz für die erstrebte Liebeseinheit. Unter der Voraussetzung der Innen-Außen-Kongruenz wird das Herz des Liebenden der Frau im Blickaustausch erkennbar. Mit dem Gegenentwurf zum *valsche[n] troum* entwickelt Frauenlob zugleich eine Darstellung des Minneprozesses, beginnend mit der Blickverschmelzung. Sexualität wird so – antithetisch zu VI, 9 – unter der Bedingung der Kongruenz als Beginn und Ziel werthafter Liebe dargestellt, die mittels homogener Metaphorik im systematischen Zugriff erfaßt wird.

### 2.2.2 Bestimmung der Grenze höfischer Liebe: Die Selbstdisziplinierung

Auch das Thema der Selbstkontrolle kehrt bei Frauenlob wieder. Strophe XIII, 42 im Kurzen Ton exemplifiziert das Disziplinierungspostulat am Blickverhalten:[493]

> Wip, sit du loser blicke bist,
> als dich von art ist angeborn,
>
> Ich wil dich leren einen list,
> daz wandel wirt an dir verkorn:
>
> 5   Wis diner blicke nicht zu bald.
> wan da du spürest zucht der jugent
> oder ritterliches herzen tugent,
> da wis mit blicken wol gestalt.

Die Ermahnung der Frau, ihre Blicke zu kontrollieren, sie nicht allzu 'kühn' werden zu lassen, wird zunächst mit dem vorgeschalteten Hinweis auf die ihr angeborene 'Natur' begründet (v. 2). Mit dem Begriff *art* ist an die Vorstellung der moralisch qualifizierten, nämlich der Selbstdisziplinierung und Selbstbeherrschung in besonderem Maße bedürftigen 'weiblichen Natur' erinnert, die z.B. Gottfried von Straßburg im *huote*-Exkurs zitiert und die auch in Spruch-

---

[493] Die Strophe hat Parallelen im zweiten bzw. ersten Stollen zweier anonymer Strophen in Frauenlobs Zartem Ton in k (*GA-S* VIII, 215 B, 1 und *GA-S* VIII, 215 C, 2), die als Beispiele schöpferischer Rezeption Abschnitte aus unterschiedlichen Frauenlob-Strophen (in *GA-S* VIII, 215 B, 1 außer *GA* XIII, 42 noch den Eingangsstollen aus VIII, 16; in beiden Strophen eventuell Anklänge an VII, 38 bzw. VIII, 15) in eigenen Versionen und kombiniert mit Neuem 'wiederverwerten'; vgl. Stackmann, „Frauenlob-Überlieferung", S. 15f. (nur zu *GA-S* VIII, 215 B, 1) und ausführlicher ders., „Wiederverwerteter Frauenlob". Die beiden ursprünglichen Einzelstrophen sind nachträglich jeweils mit zwei bzw. vier anderen Strophen zu einem Dreier- bzw. Fünferbar zusammengestellt worden; vgl. Baldzuhn, *Vom Sangspruch zum Meisterlied*, S. 283.

strophen mehrfach aufgegriffen wird.[494] Wenn auch die Qualifizierung der *art* in Frauenlobs Strophe aufgrund der Polyvalenz von *lôs* uneindeutig ist,[495] so wird doch in jedem Fall davor gewarnt, sich der angeborenen *art* allzusehr zu überlassen.

Der Gegenstollen präzisiert die Begründung der Forderung (v. 3f.). Er deutet eine Verbindung zwischen *lose[n] blicke[n]* und *wandel* an, die jedoch nicht als eindeutige Zeichenrelation festgeschrieben wird: Vers 4 impliziert vielmehr die Warnung, daß solches Blickverhalten der Frau von anderen als Zeichen für Unbeständigkeit ausgelegt, also auch mißdeutet werden kann. Wie andernorts in der Minnedidaxe, wo Kategorien der Zeichentheorie und Affektenlehre in spezifischer Funktionalisierung eingesetzt werden,[496] liegt jedoch auch hier dem Ratschlag der Verhaltensdisziplinierung die Auffassung von der Verweisrelation zwischen Innen und Außen bei der Affektgebärde zugrunde, zu der auch das Blickverhalten gerechnet werden kann.

Auf zweifache Weise modifiziert Frauenlob das Postulat der Selbstkontrolle. Zum einen ist es nicht eindeutig der Ratgeber selbst, der von der untrüglichen Zeichenrelation zwischen äußerem Gebaren und innerer Haltung ausgeht und das Urteil, welches vom Blick auf *wandel* schließt, teilt. Das belehrende Ich, das zum Schutz vor diesem Urteil zur Klugheit (*list*[497]) rät (v. 3), deutet lediglich an, daß die Lesbarkeit des Sichtbaren auf das unsichtbare Innere hin bei der Beurteilung des Verhaltens womöglich unhinterfragt vorausgesetzt wird, macht für die Zeichenlektüre und das Urteil also eine weitere Instanz, etwa einen höfischen Common sense, verantwortlich. Es bleibt dabei offen, ob auch die Möglichkeit der Nichtentsprechung in den Blick gerät. Scheint also die Unterweisung zunächst in etwa vergleichbar mit der oben erwähnten Frauenlehre Konrads zu sein, welche die Disziplinierung des Affekts und seiner *gebærde* einfordert,[498] so verschiebt sich hier jedoch das Verhältnis zwischen der Ermahnung

---

[494] S.u., 4.2.2.7, S. 324-327.

[495] *lôs* kann bei Frauenlob sowohl „anmutig, reizend" als auch „mutwillig, leichtfertig [...]" meinen (Stackmann, *Wörterbuch*, Sp. 220b); *lose[] blicke* bezeichnet also das ungesteuerte Blickverhalten und/oder die zärtlichen Blicke der Frau. Eine Vereindeutigung der Wertung wird durch die abweichende Lesart von i erreicht, die in Vers 1 *wilder* statt *loser* hat. Vgl. ferner die Varianten in: *GA-S* VIII, 215 B, 1, 7 (*böser blicke gir*) und VIII, 215 C, 2, 1 (*sneller blicke gir*); hierzu Stackmann, „Wiederverwerteter Frauenlob", S. 108 u. 111 (zu den Strophen s.o., Anm. 493).

[496] S.o., 2.1.2, S. 105f.

[497] *list* wird hier eindeutig ohne pejorative Färbung verwendet; vgl. Stackmann, *Wörterbuch*, Sp. 216b: „auf Klugheit, Einsicht beruhendes Tun [...]".

[498] S.o., 2.1.2, S. 102-106, zu Konrad von Würzburg, Schröder 32, 91. Vgl. auch die Verhaltensanweisungen in der Mutter-Tochter-Lehre der *Winsbeckin*, die sich ebenfalls auf das Blickverhalten beziehen (vgl. z.B. *Winsbeckin* 5, 9: *schiuz wilder blicke niht ze vil*, mit Frauenlob, *GA* XIII, 42, 5). Die Ermahnung wird hier ausdrücklicher und eindeutiger wertend im Sinne der untrüglichen Zeichenhaftigkeit des Verhaltens erläutert: Eine Frau soll sich davor hüten, *daz ir diu ougen vliegent hin, / sam ob si habe unstæten sin, / und âne mâze daz geschiht. / daz ist ir lobe ein ungewin: / die melder merkent unser site* (*Winsbeckin* 7, 4-8). Auch

und ihrer Begründung. Nicht weil das Innen sich stets genau im Außen abbilde, soll jenes diszipliniert werden. Vielmehr soll mit Rücksicht auf die entscheidende Urteilsinstanz der angemessenen inneren Haltung auch das Verhalten entsprechen. Die nur angedeutete Aufspaltung in eine urteilende und eine ratende Instanz verleiht der Ratgeber-Rolle den Anschein von 'Objektivität' und Distanz. Ohne das Postulat der Innen-Außen-Entsprechung in Frage zu stellen, kann das Ich aus dem Überblick heraus zum jeweils adäquaten Verhalten raten.

Zum zweiten steht mit dieser Rollendifferenzierung eine inhaltliche Differenzierung in direktem Zusammenhang: Der Rat gilt nur eingeschränkt – dann nämlich nicht, wenn ein Gegenüber gefunden ist, das den Kriterien höfischer Vorbildlichkeit entspricht (v. 6f.): Hier sind freundliche Blicke angemessen. Mit der Einforderung der *discretio*, der unterscheidenden Einsicht und genauen Prüfung des 'tugendhaften' Liebhabers wird das Verhalten gegenüber letzterem explizit von dem allgemein notwendigen und angemessenen Gebaren abgehoben; in solch einer Situation gilt also auch der erläuterte Zusammenhang von Verhalten und Wertung nicht.

Diese beiden Modifizierungen, welche die maßgeblichen Instanzen und den Geltungsbereich der Selbstkontrolle betreffen, werden in zwei weiteren Sprüchen im Kurzen Ton ausgearbeitet und vereindeutigt (XIII, 49 und 50). Strophe XIII, 50 warnt einmal mehr vor mangelnder Selbstdisziplinierung im Ausdrucksverhalten, eindeutiger als in XIII, 42 ist die Wertung (*wilde*). Mit der Instanzendifferenzierung geht nun die differenzierte Erfassung der Innen-Außen-Relation einher, indem auch die Möglichkeit der Nichtentsprechung expliziert wird:

> Swie stetes mutes ein vrouwe si,
> sint ir gederbe wilder site,
>
> Man wenet, da si wandel bi:
> dem reizel volget lage mite.
>
> 5  Sust ieslich ding sin zeichen hat.
> zucht decket dicke swachen grunt:
> daz ist vil manigem wisen kunt.[499]
> ein gut geberde wol an stat.

Wie Thomasin von Zerklære im Kontext der Tugendlehre[500] begründet Frauenlob seine Lehre mit dem Zeichencharakter der Gebärde, die in der einfachsten

---

hier wird zwar auf eine urteilende Instanz verwiesen (die *melder*), doch wird die Zeichendeutung und Beurteilung nicht dieser allein zugewiesen, sondern zugleich als allgemeingültig dargestellt.

[499] Zur Reihenfolge von Vers 6f. sowie zur Textgestalt von Vers 7 (mit C, normalisiert: *daz* statt *das*) s.u., S. 121.

[500] Zu Thomasin s.o., 2.1.2, S. 105.

Variante auf die innere Haltung verweist. In der systematisierenden Darstellung geht die Strophe jedoch weiter.

Ihre Leistung besteht zum einen in der logischen Schärfe, die Frauenlob aus der Abstrahierung vom Kontext der Gebärdenthematik gewinnt: Die Erläuterung des Gebärdezeichens stellt er in den Rahmen eines umfassenden 'zeichentheoretischen' Ansatzes.[501] Das Verhältnis von Innen und Außen wird bezogen auf das Axiom 'jedes Ding hat sein eigenes Zeichen' (v. 5).[502]

In diesen allgemeinen Rahmen eingeordnet, wird zum anderen das Problem des ambivalenten Zeichens systematisch abgehandelt. Beide Möglichkeiten der Inkongruenz von Zeichen und Bezeichnetem werden aufgezeigt. Mit der ersten Alternative (v. 1-3) wird ausdrücklich benannt, was Strophe XIII, 42 nur als Möglichkeit offen ließ: Wo die innere Haltung, die höfischen Werten entspricht (*stete[r] mut[]*), nicht mit dem Gebaren einer Frau übereinstimmt, schadet diese sich selbst, da man von ihren *wilde[n] site[n]* auf Unbeständigkeit schließt (vgl. XIII, 42, 4: *daz wandel wirt an dir verkorn*). Eindeutiger als in XIII, 42 wird auf den höfischen Common sense des allgemein üblichen Urteilens verwiesen (v. 3: *man wenet*), der vom untrüglichen Zeichencharakter des Sichtbaren ausgeht, auf den er für die Urteilsfindung angewiesen ist. Dem Common sense ist auch die in Vers 4 geäußerte Ansicht zuzuweisen: Wo ein Lockmittel ist – als solches wird die freizügige Gebärde aufgefaßt –, wird auch ein Hinterhalt, wird Verführungsabsicht geargwöhnt. Die angemessene innere Haltung muß sich daher im zeichenhaften Verhalten beweisen.

Das Gegenstück bildet die zweite Alternative (v. 6f.): Angemessenes Gebaren überdeckt das 'schwache Fundament' charakterlicher Mängel. Gegenüber der erstbenannten Möglichkeit der Inkongruenz ist die Plus-Minus-Relation hier vertauscht. Damit ist das Problem der Täuschung, der Manipulation des Zeichenwerts zur bewußten Irreführung der Erkenntnis kurz angesprochen.

An dieser Stelle ist die Entscheidung Stackmanns zu diskutieren, in Vers 6 und 7 in Textfassung und Versfolge von der Leithandschrift C abzuweichen; er liest mit F und i: *da bi ez wirt den liuten kunt. / zucht decket dicke swachen grunt*, und setzt nach Vers 5 und 7 Kommata. Überlieferungsgeschichtliche Argumente gibt es für beide Lesarten (im einen Fall die doppelte Überlieferung, im anderen Fall das höhere Alter und die bessere Qualität von C), die ohnehin als gleichwertig angesehen werden sollten. So ergibt auch die später überlieferte Version einen kohärenten Text: Vers 6 setzt hier in direktem syntaktischen Anschluß an Vers 5 den zeichentheoretischen Ansatz noch fort (das Erkennen der *res* durch ihr *zeichen*). In Zusammenhang mit dem oben erläuterten Problem der Ambivalenz erscheint indes die Argumentation in der Lesart von C noch stringenter: Wenn auch die zuchtvolle Gebärde nach außen hin täuschen kann, so vermag der Verständige das jedoch zu durchschauen, und der Zeichencharakter der *gebærde* muß nicht grundsätzlich in Frage gestellt werden.[503]

---

501 Hierzu vgl. Huber, *Wort sint der dinge zeichen*, S. 154 u. 156.

502 Das Gebärdezeichen wird damit als Pendant zum Sprachzeichen verstanden; vgl. ebd., S. 134-163, zu Frauenlobs Spruchfolge *GA* V, 38-41 (insbes. zu V, 38, 1: *Wort sint der dinge zeichen*).

503 Vgl. Huber, *Wort sint der dinge zeichen*, S. 154.

Der Einsichtige stellt also – in der Version von C – durch seine Sichtweise das verschobene und irreführende Verhältnis zwischen Zeichen und Bezeichnetem wieder her. In seiner Erkenntnisfähigkeit, die vom Common sense abgehoben wird, liegt die Möglichkeit, den behaupteten Erkenntniswert der *gebærde*, des ambivalenten Zeichens überhaupt, zu retten. Die Aufspaltung der die Zeichen lesenden und urteilenden Instanzen ist hier klar erkennbar (*man – manige[r] wise[]*),[504] wobei der Kluge an die Stelle der Ich-Rolle des Ratgebers in XIII, 42 tritt. Zu den *wîsen* ist auch der Sprecher zu rechnen, da er es ist, der die Unterscheidung einführt; zugleich handelt es sich aber um ein Rollenangebot an den Rezipienten: Verfügt er über die entsprechende Kompetenz, wird er einsehen, daß ein gestörtes Verweisverhältnis durch eben diese 'Lese-Disposition' aufhebbar ist, daß er die semiotische Verschiebung selbst rückgängig machen kann, und dem Fazit des Textes zustimmen.

Gegenüber Strophen anderer Spruchdichter,[505] die in vergleichbarem Kontext die Entsprechung von Gebärdezeichen und zugewiesener Bedeutung als fraglos gültig voraussetzen, bilden die mehrfachen Differenzierungen das Eigentümliche der Frauenlobschen Strophe. Sie etwa einem grundsätzlich erhöhten 'Problembewußtsein' zuzuschreiben, einer komplexeren Wahrnehmung, in welcher sich Sinnzusammenhänge als vielschichtiger und schwerer durchschaubar darstellen, träfe jedoch nicht den entscheidenden Punkt. So wird das Problem der Zeichenambivalenz in anderem Zusammenhang durchaus auch von anderen Autoren bewußt gemacht, z.B. mit der Warnung vor falschen Liebhabern.[506]

Unterschiede im Einsatz der Innen-Außen-Relation sind vielmehr vornehmlich auf die Verfahrensweise der Texte zurückzuführen. So sucht Frauenlob die Gesamtproblematik des Innen-Außen-Verhältnisses durch Systematisierung der Inkongruenz-Konstellationen sowie durch Abstraktion vom konkreten Beispiel zur allgemeinen Ding-Zeichen-Relation hin vollständig und präzise zu erfassen.[507] Diese Verfahren haben einen hier neu entdeckten Erklärungswert für das abschließend bekräftigte Postulat. Indem beide Möglichkeiten des gestörten Zeichenbezuges expliziert werden und die ambivalente *gebærde* zugleich als

---

[504] Die beiden Instanzen sind zwar jeweils unterschiedlichen Fällen von Ambivalenz zugeordnet, doch ist die Common sense-Instanz implizit auch für den zweiten Fall angegeben: Das Gelingen der Täuschung (v. 6) setzt entsprechend disponierte Rezipienten voraus.

[505] S.o., 2.1.2, S. 102-106 (zu Konrad von Würzburg) u. Anm. 446 (zu Reinmar von Zweter).

[506] S.o., 2.1.1, S. 96-99 (zu Walther von der Vogelweide) u. Anm. 423 (zu Reinmar von Zweter [?]).

[507] Noch vollständiger ist die Systematik, die eine Strophe über das Verhalten des Gastgebers entwirft: Frauenlob spielt in Spruch *GA* X, 9 am Beispiel des Gastgebers alle Bezugsmöglichkeiten zwischen *tât* und *gebærde* durch: 1. Ein Gastgeber scheint seinem Gebaren nach freigebig zu sein, ist es aber nicht tatsächlich; 2. der umgekehrte Fall; 3. die Übereinstimmung von *tât* und *gebærde* im Schlechten und 4. im Guten. Auch hier wird der Wille mit ins Spiel gebracht: Nur im letzten Falle ist auch der gute Wille gegeben; es ist also die Trias 'Tat – Gebaren – innere Haltung', die hier erläutert wird.

Beispiel einer umfassenderen Problematik ausgewiesen wird, stellt sich die Bewahrung der Lesbarkeit der Zeichen als um so notwendiger und dringlicher dar: So wird gezeigt, daß mit dem Verlust des Zeichencharakters eine fundamentale Möglichkeit der Erkenntnis und Unterscheidung von 'Wert' und 'Unwert' verloren ginge. Daß das Disziplinierungs- und Kongruenz-Postulat auch angesichts der möglichen Unzuverlässigkeit von Zeichen aufrechtzuerhalten ist, plausibilisiert Frauenlob schließlich mit der Aufspaltung der Urteilsinstanz und mit dem impliziten Rollenangebot des 'Klugen', das den Sprecher wie potentiell den Rezipienten umfaßt.

Der Liebesaffekt und seine *gebærde* kommen in Strophe XIII, 49 ins Spiel:

> Al*so* ein frouwe geflammet sich,
> daz hat [] <*getichen*>[508] tougen brant.
>
> Heimliche liebe d*iuhe* in dich,[509]
> daz din geberde <*icht*> wer*de*[510] erkant
> 5   Wan de*m*, der din zu rechte pflege!
> de*m* liebe dich,[511] swie wol du wilt,
> und schirme ⌈al bloz⌉, <*gar*>[512] ane schilt,
> da si*ch* din scham zurücke lege!

Wie implizit Konrad von Würzburg in der Minnedidaxe 32, 91[513] und ausdrücklich Thomasin von Zerklære in seinen Ausführungen zum Gebärdezeichen[514] geht Frauenlob hier von der Ausdrucksgebärde aus, die unabhängig vom Willen das Innere nach außen hin erkennbar macht (vgl. v. 4). Mit der in Konrads Strophe ähnlich verwendeten Feuermetapher wird der im verborgenen Inneren angesiedelte Affekt als direkte Ursache der sichtbaren *gebærde* aufgedeckt (v. 2). Dieses Bild, mit dem auch andernorts in höfischer Literatur das unbeeinflußbare Sich-Zeigen des Gefühls erfaßt wird,[515] gibt den unmittelbaren Konnex zwischen Innen und Außen dadurch wieder, daß es sowohl den Liebesaffekt selbst wie auch seine Ausdrucksform bezeichnen kann: Das im Herzen entstehende Feuer droht durch seine Flammen die Beschaffenheit des Inneren nach außen

---

508   getichen (Konjektur der GA mit Thomas gegenüber *mir dicke* in F): „verursacht" (*tîchen*, „ins Werk setzen": Stackmann, *Wörterbuch*, Sp. 364b).

509   diuhe: Konjektur von Thomas gegenüber *dick* in F (*diuhen*, „sich bewegen": ebd., Sp. 62b).

510   icht werde: Konjektur aller Herausgeber gegenüber *wer* in F (davor Zeilenbruch).

511   „Dem [sc. Liebenden] zeige dich liebenswert" (*lieben* in reflexiver Verwendung: „sich angenehm machen": Stackmann, *Wörterbuch*, Sp. 213a; vgl. VI, 11, 16).

512   al bloz, gar: Konjektur der GA gegenüber *ploß al* in F; *al bloz* ist hier halbprädikativ gebraucht; ebd., Sp. 40b.

513   S.o., 2.1.2, S. 102-106.

514   Ebd., S. 105.

515   Vgl. I. Hahn, „Theorie der Personerkenntnis", S. 414-417 u. Anm. 70.

hin zu verraten; mit dem 'Entflammtwerden' ist in diesem Kontext auch das Erröten assoziiert, das ebenfalls zu den Ausdrucksgebärden gerechnet wird.[516] Die Verwendung der Metapher zeigt: Daß die Frau ihr Herz nicht vor anderen durch die *gebærde* zu erkennen gibt (v. 4), kann überhaupt nur gelingen, wenn sich der Affekt 'nach innen wendet' (v. 3),[517] der Einflußnahme also zugänglich ist: In der Vorstellung der 'Richtungsänderung' ist die der Steuerung und Beeinflussung enthalten. Wird die Affektkontrolle auch nicht mit derselben Dringlichkeit der Mahnung und Eindeutigkeit der Wertung wie in der erwähnten Strophe Konrads eingefordert, so kann das Gebot der *tougen minne*, da von der genauen Übereinstimmung zwischen Innen und Außen ausgegangen wird, doch auch hier nichts anderes meinen als die Disziplinierung des Gefühls. Damit geht es auch im Aufgesang der vorliegenden Strophe um die Bestimmung der Grenze, die höfischer Liebe gesetzt wird.

Der Abgesang ergänzt das Vorhergehende jedoch mit einer entscheidenden Differenzierung des Disziplinierungsgebots, dem nun der Begriff der *scham* explizit zugeordnet wird. Dem Liebenden gegenüber, der auf die rechte Weise mit der Liebe bzw. der Geliebten umgeht, also das richtige Minneverhalten zeigt, soll die Frau die *scham* fahren lassen.[518] Der Erkenntniswert der Ausdrucksgebärde, der sonst die Mahnung zur Affektkontrolle, zur Verheimlichung, begründet, wird in einen neuen Sinnzusammenhang gestellt und begründet nun gerade die eingeforderte Aufhebung der *scham*: Dem Geliebten soll sich die Frau durch das Gebärdezeichen ganz zu erkennen geben. Diese Ermahnung wird auch mit Hilfe der Schildmetapher umschrieben, die hier für die *scham* steht: Die paradoxale Formulierung in Vers 7, „dort [wo dies angebracht ist] schütze dich unverhüllt, ohne Schild [d.h. ohne Schutz]", erfaßt genau, daß das, was gegenüber Dritten ein Schutz wäre (die Selbstkontrolle, das Verbergen des Inneren), in der Zweisamkeit der Liebenden ein Hindernis ist, daß die *liebe* hier im Gegenteil nur durch die Unverstelltheit des Inneren bewahrt werden kann.

Auch der Topos der *tougen minne* erhält damit eine neue Funktion. Wird er in anderen Minnesprüchen und auch in der ersten Hälfte dieser Strophe ver-

---

[516] Vgl. ebd., S. 416, zu Konrad von Würzburg, *Trojanerkrieg*, v. 15534-39: Das 'Feuer im Herzen' ruft als physiognomischen Ausdruck Erröten und Erbleichen (!) hervor. Ein späteres Beispiel für die Verbindung 'Flamme – Erröten' findet sich in einer anonymen Strophe im Sanften Ton Konrad Harders (*BML* 185, 2), wo das schamvolle Erröten als *vackel reiner scham* bezeichnet wird (v. 2 [13]; vgl. v. 6f. [17f.]).

[517] Die Syntax von Vers 3 – und damit auch der Bezug der Apostrophe in Vers 3-5 – ist mehrsinnig: *liebe* kann sowohl (in der Apostrophierung) Subjekt sein („ziehe dich in dich selbst zurück") als auch Akkusativ-Objekt (sinngemäß: „den Liebesaffekt verberge in deinem Inneren"), angesprochen ist im letzten Fall die *frouwe*; eine entsprechende Ambivalenz gilt für die Personalpronomina in Vers 4 und 5 (*din*).

[518] Eine vergleichbare Differenzierung wird in *GA* XIII, 42, 6-8 angedeutet. – In einer anderen Bedeutung von *zu rechte* ließe sich der Relativsatz in Vers 5 auch paraphrasieren: „der [aufgrund seiner *höfescheit*] ein Recht auf die Liebe hat"; oder (wenn die *frouwe* apostrophiert ist; zu dieser Ambivalenz s.o.): „der [aufgrund seiner *höfescheit*] zu Recht mit dir Umgang hat".

wendet, um die Beschränkung und Kontrolle des Liebesaffekts nach außen hin einzuklagen,[519] so kommt nun der Raum der Kommunikation zwischen den Liebenden in den Blick, in welchem Einschränkungen solcher Art aufzuheben sind. Das Motiv der heimlichen Liebe dient dazu, die Opposition zwischen Öffentlichkeit und Intimität der Liebenden herauszuarbeiten.

Es ist durchaus keine neue Auffassung und Wertung der Geschlechterliebe, die Frauenlob hier entwickelt;[520] vielmehr setzt er systematisierend zwei unterschiedliche Perspektiven auf die Liebesthematik zueinander in Beziehung. Denn die Liebeseinheit und die Entstehung der Geschlechterliebe wird, wie Kapitel 3 zeigen wird, durchaus auch von anderen Autoren als uneingeschränkt preiswürdig dargestellt; doch wird der Minnepreis sonst – in der sangspruchtypischen Ablösung der Liebesdiskurs-Segmente voneinander – nicht zu Ermahnungen, die auf die Grenzziehung der Liebe zielen, in Beziehung gesetzt. Dies gelingt in der Strophe Frauenlobs durch die Gegenüberstellung von öffentlichem und nicht-öffentlichem Bereich der Kommunikation. Dabei wird jeweils derselbe Zusammenhang von *gebærde* und Affekt, von Selbstkontrolle und Erkanntwerden, vorausgesetzt, was verdeutlicht, daß in beiden Bereichen jeweils die umgekehrten Gesetze für das angemessene Verhalten herrschen. Der 'Innenraum' der Liebeskommunikation, der nur in der Zweisamkeit der Liebenden existiert, wird gerade durch die strikte Abgrenzung vom 'Außenraum' der öffentlichen Kommunikation in seiner Eigengesetzlichkeit erfaßt. Die Leistung der vorliegenden Strophe ist daher hauptsächlich in der systematischen Zusammenführung unterschiedlicher Möglichkeiten der Erfassung und Bestimmung dessen, was Liebe ist und sein soll, zu sehen.

Zusammenfassend ist zu den drei Strophen im Kurzen Ton festzuhalten: Frauenlob greift vorgeprägte Darstellungs- und Erklärungsmodelle zur Bestimmung der Geschlechterliebe von ihren Grenzen her auf. Auch er entwickelt das Disziplinierungspostulat ausgehend von der Option der Übereinstimmung zwischen Innen und Außen und leitet aus ihr einen Konnex ab zwischen der Lesbarkeit der Gebärde als Prämisse und der gebotenen Disziplinierung des Gefühls als Konsequenz. Die entscheidende Eigenleistung der Strophen liegt in einer mehrfachen Differenzierung auf dieser Basis sowie im systematisierenden Zugriff. In XIII, 42 erst angedeutet, werden die Differenzierungen in XIII, 49 und 50, auf zwei Schritte verteilt, breiter ausgeführt.

---

[519] S.o., 2.1.2, S. 102-106.

[520] Daß es sich nicht um eine 'neue' Liebesauffassung handelt, zeigt auch ein Erzählerkommentar in Gottfrieds *Tristan*, der ebenfalls betont, daß Liebende sich einander offenbaren und die Scham überwinden sollten (v. 12380-12391), der dies jedoch wiederum nicht in systematisierendem Zugriff zusammen mit dem Disziplinierungsgebot (Aufrechterhaltung der Scham) diskutiert; für den Hinweis auf diese Stelle danke ich Tomas Tomasek. – Ausführliche Erzähler-Äußerungen mit vergleichbarer Akzentuierung finden sich außerdem im späteren *Reinfrid von Braunschweig* (um 1300; v. 10780-10819 und 10840-10843).

Durch die systematische Darstellung des Ambivalenz-Problems und die Einordnung in einen allgemeinen zeichentheoretischen Rahmen wird in XIII, 50 der Erkenntniswert des zeichenhaften Verhaltens als so fundamental herausgestellt, daß mit seiner Verläßlichkeit eine grundlegende Möglichkeit der *discretio* verloren ginge. Die Rollendifferenzierung plausibilisiert das Festhalten am Zeichenwert trotz möglicher Ambivalenz.

Strophe XIII, 49 geht zunächst von der Übereinstimmung von Ausdrucksgebärde und Liebesaffekt aus. Die im Abgesang entfaltete Differenzierung setzt bei dem Geltungsbereich des Disziplinierungsgebots an. In der Zweisamkeit der Liebenden ist gerade die Unverstelltheit des Gefühls und das Sich-Zeigen im Ausdrucksverhalten gefordert. Die traditionellen Begründungen des Disziplinierungspostulats samt den dazugehörigen Topoi werden eingesetzt, um die Umkehrung des Postulats in der Intimität der Liebenden zu erläutern. Die Bereiche der Öffentlichkeit und der Nicht-Öffentlichkeit werden durch systematische Nutzung derselben Kriterien unter unterschiedlichen Vorzeichen in ihrer Eigengesetzlichkeit einander gegenübergestellt. Auf diese Weise gelingt es, zwei verschiedene Perspektiven auf das Thema der Geschlechterliebe – die Bestimmung der Liebe in der Außensicht, von ihren Grenzen her, und in der Innensicht, bezogen auf die ihr eigenen Gesetzmäßigkeiten – zueinander in Beziehung zu setzen und damit zugleich zwei im Sangspruch sonst eher voneinander abgelöste Ausschnitte des Liebesdiskurses neu zu verknüpfen.

### 2.2.3 Liebesentwürfe in der Innensicht: Das Verhalten der Liebenden zueinander

Anweisungen für das Verhalten in der Intimität der Liebenden, wie sie im letzten Abschnitt bereits kurz zur Sprache kamen, rücken in den beiden folgenden Strophen im Kurzen Ton ganz in den Vordergrund:

XIII, 45   Frouwe, an dem bette sunder scham
        soltu bi liebem friunde sin.

        Ez wart nie vrouwe*n* man so gram,
        tut sie im solche fuge schin,[521]

5       Ez muz ersenften sinen mut.
        swa sich nu lieb gein liebe schamt,
        da hat die minne nicht vol ir amt:[522]
        scham grozer liebe[523] unsanfte tut.

---

[521] V. 4: „wenn sie ihm eine solche Gelegenheit [sc. der Erfüllung des Verlangens] offenbart", d.h. also wenn ihr Verhalten nicht von Scham behindert ist.

[522] V. 7: „da hat die Minne noch nicht vollständig die Herrschaft ergriffen"; oder: „... kann ihre Aufgabe nicht vollständig erfüllen"; beide bei Stackmann, *Wörterbuch*, Sp. 8b, angegebenen Bedeutungen von *amt* sind hier möglich („Dienst, den jmd. zu leisten hat, Aufgabe"; „mit Entscheidungsbefugnissen ausgestattete Stellung").

XIII, 46   Kein lieb sol scham gein liebe han,
           daz rate ich uf die triuwe min,

           So wirt in fröude kunt getan,
           mit ganzer liebe sunder pin.
5          Swa lieb gein liebe schame hat,
           da enmag nicht rechter triuwe sin bi.
           lieb sol mit liebe wesen vri,
           soz nieman sehe, daz ist min rat.

Die Ermahnung der Frau, gegenüber dem Geliebten die *scham* abzulegen, mit der Strophe XIII, 49 schließt, wird hier mit noch größerem Nachdruck formuliert. Es handelt sich, so ist nachzutragen, um eine ganz bestimmte Bedeutung, in der *scham* als Wertbegriff innerhalb der Minnedidaxe relativierbar ist, nämlich um den Aspekt der Affektregulierung und – auch körperbezogenen – Selbstdisziplinierung. In der höfischen Tugendlehre beziehen sich vergleichbare begriffliche Differenzierungen auf andere Bedeutungsbereiche des Begriffs.

Neben dem Aspekt der Disziplinierung und Affektkontrolle[524] kann der Begriff der *scham* in der höfischen Didaxe[525] als allgemeine sittliche Disponiertheit des inneren Menschen aufgefaßt werden, die im Postulat vornehmlich als prospektive, lenkende Tugend ('vor der Tat') eingefordert wird: Sie hält als inneres Hemmnis von Untugend und Sünde ab,[526] ist in diesem Verständnis also mit der ethischen Erkenntnisfähigkeit verbunden (*bescheidenheit*) und unmittelbar an der Lenkung des Willens beteiligt.[527] Schließlich kann, wo von Äußerungen der *scham* in der unwillkürlichen Gebärde die Rede ist, der affektive Aspekt stärker hervorgehoben werden;[528] Schamgefühl als Reaktion auf einen Mangel kann, aber muß nicht ethisch bestimmt sein.[529]

In ihren Differenzierungsbemühungen suchen vor allem die Spruchdichter dem Begriff der *scham* die Ambivalenz zu nehmen und seinen Gehalt auf die ethische Haltung hin zu fixieren, und zwar im Sinne der prospektiven, den Willen steuernden *scham*. Sie definieren, in welchen Kontexten *scham* abzulehnen ist: Sie ist nur eine Tugend vor, nicht nach der Tat; nur *scham* über das 'unrechte' Verhalten, nicht über das 'Gute' und auch nicht über soziale Qualifizie-

---

523   Der Begriff *liebe* schwankt hier – wie öfter in Frauenlobs Minnestrophen – in seiner Bedeutung zwischen „Liebe" (synonym für *minne*, wie in *GA* XIII, 49, 3) und „Glücksgefühl", „Liebesfreude" (wie im Begriffspaar *liebe* – *lust* in VII, 40) bzw. kann beides umfassen.

524   Vgl. z.B. *Winsbeckin*, 5, 7-10; Reinmar, Roethe 33, 7; in der Moraldidaxe: Walther von der Vogelweide, *L* 81, 12f.

525   Der Bedeutungsaspekt der 'erlittenen' *scham* („Schmach, Schande") kann hier vernachlässigt werden.

526   Besonders deutlich beim Kanzler, *KLD* 28, XVI, 15; ferner Reinmar von Zweter, Roethe 198, 7-12; der Meißner, Objartel IV, 6. Bei Konrad von Würzburg (Schröder 25, 21) wird die Bestimmung von *scham* als innerer Schutz vor Sünde wie auch das Ineinander von affektiver und sittlicher Qualität durch die Verbindung mit *vorhte* deutlich.

527   Vgl. z.B. die Verse des Kanzlers, *KLD* 28, XVI, 15, 9f.

528   Beispiele für den Gestus des Errötens als traditionelles Zeichen der *scham* bei *BMZ* 2/2, Sp. 134a.

529   *scham* über Untugend: Frauenlob, *GA* V, 10, 7 und VIII, 17, 1-3; dagegen kann Schamgefühl auch rein sozial bestimmt sein, wie die *scham* über Armut und niedrige soziale Stellung: Meister Singauf, *HMS* 3, Sp. 49a, 2, 1-3 (Armutsklage des Fahrenden).

rungen wie den gesellschaftlichen Status, ist als Wert anzuerkennen.[530] Auch Frauenlob kennt verschiedene Möglichkeiten der Begriffsdifferenzierung. Neben der gängigen Unterscheidung 'vor und nach der Tat' (*GA* XI, 13) verdient eine Tugendtypologie Aufmerksamkeit, die um den Begriff der *mâze* als *virtus in medio* angelegt ist (V, 91). Die Tugenden werden eingeteilt in *tugende der sele* (v. 19), die der *mâze* nicht bedürfen, und in solche, die ein Zuviel in ihr Gegenteil verkehrt: Zu diesen gehört neben *kündikeit* und *erbarmen* auch die *scham* (v. 7-14). Von den erwähnten Bedeutungsmöglichkeiten kann hier kaum die vor Untugend schützende innere Haltung gemeint sein, sondern eher die *scham* als Selbstkontrolle und/oder Affekt.

Das Verfahren der Begriffsdifferenzierung, das in der Tugendlehre wie zu anderen Abstrakta so auch zur *scham* ausgearbeitet wird und das bis zu deren Relativierung als Wert in bestimmten Zusammenhängen führt, verwendet Frauenlob analog – in anderem Kontext und mit anderen Differenzierungskriterien – in der Liebesthematik, wenn sich auch hier kein begriffsreflektorischer Ansatz wie in der Tugendlehre erkennen läßt, und nutzt es zur Präzisierung des Liebesentwurfs.

Die in XIII, 45 und 46 zugrundeliegende Differenzierung, mit welcher der Geltungsbereich des Disziplinierungsgebots angegeben wird, ist die zwischen öffentlichem und nicht-öffentlichem Bereich: Auf diese Weise wird die Eigengesetzlichkeit dessen, was Liebe innerhalb der ihr gesetzten Grenzen sein soll, hervorgehoben. Hierfür gilt das Postulat der Ganzheit und Unbeschränktheit erotischer Liebe. Aus der Beschneidung dieser Ganzheit (*da hat die minne nicht vol ir amt*; XIII, 45, 7) geht Leid hervor (v. 8).

Scham verhindert ferner, daß *triuwe* als Fundament wechselseitiger Liebe entsteht (XIII, 46, 5f.). Die Kontrolle über Affekt und Affektäußerung wird im Umgang der Liebenden miteinander, wo sie die Äußerung und so auch die Erfüllung des Verlangens nicht zuläßt, zur Verhinderung der Kommunikation. Das eingeforderte *vrî*-Sein (vgl. XIII, 46, 7), die Unbefangenheit und Offenheit in der erotischen Begegnung, wird hier als Vorbedingung der *triuwe* gesehen, der Aufrichtigkeit im umfassenderen Sinne. Elemente einer Liebesethik bauen somit auf der Grundlage eines Idealentwurfs der erotischen Erfahrung auf.

Die Differenzierung bezüglich der *scham* spielt auch in Strophe VII, 40 im Grünen Ton eine wichtige Rolle, wo sie in einen komplexeren Zusammenhang gestellt und mit weiteren Differenzierungen verknüpft wird.[531] Die Strophe kann mit den Sprüchen VII, 38 und 39, die die Entstehung der Minne beschreiben, in

---

[530] Der Kanzler, *KLD* 28, XVI, 14-16, versammelt u.a. auch alle Aspekte der falschen Scham: *scham nâch arger tât*, die jedoch nicht von ihr abgehalten hat, entspricht derjenigen vor *guoter tât*, die die Beichte verhindert (XIV, 14, 11-16) – ein Thema, das auch in der mittelhochdeutschen Predigtliteratur immer wieder aufgegriffen wird; ferner die Scham des Geistlichen über seine Tonsur und des Hirten über seinen Stand (XIV, 16, 9-14). Vgl. auch Reinmar von Zweter, Roethe 198, 1-6; Leuthold von Seven (?), *KLD* 35, VIII, 1, 1-4.

[531] Zu VII, 40 vgl. außer Stackmanns Erläuterungen in der *GA*, S. 904f.: Huber, „Frauenlob zum Minneprozeß", S. 155.

eine Reihe gestellt werden;[532] sie setzt jedoch neu ein und wechselt von der Beschreibung der Liebesentstehung zu Ausführungen über das Verhalten der Liebenden zueinander, was ihre isolierte Untersuchung rechtfertigt.

> Nu wachet, senden herzen,
> also gelich ist iuwer art,
> noch heizer dan ein fiure.[533]
> ja, hiure [] bin ich bi der vart,
> 5 eia, vil liebe min*ne*, als*a*,
> daz ich hinfür der minnen fiur v*er*war.
>
> Mit kummertragenden smerzen
> sie werden be*iden*thalben blint
> mit tat und <*mit*> geberde.[534]
> 10 † und swa die zwei gelieben sint,
> fliuch, Scham, ich darf din anders.[535] swa
> lieb leschet lust, ez brinnet allez gar,
>
> S*wa* aber lust <*ist*> gemischet,[536]
> so weiz ich, daz des fiures craft
> 15 ouch nimmer gar erlischet.
> sin zeigen ist geringer,
> davon sie wiser sint dan e.
> ist ob ir art geliche ste,
> herze, ougen sin daz zeichen mit dem vinger.[537]

Die Ausgangssituation, die der erste Stollen benennt, ist die Einheit der Liebenden im bereits entzündeten und gleich starken Verlangen (*art*). Der Appell der Eingangsverse kündigt an, daß es wieder um Aufgaben, die sich in der Intimität

---

[532] Stackmann faßt die drei Strophen als mehrstrophiges Gebilde auf, wie seine Kennzeichnung mit Großbuchstaben zeigt (vgl. *GA*, S. 183). Zwar gibt es in der Überlieferung hierfür keine Hinweise, doch gehören zumindest *GA* VII, 38 und 39 unzweifelhaft zusammen (s.u., 3.2.1); VII, 40, wo ein deutlicherer Neueinsatz erkennbar ist, scheint mit den beiden Anfangsversen eine vorausgehende Schilderung der Entstehung des Feuers, wie sie Strophe VII, 39 bietet, zumindest nahezulegen, ist aber anders als diese auch in sich verständlich.

[533] V. 2f.: „sooft euer Begehren gleich ist, heißer noch als Feuer" (*alsô* an dieser Stelle: „sooft als", Stackmann, *Wörterbuch*, Sp. 6b [A.2]). Mit dem Terminus *art*, hier im sexualphysiologischen Sinne verwendet, ist in diesem Kontext das in der Natur des Menschen angelegte Begehren benannt (ebd., Sp. 14b), das zum einen durch *gelich* charakterisiert ist (das Verlangen der Liebenden ist wechselseitig und gleich groß) und zum anderen durch den Zusatz in Vers 3. Zu einer Parallele im Minneleich (*GA* III, 12, 4f.) vgl. Huber, „Frauenlob zum Minneprozeß", S. 154 u. Anm. 10 und Steinmetz, *Liebe als universales Prinzip*, S. 113f.

[534] V. 8: „sie werden in zweierlei Hinsicht blind"; zu v. 8f. vgl. Huber, „Frauenlob zum Minneprozeß", S. 155.

[535] V. 10f.: „Wo zwei zu Liebenden werden, sollst du fliehen, Scham" (*anders*, „nicht bei dieser Gelegenheit": Stackmann, *GA*, S. 904).

[536] Zu v. 13 s.u., S. 131.

[537] V. 19 (unter der Voraussetzung, daß das *herze* hier apostrophiert wird): „Herz, die Augen mögen (dein) Zeichen sein" (*zeichen mit dem vinger*, „Fingerzeig", „Hinweis": Stackmann, *Wörterbuch*, Sp. 424b).

der Liebenden diesen stellen, gehen wird. Gegenstand der Belehrungen ist der Umgang mit dem Begehren, das Bewahren des Liebesfeuers (v. 6). Die Tatsache, daß die Tätigkeit des beratenden Ich als mit dem empfohlenen Verhalten identisch formuliert wird (v. 6: „daß ich künftig das Minnefeuer hüte") sorgt zusammen mit dem zum Teil abrupten Wechsel zwischen 2. und 3. Person sowie zwischen verschiedenen Apostrophen[538] dafür, daß das Ich bei einem recht lebhaften Duktus der Sprache stark in den Vordergrund tritt, was wie eine Vertextung von Inszenierung anmutet.[539]

Im Zentrum der im Gegenstollen einsetzenden Ermahnungen steht zum einen das gegenseitige Zeigen des Verlangens und zum anderen das Verhältnis zwischen *liebe* und *lust*, dem „Glücksgefühl der *liebe* [...]" und dem „weiterdrängende[n] Zustand des Begehrens";[540] beides ist relevant für zwei nacheinander entfaltete Verhaltensalternativen, von denen jeweils zuerst das der Liebe schädliche, dann das angemessene Verhalten erläutert wird.

Die erste Alternative (v. 7-11) entspricht der Argumentation in XIII, 45 und 46. Wie Leid selbstverursacht entstehen kann[541] (vgl. XIII, 45, 8), wird hier noch genauer expliziert (v. 7-9): Die Blindheit der Liebenden bezeichnet nicht, wie der Topos sonst, die Wahllosigkeit, sondern die Verhinderung der Kommunikation aufgrund von *scham*, wie aus Vers 11 zu schließen ist – präziser die Unfähigkeit, einander in Tat und Gebaren im gegenseitigen Verlangen zu zeigen und zu erkennen. Dies erinnert an die Ermahnung der Frau in XIII, 49, 5-8, das verborgene Feuer durch die *gebærde* zu offenbaren; demgegenüber umfaßt die Warnung hier beide Seiten des Kommunikationsvorgangs, das Erkennen und Erkanntwerden. Voraussetzung für das Gelingen ist, daß die direkte Verbindung zwischen Innen und Außen aufrechterhalten wird (v. 19).

Die Leiderfahrung wird aus dem postulierten Ideal der uneingeschränkten Liebeseinheit ausgegrenzt: *scham* soll verbannt werden (v. 11), der Einheit des Verlangens die sexuelle Vereinigung folgen. In Vers 11 fehlt nicht der Hinweis

---

[538] Z.B. werden in Vers 1f. die Liebenden apostrophiert, auf die sich im Gegenstollen das Personalpronomen in der 3. Person Plural bezieht. Apostrophen gelten außer den Liebenden der Minne, der Scham und dem Herzen (v. 5; 11; 19).

[539] Zum Teil scheinen hier Elemente einer möglichen Inszenierung der Ich-Rolle vertextet zu sein, wie etwa bei der sprachlichen Geste in Vers 11.

[540] Zum Begriffspaar *liebe* (*liep*) – *lust* bei Frauenlob vgl. Huber, „Frauenlob zum Minneprozeß", S. 156 (zit.) und ders., *Alanus ab Insulis*, S. 166-169.

[541] Eine Parallele hierzu weist eine Strophe des Meißners auf, der drei Formen der Liebesqual unterscheidet (Objartel II, 10): erstens Leid aufgrund der Unerreichbarkeit der Dame, zweitens aufgrund ihrer Entscheidung für einen anderen, unwürdigen Liebhaber; die dritte Situation ist die auch von Frauenlob geschilderte: *Daz dritte ist, daz wa sich zwe herze ireinen / mit licher liebe, den zwen herzen reinen / wirt gliche we, vulget ir beider wille nicht* (v. 11-13); vgl. hier auch die Formulierung *mit licher liebe* mit Frauenlob, *GA* VII, 40, 2. Eine Variation dieser Aufzählung im Minneleich von Meister Alexander, *KLD* 1, VII, V-VI (1. einseitige Liebe, 2. erwiderte, aber unerfüllte Liebe, 3. Leid durch Trennung der Liebenden nach der sexuellen Vereinigung). Die Thematik des selbstverschuldeten Leides aufgrund von Scham außerhalb der Lyrik: Gottfried von Straßburg, *Tristan*, v. 12380-12387; *Reinfrid von Braunschweig*, v. 10806-10815 und 10854f.

darauf, daß letztere bei anderer Gelegenheit, im Bereich der Öffentlichkeit, aber nur dort, notwendig ist; damit wird die in XIII, 49 entwickelte Differenzierung angedeutet.

Ausgehend von der Alternative des angemessenen Verhaltens setzt nun jedoch eine neue Unterscheidung ein (v. 11-15). Die beiden verallgemeinernden Relativsätze formulieren jeweils als Bedingung zwei gegensätzliche Verhaltensalternativen (v. 11f. und 13-15) und geben die Folgen an. Aus dem Ungleichgewicht von *liebe* und *lust* entsteht ein vollständig niederbrennendes Feuer (v. 11f.): Ein Übermaß an *liebe*, d.h. eher eines Zustandes der Liebesfreude und des -genusses, zerstört *lust* als vorantreibendes Verlangen, das nach Zustandsänderung strebt, als Antriebskraft der Liebe, die dann nicht von Dauer sein kann. Die Aufgabe der Liebenden dagegen ist es, zu gewährleisten, daß *des fiures craft* nicht erlischt (v. 13-15). Damit schlägt Frauenlob einen Bogen zurück zu Vers 6: Mit dem Vermeiden der entgegensetzten Extreme, die beide ein Mißverhältnis von *liebe* und *lust* aufweisen – im Fall der verhinderten Mitteilung des Begehrens zu Ungunsten der *liebe* (v. 7-9), im zweitgenannten Fall zu Ungunsten der *lust* –, ist eine Möglichkeit benannt, *der minnen fiur* zu bewahren.

Fragen wirft vor allem Vers 13 auf; man erwartet hier eine Aussage wie: *liebe* soll nicht rein auftreten, sondern (mit *lust*) gemischt sein.[542] Falls auch transitives *mischen* in der Verwendung ohne Präposition dieselbe Bedeutung wie etwa *sich mischen zuo/dar* haben kann,[543] wäre der Satz am ehesten so aufzufassen: „Wo immer *lust* dazugemischt, hinzugefügt wird" – nämlich zur Liebesfreude in der Erfüllung des Begehrens, vor deren Übermaß ja in Vers 12 gewarnt wird.

In jedem Fall zielt die Aussage auf eine Balance zwischen *liebe* und *lust*. Auch das Verlangen muß erhalten bleiben, denn nur so ist die Bewahrung der Liebeseinheit garantiert. Damit formuliert Frauenlob als Zielpunkt der Strophe die Vorstellung der *mâze*, die jedoch nicht als Mäßigung und Einschränkung des Liebesaffekts und Verlangens, sondern als Ausgleich und Mitte zwischen zwei Extremen verstanden wird. Im zweiten Fall läßt das Bild der alles verzehrenden Flamme an die in der Minnedidaxe verbreitete Warnung vor *unmâze*, vor der unkontrollierten, zerstörerischen *passio*-Liebe, denken, doch ist der Begründungskontext hier ein anderer: Die Lehre wird nicht mit gesellschaftlich-höfischen Werten begründet, sondern zielt auf den Erhalt der Liebesgemeinschaft in der erotischen Begegnung der Liebenden.

---

[542] Die verschiedenen Deutungsmöglichkeiten werden ausführlich von Stackmann, *GA*, S. 904f., diskutiert. Die Ansicht, hier werde ausgedrückt, daß in dem postulierten 'gemischten' Zustand *kummer* zur *lust* hinzukommt (ebd., S. 905), kann ich nicht teilen, da der Leidaspekt in den besprochenen Strophen Frauenlobs aus der Liebe ausgegrenzt wird (vgl. hier v. 7 zur Negativalternative; ferner *GA* XIII, 45, 8 und 46, 3f.).

[543] Belege für *sich mischen* mit *zuo* oder *dar*: Stackmann, *Wörterbuch*, Sp. 243b („sich mischen"; die Belege nähern sich der Bedeutung von „hinzukommen zu", „sich verbinden mit" an).

Ist die Relation zwischen *liebe* und *lust* also ein wichtiges Kriterium, so deutet sich mit Vers 16 noch ein weiteres an: Wenn die Ausgewogenheit zwischen beidem erreicht ist, so ist das Liebesfeuer nicht nur unvergänglich, sondern zeigt sich auch weniger stark, was als Zugewinn an Klugheit betrachtet wird (v. 16f.). Beim *zeigen* ist also ebenfalls ein Zuviel zu vermeiden,[544] das, weil das zu geringe Offenbaren mit mangelnder Freude (*liebe*) verknüpft ist (v. 7-9), in der Systematik der Strophe dem Übermaß an *liebe* (v. 11f.) zuzuordnen ist. Anders als in XIII, 46 und 49 wird hier nicht zwischen Öffentlichkeit und 'Privatheit' differenziert, so daß das Zeigen des Affekts, gesteuert von *mâze* als *virtus in medio*, in diesem Kontext ein weiteres *internes* Kriterium für die Unterscheidung zwischen angemessenem und falschem Verhalten der Liebenden untereinander bildet.

Der komplexe Gedankengang in VII, 40 baut demnach unterschiedliche Bedingungen für das Gelingen und die Bewahrung der Liebeseinheit sowie verschiedene Differenzierungen bezüglich des postulierten Verhaltens systematisch aufeinander auf. Die erste Vorbedingung ist das gleiche Begehren; die zweite und dritte Bedingung werden über die Konstruktion zweier Alternativen entwickelt. Für jede von ihnen sind beide Kriterien relevant: sowohl die Gewichtung von *liebe* und *lust* als auch der Grad, in dem sich der Affekt zeigt. Im Rahmen dieser logischen Struktur wird die Ethik des angemessenen Liebesverhaltens aus dem Liebesentwurf selbst heraus begründet.

Zweierlei ist jedoch zu ergänzen: 1. Der systematisierende Zugriff des Textes verbindet sich mit der Andeutung einer modellhaften 'Entwicklung' der Liebenden in gleichsam 'spiralförmiger' Bewegung. Liest man den Text quer zur bisher gebotenen Lektüre versuchsweise als – inkohärente – Skizze einer Abfolge von Stationen,[545] so deutet er an, wie die Liebenden idealiter vom jeweils zu verwerfenden Zustand zu dem des Ausgleichs gelangen, sich von letzterem wieder fortbewegen, um den Ausgleich erneut zu erreichen usw. Die erstrebte Balance ist somit kein einmal erreichter Zustand, sondern in einer Pendel- oder Spiralbewegung annäherungsweise immer wieder neu zu erarbeiten. Dem entspricht die Darstellungslogik der Strophe, die mehrfach zurückgreifend Kreisbewegungen herstellt;[546] so wird etwa im Anschluß an die Empfehlung des gemäßigten *zeigen* noch einmal, auf die Warnung vor kommunikativer 'Blindheit' zurückverweisend, angemahnt, daß die Blick-Herz-Verbindung als Zeichensprache der Liebe gleichwohl aufrechterhalten werden muß (v. 19).

2. Die Sprachgestalt zielt nicht darauf, die Systematisierung vollständig durchsichtig zu machen. Einzelne Verbindungsglieder und Verknüpfungen wer-

---

[544] In diesem Sinne sind vielleicht auch die Verse *GA* VII, 39, 11f. zu verstehen: † *und er hat gein der minnen haz, / swa lieb bi lust sich überzeigen wil*.

[545] Ansatzpunkte hierfür bieten vor allem die Verse 7-9, die die erste Negativalternative nicht als Konditionalgefüge, sondern als einfachen Aussagesatz formulieren, und Vers 17 mit dem Hinweis auf einen veränderten Zustand (*dan e*).

[546] Vgl. die Rückgriffe von v. 14f. auf 6 (und 3), v. 18 auf 2, v. 19 auf 8f. und 16.

den ausgespart, nicht alle Beziehungen ausdrücklich hergestellt. Eine Paraphrase, die auf diese Textebene zielt, bleibt daher immer eine dem Text nicht gerecht werdende Explizierung. Dem Rezipienten wird einerseits eine solche explizierende Vervollständigung des Inkohärenten oder nur Angedeuteten zur Aufgabe gemacht – sei es als systematischer Entwurf, sei es als skizziertes Nacheinander –, andererseits ist seine Aufgabe, die der Vervollständigung widerstehende Sprachgestalt wahrzunehmen.

Abschließend ist zu den in diesem Kapitel untersuchten Strophen festzuhalten: Liebe als Intimität, im Kommunikationsraum der Liebenden, wird schon dadurch mit Entschiedenheit in den Blick gerückt, daß in ihrem Namen Ansprüche geltend gemacht werden.
 1. Die Eigenleistung der Texte ist zunächst in der Konturierung des solchermaßen ausgeleuchteten nicht-öffentlichen Bereichs der Liebe zu sehen. Frauenlob greift dabei verschiedene Relationen auf, wie Erkennen und Zeigen, Innen und Außen, Offenbaren und Verbergen, mit denen er an vorgeprägte Darstellungsweisen anknüpft, die dort jedoch der Bestimmung werthafter Liebe von ihrem Wertgegensatz oder ihrer Grenze her dienen (vgl. 2.1.1 und 2.1.2) und in andere Verwendungszusammenhänge gestellt werden. In der Diskussion zur *scham* kehren die Ausführungen auf der Basis gleichbleibender Kriterien, was für den Bereich außerhalb der 'Privatheit' gilt, für die Nicht-Öffentlichkeit der Liebenden um (Offenbaren statt Verbergen, Durchsichtigkeit statt Schutz). Verschiedene Segmente des Liebesdiskurses im Sangspruch – der Entwurf höfischer Liebe als Wert in der *adhortatio* und die Beschreibung ihrer erotischen Dimension – werden so zumindest implizit aufeinander bezogen. Auch auf der Ebene der Einzeltexte selbst wird ein Konnex zwischen Liebesethik und dem Ideal erotischer Erfahrung hergestellt, sei es, daß jene auf diesem aufbaut, sei es, daß ein Begriff wie *mâze* ganz auf den erotischen Bereich angewendet wird.
 2. Darüber hinaus werden in VII, 40 die Ausführungen zur Selbstdisziplinierung bzw. zur Befreiung von Scham in einen komplexeren Kontext integriert: Mit dem Verfahren mehrfacher Differenzierungen, die ihrerseits auf der Unterscheidung zwischen öffentlich und 'geheim' aufbauen und mit denen neue Kriterien (wie das Verhältnis von *liebe* und *lust*) eingeführt werden, läßt sich die Strophe als systematischer Entwurf lesen, welcher verschiedene Verhaltensalternativen aufeinander bezieht: das zu geringe, zu starke bzw. das ausbalancierte Zeigen des Affekts, das Übergewicht der *lust*, das der *liebe* bzw. das Gleichgewicht beider. Mit dieser logischen Struktur verbindet der Text, der sich zugleich auch als Skizze eines Ablaufs von Stationen im Liebesverhalten verstehen läßt, eine Sprachgestalt, die dem Rezipienten sowohl aufgibt, das Unvollständige paraphrasierend zu vervollständigen, als auch eine Differenz zwischen sprachlicher Gestalt und Paraphrase hervorbringt.

## 2.3 Resümee

Die ermahnenden Minnesprüche, die in normativen oder deontischen Aussagen 'höfische Liebe' jeweils zu präzisieren suchen, bedienen sich bestimmter grundlegender Relationen, die unterschiedlichen Verwendungsmöglichkeiten offen stehen. Das zugrundeliegende Kriterium ist – außer dem Basiskriterium eines erst in den Texten zu spezifizierenden Wertgegensatzes – in sehr vielen Fällen die Relation zwischen Innen und Außen. Sie kann mit unterschiedlichen Optionen thematisch werden, verschiedene Spezifizierungen erhalten und in verschiedenen Sinnzusammenhängen eingesetzt werden. Auf der Innen-Außen-Relation bauen ferner weitere zum Teil polare Relationen auf, die für die jeweilige Konturierung eines Liebesideals relevant sein können, wie: Einsicht und Täuschung, Sich-Offenbaren und Verbergen, Erkennen und Erkanntwerden. Die Spannbreite der im einzelnen je neuen Verwendungen dieser Kriterien zur Bestimmung höfischer Liebe hat bestätigt, daß keine vorab definierten 'Minnekonzepte' den Texten vorausgehen, sondern daß sie umgekehrt erst im Einzeltext entworfen werden.

Dabei konnte gezeigt werden, daß sich bereits in den Minnestrophen vor Frauenlob bestimmte textuelle Verfahrensweisen sowie verschiedene Grundmuster des Einsatzes der Kriterien einspielen.

Die Texte, die höfische Liebe als Wert über die Ausgrenzung 'falscher' Liebe zu erfassen suchen und die entsprechende Erkenntnisleistung einfordern (2.1.1), weisen zwei literarische Verfahrensweisen auf, die für die Minnesprüche generell von Bedeutung sind. 1. Sie operieren mit strukturell-formalen Analogien zu geistlicher Paränese und Morallehre bezüglich einzelner Elemente der Sprachgestalt sowie übergeordneter Darstellungsmuster; die Analogiebildung verweist hier – als Voraussetzung ihrer Möglichkeit – auf den Abstraktionsgrad der zugrundeliegenden Wertopposition. 2. Ansatzweise ist eine systematische Strukturierung des Sujets erkennbar. Neben der Voraussetzung der Entsprechung von Innen und Außen im *discretio*-Postulat setzt die Differenzierung dort ein, wo die Erkenntnis als Problem in den Blick rückt. Durch eine im Ansatz systematische Vorführung der Inkongruenz an verschiedenen Möglichkeiten ihrer Konkretisierung wird die allgemeine Struktur der Täuschung als Störung der postulierten Zeichenrelation aufgedeckt. Vor dem Hintergrund dieses übergeordneten Problems wird aus der Innen-Außen-Relation ein Kriterium für die Abgrenzung zwischen rechter und falscher Liebe gewonnen, das auch noch die Polarität von Erkenntnisfähigkeit und Mangel an Einsicht umfaßt.

Die Versuche, höfische Liebe als Wert über die ihr gesetzte Grenze zu bestimmen, zielen in den in 2.1.2 untersuchten Texten auf das Postulat der Selbstdisziplinierung. Eine Möglichkeit der genaueren Bestimmung der Grenze liegt in einer entsprechenden Funktionalisierung des Topos heimlicher Liebe. Dessen Konnex mit dem solchermaßen präzisierten Gebot der Affektkontrolle wird dort expliziert, wo wieder auf das Kriterium der Innen-Außen-Relation zurückgegriffen wird – und zwar in der Option der genauen Zeichen-Entsprechung von

*Resümee* 135

Affekt und unwillkürlicher, daher lesbarer *gebærde* –, das damit eine andere Funktion erhält als im Kontext der Täuschungsthematik.

Die Verfahrensweisen in Frauenlobs ermahnenden Strophen werden in ihren spezifischen Tendenzen und in ihrem Eigenprofil erst vor dem Hintergrund der bei anderen Autoren eingespielten, von ihm weiter ausgearbeiteten Verfahrensweisen sowie der Funktionalisierungen vorgenannter Relationen faßbar.

Vor allem zur Bestimmung höfischer Liebe innerhalb einer Wertopposition (2.2.1) nutzt er die durch intertextuelle Beziehungen entstehenden Systematisierungsmöglichkeiten. Drei einander hierin ergänzende Strophen erarbeiten verschiedene Strategien, das Verhältnis von Innen und Außen im Problemfeld von Erkennen und Täuschung zur weitergehenden Präzisierung des Liebesideals einzusetzen: die eingehende Darstellung falscher Liebe unter dem Vorzeichen des Substanzlosen, die systematische Erfassung des Problems der Erkenntnis des Inneren, die Präzisierung der Wahrhaftigkeitsforderung im Kontext der erotischen Begegnung der Geschlechter. Mit der deutlichen Tendenz zur Differenzierung und mit dem systematischen Zugriff geht einher, daß Sexualität ausdrücklicher zur Sprache kommt; Liebesethik wird mit den Konsequenzen für die erstrebte Einheit begründet.

Auch diejenigen Minnestrophen Frauenlobs, in denen er die der höfischen Liebe zu setzende Grenze zu bestimmen sucht (2.2.2), lassen die Kontinuität von Ordnungskriterien erkennen; sie greifen das Selbstdisziplinierungsgebot und seine Begründung mit dem Erkenntniswert der Affektgebärde auf. Die Eigenleistung besteht hier in einer mehrfachen Differenzierung der Forderung. Erstens wird sie zusammen mit dem Problem der Zeichenambivalenz diskutiert, das systematisch erörtert und zeichentheoretisch eingeordnet wird. Die das Gebärdezeichen rezipierende Instanz erhält eine Differenzierung, die auch für den Rezipienten der Texte ein Rollenangebot bereithält und das Festhalten am Zeichendenken und seinen Konsequenzen plausibilisiert. Eine weitere Differenzierung des Disziplinierungsgebots setzt Öffentlichkeit von 'Intimität' ab und macht letztere dadurch erst thematisch. Mit gleichbleibenden Kriterien – den Relationen von Innen und Außen, Erkennen und Verkennen, Verbergen und Offenbaren – wird die konsequente Umkehrung des Postulats im Kommunikationsraum der Liebenden begründet, werden somit zwei verschiedene Perspektiven auf höfische Liebe zueinander in Beziehung gesetzt und sonst im Sangspruch voneinander abgelöste Segmente des Liebesdiskurses miteinander verknüpft.-

Die in 2.2.3 untersuchten Strophen lassen – als Ergebnis der Aufspaltung von Öffentlichkeit und 'Privatheit' – Liebe als Intimität zum eigenständigen Sujet der Ermahnung avancieren und stellen den Konnex zwischen Liebesethik und dem Ideal erotischer Erfahrung noch ausdrücklicher her. Die Systematisierungstendenz gipfelt schließlich in einem komplexen Entwurf, der mit weiteren Differenzierungen und neuen Kriterien verschiedene Alternativen des Liebesverhaltens systematisch aufeinander bezieht, zugleich aber eine Sprachgestalt aufweist, die zu jeder auf diese Struktur zielenden Explizierung einen deutlichen Abstand bewahrt.

Die Eigenart der Frauenlobschen ermahnenden Strophen in der Opposition von 'konventioneller' und 'innovativer Minnekonzeption' erfassen zu wollen, sie etwa teils einer 'herkömmlichen Didaxe' zuzuschlagen, teils in ihnen eine hiervon abweichende Auffassung und Wertung der Geschlechterliebe zu sehen, da die sexuelle Dimension genauer in den Blick genommen wird, wäre mit Sicherheit verfehlt. Dies gilt schon deshalb, weil letztere auch von anderen Autoren durchaus nicht generell ausgespart wird (vgl. z.B. die in 3.1 untersuchten Texte), sondern nur in den ermahnenden Sprüchen nicht ausführlicher zur Sprache kommt. Vor allem ließe eine solche Einordnung unberücksichtigt, was die Textanalysen erhärtet haben: Daß nämlich konkrete Inhalte im Sinne von Liebeskonzepten oder Verhaltensanweisungen *sekundäre* Phänomene sind. Sie sind den textuellen Verfahrensweisen einerseits und den semantischen Kriterien, ihren Relationierungen und den hieraus entstehenden Textstrukturen andererseits unterzuordnen, insofern sie erst aus ihnen resultieren.

Grundsätzlich war in diesem Zusammenhang zum einen die Kontinuität der zugrundeliegenden Kriterien sowie bestimmter Verwendungsmuster von den Anfängen des Minnespruchs bis zu Frauenlob zu verzeichnen. Zum anderen sind es die in den Eingrenzungsversuchen des höfischen Liebesideals bereits vor ihm (etwa bei Walther oder bei Konrad von Würzburg) im Ansatz erkennbaren Verfahrensweisen der differenzierenden und systematisch-vervollständigenden Darstellung, die bei Frauenlob in konsequenter Ausarbeitung eine neue Qualität erhalten: Aufeinander aufbauende Differenzierungen und Aufspaltungen ermöglichen, daß verschiedene, im Sangspruch sonst eher isoliert voneinander realisierte Segmente des Liebesdiskurses neu aufeinander bezogen werden können; dem entspricht auf anderer Ebene die Nutzung der Systematisierungsmöglichkeiten durch intertextuelle Relationen. Die sprachliche Gestalt schließlich kann dort als eigene Qualität eines Textes stärker hervortreten, wo sie einer Systematisierung zugleich Widerstand leistet (VII, 40).

## 3 Beschreibung der Minne als Agens und des Minneprozesses

Die Spruchstrophen, die nun im Mittelpunkt der Untersuchung stehen, entwerfen nicht das eingeforderte bzw. getadelte Verhalten der Liebenden; sie suchen nicht primär die Unterscheidung und Grenze zwischen 'höfischer' und 'falscher' Liebe zu präzisieren, sondern beschreiben Minne als Agens, als überpersonale Instanz, und/oder als Prozeß bzw. dessen im Entstehen begriffenes Produkt, als Erfahrung der Liebenden. Mit einer solchen Eingrenzung der Strophengruppe werden Minnesprüche ausgeklammert, die den Preis, die Verteidigung oder die Kritik der personifizierten Minne unter höfisch-ethischen Aspekten formulieren und aufgrund ihrer Orientierung an Wertoppositionen, ihrer 'dualistischen Struktur', etwa zwischen den in Kapitel 2 und den hier untersuchten Spruchtypen stehen.[547] Die Ausklammerung ist vor allem damit zu rechtfertigen, daß bei den genannten Themenbereichen keine kohärenten Typen entstehen und eine über die Nutzung einzelner topischer Sprachmittel hinausgehende Kontinuität von Darstellungsmustern kaum greifbar wird, daß die betreffenden Texte somit von geringerem Interesse für die vorliegende Untersuchung sind als die im Folgenden besprochenen. Zudem ist die Möglichkeit hier nicht gegeben, den Traditionsbezug Frauenlobs in den Blick zu nehmen, von dem keine vergleichbaren Strophen überliefert sind.

Wie im Fall der ermahnenden Strophen trifft auch für diesen Ausschnitt des höfischen Liebesdiskurses zu, daß er sich in der Sangspruchdichtung tendenziell von anderen Segmenten ablöst. Der Begriff 'Beschreibung', dessen Verwendung keinen definitorischen Anspruch impliziert,[548] schließt hier deontische und normative Aussagemuster, nicht aber wertende Rede generell aus. Unter diesem Begriff werden Entwürfe der Liebe als den Menschen manipulierende Instanz bzw. als erst im Entstehen Begriffenes in den Blick genommen. Sie können weitgehend wertfrei bleiben, auf Ambivalenz zielen oder auch mit eindeutiger Wertung verbunden sein.

Zur Darstellung der Minne als Agens und/oder als Erfahrung der Liebenden können die Spruchstrophen wiederum auf vorgeprägte Sprachelemente zurückgreifen, wie vor allem auf die hier jeweils relevante topische Motivik und Metaphorik aus dem Repertoire des Minnesangs.[549]

---

[547] Vgl. Anhang 1, S. 412.

[548] Er faßt somit nicht die textlinguistische Kategorie der *descriptio*, die Hübner für die Kennzeichnung laudativer Rede (für sich genommen) verwendet (*Frauenpreis*, S. 37f.).

[549] Zur topischen Minneprozeß-Motivik und -Metaphorik vgl. zusammenfassend Hübner mit weiterführenden Hinweisen, ebd., S. 34 u. 391, Anm. 82.

## 3.1 Minnespruchstrophen vor Frauenlob

Von den verschiedenen Möglichkeiten der Beschreibung und des Preises der Minne als Agens bzw. Prozeß werden im Folgenden zwei 'Beschreibungstypen' zur Sprache kommen, die aufgrund der Tatsache ausgewählt sind, daß innerhalb einer Reihe von Texten die Kontinuität ihrer Darstellungsmuster erkennbar wird und damit auch die spezifische Leistung des Einzeltextes.[550] Die zwei hier interessierenden Beschreibungstypen, in denen sich bekanntes topisches Material zu stringenten Darstellungsmustern verbindet, suchen die Geschlechterliebe in ihrer erotischen Dimension zu konturieren. Das relevante Unterscheidungskriterium erscheint dem ersten, flüchtigen Blick als eines des 'Gehalts': Zum einen handelt es sich um Strophen, die Minne in ihrem einigenden Wirken darstellen sowie die geglückte Liebeseinheit preisen, zum anderen um Texte, die Minne als gegnerische Macht kennzeichnen und die Liebeserfahrung ausdrücklicher als Prozeß – vor allem in ihrer Entstehung – erfassen. Bei näherer Betrachtung zeigt sich indes – die Textanalysen werden dies bestätigen –, daß die beiden Typen *primär* in ihren textuellen Verfahrensweisen voneinander zu unterscheiden sind: Sie tendieren zum Zusammenfassen, Unifizieren, zum Verzicht auf Differenzierung einerseits oder zum Differenzieren, Auffächern, Zergliedern andererseits.[551] Auf untergeordneter Ebene sind semantische Kriterien zu berücksichtigen, die den Texten gemeinsam sind: die Relationen erstens zwischen Innen und Außen, zweitens zwischen den verschiedenen Vorgangsaspekten bzw. Einzelereignissen und drittens zwischen den beteiligten Instanzen (wie etwa den Augen, dem Herzen, den Liebenden, der Minne etc.). *Sekundär* sind diese semantischen Kriterien deshalb, weil ihre Verwendung und Organisation von den genannten textuellen Verfahrensweisen gesteuert werden. Mit letzteren werden die relevanten Relationen entweder in der Kategorie der Einheit und Gleichheit oder in der Kategorie der Unterschiedenheit und Ungleichheit erfaßt.

Die solchermaßen differenzierten Beschreibungstypen sind nicht als normative Formen, sondern als die zwei Pole einer Skala von Darstellungsmöglich-

---

[550] Außer diesen beiden Beschreibungstypen ist unter den beschreibenden und preisenden Minnesprüchen, wie sie oben (S. 137) definiert wurden, als weiterer Untertypus noch der allgemeingehaltene Preis der Allgegenwart, Macht und Unfaßbarkeit der Minne zu nennen – ein Untertypus, der (von den anonymen Strophen abgesehen) hauptsächlich repräsentiert wird von: Walther von der Vogelweide, *L* 81, 31 und Reinmar von Zweter, Roethe 30; hierher gehört auch noch, obwohl von den vorgenannten Strophen schon durch den Frauenpreis im ersten Stollen unterschieden, Frauenlob, *GA* V, 101 und der Marner, Strauch XV, 18 (insbesondere der Abgesang; mit Ermahnung im Aufgesang).

[551] Beide Beschreibungsweisen der Liebe sind, wenigstens im Ansatz, auch in anderen Gattungen nachweisbar, nur lassen sich dort nicht so deutlich wie im Minnespruch zwei unterscheidbare Typen herauslösen; die Spruchdichtung bietet zudem den Vorteil, daß sich hier Textreihen zusammenstellen lassen, an denen Darstellungskontinuitäten evident werden. Zu dem in 3.1.1 besprochenen Beschreibungstyp vgl. etwa Gottfried von Straßburg, *Tristan*: *Minne diu strickaerinne / diu stricte zwei herze an in zwein / mit dem stricke ir süeze in ein / mit alsô grôzer meisterschaft* (v. 12176-12179).

keiten zu verstehen; es handelt sich also um ein Kontinuum, nicht um einen Gegensatz von Verfahrensweisen. Die Unterscheidung ist in modellhaftem Sinne aufzufassen und dient der systematischen Erfassung der Texte als Orientierungsraster. Es wird sich zeigen, daß die Texte eine ganze Reihe von Möglichkeiten auf der Skala zwischen diesen beiden Polen erarbeiten.

Die Minnesprüche werden im Folgenden sowohl in der Kontinuität der Sprachgebung und der textuellen Verfahren als auch in ihrem jeweiligen Eigenprofil analysiert, wobei wieder die Frage im Hintergrund steht, welche Strategien der präzisierenden Erfassung des Sujets entwickelt werden. Abgesehen von den Strophen, die als jeweiliger Beginn der konstruierten Textreihe zu 'Modelltexten' erklärt werden müssen, ist auch hier das Verfahren des Einzeltextes jeweils vor dem Hintergrund der Verfahrensweisen anderer Texte aufzudecken. Im Anschluß an die Analysen zu Strophen Reinmars von Zweter, des Jungen Meißners, des Litschauers und Konrads von Würzburg werden schließlich auf der Folie der so gewonnenen Ergebnisse Sprachgestalt und Strategien der Texte Frauenlobs untersucht.

### 3.1.1 Das unifizierende Verfahren: Liebe als Einheit und Gleichheit

Die Textreihe sei mit einer Strophe Reinmars von Zweter eröffnet (Roethe 50):

> Ein lîp, zwô sêle, ein munt, ein muot,
> ein triwe vür missewende     unt ouch vor varnder scham behuot,[552]
> hie zwei, dâ zwei,[553] in eime     vereinet gar mit stæten triuwen ganz:
>
> Swâ liep mit liebe des wirt inein,
> 5     dâ kan ich niht gedenken,     daz silber, golt unt edel gestein
> der zweier vröude vergulte,     diu sich sô biut durch liehter ougen glanz.
>
> Unt ob die Minne der zweier herze bunde,
> swâ man diu beide undr einer decke vunde,
> daz arm mit arme sich besluzze,
> 10     dâ möht wol sîn der sælden dach:
> nû wol im, dem ez ie geschach!
> ich weiz daz wol,     daz sîn Got niht verdruzze.

Folgende Darstellungsmittel des Textes sind für Strophen dieses Beschreibungstyps generell charakteristisch: Erstens kommen formelhafte Wendungen wie *liep mit liebe, der zweier herze, diu beide* mehrfach zur Anwendung; eine spezifische Variante bilden die 'zwei sind eins'-Formeln (v. 1 und 3). Zweitens wird Minne als überpersonale Instanz zumindest ansatzweise personifiziert

---

[552] Das Partizip *behuot* kann statt nur auf *triwe* (v. 2) auch auf alle in Vers 1 gereihten Subjekte des unvollständigen Satzes bezogen werden.

[553] Die Formel zu Anfang von Vers 3 ist nicht unmittelbar verständlich – man erwartet eher etwa: *hie eins, dâ eins*; sie ist vielleicht, auf mehrere Paare bezogen, als Hinweis darauf zu verstehen, daß die Einheitsstiftung durch die Liebe immer wieder erneut geschieht.

(v. 7); dies gilt ebenso für den zweiten Beschreibungstyp, erhält aber, wie noch auszuführen ist, dort eine andere Funktion als hier. Drittens tritt solchen Formeln eine Metaphorik des Verbindens zur Seite (*bunde, sich besluzze*; v. 7 und 9), die andernorts noch sehr viel auffälliger ausgearbeitet ist.[554]

Fragt man genauer, wie diese Sprachelemente in Verbindung miteinander in der sprachlichen Organisation des Ganzen eingesetzt werden, so sind die beiden *swâ-dâ*-Gefüge mit konditionaler Bedeutung[555] (v. 4-6 und 8-10) in den Blick zu nehmen, die, wie auch in anderen beschreibenden Minnesprüchen, das Strophenganze dominieren[556] und beide ein ähnliches, aber unterschiedlich akzentuiertes Bedingungsverhältnis formulieren.

Das erste Konditionalgefüge[557] benennt auf der Position der Bedingung (v. 4, v. 1-3 wiederaufnehmend) mit den erwähnten formelhaften Wendungen die Vereinigung der Liebenden. Mit dem Einssein in der und durch die *triuwe* werden Aufrichtigkeit und Beständigkeit als Teil der Liebeseinheit aufgefaßt, vor Wankelmut geschützt (v. 2), und zugleich als Voraussetzung, welche die Einheit selbst bewirkt und bewahrt (v. 3).[558] Als Konsequenz der umfassenden Einheit wird vom Ich die durch nichts zu überbietende Glückserfahrung gepriesen (v. 5f.). Dabei erfassen die 'zwei sind eins'-Formeln (v. 1 und 3) den ganzen

---

[554] Vgl. z.B. der Junge Meißner; Peperkorn A, I, 5; s.u., S. 143.

[555] Vgl. hierzu Paul/Wiehl/Grosse, *Mittelhochdeutsche Grammatik*, § 450: Relative Adverbien mit lokaler Bedeutung können ein Verhältnis zwischen Relativsatz und Hauptsatz bezeichnen, das einer Bedingung nahekommt; dies ist besonders häufig bei der Satzeinleitung mit verallgemeinerndem Relativpronomen der Fall. Zu konditionalen Schemata in Spruchstrophen vgl. Kibelka, „Typen der Spruchdichtung", S. 225 und Grubmüller, „Regel als Kommentar", S. 28.

[556] Außer in der vorliegenden Strophe sind *swâ-dâ*-Gefüge z.B. noch in folgenden der besprochenen Texte zentral: Reinmar, Roethe 268 und 273; der Junge Meißner, Peperkorn A, I, 5; Frauenlob, *GA* VII, 39 und VIII, 15. Zu *swâ-dâ*-Gefügen im Minnesang vgl. Eikelmann, *Denkformen im Minnesang*, S. 137-155. Eikelmann, der unterschiedliche konditionale Korrelationen untersucht, kann nachweisen, daß die *swâ-dâ*-Verbindung im Minnesang besonders häufig zur verallgemeinernden Darstellung der Liebesvereinigung und der „Gemeinsamkeit in der gegenseitigen Zuwendung beider Liebenden" eingesetzt wird (S. 140). Dies bestätigt in Analogie hierzu die Untersuchung der Minnesprüche in 3.1.1 und 3.2.1, während Reinmar, Roethe 268 und Frauenlob, *GA* VIII, 15 als Beispiele für den zweiten Beschreibungstyp andere Verwendungsmöglichkeiten dieser konditionalen Verbindung aufweisen (s.u., 3.2.1 und 3.2.2).

[557] Zur Konstruktion des Konditionalgefüges im Aufgesang: Der aufzählende Satz des ersten Stollens ist anakoluthisch gebaut und wird in Vers 4 mit *des* wieder aufgenommen; der verallgemeinernde Relativsatz in Vers 4 gibt die Bedingung (die Einheit der Liebenden) für die in Vers 5f. genannte Konsequenz an (die alles übertreffende Glückserfahrung).

[558] Vgl. Reinmar von Zweter, Roethe 272, 5f., wo der Zusammenhang zwischen *triuwe* und Liebesbindung anders erläutert wird: *man sol sich in* [sc. den *vrouwen*] *ze dienste valten / mit triuwen: daz stricket zwischen herzen zwein der Minne stric*; aus dem aufrichtigen und beständigen Dienst wird also der *stric* der Minne geknüpft, der die Herzen verbindet (vgl. ferner noch Roethe 273, 2: *mit triuwen slozzen*).

Menschen, Körper und Seele,[559] *munt* und *muot*, als Einheit. Zugleich stellen sie mit weiteren Wendungen, deren Variierung der Abgesang fortsetzt,[560] Mann und Frau ohne den Ansatz einer Differenzierung als Liebende gleich dar, ihnen widerfährt *vröude* in gleichem Maße. Eine Konturierung der Geschlechterrollen innerhalb eines bestimmten Modells des Verhältnisses zwischen Mann und Frau entsteht in der vorliegenden Beschreibung der Liebe nicht. Damit sind bereits zwei Aspekte der unifizierenden Darstellung genannt.

Im Konditionalgefüge des Abgesangs wird der integrative Charakter der Liebeseinheit, mit der wieder die Bedingung, nun allerdings gestaffelt (*unt ob*; *swâ*), angegeben ist, genauer gefaßt (v. 7-9).[561] Das Wirken der Minne, die jetzt erst als Agens eingeführt wird, wird ausdrücklich auf die Herzen der Liebenden bezogen (v. 7). Ist diese erste Voraussetzung der Verbindung der Herzen erfüllt, dann stellt sich, wird die Vereinigung der Körper vollzogen (v. 8f.), für die Liebenden die *sælde* ein (v. 10), welcher der abschließende Preis selbst Gottes Billigung zusichert (v. 11f.); wie im Aufgesang rekurriert auch zuletzt das preisende Ich in distanziert-verallgemeinerndem Duktus wieder auf sein (vom Erfahrungswissen abgelöstes) Wissen. Die Bedingung wird hier also aufgefächert, die Verbindung der Herzen der körperlichen Vereinigung vorgeordnet – nicht als Abfolge, sondern systematisch. Zugleich verdeutlichen die in Vers 7 und 9 eingesetzten, verwandten Metaphern, daß das *binden* der Herzen und das *sich besliezen* in der Umarmung als zwei Seiten desselben Geschehens unmittelbar zusammengehören. Die Einheit von *lîp* und *herze* wird vorausgesetzt und nicht als Polarität von Außen und Innen thematisiert. Der oben an typischen Formeln aufgezeigte erste Aspekt der Beschreibung von Einheit (Körper/Seele) entsteht also noch mit anderen Mitteln der Sprachgestalt, hier konkret mit der Besetzung des Konditionalgefüges.

Ein dritter Aspekt, unter welchem in spezifischer Verwendung der Sprachelemente Liebe als Einheit konstruiert wird, betrifft die Relation zwischen der personifizierten Minne und den Liebenden bzw. die Funktion der Personifizierung. Das Wirken der Minne als überpersonaler Instanz wird nicht als Fremdbestimmung des Menschen von außen beschrieben, die keine Entsprechung in seinem Inneren hat. Die Abfolge der beiden parallelen Konditionalgefüge zeigt: Minne bewirkt nur das, was dem Willen der Liebespartner entspricht. Agiert sie als Herzen und Körper vereinigendes Prinzip (Abgesang), so sind es die Liebenden zugleich selbst, die hierin 'übereinkommen' (Aufgesang, besonders v. 4). Das Wirken der Liebe hat in der Darstellung der Strophe nichts Gewaltsames, wird nicht als vom Menschen ohnmächtig erlittener Eingriff einer frem-

---

[559] Der Ausdruck *zwô sêle* in Vers 1 meint nicht eine Einschränkung der Liebeseinheit in bezug auf die *sêlen*, sondern ist als das eine Glied der Formel 'zwei sind eins' einzuordnen; statt *sêle* kann hier auch *herze* stehen (vgl. v. 7).

[560] Vgl. Formeln wie: *liep mit liebe* (v. 4), *der zweier vröude* (v. 6), *der zweier herze* (v. 7), *diu beide* (v. 8), *arm mit arme* (v. 9).

[561] Hier ist dem *swâ*-Satz noch der Konditionalsatz Vers 7 über- und der Konsekutivsatz Vers 9 untergeordnet.

den Macht in sein Inneres gekennzeichnet. Insofern ist der Preis der leidlosen *sælde*-Erfahrung auch im Sinne dieser Übereinstimmung zwischen dem Willen der Liebenden und dem Agieren der Minne zu verstehen.

Zu Reinmars Strophe ist festzuhalten: Die Darstellungsmittel des hier am Beispiel vorgestellten Beschreibungstyps – die Formeln, die Personifizierung der Minne, die Metaphern des Verbindens – stellen so, wie sie im Textganzen eingesetzt werden, Einheit der bzw. in der Liebe in drei Aspekten her: erstens im integrativen, *lîp* wie *herze* gleichermaßen umfassenden Charakter der Vereinigung, zweitens in der Ununterschiedenheit der Geschlechter und drittens in der Übereinstimmung zwischen dem Minne-Wirken und dem Willen der Liebenden. Für den letzten Aspekt, mit welchem Minne zwar als überpersonale Instanz, ihr Wirken aber nicht als Fremdbestimmung des Menschen aufgefaßt wird, ist der Einsatz mehrerer Konditionalgefüge von Bedeutung, mit denen im zweifachen Ansatz zwei unterschiedlich akzentuierte Schilderungen der Einheit aufeinander bezogen werden.

Diese drei Aspekte der unifizierenden Liebesdarstellung sind auch, bei etwas verschobener Akzentsetzung, in einem weiteren Text Reinmars von Zweter zu beobachten, der nur kurz angesprochen sei. Strophe 273 deutet eine Differenzierung zwischen *herze* und *lîp* bezüglich der Liebesverbindung, die als den ganzen Menschen umfassend dargestellt wird, nicht einmal an. Ebenso wird eine Gegenüberstellung der Geschlechter, eine Unterscheidung der Geschlechterrollen, vermieden.[562] Die deutlich personifizierte Minne schließlich wird zwar ausdrücklicher als in Strophe 50 als einflußnehmende, das Geschehen bestimmende Macht gekennzeichnet; dabei fehlt weder die Metaphorik des Verbindens (*Swâ Minne sliuzet unverdrozzen / man unde wîp mit triuwen slozzen*; v. 1f.) noch der Topos der Unterwerfung (*ir beider muot ir lêre sich tuot undertân*; v. 6). Zugleich aber heißt es von der Minne, ihr *spil* bringe den Liebenden nichts als Gewinn und Freude (v. 4 und 10), wird Liebe mithin nicht als Fremdbestimmung beschrieben.

Andere Möglichkeiten, die Darstellungsmittel des hier untersuchten Beschreibungstyps zu nutzen, zeigt eine Strophe des Jungen Meißners (Peperkorn A, I, 5):[563]

---

562 Vgl. *man unde wîp* (v. 2), *des mannes unt des wîbes sinne* (v. 5), *ir beider muot* (v. 6), *von in beiden* (v. 7); andere Erwähnungen der Liebenden kommen nicht vor.

563 Außerdem ist in bezug auf die Beschreibung der Minne als einigende Instanz noch eine unvollständig überlieferte Strophe des Meißners anzuführen (Objartel III, 1), die allerdings Darstellungselemente beider, in 3.1.1 und 3.1.2 vorgestellten Beschreibungsmuster kombiniert. Minne wird sowohl als überwältigende Macht in ihrer Entstehung im Inneren des Mannes erfaßt (v. 6f. und 11f.) wie auch als die Liebenden vereinigende Instanz, wofür die Formel 'zwei sind eins' und die Verbindungsmetaphorik zur Anwendung kommen (v. 8-10: *zwe herze in ein kanstu vurzwicken. / mit minnichlichen stricken / vestu dinen diener tougen*). Darüber

*Strophen vor Frauenlob* 143

        Swa *wi*plich wip lieplichen tougen lieben man
        geblicket an
        und er sie wider blicket,
        liebe wirt verstricket.
5      in minnen strick gar sunder wer     werden sie verzwicket,
        so daz ir lip, ir mut, ir leben     hilt minne sam minne diebe.[564]

        Wa die friuntschaft geschicht, da wirt ein ummevank
        mit armen blank,
        *daz liep bi liebe* entnücket,
10     munt an munt gedrücket.
        sus hat die minne mit gewalt     zesamen si*e* gesmücket.
        ich wen, daz ieman lebe so clug,     der die friuntschaft zercliebe.

        Piramus leit durch Thisbe not,
        ein swert er zu dem herzen bot.
15     von blute rot
        verwt er sich tot;
        diz wag unminne nicht ein lot.[565]
        sam tet vrou Thisbe: daz geschach     von rechter minne, liebe.

Neben der Personifizierung der Minne fällt hier besonders die ausgeprägte Verbindungsmetaphorik der beiden Stollen auf (*verstricket, strick, verzwicket*,[566] *gesmücket, zercliebe* als Metapher für das Gegenteil). Aufschluß über die spezifische Verwendung der einzelnen Darstellungselemente, insbesondere der Metaphern, und über die Verfahrensweise des Textganzen verspricht wieder eine Analyse der konditionalen Satzgefüge und ihrer jeweiligen Fortführung.

Die beiden Stollen, von denen sich der Abgesang mit seinem parataktischen Zeilenstil deutlich absetzt, sind parallel konstruiert: Ein konditionales Satzgefüge umfaßt die jeweils ersten vier Verse,[567] an dessen Nachsatz der jeweils fünfte Vers unmittelbar anknüpft und zusammen mit dem abschließenden Vers (v. 6 bzw. 12) die Aussage des Nachsatzes weiter ausführt.

---

hinaus wird von der apostrophierten Minne die Abgrenzung von *unminne* und *unstete* eingefordert (v. 2f.). Insgesamt stellt die Strophe somit eine Reihung unterschiedlicher Bestimmungsaspekte der Liebe dar, deren verbindendes Moment nicht eine bestimmte, übergeordnete Darstellungskategorie (Einheit/Unterschiedenheit), sondern die durchgehende Apostrophierung der Minne ist. – An den ersten Beschreibungstyp erinnert ferner der Abgesang einer Strophe Walthers von Breisach, *KLD* 63, I, 4, 9-15.

[564] V. 6: „in der Weise, daß ihr ganzes Wesen, ihre Gedanken, ihr Leben die Liebe wie Minnediebe verbergen" (das zweite *minne* ist Genitivobjekt).

[565] V. 17: „Unminne kann dies (diese Liebestat) nicht um ein Lot aufwiegen", d.h. sie hat nichts dagegen zu setzen; oder, falls *diz* Subjekt ist: „Diese Tat besteht zu keinem Lot aus Unminne"; in jedem Fall soll eine pejorative Auslegung des Liebestod-Exempels ausgeschlossen werden.

[566] Die Reimwörter von Vers 4 und 5 verwendet ähnlich auch der Meißner, Objartel III, 1, 8f.: *vurzwicken:stricken*.

[567] Auch das logische Verhältnis zwischen dem Vordersatz des Satzgefüges im zweiten Stollen (v. 7), der zwar nicht mit dem verallgemeinernden Adverb *swâ* eingeleitet wird, aber doch wohl eine verallgemeinernde Aussage trifft, und dem Hauptsatz kann nicht anders als im Sinne eines Bedingungsverhältnisses aufgefaßt werden.

Der erste Stollen benennt als Bedingung die Abfolge von Blick und Gegenblick. Mit dem Blickaustausch ist schon der Beginn der Liebeseinheit markiert; die hier angedeutete Gegenüberstellung von Mann und Frau wird dann auch im weiteren Verlauf der Strophe wieder aufgehoben. Gibt Vers 4 als Konsequenz der Blickverschmelzung lapidar an: „dann wird Liebe (Liebesfreude) *verstricket*", so kann nur gemeint sein, daß sie mit dem Blickaustausch erst entsteht oder, um im Bild zu bleiben, dann erst zum Strick geflochten wird. Unmittelbar hieran schließt sich der Folgevers (v. 5) mit der Metapher des die Liebenden fest verknüpfenden Stricks der Minne an. Der Schlußvers des ersten Stollens ergänzt die Charakterisierung der Liebeseinheit, indem er dem Moment des 'Zusammenschließens' der Liebenden das komplementäre Moment des Sich-Verschließens in der Geheimhaltung der Liebe hinzufügt. Mit dem modal-konsekutiven Satzanschluß wird das *minne heln* als Art und Weise und zugleich als Folge des Verstricktwerdens durch die Minne eingeordnet.

Liebe als Einheit und einigende Macht wird also im ersten Stollen unter verschiedenen, je komplementären Aspekten erfaßt: Ist Liebe das erst Entstehende (v. 4), so zugleich und in Konsequenz die selbst einflußnehmende, vereinigende Instanz (v. 5), wobei sie in der Weise manipuliert, in der sie selbst entsteht. Schließlich ist sie nicht nur die von außen wirkende Minne, sondern auch die von und in den Liebenden verschlossene.

Im zweiten Stollen wird die *friuntschaft* nun als Bedingung eingeordnet, wobei *die* mit demonstrativer Bedeutung an die vorangegangene Beschreibung der entstandenen Liebeseinheit anknüpft (v. 7). Auf der Position der Folge (v. 7-10) wird die sexuelle Vereinigung der Liebenden umschrieben und die Blickverschmelzung des Beginns andeutungsweise, nicht systematisch, um weitere Stufen der *quinque lineae amoris* ergänzt: die Umarmung, der Kuß. Der Nachsatz ist hier noch einmal untergliedert: Indem der Konsekutivsatz Vers 9f. als 'Folge' der Umarmung das gemeinsame Einschlummern schildert, weist er deutlich auf die Auslassung des gemäß den Regeln höfischer Dezenz nicht benannten Geschlechtsakts in der Beschreibung hin. Vers 11 schließt mit der Metapher des Zusammenfügens (*zesamen sie gesmücket*) direkt an die Bezeichnungen körperlicher Nähe an (vor allem *munt an munt gedrücket*; v. 10) und deutet letztere nun als direkte Manipulation der Minne als überpersonaler Macht. Die *gewalt* der Liebe als einer das Verhalten und Fühlen der Liebenden herrscherlich bestimmenden Instanz, der diese nichts entgegenzusetzen haben noch entgegensetzen wollen, wird wie im parallelen Vers 5 (*gar sunder wer*) deutlich herausgestrichen.[568] Das Fazit von Vers 12 nutzt eine weitere Aussagemöglichkeit der Verbindungsmetaphern: Es stellt die Wirkmächtigkeit der Liebe zuspitzend an der Unauflösbarkeit der von ihr gestifteten Einheit dar; keine Gegenmacht kann sie zerspalten.

---

[568] Dies im Unterschied zu den beiden oben besprochenen Strophen Reinmars von Zweter (Roethe 50 und 273), in denen die Fremdbestimmung durch Minne in das eigenbestimmte Verhalten der Liebenden eingebunden und damit relativiert wird (s.o., S. 141f.).

Auch dem Tod gelingt dies nicht: Das im Abgesang erzählte Exempel von Pyramus und Thisbe hat die Funktion, die behauptete Unauflösbarkeit im Extrem vorzuführen und zu bestätigen. Indem die Liebe zugleich die Ursache dafür ist, daß beide den Tod finden, fügt das Exempel der Charakterisierung der Einheit nun auch den Aspekt des Leidens hinzu, in welchem sich die Liebenden vereinigen. Ausdrücklich wird der Selbstmord beider als Tat *rechter minne* gewertet und ausgeschlossen, daß *unminne* hieran teilhat (v. 17f.).[569]

Insgesamt entwirft die Strophe des Jungen Meißners Liebe in der Kategorie der Einheit und Gleichheit unter verschiedenen Aspekten und in wechselnden Perspektiven, wobei die vielfältige Verwendung der Verbindungsmetaphorik im Zentrum der sprachlichen Gestaltung der beiden Stollen steht und deren Ausführungen aufeinander bezieht; die einzelnen Bestimmungen der Liebe werden außerdem syntaktisch oder motivisch[570] aufeinander bezogen und in Ursache- und Folgezusammenhänge gestellt. So wird die als Folge der Blickverschmelzung entstehende Liebe (v. 1-4) zugleich als von außen eingreifende Instanz konzipiert, die selbst wiederum in den Liebenden nach außen verborgen wird (v. 5f.); das so geschlossene Liebesbündnis ist ferner Voraussetzung für die sexuelle Vereinigung – so der Gegenstollen –, welche im nachhinein als Beweis direkter und ungebrochener Machtausübung der Minne als Agens kommentiert wird (v. 11). In Konsequenz des Gedankens der Unzertrennbarkeit (v. 12) läßt das abschließende Exempel die Liebeseinheit sich auch auf Leiden und Tod erstrecken.

Das Eigenprofil der Strophe besteht vor allem darin, daß sie die wechselseitigen Bedingungsverhältnisse zwischen dem Agieren der personifizierten Minne und dem Verhalten der Liebenden sowie zwischen der einigenden Macht und der erfahrenen Einheit in mehrfachem Ansatz vielschichtig entfaltet; auch hier ist wieder (wie in Reinmars Strophe) der Einsatz mehrerer Konditionalgefüge von Bedeutung. Zwar deutet sich mit der Entfaltung der einzelnen Aspekte der Liebe bruchstückhaft eine nicht sehr stark hervortretende Darstellung des Geschehens als Prozeß an, welche dem Blickaustausch die Entstehung der Liebe, dieser die Einflußnahme der Minne auf die Liebenden und schließlich die Vereinigung als ihr stets noch fester zusammenfügendes Wirken folgen zu lassen scheint. Doch wird dieser Eindruck einer Abfolge durch die Hin- und Her-Be-

---

569 Auf die Geschichte von Pyramus und Thisbe weist auch die in B auf Peperkorn A, I, 5 folgende Strophe A, I, 6 kurz hin, hier allerdings in warnendem Sinne als Exempel für die todbringende Leidenschaft. Durch diese Verwendung wird die ganz andere Akzentuierung in I, 5 als Exempel für die von der Minne selbst gestiftete, 'wahre Liebe' jedoch in keiner Weise zurückgenommen. Die Strophen sind zunächst als in sich abgeschlossene Texte aufzufassen; eine mögliche Zusammenstellung im Vortrag kann die Demonstration antithetischer Auslegungen ein und desselben Exempels zum Ziel gehabt haben, die der diskursiven Verarbeitung durch den Rezipienten angeboten wurden. – Einen weiteren Beleg für die in I, 5 relevante Verwendung des Exempels gibt Peperkorn an, *Der Junge Meißner*, S. 134.

570 Vgl. v. 4 und 5 (*verstricket – strick*); v. 10 und 11 (*gedrücket – zesamen [...] gesmücket*); v. 5 und 11 (*sunder wer – mit gewalt*).

wegungen wechselnder Zuordnungen der erwähnten Aspekte zueinander und wechselnder Perspektiven auf die Liebe letztendlich wieder zurückgenommen.

Zur Konzeption der Liebe in der Kategorie nicht unterschiedener Einheit kann abschließend festgehalten werden, daß in den Entwürfen Reinmars von Zweter und des Jungen Meißners erstens beide Liebenden ohne eine Differenzierung der Geschlechterrollen dargestellt werden, zweitens Liebe als Außen-, jedoch nicht als Fremdeinwirkung erfaßt wird, da nicht abgespalten vom eigenen Wollen und Fühlen, so daß die Perspektive auch zwischen der personifizierten Wirkinstanz und Liebe als Erfahrungsinhalt in gleitenden Übergängen wechseln kann, und daß drittens in der Hervorhebung des integrativen Charakters der Liebeseinheit der Innenraum beider Liebespartner nicht in den Blick kommt.

Für die je unterschiedlich akzentuierten, ansatzweise systematischen Beschreibungen spielt der Einsatz konditionaler Satzgefüge eine nicht geringe Rolle, wobei mit mehreren Bedingungsverhältnissen operiert wird; auf diese Weise werden entweder unterschiedliche Konturierungen 'desselben' Geschehens aufeinander bezogen (Reinmar von Zweter 50) oder im mehrfachen Perspektivenwechsel die zur Diskussion stehenden Aspekte der Liebe in je unterschiedliche Relationen zueinander gebracht (der Junge Meißner A, I, 5).

### 3.1.2 Das zergliedernde Verfahren: Liebe als Unterschiedenheit und Ungleichheit

Die nun im Vordergrund stehenden Strophen,[571] die einem zweiten Beschreibungstyp zugeordnet werden, weisen, so sehr sie sich in ihrer Sprachgestalt im einzelnen unterscheiden, grundlegende Gemeinsamkeiten in der Konzeptionierung der Minne als Agens auf, die gerade im Vergleich mit den in 3.1.1 untersuchten Minnesprüchen faßbar werden. So steht hier z.B. die Entfaltung des Entstehungsprozesses der Liebe in seiner Dynamik stärker im Vordergrund, wird ferner mit der Verbindung zwischen Auge und Herz die Innen-Außen-Relation und so auch der Raum des Inneren selbst fokussiert. Dies sind indes nur zwei der relevanten Aspekte, die im Folgenden an den Texten durch weitere zu ergänzen sind. Das erste Beispiel ist eine Strophe Reinmars von Zweter (Roethe 268):

> Diu Minn hât reht der sunnen craft,
> der schîn erzeiget meisterschaft
> ...[572] an eime ganzen glas, swâ daz vor einem venster stât.

---

[571] Zu diesen Texten vgl. auch Egidi, „Textuelle Verfahrensweisen", S. 414-423.
[572] Roethes Leithandschrift D hat hier keine Lücke; Roethe setzt sie, da vor der Zäsur im Vers (vor *ganzen*) nur eine Hebung steht; allerdings variiert die Hebungszahl der jeweils letzten Verse beider Stollen vor der Zäsur auch in anderen überlieferten Strophen dieses Tons

Dâ durch sô schînets âne crac
5   unt liuhtet in dem hûse den tac:
    alsô tuot    diu Minne, swâ ir blic von spilenden ougen gât.

    Swâ dâ zwên sterne gegen stânt
    unt strâle wider strâle gânt,
    dâ hilfet în diu Minne:
10  durch des mannes lîp si schiuzet,[573]
    in sînem herzen sich besliuzet,    daz ez brinne:
    wes herze wær sô sinnerîch,    daz ir den kunde entrinne?[574]

In zweimaligem Ansatz werden in der klar gegliederten Strophe der Blickwechsel und seine Wirkung auf das Innere des Mannes metaphorisch skizziert, wobei beide Male das Geschehen auf die personifizierte Minne zurückgeführt wird. Der Liebeskrieg-Metaphorik (Abgesang), die zusammen mit angrenzenden Bildbereichen (Verwundung, Brand, Diebstahl) ein charakteristisches Darstellungsmittel von Texten dieses Typs bildet, geht ein im geistlichen Bereich vorgeprägtes Bild voran (Aufgesang), dessen spezifische Akzentuierung in diesem Text näher betrachtet werden soll.

Das Bild des Sonnenlichts, das durch Glas dringt, ohne es zu zerstören, und die Dunkelheit vertreibt, ist vor allem aus mariologischem Kontext bekannt, wo es die Empfängnis Christi und die unverletzte Jungfräulichkeit Mariens bezeichnet, und bezieht seine Konnotationen von dort;[575] die von der Sonne ausgehenden Strahlen stehen für die von Gott ins Werk gesetzte *missio filii*, das dunkle Haus bedeutet die Welt bzw. die erlösungsbedürftige Menschheit, der mit Inkarnation und Erlösungstat Christi das Licht gebracht wird. Reinmar nutzt also wieder die Möglichkeiten der Analogiesetzung,[576] wobei gerade die ausführliche Gestaltung des Bildes sowohl die mariologische Vorgeprägtheit deutlich präsent hält als auch keinen Zweifel darüber läßt, daß es sich um eine Entsprechung der Struktur und Sprachgebung, nicht der Inhalte, handelt. Die Metapher erfaßt die *craft* der Minne und das von ihr bewirkte Geschehen analog zur religiösen Nutzung des Bildes als dem menschlichen Verstehen unzugängliches Heilsgeschehen. Die Übertragung der mariologischen Metapher in den Kontext der Liebesthematik geschieht hier nicht zum ersten Mal. Sie ist im hochhöfischen Minnesang vorgebildet, vor allem bei Heinrich von Morungen, der das

---

(von insgesamt 23 Strophen in der Neuen Ehrenweise [bei Roethe „Minnen-Ton"] außer in 268: Roethe 261-262; 266-267; 269-270; 272-274).

[573] V. 7-9: „Wo dem [sc. Blick] zwei Augensterne begegnen und Pfeile gegen Pfeile fliegen, da hilft ihnen [den Blicken der Frau, vgl. v. 10] die Minne hinein" (das Dativ-Objekt *in*/„ihnen" ist zu ergänzen).

[574] *daz*: kontrahiert aus *daz ez*.

[575] Belege bei Salzer, *Sinnbilder und Beiworte Mariens*, S. 71-74; vgl. auch Roethe, *Reinmar von Zweter*, S. 629 (Kommentar zur Strophe) und Frings/Lea, „Lied vom Spiegel", S. 126 u. 128f. Vgl. in der Lyrik z.B. Walthers von der Vogelweide Leich, L 4, 10-12: *Als diu sunne schînet durch ganz gewürhtez glas, / alsô gebar diu reine Crist, diu magt und muoter was.*

[576] Vgl. Reinmar von Zweter, Roethe 38, 7-10; s.o., 2.1.1, S. 91-93.

Ich von seiner Dame sagen läßt: *Sî kan durch diu herzen brechen / sam diu sunne dur daz glas* (*MF* 144, 24f.);[577] und auch Formulierungen der Minnesänger, laut denen die Dame *dur gantzen lîb* in das Herz des Liebenden eindringt und es verwundet, scheinen diese Metapher zur Grundlage zu haben.[578] Ihre Verwendung im Minnesang hat jedoch eine andere Tendenz: Dort ist es fast immer die Minnedame, nicht die Minne, deren Eindringen auf diese Weise geschildert wird, um ihr Wohnen im Herzen begreiflich zu machen.[579] Und wo in Verbindung mit dieser Vorstellung das Blickmotiv eine Rolle spielt, geht es allein um die Sinneswahrnehmung des Mannes: Seine Augen nehmen das Bild der in ihrer Schönheit der Sonne verglichenen *vrouwe* als Sinneseindruck auf und leiten es an das Herz weiter. Die Dynamik des Vorgangs ist dann auf die Augen-Herz-Bewegung beim Mann beschränkt und wird überdies in der Regel von der Statik des im Herzen wohnenden Bildes verdrängt.

Das Spezifische der Bildnutzung bei Reinmar ist dagegen, daß er nicht den einfachen Wahrnehmungsvorgang umschreibt, sondern eine Darstellung des Blick*wechsels* einleitet, dessen Dynamik bereits hier durch den Impuls ausgesendeter Blicke betont wird; als Prozeß, der vom initiierenden Blick der Frau über den Gegenblick bis zur Entstehung der Liebe im Herzen des Mannes führt, wird er dann im Abgesang weiter entfaltet. Dabei wird zunächst offengelassen, ob sich die Sonnenstrahl-Metapher auf die Blicke der Frau oder die des Mannes bezieht; doch die Vorgeprägtheit des Motivs im Minnesang sowie die Liebesdiskurs-Topik generell dürften für den Rezipienten die in Vers 10 erfolgende Auflösung bereits im Aufgesang nahelegen.[580]

Mit der Metapher des Sonnenstrahls für den Blick,[581] der durch die Augenfenster des Mannes ins Herz einfällt, gewinnt Reinmar ein Instrument der genauen sprachlichen Analyse dieses Vorgangs: Es ist nicht nur, wie im Minne-

---

[577] Vgl. auch Heinrich von Morungen, *MF* 127, 7-9: *Si kam her dur diu ganzen ougen [] / sunder tür gegangen*; den Versen, die zugleich an die ebenfalls mariologisch gedeutete Pforte Ezechiels erinnern, geht das Motiv der Dame mit dem Herzen im Herzen mit einer auffälligen Verwendung der Herzensraummetapher voraus (*MF* 127, 4-6). Zur Verwendung der Sonne-Glas-Metapher im Liebeskontext: Ohly, „Cor amantis", S. 131-133 u. Anm. 5 (besonders zu Morungen); vgl. ferner Kesting, *Maria – Frouwe*, S. 96 und Roethe, *Reinmar von Zweter*, S. 629.

[578] Vgl. Wernher von Teufen, *SSM* 9, 4, VI, 5 (zit.); Ulrich von Winterstetten, *KLD* 59, Leich III, 11, 3f. [27f.].

[579] Vgl. dagegen eine Parallele zu Reinmars Verwendung im Sangspruch: In einer anonymen Strophe im Langen Ton des Marner wird von der Minne gesagt, *si sluffe durch ein ganzez glas, dar ümbe ez doch niht wurde zetrant* (*HMS* 2, Sp. 255b, XV, 35, 8f.). – Zur Herzmetaphorik generell vgl. außer Ohly, „Cor amantis": von Ertzdorff, „Die Dame im Herzen".

[580] Ferner dürfte der Ausdruck *spilende[] ougen* kaum auf ein männliches Gegenüber zu beziehen sein.

[581] Zwar verwendet auch Heinrich von Morungen zweimal die Sonnenstrahl-Metapher für die Blicke der Dame (*MF* 124, 35-40; 138, 38), doch zum einen entsteht hier keine Analogie zum mariologischen Bild für die jungfräuliche Empfängnis, und zum anderen wird weniger die Vorstellung des Innenraumes des Liebenden als vielmehr die strahlende Erscheinung bzw. der leuchtende Blick der Geliebten betont.

sang, die Vorstellung des Eindringens, sondern gleichermaßen die des zielgerichteten Aussendens durch eine von außen wirkende Macht, die hier entsteht:[582] Blickstrahlen werden ausgesendet, zugleich ist es die Minne selbst, deren Strahlen in den Herzraum gelangen. So kann der Aufgesang das Geschehen mit dem initiierenden Blick der Frau beginnen lassen und ihn zugleich ursächlich auf die Manipulationen der Minne zurückführen.

Mit der breiten Ausführung der Lichtmetaphorik ist ferner die Ausarbeitung der Raummetaphorik unmittelbar verknüpft:[583] Die Fenstermetapher zielt auf die Abgrenzung zwischen Außen und Innen;[584] die Vorstellung des Inneren als Raum rückt in den Vordergrund, entsteht gleichsam erst mit dem Bild des einfallenden und ihn sichtbar machenden Lichtes (vgl. v. 4f.). Von entscheidender Bedeutung für die sprachliche Organisation des Textganzen ist, daß beides – die Vorstellung des Aussendens des Blicks wie die des Herzraumes – sich in der neuen Metaphorik des Abgesangs fortsetzt und damit das Verbindungsglied zwischen beiden Entwürfen des Minneprozesses bildet. Deren Verhältnis zueinander ist, da mit ihm der Text seine zentrale Strukturierung erhält, näherer Betrachtung wert.

Der Abgesang kommentiert und erläutert das Bild von Sonne und Glas in der spezifischen Verwendung des Aufgesangs mit Hilfe der nun neu einsetzenden *militia amoris*-Metaphorik, wobei die Akteure nun im Literalsinn benannt auf den Plan treten (der Schlußvers des Aufgesangs leitet diesen Kommentar bereits ein): Wie die Sonne ihre Strahlen, so schickt Minne die Blickpfeile in das Innere des Mannes.[585] Genau genommen entwirft der zweite Abschnitt den Prozeß der Liebesentstehung jedoch nicht in denselben Umrissen wie der Aufgesang, sondern zerlegt ihn auf andere Weise: So benennt das Konditionalgefüge in Vers 6 den Blick der Frau als Voraussetzung für die Entstehung, und der zweite Konditionalsatz in Vers 7f. führt als weitere Bedingung den Gegenblick des Mannes an, der erst hier ausdrücklich Erwähnung findet; sind seine Augen in der Metaphorik des Aufgesangs gleichsam die Einfallstore (v. 2-5), so senden sie nun selbst Gegenwaffen, Blicke, aus, mit denen wiederum die Frau getroffen

---

[582] Hierin zeigt sich noch einmal die genaue (formal-strukturelle) Analogie zur Bildverwendung in mariologischen Beispielen, die ja auch von einem Aussenden (*missio filii* durch Gottvater) sprechen.

[583] Zum Motiv des Herzraumes vgl. Tervooren, *Heinrich von Morungen*, S. 154, der die „starke räumlich-konkrete Gestaltung" des Inneren des liebenden Ich bei Morungen erwähnt und als Hauptbeleg das bereits erwähnte Lied *MF* 127, 1 anführt. Die ausgeprägte Raummetaphorik hat bei Morungen, der sie nicht mit der Lichtmetapher verknüpft, eine ganz andere Funktion als bei Reinmar: Sie erfaßt hier nicht die Dynamik eines Vorgangs (der Blickwechsel, die Bewegung zum Herzen hin), sondern die Statik einer Situation (das Wohnen im Herzen).

[584] Vgl. Scheerer, Art. „Die Sinne", Sp. 836, zur Fenstermetapher für die Sinne.

[585] Das Motiv des das Herz verwundenden Pfeiles in anderen Varianten z.B. bei Walther von der Vogelweide (*L* 27, 26 und 40, 35-38) oder Heinrich von Veldeke (*Eneasroman*, 267, 19-31: Venus schießt ihren Pfeil auf Lavinia). Belege zur Verwundung durch den Blick bei Schleusener-Eichholz, *Auge im Mittelalter*, Bd. 2, S. 776, Anm. 503.

werden soll (v. 8). In dieser Situation, in welcher der Kampf noch nicht entschieden ist, kommt die Minne den Blickpfeilen der Frau zu Hilfe, die offensichtlich alleine nicht den Sieg erringen könnten, schießt sie ins Herz des Mannes und gelangt mit ihnen selbst hinein, um es in Brand zu setzen (v. 9-11).

Der Blick bzw. Blickwechsel (v. 6-8) ist hier dem eigentlichen Wirken der Minne also vorgeschaltet, genauer gesagt, dieses wird aufgespalten in ein eher verstecktes Wirken im Medium des weiblichen Blicks (v. 6) und ein direktes Handeln; der gleichgewichtete 'Kampf' zwischen Mann und Frau wird vom offenen Eingreifen der Minne unterschieden – ohne Entsprechung dieser Differenzierung in den beiden Stollen. Man wird dies kaum auf eine zeitliche Auffächerung einer Folge von Einzelereignissen reduzieren wollen. Erreicht wird im Abgesang vielmehr eine gegenüber dem Aufgesang stärkere Betonung der Dynamik des Minneprozesses, zugleich eine differenziertere Analyse des Geschehens in seinen verschiedenen Aspekten, die vor allem in der Konstruktion komplexer Bedingungsverhältnisse greifbar wird: Einerseits wird das Agieren der Minne als Folge des Blickwechsels skizziert, andererseits ist es *ir blic*, mit dem alles beginnt (v. 6). Sie ist Ursache und zugleich Konsequenz – doch erst als überpersonale Instanz, von außen, wendet sie das Geschehen entscheidend (v. 10f.).

Zum anderen wird nun, gegen Ende der Strophe, erst deutlich, was im Aufgesang noch unentschieden bleibt: die scharfe Differenzierung zwischen den beteiligten Akteuren hinsichtlich ihrer Rolle im Minnegeschehen. Nicht nur wird zwischen den Geschlechtern unterschieden, sondern eine Dreieckskonstellation der Gegnerschaft konstruiert, die sich klar von der des ersten Beschreibungstyps unterscheidet (s.o., 3.1.1). Sind dort beide Liebenden gleichermaßen Gegenstand des Wirkens der Minne, welches vom eigenen Wollen nicht abgelöst ist, so ist hier allein der Mann Objekt ihrer gewaltsamen Manipulation und die Frau ihr Medium; als gemeinsame Gegnerinnen des Mannes werden *wîp* und Minne zugleich in ihren Positionen auseinandergehalten.[586] Hinsichtlich dieser Differenzierung ist gleichsam erst jetzt der zweite Beschreibungstyp erreicht, der sich im Textverlauf nach und nach konstituiert.

Doch präzisiert nicht nur der Abgesang den Aufgesang, sondern beide Strophenabschnitte kommentieren einander auch wechselseitig. So wird das Einfallen der Minne zweifach geschildert: Sie ist Lichtbringerin, vertreibt die Dunkelheit (v. 4f.), zugleich ist sie die verwundende, gewaltsam wirkende Liebe (v. 10f.); daß die beiden Bildbereiche sich in den benachbarten Metaphern von Licht und Feuer berühren, zeigt, daß es sich nicht um unterschiedliche Verwirklichungen der Liebe handelt, daß nicht die brandschatzende Minne hier von

---

[586] In den Strophen Roethe 268-271 entwirft Reinmar diese Konstellation – *minne* und *wîp* überwinden den Mann, der gegen dieses Bündnis machtlos ist – in verschiedenen Variationen (außer in 268 wird nur in 270 die Liebesentstehung eingehender thematisiert); 269 und 271 gehören insofern nicht zum Typus der Beschreibung des Minneprozesses, als es um den Schutz vor der überwältigenden Minne geht (269, mit Ich-Rede) bzw. um die eingeforderte 'Besiegung' des Mannes allein durch die Tugenden der Frau (271).

der lichtspendenden abgegrenzt wird, sondern daß sie im wohltuenden und verletzenden Agieren dieselbe ist. Dies impliziert ferner, daß ihre gegensätzlichen Eigenschaften einander bedingen: Die metaphorische Umschreibung der Minne und ihrer wundertätigen *craft* im Aufgesang macht plausibel, warum erst mit ihrer Hilfe die Blickpfeile der Frau das Herz des Mannes erreichen. Umgekehrt erhält das Bild der durch unzerbrochenes Fensterglas einfallenden Sonne im nachhinein durch die Bildlichkeit der *militia amoris* des Abgesangs einen weiteren Bedeutungsaspekt und besagt dann auch, daß Minne durch nichts abgewehrt werden kann (vgl. v. 12), daß das Herz ihr preisgegeben ist.

Der vorliegende Text erreicht mit dem Verfahren der Auffächerung und Zergliederung eine vielschichtige Darstellung, die an der Kategorie der Unterschiedenheit und Ungleichheit orientiert ist; bezüglich der Liebesentstehung und des sie vorantreibenden Wirkens der Minne erarbeitet er mehrere Differenzierungen,[587] die diesen Beschreibungstyp deutlich vom ersten absetzen. 1. Die Geschlechter werden in eine antagonistische Konstellation gebracht, die den Mann als Objekt, die Frau als Werkzeug der Machtausübung der Minne einordnet. 2. Die Innen-Außen-Differenzierung wird zentral; sie konsolidiert sich in der Skizzierung des Weges zwischen Auge und Herz und in der 'Ausleuchtung' des Herzraumes. 3. Die Polarisierung von Innen und Außen wird zur Deutung der Liebe als Fremdbestimmung genutzt: Mit der Verlagerung des Zentrums des Geschehens ins Innere und der bewirkenden Instanz nach außen wird die vollständige Trennung zwischen Erfahrungsträger und letzter Ursache erreicht, wird so der Minneprozeß als aller Einflußnahme des Betroffenen unzugänglich dargestellt. Dem entspricht, daß Begriffe wie *minne* ausschließlich in der Personifizierung vorkommen und für das Agens stehen, nicht für den Erfahrungsinhalt. 4. Die Entstehung der Liebe wird als Prozeß in seiner Dynamik entfaltet und analysierend in verschiedene Aspekte aufgefächert, die zugleich in komplexen Bedingungsverhältnissen aufeinander bezogen werden. Entscheidend hierfür ist der doppelte Ansatz der Darstellung, mit welchem zwei unterschiedliche Akzentuierungen des Minneprozesses einander kommentieren.

In einer Strophe des Meißners klingt dieser Typus der Minnebeschreibung ebenfalls kurz an (Objartel III, 1), wobei allerdings der Text als Ganzes sich einer Zuordnung entzieht.[588] Derselbe Vorgang wie in Reinmars Strophe wird hier vereinfacht und verkürzt wiedergegeben. Der Mann wird als alleiniges Objekt und die Liebesentstehung als Manipulation der personifizierten Minne geschildert, die welche Blicke der Frau als Waffen gebraucht, um sein Herz zu erreichen: *Du* [sc. *minne*] *twinges mannes sinne / mit dinen liechten spilenden*

---

[587] Hierin unterscheiden sich Auf- und Abgesang noch: Während erst in letzterem die Dreieckskonstellation der Gegnerschaft (vgl. im Folgenden 1. und 3.) erst wirklich deutlich und die Analyse des Prozesses weitergeführt wird (4.), ist in den beiden Stollen die Innenraum-Darstellung ausgeprägter (2.).

[588] So deuten die Verse 8-10 dieser Strophe das einigende Wirken der Minne an, und zu Beginn des Aufgesangs (v. 1-3) geht es um die Abgrenzung gegen *unminne*.

*ougenblicken* (v. 6f.); *Du schiuz der minnen strale mit gewalt durch wibes ougen in mannes herze. / Du wundes unde heiles wider* [...] (v. 11f.). Werden hier die Blicke wieder als Pfeile der Minne bezeichnet, so findet Reinmar von Zweter in einer weiteren Strophe eine andere Umschreibung für dieselbe Konstellation (Roethe 270). Nachdem zunächst mit Kampf- und Turniermetaphern die Verwundung und Besiegung des Mannes durch die Frau beschrieben werden (v. 4-8), wird die *meisterschaft* ihrer Augen und das Ungleichgewicht des Kampfes, ohne das Bild des Blickpfeils zu verwenden, präzisierend damit erläutert, daß die Minne sich aus den Augen der Frau 'herausdrängt', was impliziert, daß sie sich in ihr aufhält:[589] *diu sigerîche Minne / diu windet sich ûz wîbes ougen / durch des mannes ougen tougen nâch gewinne* (v. 9-11). Auch in diesen beiden Texten ist also das *wîp* Medium, die Minne die für das Geschehen Hauptverantwortliche, wobei jedoch das Innere des Mannes nur sehr flüchtig in den Blick gerät und insgesamt eine Differenziertheit wie in Reinmars Strophe 268 nicht erreicht wird.

Einen anderen Schwerpunkt als diese Texte setzt die folgende Strophe des Litschauers bei der Gestaltung des Minneprozesses:[590]

>  Waz tuot gar we dem herzen, wol den ougen?
>  daz tuot din schœne, ein wiplich wip.
>  ir wiplich schœne, ir reiner lip
>  dur mannes ouge im in sin herze dringet;
>
> 5 Dar nach ze hant diu liebe slichet tougen
>  durh ougen minne gerndem man
>  im in sin herze, sunder wan,
>  ze hant diu liebe mit dem herzen ringet,
>
>  Si wundet im sin herze und al[le] sin sinne.
> 10 ez schat dem biderben wibe niht,
>  die man in schœnen eren siht,
>  und ir wiplicher tugende jiht:
>  si tuot im in den ougen wol, doch wundet in diu minne.

Die beiden Eingangsverse stellen *herze* und *ougen* des Mannes in der widersprüchlichen Erfahrung der Schönheit einander gegenüber. Die darauf einsetzende Analyse des Minneprozesses erläutert dies. Anders als etwa Reinmars Strophe 268 setzt der Text nicht den Blick*wechsel* als Beginn der Liebe an, sondern den ohne metaphorischen Aufwand geschilderten einfachen Wahrnehmungsvorgang: In Übereinstimmung mit den Grundzügen scholastischer Wahr-

---

[589] Diese Vorstellung wird bis ins Detail ausgearbeitet von Konrad von Würzburg, Schröder 32, 106 (s.u., S. 154-158).

[590] Der Litschauer, *HMS* 2, Sp. 387a-b, 5; das Werk dieses Spruchdichters wird in *RSM* 4 (1988), S. 256, in die zweite Hälfte des 13. Jahrhunderts datiert.

nehmungslehre[591] gelangt der visuelle Eindruck der Schönheit über die Augen ins Innere (v. 3f.). Dies entspricht in etwa dem minnesängerischen Topos vom Eindringen und Wohnen der Dame im Herzen, die auch hier nur als statisches Bild gegenwärtig wird.

Der zweite Stollen läßt der Schönheitswahrnehmung das Eindringen der Minne[592] als im zeitlichen Nacheinander sich nun erst anschließendes Ereignis folgen (v. 5-7). Ihr Wirken wird hier nicht als unverhüllte Machtausübung gekennzeichnet, sondern gleichsam als List, schleicht sie sich doch ins Innere hinein, indem sie auf demselben Weg, den der Sinneseindruck von außen nach innen nimmt, diesem unbemerkt folgt. Erst am Ziel angelangt, entfaltet die Minne ihr gewaltsames Wirken und vermag das Herz im Kampf zu überwinden (v. 8f.). Die abschließenden Verse (10-13) knüpfen mit ihrem Fazit an die beiden Eingangsverse an und lösen deren Widerspruch auf: Der Frau kann die Verwundung des Herzens nicht angelastet werden (v. 10), ihre Tugendvollkommenheit und êre sind davon unberührt. wê und wol tuon wird auf die beiden Instanzen minne und wîp aufgeteilt.

Zum einen ist in der Strophe also die rein zeitliche Zerlegung des Geschehens zentral. Im Unterschied zu den in 3.1.1 und in diesem Kapitel bislang besprochenen Texten, in denen Konditionalgefüge eine Rolle spielen, ist die Strophe fast ausschließlich parataktisch konstruiert und verwendet Anschlüsse, die eine zeitliche Relation zum Ausdruck bringen (dar nach ze hant; ze hant; v. 5 und 8). Verschiedene, zusammengehörige Seiten ein und desselben Vorgangs – das Eindringen des Wahrnehmungseindrucks, das Einschleichen der Minne, der Kampf – werden als einander folgende Einzelereignisse voneinander abgelöst, ohne daß sie in einen anderen Zusammenhang als in den der zeitlichen Abfolge gestellt würden.

Zum anderen wird, was die Konstellation der Beteiligten betrifft, die Frau nicht, wie dies etwa das Bild des von Minne ausgesendeten Blickpfeils impliziert, als Medium der Manipulation der Minne aufgefaßt. Vielmehr werden beide in ihren Funktionen voneinander geschieden, ohne neu aufeinander bezogen zu werden. Dies geschieht nicht nur explizit durch die Klärung der 'Schuldfrage' (v. 10-13), sondern gerade auch durch die Trennung der Einzelereignisse: Während zwar auch die Frau ins Herz gelangt, wird nur die personifizierte Minne als dessen Gegnerin und Überwinderin aufgefaßt (v. 8f.).

Dies führt drittens zu der bereits erwähnten Gegenüberstellung von ougen und herze.[593] Mit ihr wird eine in sich widersprüchliche Erfahrung (wol und wê

---

[591] Nach der scholastischen Wahrnehmungstheorie gelangen die visuellen Eindrücke als Abbilder der Gegenstände ins Auge und von dort ins Gehirn, genauer in die erste der drei Gehirnkammern, in der in der Regel die imaginatio angesiedelt ist; vgl. Pagnoni-Sturlese, Art. „Phantasia", bes. Sp. 526-533.

[592] liebe (v. 5 und 8) ist hier als Synonym für minne gebraucht; das geht auch aus der Parallelität der Verse 9 und 13 hervor.

[593] Das Motiv der entgegengesetzten Erfahrung von Herz und Augen findet sich z.B. auch bei Heinrich von Morungen (MF 136, 8) und im Parzival Wolframs von Eschenbach (Buch

*tuon*) in zwei Bereiche zerlegt. Dies ist nicht nur auf den Gegensatz von Freude- und Leiderfahrung zu beziehen, sondern grundsätzlicher noch auf die gegensätzliche Erlebnisweise des inneren und äußeren Menschen. Auf der Basis der Innen-Außen-Polarität treten die Wahrnehmung der äußeren Sinne und das innere Erleben auseinander. So spielt sich der Kampf ausschließlich im Inneren des Mannes ab; die angedeutete Metaphorik der *militia amoris* wird erst mit Bezug auf das Herz und nicht auch schon für die Blick-Bewegung von außen nach innen eingesetzt. Mit dem Ausdruck 'Sinne des Herzens' (v. 9) wird möglicherweise ebenfalls das innere Erleben der Außenwahrnehmung gegenübergestellt.[594]

Charakteristisch für die Strophe des Litschauers ist somit eine dreifache Tendenz zur Zergliederung, die nicht mit einem erneuten In-Beziehung-Setzen des Getrennten einhergeht.

Wieder anders entwirft Konrad von Würzburg in einer Spruchstrophe das Minnegeschehen (Schröder 32, 106):

> Ûf erde nie kein man gesach sô tougenlîche clôsen,
> sô wîbes herze in dem diu minne lûzet âne kôsen:[595]
> si kan mit ir lôsen
> gebærde ir friunt[596] beschâchen wol.

110  ahî wie sæleclichen der mit fröuden wirt gerîchet,
der si vil reinen winkeldiupen vâhet unde erslîchet,
diu der strâze entwîchet
dur lâge in gar ein engez hol![597]

ûf den si den roup muoz lân, den si verborgenlichen hilt.
115  swaz sir friunden ab gestilt,
daz si ze loche tücket,
daz wirt herwider ûz von in gehelset und gedrücket,

---

X, 531, 26; 600, 10), wird dort jedoch nur kurz angespielt, nicht analysierend ausgeführt und mit einem zeitlichen Ablauf in Verbindung gebracht wie beim Litschauer.

[594] Die *sinne* in Vers 9 auf die gesamte Person des Liebenden zu beziehen, also als äußere Sinne aufzufassen, verbietet sich aufgrund des in Vers 1 und 13 formulierten zentralen Gegensatzes. Die 'Sinne des Herzens' als Entsprechung zu den *sensus interiores* aufzufassen, ginge jedoch sicher zu weit, da eine dem gelehrt-lateinischen Modell entsprechende Binnendifferenzierung dessen, was hier einfach die Gesamtheit der inneren Wahrnehmung ist, nicht angedeutet wird.

[595] *âne kôsen* ist entweder in dem Sinne zu verstehen, daß die Verborgene sich nicht durch Geschwätz verrät, oder es ist auf *mit ir* [...] *gebærde* (v. 108f.) zu beziehen (Minne beraubt ihre Freunde durch ihr Gebaren, nicht durch Worte).

[596] V. 108f.: Bezugswort des Personalpronomens *si* bzw. *ir* ist – ebenso wie in den Versen 111, 114-116 und 118 – *diu minne* (v. 107); *ir friunt* meint somit nicht den Geliebten der Frau, sondern, als Plural aufgefaßt, die 'Freunde der Minne' (vgl. v. 115).

[597] V. 112f.: „die [sc. die Diebin Minne] die Straße verläßt und in eine enge Höhle ausweicht, um dort im Hinterhalt zu liegen".

>              si giltet kus mit kusse dem si tougen hât gezücket,
>              swâ sich liep gesmücket
> 120          ze liebe als ez von rehte sol.

In deutlicher Personifizierung tritt die Minne wieder als Akteurin auf, doch nicht in Verbindung mit dem Bild des Kampfes, sondern mit der Raub- und Diebstahlmetaphorik: Als Diebin hält sie sich im Herzen der Frau verborgen, um von dort auf Raub auszugehen, dessen Opfer der Mann ist. Damit wird zwar der Beginn der Liebe nicht in den Vordergrund der Darstellung gerückt; dennoch läßt sich die Strophe der Reihe der hier untersuchten Texte mit guten Gründen anschließen, da die Diebstahl- und die Kampfmetapher in ihrer zugrundeliegenden Struktur und Funktion miteinander verwandt sind: Beide Metaphern betonen die Dynamik des Vorgangs, beschreiben – zunächst – dieselbe Konstellation der Gegnerschaft und werden mit der Metaphorik des Herzraumes verknüpft.

Die Vorstellung des inneren Raumes ist in der vorliegenden Strophe stark ausgeprägt (*clôse*[]; *strâze*; *lâge*; *engez hol*; *loch*[]). Die Raummetaphorik bezieht sich hier auf das Herz der Frau, nicht auf das des Mannes, und erfaßt es folgerichtig als Ort der Handlung, nicht als Objekt der Manipulationen der Minne. Zentral ist dabei der Aspekt des Verborgenen und Heimlichen (*tougenlîche*; *lûzet*; *verborgenlichen hilt*; *tougen*). Die Umschreibung des Herzraumes als verborgener Ort hat im Rahmen der Diebstahlmetaphorik eine doppelte Funktion. Die Klause oder Höhle wird von der Minne einerseits als Hinterhalt genutzt, in welchem sie auf der Lauer liegt (v. 107; 112f.).[598] Andererseits ist die Herzhöhle auch das Versteck, in welchem die Minne ihr Diebesgut hortet (v. 116; vgl. 114). In dieser Doppelfunktion liegt, wie noch zu zeigen sein wird, der Ausgangspunkt für eine 'überraschende' Abwandlung des Beschreibungstyps.

Auf der Bildempfänger-Ebene gibt die spezifische Verwendung der Raummetaphorik dem Minneprozeß von vornherein eine andere Kontur als in den Strophen Reinmars und des Litschauers: Nicht als Eindringen der Minne ins Innere wird er gefaßt, sondern als Wirken aus dem Inneren der Frau heraus nach außen: Die verborgene Minne überwindet den Mann mit 'ihren' *gebærden*, die sich im Gebaren der Frau materialisieren; die Frau ist das Medium nicht für einen offenen Angriff, sondern für eine List. Ganz ähnlich heißt es in einer Strophe Reinmars von Zweter, in welcher das Minnehandeln allerdings als ambiva-

---

[598] Das Bild der Straße (v. 112), welche Minne verläßt, um das arglose Opfer überraschen zu können, scheint sich ganz der Logik auf der Bildspender-Ebene zu verdanken und als Kontrast zum Versteck 'abseits vom Wege' zu dienen. Unter der *strâze* die Herz-Augen-Verbindung zu verstehen entspräche nicht der Logik der Strophe auf der Bildempfänger-Ebene, denn zum einen wird nicht erst das Eindringen der Minne geschildert – nur in diesem Zusammenhang wäre das Bild der Straße für den Weg von den Augen ins Innere sinnvoll; zum anderen würde die *strâze* in einer solchen Bedeutung ja gerade direkt zum Herzen hinführen, das dann eben auch nicht abseits von ihr läge. Vers 112 ist daher eher im Sinne der Logik der Bildspender-Ebene zu begreifen und arbeitet die Vorstellung des Hinterhalts aus.

lent eingeordnet wird: [...] *sô birget sie sich in einer minniclîchen vrouwen cleit. / Dar în sô stilt si sich ze vâre* (Roethe 269, 3f.). Der Täuschungscharakter im Handeln der Minne meint: Nur die Auswirkungen sind erkennbar, ihr Ursprung – Minne als Manipulateurin – entzieht sich dem Erkennen und damit auch möglichen Schutzmaßnahmen. Damit ist nun allerdings erst das Grundschema der Diebstahlmetapher umrissen, welches dieselbe Konstellation der Beteiligten impliziert wie die *militia amoris*-Metaphorik:[599] die Minne als Akteurin, der Mann als Objekt und die Frau als Medium ihres Wirkens.[600]

Auf der Basis dieses einfachen Grundschemas wird jedoch mit der Bildlichkeit von Hinterhalt und Raub eine komplexere Beschreibung des Minneprozesses entwickelt. So richtet sich das Wirken der Minne selbst auch nach innen, indem sie ihre geraubten Schätze in die Herzhöhle der Frau hereinholt (v. 116) und dort aufbewahrt (v. 114). Diese Bewegungsrichtung und die Betonung der Verborgenheit des Herzens verweisen darauf, daß letzteres nicht nur als 'Bühne' für das Agieren der Minne dient, sondern selbst als Sitz der Affekte beteiligt ist, da die wertvolle Beute im Innersten bewahrt und gleichsam verschlossen wird. Angedeutet ist damit das Involviertsein auch der Frau. Dies wird auf der Ebene der metaphorischen Handlung dann konsequent ausgeführt, so daß die Ausgangskonstellation sich schließlich umkehrt: Der Liebende wird vom Objekt der Einflußnahme zum selbständig Handelnden, übt nun seinerseits auf die Minne Einfluß aus, ergreift die Diebin und nimmt ihr die Beute ab.

Die Verwandlung des Grundschemas vollzieht sich im Strophenganzen nicht als linearer Prozeß, sondern in mehrfachem Ansatz vor- und zurückgreifend (v. 110-114; 115-117; 118). Dabei werden jeweils unterschiedliche Akzente gesetzt. Preist das Relativsatzgefüge Vers 110-113 die *fröuden* desjenigen, der der Wegelagerin Minne auf die Schliche kommt, so wird indirekt sein Eindringen in das enge und darum nicht ohne weiteres zugängliche Herz angedeutet. Mit der Umkehrung des minnesängerischen Topos von der Dame im Herzen wird nun, wenngleich vorerst nur innerhalb der Bildlogik, ganz deutlich, daß die Frau nicht nur Medium, sondern selbst involviert ist: Derjenige, gegen den sich das Gegenüber und die Minne verbündet haben und der eigentlich deren Opfer sein sollte, kehrt ein im Herzen des anderen.

Vollständig durchgeführt ist die Umkehrung der Konstellation spätestens in Vers 114, wo von der Rückgabe der Beute die Rede ist. Zugleich ist hier eine Bedingungsrelation impliziert: Daß die Minne das Gestohlene im Herzversteck gehortet hat, ist gerade die Voraussetzung für die Bereicherung des Mannes (vgl. v. 110). Der Zusammenhang wird im folgenden Satzgefüge Vers 115-117 variierend wiederholt und durch die Satzeinleitung mit dem verallgemeinernden

---

[599] S.o., 3.1.2, S. 146-151 u. 152-154, zu Reinmar von Zweter (Roethe 268) und zum Litschauer (*HMS* 2, Sp. 387a-b, 5).

[600] Die Darstellung auf Bildspender-Ebene ist so dicht, daß eine Erläuterung des Wertvollen und Bereichernden, dessen der Mann beraubt wird, ausbleibt. Topisch ist etwa die Vorstellung, daß die Liebe ihm Sinne oder Herz raubt; auch der *fröude*-Verlust könnte angedeutet sein (vgl. v. 110).

Relativpronomen als Gesetzmäßigkeit erfaßt. Das Zurückholen der Beute wird nun nicht unmittelbar mit dem Herzen in Zusammenhang gebracht, sondern – bei gleichzeitiger Verschiebung auf die Bildempfänger-Ebene, so daß die Raum-Metaphorik nun aufgegeben wird – konkret im Sinne der erotischen Begegnung aufgefaßt, als Umarmung der Liebenden (v. 117). Damit ist nicht mehr nur das Beteiligtsein der Frau umschrieben, sondern bereits die Annäherung beider Liebender. Die Diebstahlmetapher wird in Richtung auf ein Teilen des 'Schatzes' gewendet; das Rauben und Beraubtwerden bezeichnet in der Konsequenz das wechselseitige Geben.

Die Aufhebung des Antagonismus wird im verallgemeinernden Konditionalgefüge der abschließenden Verse noch deutlicher (v. 118-120). Minne vergilt den Diebstahl im Austausch von Küssen. Gibt der konditionale Nachsatz als Bedingung hierfür die von den Liebenden selbst erreichte Einheit an, so meint dies, daß ihr Handeln und das Wirken der Minne als überpersonaler Instanz kongruent sind. Zugleich werden die Liebenden nun nicht mehr in unterschiedlichen Positionen einander gegenübergestellt, sondern es wird ihre Einheit und Gleichheit angedeutet (*liep* [...] *ze liebe*). Damit wird zuletzt eine Liebesdarstellung erreicht, wie sie in den Strophen des ersten Beschreibungstyps beobachtet werden konnte, für die das 'unifizierende' Verfahren charakteristisch ist.

In Konrads Strophe werden somit beide in diesem Kapitel vorgestellten Beschreibungstypen, die Minne als Agens und/oder als Prozeß thematisieren, in mehrfachem Wechsel der Perspektive ineinandergeblendet. Die modellhafte Unterscheidung zwischen ihnen wird damit keineswegs in Frage gestellt, sondern ist im Gegenteil nützlich, um eben diese Verschränkung zu erkennen und zu beschreiben. Als Ausgangspunkt des Textes dient das Grundschema des zweiten Beschreibungstyps mit seinen charakteristischen Merkmalen: der Unterscheidung zwischen den Beteiligten in Konstellationen der Gegnerschaft und Ungleichheit; der Polarisierung von Innen und Außen; der Dynamisierung des Minnegeschehens. Die Abwandlung der Merkmale, die zur Kontamination der beiden Typen führt, wird dadurch ermöglicht, daß das Geschehen in das Innere der Frau, nicht des Mannes verlagert wird, sowie durch die spezifische Nutzung der Raummetaphorik. Die antagonistische Relation zwischen Minne und dem Liebenden wird zunächst durch einfache Vertauschung der Positionen geändert, um schließlich, vorbereitet durch das angedeutete Beteiligtsein der Frau, in der Gleichheit der Liebenden und in ihrer Übereinstimmung mit dem Agieren der Minne ganz aufgehoben zu werden. Analog dazu werden auch die Innen-Außen-Differenzierung und die Zerlegung des Minneprozesses in den Schlußversen zurückgenommen, die einen Zustand der Einheit skizzieren, wird die Herzraummetaphorik durch die Darstellung des Körperhaften ersetzt, das nun für die ungeteilte Ganzheit der Person steht.

Konrad nutzt also das Schema des zweiten Beschreibungstyps, um von ihm ausgehend die Umkehrung des Modells im Text einzufangen und aus seiner Kontamination mit dem ersten Beschreibungstyp einen Liebesentwurf eigener Kontur zu erarbeiten. Die Verschränkung erlaubt, einander ausschließende

Konstellationen und Vorgänge in ein paradoxales Verhältnis zueinander zu bringen. Die Beraubung des Mannes, das Verstecken des Diebsguts im Herzen der Frau, wird zur Voraussetzung für seine Bereicherung und für sein Eindringen in das Herz der Geliebten. Mit der konsequenten Weiterführung der Diebstahl-Metaphorik wird, was zunächst als Einseitigkeit und Gegeneinander gekennzeichnet ist, zur Vorbedingung für das Teilen des Schatzes und das wechselseitige Geben. Die Selbstbestimmung der Liebenden und ihre eigene Einflußnahme auf die Liebeseinheit setzen die Fremdbeeinflussung durch die Minne als überpersonale Instanz voraus. Das Widersprüchliche der Liebeserfahrung – dies zu zeigen ist die Funktion der Paradoxie – kann nur in der eingeforderten (v. 120) Verwirklichung sexueller Erfüllung, also auf der Bildempfänger-, nicht auf der Bildspender-Ebene, als sinnstiftend erfahren werden.

Die dem zweiten Beschreibungstyp zugeordneten Texte lassen sowohl ein gemeinsames Grundschema der Darstellung erkennen als auch eine relativ große Bandbreite unterschiedlicher Möglichkeiten der Sinnakzentuierung dieses Musters und der Verwendung der einzelnen Darstellungsmittel; von letzteren bilden vor allem die Kampf- oder Diebstahlmetaphorik, die Innenraummetaphorik und der Gebrauch des Begriffs *minne*, der nur personifiziert auftritt, also stets das Agens, nicht die Erfahrung bezeichnet, ein Ensemble. Konstanten weist der Beschreibungstyp in folgenden Merkmalen auf: 1. in der Anordnung der Beteiligten in Konstellationen der Ungleichheit; 2. in der Beleuchtung der Innen-Außen-Relation und des Innenraumes; 3. in der differenzierenden Entfaltung des Minneprozesses und in der Betonung seiner Dynamik.

Reinmar von Zweter, der Litschauer und Konrad von Würzburg finden unterschiedliche Lösungen im Umgang mit diesem Grundschema. An Reinmars Strophe (Roethe 268) ist die doppelte Umschreibung der Entstehung der Liebe mit zwei verschiedenen Bildbereichen hervorzuheben, die die Tendenz zur systematischen Erfassung des Minnegeschehens mit unterschiedlichen Akzentsetzungen zeigt. Im Vordergrund steht hier die Deutung der Liebe als dem Einfluß des Betroffenen entzogene Erfahrung, als Fremdbestimmung, die durch die Trennung zwischen Objekt und Agens in ein Innen und ein Außen mit Hilfe der Raummetaphorik ins Bild gesetzt wird. In der Strophe des Litschauers fällt die zergliedernde Tendenz der Verfahrensweise auf, die nicht mit einer erneuten Verknüpfung des Getrennten einhergeht. Konrad (Schröder 32, 106) erreicht eine paradoxale Darstellung der Liebe als Gegnerschaft und Einheit durch die vorgeführte Umkehrung des zweiten Darstellungstyps und durch die Verschränkung mit dem ersten; dies wird auf der Folie der Grundschemata beider Typen und ihrer unterschiedlichen Ausformungen bei den anderen Autoren erkennbar.

Abschließend ist zu allen Strophen, die den beiden Beschreibungstypen zugeordnet wurden, als Fazit zu formulieren: Sie erarbeiten verschiedene Darstellungsmöglichkeiten der Relationen zwischen Frau und Mann, zwischen Minne und den Liebenden, zwischen Innen und Außen. Als die beiden Extreme der

Darstellung, denen keiner der Texte ganz zuzuordnen ist, sind hier die Kategorien der nicht unterschiedenen Einheit und Gleichheit einerseits und der Unterschiedenheit und Ungleichheit andererseits (also etwa im Antagonismus oder in der hierarchischen Ordnung) zu nennen; dies gilt entsprechend auch für die Erfassung verschiedener Stufen oder Einzelereignisse des Geschehens, die nicht differenziert, ganz voneinander abgelöst oder in unterschiedliche Relationen zueinander gebracht werden. Die Texte sind nicht zwei scharf voneinander getrennten Gruppen zuzuweisen, sondern erproben eine ganze Reihe von Möglichkeiten auf der Skala zwischen den genannten Polen – Möglichkeiten, die erst durch die Differenzierung der Typen systematisch faßbar wurden.

## 3.2 Minnespruchstrophen Frauenlobs

Frauenlob thematisiert das Minnegeschehen in zwei Spruchstrophen;[601] in beiden stellt er die Liebesentstehung dar und kommt hier zu deutlich unterschiedlichen Entwürfen (VII, 39 und VIII, 15). Das spezifische Verfahren und die Sinnakzentuierung der Liebesdarstellung dieser Texte kann vor dem Hintergrund der Vorgehensweisen beleuchtet werden, wie sie für die Strophen Reinmars von Zweter, des Jungen Meißners, des Litschauers und Konrads von Würzburg herausgearbeitet wurden. Die bisher untersuchten Texte bieten differierende Lösungen in bezug auf folgende Fragen an: Welche Konzepte von Selbst- und Fremdbestimmung werden entworfen? Welche Relation von Innen und Außen, welche Konstellation der aktiv oder passiv Beteiligten wird jeweils entwickelt? Wie werden die einzelnen am Geschehen unterschiedenen Aspekte zueinander in Beziehung gesetzt (in zeitliche Relation, in einfache oder komplexe Bedingungsverhältnisse etc.)? Diese Fragen sind nun an Frauenlobs Texte heranzutragen.

### 3.2.1 Zergliederung und Unifizierung: Liebe als Wechselseitigkeit

Der Liebesentwurf in Strophe VII, 39 läßt sich nicht einem der beiden in Kapitel 3.1 vorgestellten Beschreibungsmodelle zuordnen. Die dort relevanten allgemeinen Kriterien, mit denen sich auch dieser Text auseinandersetzt, sowie die Verwendung von Darstellungsmitteln vor allem des ersten Beschreibungsmusters rechtfertigen es jedoch, ihn in die Textreihe der bisher besprochenen Strophen anderer Autoren zu stellen, ohne daß der hier präsentierte Entwurf auf einen ihm nicht entsprechenden Typus reduziert wird. Der Durchgang durch den nicht immer leicht verständlichen Text wird sich also ebenfalls an den Gestaltungskriterien der Relationen zwischen verschiedenen Personenaspekten (Innen und Außen), Handlungsinstanzen und Einzelvorgängen orientieren.

Zuvor ist jedoch auf den Kontext einzugehen, in welchen in der Folge der drei Strophen VII, 38-40, die mit relativ großer Sicherheit als zusammengehörig konzipiert sind,[602] die Beschrei-

---

[601] Vgl. ferner Frauenlobs Beschreibungen des Minneprozesses in anderen Gattungskontexten: vgl. Huber, „Frauenlob zum Minneprozeß", S. 156 und ders., *Alanus ab Insulis*, S. 167f., zum *Streitgespräch zwischen Minne und Welt*, GA IV, 3; ders., „Frauenlob zum Minneprozeß", S. 153f. und Steinmetz, *Liebe als universales Prinzip*, S. 113-116, zum Minneleich, GA III, 9-13 ('Selvon-Vision'), insbes. III, 12-13.

[602] In der *Göttinger Ausgabe* werden sie, wie die Kennzeichnung mit Großbuchstaben verrät, als mehrstrophiges Gebilde aufgefaßt. – Ganz deutlich ist die Zusammengehörigkeit der Strophen VII, 38 und 39, da letztere mit ihrem Beginn unmittelbar an jene anschließt. Der Beginn von VII, 40 stellt einen nachdrücklicheren Neuansatz dar; doch auch hier besteht eine Verbindung zu VII, 39, da die Verse VII, 39, 11f., an VII, 38 anknüpfend, zugleich einen zentralen Gedanken aus VII, 40 andeutungsweise antizipieren (zu VII, 39, 11f. s.u., S. 165f.). Die Strophen sind außerdem durch Reimresponsionen, zum Teil noch mit denselben Reimwörtern,

bung des Minneprozesses in VII, 39 eingebunden ist.⁶⁰³ Sie wird als Mittelstück von Anweisungen zur selbstbestimmten Einflußnahme der Liebenden auf die Liebe flankiert, deren auffordernden Redegestus, vom Strophenanfang abgesehen, sie unterbricht. Der Darstellung der Minneentstehung ist die Belehrung des Mannes vorgeschaltet (VII, 38; s. auch VII, 39, 1-5), die ihm die Voraussetzungen erläutert, unter denen eine Verbindung zustande kommen kann. Drei Blicke soll er aussenden: auf sich selbst, ob etwas Tadelnswertes an ihm ist (VII, 38, 5f.); auf andere, ob *merker* ihm gefährlich werden könnten (v. 7-9); der dritte Blick soll der Geliebten gelten – ihm sollen weitere Blicke folgen (v. 10-12 und 16f.) und diese von heimlichen, zärtlichen Worten (*tougenworte*; v. 18) begleitet werden. Nach den Verhaltensanweisungen stellt der Strophenschluß die freundliche Erwiderung des Blicks durch die Frau in Aussicht (v. 19).

Die Anweisungen in VII, 38 zielen mit dem mehrfach wiederholten Stichwort der Heimlichkeit⁶⁰⁴ besonders auf den Schutz der erstrebten Liebesverbindung vor einer Gefährdung von außen. Demgegenüber ist das zentrale Anliegen von Strophe VII, 40, die den in VII, 39 unterbrochenen anweisenden Sprechgestus wieder aufnimmt und sich nun an beide Liebenden wendet, die Bewahrung des bereits entstandenen Minnefeuers vor einer Gefährdung 'von innen', d.h. vor dem Fehlverhalten der Liebenden. Die Ermahnungen, welche die Balance zwischen *liebe* und *lust* sowie das angemessene Zeigen der Liebe durch die *gebærde* zum Gegenstand haben, wurden an anderer Stelle bereits ausführlich besprochen.⁶⁰⁵

Die Verhaltensanweisungen in VII, 38 und 39, 1-5 skizzieren, indem sie ein bestimmtes Verhalten induzieren, damit zugleich die Begegnung zwischen Mann und Frau in ihren Voraussetzungen und Anfängen. Die Tatsache, daß die anweisenden Erläuterungen sich in VII, 39 zunächst noch fortsetzen, signalisiert, daß sie nicht von der dann folgenden Beschreibung des Minnegeschehens getrennt werden können. Beide Abschnitte sind aufeinander bezogen, indem sie zusammen – in je unterschiedlicher Redehaltung – ein Modell der Entstehung der Liebe skizzieren. Es ist daher auch auf die zur Beschreibung der Einheit hinführenden Verse einzugehen (VII, 38, 16-19 und 39, 1-5). Der Beginn von VII, 39 setzt nicht nur allgemein den Redegestus der direkten Apostrophe und Aufforderung, sondern auch die genaue Satzfolge der Abschlußverse von VII,

---

miteinander verknüpft: VII, 39, 1:7 reimen auf 38, 1:7 (also jeweils die Anfangsverse der vier Stollen; *blicke:stricke*; *entstricke:blicke*); VII, 40, 17:18 auf 39, 8:10 (*e:ste*; *e:we*); identischer Reim in VII, 39, 13:15 und 40, 1:7 (*herzen:smerzen*).

⁶⁰³ Zur Beschreibung der Minne in VII, 38-40 vgl. Huber, „Frauenlob zum Minneprozeß", S. 154f.

⁶⁰⁴ V. 2-4: *der minnen boten heln, durchtougen liebe, blicke [...] steln*; v. 18: *tougenworte*; vgl. auch *GA* VII, 39, 3: *nig <ir> tougenliche*. *durchtougen* (VII, 38, 3) als ein Wort aufzufassen („als Adjektiv 'vollkommen heimlich' oder als Verbum 'vollkommen verheimlichen'"), ist ein überzeugender Vorschlag Wachingers, Rez. zu Stackmann/Bertau, S. 128, der die Cruces in Vers 3 entbehrlich macht (statt *durch tougen* in der *GA*). Statt nach Vers 2 müßte dann nach Vers 3 ein Punkt gesetzt werden.

⁶⁰⁵ S.o., 2.2.3, S. 128-133.

38 fort. Wie in VII, 38, 16-19[606] folgt in VII, 39, 2-5 einem konditionalen Vordersatz zunächst ein zweigliedriger, mit *sô* eingeleiteter Hauptsatz, der die Konsequenz benennt und eine doppelte Anweisung formuliert; eine weitere Folge gibt der jeweils abschließende, ebenfalls mit *sô* eingeleitete Hauptsatz an:

        † D*un* welle*st* † warten blicke:[607]
        ob dir ein widerblicken wirt,
        so nig <*ir*> to*u*ge*n*liche
        und warte, ob sie † der icht entbirt †.[608]
5      so gilt ir lobelichen daz.
        wol, immer wol, und wirt sin also vil.

        Swa lieb gein lieb sich stricke,
        da hat der min*n*en zund*er e*
        den funken an dem steine
10     enpfangen liechte sunder we.
        und er hat gein der minnen haz,
        swa lieb bi lust sich überz*eig*en wil.[609]

        D*a* blick*e* tragen die herzen,
        zuhant ein fiure ist bereit
15     den herzen sunder smerzen.
        sie teilen allen sinnen
        d*er* minnen zucker*s*üzen lust
        † den ougen gar durch herzen † brust;[610]
        der minnen craft muz sich also beginnen.

Die beiden parallel konstruierten Versabschnitte (VII, 38, 16-19 und 39, 2-5) entwerfen einen idealen Ablauf des Geschehens, in welchem die Abfolge der

---

[606] *bistu der merker ane, / so blicke loser blicke dri / und wis nicht tougenworte fri: / so gilt sie dir den blic uf liebem plane.*

[607] In Vers 1, dessen Beginn in der einzigen Handschrift F entstellt überliefert ist (*Dein wolle*), könnte der Konjunktiv Präsens in der Herstellung der *GA* die (selten belegte) Funktion der 2. Person Singular des Imperativs haben („achte nun nicht weiter auf die Blicke"; vgl. Paul/Wiehl/Grosse, *Mittelhochdeutsche Grammatik*, § 317). Gemeint wäre dann, daß der Apostrophierte sich nicht länger nur mit Blicken aufhalten möge – im Folgenden wird ja dann auch die Gebärdensprache thematisiert (v. 3). Erwägenswert ist aber auch Beins (von ihm selbst nicht erläuterter) Konjekturvorschlag *Din wellen* (Bein, „Liep unde lust", S. 159, Anm. 1), der übersetzt werden kann: „Auf dich mögen [bereits] Blicke achthaben"; dann wäre die 'Blickbereitschaft' der Frau gemeint, die für das Zustandekommen der Verbindung ebenso notwendig ist wie das Blickverhalten des Mannes; dies würde wiederum zum unmittelbar folgenden Vers passen, der den Gegenblick erwähnt.

[608] V. 4: Unter der Voraussetzung, daß *icht* hier als Negation aufgefaßt werden darf, schlägt Stackmann, *GA*, S. 903, für negiertes *enbern* „gern sehen", „für wichtig nehmen" vor. In jedem Fall ist der Bezug von *der* unklar; vielleicht kann doch die Konjektur *des* von von der Hagen und Ettmüller (vgl. auch Bein, „Liep unde lust", S. 159, Anm. 1) aufgegriffen werden.

[609] V. 11f.: „Derjenige ist der Minne feindlich gesinnt, der *liebe* und *lust* allzu deutlich hervortreten läßt" (vgl. *GA*, S. 903). – Die Crux, die in der *GA* vor Vers 11 gesetzt wurde, hält Huber für verzichtbar, „Frauenlob zum Minneprozeß", S. 155, Anm. 13.

[610] Zu v. 16-18 s.u., S. 167f.

wechselseitigen Reaktionen von Mann und Frau dominiert. Dabei wird das Verhalten des Mannes und der Frau in beiden Abschnitten überwiegend in jeweils verschiedenen, nicht in den einander entsprechenden Versen thematisch. Während im Bedingungssatz VII, 38, 16 die Instanz der Gesellschaft Berücksichtigung findet (die Abwesenheit der *merker* als Voraussetzung), wird in VII, 39, 2 in direkter Fortführung des Schlusses von VII, 38 der dort verheißene, antwortende Blick der Frau auf die Position der Bedingung gesetzt. Der zweigliedrige Hauptsatz gibt im einen Fall mit den fortgesetzten, zärtlichen Blicken und den *tougenworte[n]* zwei Verhaltenselemente an, deren Ausführung dem Mann nahegelegt wird (VII, 38, 17f.). Im anderen Fall gibt der Hauptsatz ebenfalls Verhaltensanweisungen an die Adresse des Mannes (VII, 39, 3f.), deren zweite sich jedoch auf die damit angedeutete Reaktion der Frau bezieht (v. 4: „und achte darauf, ob sie es gut aufnimmt"). Der abschließende Vers VII, 38, 19 verspricht das freundliche Reagieren der Frau; demgegenüber fordert das Pendant VII, 39, 5 den Mann dazu auf, das in Vers 4 angedeutete Entgegenkommen der Frau ihr wiederum „auf lobenswerte Weise zu vergelten".

Die beiden jeweils einen Schlußpunkt setzenden Verse VII, 38, 19 und 39, 5, deren Parallelität am auffälligsten ist (*so gilt sie dir* [...]; *so gilt ir* [...]), zeigen besonders deutlich, was für die Relation zwischen beiden Versabschnitten insgesamt bezeichnend ist: Das Verhalten des Mannes und das der Frau werden jeweils sowohl als Agieren wie als Reagieren aufgefaßt, stehen sowohl auf der Position der Bedingung als auch auf der der Folge. Die sprachliche Gestaltung des in einzelne Stufen zerlegten Ablaufs gibt die Vorstellung der Wechselseitigkeit und der Gemeinsamkeit der Erfahrung wieder: Jedes Reagieren zieht wieder eine Reaktion des anderen nach sich; das Verhalten des Mannes wie der Frau hat potentiell sowohl initiierende als auch antwortende Funktion. Dadurch wird ferner die Vorstellung eines in der Wechselbewegung nicht stillstehenden Prozesses evoziert. Es gelingt hier der Übergang von der Konzentration auf das Verhalten des Mannes (VII, 38 bis auf den Schluß) zur Erwähnung der aufeinanderfolgenden Reaktionen von Mann und Frau, bis dies schließlich in die unterschiedslose Benennung beider Liebenden mündet (ab VII, 39, 7). Die Darstellungslogik läßt es als folgerichtig erscheinen, daß die Beschreibung und der Preis der Liebesentstehung aus den Verhaltensanweisungen hervorgehen.

Zugleich entsteht jedoch eine deutliche Zäsur durch die Änderung der Redehaltung. Dies wird mit dem Ausruf in Vers 6 schon signalisiert, der preisend auf künftiges Glück vorausgreift und die direkte Anrede und die auffordernde Sprechhaltung verläßt. Strukturiert ist die sprachliche Entfaltung des Minneprozesses, deutlich ähnlich wie in den Strophen Reinmars von Zweter und des Jungen Meißners,[611] durch den zweimaligen Ansatz der Darstellung (zweiter Stollen und Abgesang) und durch das *swâ-dâ*-Gefüge mit konditionaler Bedeutung im Gegenstollen (v. 7-10). Die den doppelten Ansatz hervorhebende Parallele zwischen diesem Konditionalgefüge und dem Relativsatzgefüge des Abgesangs

---

[611] Reinmar von Zweter, Roethe 50 und 268; der Junge Meißner, Peperkorn A, I, 5.

(v. 13-15) ist, auch wenn letzteres nicht mit dem verallgemeinernden Adverb eingeleitet wird, offensichtlich.

Beide Strophenabschnitte unterscheiden sich ersichtlich in der Akzentuierung des Geschehens. Im zweiten Stollen werden weder der Innenraum noch seine Verbindungswege nach außen thematisch; daß das *stricken* mit dem Blickaustausch entsteht, legt lediglich der Vorlauf des Eingangsstollens nahe. Die Liebenden werden vorerst nur in der entstehenden Einheit erfaßt, wie sie im Konditionalgefüge als Voraussetzung umschrieben ist (v. 7). Das erinnert an die dem ersten Beschreibungsmodell zugeordneten Strophen. Wie etwa in Reinmars Strophe 50 wird die Liebe ferner – schon dadurch, daß die Minne als Agens überhaupt nicht auftritt – nicht als Fremdbestimmung entworfen.[612]

Dazu trägt insbesondere die spezifische Gestaltung der Feuermetapher bei, mit welcher innerhalb des Bedingungsgefüges die Konsequenz formuliert wird (v. 8-10). Das dreigliedrige Bild, das Zunder, Feuerstein und Funken umfaßt, wird im einzelnen nicht aufgelöst. Auf der Bildempfänger-Ebene werden mindestens zwei Seiten unterschieden: eine initiierende und eine empfangende, die beide, soll das Feuer entstehen, einander bedingen. Diese Aufgliederung der Metapher hat, zumindest in der Zweigliedrigkeit mit Zunder und Funke,[613] Parallelen in der mariologischen Verwendung des Bildes.[614] In der auf die Empfängnis Christi zielenden Metaphernvariante wird deutlich, daß der *zunder* nicht lediglich das Erleiden des empfangenden Parts, sondern genauer noch seine Eignung bezeichnet. Analoge Konnotationen scheinen auch hier, im Liebeskontext, vorzuliegen. Gegenüber der häufigeren Verwendung der Feuermetapher für die Manipulation der Minne als Agens[615] wird die Liebesentstehung in diesem Fall mit Hilfe der Mehrgliedrigkeit des Bildes in der wechselseitigen Bedingtheit von auslösendem Moment – möglicherweise dem Blickaustausch – und der bereits gegebenen Empfänglichkeit dargestellt. Dies schließt ein Konzept der Auslieferung an eine dem menschlichen Einfluß unzugängliche Macht aus. Der Gegensatz zwischen handelndem Subjekt und erleidendem Objekt wird im Funken-Zunder-Modell zugunsten einer gegenseitigen Bezogenheit verschiedener Aspekte des Vorgangs aufgegeben.

---

[612] Zu Reinmar, Roethe 50 s.o., 3.1.1, S. 139-142.

[613] Mir sind im Kontext der Liebesthematik sonst nur folgende Belege bekannt: Heinrich von Morungen, *MF* 126, 24f. (der Glanz der Augen der Geliebten als Feuer, das liebende Ich als Zunder); Reinmar von Brennenberg, *KLD* 44, IV, 1, 5f. (der Mund der Geliebten als funkensprühender Feuerstein, der Mund des Ich als Zunder; zu dieser Strophe s.u., 4.1.1.2).

[614] Vgl. Bertau, *Geistliche Dichtung*, S. 164: *zunder* als Metapher für Maria, die in der Verkündigungsszene vom Feuer des Heiligen Geistes entzündet wird. In einer Marienpreisstrophe Frauenlobs (*GA* VII, 1, 3 und 10f.) werden die Bildelemente Zunder und Funke nicht direkt miteinander verknüpft, sondern auf zwei verschiedene, aufeinander bezogene Bildempfänger verteilt: auf den Zustand *menschlicher formen* vor ihrer Verbindung mit Materie (*zunder*) und auf die Ankunft des dreifaltigen Gottes (*driglestic vunkenriche*[] *kunft*) bei der Inkarnation; der verbindende Gedanke ist die Erwählung Mariens als Gottesmutter vor der Erschaffung des Menschen (hierzu Stackmann, *GA*, S. 859f. und Huber, *Alanus ab Insulis*, S. 162).

[615] Vgl. z.B. Reinmar von Zweter, Roethe 268, 10f. und Frauenlob, *GA* VIII, 15, 13f.

Frucht des solchermaßen akzentuierten Prozesses ist denn auch die gänzlich leidlose Erfahrung, was mit der Ausblendung alles Gewaltsamen korrespondiert. Gerade durch die Verbindung mit der Feuermetapher, die aufgrund geläufiger, Assoziationen von Kampf und Gegnerschaft hervorrufender Bildverwendungen eine entgegengesetzte Charakterisierung der Erfahrung erwarten lassen könnte, wirken die Formeln *sunder we* und *sunder smerzen* (v. 10 und 15) wie ein nachdrückliches Insistieren auf der Leidlosigkeit der Liebesentstehung; möglicherweise sind in den beiden Formeln auch wieder Signale für eine Analogie zur Umschreibung der Aufnahme Gottes durch Maria zu sehen.

Werden schon im Hauptsatz (v. 8-10) am Liebesbeginn eine bereits vorhandene Bereitschaft und ein auslösender 'Augenblick' unterschieden, so erscheint die Relation der verschiedenen Vorgangsaspekte zueinander im gesamten Satzgefüge (v. 7-10) noch komplexer. Neben dem Bedingungsverhältnis wird eine zeitliche Relation formuliert: Die Konsequenz, d.h. die (wohl im Inneren des einzelnen vorzustellende) Entstehung des Feuers, wird zugleich als bereits abgeschlossenes Ereignis dargestellt (*hat [...] e [...] enpfangen*). Die als Voraussetzung angegebene, mit der Blickverschmelzung beginnende Verbindung zwischen beiden Liebenden (v. 7) wird damit als das zeitlich erst Folgende erfaßt. Was als Bedingung und Konsequenz, als Vorher und Nachher unterschieden wird, wird auf diese Weise zugleich wieder zusammengeführt, da die Unterscheidungen nicht starr sind und da das eine wie das andere – die Verbindung zwischen zweien, die Entstehung des Feuers in jedem einzelnen – in jeweils unterschiedlichem Sinne den Beginn der Liebesentstehung markiert.

Der Stollenschluß bestätigt noch einmal, daß ein antagonistisches Verhältnis zwischen Minne und den Liebenden und die hieraus resultierende Leiderfahrung aus der Darstellung der Liebesentstehung ausgegrenzt werden: Vers 11f. lagert die Vorstellung der Feindschaft auf die Ebene der Liebesverwirklichung im eigenbestimmten Handeln der Liebenden aus. Gerade im unmittelbaren Kontext der Strophe impliziert die aus der Schilderung des Minneprozesses heraustretende Warnung, daß Leid über den Menschen erst durch sein Fehlverhalten hereinbricht. Das Verhalten, mit welchem sich die 'Feinde der Minne' verraten, ist das zu starke Zeigen der Liebesfreude wie des Verlangens (*lieb bi lust*), womit auch eine Warnung vor *unmâze* ausgesprochen ist. Damit knüpfen die Verse zum einen an die Anweisungen in VII, 38 zur Verheimlichung der Liebe als Schutz nach außen an. Zum anderen greifen sie auf die Ermahnungen in VII, 40 vor, die mit einer neuen Unterscheidung vor einem Hervortreten von Liebesfreude *oder* Verlangen warnen und das Zeigen des Minnefeuers ausdrücklich als Problem der Verwirklichung formulieren.[616] Das Verspaar VII, 39, 11f. bildet also das Scharnier zwischen dieser Strophe und den beiden Außenstrophen. Beide strikt auseinandergehaltenen Ebenen – die Entstehung der Lie-

---

[616] Während in VII, 39 nicht erkennbar zwischen *liebe* und *lust* differenziert wird, verteilt Strophe VII, 40 die genannte Warnung auf zwei negative Alternativen (das Überwiegen des Verlangens ohne Erfüllung und das Überwiegen der Liebesfreude, die die *lust* erstickt); zu VII, 40 und den Ausführungen zu *liebe* und *lust* s.o., 2.2.3, S. 128-133.

be einerseits und ihre Verwirklichung bzw. Bewahrung durch die Menschen andererseits – werden auf diese Weise systematisch aufeinander bezogen.

Der Abgesang zeigt in einem zweiten Ansatz denselben Prozeß in anderer Konturierung. Er bringt Neues und weist zugleich augenfällige Korrespondenzen zum zweiten Stollen auf. Nun erst werden das involvierte Innere sowie die Herz-Augen-Verbindung explizit thematisch. Damit ist ein Merkmal der oben dem zweiten Beschreibungstyp zugeordneten Minnestrophen genannt (s.o., 3.1.2). Anders als dort wird hier jedoch, wie schon im Gegenstollen, Minne nicht als Agens präsentiert. Statt dessen werden sowohl die agierende als auch die empfangende Seite auf mehrere Instanzen aufgeteilt, wie im Textdurchgang im einzelnen noch zu zeigen ist. Entsprechungen bestehen zwischen dem Gefüge Vers 7-10 im zweiten Stollen und dem Relativsatzgefüge Vers 13-15 im Abgesang, das ebenfalls die Verbindung zwischen zweien und die Entstehung des Minnefeuers aufeinander bezieht – allerdings in etwas anderer Weise: Hier wird ein rein temporales Verhältnis formuliert. Es korrespondieren in beiden Strophenteilen jeweils die Vordersätze (v. 7 und 13) und die Nachsätze miteinander (v. 8-10 und 14f.).

War vorher vom gegenseitigen 'Verstricken' der Liebenden die Rede (v. 7), so im Vordersatz des Abgesangs von einer zweifachen Innen-Außen-Verbindung, in welcher die Herzen sich über die Verschmelzung der Blicke finden (v. 13). Gegenüber dem bekannten Modell der von der Minne bzw. der Frau auf den Mann ausgesendeten Blicke – es sei an die Pfeilmetapher erinnert[617] – ist hier nicht allein der Bezug auf beide Partner hervorzuheben, sondern vor allem die Auffassung der Blicke als handelnde Subjekte, welche die Herzen zueinander bringen. Dies knüpft unüberhörbar an ihre Kennzeichnung als *der minnen boten* in VII, 38, 2 an; erst jetzt wird expliziert, worin die Botenfunktion besteht. Mit der Botenmetapher werden die Blicke nicht als bloßes Medium, aber auch nicht als übergeordnete, sondern als ausführende Instanz eingeordnet.[618] Ihre Tätigkeit als Überbringer schließt ebenso wie vorher die komplementäre Seite des Empfangens (v. 8-10) die Vorstellung der Fremdbestimmung des Herzens und der Manipulation von außen aus. Der Nachsatz in Vers 14f. korrespondiert mit dem Nachsatz des zweiten Stollens und setzt die Feuermetapher fort; sie wird nun explizit auf die Herzen bezogen. Im Satzganzen werden wie im Gegenstollen der Aspekt der Verbindung zwischen zwei Liebenden und der Aspekt der Liebesentstehung in jedem einzelnen aufeinander bezogen, nur wird die Darstellung nun um die Benennung des Inneren ergänzt, wird die Innensicht mit einbezogen.

Der Grundtenor der Liebesbeschreibung bleibt sich bei dieser Akzentverschiebung jedoch gleich: Zum einen werden auch hier (wie im zweiten Stollen)

---

[617] Vgl. z.B. Reinmar von Zweter, Roethe 268, 7-10; der Meißner, Objartel III, 1, 11.

[618] Zur Botenmetapher für die Sinne, die zuerst bei Platon, im christlichen Kontext dann vor allem bei Augustinus in dem Verständnis eingesetzt wird, daß Erkenntnis nicht durch jene, sondern durch die Seele geleistet wird: Scheerer, Art. „Die Sinne", Sp. 836; Belege für den Topos der Augen als Boten: Schleusener-Eichholz, *Auge im Mittelalter*, S. 895-897.

mit der spezifischen Verwendung der Feuermetapher keine Assoziationen des gewaltsamen oder gar zerstörerischen Einwirkens aufgerufen. Vielmehr wird ein Verhältnis des Empfangens auf der einen Seite bzw. des Zuführens oder Spendens auf der anderen Seite suggeriert: Das Minnefeuer „ist den Herzen bereitet". Zum anderen wird wieder eine zeitliche Relation formuliert: Mit der Herz-Blick-Verbindung zwischen den Liebenden ist das Feuer *zuhant* [...] *bereit*; in etwa vergleichbar mit Vers 8-10, wenn auch nicht ganz so deutlich, wird zum Ausdruck gebracht, daß das Feuer dort, wo seine Entstehung anzusetzen wäre, auch schon entstanden ist. Welche Beziehung wird genau zwischen dem Zusammenführen der Herzen und dem Beginn des Minnefeuers in ihnen formuliert? Im Satzganzen ist beides impliziert: daß über die in der Blickverschmelzung hergestellte Verbindung der Herzen das Feuer entsteht, wie auch daß es über die Blicke als Überbringer dem Herzen des Gegenübers mitgeteilt wird. Das initiierende und das mitteilende Moment des Blickwechsels werden in der Darstellung der Verse 13-15 also nicht gegeneinander ausgespielt, sondern ineinandergeblendet.

Die folgenden Verse (16-18) bieten Verständnisschwierigkeiten, die eine eingehendere Diskussion erfordern. Zum einen ist die Referenzidentität des Subjekts *sie* (v. 16) fraglich, zum anderen sind mögliche Lektüren von Vers 18 im Kontext des Satzganzen zu erörtern. Das Personalpronomen *sie* kann auf die *blicke* oder auch auf die *herzen* (v. 13 bzw. 15) bezogen werden. Im ersten Fall wäre gesagt, daß die Blicke 'allen Sinnen' das Liebesverlangen zuteilen; damit wird wohl weniger konkret die Gesamtheit der fünf Sinne, also die Außenwahrnehmung, benannt sein, als eher ein umfassendes Erleben der durch die Blicke vermittelten *lust*. Gegen diese Auffassung von Vers 16 spricht die Weiterführung des Satzes in Vers 18 (der in jedem Fall durch ein Komma am Ende von Vers 17 abzutrennen wäre): In seiner überlieferten Gestalt[619] setzt er *ougen* als Dativobjekt in Parallele zu *sinnen*; es wäre dann also von einer Vermittlung zwischen Blicken und Augen die Rede, was keinen Sinn ergibt. Allenfalls ließe sich Vers 18 im Sinne der Kommunikation zwischen den Liebenden auffassen: Die Blickboten teilen das Verlangen den Augen des anderen mit. In diesem Fall hätte man jedoch von einem Bedeutungswechsel von *teilen* (von „zuteil werden lassen" zu „mitteilen") innerhalb ein und desselben Satzes und mit Bezug auf dasselbe Akkusativobjekt auszugehen, was zumindest sehr ungewöhnlich wäre. Bezieht man dagegen das Subjekt in Vers 16 auf die *herzen*, so wäre gemeint: Die Herzen lassen (in jedem der beiden Liebenden in gleicher Weise) das Verlangen *allen sinnen* zuteil, d.h. zu einer den ganzen Menschen umfassenden Erfahrung werden. Daneben wird noch die *lust*-Vermittlung an die Augen besonders hervorgehoben (v. 18),[620] welche die Rückbewegung des in Vers 13-15 umschriebenen Vorgangs

---

[619] Selbstverständlich kann Vers 18 auch anders gelautet haben. Trotz der Cruces der *GA* sind jedoch ausgehend vom oder möglichst eng am überlieferten Text Lösungsmöglichkeiten anzubieten. – Die unten erwogene Konjektur *diu ougen* (s. die folgende Anm.) wäre, wenn man *sie* (v. 16) auf *blicke* (v. 13) bezieht, kein Gewinn: Eine Differenzierung zwischen den zwei parallelen Subjekten *sie* (*blicke*) und *ougen* bliebe unverständlich.

[620] In der überlieferten Gestalt von Vers 18 wird mit *durch herzen brust* entweder tautologisch noch einmal das Herz, von welchem die Vermittlung des Verlangens ausgeht, benannt; oder es wird tatsächlich zwischen dem *herzen* als Sitz der Gefühle und *herzen brust* als anatomischem Ort differenziert, was bei Frauenlob sonst nur einmal belegt ist (*GA* III, 31, 4). – Konjiziert man in Vers 18 *die ougen* (ebenfalls nach einem Komma am Ende von Vers 17), so würde der ganze Vorgang noch einmal mit zusätzlicher Präzisierung konturiert: Die Augen

darstellt. Ich gehe im Folgenden von dieser Lösung aus, ohne sie als die einzig mögliche ausgeben zu wollen.

In dieser Auffassung fügen sich die Verse wie folgt in den Kontext des Abgesangs ein, der vom Vorgang der Liebesentstehung ein vielschichtiges Bild des Vermittelns und Empfangens zeichnet: Was übermittelt wird, wird zunächst als Feuer (im zweiten Stollen als Funke) bezeichnet, dann nicht-metaphorisch und spezifizierend als *der minnen* [...] *lust*. Indem sowohl die agierenden als auch die empfangenden Instanzen wechseln, umfaßt die Vermittlung des Minnefeuers bzw. des Verlangens in wechselnder Bewegungsrichtung den ganzen Menschen. Sind zunächst die Blicke Initiatoren und Boten, welche in der Verbindung der Herzen das Feuer entstehen lassen und es zugleich übermitteln (v. 13-15), so geben die Herzen wiederum als zentrale, zuteilende Instanz das Empfangene, nun *lust* genannt, an die Gesamtheit des Empfindungsvermögens weiter (v. 16f.). Eigens erwähnt wird noch (in der überlieferten Gestalt von Vers 18) die Rückvermittlung des Verlangens an die Augen. Falls hier die allenfalls sehr verkürzt angedeutete Vorstellung angeschlossen werden darf, daß die *lust* dem Gegenüber in den Augen sichtbar wird, so schließt Vers 18 in einer Kreisbewegung wieder beim Beginn des Abgesangs an, wo vom Blickwechsel und von der Überbringertätigkeit der Blicke die Rede war.

Durch die Auffächerung und den Funktionswechsel der beteiligten Instanzen wird der Minneprozeß als komplexer und nicht abgeschlossener Vorgang erfaßt, der weder ursächlich auf ein Agens zurückgeführt noch durch einen einzigen Anfangs- bzw. Endpunkt begrenzt wird. Das Fazit des Schlußverses – „so wird die Wirkkraft der Liebe beginnen" – spricht daher nicht nur von einem zeitlichen Anfang, sondern umfassender von *der minnen craft* als 'Prinzip'[621] und bündelt in dieser Formel die verschiedenen, mehrfach ansetzenden Umschreibungen und Akzentuierungen des Geschehens im zweiten Stollen und Abgesang, deren Analyse abschließend zusammenzufassen ist.

Das Eigenprofil des Entwurfs, den die vorliegende Strophe vom Minnegeschehen entwickelt, wird gerade auf der Folie der oben vorgestellten Texte anderer Autoren greifbar (3.1.1 und 3.1.2). An diesen Strophen konnte der je verschiedene Umgang mit zwei Darstellungskategorien – der nicht unterschiedenen Einheit und Gleichheit sowie der Unterschiedenheit und Ungleichheit (im Antagonismus oder in der hierarchischen Ordnung) – beobachtet werden.[622] Frauenlob

---

nämlich sind es dann, die über den Weg durch die Herzen allen Sinnen das Verlangen übermitteln.

[621] Frauenlob verwendet im Marienleich das Substantiv *beginne* (für Maria) einmal im Sinne von *principium* (*GA* I, 17, 9); vgl. Pfannmüller, *Frauenlobs Marienleich*, S. 104.

[622] Die Strophe Konrads von Würzburg, Schröder 32, 106 (s.o., 3.1.2, S. 154-158), kommt Frauenlobs Text, systematisch betrachtet, am nächsten: Sie vermeidet ein Entweder-Oder im Umgang mit den relevanten Relationen, indem sie – die beiden Beschreibungstypen übereinanderblendend – Entgegengesetztes in ein paradoxales Verhältnis bringt. Damit bleibt die

stellt dem eine dritte Grundkategorie zur Seite, mit der die Ausschlußrelationen zwischen den beiden anderen Kategorien (Einheit/Unterschiedenheit etc.) aufgehoben werden. Die Konstellation der am Geschehen beteiligten Instanzen bzw. die Relation zwischen Aspekten und Einzelereignissen wird weder als undifferenzierte Einheit noch als Aufspaltung dargestellt. Vielmehr wird ein vielschichtiges Konzept entworfen, in welchem die einzelnen Instanzen bzw. Vorgangsaspekte zwar deutlich differenziert, aber weder voneinander abgelöst, noch einander gegen- oder übergeordnet, sondern in ihrer Zusammengehörigkeit und wechselseitigen Bedingtheit sowie in wechselnden Funktionen und Relationen als Einheit erfaßt werden. Dies wird schon im Vorlauf des ersten Stollens mit seinen Verhaltensratschlägen präludiert, der den Wechsel der Reaktionen und Gegenreaktionen von Mann und Frau andeutet, und setzt sich auf anderer Ebene fort, wo die eigentliche Beschreibung der Liebesentstehung beginnt (v. 7ff.).

Hierzu ist erstens festzuhalten: Die Unterscheidung von handelndem Subjekt und erleidendem Objekt wird aufgehoben im Bezug zwischen initiierender und empfangender Seite, die einander, wie dies in der Feuermetapher eingefangen ist (v. 8-10), als vorhandene Bereitschaft und auslösendes Moment bedingen. Liebe wird somit weder auf Fremdbestimmung des Menschen noch auf selbstbestimmtes Handeln zurückgeführt, dessen Thematisierung auf die Außenstrophen begrenzt bleibt (VII, 38 bis 39, 1-6 und VII, 40), sondern als Zusammenwirken eines gebenden und eines empfangenden Moments gedeutet. Dies wird noch eindringlicher und mit anderen Mitteln im Abgesang gestaltet. Eine feste Konstellation zwischen Minne und den beiden Liebenden sowie auch eine Innen-Außen-Polarität werden aufgegeben durch die Auffächerung sowohl der empfangenden (*herzen*, *sinne*[], *ougen*) als auch der vermittelnden, spendenden Seite (*blicke*, *herzen*) in mehrere Instanzen. Diese werden zwar unterschieden, aber gleichgeordnet und in wechselseitiger Abhängigkeit und wechselnden Funktionen gezeigt: Die Blicke tragen als Boten – sie mögen dabei die Verursacher und zugleich die Überbringer des bereits entzündeten Feuers sein – die Herzen einander entgegen, die selbst das Verlangen dem gesamten Empfindungsvermögen und auch den Augen wieder mitteilen. Weder werden die Liebenden als Akteure präsentiert, noch ein bestimmendes Agens (wie sonst gelegentlich die Minne) benannt. Statt dessen wird ein differenziertes Handlungspersonal vorgestellt, das aufeinander abgestimmte Funktionen hat und dessen Zusammenwirken entscheidend ist. Das Konzept des 'gleichen Unterschiedenen' wird darüber hinaus dadurch veranschaulicht, daß Blicke und Herzen weder nur Agens noch ausschließlich Objekt sind, daß ihnen zwar bestimmte Funktionen (des Zuteilens, Empfangens oder Weitervermittelns) zugewiesen werden, diese aber nicht fest sind, sondern, ähnlich wie bei Aktion und Reak-

---

Strophe aber grundsätzlich, anders als Frauenlobs Strophe, bei den auch für die anderen Texte zentralen Kategorien.

tion der Liebenden im ersten Stollen, ihre Zuweisungen wechseln; damit wird auch die Relation zwischen den einzelnen Akteuren dynamisiert.

Als zweiter Punkt ist hervorzuheben: Der Minneprozeß wird unter Berücksichtigung konditionaler und temporaler Schemata strukturiert dargestellt, jedoch weder in feste Bedingungsrelationen noch in ein einfaches Nacheinander aufgelöst. Sowohl der Gegenstollen als auch der Abgesang beziehen zwei Einzelvorgänge – die Blickverbindung zwischen zwei Liebenden und das Feuer im Inneren jedes einzelnen – so aufeinander, daß die zeitlichen Verknüpfungen zu den konditionalen gegenläufig sind (auf A folgt B, das wieder die Voraussetzung von A ist). Beides markiert daher in jeweils unterschiedlichem Sinne den Ausgangspunkt des Geschehens. Die Frage nach dem Beginn der Liebe wird gestellt und sogleich überwunden: Dort, wo ihre Entstehung angesetzt wird, wird sie als bereits entstanden vorausgesetzt. Zuletzt wird angedeutet, daß der Vorgang, insbesondere die Lusterfahrung, in einer Kreisbewegung als stets erneuerter Austausch zwischen den einzelnen Instanzen aufgefaßt wird, der keinen Abschluß kennt.

### 3.2.2 Aufspaltung: Liebe als Selbstwiderspruch

Eine andere Charakterisierung der Liebesentstehung gibt Frauenlob in Strophe VIII, 15.[623] Deren sprachliche Organisation und spezifisches Verfahren seien sowohl auf der Folie der Ergebnisse zu VII, 39 als auch vor dem Hintergrund der Vorgehensweisen beleuchtet, wie sie an Texten der anderen Autoren beobachtet wurden. Wieder können die an letzteren erarbeiteten Kriterien, d.h. die Relationen zwischen Innen und Außen, zwischen den beteiligten Akteuren und den verschiedenen Vorgangsaspekten, sowie die Oppositionen von Selbst- und Fremdbestimmung, von Einheit und Gegnerschaft, für die Aufdeckung des Verfahrens als Orientierung dienen.

Swa blic an blicke vint sin art
schone un*be*wart,
zuhant der blic sich zu dem herzen schart;[624]
dem blicke jaget die liebe nach.
5   *die wile* die driu[625] sich vreuwen, *so* komt der minnen schach

---

[623] Vgl. auch Egidi, „Textuelle Verfahrensweisen", S. 423-430.

[624] V. 1-3: „Wo immer ein Blick gänzlich unbewacht auf einen ihm gleichartigen Blick trifft, gesellt er sich sogleich dem Herzen zu." Zu *art* bei Frauenlob s.o., Anm. 533 (zu *GA* VII, 40, 2); s.u., S. 321f.

[625] Zur Form *driu*: Stackmann, „Frauenlob (Heinrich von Meissen)", S. 132.

*in* twalmes vart,[626]
den drin wil sie an gesigen.

    Eines reinen wibes wunniclich munt,
    swem der tut kunt
10    ein lechelichez suchen, kus*s*es vunt,
    sich, wie zertlich daz ge*b*ert,
    wol unde we im, swem daz honic *ist beschert*.[627]
    herze ist *en*zunt,
    gelust ist ingestigen.

15    Da klaget daz herze de*nn*e über sin selbes blicken,
    und klaget daz blicken uf der liebe stricken.
    l*i*eb wil sich entzwicken[628]
    und klaget uf minne. Amor, der voget,
    komt ingezoget,
20    swa hin er broget,[629]
    da muz *ir* kraft geligen.

Der erste Stollen setzt mit einem konditionalen Satzgefüge ein, welches der Begegnung zweier Blicke als sofortige Konsequenz die Blick-Herz-Verbindung folgen läßt. Damit wird der Liebesentstehung in dieser Strophe zunächst ein vergleichbarer Ausgangspunkt gegeben wie in VII, 39: Beide Male wird die Blickverbindung zwischen den Liebenden als Voraussetzung und die Involvierung des Inneren als Folge bezeichnet. Gerade diese punktuelle Ähnlichkeit unterstreicht jedoch, daß sich die in beiden Strophen dargebotenen Liebesentwürfe deutlich voneinander unterscheiden; der vorliegende Text läßt sich in der

---

[626] V. 5f.: „[...] kommt der Raubzug der Minne in betäubendem Ansturm". Für *schâch* (bei Frauenlob nur an dieser Stelle belegt) wird in Stackmann, *Wörterbuch*, Sp. 303a, „schachbietender Zug im Schachspiel" angegeben. Ebensogut möglich ist aber die Bedeutung „Raub, Raubzug" (vgl. *BMZ* 2/2, Sp. 60b: „räuberei"), deren Konnotation des Gewaltsamen noch besser in die Strophe und ihre angedeutete *militia amoris*-Metaphorik paßt (vgl. v. 7; 14; 18-21); eine Parallele bietet ein Lied Ulrichs von Liechtenstein (*KLD* 58, XX, 3, 1: *Schâch unde roub*; 3, 2); man vergleiche ferner das Verb [*be*]*schâchen* im Kontext der Liebesthematik z.B. bei Konrad von Würzburg, Schröder 32, 109 (dort beherrscht die Diebstahlmetaphorik die ganze Strophe) und in Gottfrieds von Straßburg *Tristan*, v. 11846 (*schâchen an* mit Akkusativ, Krohn übersetzt mit „sich räuberisch auf jmd. richten"). *in twalmes vart* bezieht Steinmetz, *Liebe als universales Prinzip*, S. 119, auf „die Ausschüttung des Pneumas" beim Geschlechtsakt (hierzu s.o., 2.2.1, S. 114 u. Anm. 480), schließt aber eine allgemeinere Bedeutung nicht aus (S. 118, Anm. 151). Die physiologische Aussage mag mitgemeint sein, doch sind die Verse nicht auf diese Bedeutungsebene zu reduzieren – es geht insbesondere um die Bestimmung der Liebe als überwältigende Erfahrung in einem umfassenderen als nur im sexuellen Sinne; in diesem Verständnis liegt der Akzent mehr auf der Art und Weise der Machtergreifung der Minne (zu *twalm*, „Betäubung, betäubender Dunst": Stackmann, *Wörterbuch*, Sp. 381b).

[627] V. 8-11: „Wem der schöne Mund einer vollkommenen Frau das lächelnde Suchen und Finden des Kusses zuteil werden läßt – sieh, wie zärtlich das verwundet". Zu *zertlich* [...] *gebert* (v. 11) und zur Lesart *wol unde we* (v. 12) s.u., Anm. 636.

[628] *entzwicken* [*enzwicken*] (reflexiv), „sich loßreißen, befreien": Stackmann, *Wörterbuch*, Sp. 84b.

[629] *brogen*, „prunken, prachtvoll sein oder auftreten": ebd., Sp. 47a.

Darstellung des Minneprozesses den oben einem zweiten Beschreibungstyp zugeordneten Texten zur Seite stellen und verfolgt bestimmte dort eingeschlagene Wege – jedoch mit neuen Ergebnissen – weiter. Zunächst seien diesbezüglich die wichtigsten Aspekte genannt, bevor dann der spezifischen Verfahrensweise des Textes im einzelnen nachgegangen wird.

So erinnert die Schilderung der Verse 1-4 entfernt an die oben (S. 152-154) besprochene Strophe des Litschauers (*HMS* 2, Sp. 387a-b, 5); der wohltuenden Schönheit einer Frau, so hieß es dort, die durch die Augen in das Herz eindringt, folgt unbemerkt auf demselben Wege die verwundende Liebe. Wurde in diesem Text das Geschehen in Einzelereignisse aufgespalten und auf unterschiedliche Instanzen verteilt, um eine in sich widersprüchliche Erfahrung darzustellen, so wird, wie noch genauer auszuführen ist, in Frauenlobs Strophe VIII, 15 im weiteren Verlauf das Verfahren der Aufspaltung sehr viel weiter ausgebaut und auf andere Weise eingesetzt. Gegenüber VII, 39, wo auch eine Differenzierung zwischen den Instanzen angedeutet wurde, wird sowohl die Aufspaltung der am Geschehen Beteiligten in ein vielschichtiges Handlungspersonal konsequenter ausgearbeitet als auch die Selbständigkeit der deutlicher personifizierten Akteure stärker hervorgehoben (s. weiter unten). Deren Eigenständigkeit und Ablösung voneinander werden durch die feste Zuschreibung der Funktionen (an die Instanzen *blic, herze, liebe, gelust, minne, Amor*)[630] sowie durch die Kennzeichnung der Einzelaktionen als zielgerichtete Bewegungen betont.[631] Auch hierin unterscheidet sich Strophe VIII, 15 von VII, 39, wo ein Wechselverhältnis des Zuführens und Empfangens im Vordergrund stand und die Zuweisungen der gebenden und annehmenden Funktion wechselten, und erinnert an die Vorgangscharakterisierungen der Texte des zweiten Beschreibungstyps, wo die Vorstellung von Dynamik und zielgerichteter Bewegung mit dem Agieren der Minne verknüpft war.

Ferner ist die Vorstellung des Innenraumes von größerem Gewicht als in VII, 39, was gleichfalls in die Nähe des zweiten Beschreibungstyps weist. Ohne eine ausgearbeitete Raummetaphorik wie bei Reinmar von Zweter und Konrad von Würzburg[632] wird doch mit Hilfe von Verben, die eine Bewegung ins Innere formulieren (*ingestigen; ingezoget*; v. 14 und 19), momenthaft die Vorstellung evoziert, daß dort bzw. auf dem Weg dorthin der Schauplatz der Vorgänge liegt. Dies geschieht jedoch, wie noch zu zeigen sein wird, mit solch sparsamen Mitteln, daß die Vorstellung eines inneren Raumes zum Teil von der Bewegtheit der Schilderung verdrängt wird.

---

[630] Die Unterscheidung zwischen aktiver und erleidender Teilnahme am Geschehen ist in dieser Strophe deutlich; als passiv wird nur das *herze* dargestellt (abgesehen von der im Abgesang geschilderten Klage).

[631] Vgl. *jaget* [...] *nach* (v. 4); *komt* [...] *in twalmes vart* (v. 5f.); *ist ingestigen* (v. 14); *komt ingezoget* (v. 19).

[632] S.o., S. 146-151 u. 154-158.

Schließlich geht die Innensicht einer mit der ebenfalls lediglich angedeuteten Konzentration auf nur einen Partner. Während in VII, 39 von beiden Liebenden unterschiedslos die Rede war und der Minneprozeß auf zwei Herzen bezogen wurde, scheint hier schon im Eingangsstollen eine andere Perspektive zu herrschen; am klarsten ist dies jedoch im Gegenstollen, der den Mann als in das Geschehen involviert und die Frau in der von ihr ausgehenden Wirkung darstellt, beide also in unterschiedlichen Positionen einander gegenüberstellt.

Die auffälligsten Merkmale der Strophe, mit denen sowohl der Anschluß an bereits in den Strophen des zweiten Beschreibungstyps erprobte Wege der Gestaltung als auch die Eigenleistung des Textes am deutlichsten sichtbar werden, sind damit noch nicht erfaßt: Dies sind – neben der erwähnten Aufspaltung und Verselbständigung der Instanzen – die Dominanz antagonistischer Relationen sowie die Betonung des Gewaltsamen und Feindseligen in der Beschreibung der Liebesentstehung. Im Textdurchgang wird nun eingehender nach den jeweils differierenden Darstellungen der Liebe als Gegnerschaft und innerer Konflikt in den einzelnen Strophenteilen sowie nach deren Verhältnis zueinander zu fragen sein.

Die Kettenreaktion, mit welcher der erste Stollen die Liebesentstehung beginnen läßt – die Abfolge von Blickbegegnung, Blick-Herz-Vereinigung, Nacheilen der *liebe* und Ansturm der Minne – ist als mehrfache, emphatische Bewegung ins Innere vorgestellt (v. 1-6). Schon dadurch wird die Selbständigkeit der agierenden Instanzen hervorgehoben. Doch stehen sie nicht unverbunden nebeneinander, sondern es wird, wie entsprechend im Abgesang, gerade ihre Relation zueinander zum Hauptthema. Der Zustand der Harmonie, den Blick, Herz und *liebe* sofort erreichen, läßt um so deutlicher das Gewaltsame und Feindselige im Agieren der Minne hervortreten. Um ihr Verhältnis zueinander zu kennzeichnen, werden die Personifikationen mit anthropomorphen Zügen ausgestattet, die sowohl den Grad der Personifizierung verstärken als auch die Gegensätzlichkeit der Relationen unterstreichen – der harmonischen Freude der Drei miteinander (v. 5) und der Kampfbereitschaft der Minne (v. 7).

Durch die Konturierung des aufgespaltenen und zueinander in Beziehung gesetzten Handlungspersonals wird zum einen das Widersprüchliche der Liebeserfahrung aufs äußerste zugespitzt: Einigkeit und Harmonie auf der einen Seite und Gegnerschaft auf der anderen Seite, sonst das Verhältnis der Liebenden zueinander oder zur personifizierten Minne charakterisierend, werden hier ins Innere des Liebenden verlagert und als zu ein und demselben Geschehen gehörig aufeinander bezogen. In der Strophe des Litschauers wird die Ambivalenz von Freude und Schmerz durch die Abtrennung der wohltuenden Schönheit der Frau von der verletzenden Liebe vollständig erklärt und aufgelöst.[633] Hier dagegen werden *liebe* und *minne*, ohne definitorisch voneinander abgegrenzt zu sein, in ein antagonistisches Verhältnis zueinander gebracht. Die Minne mag als

---

[633] S.o., S. 152f.

die umfassendere und übergeordnete Instanz vorzustellen sein.[634] Dies schließt indes eine funktionale Differenzierung nicht aus, nach welcher die Liebe als im Inneren bereits angenommene Erfahrung (*liebe*) und zugleich als Fremdbestimmung durch die gewaltsam eingreifende Macht inszeniert wird (*minne*). Dieser szenisch umgesetzte Widerspruch wird auch nicht durch einen klaren Sieg der *minne* aufgelöst, da mit ihrer Ankunft die Vorgangsbeschreibung vorerst abbricht und im zweiten Stollen zu einem anderen Schauplatz und Personal wechselt. Die Spannung wird aufrechterhalten, die Situation bleibt ungeklärt.

Zum anderen erhält die Darstellung durch die Aufspaltung, Verselbständigung und die anthropomorphen Züge der Instanzen eine Abstraktheit, die noch dadurch verstärkt wird, daß das Innere, wiewohl zweifellos als Handlungsort vorzustellen, nicht als Innen*raum* metaphorisch umschrieben wird. Der Abstraktionsgrad des Textes rückt die Person des Liebenden aus dem Blickfeld und läßt die Vorgänge als weitgehend unabhängig von ihr erscheinen.

Dies ändert sich im Gegenstollen. Er läßt den Handlungsschauplatz zunächst in die Außenwelt wechseln; damit kommt auch im Gegenüber der Partner die Person des Liebenden als Ganzheit flüchtig in den Blick. Im ersten Konditionalgefüge Vers 8-11 wird ein Bedingungsverhältnis zwischen Verheißung und Gewährung des Kusses durch den lächelnden Mund der Frau und der ambivalenten Wirkung auf den Mann formuliert. Diese Bedingungsrelation wird in der umgekehrten Reihenfolge von Voraussetzung und Konsequenz in Vers 12 variiert.[635] In beiden Satzgefügen wird die Untrennbarkeit von Freude und Leid als Folge benannt; im Oxymoron *zertlich gebern* und in der Interjektion *wol unde we*[636] wird in gedrängtester Form zusammengefaßt, was im ersten Stollen als Harmonie wie als Konflikt zwischen verschiedenen Instanzen szenisch ent-

---

[634] Dafür spricht die Erwähnung von *gelust* im zweiten Stollen sowie die Tatsache, daß das von Frauenlob noch häufiger verwendete Paar *liebe-lust* zum Teil explizit der Minne untergeordnet wird (*GA* IV, 1, 5; 3, 2f.; 8, 10; 13, 3f.; vgl. ferner *GA* I, 17, 10-12); vgl. Huber, *Alanus ab Insulis*, S. 166-171.

[635] In diesen beiden Satzgefügen (v. 8-11 und 12), die chiastisch angeordnet sind, werden die mit *swem* eingeleiteten verallgemeinernden Relativsätze mit konditionaler Bedeutung statt mit einem vollständigen Satz als Hauptsatz mit einem Ausruf (v. 11) bzw. einer Interjektion (v. 12) verknüpft, die jeweils die Konsequenz formulieren.

[636] In Vers 11 folge ich Wachingers Interpretation (Rez. zu Stackmann/Bertau, S. 129) des Ausdrucks *zertlich gebern* als Oxymoron, welches den gewaltsam-sanften Charakter des Geschehens zum Ausdruck bringt (*gebern* könne „auch an den Stellen, wo die Bedeutung ʻerziehenʼ dominiert, noch eine Konnotation der Gewaltanwendung" haben; vgl. *BMZ* 1, Sp. 144b), sowie in Vers 12 seiner Bevorzugung der Lesart *wol unde we* mit n (J). Beide Entscheidungen fügen sich, wie auch Steinmetz betont (*Liebe als universales Prinzip*, S. 119), sehr gut in die Tendenz der Strophe, welche das Widersprüchliche der Liebe mehrfach zur Sprache bringt, und werden zusätzlich durch die Entsprechungen der Bedingungsverhältnisse in chiastischer Anordnung bestätigt (v. 8-11 und 12). Die *GA* liest mit Z: *wol unde wol*; vgl. Stackmanns Erwiderung auf Wachingers Vorschläge („Frauenlob [Heinrich von Meissen]", S. 126), in welcher er am Tenor der Strophe den „Triumph des Liebesgottes" und nicht die *klage* hervorhebt. Es ist jedoch daran zu erinnern, daß gerade die kontrastive Verknüpfung beider Aspekte für die Strophe insgesamt konstitutiv ist.

faltet wird. Daß die Lust-Schmerz-Erfahrung in Vers 11 und 12 zur spannungsvollen Einheit zusammengezogen wird, entspricht der angedeuteten Erfassung der Beteiligten in der 'Außenperspektive'; umgekehrt korrespondiert im Eingangsstollen die Auffächerung des Minneprozesses in ein harmonisches und ein disharmonisches Geschehen mit der Innensicht und mit der Aufspaltung des beteiligten Personals.

In den Abschlußversen tritt eine neue und nur hier erwähnte Instanz auf: *gelust* ist mit dem Kuß in das in Brand gesetzte Herz hineingestiegen. Die Innenraum-Vorstellung wird lediglich durch das Verb *ingestigen* evoziert, das fragmenthaft das Bild der Eroberung einer Burg andeuten mag. Diese Metapher konstituiert sich erst in der Zusammenschau der drei Strophenteile, welche in ihren Schlußversen, die vom Angriff der Minne, vom Eroberungszug des *gelust* und vom Triumph Amors sprechen, verschiedene Bildfragmente hierzu beitragen.

Ist die Parallele zwischen den Schlüssen beider Stollen aufgrund ihrer Kampfmetaphorik offensichtlich, so ist nun eingehender nach dem Verhältnis der geschilderten Ereignisse sowie der Akteure zueinander zu fragen. Naheliegend scheint es zunächst zu sein, an eine Verbindung zwischen dem Angriff der Minne (v. 5-7) und der Eroberung des Herzens durch *gelust* (v. 13f.) zu denken, etwa in dem Sinne, daß Minne das Herz erst mit Hilfe des Verlangens vollends besiegt. Expliziert wird ein solcher Zusammenhang jedoch nicht; das genaue Verhältnis zwischen *minne*, *liebe* und *gelust* wird offengelassen. Eine Trennung zwischen den Begriffen *liebe* und *gelust* im Sinne einer Abgrenzung zwischen „'nicht-sinnliche[r] Zuneigung'" (*liebe*) und sinnlichem Begehren (*gelust*)[637] ist dem Text daher unangemessen. Entsprechend läßt sich das komplexe Geschehen, wie es die Strophe im mehrfachen Ansatz beschreibt, nicht in ein lineares Nacheinander von klar unterschiedenen Einzelphasen auflösen, etwa in die Abfolge einer „harmlose[n] [...] Vorstufe der Minne" und der mit dem Begehren verbundenen Minne selbst.[638] Der Einbindung der Begriffe in den Strophenkontext wird eine andere Unterscheidung gerechter, die nicht trennscharf durchzuführen ist:[639] *liebe* zielt mehr auf einen *Zustand* des Freude- und Lusterlebens, *gelust* betont stärker das *vorantreibende* Moment des Verlangens, das nach Zustandsänderung strebt. Eine solche Auffassung der beiden Begriffe, die nicht zwei Erfahrungsbereiche der Liebe voneinander trennt, sondern eine funktionale Unterscheidung zwischen *liebe* und *gelust* beinhaltet, paßt zur Kennzeichnung der personifizierten Instanzen, in welcher der *liebe* Ausgeglichenheit und Harmonie, dem *gelust* dagegen – wie der *minne* – die auf Veränderung zielende Offensive zugeordnet ist.

Der zweite Stollen führt die im Eingangsstollen begonnene Charakterisierung der Doppelgesichtigkeit der Liebe weiter und ergänzt sie um die Freude-

---

637 Bein, *„Liep unde lust"*, S. 166; ähnlich Steinmetz, *Liebe als universales Prinzip*, S. 118.
638 Ebd., S. 118-120, zit. S. 118.
639 Diese Unterscheidung auch bei Huber, *Alanus ab Insulis*, S. 166-168.

Schmerz-Ambivalenz. Eine zeitliche Relation wird zwischen den in den beiden Stollen jeweils geschilderten Ereignissen nicht hergestellt. Die verschiedenen Vorgänge, die im Eingangsstollen im Nacheinander angeordnet werden – die Herstellung der Eintracht und der hereinbrechende Konflikt –, scheinen daher im Gegenstollen als einander widersprechende Seiten ein und desselben Geschehens interpretiert zu werden. Insgesamt werden im Aufgesang die Aspekte von Harmonie und Disharmonie, Gleichgeordnetheit und Ungleichheit, Freude und Schmerz unterschieden, aber nicht voneinander abgelöst, sondern als widersprüchliche, inkommensurable Einheit erfaßt.

Der Abgesang läßt die Szene wiederum wechseln und die Akteure des ersten Stollens auftreten. Als Reaktion auf das Beunruhigende und Schmerzhafte des Minneprozesses, das abgewehrt werden soll, entsteht eine Kette von Beschuldigungen, in welcher das *herze* gegen den Blick, der Blick gegen die *liebe* und diese schließlich gegen *minne* Anklage erhebt. Entfernt erinnert die Suche nach dem für die Überwindung des Inneren Verantwortlichen an die viel schlichtere Version der Schuldfrage in der Strophe des Litschauers. Dort wurde die Ambivalenz der Liebe dadurch aufgelöst, daß die Leiderfahrung der *liebe* zu Lasten gelegt und die Frauenschönheit von aller Schuld freigesprochen wurde. Im vorliegenden Text wird die Schuldfrage dagegen zum Rechtsstreit ausgebaut,[640] in welchem wieder die Relation der Instanzen zueinander zum Thema wird.

Zur Bedeutung der Rechtsstreitmetapher in diesem Kontext ist zweierlei festzuhalten. Zum einen wird der *militia amoris* mit dem Rechtsstreit eine weitere Form der Gegnerschaft gegenübergestellt. In der Konstellation 'jeder gegen jeden', in welcher sich auch die vorher Vereinten (*blic, herze, liebe*) entzweien, werden die antagonistischen Züge der Darstellung verstärkt, die das involvierte Innere als höchst instabil, ja aus den Fugen geraten charakterisieren. Zugleich gerät (wie im ersten Stollen) durch die Verselbständigung der einzelnen Instanzen die Person des Liebenden vollständig aus dem Blick.

Die Reihe von Anklagen und Beschuldigungen inszeniert zum anderen die Frage nach der letzten ursächlichen Instanz, auf welche die Entstehung der Liebe zurückgeführt werden kann. Daß die Abfolge der Akteure aus dem Ein-

---

[640] Diesbezüglich drängt sich eine prominente Parallele aus einem anderen Gattungszusammenhang auf: der Streit zwischen *lîp* und *herze* in der *Klage* Hartmanns von Aue, der ja ebenfalls mit einer Anklage beginnt. Abgesehen davon, daß es in der *Klage* nur zwei Kontrahenten gibt, deren Dualismus in lateinischer und volkssprachlicher Literatur eine lange Tradition hat, wird die Anklage dort im anderen Gattungskontext nicht szenisch ausgebaut, sondern eröffnet die ausführliche Erörterung der Problematik im über Argumentation und Gegenargumentation entfalteten Streitgespräch. Demgegenüber geht ein anderes Beispiel aus Hartmanns Werk, die Verse 2340-2355 des *Iwein*, wie in Frauenlobs Strophe mit der Frage nach der für die Liebe Iweins verantwortlichen Instanz verschiedene Glieder in einer Kette ab, weist also eine ähnliche Aufspaltung auf (*mîn selbes lîp*; das Herz, die Augen, Laudines Schönheit); doch fehlt hier wiederum das Moment der Schuld und der Anklage. Die wenigen Beispiele mögen genügen, um auf die Spannbreite der Darstellungsmöglichkeiten und Funktionen des Verfahrens der Aufspaltung der Person in unterscheidbare Einzelinstanzen im Liebeskontext hinzuweisen – eines Verfahrens, das in seinen unterschiedlichen Ausformungen offenbar hohe Bedeutung für den höfischen Liebesdiskurs hat.

gangsstollen fast genau nachgezeichnet wird, verleiht der Wahrheitssuche einen 'analytischen' Charakter.

Der Rechtsstreit wird zuletzt durch Amors triumphalen Einzug abrupt abgebrochen (v. 18-21). Letzterer liefert ein weiteres Bildfragment der Eroberung einer Burg (v. 19; vgl. v. 14), welches noch einmal flüchtig die Innenraumvorstellung evoziert. Der Streit wird mit Amors endgültigem Sieg nicht entschieden, sondern allein durch Herrschergewalt beendet. Anders als etwa beim Ansturm der Minne wird an der Überlegenheit Amors kein Zweifel gelassen, dessen Machtübernahme kampflos zu gelingen scheint.

Es stellt sich die Frage, welche Funktion die Einführung dieses neuen Akteurs hat und wie die Rechtsstreit- und die Machtergreifungsszene aufeinander zu beziehen sind. Die Referenzidentität des Pronomens *ir* (v. 21) ist offengelassen,[641] damit auch, ob *minne* zu den unterlegenen Gegnern gehört oder von ihnen ausgenommen ist. Keinesfalls ist sie mit der Annahme, daß sie ja mit Amor identisch sei, aus der besiegten Gegnerschaft auszuschließen.[642] Dies hieße die unterschiedliche Darstellung und Einbindung beider Personifikationen übersehen. Vielmehr ist mit der Möglichkeit einer funktionalen Differenzierung zwischen Amor und *minne* bzw. den übrigen Akteuren zu rechnen.

Mit der ausdrücklichen Bezeichnung als Herrscher (*voget*) wird Amor als eine Instanz charakterisiert, deren Handeln einer anderen Ebene als das Agieren des bisher aufgetretenen Personals zuzuordnen ist. Durch den Titel *voget* und durch den angedeuteten Preis seiner Pracht (v. 20) verbindet sich, anders als bei den Übergriffen von *minne* und *gelust* (v. 5-7 und 13f.), mit dem Moment des Gewaltsamen der Aspekt der Rechtmäßigkeit der Machtergreifung, der jede Revolte und Infragestellung ausschließt. Hierin übersteigt der Überwinder Amor das Handeln sowohl der Gewalt ausübenden Instanzen (*minne*, *gelust*) wie auch der Klage führenden Parteien (*herze*, *blic*, *liebe*). Zum einen wird also mit Amor ein Agens entworfen, dessen Wirken die Handlungen aller anderen an der Liebe und am Liebenden unterschiedenen Instanzen in sich aufhebt. Damit ist ein Verhältnis zwischen dem Ganzen und seinen gegensätzlichen, in dieser einen Personifikation wieder zusammengeführten Teilen formuliert.

Zum anderen wird Amor selbst in Gegensatz zu den anderen Instanzen gebracht. Seine Machtergreifung beendet die in das Bild des Rechtsstreits gefaßte Schuldfrage und damit die Frage nach der letzten Ursache des Minneprozesses, ohne sie zu lösen. Nimmt man eine aspekthafte Ausdifferenzierung der Liebe nach verschiedenen Funktionen auch hier an, so setzt der Abgesang ins Bild, daß Liebe zum einen das Involviertsein im inneren Konflikt ist, in welchem sich die Beteiligten gegen das Geschehen auflehnen und eine Klärung der Ursachenfrage anstreben. Liebe ist gleichzeitig aber die von außen kommende, alles überwältigende Macht (Amor), deren Herrschergewalt nicht mehr hinterfragbar

---

[641] Stackmann, *GA*, S. 923, bezieht *ir* „auf *minne*, damit zugleich aber auf alle vorgenannten Minne-Instanzen".

[642] Gegen Steinmetz, *Liebe als universales Prinzip*, S. 118f.

ist, was ihrer Erfassung als alle Teilinstanzen in sich aufhebende Ganzheit entspricht; als Fremdeinwirkung von außen richtet sie sich gegen den Versuch der Klärung im Konflikt und verhindert ihn.

Die Unlösbarkeit der Ursachenfrage und somit auch die Unerklärbarkeit der Liebesentstehung wird – bewußt gegenläufig zu allen Ansätzen der Differenzierung und Klärung des Textes selbst – am Strophenschluß vorgeführt. Der Selbstwiderspruch der Liebe, die – im Inneren in gegensätzliche Aspekte zerfallend und als von außen kommendes Agens ein nicht analysierbares Ganzes – die Frage nach ihrer eigenen Ursache zugleich stellt und verhindert, wird höchst wirkungsvoll in Szene gesetzt.

Die Ergebnisse zu Strophe VIII, 15[643] sind vor dem Hintergrund der Verfahrensweisen von Texten anderer Autoren zusammenzufassen, die oben als Textreihe einem zweiten Beschreibungstyp zugeordnet wurden (3.1.2) und an deren Merkmale kurz erinnert sei. Zu nennen sind erstens die Entfaltung antagonistischer Konstellationen zwischen der von außen eingreifenden Macht und dem erleidenden Inneren sowie anderer Konstellationen der Ungleichheit, wodurch Liebe als Freude wie Leid hervorrufende Fremdbestimmung erfaßt wird, zweitens die Beschreibung des inneren Raumes und die Konzentration auf nur einen Partner als Involvierten sowie drittens die Schilderung des Minneprozesses in seiner Vielschichtigkeit und Dynamik und die Differenzierung zwischen verschiedenen Vorgangsaspekten. An diese Darstellungswege schließt sich der vorliegende Text an und führt sie zugleich neuen Möglichkeiten der Konturierung der Liebe zu.

1. Antagonismen und Gegensätze bestimmen den Liebesentwurf der Strophe in mehrfacher Hinsicht. Die Konstellation der Gegnerschaft und Ungleichheit wird nicht auf eine einfache Innen-Außen-Relation projiziert, in welcher Minne das von außen wirkende Agens und das Innere das Objekt ihrer Manipulation

---

[643] Zum Teil führen die Beobachtungen in eine ähnliche Richtung wie die Ausführungen Köbeles, „'Reine' Abstraktion?", zu Frauenlobs Lied 1 (*GA* XIV, 1-5), besonders was die konstatierte Überwindung einer einfachen Innen-Außen-Opposition, die Aufspaltung des Handlungspersonals, die Ausarbeitung von Konfliktsituationen betrifft. Mit den Ergebnissen Köbeles (bes. S. 391-393 u. 406f.) lassen sich jedoch auf der Basis der Parallelen auch gattungsspezifische Differenzen zwischen dem Verfahren der Spruchstrophe VIII, 15 und dem des Liedes herausarbeiten. Die Differenzierung der am Liebenden unterschiedenen Einzelinstanzen, im Lied auf das liebende Ich bezogen, wird ins Extrem weitergeführt bis zur Darstellung der vollständigen Desintegration der Person und des Ich-Verlustes, der über den Streitgesprächsrahmen Schritt für Schritt vorgeführt wird. Zugleich formuliert ein Ich, dessen einzelne Teile nicht mehr miteinander vermittelt sind, Anspruch auf Selbstbestimmtheit. Das Verfahren der Zerteilung und Aufspaltung erreicht hier auch die Ebene der Ich-Reflexion und erhält dadurch eine zusätzliche Dimension. Die grundsätzlich vergleichbaren Ansätze in beiden Texten können somit als je neue Antworten auf die jeweiligen Gattungserwartungen eingeordnet und diesbezüglich voneinander abgesetzt werden. – Zur Deutung des Minne- und Reflexionsprozesses als vollständiger Ich-Verlust vgl. besonders auch Lied 6; hierzu Wachinger, „Hohe Minne um 1300", S. 146f. u. 149f.

wäre.[644] Vielmehr wird die Gegensatzstruktur der Liebe stark zugespitzt, auf die Relationen der abgespaltenen und verselbständigten Teilinstanzen übertragen und in unterschiedlich charakterisierten Konfliktsituationen vervielfältigt (der Kampf, die gerichtliche Klage, die Machtergreifung). Auf diese Weise werden mehrere funktionale Differenzierungen zwischen einander entgegengesetzten Aspekten der Liebe in der Handlung entfaltet: Der Einigkeit und Harmonie (v. 1-5) steht feindliches Wirken gegenüber (v. 5-7; 13f.), dem verharrenden Moment das vorwärtsdrängende. Gegen die Konfliktsituation des Rechtsstreits (v. 15-18) werden Machtausübung und Herrschaftsübernahme gesetzt (v. 18-21). Damit geht die Bestimmung der Ambivalenz weit über die topische Thematisierung der Freude-Leid-Einheit hinaus: Liebe ist Ausgeglichenheit wie auf Veränderung zielendes Streben, im Inneren angenommene Erfahrung wie Fremdbestimmtheit (Aufgesang). Sie zerfällt in einander widerstreitende Teilaspekte und kann diese zugleich als wirkmächtige Ganzheit in sich aufheben (Abgesang). Die Entfaltung der Widerspruchsstruktur erhält ihren Höhepunkt darin, daß die Liebeserfahrung sowohl als innerer Konflikt charakterisiert wird wie auch als Manipulation einer unhinterfragbaren Macht, die diese Selbstklärung verhindert.

2. Die Skizzierung des Inneren ist von einem deutlichen Zug zur Abstraktion gekennzeichnet. Während es zweifellos als Handlungs- oder Ziel-'Ort' vorzustellen ist, konstituiert sich eine Raummetapher doch erst in der Zusammenschau der spärlich eingesetzten Bildfragmente[645] sowie in Verbindung mit der Kampfmetaphorik. Über weite Strecken wird die Innenraumvorstellung ferner von der Bewegtheit der nicht-metaphorischen Vorgangsbeschreibungen verdrängt. Eine Veranschaulichung des inneren Raumes wird auf diese Weise gerade vermieden. Der Abstraktionsgrad der Darstellung hält noch momenthaft präsent, daß es um ein inneres Geschehen geht, ohne die Raumvorstellung wirklich greifbar werden zu lassen, und läßt zugleich die Person des Liebenden hinter der Gedrängtheit der Ereignisse und der Selbständigkeit der ausdifferenzierten Einzelinstanzen verschwinden.

3. Die Dynamik und Heterogenität des Minneprozesses gewinnt durch die Auffächerung des Geschehens in klar voneinander abgesetzte Einzelszenen Gestalt. Charakteristisch für die Entfaltung des Ablaufs sind Perspektivenwechsel und Brechung: Entweder wird offengehalten, wie sich das Einzelereignis in den Ablauf einfügt, wie beim Eindringen des Verlangens in das Herz (zweiter Stollen), oder aber die Vorgangsschilderung bricht ab, wie beim Ansturm der kampfbegierigen Minne und beim Rechtsstreit. Durch die vorenthaltene Klärung der Konfliktsituationen wird zum einen deren Spannung aufrechterhalten,

---

644 Dies kennzeichnet die in 3.1.2 besprochenen Strophen.
645 Vgl. hierzu die grundlegenden Erkenntnisse Stackmanns, „Bild und Bedeutung", über Frauenlobs Verfahren der 'potentiellen Allegorien', die im Text nur durch Gerüstwörter markiert sind (zu *GA* VIII, 26).

die Widerspruchsstruktur der Liebe nicht aufgelöst. Zum anderen inszenieren die Brechungen das Unvorhersehbare und Unverständliche der Erfahrung.

## 3.3 Resümee

Die im vorliegenden Kapitel untersuchten Texte erproben eine Vielzahl von Möglichkeiten, Minne als Agens und/oder als Prozeß zu entwerfen. Es konnte sowohl eine Kontinuität von Darstellungsmustern als auch die Spannbreite der Anwendungen dieser Muster aufgedeckt werden. Wieder bestätigte sich, daß keineswegs vorab fixierte Liebeskonzepte und -definitionen in den Texten 'zum Ausdruck gebracht', sondern erst in deren je spezifischer sprachlicher Organisation gestalthaft werden.

Die Strophen von Autoren vor Frauenlob präsentieren eine Reihe von Liebesbeschreibungen, die sich hinsichtlich ihrer dominanten textuellen Verfahrensweisen – des Zusammenfassens und Unifizierens einerseits, des Differenzierens, Auffächerns und Zergliederns andererseits – zwei modellhaft unterschiedenen Beschreibungstypen zuordnen lassen (3.1). Sie grenzen sich hinsichtlich der Ausformung der allen Texten zugrunde liegenden semantischen Kriterien – die Relationen zwischen Innen und Außen, zwischen den beteiligten Instanzen und verschiedenen Vorgangsaspekten – voneinander ab und stellen mit den Kategorien der nicht unterschiedenen Einheit und Gleichheit sowie der Unterschiedenheit und Ungleichheit lediglich die einander entgegengesetzten Extreme auf einer Skala von Gestaltungsweisen dar.

Daß diese den weitgesteckten Rahmen für das Spiel der Texte bildet, zeigen bereits die Beispiele des ersten Beschreibungstyps (3.1.1). Hebt die Strophe des Jungen Meißners (Peperkorn A, I, 5) – wie der *unio*-Entwurf Reinmars von Zweter (Roethe 50) – an der Liebeseinheit die Gleichheit der Geschlechter, die Ununterschiedenheit von Innen und Außen und die Übereinstimmung zwischen den Liebenden und die Einflußnahme der Minne hervor, so wird Liebe darüber hinaus – in Annäherung an den zweiten Typ – auch ansatzweise als Prozeß erfaßt, im Wechsel der Perspektive zwischen Minne als Agens und der im Entstehen begriffenen Erfahrung; ferner führt der Gedanke der Unzertrennbarkeit schließlich zu dem der Liebeseinheit im Tod.

Die Texte des zweiten Beschreibungstyps (3.1.2) lassen als Darstellungskonstanten erstens die Unterscheidung der Beteiligten in Funktion und Position, die in einer Konstellation der Gegnerschaft angeordnet werden, zweitens die Innen-Außen-Polarisierung, mit welcher die Minne als Agens und das Objekt ihres Wirkens räumlich getrennt werden, und die Beleuchtung des Innenraumes, sowie drittens die Entfaltung des Minnegeschehens als Prozeß in seiner Dynamik erkennen. Während der Litschauer die einzelnen Instanzen, Personenaspekte und Einzelereignisse voneinander abspaltet, ohne sie in neuen Verknüpfungen wieder aufeinander zu beziehen, entwickeln Reinmar von Zweter (Roethe 268), der zwei variierende Schilderungen der Liebesentstehung einander kommentieren läßt, und Konrad von Würzburg (Schröder 32, 106), der die Umkehrung des Schemas im Text einfängt, komplexere Entwürfe. Bemerkenswert ist bei beiden Autoren: Der betonten Prozeßhaftigkeit des Geschehens entspricht, daß Prozessualität in spezifischer Weise auch für die Texte selbst konstitutiv wird. Im einen Fall wird das Schema des zweiten Typs im Verlauf der Strophe erst nach und nach aufgebaut, im anderen Fall bildet es umgekehrt den Ausgangspunkt, um dann im Textverlauf in den ersten Beschreibungstyp überführt zu werden, wodurch einander ausschließende Kategorien in ein paradoxales Verhältnis gebracht werden.

Während diese Strophen auch in ihrer je eigenen Akzentuierung und Sinngebung noch mit den genannten, einander entgegengesetzten Kategorien erfaßt werden, gilt dies nur noch eingeschränkt für zwei Strophen Frauenlobs. Die zugrundeliegenden semantischen Kriterien greifen indes auch hier und bilden den verbindenden Rahmen, über den sich Frauenlobs Texte auf die anderer Autoren beziehen lassen.

So findet er in VII, 39 eine Lösung, in der Gestaltungselemente beider Beschreibungstypen zur Anwendung kommen und die zwar zwischen Innen und Außen, zwischen den weiter aufgefächerten Einzelinstanzen und den Vorgangsaspekten differenziert, aber sie nicht in fest definierten Konstellationen einander gegenüberstellt (3.2.1). Vielmehr werden 'Unterschiedenheit und Ungleichheit' mit Hilfe von Konzepten der wechselseitigen Bezogenheit und des Austausches (etwa im Verhältnis von Geben und Empfangen, von auslösendem Moment und vorhandener Bereitschaft) sowie von wechselnden Funktionszuschreibungen – die Blicke wie auch die Herzen sind teils Empfänger, teils Übermittler – und wechselnden Relationierungen aufgegeben; letzteres ist z.B. dann der Fall, wenn konditionale Relationen mit gegenläufigen temporalen verknüpft und dadurch beide Ordnungsschemata überwunden werden. Insgesamt hebt der Text Ausschlußrelationen wie zwischen Einheit und Unterschiedenheit, Gleichheit und Ungleichheit, mit der dritten Kategorie des 'gleichen Unterschiedenen' auf.

Strophe VIII, 15 schließt sich an die Darstellungswege des zweiten Typs an (3.2.2). Diese werden in konsequenter und systematischer Weiterführung bis hin zum vollständigen Zerfall des Handlungspersonals und des Geschehens für eine Erfassung der Liebe als Selbstwiderspruch und unaufgelöste Ambivalenz genutzt. 1. Die Aufspaltung der Einzelinstanzen ermöglicht die Vervielfältigung antagonistischer Konstellationen. Feindlich zueinander verhalten sich auch am Liebenden wie an der Liebe unterschiedene Aspekte, die indes nur funktional differenziert, nicht voneinander ablösbar sind und so auf die Widerspruchsstruktur der Liebe als Ganzheit (Harmonie wie Konflikt, Klärungsversuch wie -verhinderung etc.) verweisen. 2. Der Abstraktionsgrad der Darstellung verhindert zusammen mit der Selbständigkeit und Heterogenität der Einzelszenen, daß eine konsistente Innenraumvorstellung entsteht, Bildfragmente erinnern an die Darstellungskonvention, nur um sie aufzulösen, und in der dezentrierenden Perspektive gerät die Person des Liebenden aus dem Blick. 3. Der Minneprozeß zerfällt in Einzelszenen; seine Schilderung inszeniert durch abrupten Perspektivenwechsel und Brechung die Ambivalenz der Liebeserfahrung sowie ihre Unvorhersehbarkeit.

Erneut konnte mit den Einzelanalysen und der Zusammenführung der Beobachtungen gezeigt werden, daß Frauenlobs Minnespruchstrophen mit der kategorialen Spaltung zwischen 'traditionsgebunden' und 'innovativ' nicht angemessen erfaßt werden können, daß vielmehr das Eigenprofil seiner Liebesentwürfe, in der sprachlichen Organisation erst entstehend, gerade in seinem Traditionsanschluß erkennbar wird.

## 4 Frauenpreis im Sangspruch

Gegenstand dieses Kapitels ist die verallgemeinernde laudative Rede der Frauenpreissprüche.[646] Zur Frage der Abgrenzung gegenüber den in Kapitel 1 und 2 untersuchten Minnesprüchen ist zu berücksichtigen, daß die preisende Rede im Kontext der Strophe einen unterschiedlichen Stellenwert erhalten und auch auf verschiedene Weise eingebunden sein kann. Modi des Frauenpreises im Sangspruch sind vor allem der absolut gesetzte und der ermahnende Preis.[647] Letzterer sucht die Bedingungen – ein bestimmtes Verhalten oder eine entsprechende innere Haltung – festzusetzen, unter welchen das Lob vergeben werden kann.[648] Der Preis, der in solchen Fällen nicht uneingeschränkt, sondern nur unter bestimmten Bedingungen gelten soll, formuliert daher einen Appell und orientiert sich, wie auch viele ermahnende Minnesprüche, an Wertoppositionen, an der Unterscheidung zwischen 'recht' und 'unrecht', berührt also die Frage der Wertverwirklichung. Die Möglichkeit einer belehrenden Ausrichtung der laudativen Rede, die sich dann dem *genus deliberativum* annähert, wird schon in der antiken Rhetorik erläutert.[649] Im Gegensatz zum ermahnenden Lob weist der absolut gesetzte, uneingeschränkte Preis weder einen offenen Appell auf, noch läßt er eine Orientierung an Wertgegensätzen erkennen. Er erörtert nicht, unter welchen Bedingungen das Lob gerechtfertigt ist, sondern setzt die Preiswürdigkeit seines Gegenstandes, die in rhetorischer Begrifflichkeit ein *certum* ist,[650] als objektiv gültig voraus. Die Problematisierung der Wertverwirklichung hat hier keinen

---

[646] Allgemein zum Frauenpreis und zur laudativen Rede Hübner, *Frauenpreis*, S. 35 u. 37; letztere klassifiziert er für sich betrachtet, ohne ihre jeweilige kontextuelle Einbindung, als *descriptio* im textlinguistischen Sinne, die „weder erzählt noch problematisiert, begründet oder logisch ab[]leitet" und für die vor allem „die Attribuierung wertender Prädikate" konstitutiv ist (S. 37).

[647] Die Isolierung beider Preis-Modi voneinander und ihre Zuordnung zur Opposition 'höfisch' (absolut gesetzter Preis) versus 'nicht-höfisch' (ermahnender bzw. mit Tadel gekoppelter Preis), die Lienert, *'Frau Tugendreich'*, S. 109f., durchführt, ist für ihre adäquate Beschreibung ganz ungeeignet.

[648] Häufig wird zwischen dem Verhalten und der Wertung (im Lob oder auch im Tadel, der dann ebenfalls nur eingeschränkt gilt) explizit ein Verhältnis von Voraussetzung und Folge hergestellt; dies wird z.B. mit konditionalen Satzgefügen mit *swer* (*swelch man/vrouwe*) – *der* (*diu*) erreicht (etwa: „Eine Frau, die sich auf diese Weise verhält, hat Lob verdient/ist zu tadeln"). – Zum unterschiedlichen Lob als spruchmeisterlicher, von Walther von der Vogelweide in den Minnesang eingeführter Lobpraxis vgl. G. Hahn, „Ein Minnesänger macht Spruchdichtung", S. 58f. (zu Walther, *L* 58, 21 und 48, 12).

[649] Nach Lausberg, *Rhetorik*, § 61, 3, kann sich auch im *genus demonstrativum* (epideiktische Rede) analog zur judicialen und deliberativen Rede eine Alternative der Qualifizierung des behandelten Gegenstandes (*honestum/turpe*) und des *officium* des Redners (Lob/Tadel) ausbilden; vgl. hierzu auch Hübner, *Frauenpreis*, S. 35 u. 394, Anm. 99. Aufgrund der strukturellen Annäherung der rhetorischen *genera* kann ein Zusammenspiel zwischen laudativer und deliberativer Rede entstehen, wobei sowohl das Lob der Belehrung funktional untergeordnet sein kann als auch umgekehrt die Ermahnung dem Preis.

[650] Lausberg, *Rhetorik*, § 61, 3. Nur wenn die epideiktische Rede als 'parteiische' Rede fungiert, wenn also etwa Lob gegen Tadel steht, kann der Gegenstand zum *dubium* werden (ebd.).

Platz: Die Aussagen können „von vornherein als allgemeiner Konsens und als absolut unproblematisch präsentiert werden".[651]

Angesichts der unterschiedlichen Ausrichtungen des Lobes in Frauenpreisstrophen wird sogleich deutlich, daß sich diesbezüglich Überschneidungen mit den oben besprochenen Minnesprüchen ergeben. Dort wird gelegentlich die laudative Rede in die Ausführungen integriert und kann dann unterschiedlich funktionalisiert werden: Zu denken ist etwa an das Lob der tugendhaften Frau und ihres Verhaltens in einigen ermahnenden Minnesprüchen[652] und an den Preis der Minne in beschreibenden Minnesprüchen.[653] In bezug auf den Stellenwert und die Einbindung laudativer Rede im Strophenkontext kann also keine feste Grenzlinie zwischen den Frauenpreis- und den Minnestrophen gezogen werden.

Die Abgrenzung erfolgt daher über denjenigen Aspekt, der für die laudative Rede im Frauenpreis von besonderer Bedeutung ist und in ermahnender oder beschreibender Rede keine Entsprechung hat: Der Frauenpreis sucht immer (explizit oder implizit) auch seine eigene Begründung anzugeben. Während Minnesprüche verschiedener Ausrichtung mit ihren Antworten auf die Frage, was höfische Liebe ist bzw. sein soll und wie sie entsteht, auf die Bestimmung und Definition ihres Gegenstandes zielen, ist dies in der Lobrede im Frauenpreis, zumal im absolut gesetzten, nicht der Fall. Die Möglichkeit einer genaueren Bestimmung des Sujets ist hier in der Selbstreferentialität des Preises angelegt: Die laudative Rede antwortet auf die Frage, warum die Frauen zu preisen sind; indem sie also die Gründe des Lobens zu bestimmen sucht, macht sie sich zugleich selbst zum Gegenstand.[654] Dies entspricht dem generellen Charakteristikum des rhetorischen *genus demonstrativum*, in welchem „die darbietende Redekunst Objekt der Rede" wird.[655] Der Selbstbezug des Preises und der Preiskunst muß nicht in jedem Text expliziert werden, ist aber grundsätzlich immer mit angelegt.

---

[651] Hübner, *Frauenpreis*, S. 38, der in Entsprechung zur rhetorischen Definition der epideiktischen Rede den höfischen Frauenpreis (genauer das absolut gesetzte Lob) in Minnesang und Spruchdichtung, „für sich genommen", so bestimmt (S. 37f., zit. 37); diese Bestimmung sagt noch nichts über die von Hübner untersuchten Textfunktionen der Lobrede im Minnelied aus, die er vom „laudative[n] Selbstzweck" in Spruchstrophen kategorisch abgrenzt (S. 38); hierzu sowie zu Hübners Abgrenzung der laudativen Rede gegen den ermahnenden Preis s.o., 1.2.2, S. 52-54 u. Anm. 214.

[652] So z.B. bei Konrad von Würzburg, Schröder 32, 91 (s.o., 2.1.2, S. 102-106); die argumentative Verschränkung von Ermahnung und Frauenpreis findet sich vor allem auch bei Reinmar von Zweter (mit der Ermahnung der Frau: Roethe 33 und 35-37; mit der Ermahnung des Mannes: Roethe 42; 45; 51).

[653] Vgl. etwa Reinmar von Zweter, Roethe 50; Konrad von Würzburg, Schröder 32, 106; Frauenlob, *GA* VII, 39.

[654] Grundsätzlich kann auch im ermahnenden Preis, der ja den Wert und die Eigenschaften der zu preisenden Frau zu bestimmen sucht, dieser Selbstbezug hinzukommen. – Von den Preis-Genres, die nicht Gegenstand dieser Arbeit sind, ist in diesem Zusammenhang insbesondere der Fürstenpreis zu nennen, in welchem die Thematisierung des Lobens wohl eine noch größere Rolle spielt; zur Autoreferenz in Fürstenpreisstrophen vgl. Huber, „Herrscherlob".

[655] Lausberg, *Rhetorik*, § 239.

Von hier aus kann sich auch ein Meta-Diskurs über das Loben entfalten. Zu unterscheiden ist also zwischen der generellen Selbstreferentialität der Lobrede und der hieraus hervorgehenden Möglichkeit der expliziten Selbstreflexion.[656] Die Thematisierung des Preisens (und des Tadels) im Sangspruch ist modellhaft von derjenigen im Minnesang zu unterscheiden. Sie ist im Lied, wo sie an die Zweiseitigkeit der Ich-Rolle als Liebender und Sänger gekoppelt ist, von der Poetik der Minnekanzone bestimmt und in die Reflexion auf den Begriff höfischer Liebe wie auf den Minnesang eingebunden.[657] Im Sangspruch konzentriert sich die poetologische Reflexion auf den Preis allein.

Dem selbstreferentiellen und -reflexiven Aspekt des Frauenpreises im Spruch entsprechend setzt die Untersuchungsperspektive nicht inhaltlich-konzeptionell an, sondern bei den Begründungen des Preises und den hierfür in den Texten entwickelten literarischen Verfahrensweisen und Strategien. Der Frageansatz ist demnach von der hier nicht interessierenden Frage nach dem 'Bild der Frau' klar abzugrenzen.[658] Berücksichtigt werden sowohl Texte mit absolut gesetztem Preis wie auch solche mit ermahnendem Lob. Der Begriff 'Begründung' umfaßt dabei die Motive und Argumente, mit denen die Preiswürdigkeit der Frau erwiesen und damit die Motivation und Notwendigkeit des Lobens erläutert werden sollen. Mit 'Begründungs- (bzw. 'Argumentations-)Verfahren' und 'Strategien' sind die verschiedenen Möglichkeiten des Einsatzes von Begründungen gemeint. Gelegentlich wird der Begriff der Verfahrensweise auch zur Bezeichnung allgemeinerer Charakteristika der Rede (wie z.B. Explizierung, Vereindeutigung) verwendet.

In den Preis-Begründungen der generalisierenden Lobrede wird die Frau, wie entsprechend die Minnedame in der Ich-Rede der Minnekanzone, grundsätzlich aufgrund ihrer *schœne* und *güete* gepriesen, als Liebesobjekt und ethisches Vorbild in einem, als Garantin der innerweltlichen *sælde* wie der Gültigkeit höfischer Werte, als Freudestifterin für den einzelnen wie für die höfische Gesellschaft.[659] Dies bildet auch in den Spruchstrophen generell die Basis für den höfischen Frauenpreis. Die preisenden Sprüche können auf die konventionalisierte

---

656 Zu dieser Unterscheidung vgl. auch Huber, „Herrscherlob", S. 454 u. Anm. 8, S. 468.

657 Der Preis kann als Dienst des liebenden Ich thematisch werden, der zur Lohnforderung berechtigt; er kann ferner ausgehend von der Forderung an den Sang und den Sänger, Freude zu stiften, zur Sprache gebracht werden; beide Möglichkeiten sind in Erörterungen über die richtige Art der Liebe oder die richtige Art des Sanges eingebunden; vgl. zusammenfassend Hübner, *Frauenpreis*, S. 31 u. 33. Die Rollenstruktur der Minnekanzone ändert sich bekanntlich in einem Liedtypus, der sich im 13. Jahrhundert herausbildet: dem generalisierenden Minnelied, das gerade auch durch den verallgemeinernden Frauenpreis geprägt ist; vgl. Hübner, *Frauenpreis*, S. 319-325, zu Ulrich von Liechtenstein.

658 Vgl. auch Hübners Distanzierung von der Untersuchung des 'Frauenbildes' in der Minnesangforschung (ebd., S. 17 u. 365-367, Anm. 8).

659 Vgl. zum Preis der Dame wie der Frauen generell in der Minnekanzone Hübner, ebd., S. 22, der jedoch in der argumentativen Einbindung des Preises in der Minnekanzone die durch die Dame gestiftete Freude als *causa finalis* der *schœne* und der *güete* funktional klar übergeordnet sieht (vgl. auch S. 47f.).

Frauenpreistopik des Minnesangs zurückgreifen[660] – auch dort, wo weitere, dem Minnesang fremde Begründungen und Argumentationsstrategien in das Lob integriert werden. Letztere – weniger die erwähnten weitertradierten Grundlagen des Lobens – werden im vorliegenden Kapitel in den Blick genommen. Untersucht werden diejenigen Verfahrensweisen, die auf zusätzliche, neue Möglichkeiten der Begründung zielen, und zugleich die Art ihrer Integration in den höfischen Preis des *wîbes* als Liebespartnerin und Repräsentantin verbindlicher Werte. Diese Untersuchungsperspektive bestimmt auch die gezielte Auswahl der Texte. Die in den Sangspruch neu eindringenden Verfahrensweisen umfassen u.a. das Festschreiben und Vereindeutigen von Gründen des Frauenpreises, das explizite Argumentieren mit 'Tatsachen', die Differenzierung zwischen unterschiedlichen Preis-Begründungen und deren ansatzweise systematische Darstellung. Damit sind vorgreifend einige Aspekte genannt, die im Folgenden an den Texten zu konkretisieren sind.

---

[660] Die Preistopik der Minnekanzone wird in preisenden Spruchstrophen – abgesehen von unterschiedlichen Funktionalisierungen – insofern nicht vollständig genutzt, als bestimmte spezifizierende Attribute, etwa im topischen Schönheitslob, im generalisierenden Preis entfallen. Einen Überblick über die Frauenpreistopik bieten Kataloge und Motiv-Indices zur Topik des Minnesangs; stellvertretend für andere seien hier Ehlert, *Konvention – Variation – Innovation* (Motivindex zu den Autoren aus *Minnesangs Frühling*) und Willms, *Liebesleid*, S. 92ff., genannt.

## 4.1 Frauenpreisstrophen vor Frauenlob

Da sich in der laudativen Rede der Frauenpreisstrophen keine kohärenten Darstellungsmuster erkennen lassen, durch welche sich wie bei den Minnesprüchen mehrere Texte enger aufeinander beziehen, werden hier keine Textreihen zusammengestellt, sondern es dienen einzelne Strophen als Beispiele, an denen die oben erwähnten allgemeinen Verfahrensweisen aufgedeckt werden können. Die Preisstrophen vor Frauenlob, von denen die meisten von Reinmar von Zweter überliefert sind, lassen Begründungs- und Argumentationsverfahren, die über den Preis der Frau als Liebespartnerin, Freudebringerin und Repräsentantin höfischer Werte hinausgehen, erst spärlich und punktuell erkennen. Daher wird diesen Strophen in der Untersuchung weitaus weniger Raum zugestanden als Frauenlobs Texten, die diesbezüglich sehr viel mehr Anknüpfungspunkte bieten. Die Beobachtungen zu ausgewählten Strophen Reinmars von Zweter, Reinmars von Brennenberg und des Meißners, die durch Hinweise auf weitere Texte zu ergänzen sind, werden sich auf folgende Aspekte konzentrieren: 1. auf die Steigerung der Verbindlichkeit des Preises durch die konnotative Analogiesetzung zum Lob Mariens; 2. die systematisierende Darstellung der Preisursachen mittels metaphorischer Rede; 3. die explizite Begründung des Preises mit dem mariologischen Argument sowie 4. mit der Hervorhebung der Rolle der Frau als Gebärerin.

### 4.1.1 Möglichkeiten metaphorischer Rede
#### 4.1.1.1 Ausarbeitung der mariologischen Metapher

Die meisten Frauenpreisstrophen Reinmars von Zweter begründen das (absolut gesetzte oder ermahnende) Lob ganz unspezifisch mit der durch nichts übertroffenen Preiswürdigkeit der Frau (Roethe 34), mit ihrer Rolle als Liebespartnerin und Garantin der Freude und/oder als Repräsentantin höfischer Werte. Unterschiede können generell durch die stärkere Betonung etwa der Freude- und Heilsthematik (z.B. Roethe 39 und 48) oder des Gedankens der Vorbildlichkeit entstehen (Roethe 42; 274;[661] 330)[662] oder auch durch verschiedenartige Verknüpfungen dieser Aspekte.[663] Die genannten Begründungen des Preises werden auch in Strophe 43 miteinander verknüpft. Die Besonderheit der Strophe ist ihr hierfür verwendetes Verfahren: die Analogiesetzung zwischen weltlichem und religiösem Sinnbereich. Dieses Verfahren, das bereits mehrfach an anderen Stro-

---

[661] In Strophe 274 gehen Frauen- und Minnepreis ineinander über (beider Lehre hält den Mann von Untugend fern).

[662] Außerdem wird in Reinmars Strophen Roethe 35 und 36 das Lob der tugendhaften Frau an entsprechende (zum Teil implizite) Mahnungen geknüpft.

[663] Z.B. steht in Strophe 33 der Preis des *wîbes* als Liebesobjekt (Aufgesang) ihrer Ermahnung zu tugendhaftem Leben (Abgesang) gegenüber.

phen vor allem von Reinmar nachgewiesen werden konnte,[664] durchzieht hier die ganze Strophe. Es wird in den Preisstrophen Frauenlobs in einem größeren Rahmen breite Entfaltung finden und sei daher bereits an dieser Stelle ausführlich besprochen.

>   Man seit von heilawæge[665] uns vil,
>   wie heil, wie guot ez sî,     wie vollekomen der sælden spil,
>   wie gar sîn craft verheilet,     swaz wundes an dem man versêret ist.
>
>   Noch heiler weiz ich heiles wâc,
> 5 derst hôher art, der tugend     unt ouch der reinen engel mâc;[666]
>   sîn lûterlich gemüete     daz kan betrüeben nimmer valscher list.
>
>   Daz ist ein reinez wîp, diu mit ir güete
>   leschet mannes zorn unt ungemüete:
>   si kan wol senediu leit vertrîben,
> 10 si swendet sîniu ungemach,
>   sist schilt vür ungemüete ein dach:
>   des bin ich wer von     sælderîchen wîben.[667]

Der Abgesang formuliert – grundsätzlich nicht anders als viele Minneliedstrophen des 13. Jahrhunderts[668] – den Preis des *wîbes* als *leitvertrîp* mit mehreren Variationen (v. 7f.; 9; 10; 11). Dem geht im Aufgesang der Aufbau einer Metapher voraus (*heilawæge*), die sonst fast nur im religiösen Kontext verwendet und dort auf Christus, Maria oder Heilige bezogen wird.[669] Auch hier liegen, wie noch zu zeigen sein wird, religiöse – genauer mariologische – Konnotationen vor, wird im weltlichen Kontext auf einen anderen Sinnbereich ausgegriffen.

Grundlegend für das Verständnis von Verfahren und Funktion der Analogiesetzung ist der Deutungsansatz Rainer Warnings zu entsprechenden Verfah-

---

664   S.o., 2.1.1, S. 91-93 u. 93-96 zu Reinmar von Zweter, Roethe 38 und dem Jungen Meißner, Peperkorn A, I, 24-25; 3.1.2, S. 146-151 zu Reinmar, Roethe 268.

665   *BMZ* 3, Sp. 645b-646a: *heilawâc, heilwâc*, „heilbringendes, heilendes wasser"; *Lexer* 1, Sp. 1212: „heilbringendes, heiliges wasser [...]".

666   V. 5: Die Genitive *der tugend* und *der reinen engel* sind beide von *mâc* abhängig, das *hôher art* erläutert.

667   Zu dieser Formel vgl. Graf Kraft von Toggenburg, *SSM* 1, 7, II, 7: *des bin ich wer* [sc. dafür, daß *wîp* und *êre hôhen muot* verleihen].

668   Vgl. z.B. Gottfried von Neifen, *KLD* 15, [XVII], 3; XXII, 2-3 und XXV, 3 sowie die meisten Lieder Konrads von Würzburg. Vers 9 in Reinmars Strophe ist sogar fast wörtlich identisch mit einer Stelle bei Gottfried von Neifen (*KLD* 15, VI, 3, 4: *wîp kan sendiu leit vertrîben*), was aber, da die Variationsmöglichkeiten des Motivs begrenzt sind, leicht geschehen konnte.

669   Zwar scheint das Wort selbst zum ersten Mal bei Reinmar belegt zu sein; alle anderen, auf Christus, Maria oder Heilige bezogenen Belege datieren später. Doch geht es hier nicht um die Genese der Metapher, sondern um die Mittel und Verfahrensweisen der Analogiesetzung. Belege bei *BMZ* 3, Sp. 645b-646a und *Lexer* 1, Sp. 1212; in geistlichem Kontext: Konrad von Würzburg, *Die goldene Schmiede*, v. 1340; des öfteren in Hugos von Langenstein *Martina*; *Das Leben der heiligen Elisabeth*, v. 281; *BML* 105, 2, 11 [27] (im Kurzen Ton des Marner).

rensweisen in der Trobador-Lyrik, der hier nur verkürzt wiedergegeben werden kann.[670] Ihm zufolge wird das christliche Rollenkonzept von Verehrung und Gnade als außertextuelles Referenzsystem zur Artikulation und Legitimation eines weltlichen Rollenprogramms und seines normativen Gehalts in Anspruch genommen; dies geschieht auf konnotativer, nicht auf denotativer Ebene. Zum Status der Konnotation führt Warning zum einen aus, daß diese „semantisch labiler als die Denotation" ist (S. 136), was die spielerische Entfaltung ermöglicht. Zum anderen hat die Konnotation affirmativen Charakter,[671] indem sie auch für den neuen weltlichen Gehalt „die Verbindlichkeit des Religiösen reklamiert" (S. 140). Dies ist nicht als Säkularisation christlicher Rollenkonzepte mißzuverstehen:[672] Säkularer und religiöser Gehalt werden bei identischer sprachlicher Artikulation nicht identisch gesetzt. Vielmehr gibt sich die Übernahme sprachlicher Elemente aus dem religiösen Bereich als solche zu erkennen; ihre Provenienz wird bewußt gehalten.[673]

Was Warning für die Trobador-Lyrik erläutert, kann grundsätzlich auch für den mittelhochdeutschen Minnesang Gültigkeit beanspruchen, der bekanntlich ebenfalls Artikulationsmöglichkeiten aus der Analogiesetzung zwischen weltlicher und religiöser Sphäre bezieht. Da also das Denken in den Bahnen der Analogie in der Minnelyrik schon längst etabliert ist, ist zu fragen, worin das Spezifische im Verfahren der vorliegenden Spruchstrophe Reinmars liegt.

Zu diesem Zweck sei vorab noch einmal auf Warning verwiesen. Als Möglichkeit, „über hochgradige Konnotation den Informationsgehalt zu erhöhen, ohne ihn zu verschleiern," nennt Warning vor allem die Metapher „als exemplarische Manifestation verfremdender und also sich zeigender konnotativer Kodierung" (S. 138). Für die höfische Lyrik führt er allerdings Rekurrenz, nicht die metaphorische Rede, als wesentliches Prinzip des Aufbaus einer konnotativen Achse an. Dieser Aufbau kann sukzessive erfolgen; immer ist dabei mit der Möglichkeit des Spiels zu rechnen, mit dem ein Text „seine Konnotationen verschleiert und damit dem Leser ihre Entdeckung aufgibt" (S. 138).

---

[670] Warning, „Lyrisches Ich", bes. S. 135-144.

[671] Dies Warning zufolge gerade indem die Konnotation das soziokulturelle Wissen, das sie aufruft, nicht denotativ benennt, sondern als voraussetzbar und nicht hinterfragbar behandelt, ihm so „die Aura des Natürlichen, des Überzeitlichen" verleihend („Lyrisches Ich", S. 137).

[672] Die Deutung von Analogien als 'Sakralisierung' weltlicher Konzepte stellt das Pendant zur 'Säkularisationsthese' dar. In beiden Fällen besteht das Mißverständnis in der Annahme, daß bei der literarischen Analogiesetzung ein Identisch-Setzen des Gehalts vorliege; als Beispiele unter vielen für diese Position seien angeführt: Petzsch, „Transzendierendes", S. 346; ders., „Transzendierendes II", S. 105 u. 108f.; Tervooren, „Säkularisierungen und Sakralisierungen". Die Verteidigung des Säkularisationsbegriffs bei Hübner, *Frauenpreis*, S. 50, überzeugt nicht recht, da er der differenzierten Konnotationsanalyse Warnings keinen entsprechenden Ansatz entgegenstellt.

[673] „Gegen die Nichtidentität des Gehalts steht die formale Identität der sprachlichen Artikulation." (Warning, „Lyrisches Ich", S. 140). In Warnings Ansatz ist eine differenzierte Weiterführung der knappen Ausführungen Hugo Kuhns zum Analogiebegriff zu sehen (Kuhn, „Innere Form", S. 176f.; s.o., 2.1.1, S. 93).

Für den Minnesang kann die Dominanz rekurrenter Konnotationen bereits ohne eingehende Textanalysen insofern bestätigt werden, als seine Sprache eher metaphernarm ist und die Autoren insbesondere religiöse Metaphern sparsam einsetzen.[674] Heinrich von Morungen bildet diesbezüglich die große Ausnahme.[675] Seine Lieder operieren vergleichsweise häufig mit mariologisch (oder auch christologisch)[676] konnotierten Metaphern.[677] Auch hier scheint jedoch nicht die Metapher, sondern Rekurrenz das Hauptprinzip der Konnotierung zu sein. Hierfür spricht bei einigen Metaphern ihre Kürze und Komprimiertheit; sie werden nicht in ihren Bedeutungsmöglichkeiten ausgeführt und erläutert. Wo die breitere Ausführung einzelner Bilder vorliegt, ist eher die Uneindeutigkeit und semantische Offenheit der Metaphorik angestrebt[678] als die Explizierung der

---

[674] Zu religiösen Metaphern bei den Autoren aus *Minnesangs Frühling* (außer Morungen) vgl. Kesting, *Maria – Frouwe*, S. 114-118; ferner S. 103, Anm. 28 ('Lilie und Rose' bei Walther); S. 109, Anm. 55 (*ôsterlîcher tac*). – Im generalisierenden Lied des 13. Jahrhunderts ist in der Hauptsache das ebenfalls im mariologischen Kontext belegte preisende Attribut *paradîs* anzuführen, und auch dieses ist nur in drei Belegen überliefert (Konrad von Würzburg, Schröder 3, 30 und 11, 43f., hier zusammen mit *heiles wünschelrîs*; der Kanzler, KLD 28, VI, 3, 10). Vgl. zur *paradîs*-Metapher im Ich-Lied des 13. Jahrhunderts Hübner, *Frauenpreis*, S. 400, Anm. 145; ferner ist aus dem späthöfischen 'subjektivierenden' Genre beispielsweise anzuführen: der Düring, KLD 8, III, 2, 3 (*balsamsmac*); Burkhard von Hohenfels, KLD 6, II, 5, 1f. (Einhorn und Jungfrau).

[675] Zur Metaphorik im Frauenpreis bei Heinrich von Morungen vgl. Hübner, *Frauenpreis*, S. 142-145 und die Übersicht S. 511-521.

[676] Zwischen christologischen und mariologischen Konnotationen zu differenzieren, ist für die folgenden Überlegungen nicht notwendig, da das Verfahren der konnotativen Ausbeutung jeweils dasselbe ist; im übrigen werden in der Mariendichtung vielfach Christus-Metaphern auf die Gottesmutter im Sinne ihrer Teilhabe am göttlichen Heilswerk übertragen.

[677] Heinrich von Morungen, MF 122, 4-7; 123, 1-3; 124, 35-40; 125, 33-36; 127, 7-9; 129, 20f.; 134, 36-38; 136, 5-7; 136, 35f.; 140, 16; 143, 22-28; 144, 24-27. – Zu mariologisch konnotierten Metaphern und Motiven bei Morungen vgl. Kesting, *Maria – Frouwe*, S. 93-113. Kesting geht in seiner Untersuchung zum „Verhältnis[] von Marienverehrung und Frauenverehrung" (S. 9) folgendermaßen vor: Auf der Basis eines ersten Teils, der Zeugnisse der Marienverehrung analysiert, schließt er von Ähnlichkeiten zwischen einzelnen Formulierungen aus geistlichen Texten und aus dem Minnesang auf 'Einflüsse' der Marienverehrung auf den Minnesang (S. 89, 130; 149f. u.ö.). Dies läßt auf das Modell eines genetischen Ableitungsversuchs schließen, der mit dem Ansatz Warnings nicht vereinbar ist. Kesting distanziert sich zwar explizit von der Frage nach der Genese des Minnesangs (S. 89), doch kehrt dieser Ansatz in modifizierter Gestalt in der Frage nach einem „Einfluß auf das Werden des sogenannten 'hohen' Minnesangs" wieder (S. 89f.), den er als in „Gehalt", „Geisteshaltung" und Motivik (S. 89) von der Marienverehrung mitgeprägt ansieht.

[678] Vgl. Hübner, *Frauenpreis*, S. 145. Hübner ist zwar der Ansicht, „daß die Decodierung der Metaphern und Vergleiche [...] eigentlich keine größeren Schwierigkeiten macht" (ebd.), doch ist darauf hinzuweisen, daß diese Verständlichkeit – abgesehen von der Vorgeprägtheit und Bekanntheit der meisten Metaphern – wohl in der Regel nicht durch die Gestaltung der Metapher selbst, sondern durch den Aufbau einer konnotativen Achse im Liedganzen qua Rekurrenz erreicht wird.

Bildbedeutungen.[679] Die Textanalyse hätte also die einzelnen, der Rekurrenz als dominantem Merkmal untergeordneten Metaphern – wie die Rekurrenzen in Warnings Beispiel-Analyse[680] – stets im Kontext des Textganzen zu sehen, wodurch erst der Aufbau der konnotativen Achse zu erkennen wäre.

In Abgrenzung zu diesem Modell kann zur Spruchstrophe Reinmars von Zweter vorgreifend bemerkt werden, was im einzelnen noch auszuführen ist: Nicht Rekurrenz, sondern die ausführliche Entfaltung einer Metapher, die den Aufbau des Strophenganzen dominiert, ist hier bestimmend. Die konnotative Achse wird nicht sukzessive aufgebaut und ist nicht auf die Möglichkeit der spielerischen Verschleierung der Konnotationen hin angelegt; vielmehr hat das Sich-Zeigen der religiösen Konnotierung keine Gegentendenz im Text (das Verdecken), und der Ausgriff auf das religiöse Referenzsystem wird auch noch durch denotative Benennungen vereindeutigt. Eine einzige Metapher wird hier breiter ausgeführt; sie wird in drei Schritten gezielt aufgebaut. Das dreischrittige Verfahren orientiert sich an den drei Teilen der Kanzonenform und gewinnt schon dadurch an Transparenz.

Der erste Vers benennt zielstrebig, mit dem Hinweis auf allgemein verbürgtes Wissen (*man seit*), was sich erst im zweiten Stollen als Bildspender[681] entpuppt: das heilbringende Wasser. Da kein bereits konstituierter Sinnzusammenhang einen Bildempfänger angibt, da also keine semantische Inkongruenz entsteht, die als Metaphernsignal fungieren könnte,[682] ist die Metapher noch nicht als solche erkennbar.[683] Auf der Ding-Ebene verharrt der erste Stollen und benennt vor allem explizit die natürliche Eigenschaft des *heilawæge*: die wundertätigen Kräfte der Heilung.

Mit dem Gegenstollen setzt der zweite Schritt ein. Er ist zusätzlich markiert durch den Hinweis auf das Wissen des Ich in der Rolle des souverän darüber verfügenden Lehrers (v. 4); dieses Wissen wird dadurch emphatisch akzentuiert und aus dem allgemein verbürgten (v. 1) herausgehoben. Erst jetzt wird die Ding- zur Bildspender-Ebene, wird die metaphorische Rede als solche erkennbar: Der überbietende Vergleich sowie die Hinweise auf weitere semantische Bereiche (Tugend, Lauterkeit, hohe *art*) signalisieren die metaphorische Verwendung, ohne jedoch schon den Bildempfänger zu benennen. Dies geschieht

---

[679] Im Ansatz findet die Explizierung bei Morungen am ehesten dort statt, wo eine einzelne Metapher sich über ein Nebensatz-Gefüge erstreckt (*MF* 122, 4-7; 124, 35-40); vgl. ferner *MF* 144, 24f.

[680] Warning, „Lyrisches Ich", S. 144-156.

[681] Zu dem von Harald Weinrich geprägten Begriffspaar 'Bildspender'/'Bildempfänger' für die zwei in der Metapher verbundenen Bereiche Weinrich, „Semantik der kühnen Metapher", S. 319.

[682] Zur semantischen Inkongruenz, die als Metaphernsignal wahrgenommen werden will und beim Rezipienten ein metaphorisches Bewußtsein anregt: Kurz/Pelster, *Metapher*, S. 54f.

[683] Auf dem Hintergrund anderer, ähnlich konstruierter Spruchstrophen auch aus anderen Themenbereichen könnte der Rezipient vermuten, daß der Text nicht auf der Ding-Ebene stehen bleiben wird; doch bliebe selbst dann ungewiß, welcher Bildempfänger angezielt ist.

erst in einem dritten Schritt mit dem Beginn des Abgesangs. Der zweite Stollen legt also die Relation von Bildspender und -empfänger noch nicht fest. Zugleich ist ein Bildspender gewählt, der in seiner spezifischen Kennzeichnung im ersten Stollen – der Eigenschaft, Verwundungen heilen zu können – mehreren Deutungen offen steht, nämlich sowohl auf die Frau als Freudebringerin als auch auf die Gottesmutter zielen kann. Ersteres liegt nahe angesichts der topischen Liebesmetaphorik von Verwundung und Heilung.[684] Der mariologische Bezug bietet sich aufgrund der Tradition religiöser Bildlichkeit an,[685] vor allem aufgrund der Nähe des *heilawæge*-Bildes zu einem Bereich religiöser, zum Teil biblischer[686] Metaphern (Wasser des Lebens), der mit den Aspekten der Reinheit und Reinigung den der Lebenserneuerung und Heilung im spirituellen Sinne verknüpft. Hinzu kommt noch auf denotativer Ebene der Hinweis auf die Engels-Verwandtschaft (v. 5), der aber ebenfalls nicht nur für die Gottesmutter, sondern – im übertragenen Sinne im hyperbolischen Preis verwendet – auch für die Frau gelten kann. Damit sind die Voraussetzungen für das Zustandekommen der Analogiesetzung zwischen weltlichem und geistlichem Sinnbereich in der vorliegenden Strophe aufgedeckt: Zum einen wird der Bezug zwischen Bildspender und -empfänger zwar noch offen gelassen, ist aber nicht beliebig, sondern erhält schon bestimmte Richtungen. Zum anderen weisen die preisenden Charakterisierungen des Gegenstollens – die *hôhe*[] *art*, die Tugend- und Engelsnähe, die absolute, gegen Falschheit gefeite Reinheit –, aber auch schon das beharrliche Umkreisen des Wortes *heil* im Aufgesang auf das übergreifende Gemeinsame der Begründungen von Frauen- und Marienpreis hin, welches nicht das säkulare mit dem religiösen Sujet identisch setzt, sondern aufgrund seiner Abstraktheit beides umfaßt.

Der Bezug auf *ein reinez wîp* wird erst in Vers 7, die mariologischen Konnotationen zugleich weitertragend, explizit hergestellt; der Neueinsatz wird durch die Geste der Auflösung und Erläuterung (*daz ist*) markiert. Erst nun wird auch, anknüpfend an den Eingangsstollen, die Bedeutung des Heilens auf der Bildempfänger-Ebene ausgeführt: als Befreiung des Mannes von (Liebes-)Leid, ja von allem Verwundenden durch die Frau; ihre *güete* garantiert das Glückserleben und seine Bewahrung. Der Wirkungsbereich der *güete* ist umfassend gedacht, wird doch der zu überwindende defizitäre Zustand weit angesetzt, der alles beinhaltet, was der Freudeerfahrung und Harmonie entgegengesetzt ist und sie behindert (*zorn*, *ungemüete*, *ungemach*; v. 8 und 10). Fast unmerklich ragt dabei der Bildspender-Bereich der Metapher noch in den Abgesang hinein; auch hierin zeigt sich, wie präzise Reinmar vorgeht: Die Formel des Löschens von

---

[684] Vgl. Gottfried von Straßburg, *Tristan*, v. 12157-12170: Minne als *arzatîn*, die die Liebenden einander als Arznei (*arzatîe*) gibt; ferner auch *Tristan*, v. 1277-1279: Blanscheflur kommt als Ärztin verkleidet zu dem kranken Riwalin.

[685] Man denke an mariologische Metaphern wie Balsam, Apotheke, Arznei: Salzer, *Sinnbilder und Beiworte Mariens*, S. 143-145, 320, 513-515.

[686] Vgl. z.B. im Alten Testament neben vielen anderen Schriftstellen: Is 12, 3; Ez 47, 8-12; im Neuen Testament: Io 4, 10-14; 7, 38; Apc 21, 6; 22, 17.

*zorn unt ungemüete* kann in Verbindung mit dem Bild des heilkräftigen Wassers wieder metaphorisiert verstanden werden.

Durch die vorausgehende Entfaltung der *heilawæge*-Metapher erhält im Abgesang das Preisargument des *leitvertrîbes* samt seinen Varianten eine spezifische Akzentuierung: Der Preis der Frau als Trösterin und Freudebringerin wird zur Vorstellung der Heilsvermittlerin gesteigert, die zum einen mit den Aspekten der ethischen Reinheit und *bonitas* verbunden ist und zum anderen Kräfte der Heilung und Erneuerung in der Liebeseinheit impliziert. Beide Vorstellungsbereiche waren vorher auf die zwei Stollen verteilt ('Heilkraft' auf der Ding-Ebene des ersten Stollens, 'Tugend' und 'Rang' auf der Bildempfänger-Ebene des Gegenstollens) und finden nun im expliziten Preis der Frau zur Einheit. Wesentlich für letzteren ist, daß die relevanten Sinnaspekte der Metapher im Aufgesang zumindest andeutungsweise ausgeführt und mit mariologischen Konnotationen verknüpft wurden. Im Rekurs auf das religiöse Referenzsystem kann die Begründung des Preises, analog zu entsprechenden Begründungen des Marienlobs, die Aspekte der *güete* und Tugend mit denen der Heilung und Erneuerung verbinden.

Bei der Inanspruchnahme des religiösen Bezugssystems lassen sich charakteristische Unterschiede zwischen dem Verfahren der Spruchstrophe Reinmars und dem Vorgehen des Minneliedes erkennen, wie es Warning in den oben referierten Ausführungen analysiert. Offensichtlich ist, daß in der vorliegenden Strophe nicht Rekurrenz, sondern die Ausarbeitung der Metapher das bestimmende Prinzip ist. Die Einzelmetapher fügt sich nicht in einen komplexen Kontext ein, in welchem die konnotative Achse sukzessive und über verschiedene Textelemente aufgebaut wird. Vielmehr ist die Strophe von der Metapher her gedacht, die sich erst ihren Kontext schafft und die Strophenstruktur dominiert. Der klare dreischrittige Aufbau – der Entfaltung der Ding-Ebene folgt die Öffnung auf die Bildempfänger-Ebene hin und schließlich die Auflösung des metaphorischen Bezuges – läßt die spielerische Verschleierung von Konnotationen nicht zu. Hierdurch sowie durch die Spezifizierungen der Sinnakzente der Metapher und durch Hinweise auf denotativer Ebene wird das Sich-Zeigen der religiösen Konnotierung dominant und damit der Ausgriff auf das religiöse Referenzsystem vereindeutigt. Dies läßt auch die Ausdeutungsformel (*daz ist*; v. 7) erkennen, die in der Verwendung bei Reinmar, indem sie an den Deutungsgestus der geistlichen Allegorese erinnert, selbst mit religiösen Konnotationen gelesen werden mag.[687] Auf diese Weise wird signalisiert, daß das Verfahren, zuerst die *res* zu

---

[687] Zwar finden sich bei Freytag, *Theorie der allegorischen Schriftdeutung*, keine Belege für die *daz ist*-Formel als mittelhochdeutschen Terminus technicus in geistlicher Literatur, doch gibt es eine prominente Parallele in der weltlichen Literatur: Gottfried von Straßburg verwendet diese Formel mehrfach in seiner Allegorese der Minnegrotte im *Tristan*, wo ja ebenfalls die dort eine sehr viel bedeutendere Rolle spielende Analogie zum Verfahren der geistlichen Allegorese beabsichtigt ist. Die einfache *daz ist*-Formel ist hier die gegenüber anderen Varianten am häufigsten verwendete Bezeichnungsformel (*Tristan*, v. 16932; 16936; 16939 [*deist*]; 16964; 17040; 17042).

benennen und sie dann in ein Verweisverhältnis zu stellen und als Zeichen zu interpretieren, Analogien zur geistlichen Dingallegorese aufweist. Auf das religiöse Bezugssystem wird somit auch durch die Ausdeutungsformel und das Verfahren selbst hingewiesen. Damit erhöht sich die Deutlichkeit, mit welcher sich der Rekurs auf das geistliche Referenzsystem als solcher zu erkennen gibt.

Die Tendenz zur Vereindeutigung ist mit zwei weiteren Aspekten in Zusammenhang zu bringen: mit der zugrundeliegenden Denkform und der Inszenierung des Ich als Wissender. Der Zeige-Gestus des belehrenden Meisters, die stufenweise und durchsichtig gemachte Konstruktion, die Hinweise auf allgemeines und exzeptionelles Wissen, die ausführliche Ausarbeitung der Metapher überhaupt und nicht zuletzt der Ausdeutungsgestus – alle diese Merkmale weisen das Verfahren dem *bezeichenlichen sprechen* zu, welches Karl Stackmann als kennzeichnende Denkform der Spruchdichtung herausgearbeitet hat. Die *bezeichenunge* hat objektivierende und Verbindlichkeit schaffende Funktion. Sie läßt ausgehend von der dinglichen Welt „ein Reich absoluter Ordnungen erscheinen":[688] „Wer sich des in die Dinge eingeschaffenen geistigen Sinnes bedient, hat damit objektiv verbürgte Wahrheit."[689] Eine Funktion des *bezeichenlichen sprechen* und des mit ihm einhergehenden sprachlichen Gestus in der vorliegenden Strophe ist also die Objektivierung der Frauenpreis-Begründung.

Eine weitere Funktion der Entfaltung des didaktischen Gestus ist die Profilierung der Ich-Rolle.[690] In Reinmars Strophe tritt das Sprecher-Ich hervor, indem es ausdrücklich auf sein Wissen als auf ein exklusives, aus dem allgemein verbreiteten herausgehobenes Wissen verweist, das durch seinen Gegenstand selbst wertvoller als jenes ist. Dies geschieht mit dem Rekurs nicht auf individuelle Erfahrung, sondern auf die Autorität des Belehrenden. Durch die Hervorhebung des exklusiven Wissens und die Setzung dieser Autorität wird nicht nur einmal mehr die Exklusivität des Lob-Gegenstandes bestätigt und die Aussagen über diesen der Kategorie objektiven Wissens zugeordnet, sondern zugleich auch die Rolle des Ich als eines unverzichtbaren Verkünders von Wissenswertem und Wahrem aufgewertet. Ähnliches gilt für den Schlußvers der Strophe, in welchem das Ich sich selbst als Gewährsmann für die Vollkommenheit der *wîbe* ausgibt.

Zum Verfahren des Frauenpreises in Reinmars Strophe ist festzuhalten: In Aufbau und Sprachgestalt – nicht zuletzt durch die Analogie des Verfahrens zur Dingallegorese – gibt sich der Rekurs auf das religiöse Referenzsystem eindeutig als solcher zu erkennen, zumal der Text nicht auf die Möglichkeit der spielerischen Entfaltung und Verschleierung der religiösen Konnotierung hin angelegt

---

[688] Stackmann, *Heinrich von Mügeln*, S. 109-116, zit. S. 113; der Begriff der Denkform S. 111 u.ö.

[689] Stackmann, „*Redebluomen*", S. 346.

[690] Eine Profilierung der Ich-Rolle weisen die Minnesprüche Reinmars von Zweter zumindest in Ansätzen häufiger auf. Allein schon von den Strophen mit Frauenpreis (bzw. mit *lop* und *lêre*) sind folgende Belege zu nennen: Roethe 33, 3; 34, 12; 35, 5 (*wir*); 36, 12; 39, 3; 42, 4f.; 48, 4f.

*Strophen vor Frauenlob* 197

ist. Die Form des *bezeichenlichen sprechen* zielt mit der Einordnung in übergeordnete Zusammenhänge darauf, die Begründungen des Preises zu objektivieren. In Zusammenhang mit beiden Aspekten steht schließlich, daß die Hervorhebung der Exklusivität des Preises und die Einordnung der Preisbegründung in die Kategorie objektiven Wissens einerseits sowie die Profilierung und Aufwertung der Ich-Rolle des Lehrenden als Verkünder exklusiven Wissens andererseits einander bedingen.

### 4.1.1.2 Systematisierung durch metaphorische Vernetzung

Eine andere Möglichkeit, die Konnotationsdichte metaphorischer Rede im Kontext des Frauenpreises zu erhöhen, demonstriert eine Strophe Reinmars von Brennenberg. In seinem Lieder wie Spruchstrophen umfassenden Werk ist – neben dem unterschiedlichen Tongebrauch und dem Text-Ton-Verhältnis[691] – das Hauptmerkmal der Abgrenzung zwischen beiden Gattungen eindeutig sprachlich-stilistischer Natur:[692] Es sind vor allem der elaborierte Stil und der schwere Sprachschmuck, die – zusammen mit der ausladenderen und komplizierteren Strophenform – die in einem einzigen Ton verfaßten Spruchstrophen von den Liedern unterscheiden. Dies ist von um so größerem Gewicht, als andere differenzierende Merkmale fortfallen: Alle Spruchstrophen konzentrieren sich auf die Liebesthematik und sind – wie die Lieder[693] – überwiegend von der Perspektive des liebenden Ich bestimmt;[694] daneben steht in beiden Gattungen auch die generalisierende Rede.[695] Im Gegensatz zu den Ich-Liedern dominiert dabei in fast allen Spruchstrophen, in denen sich ein Ich äußert, die preisende Rede. Sowohl eine bestimmte Stilebene als auch die Dominanz des Preises werden also im Werk Reinmars von Brennenberg zu spruchtypischen Merkmalen.[696]

Ein spezifisches Verfahren der Preisbegründung mit den Mitteln einer elaborierten Metaphorik sei nun am Beispiel des folgenden Textes in den Blick genommen (*KLD* 44, IV, 1):

---

[691] Die in einem einzigen Ton überlieferten Strophen *KLD* 44, IV lassen sich schwerlich zu einer übergeordneten Texteinheit zusammenfassen; dagegen ist in den Liedern Text- gleich Toneinheit.

[692] Hierzu s.o., 1.2.1, S. 48f.

[693] Ich-Lieder: *KLD* 44, I; II; V.

[694] Spruchstrophen mit Ich-Rede: *KLD* 44, IV, 1-9; auch in der poetologischen Strophe IV, 13 (Klage um die verstorbenen Minnesänger) spricht ein Ich.

[695] Generalisierendes Lied: *KLD* 44, III; generalisierende Spruchstrophen: *KLD* 44, IV, 10-12 (Rangstreit zwischen *Liebe* und *Schœne*, der zuletzt wieder in die Ich-Rede mündet).

[696] Dies rechtfertigt auch, daß ausnahmsweise ein Text, in dem ein in das Geschehen involviertes Ich spricht, in die Untersuchung mit aufgenommen wird.

>     Ir munt der liuhtet als der liehte rubîn tuot,
>     sam er sich het gejunget als der fênix in dem viure.
>
>     er ist noch heizer danne ein sinder von der gluot
>     und eitet alse eins traken giel,[697] sîn lachen ist gehiure;
> 5   er gneistet alse ein viurstein snel.
>     wan solt mîn munt sîn zunder sîn biz er die minne enpfienge:
>     er brinnet alse ein vakkel hel
>     und gêt ûf alse ein rœselîn: wie wol ez mir ergienge![698]
>     dâ dræjet ûz ein balsme, der des hât gewalt,
> 10  der widerjunget unde wirt ouch niemer alt;
>     swem si wont mit rehten triuwen stæte bî,
>     dem wehset niemer grâwez hâr und wirt ouch aller sorgen frî.

Während Reinmar von Zweter in der oben besprochenen *heilawœge*-Strophe (43) eine einzelne Metapher durchführt und auslotet, wird hier eine weitere Möglichkeit metaphorischer Verdichtung genutzt. Eine ganze Reihe unterschiedlichster Bildspender in schneller und dichter Folge umschreiben nur einen einzigen Bildempfänger: den roten Mund der Geliebten. Die Toposhaftigkeit des seit Gottfried von Neifen zur Signalformel gewordenen Motivs tritt hinter dem Von-weit-her-Sprechen zurück, hinter der Häufung von exotischen, gesuchten Bildern, die die Aura des Seltenen, Kostbaren und Wunderbaren evozieren. Das Verfahren läßt sich indes mit der allgemeinen stilistischen Einordnung als 'Lobblümen' und als artistische Sprachkunst, die sich selbst vorführt, noch nicht hinreichend erfassen.[699]

So liegt in der Strophe nicht lediglich eine Häufung oder Reihung möglichst vieler gesuchter Metaphern im Sinne der *amplificatio* vor. Vielmehr dient die metaphorische Rede zugleich auch einer strukturierenden Darstellung der zu preisenden Eigenschaften der Dame und damit einem bestimmten Begründungsverfahren des Preises. Die Metaphern setzen sich zwar auch auf Bildspender-Ebene noch aus weit voneinander entfernten 'Natur'-Bereichen zusammen (in-

---

[697] „[...] und glüht wie der Schlund eines Drachen".

[698] Der wünschende Ausruf in Vers 6 (*wan* [...], „daß doch [...]") wird mit dem Ausruf in Vers 8 (zweite Hälfte) fortgesetzt; der Hauptsatz Vers 7f. kann in Parenthese gedacht werden.

[699] So Hübners generelle Einordnung des Frauenpreises im Spruch (*Frauenpreis*, bes. S. 263). – Der Begriff des 'Lobblümens' oder des 'geblümten Stils' ist zwar für eine ungefähre Einordnung eines bestimmten Stils sinnvoll, der vor allem in späthöfischer Literatur unterschiedlicher Gattungen auftritt und z.B. eine gesuchte Metaphorik, bestimmte Metapherntypen, amplifikatorische Techniken und insgesamt schweren Ornat bevorzugt; in dieser Arbeit wird der Begriff jedoch nur sehr zurückhaltend verwendet, da er für die Analyse der konkreten Verwendung stilistischer Elemente und ihrer Funktion für das Begründungsverfahren im Preis nicht geeignet ist. Zur Problematik des Begriffs vgl. Nyholm, *Geblümter Stil*, der vier größere Marienpreisdichtungen Konrads von Würzburg, Albrechts, des Verfassers des *Jüngeren Titurel*, Frauenlobs und Heinrichs von Mügeln miteinander vergleicht und zu dem Schluß kommt, „daß bei den vier Dichtern keineswegs ein einheitlicher Stilwille vorherrscht, der uns dazu berechtigen würde, vom geblümten Stil als von einem Epochenstil oder auch einer Epochenstilrichtung zu sprechen" (S. 71); vgl. auch Stackmann, „*Redebluomen*" (zu Konrad von Würzburg und Frauenlob), bes. S. 344.

klusive Drachen- und Phönix-Metapher), sind aber durch übergeordnete metaphorische Linien verbunden und aufeinander bezogen: vor allem durch die Leitmetaphorik des Feuers (Phönix, glühendes Metall, brennender Drachenschlund, Feuerstein und Zunder, Fackel), die wiederum mit der Vorstellung des Leuchtens und des Lichts (leuchtender Rubin, Fackel) sowie mit der der Röte verknüpfbar ist (Rubin, Rose). Alle Bezüge der metaphorischen Vernetzung sind damit noch nicht einmal erfaßt.

Allein schon die dominante Feuermetaphorik ist geeignet, sowohl auf der Bildspender-Ebene vielfältig variiert zu werden als auch unterschiedlichste Aspekte am Bildempfänger hervorzuheben und hier ihre Sinnfülle zu entfalten: Sie bezieht sich auf das Erscheinungsbild des Mundes – seine leuchtende Röte läßt glauben, er habe sich „wie der Phönix im Feuer verjüngt" (v. 2), sei also unvergänglich – und gleichermaßen mit den erotischen Konnotationen der verbrennenden Hitze auf seine übermächtige Wirkung (v. 3-5 und 7). Im Modus des Wunsches formuliert, wird ferner mit der Feuermetapher ansatzweise die Entstehung der Liebe als Prozeß erfaßt: Sein eigener Mund, wünscht sich das liebende Ich, möge als Zunder in der Vereinigung des Kusses das Feuer vom Mund der Geliebten empfangen (v. 6).[700] Die Darstellung der sich in Verlangen und Hoffnung auf Erfüllung verzehrenden Liebe führt über die Bildkette Fackel – aufblühende Rose – Rosenbalsam in einem letzten Schritt zum Preis der verjüngenden und lebenserneuernden Kraft der *vrouwe* (v. 9-12), die schon bei Reinmar von Zweter (Roethe 43) metaphorisch angedeutet wurde, hier jedoch auch expliziert wird. Mit dem Gedanken der Verjüngung wird der Bogen zum Phönix-Feuer-Bild des Anfangs zurückgeschlagen, und der Kreis schließt sich: Noch einmal wird so die erhoffte Einheit zwischen dem Liebenden und dem Objekt seiner Liebe entworfen. Mögliche religiöse Konnotationen der auch im geistlichen Kontext verbreiteten Phönix- und Balsam-Metapher bleiben eher untergeordnet – ein den Text dominierender Ausgriff auf das religiöse Referenzsystem ist nicht erkennbar –, sind im Kontext von Verjüngung und Lebenserneuerung vollständig in den Preis des roten Mundes als Beginn und Ziel des Begehrens integriert und verschmelzen mit Konnotationen naturhafter Kräfte der Geliebten.

Die Bedeutung des Verfahrens der metaphorischen Vernetzung geht über die artifizielle, steigernde und amplifizierende Variation des oft Gesagten hinaus. Sie erschöpft sich auch nicht in dem deutlich sichtbar werdenden Anspruch, im Lobpreis, der nicht nur seinen Gegenstand als einen kostbaren präsentiert, sondern zugleich auch sich selbst als exzeptionell und erlesen gibt, die Kunst-Mei-

---

[700] Vers 6 spielt dabei, genauer betrachtet, mit der unaufgelösten Mehrdeutigkeit des Bezuges des Personalpronomens *er*: der Mund des Liebenden oder der Geliebten? Im letzten Fall wäre die Metapher als Paradox konstruiert: In der Logik der Bildspender-Ebene ist dann der Mund des Ich der empfangende, passive Teil (Zunder), auf Bildempfänger-Ebene der spendende, von dem ihr Mund das 'Feuer' empfangen soll.

sterschaft im schweren Ornat der Preissprache zu demonstrieren.⁷⁰¹ Es erweist sich bei näherem Hinsehen, daß die Strophe ein durchkomponiertes metaphorisches Geflecht aufrollt, welches ein bestimmtes ästhetisches Konzept erkennen läßt.

Für dieses Konzept ist zum einen das Spiel mit der Gleichzeitigkeit von 'weit entfernt' und 'nah beieinander', von Verbindungslinien und Brüchen konstitutiv. Die Gleichzeitigkeit von Ferne und Verwandtschaft gilt nicht nur für die Relation zwischen Bildempfänger (der rote Mund als Metonymie für die Geliebte) und Bildspender, sondern auch für das Verhältnis der einzelnen Bildspender untereinander (z.B. Rubin – Phönix – glühendes Metall; v. 1-3), die in mehreren, einander überkreuzenden Ketten in der Weise verknüpft werden, daß jeweils eine ihrer Eigenschaften zum Zweck der Vernetzung isoliert wird und der jeweilige 'Bildrest' der Verkettung widersteht.

Zum anderen – das ist mit dem ersten Aspekt bereits angedeutet – erhält der Text als Ganzes seine Logik durch einen mehrfachen metaphorischen roten Faden. Im Ansatz geht diese Verfahrensweise in Richtung dessen, was Karl Stackmann als „unsichtbare Achse" bezeichnet hat, auf welche die einzelnen Metaphern in Sprüchen Heinrichs von Mügeln hingeordnet sind;⁷⁰² in bezug auf Spruchstrophen Frauenlobs hat er von „potentiellen Allegorien"⁷⁰³ gesprochen, die im Text nur durch einzelne Stichwörter markiert sind und deren Ergänzung dem Rezipienten als Synthese-Leistung aufgegeben ist. Die Textstruktur ist bei Frauenlob komplexer als in der vorliegenden Strophe oder bei Heinrich von Mügeln, aber gemeinsam ist allen drei Beispielen ein ähnliches Grundmuster: Konturierungen seines Gegenstandes entfaltet der Text nicht nur über die Summe der einzelnen Bildelemente, sondern vor allem über die Art der metaphorischen Verknüpfungen, die zwar markiert, aber nicht, wie in der vollständigen Allegorie, expliziert werden und in den Vordergrund treten. Das Verfahren der metaphorischen Durchstrukturierung hat wiederum für den Frauenpreis und sein Begründungsverfahren eine spezifische Funktion: Es läßt sich am Beispiel Reinmars von Brennenberg als ein Ansatz zur Systematisierung verstehen, welche die Preiswürdigkeit der Frau wie auch die Liebeserfahrung vollständig und ordnend zu erfassen sucht.

Das metaphorisch-verknüpfende Sprechen ist in Reinmars anderen Minnespruchstrophen nicht ganz so stark greifbar, doch verlassen sie größtenteils den Duktus des gesuchten, überhöhenden Preises nicht. Dessen Elemente sind – neben der metaphorischen Verdichtung – ungewöhnliche preisende Attribute

---

[701] Auch diesen spezifischen Anspruch lassen, anders als die Spruchstrophen, die Lieder Reinmars von Brennenberg nicht erkennen.

[702] Stackmann, *Heinrich von Mügeln*, S. 168.

[703] Stackmann, „Bild und Bedeutung" (zu Frauenlobs Marienpreisstrophen *GA* IX, *1-*3 und insbesondere zu seinem Nachruf auf Konrad von Würzburg, *GA* VIII, 26), S. 451. Die Textstruktur kann sich bei Frauenlob außer durch Verkürzung der Allegorie dadurch komplizieren, daß verschiedene 'fragmentarische Allegorien' noch miteinander verschränkt sind: ebd., S. 457.

(etwa: *si sundertrût, si mannes zart* [...]; *KLD* 44, IV, 7, 6), deutlich religiöse Metaphern (*blüende rôse, gewahsen sunder dorn*; IV, 2, 3) und verschiedene amplifikatorische Techniken, wie die *accumulatio*, die Häufung von Attributen, die einen gemeinsamen übergeordneten Begriff haben (*sî ist mîn tac, mîn âbentrôt, mîn sunnenbrehen, / mîn meienzît* [...]; IV, 3, 10f.), und die atemlos steigernde Reihung kurzgliedriger paralleler Ausrufe (die Strophengrenze übergreifend: *ei wol mich wart, wol, iemer wol! wol mich ob mir diu schœne wirt! // Wol mich des tages* [...]; IV, 3, 12-IV, 4, 1). Ferner sind noch die Anaphernreihen zu nennen, die sich ebenfalls in den überhöhenden Duktus einfügen und als Spielarten des Prinzips der Häufung in engem Zusammenhang mit den anderen genannten Verfahrensweisen stehen.

Zusammenfassend lassen sich die in den Minnespruchstrophen Reinmars von Brennenberg eingesetzten Sprachmittel und Verfahrensweisen des Preises als Manifestationen eines übergeordneten Prinzips der Häufung und Reihung bzw. der Verkettung gleicher oder variierender Textelemente begreifen, wobei neben den Techniken der *amplificatio* besonders die metaphorische Vernetzung hervorzuheben ist.[704] Dieses allgemeine, in den Lieder Reinmars fehlende Gestaltungsprinzip ist es, das (neben dem Text-Ton-Verhältnis und der ausladenden Strophenform) in seinem Werk spruchtypisch, d.h. zu einem distinkten Gattungsmerkmal wird. Wie bereits angedeutet, zeigt sich damit die Möglichkeit einer (generell je neu zu vollziehenden) Abgrenzung zwischen beiden Gattungen bezüglich der Sprachgestalt und Textstrategie.

Die Funktion des beschriebenen, sich unterschiedlicher Gestaltungsmittel bedienenden Verfahrens der Häufung und Verkettung im Kontext der laudativen Rede zielt in Reinmars Spruchstrophen, wenig überraschend, zunächst auf die Affirmation der Preiswürdigkeit des Gegenstandes, auf das Festhalten an dem einen Grundgedanken – „die bloße Existenz meiner Geliebten ist der unhinterfragbare Ursprung meiner Freude" – sowie auf die prinzipiell restlose Übersetzbarkeit der Ich-Aussagen ins Allgemeine. Darüber hinaus ist aber als Funktion insbesondere des metaphorischen Gliederungsprinzips konkreter der ordnende,

---

[704] Als weitere Beispiele für vergleichbare Merkmale einer elaborierten Lobsprache in Frauenpreissprüchen sind zu nennen: Walther von der Vogelweide, *L* 27, 17 (allgemeiner Preis) und *L* 27, 27 (beginnt als Preis der einen Dame, geht jedoch nach drei Versen in den generalisierten Preis über); Boppe, Alex I.2. Auch hier lassen sich – außer auffälliger Wortwahl wie etwa Bildungen mit dem Präfix *durch-* (Walther, *L* 27, 17: *durchsüezet*; Boppe, v. 4f.: *durchlûtert; durchvremdet*) – einige Merkmale unter den Begriff der *amplificatio* subsumieren: z.B. die Erweiterung eines einfachen syntaktischen Kerns durch (zum Teil alliterierendes) Umkreisen mit Wörtern aus derselben Wortfamilie bzw. aus demselben Wortfeld (Walther, *L* 27, 25: *sô lieblîch lachet in liebe ir süezer rôter munt*; ähnlich Boppe, v. 4: *durchlûtert gar ir liechte brehender liechter schîn*) oder durch Doppelformen (Walther, *L* 27, 17: *durchsüezet und geblüemet*; *L* 27, 30: *gehœhet und gehêret* etc.; Boppe, v. 5: *durchvremdet unde virret*). Bei Boppe (v. 7-18) fällt außerdem der Aufbau eines über zehn Verse reichenden syntaktischen Zusammenhangs durch die Aneinanderreihung rhetorischer Fragen auf, der auf die Pointe der abschließenden Antwort hin angelegt ist.

systematische und sich um Vollständigkeit bemühende Zugriff zu nennen. Diese Funktion weist darauf hin, daß die hier vorgestellten Verfahrensweisen nicht von anderen Tendenzen des Frauenpreises im Sangspruch isoliert gesehen werden dürfen, wie der Vereindeutigung religiöser Konnotationen und der Objektivierung der Preisbegründung (s.o., 4.1.1.1) oder auch der explizit argumentierenden Begründung, die im Folgenden untersucht werden soll.

### 4.1.2 Explizites Argumentieren
### 4.1.2.1 Das mariologische Argument

An einer Strophe Reinmars von Zweter kann ein weiteres Verfahren der Preisbegründung aufgedeckt werden (Roethe 37). Die Strophe ist klar gegliedert in die Belehrung der Frauen im Aufgesang und ihren Preis im Abgesang. Der einleitenden Ankündigung *Ich wil iuch lêren, werdiu wîp* (v. 1) folgt die Ermahnung zur Bewährung in einzelnen Tugenden. Der im Abgesang neu einsetzende Preis hat, insofern er nicht im konditionalen Schema auf die vorausgegangene Lehre bezogen ist (etwa: „wenn eine Frau sich so verhält, ist sie zu preisen"), keine eindeutig ermahnende Funktion, sondern ist absolut gesetzt (v. 7-12):

> Der werlde hort lît gar an reinen wîben,
> ir lop daz sol man hœhen unde trîben:
> swaz Got geschuof ie crêâtiure,
> 10 daz überguldent reiniu wîp:
> ez wart geborn sîn selbes lîp
> von einer magt:    daz gap er in ze stiure.

Die Strophe mündet in die mariologische Begründung des Preises: Die Gottesmutterschaft Mariens, welche zugleich die höchste Repräsentantin ihres Geschlechts ist, gibt den Frauen unantastbare Würde und wird so zum weiteren Argument für den Preis. Die Preiswürdigkeit der Frau und die Notwendigkeit, diese anzuerkennen, wird durch den Hinweis auf die heilsgeschichtliche Wahrheit unhinterfragbar; der Preis ist auch insofern absolut gültig, als Gott selbst ihn begründet hat. Der Bezug zur religiösen Sphäre wird nun also nicht über deren konnotative Ausbeutung erschlossen, wie bei der Verwendung mariologischer Metaphorik, sondern explizit hergestellt.

Diese Argumentation („auch Maria war eine Frau") ist in der volkssprachlichen höfischen Literatur erst seit dem 13. Jahrhundert nachweisbar.[705] Im lateinischen geistlichen Schrifttum dagegen hat der Gedanke, daß die Frauen in Maria erhöht seien, bereits eine lange Tradition. Am Rande findet sich die schon von Augustinus[706] formulierte Vorstellung bei Hildebert von Lavardin; seine Bemerkung, daß die Frau höher als die Engel gestellt sei, ist vor dem Hintergrund

---

[705] Vgl. Schnell, *Causa amoris*, S. 455, Anm. 473.
[706] Zu Augustinus vgl. Ludolphy, Art. „Frau", Sp. 437.

der Lehre zu lesen, daß die Gottesmutter über die Engelschöre erhöht worden ist.[707] Deutlicher und eindrücklicher argumentiert Abaelard in diesem Sinne für die Würde des weiblichen Geschlechts, denn: *Hic sexus genuit Salvatorem*.[708] Das explizite Argumentieren mit der Heilstatsache der Inkarnation findet sich bei Abaelard mehrfach.[709] Der Verwendungszusammenhang des mariologischen Arguments zielt in diesen Belegen zumeist auf Erbauung oder Belehrung.[710] Ein weiterer Beleg findet sich später in den *Sermones nulli parcentes* im moraldidaktischen Kontext.[711] Im 27. Kapitel (*Item ad mulieres*) fällt die an Predigt-Dispositionen gemahnende, explizite Aufzählung und Reihung mehrerer Argumente auf (*primum*; *secundo*; *tertio*; v. 997; 1009; 1013), mit denen die Forderung, die Frauen zu ehren, begründet wird (v. 993); der argumentierende Duktus selbst tritt auf diese Weise deutlich hervor. Der Hinweis auf die Gottesmutterschaft Mariens steht an erster Stelle: *quia virgo creatorem / peperitque redemptorem* (v. 997-1008, zit. 1001f.).[712] Alle Argumente für den ehrenden Umgang mit der Frau[713]

---

[707] Hildebert von Lavardin, Epistola I, 22, *PL* 171, 202C (es handelt sich um einen Lehrbrief an Abt Wilhelm II. von St-Vincent über die *vita biformis*). Vgl. hierzu von Moos, *Hildebert von Lavardin*, S. 215 u. Anm. 26 (mit weiteren Stellenangaben); allgemein zu Ansätzen der Höherbewertung der Frau im lateinischen religiösen Kontext ebd., S. 214-218.

[708] Abaelard, Epistola VI (in der Ausgabe von Muckle; VII in der Zählung Mignes), S. 270; vgl. McLaughlin, „Peter Abelard", S. 302 u. Anm. 42, S. 304 u. Anm. 52.

[709] Vgl. zum mariologischen Argument und zu anderen religiösen (zum Teil biblisch gestützten) Begründungen der Würde des weiblichen Geschlechts bei Abaelard: McLaughlin, ebd., S. 295f. u. 302-304. Weitere Argumente zielen auf die 'Priorität' der Frau im göttlichen Heilsplan (S. 302 u. Anm. 42): Eva wurde im Paradies, der Mann außerhalb geschaffen; die Assumptio Mariens vollzog sich im Himmel, die Auferstehung Christi auf Erden etc. Ferner argumentiert Abaelard für die Würde der Frau und weiblicher religiöser Lebensformen mit weiblichen Exempelfiguren aus dem Alten Testament und mit der Ehrung der ihm folgenden Frauen durch Christus im Neuen Testament (ebd., S. 298 u. 295f.).

[710] Besonders in Abaelards Brief VI (Zählung Muckles; VII in der Zählung Mignes) an Héloise in ihrer Funktion als Äbtissin des Paracletus ist die erbauliche Funktion und der lebenspraktische, auf die Verteidigung weiblichen religiösen Lebens gerichtete Bezug des Motivs augenfällig. Die Würdigung des weiblichen Geschlechts fügt sich ein in das Hauptthema des Briefes, den Rang und Wert weiblichen monastischen Lebens (hierzu und zum Folgenden McLaughlin, „Peter Abelard", S. 294-305). Es kommt Abaelard dabei insbesondere auf die höhere Gnadenfähigkeit der Frau an, die er über das „Paradoxon der heilsamen Schwäche" (von Moos, *Hildebert von Lavardin*, S. 214) zu erweisen sucht. Dieser Gedanke bildet auch den engeren Kontext des oben angeführten Zitats: Unmittelbar vorher führt Abaelard aus, daß gerade das von Natur aus 'schwächere' Geschlecht in der Tugend um so gottgefälliger und Rang würdiger ist; die Menschwerdung des Erlösers in einer Frau (*hic sexus*) – in Maria, in der sich exemplarisch die Erhöhung des Niedrigen zeigt – ist hierfür gleichsam der heilsgeschichtliche Beweis.

[711] Zur Datierung Henkel, „'Sermones nulli parcentes'", S. 122, der dafür plädiert, „den Entstehungszeitraum [...] für das 13. Jahrhundert und den Anfang des 14. Jahrhunderts [...] offenzulassen". Den Predigtbezug des Werks deutet Henkel als fiktive Einkleidung der Ständedidaxe (S. 120f.).

[712] Ferner wird die Bezeichnung Mariens als *mulier* mit den Worten Christi am Kreuz (Io 19, 26f.) belegt (*quam* [sc. Christus] *mulierem nominavit, / cum Iohanni commendavit*; *Sermones nulli parcentes*, cap. XXVII, v. 1005f.).

[713] Die beiden anderen Argumente in den *Sermones nulli parcentes* besagen: „Frauen wollen nicht unsanft behandelt, sondern stets bewundert werden" (cap. XXVII, v. 1009-1012); „wir sind alle von einer Frau geboren" (v. 1013-1020); zu letzterem Motiv s.u., 4.1.2.2.

sind in den *Sermones* wie auch sonst im theologischen oder geistlich-moraldidaktischen Kontext mit Äußerungen über die 'Schwachheit' der weiblichen Natur durchaus vereinbar.[714]

Diese Angaben zu Belegen des mariologischen Arguments in lateinisch-geistlichen Texten sind nicht im Sinne einer 'Quellensuche' für die Motivverwendung bei Reinmar von Zweter mißzuverstehen. Vielmehr zeigen die Parallelen zweierlei: 1. Die Vorstellung der Erhöhung des weiblichen Geschlechts in Maria ist nicht konzeptionell auf ein bestimmtes 'Frauenbild' festgelegt, sondern kann unterschiedliche, vom jeweiligen Verwendungskontext abhängige Funktionen erhalten. 2. Entscheidend ist vielmehr, wie im Folgenden noch zu erhärten sein wird, die den Beispielen gemeinsame Verfahrensweise: Das mariologische Argument wird im Rahmen einer Begründungsstrategie eingesetzt, welche eine bestimmte Behauptung (hier die Würde des weiblichen Geschlechts) mit Hilfe von 'Beweisen', die den Status von unumstrittenen Tatsachen beanspruchen, argumentierend als 'wahr' zu erweisen sucht.

Bei der Einbindung des Motivs in den Kontext des höfischen Preises ist daher davon auszugehen, daß das Begründungs*verfahren*, nicht ein bestimmter Inhalt wie z.B. die Auffassung von der Rolle der Frau, mit den geistlichen Verwendungen vergleichbar ist. Für den Frauenpreis ist gleichwohl hervorzuheben, daß in Texten wie der vorliegenden Strophe mit diesem Verfahren eine Begründung für das Lob der *wîbe* eingeführt wird, die zunächst nicht spezifisch höfisch codiert ist, die indes, ist sie erst einmal nicht mehr auf den geistlichen Kontext beschränkt, nicht ausschließlich durch einen ganz bestimmten kulturellen Kontext determiniert, sondern vielseitig einsetzbar ist, dann also auch in den höfischen Code aufgenommen werden kann.[715] Dem widerspricht nicht, daß es sehr unwahrscheinlich ist, daß bei einer solchen Verwendung der analoge Gebrauch im geistlichen Bereich 'vergessen' wird. Universell verwendbare, nicht auf die höfische Vorstellungswelt beschränkte Begründungen des Lobes werden somit, ohne daß die Spannung, die durch solche Analogien zwischen weltlichem und geistlichem Sinnsystem entsteht, verloren ginge, mit dem Verfahren der expliziten Argumentation in den höfischen Frauenpreis integriert. Hier erhalten sie wieder eine je eigene Funktion, die am Einzeltext zu erfragen ist.

Damit wenden sich die folgenden Überlegungen wieder der zitierten Strophe Reinmars zu. Welche Funktion erhält hier das argumentierende Verfahren, welche Sinnakzentuierung das mariologische Argument? Im Kontext des Strophenganzen ist zum einen ein Bezug der Lobrede des Abgesangs und damit auch der mariologischen Begründung zur Frauendidaxe im Aufgesang nicht von der Hand zu weisen – heißt es doch im zweiten Stollen, daß die Bezeichnung '*wîp*'

---

[714] Vgl. *Sermones nulli parcentes*, cap. XXVII, v. 1021-1036: Die Frau muß als 'zerbrechliches Gefäß' (*vas tam debile*; v. 1024) schonend in den ethischen und religiösen Grundwahrheiten unterwiesen werden, damit die Paränese überhaupt Früchte tragen kann.

[715] Die Opposition 'höfisch – unhöfisch' wird hier bewußt vermieden. Sie ist zur Beschreibung der vorliegenden Sachverhalte vollkommen ungeeignet, da ja gerade die Integration nicht spezifisch höfischer Begründungen in den höfischen Frauenpreis aufgezeigt werden kann.

durch das eingeforderte, tugendgemäße Verhalten der Frauen preiswürdig wird.[716] In diesem Sinne bleibt ferner die *stiure*, die Gott mit der Erwählung Mariens den Frauen gab (v. 12), mehrdeutig: sowohl die Ehrung des weiblichen Geschlechts als 'Gabe' als auch die Lenkung zur Tugend hin durch die Vorbildfunktion Mariens.

Zum anderen wird der Preis jedoch nicht ausdrücklich in den Dienst der Paränese gestellt, nicht explizit unter der Bedingung des tugendgemäßen Verhaltens vergeben. Vielmehr sind Lob und Lehre in der Strophe gleich gewichtet, und die Ausführungen des Abgesangs setzen mit der laudativen Rede neu ein. Sie beginnt mit der Stilisierung der Frau zum Bezugspunkt einer idealen höfischen Gesellschaft (v. 7). Mit dem Preis der ausnahmslos gültigen höfischen Vollkommenheit der *reinen wîbe*[] ist der Rahmen abgesteckt, auf welchen auch das Argument der Gottesmutterschaft Mariens bezogen ist.

Die Integration des Arguments in den höfischen Frauenpreis wird im engeren Kontext des Abgesangs durch die Verknüpfung mit einem weiteren Argument für die Preiswürdigkeit der Frauen unterstützt: *swaz Got geschuof ie crêâtiure, / daz überguldent reiniu wîp* (v. 9f.).

Dieses Motiv hat wiederum in volkssprachlicher Preistopik,[717] im *genre subjectif* des Minnesangs, eine Tradition („Gott hat diese eine *vrouwe*, der allein ich diene, vollkommen und ohne Makel erschaffen").[718] Im Sangspruch und gelegentlich auch im generalisierenden Minnelied[719] wird das Preisargument nicht nur verallgemeinert („Gott hat alle Frauen vollkommen erschaffen"), sondern gesteigert: Die Frau wird zur Vollendung der geschaffenen Welt, die alle anderen Geschöpfe Gottes übertrifft. Die Schöpfung wird gleichsam in der bündigen Zusammenfassung aller denkbaren Überbietungstopoi zum Maß für den Wert der Gepriesenen. *Got hât mit hôher werdikeit / gar sînen vlîz vür elliu dinc an reiniu wîp geleit, / daz si getiuret sint über allez daz daz in der werlde lebt*: So

---

[716] Roethe 37, 5: [...] *daz* [sc. das Tugendstreben] *prîset iuwern namen*; vgl. v. 2: *der lêre der volgt: sô wirt getiuret iuwer reiner lîp.*

[717] Parallel hierzu liegt dasselbe Muster schon vorher in der mittellateinischen Preisdichtung dem Topos der *natura formatrix* zugrunde (die gepriesene Person ist von der Natur mit besonderen Gaben ausgestattet); in der altfranzösischen höfischen Epik kann an die Stelle der Natura der Schöpfergott treten oder es können auch beide Schöpfungsinstanzen gemeinsam benannt werden; vgl. Curtius, *Europäische Literatur*, S. 189f.; ders., „Literaturästhetik des Mittelalters", S. 181-184; vgl. ferner Werner, Rez. zu Michel, S. 149; Kesting, *Maria – Frouwe*, S. 106.

[718] Das Motiv ist in der hochhöfischen Minnekanzone, auf die Einzigartigkeit der Ich-Situation und auf das reflektierende Erfassen derselben bezogen, recht häufig belegt; vgl. Dietmar von Aist (?): *MF* 36, 28f.; Friedrich von Hausen: *MF* 44, 22-25; 44, 31f.; 46, 17f.; 49, 37-50, 2; Heinrich von Rugge: *MF* 101, 15f.; Heinrich von Morungen: *MF* 133, 37f.; 141, 8f.; Reinmar: *MF* 154, 23f.; Markgraf von Hohenburg: *KLD* 25, III, 4, 6f.; Walther: *L* 45, 21-26; *L* 53, 35-38 (Gott als *artifex*, als Künstler, die Dame als Kunstwerk). Weitere Belege bei: Werner, Rez. zu Michel, S. 148f.; Ehlert, *Konvention – Variation – Innovation*, im Motivindex, S. 267 ('Gott als Schöpfer'); Hübner, *Frauenpreis*, im Sachregister, S. 561 ('Demiurgentopos').

[719] Vgl. z.B. ein anonymes Lied, das unter dem Namen Gottfrieds von Straßburg überliefert ist: *Wîplîche werdekeit, / got hât vor aller krêatiure / dich gemachet alse wert* (*KLD* 16, [III, 2], 1-3); ferner Konrad von Würzburg, Schröder 17, 25-28.

beginnt eine andere Strophe Reinmars von Zweter, die fast in Gänze von diesem Motiv bestimmt ist.[720] Das 'Schöpfungsargument' behauptet, daß die Vollkommenheit der Frauen, da von Gott verliehen, ein a priori, vor aller Differenzierung gültiges Faktum ist. Das Argument läßt sich wiederum in Analogie zum Marienpreis auffassen:[721] Maria ist die vollkommenste Schöpfung Gottes, die er zu höchstem Rang erhoben hat.[722] Auch ohne die Zuspitzung zum Schöpfungsargument argumentieren Reinmar und andere Spruchdichter, daß Gott selbst die Frauen *getiuret* habe.[723]

Die Argumentation des Abgesangs der vorliegenden Strophe verknüpft also die allgemeine Lob-Thematik (v. 7f.), das Schöpfungsargument (v. 9f.) und das mariologische Argument, das zum Gedanken der 'göttlichen Ehrung' führt, durch ihre Abfolge miteinander: Uneingeschränktes Lob kommt der Frau als der *werlde hort* zu, denn sie ist Gottes höchste Schöpfungstat – was er in seiner Menschwerdung erwiesen hat. Es wird damit eine Begründung des Preises, die in der volkssprachlichen höfischen Dichtung bereits konventionalisiert ist (die Frau als Krone der Schöpfung), mit einem neu eingeführten Argument verknüpft (dem mariologischen). Das Verbindungsglied zwischen beiden Argumenten ist mit dem Rekurs auf Gott gegeben und entspricht dem heilsgeschichtlichen Schema von Schöpfungs- und Erlösungstat: Gott hat das weibliche Geschlecht so vollkommen erschaffen, daß er in ihm Gestalt annehmen konnte. Die argumentative Verknüpfung zwischen der Erschaffung der Frau und ihrer Teilhabe am Erlösungswerk, die im mariologischen Kontext geistlicher Belege explizit hergestellt werden kann,[724] ist hier allerdings nur impliziert und wird nicht durch syntaktische Bezüge, etwa kausale Verknüpfungen, zum Ausdruck gebracht. Festzuhalten bleibt, daß mit dem ausdrücklich hervorgehobenen Gedanken der Erhöhung des weiblichen Geschlechts in Maria, welcher eine nicht spezifisch höfische, vielmehr universelle Gültigkeit beanspruchende Begründung darstellt,

---

[720] Reinmar von Zweter, Roethe 34, zit. v. 1-3.

[721] Damit ist keine 'Herkunftsthese' in bezug auf das Schöpfungsargument formuliert, wie sie beispielsweise Kesting aufstellt, *Maria – Frouwe*, S. 106f.

[722] In einer lateinischen Mariensequenz des 12. Jahrhunderts wird sogar der Genesis-Bericht von der Erschaffung der Frau direkt auf die Vollkommenheit Mariens als Spiegel göttlicher Schönheit bezogen: *O quam magnum est in viribus suis latus viri, de quo deus formam mulieris produxit, quam fecit speculum omnis ornamenti sui et amplexionem omnis creaturæ suæ* (Mone, *Lateinische Hymnen*, Bd. 2: Marienlieder, Nr. 580, 7); vgl. Kesting, *Maria – Frouwe*, S. 107.

[723] Vgl. Walther von der Vogelweide, *L* 27, 30 (*Got hât gehœhet und gehêret reine frowen*); Reinmar von Zweter, Roethe 35, 8 (*des ir Got selbe bekennet* [sc. daß eine tugendhafte Frau *wîp, vrouwe* und *engel* zugleich ist]); Walther von Breisach, *KLD* 63, III, 9, 2f. und 9 (*sît iemer frô / daz sô got hât iuch sunderlich gêhêret; gelobt sî der gewalt der iuch sus êret*); Johann von Ringgenberg, *SSM* 13, 1, X, 1f. und 4-6 (*Got sîner hôhen wirdekeit / hât an diu reinen, werden wîp so vil geleit; Si hânt der sælden meisten hort / an dirre werlte, darzuo den himel von ime dort: / erfüllet [] gottes wille wirt von in [...]*); *SSM* 13, 1, XI, 8f. (derjenige *wirt in enre welte gotte unmære, / wer in niht ir lobes gan*).

[724] Vgl. z.B. Schönbach, *Altdeutsche Predigten*, Bd. 3, Nr. 88 (Marienpredigt), S. 203, 31-33.

auch die Begründungsstrategie der expliziten Argumentation mit unumstrittenen 'Tatsachen' in den höfischen Preis der Vollkommenheit der Frau eingeführt wird. Zumal mit dem mehrfachen Rekurs auf die göttliche Instanz ist im übrigen ein Weg gefunden, Walthers Problematik des *scheiden*,[725] der ethischen *discretio*, die nicht nur zum Lob, sondern auch zur Schelte führen muß, zu entkommen, d.h. den Preis absolut setzen zu können, ohne damit seine ethische Basis zu verlieren.

Dagegen kann eine Strophe Reinmars des Fiedlers als Beispiel für eine eindeutig mahnende Verwendung des mariologischen Arguments angeführt werden, die den uneingeschränkten Preis ausschließt.[726] Sie beginnt mit der typologischen Beziehung zwischen Eva und Maria. Damit wird hier die zweite Stufe des heilsgeschichtlichen Dreischritts, der Sündenfall, miteinbezogen: Der Zusammenhang von Sündenfall und Erlösung dient als Ausgangspunkt, um die Notwendigkeit zu begründen, zwischen den Trägerinnen eines Namens ('*wîp*') hinsichtlich ihrer 'Tugend' zu unterscheiden: *wîp unde wîp, gelîcher name, vil ungelîchez leben. / der werlde heil uns einiu nam, daz habt uns einiu wider geben* (v. 4f.). Das Programm des Moraldidaktikers ist als Konsequenz: *so gewinnet wegescheiden hie der zweier lîp; / die guoten dort, die übelen hie* [...] (v. 9f.). Das ethisch begründete, an der Wertverwirklichung orientierte *scheiden*, ein in der weltlichen Tugendlehre oft geübtes Verfahren, geht aus der Einsicht hervor, daß ein *name* sowohl *guot* als auch *übel* bezeichnen kann, und zielt darauf, diese werthafte Unbestimmtheit durch Begriffsabgrenzungen und die eindeutige Verteilung von Lob und Tadel zu überwinden.[727] Wird das Verfahren der wertenden Unterscheidung wie hier am typologischen Schema Eva – Maria festgemacht, so entsteht mit dem Bezug auf die Gottesmutter – da ergänzt durch den Tadel der Eva-Töchter – kein absolut gesetzter Preis. Die tropologische Deutung der heilsgeschichtlichen Abläufe wird genutzt für die Begründung von Lob und Tadel in ihrer wechselseitigen Bedingtheit.

Daß das mariologische Argument also auch in der volkssprachlichen Literatur je nach Kontext unterschiedlich akzentuiert wird, können noch zwei spätere Beispiele illustrieren. Eine Strophe in Stolles Alment, die das Lob uneingeschränkt gelten läßt, endet, indem sie den Bezug zwischen Frauenpreis und religiösem Preis, verstanden als Dienst, spielerisch expliziert: *Ja wizzet, swer ist vrouwen holt unde in wol eren gan, / daz der Got unt der muoter sin uf erden nimmer baz gedienen kan.*[728] Eine Frauenpreisstrophe von Johann von Ringgenberg[729] tadelt den Mann, der Schlechtes über Frauen sagt, dafür, *daz er unwirdet sô ir wirdekeit / Und er si niht geniezzen lât, / daz si got nach sîner muoter ge-*

---

[725] S.o., 2.1.1, S. 89.
[726] *KLD* 45, III, 2.
[727] Vgl. hierzu Huber, *Wort sint der dinge zeichen*, S. 33-35, 161-163 u.ö.; zur Strophe S. 35.
[728] Stolle (?), *HMS* 3, Sp. 10a, 38, 13f.
[729] *SSM* 13, 1, XI, 3-5.

*bildet hât.* Das mariologische Argument für die absolute Gültigkeit des Preises wird hier direkt mit dem Schöpfungsargument zusammengeschlossen: „Die Frau ist als Nachbildung Mariens Gottes vollkommenste Schöpfung". Ein paränetischer Bezug des mariologischen Motivs fällt fort. Die Relation zwischen Maria und den Frauen wird als Verhältnis zwischen Urbild und Abbild formuliert; sie begründet argumentativ die Pflicht der Verehrung.[730]

Folgende Ergebnisse sind festzuhalten: 1. Gegenüber dem Operieren mit mariologischen Metaphern – der Bezug zwischen säkularer und religiöser Sinnwelt wird über Konnotationen hergestellt – schreibt die Argumentation für die Preiswürdigkeit der Frau mit der Heilstatsache der Gottesmutterschaft Mariens diesen Bezug fest; dies bedeutet eine Explizierung des Ausgriffs auf das Referenzsystem. 2. Weder dürfen die erwähnten Parallelen in lateinischer geistlicher Literatur 'quellengeschichtlich' ausgewertet werden, noch kann generell bei der Verwendung des mariologischen Arguments von einer 'Überformung' höfischer Ideale und Wertvorstellungen durch 'allgemein-christliches' Gedankengut in der Spruchdichtung die Rede sein. Das Argumentieren mit der Erwählung Mariens ist keineswegs auf ein bestimmtes 'Frauenbild' festgelegt; es werden keine bestimmten inhaltlichen (geistlich geprägten) Konzepte in die höfische Literatur übernommen. 3. Allerdings hat die mariologische Begründung des höfischen Frauenpreises einen besonderen Status gegenüber anderen Begründungen: Sie ist per se weder vom höfischen kulturellen Kontext determiniert noch, sobald sie auch außerhalb religiöser Literatur eingesetzt wird, ausschließlich vom geistlichen Kontext. Vielmehr handelt es sich um ein universelle Gültigkeit für sich in Anspruch nehmendes Argument, das höfischen Wertvorstellungen nicht widerspricht, sondern vollständig in die höfische laudative Rede integriert werden kann, ohne daß dadurch die Spannung in der argumentativ-formal (nicht konzeptionell) analogen Verwendung im religiösen Sinnsystem aufgelöst wird. 4. Damit wird das höfische Ideal nicht mehr nur aus sich selbst heraus bestätigt („Frauen sind zu preisen, weil sie preiswürdig sind"), sondern eine Begründungsstrategie eingesetzt, welche die Preiswürdigkeit der Frau im Argumentieren mit 'Beweisen', die den Status von unumstrittenen Tatsachen beanspruchen, als 'wahr' zu sichern sucht. Unter anderem eröffnet sich damit ein Alternative zur Argumentation im Sinne der ethischen *discretio*, die vom als einschränkungslos gültig behaupteten Preis fortführt.

---

[730] Gehäuft tritt das mariologische Argument dann vor allem in anonymen Strophen bzw. Liedern in den späteren Meisterliederhandschriften auf; z.B. *RSM* ¹Frau/7/503.2 (die dritte Strophe des Liedes geht in Marienpreis über); Peperkorn B, I, 57 und 59 (in Ton I des Jungen Meißners); *KLD* 28, II, [14] (im Goldenen Ton des Kanzlers); *RSM* ¹Marn/7/550.3; *BML* 59, 7 (wie die beiden folgenden Lieder in Regenbogens Briefweise); *BML* 61 (fiktiver Streit zwischen Regenbogen und Frauenlob; das mariologische Argument verwenden die 'Frauenlob'- Strophen 10, 12, 14, 16, 18 und 22); *BML* 74, 1 und 3; *HMS* 3, Sp. 398a-b, XVIII, 4-5 (Strophe 5 könnte sich auch auf Maria beziehen). Vgl. ferner Anm. 748.

## 4.1.2.2 Das *proles*-Argument

Das Verfahren der argumentativen Begründung des Preises kann noch in Zusammenhang mit einem weiteren Motiv aufgedeckt werden, das in einer Frauenpreisstrophe des Meißners (Objartel II, 8) zuletzt kurz angesprochen wird:

> Ein biderbe wib hat drier hande krone,
> von allen mannen ere unde lob zů lone:
> wib sicht man gerne, wib sint schone und minnichlich.
>
> Sprich, wibes name, waz mac sich dir gelichen?
> 5 so man an wib gedenket, můt macht richen.
> ouch ist ein wol gebarende wib einem engel gelich.
>
> Wib ist ein wol geformet bilde,
> wibes angesichte tusent vreude git.
> Wib machent mannes herze milde,
> 10 wib hohent můt. we im, der in zů trage nit!
> Sit wir von vrouwen sint geborn gemeine,
> des vert ir lob mit menje, ir name ist reine.
> des eret sie, sit lob unde ere an in lit.

Gleich zu Anfang wird der argumentierende Duktus mit der Postulierung dreifacher Preiswürdigkeit der Frau angedeutet (v. 1), deren Erläuterung man im Folgenden erwartet.[731] Die Ausführung dieser 'Disposition' in drei verschiedenen Argumenten wird in der Strophe zwar nicht recht deutlich; zum Teil scheinen sie sich zu überschneiden. Hervorzuheben ist jedoch schon die Gliederungsansage an sich, die den Gestus der Ankündigung argumentierenden 'Beweisens' einer Behauptung hat. Eine denkbare Aufteilung der beiden ersten Argumente: Die erste Preisbegründung ist die äußere Erscheinung der Frau, ihre Schönheit (v. 3 und 7f.), die zweite ihre Vollkommenheit im angemessenen Verhalten (v. 6). Beide Eigenschaften werden nicht voneinander gesondert in der Beschreibung ihrer wertkonstituierenden Wirkung auf den Mann und sein Inneres (*můt, herze*; v. 5 und 8-10), die durch Präsenz wie Absenz entstehen kann: in der Wahrnehmung und in der Erinnerung.[732]

Das dritte Argument hebt sich deutlicher von den anderen ab: „Wir alle sind von Frauen geboren", daher ist jedermann verpflichtet, sie zu preisen und zu ehren (v. 11-13). Damit wird, wenn auch hier nur ganz kurz und beiläufig formuliert, im Preis eine weitere Begründung eingesetzt, die im Folgenden als *proles*-Argument bezeichnet wird. Wie das mariologische Argument ist auch dieses nicht auf die höfische Vorstellungswelt beschränkt, gleichwohl aber durchaus vereinbar mit der höfischen Stilisierung der Frau.

---

[731] Dieses Verfahren wird bei Frauenlob im Eingangsversikel des Minneleichs in ausgearbeiteter Form angewendet (*GA* III, 1).

[732] Es wäre auch eine andere Einteilung denkbar: erstens die Vollkommenheit der Frau in ihrer inneren und äußeren Schönheit und zweitens ihre Wirkung auf den Mann (das dritte Argument ist in jedem Fall dasselbe).

Wieder finden sich Parallelen in verschiedenen Bereichen der mittellateinischen Literatur mit differierenden Funktionen des Arguments. In *De matrona*, einem Frauenpreis aus dem Gedichtzyklus *Liber decem capitulorum* Marbods von Rennes,[733] steht das ausführliche Lob der Frau als *parens* im Kontext der Hervorhebung der ehelichen Liebe und der Qualitäten der guten Ehefrau sowie des Preises weiblicher Tugendhaftigkeit.[734] Das *proles*-Argument selbst wird hier zu einer doppelten Begründung des Frauenpreises ausgearbeitet. Zum einen gibt die Frau als Gebärerin der Welt das Fundament, ohne welches das menschliche Geschlecht untergehen müßte.[735] Gegenüber der einfacheren Motivvariante der Meißner-Strophe, die bei Marbod auch ihre Entsprechung hat,[736] klingt hier die kosmologische Dimension an: Die Frau sichert den Fortbestand des menschlichen Geschlechts, der als Teil der *creatio continua*, der fortgesetzten Schöpfung, verstanden werden kann. Zum anderen werden die Schmerzen und Mühen von Schwangerschaft und Geburt (wie auch die mütterliche Fürsorge) als preiswürdiges Verdienst aufgefaßt.[737]

Einen anderen Kontext des *proles*-Arguments bietet ein anonymes lateinisches Gedicht mit einem Streitgespräch zwischen Liebhaber und Mädchen.[738] Mit dem Verführer-Argument, daß der *mulier pariens* der höhere Rang zukomme als der *virgo*, wird der Widerstand des Mädchens beendet.[739] Mit Metaphern aus dem vegetabilen Bereich wird die Wertlosigkeit und 'Naturwidrigkeit' derjenigen, die an ihrer Jungfräulichkeit festhält, behauptet: Sie ist eine verdorrte Blume, ein unfruchtbarer Baum. Der Vergleich der gebärenden Frau mit einer wasserreichen Quelle läßt dagegen die Konnotation der Lebensspenderin entstehen.[740] Dem Verfah-

---

[733] Marbod von Rennes, *Liber decem capitulorum*, cap. IV (*De matrona*), PL 171, 1699D-1702A; vgl. von Moos, *Hildebert von Lavardin*, S. 218.

[734] PL 171, 1700A-B (eheliche Liebe); 1700D-1701A (Qualitäten der Ehefrau und Mutter); 1701B-1702A ('weibliche' Tugenden). – Ein weiterer Kontext des *proles*-Arguments ist dadurch gegeben, daß dem Preis der Frau in *De matrona* eine Frauenschelte (cap. III: *De meretrice*, PL 171, 1698B-1699D) vorausgeht und beide Gedichte aufeinander bezogen zu lesen sind. Auf diese wechselseitige Ergänzung innerhalb der Lebenslehre, die später zum rhetorischen Schema in der Poetik wird (vgl. von Moos, *Hildebert von Lavardin*, S. 218, Anm. 30), zielen auch die letzten, beide Gedichte abschließenden Verse von *De matrona* mit dem expliziten Hinweis, daß bei beiden Geschlechtern das Laster zu tadeln und Tugend zu loben sei, daß also keine dieser Spechhaltungen absolut zu setzen, sondern stets an *virtus* bzw. *vitium* zu messen sei: [...] *Sed magis in sexu vitium mutatur utroque. / Et pariter laudem virtus in utroque meretur* (PL 171, 1702A).

[735] [...] *et propriam dat mundo femina causam, / Quam si submoveas, hominum genus omne peribit, / Nam si desit ager rogo, quid tua semina prosunt?* (PL 171, 1700C-D).

[736] PL 171, 1700D: *Dicere quisve potest se matrem non habuisse?* (vgl.: der Meißner, Objartel II, 8, 11).

[737] PL 171, 1700D-1701A.

[738] Faral Nr. 3, S. 19f. Die Handschrift, die das Gedicht auf Bl. 34 überliefert, ist nach Faral („Le manuscrit 511", S. 18, Anm. 1) um 1225 entstanden; den Text selbst faßt Faral (S. 20) wie andere Gedichte seiner handschriftlichen Umgebung als rhetorischen Mustertext auf. Zu dem Text vgl. ferner Schnell, *Causa amoris*, S. 161, Anm. 728, dem es jedoch hier nicht um Frauenpreis-Argumente geht, sondern um Argumente, die für die Verteidigung sexueller Liebe eingesetzt werden.

[739] „[...] *Viro femina juncta praeest. / Flos marcens, ramus sterilis, fons aridus, hortus / Deficiens, sic est nescia virgo viri. / Fons riguus mulier pariens simulatur* [...]" (Faral Nr. 3, S. 20, v. 36-39).

[740] Unmittelbar an diesen Bildbereich kann sich der drastische Hinweis auf den unfruchtbaren Feigenbaum aus dem Neuen Testament anschließen, den Christus abzuhauen befahl (Faral Nr. 3, S. 20, v. 41f.). Von den anderen Beispielen unterscheidet sich dieses augenfällig durch Parodie und komische Brechung; die Qualität 'Fruchtbarkeit' wird, ausgehend von dem allge-

ren des expliziten Argumentierens kommt hier im Rahmen des fiktiven Streitgesprächs besondere Bedeutung zu: In der persuasiven Strategie des Werbenden, der mit scheinbar keinen Widerspruch duldenden Tatsachen und Wahrheiten zu argumentieren vorgibt, wird das Argument, daß Fruchtbarkeit einen Wert an sich darstellt, als Krönung der solchermaßen vorgeführten Überredungskunst eingesetzt.

Die Variante, in der das Motiv am häufigsten belegt ist, sowohl in lateinischer als auch – vor Frauenlob – in mittelhochdeutscher Literatur, ist diejenige, die auch der Meißner verwendet („wir alle sind von einer Frau geboren"). Die drei mir bekannten lateinischen Belege stammen aus den *Sermones nulli parcentes*,[741] aus einer Glosse zum *Facetus cum nihil utilius* in einer Handschrift des 13. Jahrhunderts[742] und aus einer späteren Bearbeitungsvariante des *Salomon et Marcolfus*.[743] In allen drei Beispielen begründet das Argument explizit die Forderung, die Frauen (auch verbal) zu preisen und zu ehren, was syntaktisch durch die kausale Konjunktion markiert wird (*quia, nam*); in den beiden letztgenannten Beispielen ist das Postulat zugespitzt zum scharfen Tadel der Frauenschelte. Im engeren Kontext der *Sermones nulli parcentes* ist das *proles*-Argument, wie oben bereits ausgeführt wurde, Bestandteil einer dreifachen Argumentation, welche numerisch gegliedert ist und auch das mariologische Argument umfaßt.[744] Dagegen wird das Verfahren der explizit argumentierenden Begründung im *Salomon et Marcolfus* wiederum durch die fiktive Streitsituation besonders hervorgehoben, in welcher die Positionen des Frauenverteidigers und Frauenfeindes mit den Kontrahenten Salomon und Marcolfus besetzt sind und im sich gelehrt gebenden und spielerischen Schlagabtausch von Argument und Gegenargument die Kunst vorgeführt wird, den Frauenpreis respektive die Schelte argumentativ zu rechtfertigen.[745]

Die lateinischen Belege lassen aufgrund der unterschiedlichen Kontexte und Zielrichtungen deutlich werden, daß das *proles*-Argument – wie das Argument der Gottesmutterschaft Mariens – in keiner Weise auf eine bestimmte Intention der Verwendung festgelegt ist oder stets ein bestimmtes 'Frauenbild' transportiert. Es kann in den absolut gesetzten ebenso wie in den ermahnenden Preis eingebunden werden und kann sowohl mit Ehethematik wie auch mit der Thematik erotischer Liebe verbunden werden. Das allen Texten Gemeinsame ist vielmehr das *Verfahren* der Argumentation mit 'Tatsachen'.

---

meinen Wissen, daß sie im Gleichnis Christi selbstverständlich auf eine spirituelle Ebene zu beziehen ist, beim Wort genommen. Ferner ist die Argumentation eine offensichtlich vorgeschobene, denn dem Werbenden geht es ja um nichts weniger als um den Wert der *parens*. Vor dem Hintergrund der fiktiven Verführungs-Situation werden die naturalen Metaphern dann auch mit sexual-erotischen Konnotationen rezipierbar.

[741] *Sermones nulli parcentes*, cap. XXVII, v. 1017-1020: *quia nostrum quisque vere / natus est de muliere: / debemus igitur sincere / honorem ipsis exhibere*.

[742] Zit. nach: C. Schroeder, *Der deutsche Facetus*, S. 11: *Rusticus est vere qui turpia de muliere / dicit, nam vere sumus omnes de muliere*; vgl. Schnell, *Causa amoris*, S. 158, Anm. 713. Der Glossator gibt das Verspaar als Lesart einer anderen Handschrift an (*quidam libri*), die er jedoch dem Autor abspricht.

[743] *Salomon et Marcolfus* [cap. XII], S. 35, 10-12: *Pessimus homo omnis male loquens de muliere. Nam de muliere nascitur omnis homo, et qui dehonestat muliebrem sexum, nimium vituperandus est*.

[744] S.o., 4.1.2.1, S. 203f.

[745] Das *proles*-Argument ist mit einer Reihe unterschiedlichster Preisbegründungen kombiniert, so z.B. mit dem Argument, daß die Frau, aus der Rippe des Mannes erschaffen, ihm von Gott zur Hilfe (vgl. Gn 2, 18) und zur Freude gegeben sei; hier schließt sich die etymologische Deutung von '*mulier*' als '*mollis aër*' an (*Salomon et Marcolfus* [cap. XII], S. 35, 6-8). Ferner wird die Frau als Freudenspenderin und Gegenstand des Verlangens sowie aufgrund ihrer aufopfernden Liebe und Fürsorge als Mutter und Ehefrau gerühmt (S. 35, 2f.; 6f.; S. 35, 16-36, 1).

Gleiches gilt für die Belege in der mittelhochdeutschen Literatur des 13. Jahrhunderts; hier sind außer der Spruchstrophe des Meißners noch eine Liedstrophe Hugos von Mühldorf[746] und eine Stelle aus dem *Winsbecken*[747] anzuführen.[748] In beiden Beispielen liegt ebenfalls die einfache Variante des *proles*-Arguments vor („wir sind alle von Frauen gekommen"), das ähnlich wie in der Strophe des Meißners mit der Aufforderung zum Frauenpreis bzw. mit dem Tadel der Frauenschelte verknüpft wird.[749]

Sowohl beim Meißner als auch in der Liedstrophe und in der didaktischen Dichtung wird das 'Mutterschaftsargument' vollständig in den höfischen Frauenpreis eingebunden. Es stellt eine, wenn auch ganz beiläufig eingebrachte, 'neue' Begründung des Preises in diesem Kontext dar, kann jedoch so integriert werden, daß es keinen Fremdkörper bildet. Der Preis der Frau als Gebärerin und Mutter – der Formel „wir sind alle von ihnen geboren" zugrundeliegend – steht in solcher Kontextualisierung durchaus nicht im Widerspruch zu höfischen Werten. Daß das *proles*-Argument in den Frauenpreis integriert werden kann, wird durch folgende Aspekte ermöglicht: Zum einen gehört die Verpflichtung zum Preis und zur Ehrung der Frauen als dem im gesellschaftlich-höfischen Sinne angemessenen Verhalten bzw. die Abwehr der Frauenschelte zu den Leit-

---

[746] Hugo von Mühldorf, *KLD* 26, 2, 1-5: *Swer den frouwen an ir êre / gerne sprichet âne nôt, / seht, der sündet sich vil sêre / unde ist ouch der sêle tôt, / wande wir sîn alle von den frouwen komen*. Die Strophe ist außer in A zweimal in C überliefert, und zwar das eine Mal unter dem Namen Heinrichs von Veldeke als Einzelstrophe in tonfremder Umgebung (C 52); als solche könnte sie auch als Spruchstrophe gelten (zumal sie ganz in der generalisierenden Rede verbleibt); allerdings steht C 52 nicht in eindeutigem Spruchstrophenkontext. Zu Überlieferung und Autorschaft vgl. Mertens, Art. „Hugo von Mühldorf".

[747] *Winsbecke* 11, 1-8: *Sun, wiltû zieren dînen lîp, / sô daz er sî unvuoge gram, / sô minne und êre guotiu wîp, / der tugent uns ie von sorgen nam. / si sint der wunne ein bernder stam, / dâ von wir alle sîn geborn. / er hât niht zuht noch rehter scham, / der daz erkennet niht an in*.

[748] Ferner übernimmt das *Buch der Rügen* im Kapitel *Den werltlîchen vrowen* (v. 1533-1600) das *proles*-Argument wie auch das mariologische – beide werden hier als *die zwô sache wunderguot* (v. 1562) derselben Kategorie von Preisbegründungen zugeordnet – von der lateinischen Vorlage (*Buch der Rügen*, v. 1545-1562; vgl. *Sermones nulli parcentes*, cap. XXVII, v. 997-1008; 1013-1020). Das Verfahren der Verifizierung einer Behauptung wird dabei ausdrücklich benannt (*Buch der Rügen*, v. 1536-1538: *daz wil ich wâr machen, / ich wil die sache nennen / daz man sie mac erkennen*). – Vermehrt tritt das *proles*-Argument in anonymen Strophen auf, die zumeist in Tönen älterer Meister verfaßt sind. Eine Strophe in n argumentiert mit einer Kombination von beiden 'Tatsachen-Argumenten' für die höhere Würde des *wîbes* gegenüber der *maget*; u.a. wird angeführt, daß nur durch die Fruchtbarkeit der Frauen der Chor der Seligen aufgefüllt werden kann – ein ebenfalls häufiges Motiv – und daß Gott *durch wîp* die Engel erschaffen habe, auf daß sie einer Frau dienen mögen (*KLD* 38, n I, 9, 14-18); ferner: Roethe 257 (in der Spiegelweise des Ehrenboten); *GA-S* VIII, 215 C, 5 (in Frauenlobs Zartem Ton); *RSM* [1]Frau/7/503.1 (in Frauenlobs Vergessenem Ton); *BML* 59, 4 und 7 (in Regenbogens Briefweise; mit Varianten durch Verknüpfung von *proles*- und religiösem Argument: Maria und auch die zwölf Apostel wurden von einem *wîp* geboren); *BML* 74, 1 (in Regenbogens Briefweise); Cramer 4, S. 94f., II, 2 (in Leschs Feuerweise); vgl. auch die in Anm. 883 angegebenen Beispiele (außer Suchensinn, Pflug 6).

[749] Vgl. diesbezüglich auch die Glosse zum *Facetus cum nihil utilius* und das Beispiel aus dem *Salomon et Marcolfus* (s.o.).

themen volkssprachlicher höfischer Lyrik. Zum anderen ist das Postulat, wo es mit dem Argument der Mutterschaft begründet wird, von einem einfachen Axiom abgeleitet (das auch analog z.B. im Preis des Schöpfergottes formuliert werden kann): „Man soll in Ehren halten, wem man seine Existenz verdankt." Gilt im Minnesang wie im Minnespruch traditionell die Frau als ideeller Existenzgrund des Mannes (als Freudebringerin und Erzieherin zur höfischen Vervollkommnung) und wird sie auch metaphorisch als Lebensspenderin gepriesen (die Männer sind ohne sie 'nichts' und durch sie alles), so fügt sich die Ausweitung auf die physische Existenz zwanglos ein.

In der zitierten Strophe des Meißners wird die Integration des *proles*-Arguments in den höfischen Preis darin erkennbar, daß es mit den aus höfischer Lyrik wohlbekannten Begründungen des Preises kombiniert ist und mit ihnen zusammen die postulierte Haltung der Frau gegenüber als die einzig angemessene bestätigt. Bei Hugo von Mühldorf wird der unmittelbare Bezug des *proles*-Motivs auf einen höfischen Wertehorizont zusätzlich durch die Zusammenstellung mit der vorausgehenden ersten Strophe deutlich (*KLD* 26, 1), in welcher das Sänger-Ich mit dem Zeitklagetopos den allgemeinen Verlust höfischer Werte bzw. ihre fehlende Verwirklichung beklagt. Hier kann sich in der Folgestrophe (*KLD* 26, 2) der Tadel des (verbalen) Fehlverhaltens gegenüber Frauen, hyperbolisch als Sünde gewertet, direkt anschließen, indem er die Zeitklage konkretisiert. Auf dem *proles*-Argument als der entscheidenden Begründung des Tadels liegt in der Strophe besonderes Gewicht. Im *Winsbecken*, in dem der Vater seinem Sohn höfisches Verhalten gegenüber Frauen empfiehlt, schließt sich das Argument wie beim Meißner unmittelbar an traditionelle Begründungen des Preises an (*tugent* und *wunne* durch die Frauen; 11, 5f.). Derjenige, der die Preiswürdigkeit der Frau als *parens* nicht anerkennt, wird als unhöfisch charakterisiert (11, 7f.).

Als Fazit ist festzuhalten: 1. Das *proles*-Motiv ist in mittelhochdeutscher höfischer Literatur einige Male auch vor Frauenlob belegt, allerdings nur in der einfachsten und unauffälligsten Variante, die keine komplexeren Sinnebenen anspricht. 2. Sowohl die mittelhochdeutschen als auch die lateinischen Belege demonstrieren, daß das Argument nicht auf bestimmte feste Vorstellungsinhalte einzuschränken ist. 3. Wie für das Argument der Gottesmutterschaft Mariens gilt auch für das *proles*-Argument: Im Kontext höfischen Frauenpreises (der Meißner, Hugo von Mühldorf, *Winsbecke*) ist es gegenüber anderen Preisbegründungen nicht auf den höfischen Kontext beschränkt, kann aber in ihn integriert werden; das gepriesene höfische Ideal der Frau wird dann nicht nur aus sich selbst heraus begründet, also mit dem Preis von höfischen Qualitäten, die von der Frau repräsentiert werden. 4. Damit wird, wie bereits angedeutet, vor allem eine zunächst erst in Ansätzen erkennbare, neue Verfahrensweise der Begründung des Lobes eingeführt, die in der Beweisführung mit 'Tatsachenargumenten' (dem mariologischen wie dem *proles*-Argument) besteht.

### 4.1.3 Zusammenfassung

An Spruchstrophen Reinmars von Zweter, Reinmars von Brennenberg und des Meißners konnten unterschiedliche Verfahren und Begründungsstrategien des Frauenpreises im Sangspruch aufgezeigt werden: Verwendungsweisen metaphorischer Rede (4.1.1) sowie das Verfahren der argumentierenden Beweisführung (4.1.2).

So wird in einer Strophe Reinmars von Zweter (Roethe 43), die im Preis des *wîbes* mit mariologisch konnotierter Metaphorik operiert, eine einzige Metapher in mehreren Einzelschritten ausgeführt (4.1.1.1). Der klare Aufbau, der Zeige-Gestus und die Hinweise auf allgemein verfügbares bzw. exzeptionelles Wissen verbinden sich mit Spezifizierungen einzelner Bedeutungsakzente des Bildes, die durch Hinweise auf denotativer Ebene ergänzt werden, und mit der Explizierung des metaphorischen Bezuges durch die Ausdeutungsformel-Formel (*daz ist*), die zugleich selbst religiös konnotiert ist, indem sie an das geistliche Allegorese-Verfahren erinnert. Als Begründungsverfahren des Frauenpreises wird auf diese Weise der Rekurs auf das religiöse Referenzsystem vereindeutigt, dessen konnotative Ausbeutung nicht verschleiert, sondern gerade im Text vorgeführt wird. Ferner zielt das *bezeichenliche sprechen* durch die Einordnung in übergeordnete Sinnzusammenhänge auf eine Objektivierung der Preisgründe, auf deren Zuweisung zur Kategorie 'objektiv' verbürgten Wissens.

In einer Strophe Reinmars von Brennenberg (*KLD* 44, IV, 1) dagegen ist die metaphorische Rede in den Kontext eines übergeordneten Gestaltungsprinzips der Häufung bzw. Verkettung gleicher oder variierender Textelemente einzuordnen, das affirmative Funktion hat (4.1.1.2). Das Verfahren der metaphorischen Vernetzung geht in seiner Funktion jedoch darüber hinaus, indem es als systematisierendes Gliederungsprinzip die Gründe für den Preis der Geliebten umfassend und strukturierend zu formulieren sucht.

Schließlich weisen Strophen Reinmars von Zweter (Roethe 37) und des Meißners (Objartel II, 8) mit dem mariologischen und dem *proles*-Argument weitere Begründungsmöglichkeiten des Frauenpreises auf (4.1.2.1 und 4.1.2.2). Hierzu ist erstens festzuhalten, daß die genannten lateinischen Parallelen keineswegs auf eine Überformung oder Beeinflussung des volkssprachlichen höfischen Frauenideals durch 'nicht-höfische' Konzepte schließen lassen, die religiöser oder weltlicher gelehrt-lateinischer Literatur zuzuordnen wären. Die Grundkonstituenten höfischer Idealität und des höfischen Frauenpreises, in den sich beide Argumente, da nicht auf ein bestimmtes 'Frauenbild' festgelegt, leicht einfügen können, werden weder in Frage gestellt noch verändert. Gleichwohl ist zweitens zu unterstreichen, daß damit die Begründung des höfischen Ideals der Frau nicht mehr lediglich aus diesem selbst gespeist wird, also nicht rein selbstreferentiell ist. So wird drittens eine neue Begründungsstrategie in den Preis eingeführt, die darauf zielt, die Preiswürdigkeit der Frau in der expliziten Argumentation mit 'Tatsachen', die uneingeschränkte Gültigkeit beanspruchen, zu verifizieren. Solchermaßen um 'Wahrheitssicherung' mittels fremdreferentieller

Begründungen bemüht, erschließt sich der volkssprachlichen höfischen Literatur mit dieser Strategie eine etwa gegenüber dem Minnesang neue Dimension des Argumentierens.

Die Beobachtungen lassen sich abschließend dahingehend auswerten, daß hier ein Prozeß in seinem Beginn faßbar zu werden scheint, in welchem sich die literarischen Verfahrensweisen und Artikulationsmöglichkeiten des höfischen Frauenpreises in der Spruchdichtung erweitern und ausdifferenzieren. Punktuell werden Strategien greifbar – die Vereindeutigung des Ausgriffs auf das religiöse Referenzsystem, die 'Objektivierung' der Preisbegründung, die systematische Erfassung der Preisgründe mittels eines metaphorischen Ordnungsprinzips und die explizit argumentierende Beweisführung –, die vorher in mittelhochdeutscher höfischer Literatur wenig und noch im 13. Jahrhundert außerhalb der Spruchdichtung deutlich seltener belegt sind. Von Frauenlob werden sie – neben weiteren Begründungsstrategien – in großem Rahmen ausgearbeitet.

## 4.2 Preisstrophen Frauenlobs

In mehreren Preissprüchen Frauenlobs werden die Darstellungsmöglichkeiten der Lobrede, die in der Verdichtung religiöser Konnotationen, in der systematisierenden Darstellung mit Hilfe der Reihung und Verkettung von Textelementen und in der argumentierenden Beweisführung liegen, ausgearbeitet, miteinander kombiniert und erhalten einen weitaus größeren Stellenwert innerhalb der sprachlichen Organisation der Texte als in den bisher besprochenen Strophen. Doch nicht nur Texte wie VII, 35 und 36,[750] die für sich betrachtet werden können, sind nun bezüglich dieser Verfahrensweisen zu untersuchen (s. 4.2.1.1), sondern auch solche Fälle, bei denen sich mehrere Strophen eindeutig aufeinander beziehen. Die Frage nach konzeptioneller Mehrstrophigkeit sowie das Problem der Durchsetzung des Bars als literarische Norm[751] – sei es als Produktions- oder als Überlieferungseinheit – wird damit, das ist ausdrücklich zu betonen, nicht notwendigerweise berührt. Von dieser Problematik ist das Kriterium intertextueller Beziehungen zunächst einmal klar zu trennen: Auch einzelne Spruchstrophen, die in sich verständlich sind und einzeln entstanden sein könnten, können durch ihre Sprachgestalt aufeinander verweisen und in einer für die Sinnkonstituierung relevanten Relation zueinander stehen. Deren Beschaffenheit ist unabhängig davon zu untersuchen, ob konzeptionelle Mehrstrophigkeit vorliegt oder nicht.

Die Frageperspektive hat nicht allein den *wîp-vrouwe-Streit* in Frauenlobs Langem Ton im Blick (*GA* V, 102-113), dessen Strophen schon durch den Rahmen des Sängerstreits und durch Argumentation und Gegenargumentation zur zentralen Streitfrage aufeinander bezogen sind, sondern auch zwei Strophen im Zarten Ton (*GA* VIII, *19 und *20[752]). Zwischen ihnen entstehen Querverweise über die Entfaltung einer Responsionsstruktur, die sich auf wiederkehrenden Zentralbegriffen aufbaut (s. 4.2.1.2). Die Beziehungen und Querverweise zwischen den Strophen des *wîp-vrouwe-Streits* sind anderer Art. Sie beschränken sich jedoch nicht nur auf das Verbindende des Streitrahmens und seiner Argumentationslinien; vielmehr ist wie bei den Strophen im Zarten Ton auch hier eingehender nach den Relationen der einzelnen Texte zueinander zu fragen (s. 4.2.2). Ich gehe dabei von der Annahme aus, daß für Verfahrensweisen und Strategien des Frauenpreises wie z.B. für die Vereindeutigung, die Explizierung, die systematische Erfassung der Preisgründe und die argumentierende Beweisführung im Rahmen mehrerer aufeinander bezogener Texte gegenüber der Ver-

---

[750] Zur Frage der Zusammengehörigkeit dieser Strophen s.u., Anm. 756.

[751] Hierzu Schanze, *Meisterliche Liedkunst*, S. 2-4 u. 17-19; zur Durchsetzung des Bars in Meisterliederhandschriften Baldzuhn, *Vom Sangspruch zum Meisterlied*.

[752] Mit Asteriscus sind in der *GA* solche Strophen gekennzeichnet, die Thomas in seinen *Untersuchungen* für unecht erklärt, im Entwurf für die Ausgabe dann jedoch in den Anhang aufgenommen hat oder die ihm noch unbekannt waren (wie VIII, *19-*22); vgl. Stackmann, *GA*, S. 173, Anm. 5 u. S. 183.

wendung im Einzeltext weitere Möglichkeiten der Ausarbeitung und andere Funktionsaspekte entstehen, die im einzelnen zu beschreiben sind.

Aus diesem Ansatz ergibt sich für das Vorgehen: Die systematische Gliederung nach verschiedenen Aspekten der Artikulation des Preises aus 4.1 weicht hier der Gliederung nach Textgruppen. Ferner wird dem *wîp-vrouwe-Streit* entschieden mehr Raum zugestanden als den anderen Strophen, da er für die vorgestellte Untersuchungsperspektive, gerade was den Einsatz bestimmter Begründungsverfahren des Preises in aufeinander verweisenden Texten betrifft, von besonderer Bedeutung ist.

### 4.2.1 Strophen außerhalb des *wîp-vrouwe-Streits*
#### 4.2.1.1 Systematisierende Verwendung von Anaphernketten

Zunächst wird nun – als eine Verfahrensweise Frauenlobs – die systematisierende Darstellung der Preiswürdigkeit der Frau im Vordergrund stehen, die durch den Einsatz von Anaphernreihen sowie – in VII 36 – durch Metaphernverknüpfungen erreicht wird. Vergleichbar ist dies mit der systematisierenden Tendenz bei Reinmar von Brennenberg, der sich hierzu des Gestaltungsprinzips der Reihung bzw. Verkettung gleicher oder variierender Textelemente bedient und ebenfalls amplifikatorische Techniken sowie Metaphernverkettungen zur strukturierenden Darstellung einsetzt.[753]

Die Verwendung von Anaphernreihen prägt verschiedene Strophen im Grünen und Zarten Ton (VII, 35-37; VIII, 16 und *18-*21).[754] Einheitlichkeit der Sprachgestalt entsteht dadurch, daß für die tongleichen Strophen jeweils der gleiche Anapherntyp gewählt wurde: Im Grünen Ton sind es Frageanaphern (VII, 35-37; *wâ-*, *wie-* und *wâdurch*-Anaphern), im Zarten Ton leiten fast in allen Strophen Anaphern mit *wîp* Aussage- und elliptische Sätze ein (VIII, 16 und *19-*21).[755]

An zwei Strophen im Grünen Ton (VII, 35 und 36) kann der spezifische Einsatz anaphorischer Reihen aufgezeigt werden, mit denen der Gegenstand in seinen verschiedenen Einzelaspekten und zugleich als Einheit erfaßt wird. Unabhängig von der Frage konzeptioneller Zusammengehörigkeit[756] werden beide

---

[753] S.o., 4.1.1.2.

[754] Anaphernreihen werden außerdem ausführlichst im Minneleich Frauenlobs eingesetzt (*GA* III, 15-19; 23-26; 30-32); außerhalb des Frauenpreises z.B. in *GA* VIII, 24.

[755] In VIII, *18 werden Anaphern mit *lop* verwendet.

[756] VII, 35 [A] und 36 [B] werden in der *Göttinger Ausgabe* mit VII, 37 [C] zu einer Trias zusammengefaßt: Die Strophengruppen, die Stackmann als 'sichere' Fälle von Mehrstrophigkeit einordnet, sind in der *GA* mit Großbuchstaben in eckigen Klammern gekennzeichnet; vgl. hierzu die allgemeinen Bemerkungen in der Einleitung (*GA*, S. 183). Zu den zugrundeliegenden Kriterien – es könnte sich sowohl um innertextuelle Anhaltspunkte als auch um Kriterien der Überlieferung handeln – wie zu den Entscheidungen im Einzelfall äußert sich Stackmann nicht. Was die Frage der Überlieferungseinheit betrifft, so überliefern die jüngeren

Strophen für sich behandelt, da, abgesehen von der Verwendung der Frageanaphern, keine Querverweise oder engeren Textverknüpfungen zwischen ihnen auszumachen sind.[757] In Entsprechung zu Amplifikationstechniken und Metaphernverknüpfungen bei Reinmar von Brennenberg kann auch an den Frauenlob-Strophen gezeigt werden, daß die anaphorische *amplificatio* (und in VII, 36 auch die Verdichtung der metaphorischen Rede) nicht rein rhetorisch-schmückende Funktion hat bzw. daß der Sprachschmuck sich nicht in der – zweifellos deutlichen – Demonstration der Lobkunst erschöpft, sondern zugleich der systematisch-strukturierenden Darstellung des Sujets als Begründungsverfahren des Preises dient.

Die Frageanaphern durchziehen in VII, 35 mit kleinen Unterbrechungen die ganze Strophe. Durch die zum Teil im Reihenstil parallelisierten, variierten Fragen wird der Gegenstand des Preises zunächst amplifizierend umschrieben; seine ausdrückliche Nennung wird im Sinne der Steigerung bis zum Schluß aufgeschoben (v. 18f.). Diese Strategie wird durch die fast durchgehende Einhaltung der Frageform, die auf die abschließende Beantwortung der variierten Fragen als Klimax zuläuft, zur grundlegenden Strukturierung der Strophe ausgebaut. Die mit den *wâ*-Anaphern eingeleiteten Fragen implizieren, daß bei dem zuletzt apostrophierten *wîp* die Ursache aller genannten Werte und Eigenschaften zu suchen ist.

> Wa lust, wa wunne spehe,
> wa *liep* und aller freuden hort?
> wa vindet man daz fiure,
> da sich entzünden muz daz wort,
> 5   daz zweier herze, zweier mut
> treit in ein wesen *von* fre*m*dem anbegin?[758]
>
> Den *wechse*l ich versehe.[759]
> *wa* gruntfest aller selikeit,
> wa muter aller eren,
> 10   wa swester der bescheidenheit,
> der maze ein bruder wol behut,
> ein vater wise *an* volbedachtem[760] sin?

---

Handschriften F und k die Strophen VII, 35-37 gebunden (in unterschiedlicher Folge); in der älteren Überlieferung n dagegen steht Strophe VII, 35 – hier die einzige in Frauenlobs Grünem Ton – in tonfremder Umgebung. Alle drei Strophen weisen nicht über sich hinaus und sind in sich verständlich.

[757] Allenfalls läßt sich in der Reimbindung eine konkretere Verknüpfung zwischen den Strophen VII, 35 und 36 sehen, die durch Reimverklammerung in jeweils denselben Versen miteinander verbunden sind; es reimen die jeweils fünften Verse aller vier Stollen miteinander (*mut:behut*; *glut:tut*).

[758] V. 5f.: „das [sc. *daz wort*] zwei Herzen und zweifachen Willen aus ursprünglichem Getrenntsein zur Einheit führt?"

[759] V. 7: „Ich bin zuversichtlich, daß dieser Wechsel [vom ursprünglich getrennten Willen zur Einheit des Willens] gelingt" (*versehen*, „Zuversicht haben, daß etwas geschieht": Stackmann, *Wörterbuch*, Sp. 416b).

> *Wa* ritterlichez *e*llen?
> wa nimt die manheit al ir tugent,
> 15    daz sie sich muz gesellen
> der hochgeherten milde?
> wa scham, wa zucht, *wa* tugen*de* craft?
> *wip*, din *vil* süze meisterschaft
> *daz allez kan, des si gelobt din* bilde.

Die Form der anaphorischen Reihung wird mit der Technik der *accumulatio*, der Häufung von Wörtern, die einen übergeordneten Begriff detaillieren, unter unterschiedlichen Aspekten der Preisbegründung systematisch aufgefüllt. Diese Verwendung der Frageanaphern beginnt mit einer Variationsreihe von Begriffen – *lust, wunne, liep, freude*[] –, die semantisch verwandt, aber nicht deckungsgleich sind. Der Preis der Ursache der Freude, in Vers 1f. nicht spezifiziert, wird mit einer knappen Darstellung von Liebesbeginn und -vollendung fortgesetzt und differenzierend erläutert (v. 3-6): Gefragt wird nach der Ursache des Feuers, an welchem sich das 'Wort' entzündet, das zwei Liebende zur Vereinigung des Willens führt.[761] Die Beschreibung des Minneprozesses, die in anderen Strophen Frauenlobs ausführlich entfaltet wird,[762] erscheint hier, wo sie in den Frauenpreis eingebettet ist, in komprimierter Darstellung. Die Klarheit des Satzgefüges läßt erkennen, daß der Vorgang der Liebesentstehung in eine Folge von Einzelaspekten oder Stufen zerlegt wird. Während die Feuermetapher (v. 3) sich entweder allgemein auf die Liebe oder auch konkreter auf das vorantreibende Verlangen (*lust*) bezieht, wird offen gelassen, welcher Aspekt des Minnegeschehens mit *wort* (v. 4) abgesteckt ist.

Hier sind verschiedene Bedeutungsmöglichkeiten zu bedenken:[763] 1. Das *wort* könnte die Rede zwischen beiden Liebenden meinen, welche die Annäherung ermöglicht; ungewöhnlich bliebe dabei der Singular. Außerdem könnte auch der Gruß der Frau als konkretes Zeichen der Zuneigung gemeint sein;[764] irritierend wäre dann die Zusammenstellung mit *entzünden*. 2. Die Fortsetzung im Relativsatz Vers 5f. könnte ein Hinweis darauf sein, daß unter *wort* weniger das konkrete Gespräch zu verstehen ist, sondern hierin eher eine verschlüsselnde Bezeichnung für eine Instanz zu vermuten ist, die die Vereinigung des Willens bewirkt, also am ehesten die Minne. In einer Parallele aus *Minne und Welt* heißt es: *Ein sloz ich* [sc. Minne] *bin, / daz zweier herze und zweier mut und zweier sin / treit in ein lust uz vremder ger* (*GA* IV, 3, 9-

---

760   *volbedâht*, „vollständig überlegt": ebd., Sp. 431a.
761   Formeln wie 'aus zweien wird eins' werden in unterschiedlichen Variationen auch sonst häufig zur Charakterisierung des Minnegeschehens gebraucht (s.o., 3.1.1); Frauenlobs Erweiterung *von fremdem anbegin*, die eine Entsprechung in *GA* IV, 3, 11 hat, hebt noch stärker den Weg vom Getrenntsein zum Einssein hervor.
762   S.o., 3.2.
763   Vgl. die Erläuterungen zu *wort* bei Stackmann, *Wörterbuch*, Sp. 486a-487a.
764   Vgl. z.B. Heinrich von Morungen, *MF* 126, 3f.; Frauenlob, *GA* XIV, 7, 7 und XIV, 20, 1f.; dort steht *wort* nur für die einwilligende oder ablehnende Rede der Geliebten in der Wirkung auf den Mann.

11).⁷⁶⁵ Die Parallele zeigt lediglich die Möglichkeit einer entsprechenden Bedeutung von *wort* in der vorliegenden Strophe auf; die semantische Uneindeutigkeit bleibt. Die Verwendung von *wort* als preisender, abstrakter Wertbegriff, der (ähnlich wie *name*) zugleich für den Gegenstand selbst stehen kann, ist bei Frauenlob noch zweimal belegt, allerdings jedesmal mit Nennung des Objekts des Preises.⁷⁶⁶ 3. Schließlich sind religiöse Konnotationen nicht auszuschließen: Das sich entzündende Wort mag auf das Inkarnationsgeschehen anspielen. In solchem Zusammenhang steht *wort* bei Frauenlob häufig für die zweite göttliche Person, einmal auch für den Engelsgruß.⁷⁶⁷ Denkbar wäre also eine Analogiesetzung zwischen weltlicher Liebe und der das Erlösungswerk vorantreibenden göttlichen Liebe. Die Ebene religiöser Konnotationen wird zwar in der Strophe insgesamt nicht sehr stark ausgebaut, doch kann der Begriff *wort* an dieser Stelle auch deshalb gewählt worden sein, um die Möglichkeit der Analogiesetzung offen zu halten.

Verschiedene Aspekte oder Vorgänge des Minnegeschehens werden aus diesem ausgegliedert und zugleich in Relationen von Ursache und Folge aufeinander bezogen; das Geschehen wird so als komplexer Prozeß erfaßt. Entscheidend ist hier, wie diese Darstellung der Liebesentstehung als Kette von Ursachenverhältnissen in den Frauenpreis eingebunden wird. Der Ausgangs- und der Endpunkt dieser Kette – erste Ursache ist das *wîp*, wie die Antwort auf die rhetorischen Fragen lautet, und letztes Ziel ist die Liebeseinheit – werden durch mehrere Zwischenglieder miteinander verbunden. Auf diese Weise gelingt es in der Aufgliederung des Minneprozesses, die Frau zu dessen alleinigem Ausgangspunkt zu machen (bei ihr liegt die Entstehung des Feuers), zugleich aber in einem letzten Schritt beide Liebenden als Einheit in den Blick zu bekommen. So kann das Einswerden von zweien wiederum zur Begründung für den Preis der Frau werden. Im Kommentar des Sprecher-Ich wird dieser Weg vom Getrenntsein zur Einheit noch einmal hervorgehoben (v. 7).

Die Wiederaufnahme der unterbrochenen Anaphernkette (v. 8ff.) unterstreicht, daß der Preis neu einsetzt. Er beginnt zunächst, in Parallele zu Vers 1f., noch einmal beim nicht spezifizierten Lob der Frau als Fundament aller Vollkommenheit und Glückserfahrung (v. 8). Während der erste Stollen dies dann im Sinne der von der Frau ausgehenden Entstehung der Liebe erläuterte, sondert der zweite Stollen nun aus ihrem umfassenden Preis als Heilsgarantin den ethischen Aspekt aus. Werden hier einzelne Verwandtschaftsmetaphern bestimmten Tugenden zugeordnet (v. 9-12), so sind damit keine festen Zuordnungen vorgenommen oder bestimmte Hierarchien der Tugenden untereinander dargestellt,⁷⁶⁸

---

⁷⁶⁵ Vgl. hierzu Huber, „Frauenlob zum Minneprozeß", S. 156: „Minne ist so das Schloß, das die Liebenden mit ihrem getrennten Begehren zu einem Luststreben zusammenschließt [...]."

⁷⁶⁶ Vgl. *GA* VIII, *21, 2f.: *wip, süzez wort, / da mit man sich vür truren widerhort*; außerdem im mariologischen Kontext: *GA* I, 8, 1.

⁷⁶⁷ *GA* I, 16, 14 und 16; II, 2, 6; 13, 2; 16, 3f.; 17, 13; VII, 6, 18 (*wort* für den Logos); X, 1, 7 (*wort* für das *ave* des Engelsgrußes).

⁷⁶⁸ Vgl. Huber, *Wort sint der dinge zeichen*, S. 72f., zur Verwandtschaftsmetaphorik als einer unter mehreren Möglichkeiten, das Verhältnis zwischen Abstraktbegriffen zu beschreiben, etwa bei Tugend- oder Lasterreihen; auch Huber betont, daß damit nicht feste 'Systeme' entstehen, sondern die Zuordnungen flexibel bleiben.

sondern es werden die ethischen Werte als generell zusammengehörige Aspekte eines Ganzen erfaßt. Wieder wird also ein Bereich des Preises über die ansatzweise systematische Erfassung seiner Einzelaspekte artikuliert; ihre Relation untereinander wird hier nicht (wie im ersten Stollen) im kausallogischen Sinne ausgeführt, sondern metaphorisch formuliert. Die Anaphern, welche die Reihung der Tugenden zumindest anfangs begleiten, erhalten wie im Eingangsstollen die Funktion, die Zusammengehörigkeit und Gleichwertigkeit der Einzelaspekte durch die sprachliche Parallelisierung zu unterstreichen.

Der Abgesang ist etwas lockerer strukturiert; er setzt, die Frageanaphern nach einer Unterbrechung erneut aufnehmend, den Preis der Frau als Ursprung und Bezugspunkt höfisch-gesellschaftlicher Werte fort. Einen Kern der Aussagen bilden nun spezifisch 'männliche', höfisch-ritterliche Tugenden. Auch hier werden einzelne Aspekte explizit in eine bestimmte Relation zueinander gesetzt (v. 14-16): „Wo empfängt *manheit* ihren ganzen Wert, so daß sie sich notwendig mit der hochgepriesenen Tugend der Freigebigkeit verbindet?" Beide Qualitäten werden in einem Verhältnis wechselseitiger Ergänzung dargestellt, das andeutungsweise mit der Metapher freundschaftlicher oder liebender Vereinigung (*sich [...] gesellen*) als Pendant zur Verwandtschaftsmetaphorik umschrieben wird: Die höchste Stufe der *manheit* verbindet sich mit der Realisierung der Freigebigkeit; bei der Frau liegt die zur Verflechtung beider Werte führende Ursache. Die letzte Frage der Anaphernreihe (v. 17) benennt ganz allgemein gehaltene Wertabstrakta. Der Vers setzt mit der Genitiv-Konstruktion *tugende craft*, die alle aufgezählten höfischen Werte umfaßt, einen Schlußpunkt und knüpft zugleich mit der Form der asyndetischen Reihung an den Strophenbeginn an.

Nun folgt in den beiden Abschlußversen die lang erwartete Antwort: Der Macht und Leitung (*meisterschaft*) der Frau wird das Vermögen zugesprochen, *daz allez* zu bewirken. Mit dieser Formel umgreift Frauenlob alles vorher Erörterte und führt es ausdrücklich zur Begründung des Preises an.

Die Frageanaphern erhalten in dieser Strophe strukturierende Funktion, indem durch die Wiederaufnahme der jeweils nur kurz unterbrochenen Anaphernreihe der Beginn eines neuen Abschnitts in der Preisbegründung hervorgehoben wird. In den so markierten Abschnitten wird das Lob der Frau in mehrere ausgegliederte Bereiche der Begründung ausdifferenziert. Dabei werden innerhalb der verschiedenen Bereiche die einzelnen Aspekte nicht lediglich aufgezählt, sondern explizit in bestimmte Relationen zueinander gesetzt. Auch diese Relationen variieren von Abschnitt zu Abschnitt (kausallogische Verknüpfungen, Verwandtschafts- und Partnerschaftsmetaphern). Die Verwendung der anaphorischen Reihen dient also der systematisierenden Auffächerung des Sujets, welches in seinen in eine bestimmte Ordnung gebrachten Einzelaspekten und zugleich als Einheit erfaßt wird.

Strophe VII, 36 stellt eine einzige, hochelaborierte Variation auf den Preis der Frau als *leitvertrîp* dar, die unterschiedliche sprachliche Gestaltungsprinzipien aufweist.

     Wie tö*t*et man die sorgen?
     wie wirt verwunnen allez leit?
     wie wirt gekrenket swere?
     wie senftet man groz arebeit?
5    wie leschet man des zornes *g*lut?
     wie wirt ver*k*art, d*az* triuwe muz jamer clagen?

     Wie t*r*öst*et* trost [] *ver*borgen?
     wie wirt verjaget haz unde nit?
     wie s*a*lbet man den smerzen?
10   der senfte bernde herzen git,
     nach liebe sende*n* heilen tut,
     swer flehet mich, dem ‹*wil*› ich ez allez sagen:[769]

     Secht, als die sunne e*r*liuchte*t*
     die luft und alle vinsterheit,
15   baz *d*ürren mut erfiuchte*t*
     ein reinez angesichte,
     daz touw*et*, regen*t* süzen lust
     in mannes herze, in mannes brust:
     ja, wibes nam, der wunsch ist dir gerichte.[770]

Zunächst sind es die anaphorischen Fragen, die sich ganz auf das *leitvertrîp*-Motiv konzentrieren. Dieses wird in einer Folge von Varianten neun Verse lang durchgespielt. Die Vereinheitlichung der Sprachgestalt wird besonders durch den fast konsequent durchgeführten Reihenstil, in dem Satz-, Vers- und Aussagegrenzen übereinstimmen, sowie durch syntaktischen Parallelismus erreicht. Die Fragen können auf nur zwei einander ähnliche Fragetypen zurückgeführt werden, die – einmal aktivisch (v. 1; 4; 5; 7; 9) und einmal passivisch konstruiert (v. 2; 3; 6; 8) – beide das Satzobjekt ans Versende setzen und einander in ungefähr gleichmäßigem Rhythmus abwechseln. Auf diese Weise wird das Prinzip der variierenden Wiederholung derselben Aussage als eine Verwendungsmöglichkeit der Anaphernreihe konsequent realisiert und vorgeführt. Das Insi-

---

[769] „Der sanftmütige Herzen verleiht und den Liebessehnsüchtigen heilt – wenn jemand mich inständig darum bittet, dann will ich es ihm alles sagen" (Gegenstand der Bitte ist die Auskunft, was solche Wirkung hervorbringt); nach Stackmann, *GA*, S. 900, vertreten die beiden Relativsätze in Vers 10 und 11 das Genitiv-Objekt zu *flehet* in Vers 12, wobei das Pronomen *der* (mit F) wohl als Vorgriff auf *wibes nam* (v. 19) aufzufassen ist. Bei der von Stackmann ebenfalls erwogenen Bevorzugung der Lesart von k in Vers 10 (*die*) müßte als Subjekt *vrouwe* o.ä. ergänzt werden; das Femininum wäre daher doch ebenso auffällig wie das Maskulinum *der*.

[770] Aufgrund dieser Stelle wurde im Frauenlob-Wörterbuch ein Adjektiv *gerihte* in der Bedeutung „bereit, zur Hand" angesetzt (Stackmann, *Wörterbuch*, Sp. 115b); gemeint ist in Vers 19 vielleicht: „Ja, all dies Vollkommene vermagst du, der Begriff '*wîp*', zu sein bzw. zu bewirken".

stieren auf der einen, emphatisch akzentuierten Aussage tritt stark in den Vordergrund.

So deutlich die Absicht der homogenen sprachlichen Gestaltung ist, so gewichtig ist die Akzentuierung des *leitvertrîp*-Motivs im einzelnen. Der Zustand, welcher der Liebeserfahrung entgegengesetzt ist und durch die Frau überwunden werden kann, wird denkbar weit gefaßt: Nicht nur die Leiderfahrung aus der Liebesentbehrung ist angesprochen, sondern auch defizitäre Eigenschaften, die – ob der Mann sie nun selbst aufweist oder ihr Opfer ist – dem Streben nach Harmonie und Einheit entgegengesetzt sind (*des zornes glut, triuwe muz jamer clagen, haz unde nit*; v. 5; 6; 8). Beide Bereiche sind nicht voneinander zu trennen – etwa als wertneutrale Erfahrung und bewertbares Verhalten –, sondern werden als zusammengehörige Bereiche defizitärer personaler Erfahrung verstanden. Mit der Benennung einzelner Aspekte wird eine Präzisierung des Gesamtbereichs negativ definierter Erfahrung erreicht, der zugleich ausgeweitet wird.[771]

Mit dem Abbrechen der Fragekette erhält der Frauenpreis ab Vers 10 schon durch die komplexere syntaktische Struktur einen sprachlichen Duktus, der mit dem anaphorischen Abschnitt deutlich kontrastiert. Die dreiteilige Strophenform wird durch einen zweiteiligen Aufbau überlagert, der die Frage – als Reihung variierender Wiederholungen – von der Antwort absetzt, die über einen längeren Versabschnitt erst allmählich aufgebaut wird. Der schrittweise Aufbau bis hin zur Klimax des Schlußverses ist von einem retardierendem Moment geprägt. Dieses wird syntaktisch dadurch realisiert, daß in beiden Satzgefügen (v. 10-12 und 13-18) der jeweils untergeordnete Satz (v. 10f. und 13f.) vorgeschaltet wird.

In den überleitenden Versen 10-12 kündigt das Sprecher-Ich die Auflösung schon an. Die beiden Relativsätze, die das Objekt des Preises noch einmal umschreiben, setzen gegen den zu überwindenden defizitären Zustand die nun positiv formulierte Wirkung, die von der Frau ausgeht: Sie verleiht sanftmütige Herzen (v. 10) und heilt Liebessehnsucht (v. 11). Beide Relativsätze präzisieren den *leitvertrîp*-Gedanken, indem sie ihn deutlicher auf den *affectus cordis* beziehen. Im folgenden *swer-dem*-Gefüge (v. 12) wird die Nennung des *wîbes* angekündigt und zugleich durch das Hervortreten des Sprecher-Ich noch einmal aufgeschoben. Das Ich, das die Antwort ausdrücklich dem, „der mich ernsthaft darum bittet", zusichert, hebt sie dadurch zugleich als exklusives Wissen hervor. Den Charakter des Exklusiven und Herausgehobenen erhält damit auch der Preis des Abgesangs, dessen Neueinsatz in Vers 13 durch die deiktische Geste (*secht*) akzentuiert wird: Er kann als Lobrede in der Lobrede aufgefaßt werden, die vom Ich mit dem Verweis auf sein besonderes Wissen angekündigt und gleichsam nur unter der im *swer*-Satz formulierten Bedingung mitgeteilt wird. Die Frage-Anaphern erhalten damit im Gesamtkontext der Strophe zusätzlich die Funktion,

---

[771] Vgl. auch die letzte Strophe von Frauenlobs Streitgespräch *Minne und Welt*, wo Minne als kosmische, erotische, ethische und religiöse Kraft sich nicht nur von Zorn, Haß und Neid abgrenzt, sondern wo durch deren Zusammenstellung mit Habsucht und Völlerei deutlich wird, daß es zugleich auch um die Ausgrenzung von Todsünden geht (*avaritia, gula, ira, invidia*: GA IV, 21, 5).

als Folie für die Profilierung der Ich-Rolle und für die solchermaßen herausgehobene Preisrede des Abgesangs zu dienen.

Letztere bietet eine komplexe metaphorische Entfaltung des in den Anaphern in einfachster Form artikulierten *leitvertrîp*-Gedankens. Der vorgeschaltete Vergleichssatz bringt eine erste metaphorische Umschreibung: die Erleuchtung der Finsternis (v. 13f.). Die Konjunktion (*als*) läßt zunächst die Gleichordnung von Bildspender und noch ungenanntem Bildempfänger erwarten, doch der Hauptsatz (v. 15f.) biegt dies in nochmaliger Steigerung in eine Überbietungs-Relation um (*baz* [...]). Zugleich wird in den Versen 15-18, die nun auch den Bildempfänger explizit benennen, ein zweiter Bildbereich eingeführt: die Benetzung des Verdorrten. So entsteht eine katachrestische Konstruktion, in der die Metaphern des Lichtbringens und der Erquickung eng miteinander verflochten sind: Dem Bildempfänger werden zwei Bildspender-Bereiche gleichzeitig zugeordnet, die einander ergänzen und wechselseitig ihre Konnotationen verstärken.

Zum einen entstehen mit der zweifachen Beschreibung eines Naturprozesses (Wirkung der Sonne, Wirkung von Tau und Regen) Konnotationen des Naturhaften: Die Macht der Naturkräfte, das Entbehrte und Lebensnotwendige zu spenden, wird der Frau zugesprochen.[772] Dies wird in den Versen 15-18 noch unterstrichen durch die direkte syntaktische Verknüpfung metaphorischer (Attribut und Prädikat) mit nicht-metaphorischen Satzelementen (Subjekt und Objekt).[773] Der Zustand der Entbehrung wird mit beiden Bildbereichen wiederum als Bedürftigkeit im Lebensnotwendigen charakterisiert (vgl. *vinsterheit, dürre[r] mut*).

Zum anderen sind es besonders religiöse Konnotationen, mit denen die Überwindung des 'personalen Defizits' dargestellt wird. Das Bild der Sonne oder des Lichts, das die Finsternis erleuchtet, kann sowohl im christologischen als auch im mariologischen Sinne verwendet werden. So wird in einer Strophe Reinmars von Zweter Maria angesprochen: *du erliuhtest vinster naht, als si mit sunnen sî betagt*.[774] Noch evidenter ist die Betonung der Bedürftigkeit und des Defizitären durch religiöse Konnotationen bei der Metapher der Erquickung des Verdorrten (v. 15-18). Hier lassen sich aus dem 13. Jahrhundert mehrere Belege anführen, die in sehr ähnlicher Weise die dem menschlichen Herzen gespendete göttliche Gnade metaphorisch umschreiben; dies kann sich auf das Wirken des Heiligen

---

[772] Vgl. Huber, *Alanus ab Insulis*, S. 185f., zur ersten Anaphernkette im Minneleich (*GA* III, 15, 5-19, 1), in der die Folge *dürre – regen* (III, 15, 6) nur ein Beispiel einer längeren Aufzählung naturaler Abläufe bildet, die auch hier in der Überbietungsrelation der Leistung der Frau untergeordnet werden; ein ähnliches Bild erscheint, ebenfalls in einer Anaphernreihe, in III, 23, 1f. ([...] *der sorgen siuftic brunst / erviuchten mit der vröudenrichen wunne regenes vluzze*).

[773] Metaphorisches Adjektiv-Attribut: *dürre*[]; *süze*[]; metaphorisches Prädikat: *erfiuchtet*; *touwet*; *regent*; nicht-metaphorisches Subjekt und Objekt: *angesichte*; *mannes herze*; *mannes brust*; nicht-metaphorisches Objekt mit metaphorischem Attribut: *dürre[r] mut*; *süze[r] lust*.

[774] Reinmar von Zweter, Roethe 21, 5. Weitere Belege für die Verwendung als mariologische Metapher bei Salzer, *Sinnbilder und Beiworte Mariens*, S. 391-399 (Sonne) u. S. 431, 2; 15; 18; 23f.; 26 (das Licht, das die Finsternis erleuchtet).

Geistes bzw. auf die Liebe Gottes beziehen oder auf die Gnadenvermittlung durch Maria. So heißt es im Leich Walthers von der Vogelweide in der Bitte an Gottvater und Sohn, den *rehten geist* herabzusenden: *daz er mit sîner süezen fiuhte ein dürrez herze erlabe* (*L* 6, 29). Eine verwandte metaphorische Umschreibung weist ein Marienspruch Reinmars von Zweter auf: *si* [sc. Maria] *machet manegen dürren muot vil grüenen: / ir süeze süezet alle siure.*[775] Analog zur religiösen Verwendung bezeichnet in Frauenlobs Strophe insbesondere die attributive Metapher *dürre[r] mut* (wie *dürrez herze*) die Aspekte von Bedürftigkeit und Defizienz, die nicht aus eigener Kraft behoben werden kann, sondern – wiederum analog zur geistlichen Verwendung – auf das Geschenk, die Gnadengabe des Entbehrten und Lebensnotwendigen angewiesen ist; hier wird dieses Geschenk in die Liebe der Frau gelegt, dort in die barmherzige Liebe Gottes.

Auf der zweiten metaphorischen Entfaltung des *leitvertrîp*-Gedankens im Abgesang liegt größeres Gewicht als auf der ersten. Der Vorgang des Benetzens wird zweifach formuliert, in Vers 15f. und 17f., wobei beide Sätze durch die chiastische Anordnung von Subjekt und Objekt miteinander verklammert sind. Durch die Doppelung wird der Vorgang, die Befreiung von Leid durch die Frau, noch differenzierter erfaßt. Während zunächst einfach *ein reinez angesichte* als Ursache der Wohltat gepriesen wird, präzisiert der Folgesatz diese Aussage und expliziert, worin das Wohltuende, ja Lebenserneuernde liegt: im Verlangen, das durch das Anschauen der Schönheit dem Inneren des Mannes eingegeben wird. Eine weitere Präzisierung gegenüber Vers 15f. ist die Nennung des empfangenden Parts (*mannes herze*). Indem so der Weg der Liebesentstehung angedeutet wird, wird auch die Frage nach dem 'Wie', welche die Anaphernreihe gestellt hat, als solche ernst genommen und erläutert. Die mehrfache Präzisierung des Geschehens führt schließlich zur noch ausstehenden Apostrophe *wibes nam*, dem zusammenfassend der Inbegriff alles Vollkommenen (*wunsch*) zugeordnet wird.

In der vorliegenden Strophe werden die Gestaltungsprinzipien der Häufung und der Verkettung von Textelementen, der anaphorischen Reihung und der metaphorischen Vernetzung, kontrastiv aufeinander bezogen. Einzelne Verfahrensweisen, die in Strophen anderer Autoren zu beobachten waren, erhalten durch diese Organisation des Textganzen neue Bedeutung. Zu nennen ist hier einmal die Hervorhebung metaphorischer Rede durch die Profilierung der Rolle des Ich als Verkünder souverän vermittelten Sonderwissens in der *heilawæge*-Strophe Reinmars von Zweter, in der ebenfalls religiöse Konnotationen mit Konnotationen des Naturhaften verbunden werden und auf diese Weise die

---

[775] Roethe 14, 8f. Vgl. ferner im Leich Reinmars von Zweter: Roethe 31, 6f. [188f.] (apostrophiert wird mit der Gebetsgebärde Christus, der Kontext ist daher ähnlich wie bei der zitierten Stelle in Walthers Leich): *unt lâ der süezen minne regen / in unser herze vliezen.* – Das Bild des Regens, der in der Zeit der Trockenheit Erquickung bringt, geht auf Sir 35, 26 zurück. Weitere Belege für Metaphern aus diesem Bildbereich in mariologischer Verwendung bei Salzer, *Sinnbilder und Beiworte Mariens*, S. 42 (Regenwolke), S. 550f. (Tau), S. 552f. (Regen, Regenwolke).

Überwindung der defizitären Erfahrung durch das *wîp* gepriesen wird.[776] Ferner ist an das Verfahren metaphorischer Vernetzung zu erinnern, das von Reinmar von Brennenberg zusammen mit der Anaphernreihe und anderen Möglichkeiten der Häufung gleicher oder variierender Textelemente eingesetzt wird.[777] Um die spezifische Funktion dieser Gestaltungsmittel und Verfahrensweisen des Preises in Frauenlobs Strophe soll es im Folgenden gehen.

Der anaphorische und der metaphorische Abschnitt werden im Aufbau des Textganzen miteinander verschränkt: Zwischen die Fragereihe und ihrem pointenartigen Abschluß wird die metaphorische Ausführung des *leitvertrîp*-Preises eingeschaltet (v. 13-18), welche die zentrale Aussage der rhetorischen Fragen differenzierend entfaltet und damit zum einen retardierende Wirkung hat. Zum anderen präzisiert und erläutert der metaphorische Abschnitt jedoch auch die Leiderfahrung und ihre Überwindung durch die Frau und arbeitet auf eine Antwort auf die vorher gereihten Fragen hin. Die Erläuterung des *leitvertrîp*-Gedankens wird sowohl auf konnotativer Ebene erreicht, indem vor allem mit religiösen Konnotationen der beiden katachrestisch miteinander verschränkten Metaphern die Vorstellung des bedürftigen, auf Hilfe angewiesenen Zustandes und dessen Überwindung durch das Gnadengeschenk des Entbehrten evoziert wird, als auch auf denotativer Ebene, indem der Preis vom nur-metaphorischen Sprechen zur integrierten Benennung der Bildempfänger führt (ab v. 15) und zur abschließenden Lösung der Frageketten überleitet.

Die Verfahren der (anaphorischen) Reihung und der (metaphorischen) Verschränkung erhalten in ihrem wechselseitigen Bezug spezifische Funktionen. Die Anaphernreihe motiviert die metaphorische Entfaltung des Preises, die sie vorbereitet, und dient als Folie für die vom Ich angekündigte und herausgehobene 'Lobrede in der Lobrede' des Abgesangs. Der metaphorische Abschnitt wiederum gibt dem Frage-Antwort-Muster der Anaphernreihen mit ihrer Schlußpointe eine neue Dimension, indem er aus der Entfaltung und Erläuterung des Kerngedankens der Fragen, des *leitvertrîp*-Motivs, die Antwort entwickelt und zugleich die endgültige Lösung durch die retardierende und steigernde Wirkung emphatisch akzentuiert.

Durch das Hervortreten des Sprecher-Ich, das die solchermaßen herausgehobene Lobrede des Abgesangs als Demonstration seiner exklusiven Preiskunst charakterisiert (v. 12), wird das Verhältnis beider Abschnitte noch in einem anderen Licht beleuchtet: Die Bitte um Preisgabe des Wissens bezieht sich zugleich auch auf alle vorausgehenden Fragen und läßt aus ihnen die Aufforderung an den Sänger werden, sein Wissen, d.h. seine Lobkunst, preiszugeben und vorzuführen. Laudative Rede wird hier als Frage- und Antwort-Spiel zwischen einem implizierten Publikum und dem Sänger-Ich inszeniert, die einander im Preis wechselseitig ergänzen.

---

[776] S.o., 4.1.1.1 zu Reinmar von Zweter, Roethe 43.
[777] S.o., 4.1.1.2 zu Reinmar von Brennenberg, *KLD* 44, IV, bes. 1-6.

Zusammenfassend ist zu beiden Strophen im Grünen Ton festzuhalten: Die Verwendung der anaphorischen Reihe dient in VII, 35 der systematisierenden Erfassung des Preises in unterschiedlichen, durch die Anaphern strukturierten Bereichen, welche selbst noch mit der Technik der *accumulatio* in mehrere, untereinander in eine bestimmte Ordnung gebrachte Einzelaspekte ausdifferenziert und zugleich durch die Fragekette zu einer Einheit zusammengefaßt werden. In VII, 36 werden die Anaphernkette und die metaphorische Entfaltung des Preises in der Organisation des Textganzen kontrastiv aufeinander bezogen und bedingen einander wechselseitig in der Ausführung einer einzigen Begründung des Lobes, des *leitvertrîp*-Gedankens. Frauenpreis wird in seiner Exklusivität als höfisches Frage- und Antwort-Spiel zwischen Sänger-Ich und impliziertem Publikum inszeniert.

### 4.2.1.2 Systematisierung durch Aufbau von Responsionsstrukturen

Im Folgenden soll ein systematisierendes Verfahren der Lobrede an zwei Strophen im Zarten Ton vorgestellt werden, die mittels dieser Strategie miteinander verknüpft werden. In den Rahmen dieses übergeordneten Gestaltungsprinzips sind weitere Verfahrensweisen – wie die metaphorische Verdichtung, der Einsatz von Anaphernreihen oder die explizite Beweisführung mit 'Tatsachen-Argumenten' – integriert. Zu den *wîp*-Anaphern, die vier Strophen im Zarten Ton aufweisen (VIII, 16 und *19-*21), tritt in VIII, *19 und *20[778] noch eine Reihe von Querverweisen hinzu, mit denen beide Strophen aufeinander antworten. Die Frage der Produktionseinheit ist damit nicht berührt; die Texte verweisen mit den Responsionen als in sich verständliche und abgeschlossene Einzelstrophen aufeinander. Um die Responsionen aufzeigen zu können, werden gleich beide Texte zitiert.

VIII, *19   Wip, anevanc, ein morgensegen,
            vür golt gewegen,
            wip, hübescher vunt, din nam muz immer stegen,
            waz man an vrouwen ho gewiget,
5          ez si in schimpf, in ernst, da mit man hie gesiget.[779]
            wip, meienregen
            zukünftic süzer vrucht.[780]

---

[778] Die beiden Strophen sind neben anderen, mehrfach überlieferten Frauenlob-Strophen zusammen mit VIII, *21 und *22 unikal im Marburger Fragment Z überliefert, das Thomas (vgl. die *Untersuchungen* und seinen Plan zur Ausgabe) noch nicht bekannt war (vgl. *GA*, S. 173).

[779] Stackmann, *GA*, S. 926, zu v. 3-5: „Das mit dem Begriff *wip* Bezeichnete verleiht den *vrouwen* das, was der Mann hochschätzt, in dessen Namen er, sei es im Ritterspiel, sei es im Ernstkampf, seine Siege erringt" (*stegen*, „etwas bereiten, was etwas anderes bedeckt": ebd.).

[780] In Vers 6f. ist *zukünftic süzer vrucht* Dativ; die gesamte Metapher (ab *meienregen*) ist als Hinweis auf die Fruchtbarkeit der Frau aufzufassen, die künftige Nachkommenschaft ermöglicht.

|    | Wip, schöne ein guldin leitestab, |
|----|-----------------------------------|
|    | der seite urhab,⁷⁸¹ |
| 10 | sit daz got hohern namen nie gegab |
|    | uf erden hie wan wibes nam |
|    | und daz er ouch von einer reinen meide quam. |
|    | wip, hoheste grab |
|    | durchtrechtic⁷⁸² aller zucht. |
| 15 | Wip, vündic vunt des hosten prises phorte, |
|    | wip, uf sat blünder tugent in allem orte,⁷⁸³ |
|    | wip, din nam in worte |
|    | behelt des hosten lobes kranz. |
|    | wip, wurzel ganz, |
| 20 | an allen schranz |
|    | got nam zu dir die vlucht. |

| VIII, *20 | Wip, leitestern der hosten scham, |
|-----------|-----------------------------------|
|    | wip, süzer nam, |
|    | wip, von dir erst ouch a*lle* wunne quam, |
|    | wip, v*ür*gedachtic⁷⁸⁴ zarter vunt, |
| 5  | ein anbegin: die nie entsloz den ersten bunt, |
|    | – nie edeler stam |
|    | uz erden *h*ie gesproz⁷⁸⁵ – |
|    |                          |
|    | Ein rippe got mit siner hant |
|    | hat so gewant |
| 10 | zu dir,⁷⁸⁶ da von din nam ist hochbekant. |
|    | ei, waz din nam al süze treit, |
|    | da von die werden man mit dienest sin bereit, |
|    | wip, hochgemant |
|    | uz siner siten vloz!⁷⁸⁷ |
| 15 | Wip, fioliner wurzegart, ein stengel,⁷⁸⁸ |
|    | wip, ougen blick zu schouwen mannes engel.⁷⁸⁹ |
|    | wip, der ere ein sprengel,⁷⁹⁰ |

---

⁷⁸¹ V. 9: „Ursache für das Erklingen des Saitenspiels" (vgl. Stackmann, *Wörterbuch*, Sp. 399b).

⁷⁸² „Schwanger": ebd., Sp. 72a.

⁷⁸³ Zu v. 15f. s.u., S. 233.

⁷⁸⁴ *vürgedachtic* [*vürgedæhtic*], „vorausschauend": Stackmann, *Wörterbuch*, Sp. 447b.

⁷⁸⁵ Der in Parenthese gesetzte Satz Vers 6f. ergänzt den Hauptsatz (v. 8-10). *stam* (v. 6) steht hier für das weibliche Geschlecht: vgl. Stackmann, ebd., Sp. 342b (2.d); vgl. *vrouwen stam*, *GA* VIII, 17, 3.

⁷⁸⁶ V. 8-10 (bis *dir*): „Eine Rippe verwendete Gott auf solche Weise für deine Erschaffung" (vgl. Stackmann, ebd., Sp. 50a, zur Stelle).

⁷⁸⁷ *siner siten vloz* meint die Seitenwunde des Mannes, die nach der Genesis-Exegese bei der Erschaffung der Frau entstand, vgl. Stackmann, ebd., Sp. 429a, zu *vlôz*. Vers 13f. ist also folgendermaßen zu paraphrasieren: „*Wîp*, eindrücklich erinnert durch die Seitenwunde des Mannes".

⁷⁸⁸ *stengel*: „hier wohl Pars pro toto für die ganze Pflanze" (ebd., Sp. 346a).

⁷⁸⁹ V. 16: „Frau, dem Blick der Augen [bist du] ein Engel [ein vollkommenes Wesen] für den Mann".

*Strophen Frauenlobs* 229

```
            alsam die meiste menige uns seit.
            wip, eren kleit,
20          din wirde ist breit,
            wip, engeles genoz.
```

Frauenlob entwickelt hier ein Verfahren, um beide Texte über ihre sprachliche Struktur aufeinander zu beziehen und die Begründung des Preises in ihrer Komplexität sprachlich sinnfällig zu machen. Dies erreicht er zum einen durch die Responsionen und Querverbindungen zwischen beiden Strophen, die in einem ersten Schritt aufzuzeigen sind. Sie entstehen vor allem durch mehrfach wiederkehrende Stichworte: Dies sind die zentralen Begriffe *nam* (VIII, *19, 3; 10; 11; 17; VIII, *20, 2; 10; 11), *vunt* (VIII, *19, 3; 15; VIII, *20, 4) und *anevanc* bzw. *urhab/anbegin* (VIII, *19, 1; 9; VIII, *20, 5), die ihrem Abstraktionsgrad nach vergleichbar sind, sowie das selbständig (als Adjektiv oder Adverb) wie auch in Partizip-Komposita verwendete *ho(ch-)* (VIII, *19, 4; 10; 13; 15; 18; VIII, *20, 1; 10; 13). Dazu kommen einmalige Responsionen einzelner Begriffe und Metaphern, die durch Alliteration betont sind,[791] und identische Reime.[792]

Zum anderen wird innerhalb der einzelnen Strophen mit den mehrfach verwendeten, als 'Gerüstwörter' dienenden Begriffen eine Responsionsstruktur aufgebaut; in bezug auf diese 'Gerüststruktur' sind wiederum deutliche Parallelen zwischen beiden Texten zu erkennen. So stehen die genannten Stichworte zum Teil an denselben oder benachbarten Positionen in der Versabfolge. Hier ist z.B. die Zusammenstellung von *nam* und *vunt* in den beiden ersten Stollen zu nennen (VIII, *19, 3; VIII, *20, 2; 4). Vor allem aber fällt die Doppelung des *namen*-Motivs im jeweils 3. und 4. Vers der zweiten Stollen auf; in VIII, *19 erscheint das Stichwort *nam* darüber hinaus im 3. Vers aller drei Strophenteile. Die Entsprechung zwischen den Gegenstollen beider Strophen wird noch durch die Responsionen mit *ho(ch-)* im jeweils 3. und 6. Vers der zweiten Stollen weitergeführt (in VIII, *19 zusätzlich im 1. und 4. Vers des Abgesangs). Während in VIII, *20 eine weitere Verklammerung innerhalb des Gegenstollens durch die Parallelität der beiden Komposita entsteht (*hochbekant*, v. 10; *hochgemant*, v. 13), durchläuft in VIII, *19 das Simplex alle drei Strophenteile: als Positiv (v. 4), Komparativ (v. 10) und schließlich als Superlativ (v. 13; 15; 18), wobei die beiden letzten Stellen wiederum durch die parallele Genitivkonstruktion verbunden sind (*des hosten prises phorte*; *des hosten lobes kranz*). Es gibt also sowohl Responsionen innerhalb jeder Strophe als auch zwischen beiden Strophen, und beide Responsionsachsen, die 'vertikale' und die 'horizontale', sind mehrfach miteinander verknüpft.

Zu dieser Gerüststruktur tritt die Verteilung der anaphorischen Verseingänge hinzu, die ebenfalls in beiden Strophen ähnlich ist: Die *wîp*-Anaphern konzen-

---

[790] *sprengel*, „Weihwedel": Stackmann, *Wörterbuch*, Sp. 340b.
[791] *schöne ein [...] leitestab – leitestern der [...] scham* (VIII, *19, 8; *20, 1); **wurzel ganz – wurzegart** (VIII, *19, 19; *20, 15; Hervorhebungen M.E.).
[792] *nam:quam* (VIII, *19, 11:12 und VIII, *20, 2:3).

trieren sich mehr auf den ersten Stollen und den Abgesang und treten im zweiten Stollen etwas zurück. Die Konzentration der Anaphernreihen auf die beiden Außenteile ist in VIII, *20 konsequenter durchgeführt; fast identisch (mit Ausnahme des jeweils 8. und 21. Verses) ist aber in beiden Texten die Verteilung der Anaphern im zweiten Stollen und im Abgesang.[793] Es ergibt sich als Grobstruktur eine A-B-A-Anlage, die den zweiten Stollen als Mittelstück hervortreten läßt. Ungefähr in diesem Mittelteil liegt in beiden Strophen ein allerdings nicht scharf begrenzter Argumentationsschwerpunkt, der an die Zentralbegriffe *nam* (vor allem in VIII, *19) bzw. *vunt* (vor allem in VIII, *20) anschließt. Der entsprechende Abschnitt dehnt sich in VIII, *19 bis in den Abgesang aus (v. 8-18) und setzt in VIII, *20 schon am Ende des ersten Stollen ein (v. 4-14); besonders in VIII, *20 ist er zusätzlich durch die komplexere Syntax von den anaphorischen Rahmenteilen abgehoben.

Die Strophen verweisen also aufeinander durch bestimmte wiederkehrende Stichworte, an denen – zusammen mit den Anaphern – die Responsionsstruktur des Strophenganzen aufgehängt ist. Zugleich werden die hierfür zentralen Begriffe durch ihren wechselnden Kontext jeweils unterschiedlich determiniert und erfahren verschiedene Spezifizierungen der Preis-Begründung: Wie im Folgenden zu demonstrieren ist, werden erstens verschiedene Begründungsebenen des Preises durch die wechselnden kontextuellen Bestimmungen der Leitbegriffe systematisch aufeinander bezogen und treten zweitens beide Strophen bezüglich ihrer Begründungsstrategie in ein Ergänzungsverhältnis zueinander. Es wird daher nun in einem nächsten Schritt die genaue Einbindung der Gerüstbegriffe, auf denen die Responsionsstruktur aufruht, in beiden Texten zu untersucht. Anschließend ist in der Auswertung der Einzelbeobachtungen die Funktion der Responsionen und der Tektonik sowie das Verhältnis der Ausführungen der Strophen zueinander zu bestimmen.[794]

In VIII, *19 sind vor allem die Begriffe *nam* und *vunt* für die Begründungsstrategie des Frauenpreises im Kontext des Strophenganzen zentral. Das Stichwort *anevanc* bzw. *urhab* tritt dagegen im Gedankengang dieser Strophe, im Gegensatz zu *anbegin* in VIII, *20, nicht stärker hervor.[795]

---

[793] Dies fällt um so mehr auf, als in den beiden anderen Spruchstrophen im Zarten Ton mit *wîp*-Anaphern (VIII, 16 und *21) im Vergleich mit VIII, *19 und VIII, *20 die Anaphern ganz anders verteilt sind.

[794] Neben den breiter ausgeführten Argumenten, die in beiden Strophen auf unterschiedliche Weise auf das religiöse Referenzsystem ausgreifen und auf die sich die folgenden Beobachtungen konzentrieren, reihen sich in lockerer Folge Motive, die bekannte Felder des Lobpreises abstecken: die Frau als Repräsentantin höfischer Idealität, angedeutet durch Wertabstrakta, und als Mittelpunkt von konkret benannten Vollzugsformen höfischer Kultur (VIII, *19, 5 und 9: ritterlicher Kampf, Saitenspiel) sowie schließlich als Partnerin des Mannes im Entwurf der Geschlechterliebe (VIII, *20, 12 und 16: Minnedienst, vollkommener Anblick der Frau).

[795] Während *anevanc* in VIII, *19, 1 gar nicht spezifiziert wird, wird *urhab* in Vers 9 auf den nur kurz angedeuteten Preis der Frau als Ursache höfischer kultureller Vollzugsformen, genauer des Saitenspiels, bezogen.

Von den relevanten Gerüstbegriffen wird *vunt* in Frauenlobs Frauenpreisdichtung mehrfach verwendet als „Ehrentitel der Frau, insofern ihr Dasein auf einen schöpferischen Gedanken Gottes zurückgeht".[796] Diese Bedeutung von *vunt* – die Frau als 'Erfindung' Gottes – mag auch im ersten Stollen von VIII, *19 (v. 3) anzusetzen sein. Entscheidend ist jedoch, daß der preisende Begriff zunächst ganz allgemein gehalten und lediglich insofern durch den Kontext bestimmt wird, als dieser die höfisch-säkulare Sphäre andeutet (v. 3-5). Es schließt sich im selben Vers der Begriff des *namen* an, der ebenfalls im Sinne eines allgemeinen Ehrennamens gebraucht wird. Er ist auf einer höheren Abstraktionsebene angesiedelt als die hier wertneutrale Geschlechts- oder Standesbezeichnung *vrouwe* (v. 4): Der *name* '*wîp*' ist der Begriff für die ideale Existenzform der Frauen bzw. der höfischen Damen, denen die Wertschätzung des Mannes gilt und in deren Namen der ritterliche Kampf durchgeführt wird. Der Eingangsstollen schließt mit einer Anspielung auf das Lob-Argument der Nachkommenschaft (v. 6f.), das in dieser Strophe sonst im Hintergrund bleibt.

Es folgt im Gegenstollen nach dem Preis des *wîbes* als Garantin höfischer Werte (v. 8f.; vgl. v. 5) dessen Begründung (v. 10-12). Sie greift, wie dies vereinzelt schon in Texten anderer Autoren beobachtet werden konnte,[797] explizit argumentierend auf den religiösen Sinnbereich aus. Die Berufung auf die Autorität Gottes wird gleich zweifach formuliert. Zum ersten erfährt das aus dem ersten Stollen wiederaufgenommene *namen*-Motiv in diesem Kontext eine Spezifizierung im Gedanken der ehrenden Namensgebung durch Gott selbst (v. 10f.). Wird hier Gott als Namensgeber bemüht, der auf Erden keinen höheren Ehrentitel verliehen hat als '*wîp*', so erscheint das Motiv des *namen*, mit dieser konkreten Bedeutung versehen, analog konstruiert zum Schöpfungsmotiv, wie Reinmar von Zweter und andere es formuliert haben: „Gott hat nichts Vollkommeneres auf Erden erschaffen als eine Frau".[798] Verknüpft wird das Argument der göttlichen Namensgebung zweitens mit dem unmittelbar folgenden Argument der Gottesmutterschaft Mariens (v. 12; vgl. 19-21), welches ja ebenfalls bereits bei Reinmar von Zweter belegt ist.[799]

Die Integration der Referenz auf den religiösen Sinnbereich in den höfischen Preis findet in der vorliegenden Strophe ihre adäquate Umsetzung in der sprachlichen Organisation des Textes; Frauenlob setzt hierfür das Verfahren der je spezifischen kontextuellen Einbindung wiederkehrender Zentralbegriffe ein. Durch die unterschiedliche Determinierung des *namen*-Begriffs im ersten und zweiten Stollen werden die höfisch-säkulare und die religiöse Begründung des

---

[796] Stackmann, *Wörterbuch*, Sp. 445b (3).
[797] S.o., 4.1.2.1.
[798] S.o., 4.1.2.1, S. 205f.
[799] Auch die oben (ebd.) besprochene Strophe Reinmars (Roethe 37) weist eine Kombination von zwei Preismotiven auf, die beide auf den geistlichen Sinnbereich ausgreifen; ungefähr vergleichbar sind z.B. die Frauenlobschen Verse VIII, *19, 10-12 mit Reinmars Versen 37, 9-12: *swaz Got geschuof ie crêâtiure, / daz übergulden reiniu wîp: / ez wart geborn sîn selbes lîp / von einer magt* [...].

Frauenpreises aufeinander bezogen: Der *name* '*wîp*' wird als ein im Rahmen weltlicher Idealität werthafter Begriff bestimmt, an dem sich die Wertschätzung und Haltung des Mannes orientiert (vgl. v. 3-5), und eben dieser Wertbegriff wird als Setzung Gottes ausgegeben (v. 10f.). Durch die syntaktische Gleichschaltung der beiden Kausalsätze im Gegenstollen (*sit daz* [...]; *und daz* [...]; v. 10 und 12) werden schließlich die Argumente göttlicher Namensgeberschaft und seiner Menschwerdung in einer Frau (v. 12) explizit zusammengeführt: Die höchste Autorisierung des *namen* wird bestätigt und aktualisiert im heilsgeschichtlichen Faktum.

Das mariologische Argument selbst, d.h. die explizite Begründung des Frauenpreises mit der Heilstatsache der Inkarnation, ist bei Frauenlob nicht nur insgesamt deutlich häufiger belegt als bei früheren Autoren, sondern wird auch im Rahmen der Einzelstrophe breiter ausgeführt. Dies gilt sowohl für die denotative wie für die konnotative Ebene. Durch mehrere explizite Hinweise auf den religiösen Sinnbereich wird das mariologische Argument ergänzt: Die Schlußverse sprechen unmißverständlich das Dogma der unverletzten Jungfräulichkeit sowie – mit der angedeuteten Einhorn-Metapher – den Vorgang der *missio filii* an (v. 20f.). Durch die Spezifizierungen, die dadurch die Darstellung des heilsgeschichtlichen Ereignisses erhält, tritt der Verweis auf das religiöse Bezugssystem deutlich hervor. Im Verein mit den expliziten Hinweisen wird die Analogie zwischen dem *wîp* und Maria durch Konnotationen aufgebaut. So weist das Attribut *durchtrechtic* (v. 14)[800] noch einmal auf die Gottesmutterschaft Mariens hin, ist aber in Kombination mit dem Genitiv *aller zucht* zugleich auch im übertragenen Sinne aufzufassen („erfüllt von Tugend"). In dieser Doppelbedeutung ist der Ausdruck analog zu dem *gratia plena* konstruiert, das sowohl auf die Empfängnis des göttlichen Samens als auch auf die Gnadenfülle Mariens hin ausgelegt wird, und kann dadurch auf die Frau wie auf Maria gleichermaßen bezogen werden. Ferner verweisen die Gefäßmetapher (v. 13) und das Bild der unversehrten *wurzel* als Anspielung auf Is 11, 1 (v. 19) auf den mariologischen Kontext. Von dieser konnotativen Achse her kann der Preis der Frau als Gebärerin (v. 6f.) ebenfalls einen heilsgeschichtlichen Akzent erhalten; die Metapher *meienregen* ist auch in mariologischer Verwendung belegt.[801]

Unterbrochen wird die Entfaltung des mariologischen Bezugsrahmens durch die ersten vier Verse des Abgesangs, welche die Stichworte *vunt* und *nam* wieder aufnehmen. Eine Klammer, die durch die Responsion *des hosten prises – des hosten lobes* gebildet wird, schließt die Versgruppe zusammen.

---

[800] Der einzige andere Beleg bei Frauenlob steht im Kontext einer Marienpreisstrophe (*GA* VII, 1, 10).

[801] Vgl. z.B. die ähnliche Formulierung einer möglicherweise vom Marner stammenden Marienpreisstrophe: *ein meijenregen, der alle vruht erkennet* (*HMS* 3, Sp. 332b, I, 6).

Für Vers 15f. schlägt Stackmann folgende Paraphrasierung vor: „*wip*, für dich wird der Zugang zu höchstem Ruhm gefunden auf dem Feld der *tugent*".[802] Er bezieht dies also wohl auf das 'Tugendstreben' der Männer um der Frauen willen. Möglich ist aber auch der Bezug auf die Preiswürdigkeit des *wîbes* selbst. Damit ist zugleich die Bedeutung von *prîs* als „(literarische) Lobrede" in Betracht zu ziehen. Zur Verwendung im poetologischen Sinne würde auch sprechen, daß der Begriff *vunt* bei Frauenlob, als Äquivalent zu *inventio*, mehrfach im poetologischen Kontext erscheint.[803] Der Alternativvorschlag lautet also: „Für dich [um dich zu preisen] wird der Zugang zum höchsten Lob auf dem Feld der *tugent* gefunden und damit zur vollkommensten Form dichterischer Preisrede".

Eine solche Bedeutung kann für das folgende Verspaar ebenfalls vermutet werden (v. 17f.), welches mit dem vorhergehenden eine Einheit bildet. Auch hier ist mit einer Bedeutung von *lop* (wie vorher *prîs*) auf der thematischen Ebene (Preiswürdigkeit der Frau) und zugleich auf der Meta-Ebene (Preisrede) zu rechnen. *in worte* ist auf der Ebene der sprachlichen Artikulation anzusiedeln. Es ist dann sowohl gesagt, daß „der dich erfassende Begriff ausgedrückt durch ein Wort"[804] die höchste ehrende Auszeichnung erhält, als auch, daß der Ehrenbegriff '*wîp*', wo er in Worte gefaßt wird, mit der höchsten Form der dichterischen Lobrede gewürdigt wird.

Vorausgesetzt, daß dieses Verständnis der Versgruppe gerecht wird, wird also hier eine weitere Dimension des Frauenpreises thematisch: Die Vollkommenheit der Frau ist Ansporn und Gegenstand höchster Preiskunst, die sich um die adäquate Würdigung des *namen* '*wîp*' bemüht. Der Gedanke wird, gemäß der Forderung, daß das Sujet und seine dichterische Erfassung einander angemessen sein müssen, als Begründung sowohl für die Preiswürdigkeit der Frau eingesetzt wie auch für die Erlesenheit der Lobrede. Die Strophe verweist damit auf sich selbst als Realisation des „höchsten Lobs", als Demonstration exklusiver, dem Gegenstand adäquater Lobkunst.[805] In diesem poetologischen Begründungszusammenhang erhalten die Begriffe *vunt* und *nam* somit eine gegenüber den jeweils vorausgehenden Verwendungen neue Bestimmung durch den Kontext.

Zu den unterschiedlichen kontextuellen Spezifizierungen der Gerüstbegriffe ist festzuhalten: Über die Verwendung des Begriffs *nam*, zweimal mit *vunt* kombiniert, werden im Strophenganzen drei Begründungszusammenhänge des Preises entfaltet und aufeinander bezogen. Dies ist zum ersten die höfisch-gesellschaftliche Begründung; der *name* '*wîp*' steht für die zentrale Bezugsinstanz im Rahmen des Entwurfs höfischer Idealität (v. 3-5). Zum zweiten wird der *name* in der auf das religiöse Referenzsystem rekurrierenden Argumentation als göttliche Setzung gefaßt (v. 10-12). Zum dritten wird auf der poetologischen Ebene eine weitere Begründung des Frauenpreises gefunden, welcher so auf sich selbst verweist – der *name* motiviert die Entstehung höchster literarischer Lob-

---

[802] Stackmann, *Wörterbuch*, Sp. 445a (zu *vündic*, „findbar"); *uf sat blünder tugent* (v. 16; „auf dem [Saat-]Feld blühender Tugend") ist Ergänzung zu *vunt*: ders., *GA*, S. 926; *in allem orte*: „in jeder Hinsicht", ebd.

[803] Belege bei Stackmann, *Wörterbuch*, Sp. 445b (4).

[804] Ebd., Sp. 487a, zu *wort* (F.3).

[805] Damit stellen die Verse ein Pendant zur (noch häufigeren und konsequenteren) Thematisierung des *lobes* in Fürstenpreisstrophen bei Frauenlob und anderen Spruchdichtern dar; hierzu Huber, „Herrscherlob".

kunst (*vunt*). Das Stichwort des *namen* stellt das begriffliche Verbindungsglied zwischen den drei Begründungsebenen des Preises dar. In dieser Funktion signalisiert der Begriff, indem er in den unterschiedlichen Kontexten je andere Sinnakzente erhält, daß die Begründungen des Preises, die diesen Ebenen zuzuordnen sind, aufeinander hin konzipiert sind, gleichsam als Produkte einer konkretisierenden Auffächerung des übergeordneten, abstrakten Gedankens, der Werthaftigkeit des Gegenstandes.

Mit der je unterschiedlichen kontextuellen Determinierung mehrfach verwendeter, zentraler Begriffe ist zugleich eine neue Verfahrensweise gefunden, um die Referenz auf das religiöse Bezugssystem auch auf diskursiver Ebene sinnfällig zu machen. Die Analogiesetzung zwischen Frauen- und Marienpreis wird in den Schlußversen des Abgesangs (v. 19-21), die das mariologische Argument wieder aufnehmen, sprachlich zugespitzt. Wird die Gottesmutter im zweiten Stollen noch begrifflich differenzierend als *reine*[] *mei*[*t*] bezeichnet (v. 12), so wird dann vor allem am Strophenschluß der Begriff 'wîp' explizit – und aufgrund der heilsgeschichtlichen Anspielungen unmißverständlich – auf Maria ausgedehnt. Auch in solchen auffälligen Formulierungen ist kein Indiz dafür zu sehen, daß die Trennung zwischen säkularer und religiöser Sinnwelt aufgehoben ist. Gerade dies meint der Analogie-Begriff nicht; im Sinne Kuhns und Warnings ist er vielmehr, wie bereits ausgeführt wurde,[806] formal-strukturell zu fassen. Die Differenz zwischen der formalen Identität des sprachlichen Ausdrucks und der Unterschiedenheit des Gehalts ist auch für Frauenlobs Strophe geltend zu machen. Im Strophenganzen wird gerade durch die unterschiedlichen Einbindungen des *namen*-Begriffs verdeutlicht, daß der allgemeine Wertbegriff 'wîp' als übergeordnete Einheit auf einer höheren Abstraktionsebene aufzufassen ist und daher – auf der Ebene untergeordneter Einheiten – sowohl die irdische Frau als auch die Gottesmutter erfassen kann. An der Nicht-Identität des Gehalts von Marien- und Frauenpreis kann somit festgehalten werden. Die sprachlich-formale Identität dagegen ist es, die in Frauenlobs Strophe weiter ausgebaut wird.

Zur Begründungsstrategie der vorliegenden Strophe ist festzuhalten, daß der Bezug auf den religiösen Sinnbereich insofern von größerer Relevanz für das Textganze ist denn für Strophen früherer Autoren, als er differenzierter ausgearbeitet wird, konsequenter mit anderen Begründungsmustern verknüpft und deutlicher von einer übergeordneten, einheitlichen textuellen Verfahrensweise mitbestimmt ist. Der Ausbau der explizit-argumentativen Ebene zeigt sich in der Verdichtung von Hinweisen, welche die Analogie von Frauen- und Marienpreis denotativ benennen, sowie in der Kombination von Argumenten (die ehrende *namen*-Setzung durch Gott und die Gottesmutterschaft Mariens). Ergänzt wird dies durch den Ausbau der konnotativen Ebene (Metaphorik). Der Ausgriff auf das religiöse Sinnsystem wird ferner einem systematisierenden Verfahren eingeordnet, das die Preiswürdigkeit der Frau umfassender darstellt. Dies gelingt in der Organisation des Textganzen durch die mehrfache Verwendung von prei-

---

[806] S.o., 2.1.1, S. 93 u. 4.1.1.1, S. 190f.

senden Gerüstbegriffen, insbesondere des Leitbegriffs *nam*, die jeweils unterschiedlich kontextuell eingebunden und präzisiert werden. Auf solche Weise wird die Differenzierung zwischen unterschiedlichen Preisbegründungen, der höfisch-gesellschaftlichen Begründung, der religiösen Argumentation und der Einbeziehung der poetologischen Ebene des Frauenpreises, erreicht. Zugleich wird durch die Verwendung der mehrfach wiederkehrenden Zentralbegriffe sprachlich sinnfällig gemacht, daß diese Preisbegründungen als unterschiedliche Konkretisierungen eines übergeordneten, abstrakten Gedankens einander ergänzen.

Strophe VIII, *20 ist, wie oben ausgeführt wurde, über begriffliche Responsionen wie auch über die auf ihnen aufruhende Tektonik des Textganzen mit VIII, *19 verbunden. Es ist daher auch danach zu fragen, in welchem Verhältnis die beiden Strophen hinsichtlich ihrer jeweils verschiedenen Kontextualisierungen der zentralen Begriffe und hinsichtlich ihrer Begründungsstrategien zueinander stehen.

Während der Preisbegriff *nam* im Eingangsstollen von VIII, *20 (v. 2) nicht näher bestimmt wird, werden die Begriffe *vunt* und *anbegin* (v. 4f.) in die zentrale, auf das religiöse Sinnsystem ausgreifende Argumentation eingebunden und erhalten damit eine Bedeutungsspezifizierung durch den Kontext, die sich von der Einbindung der entsprechenden Stichworte *anevanc/urhab* und *vunt* in VIII, *19 (v. 1; 3; 9; 15) deutlich unterscheidet.

Die zu *vunt* gestellte Gelegenheitsbildung *vürgedachtic* (v. 4) spielt auf den providentiellen Aspekt bei der Erschaffung der Frau an: Gott hat sie zum Ursprung aller *wunne* vorherbestimmt. Wörter aus derselben Wortfamilie verwendet Frauenlob mehrfach mit Bezug auf die göttliche Providenz (*vürgedanc, vorbedenken*); in einem Beleg im Minneleich steht *vürgedanc* sogar wie hier im Kontext von Frauenpreis und Liebesthematik.[807]
Innerhalb des komplexen Satzgefüges in Vers 5-10 wird der Relativsatz (v. 5) von Stackmann als Ergänzung zu *rippe* (v. 8) aufgefaßt („die *rippe* löste niemals die ursprüngliche Verbindung");[808] *rippe* wird allerdings im *Wörterbuch zur Göttinger Frauenlob-Ausgabe* als Neutrum angesetzt.[809] Es ist also zu erwägen, den Relativsatz auf *hant* in Vers 8 zu beziehen: „Aus einer Rippe hat Gottes Hand, die den ursprünglichen Bund nie löste, dich, *wîp*, so erschaffen – ein edleres Geschlecht ging nie aus der Welt hervor –, daß dein *name* hochberühmt ist." Auch in diesem Verständnis ergäbe sich eine sinnvolle Aussage, zumal die Verbindung des ersten

---

[807] *Ei, menlich sin, waz grozer vröuden dir gehiez / der gotes eben vürgedanc, / do er uz diner brust dich wert // So vollic ganz lustlicher ougenweide, / die uns der hohen engel wol ergetzet* (*GA* III, 20, 4-21, 2); auch hier wird das Motiv also mit dem der Erschaffung der Frau aus der Rippe des Mannes kombiniert (vgl. *GA* VIII, *20, 8ff.); weitere Belege in anderen Kontexten: VIII, *22, 4 (*mit sines* [sc. Gottes] *vürgedanken kraft* – bezogen auf die ursprüngliche Würde des Menschen); II, 10, 8 (Gottes *vorbedenken* – über die jungfräuliche Empfängnis); IV, 10, 11 (*got und sin vorbedachter funt* – über die *Welt* als Daseinsgrund des Menschen).

[808] *GA*, S. 927; sinngemäß ebenso Stackmann, *Wörterbuch*, Sp. 82b (zu *entsliezen*).

[809] Ebd., Sp. 291b. Ein Femininum *rippe* anzusetzen, ließen zwar die uneindeutigen Belege *GA* V, 103, 9 und VIII, *20, 8 zu; der dritte Beleg in V, 103, 4 ist jedoch Neutrum.

Menschenpaares nach mittelalterlicher Auffassung durch den Schöpfergott gestiftet wurde (s.u.).

Die Bedeutung von *vunt* wird hier also durch den Kontext – mit der Anspielung auf den Genesis-Bericht von der Erschaffung Evas aus der Rippe Adams (Gn 2, 18-24) – konkret auf den Preis der Frau als 'Erfindung' Gottes festgelegt. Mit dem Hinweis auf den biblischen Schöpfungsbericht wird in den Frauenpreis ein weiteres Argument eingeführt, das, wie das mariologische und das *proles*-Argument, die Vollkommenheit der Frau nicht immanent aus dem höfischen Frauenideal selbst heraus begründet, sondern gleichsam von außen, mit einem durch die Heilige Schrift bezeugten Faktum der Heilsgeschichte.

Parallele Belege aus der lateinischen (geistlichen wie weltlichen) Literatur, die mit Gn 2, 18-24 ebenfalls für die Würde des weiblichen Geschlechts argumentieren, sind mir nicht bekannt.[810] Vergleichbares findet sich jedoch in einem anderen thematischen Kontext, nämlich in Darstellungen der Paradiesesehe. Einige scholastische Ehetraktate und Sentenzenwerke sehen die Güte des ehelichen Bundes in den Worten des Schöpfungsberichtes erwiesen: Gott selbst hat die Frau dem Mann zugeführt. Zum einen werden die Worte Adams aus Gn 2, 23f. auf die (erste)[811] Einsetzung der Ehe durch Gott im Paradies bezogen[812] oder auf die göttliche Urheberschaft der (ehelichen) Liebe zwischen Mann und Frau.[813] Zum anderen wird auch die Erschaffung Evas aus der Rippe Adams gelegentlich auf die von Gott eingesetzte Paradiesesehe hin gedeutet, wie z.B. bei Rupert von Deutz: Gott hat die Frau aus der Rippe des Mannes geformt, um zu zeigen, daß die Liebe (*charitas*) zwischen den Eheleuten fest und unauflöslich sein soll.[814] Daneben ist folgende Variante belegt: Gott hat Eva aus der Seite Adams gebildet, nicht aus seinem Kopf oder seinen Füßen, da sie weder seine Herrin noch Dienerin sein soll,

---

[810] Die Auslegung des Schöpfungsberichts des Jahwisten auf die Inferiorität der Frau war zwar – allein schon durch die Paulus-Worte 1 Tim 2, 13f. und 1 Cor 11, 8f. – traditionell in stärkerem Maß vorgegeben als die Deutung auf die Würde der Frau. Belegt ist jedoch auch das folgende Argument, das allerdings von dem von Frauenlob verwendeten abweicht: Eva wurde im Paradies erschaffen, Adam außerhalb, darin erweist sich die Überlegenheit der Frau; so z.B. bei Abaelard, Sermo XXVI (Marienpredigt), *PL* 178, 542C-D; McLaughlin, „Peter Abelard", S. 302 u. Anm. 42; vgl. auch die *Altfranzösische Genesisdichtung* des Evrat, v. 414-418 (Hs. B): Grimm, *Schöpfung und Sündenfall*, S. 71.

[811] In der Frühscholastik wurde die Lehre von der doppelten Einsetzung der Ehe grundlegend: Die erste Einsetzung der Ehe im Paradies zum Zweck der Fortpflanzung (*ad officium*) sieht man in Gn 1, 28 und 2, 23f. bezeugt; die zweite Einsetzung nach dem Sündenfall zur Vermeidung der Unkeuschheit (*ad remedium*) wird auf 1 Cor 7, 2 zurückgeführt; vgl. M. Müller, *Paradiesesehe*, S. 45 u.ö., zusammenfassend S. 289.

[812] Vgl. ebd., S. 45 (zu Anselm von Laon), S. 85 (zu Magister Simon) u. Anm. 126 (zu einer anonymen lateinischen Summe, mit Belegen).

[813] Vgl. Hugo von St. Viktor, *De Beatæ Mariæ virginitate*, PL 176, 861C-865B; *Decretum dei fuit* (anonymer Ehetraktat), S. 361; vgl. M. Müller, *Paradiesesehe*, S. 52 u. 81f., ferner S. 152 zu Robert de Courson.

[814] Rupert von Deutz, *De Trinitate et operibus Ejus*, In Genesim lib. II, *PL* 167, 282B (cap. XXXIV). Diese Auslegung der Genesis-Stelle bringt ähnlich, allerdings nur sehr kurz, auch schon Augustinus, *De Genesi ad litteram*, lib. IX, *PL* 34, 402 (cap. XIII, 23), der von Beda zitiert wird (*Hexaemeron*, lib. I, *PL* 91, 51A). Eine Entsprechung aus der Bibelepik findet sich bei Avitus, *De initio mundi*, *PL* 59, 327D. Vgl. ferner M. Müller, *Paradiesesehe*, S. 47f. u. 60 (zu Anselm von Laon und den anonymen *Sententiae Berolinensis*).

sondern seine Gefährtin (*socia*); so setzt Hugo von St. Viktor diese Argumentation im Sinne der von ihm stark betonten Auffassung der Ehe als Bündnis der Liebe ein, d.h. als Vereinigung der Seelen.[815]

Analog zur Argumentation mit dem Genesis-Bericht für den Wert des von Gott gewollten Ehebündnisses[816] verwendet Frauenlob das Argument nun im Kontext des höfischen Frauenpreises, indem er die Erschaffung der Frau aus der Rippe Adams als von Gott gesetztes Zeichen für die von ihm gestiftete Verbindung der Geschlechter in der erotischen Liebe deutet.[817] Das Verfahren, das der Integration des Motivs in den höfischen Frauenpreis zugrunde liegt, ist bereits von anderen Argumenten her bekannt. Wie beim Hinweis auf die Inkarnation Gottes in einer Frau und auf die Mutterschaft der Frauen generell wird der Frauenpreis mit einem Tatsachenargument begründet, dessen Wahrheitsgehalt von einem fremden Sinnsystem her verbindlich festgelegt bzw. ohnehin nicht anzweifelbar ist. Wieder handelt es sich um ein Argument, das in einem ganz anderen Verwendungszusammenhang schon im Bereich lateinischer Literatur belegt ist. Während mit der Lösung des Schöpfungsarguments vom ursprünglichen (geistlichen) Kontext und mit seiner Einbindung in einen neuen Kontext sich seine Funktion ändert, ist jedoch das Verfahren selbst, die explizite Argumentation mit einem Faktum, jeweils dasselbe.

Auch bei dem Argument der Erschaffung der ersten Frau aus der Rippe, das wie das mariologische Argument auf das religiöse Bezugssystem ausgreift, ist davon auszugehen, daß der weltliche Gehalt nicht durch den religiösen über-

---

[815] Hugo von St. Viktor, *De sacramentis Christianæ fidei*, lib. I, pars VI, *PL* 176, 284B-C (cap. XXXV); vgl. M. Müller, *Paradiesesehe*, S. 78. Dieselbe Deutung der Erschaffung der Frau aus der Seite des Mannes auch bei Abaelard, der aber weniger den Begründung des ehelichen Liebesbundes akzentuiert als die Gleichstellung der Frau, die erst nach dem Sündenfall unter die Herrschaft des Mannes gestellt wurde; McLaughlin, „Peter Abelard", S. 306 u. Anm. 60. Vgl. ferner M. Müller, *Paradiesesehe*, S. 261 (zu Thomas von Aquin). Außerdem findet sich diese Deutung der Genesis-Stelle in der Bibelepik bei Andrea Sunonis filius, *Hexaemeron*, lib. III, v. 1752-1755.

[816] In der mittelhochdeutschen didaktischen Literatur ist die Argumentation mit der Erschaffung Evas aus der Rippe Adams im Kontext der Ehelehre ebenfalls belegt; der Meißner verwendet sie z.B. im Sinne der göttlichen Einsetzung der Ehe und der Bestätigung der traditionellen Geschlechterrollen (Objartel VI, 6). In einem anonymen Hochzeitslied in Stolles Alment wird das Argument ganz im Sinne der scholastischen Ehediskussion als Beweis für den Wert der Ehe und die Stiftung des Ehesakraments durch Gott angeführt (*RSM* ¹Stol/529.2; vgl. *RSM* ¹KonrW/8/10.1; beide Lieder verbinden das Argument mit dem Hinweis auf die Wundertat Christi auf der Hochzeit zu Kana). Vgl. ferner aus der höfischen Epik: *Reinfrid von Braunschweig*, v. 10872-10881.

[817] In späteren Sangsprüchen und Meisterliedern ist die Argumentation mit Gn 2, 18-24 im Kontext des Frauen- oder Minnepreises mehrfach belegt. Bei den mir bekannten Belegen aus diesem Bereich handelt es sich um anonyme Strophen in Tönen älterer Spruchmeister. Als Argument für den Frauenpreis: *RSM* ¹Marn/7/550.3 (im Langen Ton des Marner; in Kombination mit dem mariologischen Argument); *RSM* ¹Regb/1/566.2 (in Regenbogens Briefweise); Cramer 4, S. 92f., II, 1 (in Leschs Feuerweise). Im Preis der Minne, die Gott zugleich mit Adam und Eva geschaffen hat: *KLD* 28, [XVII, 2] (im Süßen Ton des Kanzlers); *BML* 81, 1 (Rätselstrophe im Langen Ton Regenbogens).

formt wird. So gibt es keine Hinweise darauf, daß der Lobpreis in Frauenlobs Strophe etwa der Ehefrau gilt und klerikale Eheauffassungen transportiert; vielmehr wird das Motiv wieder vollständig in den höfischen Kontext integriert. Diese Einbindung wird dadurch erleichtert, daß das Schöpfungsmotiv in seiner unspezifischen Version – die Frau als Gottes vollkommenstes Geschöpf – in Lied wie Spruch durchaus schon eine Tradition hat.[818] Dieses Motiv wird in Strophe VIII, *20 ja ebenfalls in den Gedankengang mit eingeflochten (*nie edeler stam / uz erden hie gesproz*; v. 6f.) und mit dem Hinweis auf den Akt der Erschaffung der Frau verbunden.

Zur Verfahrensweise des Textes ist nun genauer zu untersuchen, welche Bedeutungsaspekte des Schöpfungsarguments für die Preisargumentation genutzt werden, wie es mit anderen Begründungen des Frauenpreises verknüpft wird und welche Funktion es innerhalb der auf den Zentralbegriffen aufbauenden Gerüststruktur des Strophenganzen erhält. Von den hier genutzten Sinnaspekten ist als erster der zeitliche zu nennen. Der Preis der Frau als göttliche Schöpfung erhält mit der Anspielung auf den biblischen Schöpfungsbericht eine geschichtliche Dimension, die explizit hervorgehoben wird. Wenn es heißt: *von dir erst ouch alle wunne quam* (v. 3), so wird die Frau nicht nur allgemein als Ursprung, sondern zugleich im konkret 'geschichtlichen' Verständnis als tatsächlicher zeitlicher Anfang aller Freude bezeichnet, die mit der Erschaffung und mit dem *ersten bunt* (v. 5) begann.

In diesem Sinne wird auch die preisende Apostrophe *anbegin* durch den Kontext erläutert und in ihrer Bedeutung konkretisiert; sie erhält also eine andere Determinierung als ihre Entsprechungen in Strophe VIII, *19 (v. 1 und 9). Dies korrespondiert mit der Spezifizierung von *vunt* als 'schöpferische Erfindung Gottes', als einmaliger Schöpfungsakt – abweichend von der Kontextualisierung des Begriffs in VIII, *19, 3 und 15 (s.o.).

Die konkrete, geschichtliche Ebene der Erschaffung der ersten Frau und die allgemeine, nicht-geschichtliche Ebene des gepriesenen Ideals ('*wîp*' als Abstraktum) werden nach dem Muster exemplarischer Rede aufeinander bezogen. Das Verbindungsglied zwischen beiden Ebenen formuliert der Einschub der Verse 6f., der mit der Hervorhebung der Dignität des gesamten weiblichen Geschlechts einerseits aus der Darstellung des eigentlichen Schöpfungsvorgangs heraustritt und andererseits mit *stam* zugleich noch die Vorstellung der Abstammung aller Frauen von Eva evoziert. Im Sinne der Exemplarität des historischen Faktums kann von dem *ersten bunt* – der Verbindung des ersten Menschenpaares und zugleich der Geschlechter überhaupt – behauptet werden, daß er nie gelöst wurde (v. 5).

---

[818] S.o., 4.1.2.1, S. 205f. Auch die Vorstellung, daß die Frau von Gott zur Freude und zum Heil des Mannes erschaffen wurde, ist in der Minnelyrik vor Frauenlob vereinzelt belegt, jedoch ohne den spezifizierenden Hinweis auf den Schöpfungsbericht: *got in sînen kæren ze muote / was vil wol, dô sîn gedanc / reiniu wîp ân allen wanc / schuof dem man ze sælden und ze guote* (Konrad von Würzburg, Schröder 17, 25-28).

Neben der zeitlichen Dimension gibt es einen zweiter Aspekt der Verwendung des Schöpfungsarguments. In Analogie zur scholastischen Argumentation in bezug auf die Würde der Ehe und des ehelichen Liebesbundes wird im Kontext des höfischen Frauenpreises und der Liebesthematik aus dem Schöpfungsbericht ein Argument für die Preiswürdigkeit der Frau in ihrer von Gott vorbestimmten Funktion als Freudebringerin und Partnerin des Mannes gewonnen. Für diese Bestimmung der Frau und für den Wert der Geschlechterliebe ist mit der Bildung Evas aus der Rippe des Mannes von Gott gleichsam ein Zeichen gesetzt. Mit dem in der Heiligen Schrift verbürgten Faktum des Schöpfungsakts wird argumentativ 'bewiesen', daß Gott die Frau als Liebespartnerin des Mannes geschaffen hat, daher kann höchste Dignität für sie beansprucht werden. Auch die Schlußverse des Aufgesangs lassen sich so deuten (v. 13f.): Die Frau wird in der Apostrophe mit dem Mahnzeichen, als welches die bei Evas Erschaffung entstandene Seitenwunde des Mannes aufgefaßt wird, daran erinnert, daß sie ihm zur Freudebringerin bestimmt ist und daß mit ihr die erotische Liebe begann. Auf die Vorstellung der Seitenwunde Adams, die hier zum Erinnerungszeichen für die Idealfunktion der Frau im Entwurf der Geschlechterliebe wird, wird in anderem Kontext noch einmal zurückzukommen sein.

Die Beobachtungen zu den relevanten Bedeutungsaspekten des Schöpfungsarguments führen weiter zu der Frage, wie die Strophe verschiedene Begründungen des Frauenpreises, denen hier jeweils bestimmte Gerüstbegriffe zugeordnet werden können, sprachlich miteinander verknüpft.

Zum einen ist das Schöpfungsargument unmittelbar in den Preis der Frau als höfische Bezugsinstanz und Liebespartnerin eingebunden, der sich im Gegenstollen an den Begriff des *namen* anschließt. Diese Verbindung wird in den Versen 8-12 über eine doppelte kausale Relation explizit gemacht: Zunächst wird ein Kausalzusammenhang zwischen der Schöpfungstat Gottes als Ursache und der Preiswürdigkeit des *namen* '*wîp*' als Folge formuliert (v. 8-10). Dann wird in der Weiterführung der kausalen Kette die Vollkommenheit des Ehrennamens wiederum als Ursache des höfischen Minnedienstverhaltens der Männer ausgegeben (v. 11f.). Es entsteht also durch die Wiederholung der Satzverknüpfung mit *da von* und durch die Doppelung des *namen*-Motivs ein Kausalkonnex nach dem Muster 'aus A folgt B – aus B folgt C'. Darüber hinaus wird von der Preis-Begründung des zweiten Stollens der Bogen zurück zum Strophenbeginn geschlagen: Vers 11 greift nämlich zugleich die Anrede *süzer nam* aus dem zweiten Vers variierend wieder auf. Der allgemein gehaltene weltliche Preis umgreift auf diese Weise als Rahmen die auf das religiöse Bezugssystem rekurrierende Begründung: Nach der Stilisierung des *wîbes* als Inbegriff höfischer Idealität (v. 1-3) folgt das Argument der Erschaffung der ersten Frau, und dieses mündet wieder in den höfischen Preis des *namen* (v. 10-12).

Zum anderen wird das Schöpfungsmotiv in den Schlußversen des Aufgesangs mit der mariologischen Begründung des Frauenpreises verknüpft. Die Analogie zwischen Frauen- und Marienpreis wird in dieser Strophe nicht, wie in VIII, *19, auch denotativ über die explizite Argumentation hergestellt, sondern nur über den Aufbau einer konnotativen Achse. Religiös konnotiert ist z.B. die Mahnung der Verse 13f. Die sprachliche Gestaltung läßt die Assoziation mit der Seitenwunde Christi zu. In der Tat ist die Deutung von Gn 2, 21f. im Sinne einer Präfiguration des Erlösungstodes Christi in der Exegese und der Bibelepik gut belegt: Die Seitenwunde Adams, aus der die Frau hervorging, präfiguriert die Seitenwunde Christi, aus der Blut und Wasser flossen, d.h. die durch Martyrium und Tauf-Sakrament begründete Ecclesia hervorging.[819] Auf diese typologische Beziehung scheint Frauenlobs komprimierte Formulierung *siner siten vloz* anzuspielen. Ferner entstehen mariologische Konnotationen durch die Anrede mit dem Partizip *hochgemant*: Es läßt an die Apostrophierung Mariens in lateinischen Hymnen und mittelhochdeutschen Bearbeitungen über die sieben Schmerzen der Gottesmutter denken, an die Mahnung der Marter und des Kreuzestodes ihres Sohnes.[820] Auf das Thema der sieben Freuden und Schmerzen Mariens spielt Frauenlob in einem seiner Mariensprüche an (*GA* V, 2); er verwendet hier mehrfach die Anredeformel *ich mane dich* (v. 19: *wis gemant*), die das Gegenstück zur Eingangsapostrophe *recordare* in lateinischen Hymnen des Typs *de doloribus* darstellt.[821] Eine Anlehnung an diese Anrufungen Mariens in der Sprachgestalt der Apostrophe an die Frau (*wip, hochgemant*) ist nicht zu übersehen.

Die Verse 13f. erhalten dadurch die Funktion, verschiedene Begründungsstrategien des Preises, wie das Argument der Erschaffung Evas aus der Rippe Adams und die Analogie zum mariologischen Preis, miteinander zu koppeln. Mariologische Konnotationen verbinden alle drei Strophenteile miteinander. So wird von Vers 13f., unterstrichen durch die Wiederaufnahme der *wîp*-Anapher, der Bogen zurück zum Strophenbeginn geschlagen, der mit der Metapher *leitestern* eines der besonders weit verbreiteten Marienattribute[822] auf die Frau überträgt (v. 1). Im Abgesang, der die *wîp*-Anaphern weiterführt, wird diese konnotative Ebene weiter ausgebaut: Mariologisch konnotierte Metaphern, wie *fioliner wurzegart* (v. 15),[823] werden in den höfischen Preis der Frau eingefloch-

---

[819] In der Genesis-Exegese: Beda, *Hexaemeron*, lib. I, *PL* 91, 51B; Rupert von Deutz, *De Trinitate et operibus Ejus*, In Genesim lib. II, *PL* 167, 284D-285A (cap. XXXVII); in der Bibelepik: Avitus, *De initio mundi*, *PL* 59, 327C; Andrea Sunonis filius, *Hexaemeron*, lib. III, v. 1708-1711; Petrus Riga, *Aurora, Liber Genesis*, [lib. II], v. 311-314.

[820] Hierzu Bertau, *Geistliche Dichtung*, S. 44f. und 48.

[821] Ebd., S. 43-50, zu Frauenlobs Strophe *GA* V, 2 und zu Verbindungen zu Marienhymnen über die sieben Freuden und Schmerzen Mariens.

[822] Belege bei Salzer, *Sinnbilder und Beiworte Mariens*, S. 400; vgl. z.B. aus dem Bereich des Sangspruchs mit mariologischer Thematik: der Marner, Strauch XV, 1, 13 (*dû schœner leitestern*).

[823] Vgl. zur Verwendung der beiden hier kombinierten Metaphern im mariologischen Kontext Salzer, *Sinnbilder und Beiworte Mariens*, S. 194f. (*viôle, viôlfelt, viôl anger* etc.; lat. *viola*; die Metapher wird in der Regel auf die Demut Mariens bezogen); ebd., S. 15, 32; S. 16, 4f.; 15; 18; 20; S. 281, 21; 23; 29; 33 (*wurzegarte, krautgertlein* etc.); vgl. bei Frauenlob im mariologischen Kontext: *GA* I, 12, 20 (*wurzenricher anger*). Mit religiösen Konnotationen ist auch *sprengel* (VIII, *20, 17; „Weihwedel") zu lesen.

ten. Der Engelsvergleich schließlich wird gleich zweifach verwendet. Einmal bezieht er sich konkret auf die Schönheit der Frau als vollkommenen Anblick für den Mann (v. 16).[824] Zuletzt bezeichnet der Vergleich den hohen Rang und Wert des den Engeln hierin gleichgestellten *wîbes* (v. 19-21). Indem die Strophe mit mariologischen Anklängen beginnt und schließt, bildet diese konnotative Ebene zusammen mit dem Preis der Frau in ihrer höfischen Idealität einen weiteren Rahmen des Textganzen, welcher das Argument der Erschaffung der Frau nach dem Schöpfungsbericht umschließt.

Ergänzend sei noch kurz auf weitere Belege des Schöpfungsarguments in Spruchstrophen Frauenlobs hingewiesen. Strophe V, 103, die zum *wîp-vrouwe*-Streit gehört, wird noch ausführlicher zur Sprache kommen (s.u., 4.2.2.2). Auf Strophe VIII, *18, die durch die Reihung von *lop*-Anaphern gekennzeichnet ist, gehe ich lediglich unter dem Aspekt der Verwendung des Schöpfungsarguments ein, da die fragmentarische Überlieferung – der unikal überlieferte Text bricht in Vers 15 ab[825] – eine umfassende Analyse der spezifischen Sprachgestalt der Strophe nicht ermöglicht. Das Verständnis wird zusätzlich erschwert durch die zum Teil knapp und stichwortartig gehaltenen Preis-Attribute, von denen einige insbesondere im ersten Stollen mehrere Deutungen zulassen. Eindeutig ist jedoch zu Beginn des zweiten Stollens, der hier als preisende Anrede an Adam erscheint, der Hinweis auf die Erschaffung der ersten Frau: *Lop si dir, Adam, durch din bein, / von dem erschein / uns wibes bilde* (v. 8-10). Ferner wird die göttliche Majestät bzw. Gott als Schöpfungsinstanz preisend apostrophiert (vgl. v. 11: [...] *lop hoher sedel*;[826] v. 15: [...] *süzer schepher* [...]), und zwar wohl ebenfalls mit Bezug auf den Akt der Erschaffung Evas.[827] Auf diesen könnte sich schließlich auch das preisende Attribut *formelicher tac* („Form verleihender[828] Tag") in Vers 1 beziehen. Hier sind jedoch mehrere Bedeutungen möglich: erstens kann der Tag gemeint sein, an dem Eva erschaffen wurde, zweitens kann eine Umschreibung für das *wîp* selbst als formgebende Instanz und damit eine Anspielung auf das *proles*-Argument vorliegen.[829] Ähnlich polyvalent ist unter den preisenden Ausdrücken *geburt* (v. 5); nach Stackmann kann „das Hervorgehen Evas aus der Rippe Adams" gemeint sein;[830] zu erwägen ist aber zugleich wieder die Möglichkeit, daß der Preis der Frau als Gebärerin angedeutet wird. Mit größerer Sicherheit ist wohl die Apostrophe *elementen gurt* (v. 4) im Sinne des *proles*-Arguments zu verstehen; sie umschreibt „das *wip* im Hinblick darauf, daß es [...] auf der Grundlage der *elemente* neue menschliche Gestalt hervorbringen

---

824 Vgl. die oben in Anm. 807 zitierte Stelle aus dem Minneleich (*GA* III, 20, 4-21, 2), in der dieses Motiv noch explizit mit dem Argument verbunden wird, Gottes *vürgedanc* habe die Frau dem Mann zur Freude bestimmt, als er ihm aus seiner Rippe solchen Anblick der Schönheit erschuf (hier: aus seiner *brust*, was den *affectus cordis* betont), die auf Erden die Engel ersetze.

825 Die Strophe ist nur in b überliefert. Im *RSM* wird sie – mit Hinweis auf Helmuth Thomas – Frauenlob abgesprochen (¹Frau/5/16). Thomas hat sie zwar zunächst in seinen *Untersuchungen* als 'unecht' eingeordnet, im Entwurf für die Ausgabe aber in den Anhang zum Zarten Ton aufgenommen; vgl. *GA*, S. 138 u. Anm. 1, wo die Strophe als 'echt' eingeordnet wird.

826 *sedel*: „Thron", hier metonymisch für Gott (Stackmann, *Wörterbuch*, Sp. 315a).

827 Möglicherweise deutet Vers 14 dies ebenfalls an (*ich lobe der eren vunt*), sofern er die Frau als vollkommene 'Erfindung' Gottes preist.

828 Vgl. Stackmann, *Wörterbuch*, Sp. 435b, zur Gelegenheitsbildung *formelich*.

829 Beide Auffassungen der Stelle werden im Wörterbuch zur *GA* in jeweils verschiedenen Einträgen vertreten; ebd., Sp. 24a (zu *bejac*) und Sp. 361a (zu *tac*).

830 Ebd., Sp. 105a.

kann".[831] Zumindest aufgrund dieser Stelle wird erkennbar, daß die Strophe das Schöpfungs- und das *proles*-Argument miteinander verbindet; es werden damit zwei unterschiedliche (und hierarchisch geordnete) Schöpfungsvorgänge bzw. -instanzen aufeinander bezogen: die Erschaffung der Frau durch den Schöpfergott und die Reproduktion der menschlichen Gestalt durch die Frau als hervorbringendem Prinzip.

Falls die genannte mehrdeutige Formulierung in Vers 1 eher, was keineswegs sicher entschieden werden kann, als Anspielung auf das Schöpfungsargument zu lesen ist, so kann für die Strophe insgesamt, soweit es der fragmentarische Text erkennen läßt, folgendes Konzept vermutet werden: Das Argument der Erschaffung der Frau bildet den roten Faden der Lobrede. Es wird in drei Varianten angespielt, die unterschiedliche Bestandteile des Arguments in den Vordergrund stellen: den zeitlichen Aspekt im Preis des tag[es] (v. 1), die Herkunft der Frau im Preis Adams (v. 8) und die erschaffende Instanz im Preis Gottes (v. 15; der Text bricht im Vers ab). Dies geschieht jeweils an exponierter Stelle, nämlich in den Eingangsversen der drei Strophenteile, die noch durch die Anapher *lop si dir* parallelisiert werden. In dem Verfahren, den eigentlichen Gegenstand des Lobpreises (das *wîp*), der selbst nur indirekt benannt wird, im dreifachen, parallel gestalteten Ansatz gleichsam zu umkreisen, läßt sich wieder eine systematisierende Darstellungsweise erblicken.

Nach einem kurzen Vergleich von VIII, *19 und *20 sei schließlich das Verhältnis beider Texte zueinander genauer untersucht.

In VIII, *19 wie in VIII, *20 werden jeweils verschiedene Begründungen des Preises miteinander verknüpft. Das Verfahren der sprachlichen Realisierung dieser Verkettungen ist dabei in beiden Strophen unterschiedlich. In VIII, *19 war die mehrfache kontextuelle Bestimmung ein und desselben Gerüstbegriffs zu beobachten, der so in seiner Funktion, den Frauenpreis zu begründen, je unterschiedliche Konkretisierungen erhält. Über das zentrale Stichwort des *namen* werden drei Begründungen entfaltet und miteinander verbunden: der *nam* ('*wîp*') 1. als zentraler Wertbegriff im Entwurf höfisch-gesellschaftlicher Idealität, 2. als höchste göttliche Setzung, 3. als Gegenstand exklusiver literarischer Lobrede. Das systematisierende Verfahren signalisiert, daß diese Begründungen als Konkretisierungen eines übergeordneten, abstrakten Gedankens – der *nam* als allgemeiner und umfassender Wertbegriff – aufeinander bezogen sind. Durch dieses Vorgehen wird auch die auf das religiöse Bezugssystem ausgreifende Argumentation, die durch ihre ausführlichere Entfaltung hervorgehoben ist und im Strophenganzen die Position des argumentativen Zentrums einnimmt, in den höfischen Frauenpreis integriert. Verschiedene Ebenen des Preises werden am Begriff des *namen* aufgefächert, der sie, als Scharnier fungierend, zugleich miteinander verbindet.

In VIII, *20 nimmt unter den verschiedenen Begründungen des Preises die Argumentation, die auf das religiöse Bezugssystem rekurriert, eine vergleichbare Position wie in VIII, *19 ein. Frauenlob führt mit dem Hinweis auf die Erschaffung der ersten Frau aus der Rippe des Mannes ein weiteres Tatsachen-Argument in den höfischen Frauenpreis ein. Auch hier gilt: Mit dem Verfahren der argumentativen Beweisführung mit Bibelstellen werden keine geistlich geprägten Konzepte in den säkularen Kontext übernommen. Vielmehr wird, in Analo-

---

[831] Ebd., Sp. 139b.

gie zur Argumentation theologischer Ehetraktate für die Würde des ehelichen Bundes, in der Schöpfungsgeschichte ein Argument für den Preis der Frau als Liebespartnerin des Mannes gewonnen: Dies ist mit der Erschaffung Evas als von Gott gesetztes Zeichen für den von ihm gestifteten Liebesbund 'erwiesen'.

Die Integration der Referenz auf Religiöses in den höfischen Preis wird anders als in VIII, *19 geleistet: Zum einen expliziert die Strophe einen Kausalzusammenhang zwischen der Schöpfungstat Gottes und der höfischen Idealität der Frau (besonders v. 8-12); der Abstraktbegriff des *namen* wird dabei als Verbindungsglied einer kausalen Kette eingesetzt. Zum anderen wird diese argumentative Verknüpfung noch mit der Ebene mariologischer Konnotationen verbunden; punktuell werden die drei Ebenen zusammengeführt.

Wie oben ausgeführt, sind die Strophen durch Responsionen aufeinander bezogen: über einzelne Stichworte und Wendungen wie über ihre Gerüststruktur, die an diesen Begriffen aufgehängt ist. Ihr Verhältnis zueinander hinsichtlich der Gestaltung des Preises kann nun genauer als Relation wechselseitiger Ergänzung bestimmt werden. Die Begründungen des Frauenpreises mit der Gottesmutterschaft Mariens (VIII, *19) und mit der Erschaffung der ersten Frau durch Gott (VIII, *20) sind grundsätzlich vergleichbar, was die ihnen zugrundeliegende Verfahrensweise, ihren Stellenwert als argumentativen Schwerpunkt des Textganzen und ihre Ausführung etwa im jeweiligen Mittelteil der Strophe betrifft. Dabei ergänzen beide Argumentationen einander: Das Verfahren der Inanspruchnahme des religiösen Sinnsystems wird konkret jeweils über ein anderes Argument realisiert und an einen anderen der zentralen Begriffe geknüpft (VIII, *19: *nam*; VIII, *20: *vunt, anbegin*).

Das zur Anbindung derselben Ebene des Preises an verschiedene Zentralbegriffe komplementäre Modell ist das Verfahren, an denselben Gerüstbegriff jeweils verschiedene Preisbegründungen anzuschließen. Das Anwortverhältnis zwischen beiden Strophen ist auch hierin offensichtlich: In jeder werden, von einer gemeinsamen Basis des Preises ausgehend, bestimmte Verwendungsmöglichkeiten und Bedeutungsaspekte der entsprechenden Stichworte aktualisiert, die in der jeweils anderen Strophe nicht zum Tragen kommen. Beiden Strophen ist zwar die kontextuelle Bestimmung von *nam* als werthafter Zentralbegriff im Entwurf höfischer Idealität gemeinsam (VIII, *19, 3-5; VIII, *20, 10-12). Dagegen haben weder die Kontextualisierung des Begriffs *vunt* in VIII, *19, mit dem dort andeutungsweise die höfisch-gesellschaftliche (v. 3) und vor allem die poetologische Ebene des Preises angesprochen wird (v. 15f.), noch die Einbindung von *vunt* im Kontext der 'religiösen' Argumentation in VIII, *20 eine Entsprechung in der jeweils anderen Strophe und ergänzen einander auf diese Weise.[832] Demselben Prinzip folgt auch die Verwendung der verwandten Stichworte *anevanc, urhab* und *anbegin*: Während in VIII, *19 eine Bedeutungsfixie-

---

[832] Ferner haben die Konkretisierungen, die der Begriff des *namen* im Sinne der mariologischen und der poetologischen Begründung in VIII, *19 erfährt, ebenfalls keine Entsprechung in VIII, *20.

rung des Stichworts *anevanc* im ersten Stollen durch den Kontext nicht geleistet wird und sein Pendant *urhab* (v. 9) in den Preis der Frau als Ursache höfischer Vollzugsformen eingebunden wird, spezifiziert VIII, *20 dies mit der kontextuellen Bestimmung von *anbegin* als tatsächlicher zeitlicher Beginn (die erste Frau als Anfang der Liebe). Erst in der Zusammenschau der beiden Texte, deren Status als in sich sinnvolle Einzelstrophen davon unberührt bleibt, wird also das hier entwickelte, neue Verfahren in Gänze sichtbar, mit welchem die systematisierende Erfassung des Gegenstandes konsequent ausgearbeitet wird.

Abschließend ist zusammenzufassen, welche textuellen Verfahrensweisen die vier untersuchten Frauenpreisstrophen demonstrieren. Ein in Ansätzen bereits bei Reinmar von Brennenberg angewendetes Gestaltungsprinzip, die Strukturierung und Differenzierung durch Reihung oder Verkettung gleicher oder variierender Textelemente, wird in den Strophen im Grünen (s. 4.2.1.1) und im Zarten Ton (s. 4.2.1.2) weiter entfaltet und in unterschiedlichen Verwendungsweisen von Anaphern bzw. von mehrfach verwendeten Zentralbegriffen ausgelotet. Während in VII, 35 nur die Anaphernreihe zur Strukturierung des Preises eingesetzt wird, der in verschiedene, zugleich zusammengesehene Bereiche systematisch aufgefächert wird und so die Preiswürdigkeit des *wîbes* vollständig zu erfassen sucht, werden in VII, 36 Anaphernkette und Metaphernverknüpfung kontrastiv aufeinander bezogen und ergänzen einander in der Ausführung einer einzigen Begründung des Lobes, des *leitvertrîp*-Gedankens. Mit der Relation zwischen anaphorischem und metaphorischem Abschnitt wird der Frauenpreis überdies als exklusives höfisches Frage- und Antwort-Spiel zwischen dem implizierten Publikum und dem sich auf diese Weise profilierenden Sänger-Ich inszeniert.

Die beiden Strophen im Zarten Ton bauen mit verschiedenen Verfahren der Verknüpfung Begründungsstrategien des Preises und Möglichkeiten der systematischen Darstellung aus. In VIII, *19 werden mit der je unterschiedlichen Kontextualisierung eines Gerüstbegriffs (*nam*) verschiedene Begründungszusammenhänge des Preises, die die Frau als Zentrum höfischer Idealität, in ihrer von Gott verliehenen Dignität und als Ansporn zu literarischer Höchstleistung erfassen, als verschiedene Konkretisierungen eines übergeordneten, abstrakten Leitgedankens ausdifferenziert und aufeinander bezogen. In VIII, *20 dagegen war die direkte Verknüpfung unterschiedlicher Begründungen zu beobachten, wodurch an das neu eingeführte Argument der Erschaffung der Frau aus der Rippe des Mannes sowohl ihr Preis als Liebespartnerin als auch die Ebene mariologischer Konnotationen angeschlossen werden. Vor allem aber ist das Antwortverhältnis zwischen den Strophen festzuhalten, welche durch begriffliche Responsionen und die Gerüststruktur des Textganzen aufeinander bezogen sind. Beide Texte ergänzen sich in der auf das religiöse Referenzsystem ausgreifenden Argumentation, die jeweils andere Argumente in den höfischen Preis der Frau integriert, und ferner in der jeweils unterschiedlichen Kontextualisierung der zentralen Begriffe. Auf diese Weise sind dem systematisierenden Verfahren, welchem einzelne Begründungsstrategien wie die konnotative Verdichtung bei der Analogiesetzung oder das explizite Argumentieren mit Heilstatsachen untergeordnet werden können, in der entscheidenden Erweiterung über die Strophengrenze hinaus neue Wege der Darstellung eröffnet.

### 4.2.2 Der *wîp-vrouwe-Streit*

Die Texte, die nun im Mittelpunkt stehen, sind durch den Rahmen des literarischen Streits aufeinander bezogen (*GA* V, 102-113); diese Tatsache fordert ihre gesonderte Behandlung. Ich folge Burghart Wachinger in der von ihm überzeugend begründeten Annahme, daß diejenigen Strophen, welche die Handschriften in polemischen Kontexten überliefern (s.u.), nicht einem einzigen Verfasser, sondern unterschiedlichen Autoren zuzurechnen sind.[833] Der *wîp-vrouwe-Streit* wird somit in der Tradition der literarischen Polemik zwischen Berufsmeistern gesehen, nicht in der des fiktiven Sängerstreits.[834] Ohne die Frage der Autorschaft allzusehr forcieren zu wollen: Es spricht schon aufgrund der frühen und guten Überlieferung wenig dagegen, den Verfasser der Strophen V, 102-106 und 111-113 weiterhin als 'Frauenlob' zu bezeichnen – ganz in dem Sinne, in welchem sich die gesamte vorliegende Arbeit konstruierte Autor-Œuvres zur Textgrundlage macht. Die Verfasser der Gegenstrophen V, 107 G bis V, 110 G sind nicht bekannt.[835] Letztere etwa als Produkte einer späteren handschriftlichen Inszenierung des Streits mit Frauenlobschen und hinzugedichteten Strophen anzusehen (als Zwischenstufe zwischen berufsmeisterlicher Polemik und Streitfiktion), würde grundsätzlich nichts an der Fragestellung und wenig an den Ergebnissen des Kapitels ändern; abgesehen davon, daß jede Text-Zusammenstellung der Handschriften 'Inszenierung' im allgemeinen Sinne ist, würde sich die Hypothese jedoch selbst aufheben: Konsequenterweise müßten auch V, 111 und 112, die polemisch auf V, 108 G antworten, als Teil einer späteren Inszenierung

---

[833] Wachinger, *Sängerkrieg*, S. 188-232, bes. 217; seiner grundlegenden und detaillierten Interpretation ist die vorliegende Analyse in vielen Aspekten verpflichtet. Bertau, „*wîp-vrowe-Streit*", bes. S. 225 u. 231, vertritt dagegen die These eines 'fiktiven Streits' und bestreitet Frauenlobs Verfasserschaft der in Frage kommenden Strophen; vorsichtig gegen Bertau argumentiert wiederum Stackmann, *GA*, S. 822, mit der frühen Entstehungszeit von Fragment a (Anfang des 14. Jahrhunderts), in welchem die Strophen *GA* V, 102-104 in einer Umgebung von Texten überliefert sind, die Frauenlob zuzuschreiben sind. – Ausgehend von seiner These zur 'Selbstrühmung' (*GA* V, 115), daß sie Frauenlob in ironischer Absicht in den Mund gelegt und möglicherweise demselben Verfasser wie die dazugehörigen 'Gegenstrophen' zuzuweisen sei, äußerte Rettelbach, „Abgefeimte Kunst", S. 191, Bedenken an der 'Echtheit' auch des *wîp-vrouwe-Streits*, den er allerdings nur am Rande und flüchtig behandelt.

[834] Zu beiden Traditionen vgl. Wachinger, *Sängerkrieg*.

[835] Die handschriftliche Überlieferung weist zweien der vier Gegenstrophen Autornamen zu: *GA* V, 107 G (J 11 *rvmelant*) und V, 110 G (C 39 *Regenbog*). Wachinger, *Sängerkrieg*, S. 206, 208 u. 214, äußert sich skeptisch zur Lösung der Autorfrage bei den Gegenstrophen – außer bei Strophe V, 107 G, für die er die Autorschaft Rumelants erwägt (S. 210; s.u., 4.2.2.5).

betrachtet werden, und es wäre dann nicht erklärlich, warum ausgerechnet sie in nicht-polemischem Kontext überliefert sind.[836]

Innerhalb des Streit-Rahmens ist nun eine engere konzeptionelle Zusammengehörigkeit von Texten bis auf eine Ausnahme (V, 103-104) nicht auszumachen. Grundsätzlich gilt daher für die folgende Analyse unter der Leitfrage nach Verfahrensweisen und Begründungsstrategien des Preises, daß auch innerhalb der Streit-Situation (außer bei dem genannten Strophenpaar) von der relativen Selbständigkeit der Einzelstrophe auszugehen ist. Hieraus ergibt sich zweierlei:

Zum einen sind die einzelnen Strophen des *wîp-vrouwe-Streits* auf bestimmte Verfahrensweisen der Preisbegründung hin zu untersuchen, die im einzelnen teilweise bereits in Texten anderer Autoren zu beobachten waren, wie etwa Tendenzen zur vereindeutigenden und systematisierenden Darstellung und das explizite Argumentieren. Auch wenn die Texte neben der laudativen auch definierende, ermahnende bzw. tadelnde und polemische Rede aufweisen, ist die Fokussierung auf den Preis durchaus legitim. Die laudative Rede wie die anderen Redehaltungen, deren Funktionsrahmen der Frauenpreis bzw. die Erhöhung eines bestimmten preisenden *namen* bilden kann, können je unterschiedlich eingebunden und funktionalisiert, miteinander verknüpft und aufeinander bezogen werden, wie im einzelnen an den Strophen aufzudecken sein wird.

Zum anderen sollen über das allgemein Verbindende der Streitfrage hinausgehende argumentative Verbindungslinien, Querverweise und Responsionen herausgearbeitet werden, die als intertextuelle Bezüge einzuordnen und unabhängig von Fragen konzeptioneller Einheit oder gar 'ursprünglicher' Strophenfolge in den Blick zu nehmen sind.[837] Diese intertextuellen Beziehungen sind vor allem in ihrer Bedeutung für den Einsatz der genannten Verfahrensweisen und Begründungsstrategien zu berücksichtigen, und es wird sich zeigen, daß sie nicht einsträngig verlaufen, sondern zum Teil netzartige Strukturen erkennen lassen.

Die Anordnung der Strophen folgt der *Göttinger Ausgabe*; sie wird hier als systematische Ordnung begriffen, an der eine alle relevanten Texte umfassende,

---

[836] J, erster Nachtrag, 31-32; k 107, 1-2; F 112-113.

[837] Auch auf den ersten Blick erkennbare Querverbindungen können nicht zu einer Rekonstruktion der 'ursprünglichen' Strophenfolge genutzt werden (außer bei dem Paar *GA* V, 103-104). Z.B. bezieht sich Strophe V, 113 zwar zitathaft auf V, 104, aber es ist damit in keiner Weise wahrscheinlich zu machen, daß sie dieser Strophe direkt gefolgt sein muß. Wachinger, *Sängerkrieg*, S. 193, schlägt folgenden systematischen Ordnungsversuch vor, den er zu Recht von der Frage einer 'ursprünglichen Chronologie' loslöst: V, 102 („Definitionsstrophe", ebd.) und V, 106 („Herausforderungsstrophe", S. 200) faßt er als Thesenstrophen, V, 111 und 112 als Antworten auf V, 108 G und die Strophen V, 103-105 und 113 unter dem Stichwort „Frauenlobs Ausbau und Weiterentwicklung seiner Gedanken" zusammen. Im einzelnen ist dazu anzumerken: Als Herausforderung zum literarischen Streit könnte die Strophe V, 106 zwar fungiert haben, aber sie kann nicht für alle Gegenstrophen mit Sicherheit als Bezugstext herangezogen werden (s.u.). Ferner ließen sich auch andere Gruppierungen vornehmen: z.B. V, 102 und 105 als nicht-polemische Strophen, die den *namen* 'wîp' nicht abwerten; oder V, 106 und 113 mit der Relativierung der physiologischen Unterscheidungsebene und der Überordnung ethischer Kriterien (s.u. zu den einzelnen Texten).

plausible Möglichkeit des intertextuellen Bezugsnetzes aufgezeigt werden kann. Als (auf der Basis der Handschriften) konstruierte Abfolge – in keinem Textzeugen ist der *wîp-vrouwe-Streit* der Ausgabe vollständig überliefert[838] – stellt sie wohl die beste Lösung dar,[839] sofern man sich nicht dafür entscheidet, alle in C und J überlieferten Strophenzusammenstellungen als gleichberechtigt zu untersuchen.[840] Bei der angestrebten Genauigkeit der Lektüre hätte dies indes einen nicht mehr zu rechtfertigenden Mehraufwand bedeutet. Überdies ist die einzige Setzung, die für die gewählte Untersuchungsperspektive notwendig ist und die nicht nur eine systematische Anordnung, sondern zugleich ein Nacheinander impliziert, die Anfangstellung von GA V, 102[841] – die übrigen Strophenabfolgen könnten, abgesehen von den ohnehin eindeutigen Antwortverhältnissen,[842] auch variiert werden. Die Beobachtungen werden sowohl Responsionen und Verbindungslinien zwischen V, 102 und den im hier bevorzugten Modell folgenden Strophen wie auch Beziehungen zwischen diesen untereinander einbeziehen.

Eine Besonderheit der Überlieferung des *wîp-vrouwe-Streits* sollte gleichwohl Beachtung finden und für die Analyse sensibilisieren: Insbesondere die Textzeugen J und C führen unterschiedliche Anordnungstypen vor,[843] an denen modellhaft verschiedene Typen von Strophenrelationen aufgedeckt werden können. In J (Hauptschreiber) beziehen sich mehrere Gegnerstrophen, auch aus benachbarten Kontexten wie der Polemik um die sogenannte 'Selbstrühmung', auf einen einzigen Referenztext,[844] in C ist die Polemik als alternierende Folge inszeniert, ebenfalls eingebunden in verwandte Kontexte,[845] und im ersten Nachtrag in J ist eine Frauenlobsche Gruppe überliefert, die als in linearer Abfolge

---

[838] In derselben Folge mehrfach überliefert sind die Strophengruppen: *GA* V, 102-104 in a (a 8-10) und im ersten Nachtrag von J (J 27-29); V, 111-113 im ersten Nachtrag von J (J 31-33) und in F (F 112-114; außerdem V, 111-112 in k: k 107, 1-2).

[839] Nicht handschriftlich abgesichert ist nur die Einfügung der polemischen Gruppen *GA* V, 106-109 G (J) bzw. V, 106 und 110 G (C) in die Gruppe von Frauenlob-Strophen (J-Nachtrag; s.u.); die anderen Strophengruppierungen sind, wie gesagt, zum Teil sogar mehrfach bezeugt.

[840] Dies führt überzeugend Kellner vor („*Vindelse*"), die im Sinne der *mouvance* mittelalterlicher Texte zu den Strophenanordnungen der Komplexe des *wîp-vrouwe-Streits* und der 'Selbstrühmung' (*GA* V, 115) in C und J zurückkehrt, anders als im hier entwickelten Ansatz nach Konzepten von Autorschaft fragend, wie sie in den verschiedenen Überlieferungszeugen je unterschiedlich akzentuiert wird. – Auf Berührungen und Abweichungen in einzelnen Beobachtungen werde ich im Folgenden hinweisen.

[841] Die Entscheidung für einen Ausgangspunkt, dem eine gewisse thesenhafte Festlegung zirkelhaft bereits vorausgeht, kann nur durch ein Anordnungsmodell gerechtfertigt werden, das möglichst viele plausibel erscheinende intertextuelle Beziehungen zuläßt.

[842] Die Gegnerstrophe *GA* V, 107 G antwortet direkt auf V, 106, und V, 111-112 beziehen sich auf V, 108 G.

[843] Vgl. Kellner, „*Vindelse*", S. 255-257.

[844] J 10-16 (*GA* V, 106; V, 107 G-109 G; V, 119 G – 121 G).

[845] C 32-39 (*GA* V, 115; V, 116 G; V, 19; V, 117 G; *GA-S* V, 205 A, 1-2; *GA* V, 106; V, 110 G).

sich systematisch vervollständigende Argumentation aufgefaßt werden kann.[846] Die Unterschiede gehen über die Differenz 'polemisch/nicht polemisch' deutlich hinaus, sie schärfen die Aufmerksamkeit für verschiedenartige Typen von Strophenbeziehungen.

#### 4.2.2.1 Der Ausgangstext: V, 102

Ich beginne mit der 'Definitionsstrophe'[847] V, 102, die in dem hier gewählten Anordnungsmodell in gewisser Weise einen Ausgangstext darstellt. Frauenlob entwickelt in dieser Strophe die Definition der drei *namen* des weiblichen Geschlechts, die er physiologisch eindeutig bestimmt: die *maget* als *virgo*, das *wîp* als *deflorata*, die *vrouwe* als *parens*.

```
         Maget, wib und vrouwe, da lit aller selden goum.
         maget ist ein boum:
         der ersten kiusche blumen
         von ir magetume,
5        heilrich ursprinc, des wunsches wesen –   aller sinne gumen,
         die kunden nicht die süzen art   volloben der kiuschen megede.[848]

         Swenn aber der süzen blumen lust durch menlich list
         gevallen ist,
         wib nennet man sie denne.
10       ob ich rechte erkenne,
         den namen Wunne Irdisch Paradis   ich von schulden nenne.
         lob si dir, wib, durch vreuden namen   und durch din biltbehegede[849]!

         Ouch ob si menlich recht begat[850]
         und vrucht gebirt, alrest den rat,
15       daz hoste phat
         errungen hat:[851]
```

---

[846] J 27-33 (*GA* V, 102-105; V, 111-113).

[847] Die Bezeichnung stammt von Wachinger, *Sängerkrieg*, S. 193-200.

[848] Der in seiner syntaktischen Struktur schwer durchschaubare Satz in Vers 3-6 ist im Neuhochdeutschen kaum angemessen wiederzugeben, da laut Stackmann (*GA*, S. 823) eine sehr lockere Satzkonstruktion vorliegt (*blumen* als Nominativus pendens, ergänzt durch die zwei Appositionen in der ersten Hälfte von Vers 5; der eigentliche Satz ab *aller sinne gumen* ist anakoluthisch gebaut), die in der die Übersetzung nicht genau beibehalten werden kann: „Die Blumen der frühen Reinheit und Jungfräulichkeit, heilverheißender Beginn und Inbegriff der Vollkommenheit – die Wachheit aller Sinne könnte die süße Art der reinen Jungfrau [bzw. Jungfrauen] nicht erschöpfend preisen" (zu *gume* [*guome*] Stackmann, *Wörterbuch*, Sp. 138a: „hier metonymisch für Wahrnehmung, Beachtung, Aufmerksamkeit").

[849] *din bildbehegede*: „Wohlgefallen an deiner Gestalt [Schönheit]".

[850] Zu den Lesarten von Vers 13 s.u., S. 255f.

[851] Die Bedeutung von *rât* (v. 14) in diesem Zusammenhang ist unklar; Stackmann, *Wörterbuch*, Sp. 282b, schlägt für Vers 13-16 vor: „wenn sie ein Kind gebiert und damit erstmals die Förderung, deren sie bedarf, erfahren und ihre höchste Möglichkeit verwirklicht hat". Er erwägt aber auch Wachingers Konjekturvorschlag *grat*, „Stufe, Grad" (vgl. Wachinger, *Sänger-*

vrouwe ist ein name, ir billich lat:[852]
der [] nuz uf al ir wirde stat,
vrouwe ist ein name, der menschen sin    treit zu der lust gejegede.[853]

Die Definitionsstrophe, die selbst noch keinen polemischen Charakter hat, bildet den Referenztext für andere Strophen des literarischen Streits, wie noch zu zeigen sein wird. Dieser konzentriert sich im weiteren auf die Begriffe '*wîp*' und '*vrouwe*' und kreist um die Frage, welchem von beiden der höchste Rang zuzusprechen ist. Grundsätzlich wird der Frauenpreis samt seinen Begründungsstrategien im *wîp-vrouwe-Streit* durch die Begriffsthematik auf eine zusätzliche Ebene hin geöffnet: Mit der Frage, welcher der angemessene preisende *name* sei, wird der der laudativen Rede inhärente Selbstbezug, mit dem die Preiskunst selbst thematisch wird, expliziert und ausgearbeitet.

Wesentliche Traditionshintergründe für einzelne Aspekte der Frauenlobschen Begriffsbestimmung hat, soweit volkssprachliche Traditionen berührt sind, Wachinger[854] aufgedeckt. Die Unterscheidung zwischen *maget* und *wîp*, die nicht den eigentlichen Streitpunkt bildet, ist im mittelhochdeutschen Sprachgebrauch ganz geläufig; allerdings sind mir vor Frauenlob keine volkssprachlichen Belege mit der expliziten Definition beider Begriffe bekannt.[855] Die definitorische Abgrenzung der *namen* '*wîp*' und '*vrouwe*' ist dagegen als eigene Setzung Frauenlobs hervorzuheben, und zwar gerade vor dem Hintergrund früherer Unterscheidungsversuche in Minnesang und Spruchdichtung, die um diese beiden *namen* kreisen und sich an ethischen Differenzierungskriterien orientieren.[856] An erster Stelle ist hier Walthers von der Vogelweide prominente Strophe über *wîp* und *vrouwe* zu nennen.[857] Als direkte Entgegnung auf diese läßt sich allerdings die nicht-polemische Definitionsstrophe selbst, wie noch eingehend zu erläutern ist, nicht einordnen. Eher dürfte es sich bei diesem Motiv um eine im 13. Jahrhundert beliebte literarische Frage gehandelt haben, die zu jeweils verschiedenen

---

*krieg*, S. 196; *GA*, S. 824); damit wäre dann der Gedanke des Ranges, den die *vrouwe* als Gebärerin erreicht, angesprochen. Was die Satzkonstruktion in Vers 13-16 betrifft, so könnte der Beginn des Hauptsatzes auch schon mit *alrest* (v. 14) angesetzt werden, wobei das Subjekt aus dem Nebensatz zu ergänzen wäre (vgl. Wachinger, ebd.); mir erscheint dies einleuchtender, als den Konditionalsatz bis Vers 16 einschließlich reichen zu lassen, da die ab *alrest* formulierte Wertung sehr gut als Folge der vorher angegebenen Bedingung aufgefaßt werden kann.

[852] Wachinger übersetzt den Relativsatz *ir billich lat* in Vers 17, dessen Einleitung zu ergänzen ist: „der ihr als rechtmäßiger Name wohl ansteht" (S. 196), während Stackmann (*GA*, S. 824) ein Substantiv *billich* („Gemäßheit") ansetzt – sinngemäß bleibt die Aussage jedoch dieselbe.

[853] V. 19: „'*Vrouwe*' ist ein Name, der den Sinn der Menschen auf die Jagd des Verlangens lenkt."

[854] Wachinger, *Sängerkrieg*, S. 197-200.

[855] Beispiele für die Überordnung des *wîbes* über die *maget* (ohne *namen*-Thematik) s.u., Anm. 883.

[856] Zur Begriffsgeschichte von '*wîp*' und '*vrouwe*' vgl. ferner Ludwig, *Wip und frouwe*.

[857] Walther von der Vogelweide: *L* 48, 38 (hierzu s.u., 4.2.2.4, zu *GA* V, 106).

Antworten führen konnte.⁸⁵⁸ Für Frauenlobs Begriffsabgrenzung ist u.a. mit Wachinger der Einfluß mariologischer Vorstellungen geltend zu machen, da der Verehrung Mariens als jungfräuliche Mutter und Himmelskönigin der mittelhochdeutsche Sprachgebrauch in geistlicher Dichtung mit der Bezeichnung der Gottesmutter als *maget, muoter* bzw. *vrouwe*, selten aber als *wîp*, entspricht.⁸⁵⁹ Ferner ist aber auch das Preis-Argument der Mutterschaft im Frauenpreis schon vorher vereinzelt belegt; auf die veränderte Akzentuierung und Funktion des Arguments ist noch zurückzukommen.

Schließlich ist Frauenlobs Vorgehen noch in den umfassenderen, nicht auf die Liebesthematik beschränkten Kontext des volkssprachlichen *namen*-Denkens zu stellen, der von Huber eingehend untersucht worden ist.⁸⁶⁰ Das Verfahren der expliziten Begriffsdefinition, -abgrenzung und -hierarchisierung reflektiert auf die Leistung der *namen* selbst, verstanden als werthafte Begriffe; die sich hier entwickelnden sprachreflektorischen Ansätze stehen also immer im Dienst einer Wertediskussion.⁸⁶¹ Die Bestimmung eines als Wertbegriff gepriesenen und von anderen, wertindifferenten Begriffen abgegrenzten *namen* impliziert auch stets die *adhortatio*, nämlich die Forderung, sich dem durch den *namen* repräsentierten Wert entsprechend zu verhalten.⁸⁶² Deutlich wird vor diesem Hintergrund, daß Frauenlob nicht nur die Bezeichnung '*vrouwe*' neu definiert, sondern daß in der Definitionsstrophe das Verfahren der Begriffsabgrenzung eine neue Funktion erhält: Es dient hier nicht dazu, die ethische Dimension von Begriffen auszubauen und zu sichern⁸⁶³ und weist entsprechend auch keinen ermahnenden Impuls auf.

Worauf zielt die *namen*-Unterscheidung hier also? Zu dieser Frage führt auch eine für die Sprachgestalt der Strophe zentrale Beobachtung Wachingers, der das „Schweben zwischen Definition und Preis"⁸⁶⁴ als Eigenart des Textes festhält. Er sieht die eigentliche Intention der Strophe darin, „daß sie das Lob der *vrowe*, das dem Namen des Autors entsprechende *vrowenlop*, als höchstes

---

⁸⁵⁸ Außer der Strophe Walthers sind als wichtigste Texte zu nennen: Ulrich von Liechtenstein, KLD 58, XXXIV, 4; Reinmar von Zweter, Roethe 35 und 36; der Meißner, Objartel XVII, 1; vgl. Wachinger, *Sängerkrieg*, S. 232-242.

⁸⁵⁹ Ebd., S. 198 u. Anm. 12.

⁸⁶⁰ Zur Definitionsstrophe V, 102: Huber, *Wort sint der dinge zeichen*, S. 38 u.ö.

⁸⁶¹ Auch an der Frage, welcher von den *namen* '*wîp*' und '*vrouwe*' den höheren Rang einnimmt, wurde gleichsam exemplarisch eine allgemeinere Wertediskussion durchgeführt: Dieselbe Verschiebung einer Rangfrage von der ständischen auf die ethische Ebene, die für Walthers Abgrenzung beider Begriffe (L 48, 38) entscheidend ist, bestimmt analog die verbreitete Tugendadel-Diskussion, so daß Walthers *namen*-Hierarchisierung gleichsam einen Ausschnitt der thematisch umfassenderen Diskussion darstellt, zugleich allerdings auch eine Erweiterung der allgemeinen Wertediskussion durch die Öffnung auf die metasprachliche Ebene hin.

⁸⁶² Vgl. Wachinger zu Frauenlobs Begriffsstrophen (*Sängerkrieg*, S. 199f.); doch ist die adhortative Zielrichtung solcher Texte nicht Frauenlob-spezifisch, sondern für die *namen*-Abgrenzung generell charakteristisch.

⁸⁶³ Vgl. Huber, *Wort sint der dinge zeichen*, S. 38.

⁸⁶⁴ Wachinger, *Sängerkrieg*, S. 199.

literarisches Programm zu demonstrieren" versucht, daß der Autor seine Lobkunst also zugleich vorführt und im „versteckten Selbstlob" erhöht.[865]

In Auseinandersetzung mit Wachingers These und unter Einbeziehung der bisherigen Ergebnisse zu Verfahrensweisen in Frauenpreisstrophen soll im Folgenden nach dem genauen Verhältnis von Preis und Begriffsdefinition, nach der metasprachlichen Verwendung der *namen* und schließlich nach der Funktion der Begriffsabgrenzung gefragt werden.

Im ersten Untersuchungsschritt werden Begriffsdefinitionen und Strategien des Preises aus Gründen der Darstellung zunächst voneinander getrennt.

1. Die Begriffsbestimmung, die im physiologischen Sinne drei Lebensstadien des weiblichen Geschlechts unterscheidet, ist 'sachlich-logischer' Art. Was die Unterscheidung *maget/wîp* betrifft, so finden sich genaue lateinische Entsprechungen in der Bibelexegese und Bibelepik: Analog zu Frauenlobs Umgang mit den beiden ersten *namen* sind in zwei Belegen die explizite Gegenüberstellung der Bezeichnungen *virgo* und *mulier* und ihre physiologische Definition als Jungfrau bzw. *deflorata* sowie allgemein der definierende Gestus und die ausdrückliche Benennung des Sprachgebrauchs.[866] Die lateinischen Formeln wie *dicuntur*, *vocatur*, mit denen die Sprachkonvention benannt wird, finden bei Frauenlob zumindest in der *wîp*-Definition ihre volkssprachliche Entsprechung (*nennet man sie*, v. 9).[867] Die lateinischen Parallelen zeigen, daß die Verfahrensweisen im Umgang mit Begriffen vergleichbar sind, unabhängig von den unterschiedlichen Funktionen und Einbindungen im jeweiligen Kontext.

In anderen Bereichen mittellateinischer Literatur ist ferner eine weitere für Frauenlob wesentliche Unterscheidung belegt (*virgo – parens*), auf die an späterer Stelle noch eingegangen wird.

2. Der Lobpreis steckt im wesentlichen zwei Begründungen ab – den Preis der Frau als Freudebringerin und Gebärerin –, die im Kontext des Strophenganzen unterschiedliche Funktionen haben. Die Erhöhung des weiblichen Geschlechts als Garant der Freude und Inbegriff weltlichen Heils kommt allen drei Lebensstufen gemeinsam zu. Hinter den Variationen der Artikulation, wie *wunsches wesen, süze*[] *art* (v. 5f.), *vreuden name*[], *biltbehegede* (v. 12) und *treit zu*

---

[865] Ebd., S. 204. Das Zitat bezieht sich auf die Strophen V, 102 und V, 106, für die Wachinger dieselbe Zielrichtung annimmt.

[866] Petrus Comestor, *Historia scholastica, Liber Genesis, PL* 198, 1071A (cap. XVIII): *Virgines dicuntur quandiu sunt in integritate nativitatis suæ. Postea vero fractæ dicuntur mulieres*; Andrea Sunonis filius, *Hexaemeron*, lib. III, v. 1785-1787: [Die Bezeichnung *virgo* ist all denen gemeinsam,] *quibus manet integra porta pudoris; / quae fregit portam, non 'uirgo', sed quasi 'carnis / mollitiem passa', 'mulier' de iure uocatur* (hier wird der *deflorata*-Definition noch eine Variante der *mulier-mollior*-Etymologie angefügt). Gegenüber diesen Belegstellen handelt es sich bei den von Wachinger, *Sängerkrieg*, S. 197, Anm. 8, angegebenen mittelhochdeutschen Belegen nicht um Begriffsdefinitionen; sie dokumentieren den Sprachgebrauch von *maget* und *wîp*, benennen ihn aber nicht ausdrücklich.

[867] Die auf die *w-î-p*-Etymologie bezogene Wendung *von schulden* [*nennen*] (v. 11) stellt ferner eine Entsprechung zu *de iure* [*vocari*] dar (vgl. das Zitat aus dem *Hexaemeron* des Andrea Sunonis filius in Anm. 866, v. 1787).

*der lust gejegede* (v. 19), die das Bemühen um eine elaborierte Lobsprache zeigen, sind keine grundsätzlichen inhaltlichen Differenzierungen festzustellen.[868] Gewiß gibt es Unterschiede der Akzentuierung, doch zielen diese nicht auf kategoriale Abgrenzungen. So könnte der Preis der *maget* als *heilrich ursprinc* (v. 5) mariologische Konnotationen transportieren; zugleich kann die Jungfrau als Beginn und Versprechen des durch *wîp* und *vrouwe* verwirklichten Glücks gemeint sein kann. Bei dem *wîp* wird als spezifischer Aspekt die Schönheit und die Freude an ihr (*bildbehegede*; v. 12), bei der *vrouwe* zuletzt der Lust-Aspekt (v. 19) hervorgehoben. Wie die genannten Preisattribute hat auch die *w-î-p*-Etymologie[869] (v. 11) keine abgrenzende Funktion[870] und steht, unabhängig von der Definition als *deflorata*, als weiteres Argument im Dienst des Preises; dies entspricht der im Mittelalter verbreiteten Praxis, die etymologische Deutung als rhetorisches *argumentum a nomine* einzusetzen.[871]

Das übergreifende Gemeinsame des Lobes, das im Anfangsvers mit Nachdruck unterstrichen wird, bildet sowohl den Ausgangspunkt der Strophe als auch den Abschluß jedes der drei formalen Strophenabschnitte, die je einem *namen* gewidmet sind. Dieser Aufbau der Strophe muß in seiner Aussagekraft ernst genommen werden: Durch ihn erhält die *maget*, *wîp* und *vrouwe* umfassende Preisbegründung eigenes Gewicht. Damit wird deutlich, daß die Begriffsabgrenzungen dieser Strophe nicht ausschließlich auf eine Überordnung der *vrouwe* als Gebärerin zielen, sondern auch auf den umfassenden Lobpreis, der seinen Gegenstand nach unterschiedlichen Verwirklichungsmöglichkeiten auffächert und zugleich zusammensieht, ihn also systematisch zu erfassen sucht. Hierin ist eine Ähnlichkeit mit dem Verfahren zu sehen, das Ingeborg Glier in Frauenlobs Minneleich beobachtet hat.[872] Dieser nennt ebenfalls die drei Begriffe für das weibliche Geschlecht (III, 21, 5f.). Die Technik des Entfaltens des Gegenstandes, welche diesen auch wieder zur Einheit zusammenführt, steht hier ganz im Dienste des Preises und wird zuletzt von Frauenlob selbst mit den Begriffen *gepartiret* und *geschrenket* (III, 33, 3) programmatisch benannt.[873] Dieses Verfahren des 'Teilens und Verflechtens' sehe ich, ohne den Text ganz in dieser Deutung aufgehen lassen zu wollen, in der Tendenz auch in der Definitionsstrophe angewendet.

---

[868] Vgl. Wachinger, *Sängerkrieg*, S. 198f.

[869] Zur *w-î-p*-Etymologie – einer Buchstaben-*expositio*, die hier in der Kurzform als *dictio* erscheint – vgl. Ruberg, „Etymologisieren", S. 324f. Sie wird in anderen Texten Frauenlobs ausführlicher entfaltet (*GA* III, 22, 1-4; VIII, 17, 4-7) und spielt im *wîp-vrouwe*-Streit gegenüber der *vrô-wê*-Etymologie eine marginale Rolle.

[870] Die Unabhängigkeit der definitorischen Setzungen und der Etymologien voneinander hebt auch Huber, *Wort sint der dinge zeichen*, S. 165, hervor.

[871] Sanders, „Etymologie", S. 371-373.

[872] Glier, „Minneleich", S. 454.

[873] Ebd.

Zwar unterscheiden sich beide Texte in ihren Preisstrategien und Begriffsverwendungen zweifellos voneinander: So bringt der Minneleich nicht die Definition des *wîbes* als *deflorata*, und er deutet auch keine Überordnung der *vrouwe* an. Doch werden diese Differenzen – abgesehen von den gattungsbedingten[874] – einseitig hervorgehoben, wenn man den *wîp-vrouwe-Streit* insgesamt zu sehr als Einheit sieht. Schenkt man dagegen den Unterschieden zwischen der Definitionsstrophe und anderen Strophen des Streits, wie etwa V, 106, genügend Beachtung, so treten auch die Ähnlichkeiten zwischen ersterer und den entsprechenden Passagen des Minneleichs hervor.[875] Dazu gehören folgende Merkmale: 1. Die Begriffstrias kommt in Frauenlobs Werk überhaupt nur an diesen beiden Stellen vor (V, 102 und III, 21). 2. Der Minneleich hat zwar nicht die scharfe definitorische Begriffsabgrenzung von Strophe V, 102, doch schließen sich an die Benennung der Trias zwei Abschnitte an, die eindeutig jeweils den *namen* 'wîp' (III, 22-26) und 'vrouwe' (III, 27-33) zugeordnet sind. Die beiden Begriffe werden also nicht mehr, wie in den vorausgehenden Versikeln, unterschiedslos verwendet. 3. Der Preis des *wîbes* und der *vrouwe* nennt hier im wesentlichen dieselben Aspekte wie in der Definitionsstrophe (nur erreicht er andere Dimensionen). Der *wîp*-Abschnitt beginnt mit der Akrostichon-Deutung (III, 22, 1-4) und bringt in zahlreichen Varianten das *leitvertrîp*-Lob; der *vrouwe*-Abschnitt setzt mit dem Preis der *parens* ein, der einen definierenden Gestus hat (III, 27, 1-3).[876] Das *proles*-Argument wird zwar im Minneleich nicht so deutlich hervorgehoben, ist aber stets nur der Bezeichnung 'vrouwe', nie 'wîp', zugeordnet.[877] Hinsichtlich der Ausarbeitung der begrifflichen Differenzierung ist daher die Definitionsstrophe zwischen dem Minneleich (rein preisend) und anderen Spruchstrophen wie V, 106 (eindeutig polemisch und scharf abstufend) anzusiedeln.

Gleichwohl ist nicht zu übersehen, daß die Definition des Begriffs 'vrouwe' als Gebärerin – das ist die zweite Begründung des Preises – auch eine Hierarchisierung der Lebensstadien impliziert; das Preis-Argument benennt eine distinkte Eigenschaft der *vrouwe* und begründet ihre Überordnung. Diese neue, zentrale Funktion erhält also hier das *proles*-Argument, das vor Frauenlob ja vereinzelt

---

[874] Der Frauenpreis präsentiert sich in der lyrischen Großform des Leichs vor allem viel elaborierter und ausladender als in der Spruchstrophe.

[875] Deshalb kann ich mich auch Glier („Minneleich", S. 453) und Wachinger (*Sängerkrieg*, S. 200) nicht anschließen, die – beide mit ähnlichen Argumenten – einen grundsätzlichen, nicht nur graduellen Unterschied zwischen Strophe V, 102 und den entsprechenden Abschnitten des Minneleichs (ab Versikel 21) in der Verwendung der Begriffsdifferenzierung sehen; Wachinger schließt hieraus, daß letztere in V, 102 nicht primär preisende Funktion haben könne. Richtig ist zwar, daß in diesem Text die Begriffe viel schärfer geschieden und abgestuft werden als im Minneleich. Doch werden sie hier eben noch nicht polemisch zugespitzt und gegeneinander ausgespielt wie in anderen Strophen des *wîp-vrouwe-Streits*; auch wird der *name* 'wîp' nicht abgewertet (gegen Glier, „Minneleich", S. 453). In beiden Punkten ist die Definitionsstrophe dem Minneleich vielmehr vergleichsweise nah. Es ist außerdem nicht zutreffend, daß im Minneleich der Preis hauptsächlich dem *wîp* gilt (Wachinger, ebd.; Glier, ebd.). Abgesehen von den der Begriffs-Trias vorausgehenden Versikeln (III, 1-20), in denen 'wîp' und 'vrouwe' synonym und ungefähr gleich häufig verwendet werden, sind beide Begriffe eindeutig auf abgrenzbare Abschnitte aufgeteilt, die etwa gleiche Ausdehnung haben (s.o.).

[876] Vgl. *GA* III, 27, 1 (*Vrouwe ist ein boum der vruchteklichen ordenunge*) mit V, 102, 2 sowie mit Stellen, welche die Frucht-Metapher ebenfalls 'terminologisch' verwenden (wie V, 105, 15-18).

[877] *GA* III, 27, 1-3 und 29, 1-6. Ergänzend ist hinzuzufügen, daß dem Begriff 'vrouwe' noch der Preis *nach der alden norme* (III, 28, 2) zugeordnet wird sowie ganz zum Schluß das mariologische Argument (III, 33, 5-8).

auch schon belegt ist, jedoch in eher marginaler Position und meistens in Formeln wie: „wir sind alle von Frauen gekommen".⁸⁷⁸ Grundsätzlich gilt für beide Varianten, daß der Preis nicht 'systemintern', aus dem höfischen Liebesdiskurs selbst heraus begründet wird, sondern mit Hilfe der expliziten Tatsachenargumentation. Bei Frauenlob erhält das *proles*-Argument eine entscheidend veränderte Akzentuierung. Dies zeigt sich in zwei Aspekten.

Zum einen wird hier im Unterschied zur Ehrung der Frau als diejenige, der man seine Existenz verdankt, die Fähigkeit des Hervorbringens selbst benannt, die Argumentation erreicht also eine höhere Abstraktionsstufe. Ausdrücklich wird der Reproduktion von Nachkommenschaft ein eigener Wert zugesprochen, der in dieser Strophe besonders unter dem Aspekt des Nutzens oder Ertrages erfaßt wird: „Dieser Ertrag [den die *vrouwe* als Gebärerin bewirkt] steht in ihrem Ansehen [gemeint wohl: unter den Ursachen ihres Ansehens] ganz oben" (v. 18).

Der Preis der Frau als Gebärerin erfordert per se noch nicht den Nachweis naturphilosophischer Quellenbereiche, wie sie von Huber,⁸⁷⁹ oder sexualphysiologischer Quellen, wie sie von Steinmetz⁸⁸⁰ für den Minneleich und die Dichtung *Minne und Welt* herangezogen wurden. Zwar ist die Darstellung der Frau als Gebärerin kompatibel mit Frauenlobs Verarbeitung der chartrensischen Kosmologie in seinen größeren Minnedichtungen, insbesondere der Konzeption der Natura als *vinculum mundi* und *mater generationis*. Doch sollte dies nicht dazu führen, eine genuin kosmologische Dimension der Frauenrolle auch dort zu sehen, wo sie keineswegs aufgebaut wird, wie im *wîp-vrouwe*-Streit oder auch in anderen Frauenpreisstrophen. Es scheint mir eine Gefahr darin zu liegen, einen systematischen Liebesentwurf Frauenlobs über die Text- und Gattungsgrenze hinaus zu konstruieren; in diesem Fall hieße das, die Strophen des *wîp-vrouwe*-Streits einseitig von den beiden großen, kosmologisches Gedankengut verarbeitenden Minnedichtungen Frauenlobs und damit auch von deren mutmaßlichen lateinischen Quellenbereichen her zu interpretieren.⁸⁸¹

Näherliegend ist der Vergleich mit Parallelen in anderen Textbereichen lateinischer Literatur, wo die Begründung des Frauenpreises und das Verfahren der argumentativen Beweisführung analog sind. Die im *wîp-vrouwe*-Streit ausgearbeitete Variante des *proles*-Arguments ist in mittellateinischer Dichtung belegt; hier ist auf bereits besprochene Texte – Marbods von Rennes *De matrona* und ein anonymes Streitgedicht über *virgo* und *mulier* – zu verweisen, die ebenfalls die Fähigkeit der *generatio* selbst thematisieren.⁸⁸² Marbod preist die Frau u.a. als

---

⁸⁷⁸ S.o., 4.1.2.2.

⁸⁷⁹ Huber, *Alanus ab Insulis*, S. 136-199. Huber sieht die Hervorhebung der *parens*-Rolle im Zusammenhang mit Frauenlobs Rezeption kosmologischer Vorstellungen der sogenannten Schule von Chartres; „als neue Instanzen in Frauenlobs Kosmologie" seien *wîp* und *vrouwe* (wie Maria) „theoretisch in aller Schärfe zugeordnet und können einen festen Platz im System der Mächte beanspruchen" (S. 183).

⁸⁸⁰ Steinmetz, *Liebe als universales Prinzip*, S. 83-144.

⁸⁸¹ Zu Recht wendet sich Huber jedoch gegen Interpretationen, die Frauenlobs Verfahren der Systematisierung, zu denen auch die Herstellung von Relationen zwischen den verschiedenen Instanzen gehört, lediglich „auf dem Niveau freier poetischer Assoziationen" ansiedeln (*Alanus ab Insulis*, S. 183; vgl. Anm. 180).

⁸⁸² S.o., 4.1.2.2, S. 210f. Eine allgemeine Entsprechung zeigt sich ferner zur klerikalen Ehediskussion: In den Erörterungen über die erste Einsetzung der Ehe (*ad officium*; s.o., 4.2.1.2, Anm. 811) bzw. über die Frage der 'Entschuldbarkeit' des ehelichen Geschlechtsverkehrs ist

Erhalterin des menschlichen Geschlechts, die der Welt ihr Fundament verleiht. In dem Gespräch zwischen Jungfrau und Liebendem wird, allerdings mit parodistischen Akzenten, der Wert der *mulier* als Gebärerin bzw. abstrakter der Wert der Fruchtbarkeit und des Hervorbringens von Nachkommenschaft, wie entsprechend bei Frauenlob, mit der Rhetorik vegetabiler Metaphern zum Ausdruck gebracht.[883] Wieder ist zu betonen, daß mit der Aufnahme dieser Preisargumentation, die universell verwendbar ist, der höfische Frauenpreis keine Konzepte aus lateinischer Dichtung übernimmt. So wird, anders als bei Marbod von Rennes, in Frauenlobs Strophe der Preis der *parens* keineswegs in die Ehethematik integriert, wie auch die folgenden Beobachtungen zeigen.

Zum anderen wird der Preis der Gebärerin bei Frauenlob nämlich unmittelbar auf den thematischen Rahmen von Liebeseinheit und Eros bezogen. Mit der Trias *maget – wîp – vrouwe* wird die Linie von der Verheißung der Freude über die Erfüllung des Begehrens weiter ausgezogen bis zur *vruht* der Vereinigung. Das *proles*-Argument kann also nicht aus dem die Gesamtheit des weiblichen Geschlechts umfassenden Preis herausgelöst werden: Es spezifiziert wie die anderen Preisargumente ebenfalls die in Vers 1 gepriesene *selde*[]. Daß keine der drei Lebensstufen im Preis von der anderen isoliert gedacht wird, signalisiert die übergeordnete Metapher des Baumes (v. 2), die offensichtlich nicht nur auf die *maget* bezogen ist, sondern in jeweils unterschiedlichen Spezifizierungen (vgl. *blume*[], *vruht*) als metaphorisches Band alle drei Strophenabschnitte durchzieht.[884] Ferner schlägt der Schlußvers, der den Ehrennamen *vrouwe* unmittelbar mit dem Verlangen in Verbindung bringt, den Bogen zum zweiten Stollen (vgl. v. 7) und zum Preis des *wîbes* als erotisches Ideal und greift damit in der Stufenfolge zurück. Wird auf diese Weise das Argument der *generatio* an den Lust-Aspekt angebunden, so wird deutlich, daß das Hervorbringen von Nachkommenschaft als Wert nicht isoliert gedacht ist.

Für die Frage, in welche Zusammenhänge das *proles*-Argument hier gestellt wird, sind ferner zwei Lesarten von Vers 13 zu diskutieren. Während Stackmann mit der Leithandschrift J *menlich* liest, entscheidet sich Wachinger (S. 195), wie vorher schon Thomas, für die Lesart von k (*mētschlich*). Dieselbe Abweichung zwischen beiden Handschriften liegt in Vers 7 vor; hier wird J allerdings durch Fragment a (*menlich*) gestützt, das in Vers 13 eine Textlücke hat. Ob „beide Handschriften die ursprünglich unabhängigen Stellen [...] mißverstehend einander an-

---

der Wert der *generatio* unter dem Aspekt des Nutzens bekanntlich von derart zentraler Bedeutung, daß dies hier nicht eigens belegt werden muß; der Kontext ist stets die Vermehrung und Erhaltung des Menschengeschlechts.

[883] In dem anonymen lateinischen Gedicht (Faral Nr. 3, S. 20, v. 36-42) wird nur zwischen *virgo* und *parens* unterschieden. In der mittelhochdeutschen Lyrik späterer Zeit wird die Frage, ob dem *wîp*, definiert als Gebärerin, oder der *maget* der höhere Rang zukomme, zu einem beliebten literarischen Motiv, das in der Regel unabhängig von der Frage der Abgrenzung und Hierarchisierung der *namen* 'wîp' und 'vrouwe' verwendet wird (meistens, aber nicht ausschließlich, wird für die *parens* 'wîp' eingesetzt), also wohl nicht spezifisch auf Frauenlobs Einfluß zurückzuführen ist; vgl. z.B. Suchensinn, Pflug 6 (hier: gleicher Rang von *wîp* und *maget*); Pflug 21 (Reimpaargedicht: Streit zwischen *wîp/vrouwe* und *juncfrau*); Suchensinn, Cramer 3, S. 337-339, XXIV; Anonyma: *KLD* 38, n I, 9; *RSM* ¹Bop/1/512.2; ¹KonrW/6/507; ¹KonrW/8/19.5.

[884] Vgl. *GA*, S. 823.

geglichen haben, beide aber in verschiedener Richtung",[885] oder ob k in keinem der beiden Verse zuverlässig ist, wovon Stackmann auszugehen scheint, kann und muß hier nicht entschieden werden: Die Lesarten können als gleichberechtigte Varianten aufgefaßt werden.

So deutet der Vers in der Version von k an, daß die Frau erst, wenn sie Kinder gebiert, ihr 'Daseinsgesetz' erfüllt hat („wenn sie die Gesetzmäßigkeit des menschlichen Lebens erfüllt").[886]

Für die Lesart von J ist zu erwägen, ob mit der Gegenüberstellung *menlich list* (v. 7) – *menlich recht* (v. 13; „Anspruch des Mannes auf geschlechtliche Vereinigung"[887]) zu der physiologischen Differenzierung die Opposition 'rechtmäßig/unrechtmäßig' hinzukommt. Dieser Wertgegensatz wäre jedoch weniger im konkret sozialen Sinne (Verführte versus rechtmäßige Ehefrau),[888] als vielmehr in allgemein-höfischer Bedeutung aufzufassen. Es wäre dann der *vrouwe*, allerdings nur andeutungsweise, die 'rechte' Art der Liebesgemeinschaft zugeordnet, die ihr Ziel in der sexuellen Erfüllung und der *vrucht* der Liebesvereinigung zugleich sucht und in der dem Mann auch das Recht in beiderlei Hinsicht zugesprochen wird. Die Verführer-Liebe bildete dann den Gegensatz zur idealen, werthaften und in diesem Sinne 'rechtmäßigen' Liebesgemeinschaft zwischen Mann und Frau. Der Preis der Gebärerin wäre folglich mit dem Lob werthafter Liebe verknüpft. Gegenüber k läßt die Variante von J außerdem noch eine weitere Interpretation zu, die die zuletzt erwogene nicht ausschließt. Es kann auch eine Abgrenzung gegen den Marienpreis beabsichtigt sein: Während Maria nicht *ex voluntate viri* empfangen hat (Io 1, 13), begeht die *vrouwe*, die Kinder empfängt, *menlich recht*. Da die Verse 13-16 ohne diesen Zusatz mit mariologischen Konnotationen verstanden werden könnten, hat er vereindeutigende Funktion.

Als Zwischenbilanz zur Definitionsstrophe ist festzuhalten: Das *proles*-Argument, das die Überordnung der *vrouwe* begründet, ist zugleich in dieser Strophe nicht von der (*maget, wîp, vrouwe* umfassenden) Darstellung der Frau als Inbegriff weltlicher Vollkommenheit und als Beginn wie Ziel der Liebe zu trennen; diese Begründung des Preises bildet den Rahmen des gesamten Gedankengangs und ist auch im Preis der Gebärerin, wie der Schlußvers zeigt, noch mitgedacht. Die Strophe zielt sowohl – mit dem *proles*-Argument – auf eine Hierarchisierung der Lebensstadien als auch auf die systematisierende Erfassung des gesamten weiblichen Geschlechts im Preis der Freudebringerin und Liebespartne-

---

[885] So begründet Wachinger, *Sängerkrieg*, S. 196, seine Favorisierung der Lesarten *menlich* (v. 7) und *menschlich* (v. 13).

[886] Wachinger, *Sängerkrieg*, S. 195.

[887] Stackmann, *Wörterbuch*, S. 286a.

[888] Diesen Gegensatz meint Wachinger, *Sängerkrieg*, S. 195f. Mir scheint jedoch bei der Annahme Vorsicht geboten, die Eheliebe werde über eine solche Opposition hier auch nur andeutungsweise thematisiert. Die Ehethematik spielt im gesamten *wîp-vrouwe*-Streit sonst keine Rolle. Auch Strophe V, 104, die die Ableitung des *namen* '*wîp*' von Wippeon ausführt und wohl am deutlichsten die negativ besetzten Konnotationen expliziert, die möglicherweise, aber nicht zwingend, in der Formel *durch menlich list* (V, 102, 7) mitgegeben sind, wird nicht von dem Gegensatz zwischen ehelicher Liebe und Verführungsliebe bestimmt, sondern am ehesten von der Opposition zwischen 'falscher' und 'richtiger' Wertung der Frau als Gebärerin. Wo das Stichwort 'Ehe' in anderen Dichtungen Frauenlobs fällt, ist es entweder in einen anderen Kontext integriert (*GA* XIII, *39, 5-7: Rede des liebenden Ich; XIII, 60: Ermahnung der Ehefrau ohne Berührung mit der Liebesthematik). Oder aber die Vorstellung ehelicher Liebe wird, wie im Minneleich (III, 32, 5), nur sehr beiläufig gestreift, so daß hier das Kriterium 'ehelich' gewiß nicht als zentrales Kennzeichen der Liebe und der durch die Frau gewährten Freude aufzufassen ist, sondern nur akzidentellen Status hat.

rin, der sich auf die diesbezüglich gleichgeordneten Daseinsformen *maget, wîp* und *vrouwe* gleichermaßen bezieht und sie nicht voneinander isoliert. Hierin liegt eine charakteristische Uneindeutigkeit und Offenheit des Textes, die in anderen Strophen des *wîp-vrouwe-Streits* aufgelöst wird.

In einem zweiten Schritt ist nun zu klären, wie das *namen*-Motiv im Text eingesetzt und ob die hierarchisierende Rangzuordnung auch auf der metasprachlichen Ebene erkennbar wird, sich also auch auf die *namen* selbst bezieht. Ausdrücklich wird die den Kern der Polemik im *wîp-vrouwe-Streit* bildende Frage, welcher *name* der ranghöchste sei, in dieser Strophe nicht thematisiert: Eine Überordnung des Begriffs 'vrouwe' über den Konkurrenzbegriff 'wîp' liegt zwar nahe, wird aber nicht expliziert. Beide Begriffe werden, anders als in den übrigen Strophen des *wîp-vrouwe-Streits*, in keiner Weise ausdrücklich zueinander in Beziehung gesetzt. So scheint es, daß die Ausführungen über die *namen* 'wîp' und 'vrouwe' in relativer Selbständigkeit nebeneinander stehen. Dieser Eindruck wird dadurch unterstützt, daß jeder der formalen Strophenabschnitte durch den Preis im jeweils letzten Vers (v. 12 und 19) einen emphatisch akzentuierten Schlußpunkt erhält. Die Verwendung des *namen*-Motivs dient zum einen dazu, den Preis der Frau – des *wîbes* wie der *vrouwe* – zu begründen, und stellt zum anderen die definitorische Grundlage bereit, die in der Argumentation der anderen Strophen genutzt wird.

Auch indirekt, über die jeweilige Kontextualisierung des *namen*-Motivs im zweiten Stollen und im Abgesang, werden die Begriffe nicht aufeinander bezogen. In bezug auf das *wîp* wird eine Feindifferenzierung zwischen Definition und Begriffsetymologie sichtbar. Bei der Definition steht nur der Akt der als Sprachkonvention gekennzeichneten Benennung im Vordergrund (v. 9). Hiervon wird die preisende Verwendung des *namen* in Vers 10-12 deutlich abgehoben: Erstens weist das belehrende und preisende Ich die etymologische Namenszuweisung als Produkt seiner Erkenntnis und als eigene Setzung aus (v. 10f.). Zweitens wird hier überhaupt erst das Motiv des *namen* eingeführt. Dieses wird also unabhängig von der *deflorata*-Definition gebraucht und nur auf die in der *w-î-p*-Etymologie sichtbar gemachte Sinndimension des Wortes bezogen. Der *name* 'wîp' ist in dieser Verwendung kein definitorisch abgegrenzter Begriff, sondern hat den Stellenwert eines rein preisenden Attributs. Im letzten Vers des Aufgesangs dient der *vreuden name*[], womit ja auf die in der Etymologie 'entdeckte' Bedeutung des Wortes angespielt wird, explizit als Begründung des Preises. Im Abgesang wird das *namen*-Motiv dagegen im Sinne des Preises und zugleich der Definition verwendet, die hier unmittelbar miteinander verknüpft sind, da das Definitionskriterium auch Argument des Preises ist (v. 17f.); parallelisiert wird mit letzterem durch die Wiederholung des Verseingangs ferner das Preis-Argument der Lust (v. 19). Das Motiv des *namen* steht also im zweiten Stollen und im Abgesang in unterschiedlichen Verwendungszusammenhängen. Auf diese Weise läßt der Text offen, welche Relation zwischen ihnen hergestellt wird.

Die Strophe zielt somit nicht eindeutig und in erster Linie auf eine Hierarchisierung der Begriffe selbst. Auch diesbezüglich zeigt sich die charakteristische Offenheit des Textes, der keine eindeutige Relation zwischen den Begriffen herstellt[889] und gleichsam weitere Strophen als vereindeutigende Kommentare benötigt. Damit wird fraglich, ob tatsächlich schon in dieser Strophe ein verstecktes Selbstlob vorliegt, wie Wachinger vermutet, ob Frauenlob hier indirekt seinen Anspruch formuliert, mit seinem Namen die höchste Kunst des Preises zu repräsentieren. Ganz ausschließen läßt sich freilich nicht, daß diese programmatische Aussage mit angelegt ist. Doch kann sie nicht als übergeordnete Pointe der Strophe aufgefaßt werden.

Dem widerspricht auch nicht, daß das 'Frauenlob'-Programm in anderen Strophen des *wîp-vrouwe-Streits* klar greifbar wird, wie z.B. in V, 106. Die Analyse der Verfahrensweise und Zielrichtung der Texte sollte zunächst nach dem Eigenprofil der einzelnen Strophe fragen und diese nicht von vornherein aus der Zusammenschau mit anderen Strophen betrachten. So unterscheiden sich die Definitionsstrophe und Strophe V, 106 gerade darin voneinander, daß letztere sich auf die beiden konkurrierenden Begriffe konzentriert, deutlich auf Walthes Strophe *L* 48, 38 anspielt, polemisch gefärbt ist, die Rangfrage eindeutig auch auf metasprachlicher Ebene behandelt und das *loben* selbst thematisiert.[890]

Zuletzt seien die Ergebnisse 1. zur Verwendung des *proles*-Arguments, 2. zur Funktion der physiologischen Differenzierung, 3. zur metasprachlichen Verwendung der Begriffe in der Definitionsstrophe und 4. zur Funktion der Strophe im gesamten Strophenkomplex zusammengeführt.

1. Deutlich wird beim Argumentieren mit 'Tatsachen' das Bemühen, diese nicht spezifisch höfische Argumentation in den höfischen Frauenpreis zu integrieren. Die lateinischen Parallelen zeigen, daß nur die Strategie der Begründung vergleichbar ist, nicht die funktionale Einbindung des *proles*-Arguments.

Ist letzteres in früheren mittelhochdeutschen Texten mit anderer Akzentuierung und in eher marginaler Stellung nachweisbar, so wird es in Frauenlobs Strophe einerseits stärker herausgestrichen, ja prägt insofern die ganze Gedan-

---

[889] Darin unterscheidet sich die Definitionsstrophe nicht nur von den deutlich polemischen Texten des *wîp-vrouwe-Streits*, sondern z.B. auch von Strophe V, 105, mit der sie den unpolemischen Charakter gemeinsam hat. Vgl. V, 105, 19: *wib sunder ach ein süzer nam, doch vrouwe ie bezzer were*: Hier ist die Unterscheidung eindeutig auch auf die Begriffe bezogen und beinhaltet eine Hierarchisierung.

[890] Deshalb kann ich Wachinger in seiner Annahme, daß V, 102 und V, 106 als Paar konzipiert seien, nicht folgen (*Sängerkrieg*, S. 204). Abgesehen von den genannten Unterschieden, die auch er nicht leugnet, scheint es mir außerordentlich schwierig zu sein, eine die Strophengrenze übergreifende konzeptionelle Einheit zu fassen, ja überhaupt die Frage zu klären, was in diesem Fall unter 'Produktionseinheit' zu verstehen wäre, da man im Rahmen des Sängerstreits noch zwischen unterschiedlichen Graden konzeptioneller Zusammengehörigkeit differenzieren müßte – schließlich gehören ja alle Strophen in irgendeiner Weise zusammen. So könnte Wachingers Argument, daß die Definition von V, 102 in V, 106 vorausgesetzt wird, ebenso auch für andere Zusammenstellungen mit V, 102 angeführt werden. Sein anderes Argument, daß beide Strophen im verdeckten Selbstlob auf poetologischer Ebene miteinander verbunden sind, verdeckt meines Erachtens wiederum das Eigenprofil der Definitionsstrophe.

kenlinie des Textes, als diese in den Preis der Mutterschaft mündet und die Tatsachen-Argumentation mit der sachlich-logischen Differenzierung zu einer Verfahrensweise ausgebaut wird, die das Strophenganze strukturiert. Dabei zielt die Verwendung des Motivs darauf, das Hervorbringen von Nachkommenschaft an sich als Wert darzustellen. Andererseits wird in der Definitionsstrophe deutlich, daß die *generatio* als Wert nicht isoliert gedacht, sondern unmittelbar mit der Erfahrung des Eros zusammenzudenken ist, daß der Preis der Gebärerin nicht aus der Verherrlichung der Frau als Liebespartnerin und Heilsgarantin herausgelöst werden kann.

2. Die Gleichzeitigkeit von stärkerer Herausarbeitung und konsequenterer Integration dieser Begründung des Preises ermöglicht die doppelte Logik in Gedankenführung und Struktur des Strophenganzen. Fragt man nämlich nach der Funktion der Begriffsabgrenzung, so entzieht sich der Text einer festlegenden und eindeutigen Einordnung. Sachliche Differenzierung und begriffliche Zuordnung zielen hier sowohl auf eine Hierarchisierung der Lebensstufen des weiblichen Geschlechts als auch auf eine nicht hierarchisierende Darstellung, die ihr Sujet systematisierend nach verschiedenen Seinsmöglichkeiten aufgliedert und im Preis von *maget*, *wîp* und *vrouwe* als Ausgang und Ziel der Liebe zugleich wieder zusammenführt; letzteres Ordnungsmuster bildet den Rahmen des Textes, eröffnet und beschließt ihn. Beide Darstellungsweisen können als Möglichkeiten der sprachlichen Strukturierung und Ordnung des Gegenstandes verstanden werden, die diesen in seiner Komplexität zu erfassen suchen, indem sie verschiedene Aspekte aus ihm ausgliedern und zugleich in eine je unterschiedliche Beziehung zueinander bringen. Es handelt sich um zwei quer zueinander stehende Ordnungsmuster (die gleichordnende, reihende Differenzierung und die wertende Stufung), die miteinander verschränkt sind.

3. Dagegen werden die *namen* selbst nicht explizit in eine bestimmte Relation zueinander gesetzt; die Rangordnung der Begriffe wird nicht thematisch. Das *namen*-Motiv erscheint im Kontext der Begriffsabgrenzung und des Preises von *wîp* und *vrouwe* – nicht jedoch wird auf die Leistung und werthafte Dimension der Begriffe reflektiert. Daher kann die übergeordnete Aussage der Definitionsstrophe auch nicht in einer mit dem Namen Frauenlobs verbundenen, programmatischen Dimension gesehen werden. Die Möglichkeit, die Begriffsdifferenzierung im Sinne eines Programms zu verwenden, realisieren erst andere Strophen des *wîp-vrouwe-Streits*.

4. Die Definitionsstrophe kann, so die These, als Referenztext für weitere Strophen des Streits gelesen werden. Diese knüpfen an ihn an, indem sie einzelne, hier allerhöchstens nur angedeutete Argumentationsschritte, Begründungsstrategien oder zur Diskussion gestellte Fragen überhaupt erst explizit thematisieren bzw. ausführlicher behandeln oder argumentativ erläutern. So wird z.B., wie im einzelnen noch aufgedeckt werden soll, die Begründung der begrifflichen Setzung *vrouwe = parens* angedeutet (V, 103); die wertende Stufung wird explizit festgelegt und in einzeln ausgeführten Argumenten begründet (Ausarbeitung des *proles*-Arguments auf der Sach-Ebene in V, 105; Ausbau der

Wertdimension auf der begrifflichen Ebene in V, 103-104); der theologische Hintergrund der Argumentation wird expliziert (V, 111-112); die logisch-sachliche Differenzierung sowie die daran anschließenden Wertungen werden mit höfischen Wertoppositionen relationiert (V, 113); die metasprachliche Begriffsverwendung wie auch die poetologische Reflexion samt ihren polemischen Akzenten wird ausgearbeitet (V, 106). Man kann die Anschlußstrophen Frauenlobs also als Explikationen oder deutende Glossen betrachten, die jeweils andere Aspekte dieses vielschichtigen Ausgangstextes herausheben und weiter ausführen. Wie von der Definitionsstrophe ausgehend verschiedene Linien weiter ausgezogen werden, so entstehen auch zwischen einzelnen anderen Strophen intertextuelle Bezüge. Abgesehen von den Beziehungen zwischen den Gegnerstrophen und verschiedenen Texten Frauenlobs sind es insbesondere die Strophen V, 103-104, V, 106 und V, 113, die durch Relationen der Deutung und Kommentierung miteinander vernetzt sind.

### 4.2.2.2 Thematisierung der Namensgebung und Wertung der *namen* in V, 103 und V, 104

Die Strophen V, 103 und V, 104 sind die einzigen im *wîp-vrouwe-Streit*, bei denen eine Konzeption als Paar außer Frage steht, da der Schlußvers von V, 103 eine Weiterführung erfordert und umgekehrt die Funktion der Wippeon-Erzählung (V, 104) bereits durch den Abgesang von V, 103 verdeutlicht wird.

V, 103     Adam, ez wart von gote ein ebenbilde fin
            der forme din.
            dir was nicht wol aleine,
            uz dins rippes beine
5           zilte[891] er ein sie nach dir gestalt,     diz gab dir der reine.
            du, man, 'mennin' ez nach dir hiez,     nicht anders ich ez nenne.

            Adam, sit gebe du allen dingen sunder namen,
            wilde unde zamen.
            wie nantestu din rippe?
10          saget mir daz din lippe?
            sprich: 'ja, ich nante sie weichelmut'.     der was do din sippe.
            'sit nante ich ez gebererin'.     der man sin schate erkenne.

            Mennor der erste was genant,
            dem diutisch rede got tete bekant.
15          er sprach zuhant:
            'vro-we, din bant
            manlichez, wirde ein vollez lant,
            din we uns hie heil, selde vant.'[892]
            wa durch, von wem wib wart genant,     daz weiz ich wol, wa, wenne.

---

[891] *ziln* hier in der Bedeutung „bewirken, machen, hervorbringen": Stackmann, *Wörterbuch*, Sp. 497a.
[892] Zu v. 16-18 s.u., S. 271.

V, 104   Vrankriche, ich nenne dich durch Wippeon den künic.
            des mut was rünic.
            er hiez der kindel varen,
            die da meidel waren,
5           unz sie verlurn der blumen lust    mit der meide jaren;
            so was im lieb ir stolzer lib,    unz daz sie wurden swanger.

            San musen sie daz lant im rumen immer me.
            die sunder e
            tet manigen vreuden dünne.[893]
10          merket, welch ein wünne:
            der blumen lust, der vrüchte bar,    sect, daz mittenkünne,[894]
            daz was sin trost, sin heil, sin hort,    al siner vreuden ⟨anger⟩.

            Daz mittel-sie dem künige zam,
            sus wib von Wippeone quam,
15          kurtois der nam,
            bar billicher scham.
            o vrouwe, sich, ist diz wort din stam?[895]
            durch nuz uf selden wage ie swam
            din pris, din lob, din bernder grunt    gein allem wandel zanger.[896]

Die beiden Stollen von V, 103, die drei Namen der ersten Frau erläutern, schließen sich enger zusammen; im Abgesang und in der Anschlußstrophe V, 104 folgt, die Strophengrenze überschreitend, eine Gegenüberstellung der *namen* '*wîp*' und '*vrouwe*' mittels weiterer etymologischer Herleitungen. Wiederaufnahmen einzelner Stichworte und Anaphern haben hier strukturierende Funktion: Sie unterstreichen in V, 103 die erwähnte Gliederung. So werden die beiden Stollen durch Responsionen jeweils in den ersten Versen (die Anapher *Adam*; v. 1 und 7), etwa in der Mitte (*dins rippes beine – din rippe*; v. 4 und 9) und in den Schlußversen (*du, man – der man*; v. 6 und 12) miteinander verklammert, damit ist ihre engere Zusammengehörigkeit sprachlich signalisiert. Zugleich wird die Zäsur nach Vers 12 betont: Die im Aufgesang fast durchgängig apostrophierende Rede wechselt mit Beginn des Abgesangs zum Bericht in der 3. Person, und komplementär dazu wechselt in der jeweils Adam bzw. Mennor in den Mund gelegten direkten Rede das Sprechen über die Frau zur Anrede an die *vrouwe*. Auch hierdurch wird der Abgesang von den beiden Stollen abgerückt.

---

[893] V. 8f.: „Dieses Sonderrecht beraubte viele der Freude" (zu *dünne* Stackmann, *Wörterbuch*, Sp. 69a).

[894] *mittenkünne*: „Gelegenheitsbildung; Bezeichnung für die *wîp* in ihrer Mittelstellung zwischen *meiden* und *vrouwen*", ebd., Sp. 246a-b; ebenso: *mittel-sie* in v. 13 (und in V, 113, 18), ebd., Sp. 246a.

[895] V. 17: „O *vrouwe*, ist dieses Wort etwa von gleicher Abstammung wie du?"

[896] V. 18f. etwa: „Aufgrund des Nutzens wurde seit jeher dein Preis, dein Lob, dein fruchtbarer Grund von der Woge des Heils emporgetragen, allem Wandel trotzend" (*zanger*, „bissig, tapfer": Stackmann, *Wörterbuch*, Sp. 491b).

Der Aufgesang von V, 103, auf den sich die Analyse zunächst konzentriert, verwendet wie die bereits besprochene Frauenpreisstrophe VIII, *20 den biblischen Schöpfungsbericht,[897] nutzt also ebenfalls das Verbindlichkeitspotential des Schriftworts. Doch geht es hier nicht vorrangig um die Erschaffung der ersten Frau, sondern um ihre von Adam verliehenen Namen. Das im gesamten *wîp-vrouwe*-Streit eine zentrale Rolle spielende *namen*-Motiv erhält damit durch den Kontext des biblischen Berichts eine neue Einbindung.

Die drei 'Urnamen' (v. 6 und 11f.) sind mit Wachinger[898] in Analogie zur Frauenlobschen Trias (*maget – wîp – vrouwe*) aus Strophe V, 102 zu sehen; semantisch deckungsgleich sind beide Triaden jedoch nicht. Mit dem ersten und dritten Namen, *mennin* und *gebererin*, werden die Begriffe der Vulgata samt ihren Etymologien nachgeahmt (*virago – vir* aus Gn 2, 23; *Hava* aus Gn 3, 20).[899] Zwar ist das biblische *virago* an sich nicht auf die Bedeutung von *virgo* (*maget*) beschränkt, doch ist die Assoziation *virago – virgo* hier zweifellos beabsichtigt; sie wird unterstützt durch die Parallelität der beiden Triaden.

Die Gelegenheitsbildung *weichelmut*[900] dagegen hat keine biblische Grundlage; sie ahmt die verbreitete, in unterschiedlichen Varianten überlieferte Etymologie *mulier – mollior* nach.[901] Anders als der *name* 'wîp' in V, 102, 7-12, dessen Entsprechung die Bezeichnung 'weichelmut' offenbar bildet, transportiert letztere pejorative Konnotationen und spielt, so Wachinger, auf Evas Rolle beim Sündenfall an.[902] Ein Zusammenhang zwischen Sündenfall und Defloration[903] wird indirekt über die Analogie zwischen beiden Begriffs-Triaden hergestellt, die vor allem unter dem Aspekt der zeitlichen Abfolge einander entsprechen: Den drei 'Lebensphasen' stehen drei heilsgeschichtliche Stufen gegenüber (die Erschaffung der *virago* im Zustand der ursprünglichen Integrität, der Sündenfall, Eva als Gebärerin und Stammutter). Die Analogisierung des Dreischritts der Lebensphasen – damit auch der Begriffstrias – und des heilsgeschichtlichen Dreischritts, die den begrifflichen Unterscheidungen Frauenlobs Anschlußfä-

---

[897] S.o., 4.2.1.2.

[898] Wachinger, *Sängerkrieg*, S. 223-227, hier bes. 224f.

[899] Die Ableitung von '*virago*' aus '*vir*' ahmt ihrerseits die hebräische Etymologie nach; der Name '*Hava*' (*Eva*) wurde auf das hebräische Wort für 'lebend' bezogen, worauf Gn 3, 20 anspielt (*quod mater esset cunctorum viventium*). – Die Übertragung von *virago* ins Mittelhochdeutsche (*menninne, mennin*) ist schon vor Frauenlob in Bibeldichtungen und Weltchroniken belegt; vgl. Wachinger, *Sängerkrieg*, S. 224f. u. Anm. 43 und Ruberg, „Etymologisieren", S. 324.

[900] *weichelmut* [*weichelmuot*], „Wankelmut": Stackmann, *Wörterbuch*, Sp. 459a.

[901] Vgl. Wachinger, *Sängerkrieg*, S. 225. Zur *mulier*-Etymologie (abgeleitet aus *mollior, mollities* etc.) vgl. Klinck, *Lateinische Etymologie*, S. 77f.

[902] Wachinger, *Sängerkrieg*, S. 225.

[903] Dieser Zusammenhang wird dadurch bestätigt, daß in geistlichem Kontext der Sündenfall umgekehrt als Verlust des *magetuom* im übertragenen Sinne aufgefaßt wird. So werden in einer Predigt (Schönbach, *Altdeutsche Predigten*, Bd. 3, Nr. 113 (*Von den mægden*), S. 261, 17-25) '*maituom*' und '*maide*' als Ehrennamen bezeichnet, die auch Adam und Eva ursprünglich von Gott verliehen waren und die sie durch den Sündenfall mit ihrer *êre* verloren.

higkeit verschafft, ist als Systematisierungsleistung in der mittelhochdeutschen Literatur ohne Parallele.

Ein dem Vorgehen Frauenlobs verwandter Umgang mit den relevanten Genesis-Stellen kann wiederum innerhalb des lateinischen Schrifttums in Genesis-Kommentaren und Bibelepen gesehen werden. Vergleichbar ist, daß im Umgang mit den Bibelstellen sowohl das Verfahren der etymologischen Deutung als auch die Thematisierung der Namensgebung selbst in den Vordergrund tritt.[904] Dies liegt zwar angesichts der beiden biblischen Etymologien (*virago*, *Heva*) nahe, doch wird die Namens-Thematik ausgeweitet, indem die vorgegebenen Etymologien von einigen Autoren um die ursprüngliche hebräische Etymologie[905] oder auch noch um weitere, nicht-biblische etymologische Ableitungen ergänzt werden.[906] Ferner werden in den Kommentaren zu Gn 2 des öfteren das Verfahren der etymologischen Deutung selbst sowie auch die Verschiedenheit der Sprachen und das Problem der Übersetzung von Etymologien angesprochen.[907]

Besondere Beachtung verdient eine Versgruppe aus dem *Hexaemeron* des Andrea Sunonis filius, da sie zu allen drei Namen von Frauenlobs Strophe V, 103 die lateinischen Entsprechungen anführt und erläutert. Hier heißt es (in Anschluß an die biblische *virago*-Etymologie):

| | |
|---|---|
| 1780 | Sicut de carne caro, sic de nomine nomen |
| | est sumptum: uelut hic 'uir', et haec est dicta 'uirago'; |
| | sic et in Hebraeo sonat 'is' uir et 'issa' uirago. |
| | Nomen, quod medio defraudat syncopa, 'uirgo', |
| | quod proprium fuerat Euae, nunc omnibus illis |
| 1785 | est commune, quibus manet integra porta pudoris; |
| | quae fregit portam, non 'uirgo', sed quasi 'carnis |
| | mollitiem passa', 'mulier' de iure uocatur. |
| | (lib. III, v. 1780-1787) |

Die Verse stellen ausdrücklich einen Zusammenhang zwischen '*virago*' und '*virgo*' her, den sie sowohl als Lautwandel (Synkope des 'a') wie auch als Bedeutungswandel vom Eigennamen der ersten Frau zur allgemeinen Bezeichnung im physiologischen Sinne erläutern; es folgt

---

904 Die Kommentierung der *virago-vir*-Ableitung ist durchaus üblich: Hieronymus, *Hebraicae quaestiones in Libro Geneseos*, CCSL 72, S. 5, 2-10 (in Gn 2, 23); Augustinus, *De Genesi contra Manichæos*, lib. II, *PL* 34, 206 (cap. XIII, 18); Beda, *Hexaemeron*, lib. I, *PL* 91, 51D-52A; Rupert von Deutz, *De Trinitate et operibus Ejus*, In Genesim lib. II, *PL* 167, 285C (cap. XXXVIII); Andrea Sunonis filius, *Hexaemeron*, lib. III, v. 1780-1782; Petrus Comestor, *Historia scholastica*, Liber Genesis, *PL* 198, 1070D-1071A (cap. XVIII). Zur *Heva-vita*-Deutung: Augustinus, *De Genesi ad litteram*, lib. XI, *PL* 34, 450f. (cap. XXXVIII, 51); Andrea Sunonis filius, *Hexaemeron*, lib. III, v. 1793f.

905 Zur *virago-vir*-Ableitung wird die hebräische Etymologie (*isch/ischa, is/issa, his/hissa,*) sehr häufig mit angeführt (so in den oben, Anm. 904, angegebenen Stellen außer bei Augustinus).

906 Dies ist insbesondere in der Bibelepik belegt; z.B. die Deutungen der Namen 'Adam' und 'Eva' bei Andrea Sunonis filius, *Hexaemeron*, lib. III, v. 1788-1800; Petrus Comestor, *Historia scholastica*, Liber Genesis, *PL* 198, 1071A-B (cap. XVIII); Petrus Riga, *Aurora*, Liber Genesis, [lib. II], v. 315-328. Zu weiteren Varianten der *virago*-Etymologie vgl. Klinck, *Lateinische Etymologie*, S. 76 u. Anm. 26.

907 Augustinus, *De Genesi contra Manichæos*, lib. II, *PL* 34, 206 (cap. XIII, 18; hierzu Wachinger, *Sängerkrieg*, S. 224, Anm. 42); Rupert von Deutz, *De Trinitate et operibus Ejus*, In Genesim lib. II, *PL* 167, 281C-D (cap. XXXIII) und 285C (cap. XXXVIII).

'*mulier*' als Gegenbegriff, dessen Definition im Sinne von *deflorata* mit Hilfe einer Variante der *mulier-mollior*-Etymologie begründet wird.

Es schließen sich (nach einer Adam-Etymologie) Herleitungen von 'Eva' an, des dritten Namens für die Frau, die mit der biblischen Etymologie beginnen ([...] *quare fuit 'Eua' uocata / mater uiuentis cuiusque futura*; v. 1793f.) und wie diese auf die Gebärfunktion der Frau zielen (v. 1794-1800).[908]

Die lateinischen Begriffsdefinitionen und -erläuterungen haben in beiden Frauenlobschen Triaden ihre volkssprachlichen Entsprechungen (*mennin – weichelmut – gebererin* in V, 103; *maget – wîp – vrouwe* in V, 102), die jedoch nicht ausdrücklich miteinander verknüpft werden: Im lateinischen Text wird explizit erläutert, was entsprechend als Verbindungsglied zwischen den Strophen V, 102 und V, 103 (Aufgesang), insbesondere zwischen der Übersetzung '*mennin*' und dem Begriff '*maget*' sowie zwischen '*weichelmut*' und '*wîp*', vom Rezipienten ergänzt werden kann, von Frauenlob aber nicht ausgeführt wird. Daß diese Verknüpfungen als Rezipientenleistung mitzudenken sind, steht jedoch außer Frage, da beide Begriffs-Triaden parallel zueinander gebaut sind und aufeinander verweisen.

Während sich die lateinischen Autoren von den biblischen Etymologien gelegentlich anregen ließen, weitere, zum Teil nicht einmal geistliche Wort-Definitionen bzw. Ableitungen (*virgo, mulier*) hinzuzufügen, mag es umgekehrt für Frauenlob naheliegend gewesen sein, seiner im weltlichen Kontext entwickelten Begriffs-Trias eine analoge Dreierfolge zur Seite zu stellen und sie so als anschlußfähig zu erweisen. Über einzelne, in einen neuen Kontext gebrachte Elemente hinaus, die seine *namen*-Ausführungen mit den Begriffserläuterungen im *Hexaemeron* des Andrea gemeinsam haben, ist in beiden Texten ein ähnlicher Zugriff auf den Bibeltext wie vor allem ein entsprechendes Niveau der Sprachreflexion erkennbar. Vergleichbar ist, daß Begriffserläuterungen und -differenzierungen kategorial unterschiedlicher Art (Sach-Definitionen und Wort-Etymologien) und verschiedener Herkunft (biblisch und nicht-biblisch) zueinander in Beziehung gesetzt werden, daß sie überhaupt zu einer systematischen Ordnung zusammengestellt werden.

Welche Funktion hat nun diese zweite Trias, haben Nachahmung und Kombination ursprünglich lateinischer Etymologien im Kontext des *wîp-vrouwe*-Streits? Es lassen sich mehrere funktionale Aspekte unterscheiden.

Zum ersten wird der in V, 102 entwickelten Begriffs-Trias durch den Rückgriff auf das Schriftwort Verbindlichkeit und Gewicht verliehen. Der Namensgeber Adam kann als Autorität beansprucht werden, der sich das Sprecher-Ich anschließen kann (vgl. v. 6). Diese Sanktionierung gilt nicht so sehr für die Profilierung der einzelnen Begriffe, zu denen jeweils nur ungefähre Entsprechungen

---

[908] Dieselbe Folge von Namenserläuterungen und -definitionen bringt in sehr ähnlicher Formulierung auch Petrus Comestor (zu *virago – virgo – mulier*; *Adam – Eva*), nur die *mulier-mollities*-Deutung fehlt hier; *Historia scholastica, Liber Genesis*, PL 198, 1070D-1071A (cap. XVIII).

gefunden werden, als eher für die Dreierfolge insgesamt, zu der die dem ersten Menschen in den Mund gelegte Trias in genauer Analogie gebaut ist.[909]

Zum zweiten führen Elemente der Sprachgestalt zu der Frage, ob der Text in grundsätzlichem Sinne Aussagen über die *namen*, die Namensfindung und -differenzierung impliziert. Auf diese Ebene weist z.B. hin, daß der Akt der Namensgebung als Sprechakt durch eine ganze Reihe von Verben des Sagens, Benennens etc. hervorgehoben[910] und außerdem durch das Frage- und Antwortspiel zwischen Sprecher-Ich und dem apostrophierten Adam, auf den schließlich die Ich-Rede übergeht, in Szene gesetzt wird (v. 9-12).

Eine allgemeinere Thematisierung der Namensgebung implizieren – neben den Eingangsversen des Abgesangs – die Verse 7f. Sie spielen auf Gn 2, 20 an, wo von der Einsetzung der Namen durch den ersten Menschen die Rede ist, und heben dabei – ohne Entsprechung in der Vulgata – den distinguierenden Charakter der Namensfindung ein wenig hervor: *sunder namen*, besondere, d.h. voneinander unterschiedene, eigene Namen gab Adam allen Dingen. Das benennende Erfassen *alle[r] dinge[]* zielt auf Unterscheidung, den Namen eignet ein Erkenntnispotential: Wird dies in den vorliegenden Versen angedeutet? Sicher am Text nachzuweisen ist dies nicht, doch scheint es mir lohnend, die Spur noch ein wenig weiterzuverfolgen. Setzt man einmal voraus, daß Aufgesang tatsächlich die Erkenntnismöglichkeit von Namen und Namensgebung zum Thema hat, so bleibt festzuhalten, daß dies nicht in abstrahierender Erörterung expliziert, sondern am Exempel vorgeführt wird: Anhand der prototypischen biblischen Namensgebungsszene würde dann demonstriert, daß Namen die Erkenntnis spezifischer Eigenschaften der durch sie bezeichneten *res* vermitteln.

Dies entspräche den Ausführungen, die Frauenlob andernorts in seinen sprachreflektorischen Ansätzen über die Natur des Sprachzeichens und die Möglichkeiten der Etymologie entwickelt. Um zu erproben, ob sich hier ein weiterer Zugang zu Strophe V, 103 ergibt, sei Hubers grundlegende Darstellung zu Frauenlobs sprachtheoretischen Äußerungen, wie sie die Strophen *GA* V, 38-41 zum Begriff der *hôchvart* bieten, kurz referiert.[911]

In Übereinstimmung mit einem breiten Traditionsstrang innerhalb der lateinischen etymologischen Theorie gehe Frauenlob, dessen Sprachreflexion Huber zu Recht vom philosophischen Streit zwischen Begriffsrealisten und Nominalisten trennt (S. 134-178), einerseits vom Setzungscharakter des Sprachzeichens aus, andererseits aber von der Möglichkeit von Korrespondenzen *nomen* und *res* (S. 149-151); hierzu ist hervorzuheben, daß im volkssprachlichen Sprachdenken in der Regel zwischen dem 'Begriff' und dem gesprochenen Wort (*dictio*) in einer engen Verbindung von Laut- und Bedeutungs-Ebene nicht unterschieden wird

---

909 Daß die Benennung *weichelmut* eine Erfindung Frauenlobs und keineswegs biblisch herleitbar ist, tut dem bekräftigenden Charakter der 'biblischen' Trias keinen Abbruch; es geht eher darum, daß Adam überhaupt als 'Autorität' zitiert werden kann.

910 V. 6-12: *du [...] hiez; ich [...] nenne; gebe du [...] namen; wie nantestu; saget mir [...] din lippe; sprich: '[...] ich nante [...]'; '[...] nante ich [...]'*; im Abgesang wird dies fortgesetzt.

911 Huber, *Wort sint der dinge zeichen*, S. 134-167.

(S. 106).⁹¹² Die alte aristotelische Konventionalitätsbestimmung, die substantielle (metonymische) Beziehungen zwischen *nomen* und *res* ausschließt, sei – wie hier bei Frauenlob – durchaus vereinbar mit der Vorstellung eines 'sinnvollen' Bezuges zwischen Sache und Wortzeichen (S. 145-148). Der Setzungscharakter gehe in einer solchen Ansicht nicht zwingend mit Unbegründetheit einher. Voraussetzung hierfür sei eine „vernünftige Namensgebung, die in den Zeichen die Ordnung der Dinge erkennbar macht" (S. 151). Dies schließe einen sprachkritischen Impetus durchaus mit ein, der eben solche 'plausiblen' Bezüge fordere. Unter der Voraussetzung einer sprachkritischen Namensgebung bilde der *name* einen (eingeschränkten) Erkenntniszugang zur Sache, vermöge die etymologische Ableitung eines Wortes einzelne Eigenschaften der bezeichneten Sache aufzudecken (S. 141; 144). Die Etymologie werde, wie Grubmüller mit Blick auf die lateinische Sprachtheorie des Mittelalters betont, in der Regel nicht emphatisch als „Instrument zur 'Wesenserkenntnis'" einer Sache aufgefaßt,⁹¹³ sie könne aber über die Frage nach dem Wortursprung, die zumeist als Frage nach dem Benennungsmotiv gestellt wird, einzelne *qualitates rei* erschließen, sofern diese den Anlaß für die Benennung geliefert haben.⁹¹⁴ In Entsprechung dazu begegnen sich, wie Huber ausführt, auch in Frauenlobs Konzept vom Sprachzeichen „etymologisches Auffinden und Erfinden", Wortdeutung und Wortsetzung, als komplementäre Aspekte (S. 157): Beide sind sinnstiftend und erkenntnisvermittelnd bezüglich der Eigenschaften der Sache, diese, indem sie – Frauenlob formuliert es als Postulat – Korrespondenzen zwischen *nomen* und *res* schafft, jene, indem sie sie enthüllt, d.h. nach der Motivierung der Namensgebung sucht. Anders als Huber tendiert Kellner, ohne die Frage letztgültig entscheiden zu wollen, dazu, im Kontext der mittelalterlichen Sprachtheorie für die *hôchvart*-Strophen V, 38-41 die Vorstellung metonymischer Relationen anzunehmen, da in ihnen die Ähnlichkeitsrelation zwischen *nomen* und *res* betont werde.⁹¹⁵ Was die hier entscheidenden Funktionen des Etymologisierens bei Frauenlob betrifft, kommt sie indes zu einer vergleichbaren Position wie Huber.⁹¹⁶

Strophe V, 103 weist die theoretische Ebene nicht auf, sondern entfaltet konkret verschiedene Etymologien.⁹¹⁷ Dies geschieht in wesentlichen Punkten in Übereinstimmung mit Frauenlobs sprachreflektorischen Ausführungen. So demonstriert der Text, daß die Setzung des Sprachzeichens – die Namensfindung durch

---

⁹¹² Zur Unterscheidung 'Lautzeichen/Begriff' in der lateinischen Sprachtheorie des Mittelalters Pinborg, *Entwicklung der Sprachtheorie*, S. 36-38.

⁹¹³ Grubmüller, „Etymologie", S. 219.

⁹¹⁴ Ebd., S. 225.

⁹¹⁵ Kellner, „*Vindelse*", S. 269-271. – Für eine Abwägung der Positionen wäre das Problem des Verhältnisses zwischen volkssprachlicher und gelehrt-lateinischer Literatur in ihren jeweiligen Systematisierungen und theoretischen Ausführungen ausführlicher zu behandeln, als dies hier geschehen kann. In jedem Fall sind die Unterschiede zwischen den Funktionen und Zielrichtungen der spruchmeisterlichen Sprachreflexion (Sprachkritik zumeist im Kontext von Wertediskussionen, wie ja auch in Frauenlobs *hôchvart*-Strophen) und ihres lateinischen Pendants, auf die Huber immer wieder hinweist, unbedingt bewußt zu halten; das gilt auch für die Tatsache, daß die gelehrt-lateinische Tradition nur *eine* Folie für Frauenlobs Äußerungen bildet, eine andere dagegen in der spruchmeisterlichen Tradition zu sehen ist.

⁹¹⁶ Kellner, „*Vindelse*", S. 271; vgl. Huber, *Wort sint der dinge zeichen*, S. 157.

⁹¹⁷ Die etymologische Deutung tritt in dieser Strophe dadurch besonders in den Vordergrund, daß zum einen unterschiedliche Benennungsmotive vorgeführt werden (vgl. ebd., S. 166 u. Anm. 173), zum anderen das etymologische Verfahren selbst durch entsprechende Formeln durchsichtig gemacht wird (vgl. die Ableitungsformel in Vers 6 und die betonten Fragen nach dem Benennungsmotiv im Schlußvers).

Adam – und die etymologische Ableitung zwei Seiten einer Medaille sind:[918] Sie sind hier beide verbunden mit der differenzierenden Hervorhebung und Beleuchtung je unterschiedlicher Eigenschaften der Frau, die sowohl den Anlaß für die Benennungen liefern als auch in den Wortableitungen aufgedeckt werden können.

Die Beobachtung, daß Frauenlobs konkreter Umgang mit der Etymologie mit seinen Ausführungen über das Sprachzeichen kompatibel ist, ist auch für den gesamten *wîp-vrouwe-Streit* von Bedeutung. Für die Streitfrage um den Rang der *namen* ist es zentral, daß hier eine Auffassung zur Anwendung kommt, nach welcher die Relation von *res* und Sprachzeichen trotz des Setzungscharakters sinnkonstituierend und erkenntnisvermittelnd ist bzw., so Frauenlobs Forderung, sein sollte. Daß diese Auffassung, bezogen auf die *namen* 'wîp' und 'vrouwe', eine Grundvoraussetzung für Frauenlobs Ausführungen im *wîp-vrouwe-Streit* darstellt, liegt auf der Hand. Die Gegnerstrophe V, 109 G, die rein *res*-orientiert die Austauschbarkeit der Begriffe behauptet und in einer solchen Perspektive dem gesamten Streit die Basis zu nehmen sucht, zeigt, daß auch andere Positionen möglich waren.[919]

Diese Basis für Frauenlobs Standpunkt im Streit wird, so die These, in V, 103 implizit mit angesprochen. Insofern in der Urszene der adamitischen Namens(er)findung, so wie sie in dieser Strophe wiedergegeben wird, die differenzierende Erfassung der *res* und die Suche nach Korrespondenzen zwischen *res* und *nomen* Hand in Hand gehen, kann Frauenlob sein eigenes, mehrschrittiges Vorgehen im *wîp-vrouwe-Streit* auf indirektem Wege mit Rückgriff auf den Genesis-Bericht nicht nur legitimieren, sondern auch als einzig adäquaten Umgang mit dem Wortzeichen erweisen: In diesem mehrschrittigen Verfahren erreicht er, wie noch zu zeigen ist, im Anschluß an seine Begriffsdefinitionen (in V, 102) eine differenzierende Wert-Abstufung der *namen* erst durch die etymologischen Ableitungen,[920] die auf der Annahme sinnstiftender Bezüge zwischen Sache und Wortzeichen beruhen.

Doch kann die Namensgebungsthematik in V, 103 noch unter einem dritten Aspekt beleuchtet werden. Als exemplarische Rede beziehen sich die Ausführungen nicht nur auf Adam als Namensgeber, sondern auch auf das erste Menschenpaar, insofern es für die Verbindung zwischen Mann und Frau steht. Auch die Frauenpreisstrophe VIII, *20 nutzt die Möglichkeit, den biblischen Bericht von der Erschaffung der Frau auf die Geschlechterliebe zu deuten.[921] In V, 103

---

[918] Vgl. Kellner, „*Vindelse*", S. 271f. u. 275, die sich mit den sprachreflektorischen Implikationen in Strophe V, 103 vor dem Hintergrund der lateinischen etymologischen Traditionen befaßt; sie sieht die vorgeführten Etymologien im Kontext eines im *wîp-vrouwe-Streit* entworfenen poetologischen Programms, in welchem die Etymologie sowohl als „Wiederfinden einer verborgenen Sprachschicht" wie auch als Erfinden, als Sprachsetzung, aufgefaßt werde (zit. S. 271).

[919] Zu V, 109 G s.u., 4.2.2.5, S. 291-294.

[920] Vgl. Huber, *Wort sint der dinge zeichen*, S. 167.

[921] S.o., 4.2.1.2, S. 236-238.

unterstreichen die Erläuterungen und Kommentare zu den einzelnen Namen Evas, daß zugleich mit der Namensgebung auch das Verhältnis zwischen den Geschlechtern thematisiert wird. Stichwortartig werden einzelne relationale Eigenschaften der Frau genannt – immer in ihrem Verhältnis zum Mann: *ein ebenbilde fin / der forme din*; *nach dir gestalt* (mit Bezug auf Gn 2, 18: *adiutorium similem sui*); *din sippe*; *sin schate* (v. 1f.; 5; 11f.).

Dabei erfährt der erste Name Evas, *mennin* (*virago*), eine besondere Behandlung. Er wird von den weiteren Bezeichnungen dadurch etwas isoliert, daß diesen erst die einleitenden Verse 7f. vorangestellt werden, und erhält als einziger eine explizite etymologische Erläuterung sowie die Zustimmung des Sprecher-Ich (v. 6). Das Hauptgewicht liegt auf der das Benennungsmotiv liefernden Eigenschaft, der Ähnlichkeit oder Gleichartigkeit der Frau (biblisch *similis*). Die Charakterisierungen *ebenbilde* und *nach dir gestalt* (v. 1 und 5) erhalten in Vers 12 mit *schate* eine nicht unwichtige Ergänzung, welche den Bogen zurück zum Strophenbeginn schlägt.

Dieser letzte Halbvers des Aufgesangs (*der man sin schate erkenne*), der die eigenakzentuierte Wiedergabe der biblischen Szene abschließt, verdient besondere Beachtung. Er tritt, wie sonst nur die Vershälfte an entsprechender Stelle im ersten Stollen (v. 6), aus der Wiedergabe der biblischen Szene, die als exemplarische Rede aufzufassen ist, heraus. Die Unterbrechung der direkten Anrede Adams und der Wechsel vom erzählenden Präteritum zum Konjunktiv Präsens mit adhortativer Bedeutung markiert den Wechsel zur explizit verallgemeinernden Rede. Letztere kommentiert, so ist auch wegen der Responsion *ebenbilde – schate* (v. 1 und 12) anzunehmen, den gesamten Aufgesang (nicht nur die dritte Namensgebung) und leitet aus dem biblischen Exempel eine allgemeine – und zwar mehrsinnige – Aussage über das Verhältnis zwischen den Geschlechtern ab. *erkennen* kann zum einen wie in Gn 4, 1 mit sexuellen Konnotationen verwendet sein,[922] mit direktem Bezug auf die Benennung *gebererin*. Zum anderen macht das Objekt *schate* sowie die Betonung der Ähnlichkeit der Frau im Eingangsstollen wahrscheinlich, daß *erkennen*[923] auch auf eben jene *similitudo* zu beziehen ist: So soll der Mann die Frau als ihm gleichartig, als sein spiegelbildliches, zu ihm passendes Gegenüber erkennen.

Diese Akzentuierung der biblischen Szene ist in anderem Kontext nicht neu. Der Vulgata-Text spricht zwar nicht ausdrücklich von einem 'Erkennen' im zweiten erläuterten Sinne, läßt aber eine solche Deutung ohne weiteres zu. Belegt ist sie vergleichbar z.B. bei Beda, der in seinem *Hexaemeron* zu Gn 2, 22f. ausführt: [...] *merito nunc ubi adjutorium simile sui factum atque ad se adductum vidit* [sc. Adam], *agnovit, et exclamavit dicens: 'Hoc nunc os ex ossibus meis.'* [...] *sic restabat ut ei quam sibi similem, ac de suo corpore creatam cognovit, nomen inderet*;[924] es folgt die Wiedergabe der biblischen *virago*-Etymologie. Beda stellt den naheliegenden, jedoch nicht immer explizierten Zusammenhang zwischen dem Erkennen der Gleichar-

---

[922] Vgl. Wachinger, *Sängerkrieg*, S. 223.
[923] Stackmann, *Wörterbuch*, Sp. 90a-b, verzeichnet die Stelle unter der allgemeinen Bedeutung „erkennen, kennenlernen, begreifen".
[924] Beda, *Hexaemeron*, lib. I, *PL* 91, 51C-D.

tigkeit und dem Akt der Namensgebung ausdrücklich her. Dieselbe Auslegung führt auch noch Rupert von Deutz aus: *At vero in hanc similitudinem sua recognoscens* [sc. Adam], *vidit quid vocaret eam, et vocavit nomen ejus virago, dicens, 'quia de viro sumpta est'.* [...] *Bene itaque suam vir in muliere recognoscens substantiam: 'hæc', inquit, 'vocabitur virago* [...]*'.*[925]

In Frauenlobs Strophe wird der auf die weltliche Thematik übertragene, analoge Gedanke zwar nicht expliziert, aber doch angedeutet: und zwar besonders dort, wo die exemplarische in die generalisierende Rede übergeht. Daß beide nicht voneinander isoliert zu denken sind, darauf weist schon die betonte Anrede Adams hin (*du, man*; v. 6), die auf den ursprünglichen Sinn des hebräischen Wortes („Mensch") anspielt. Im letzten Halbvers des Aufgesangs werden gleichsam die Worte Adams aus Gn 2, 23, auf die Vers 6 rekurriert, ausgelegt und in eine allgemeingültige Forderung transformiert: So wie Adam die Frau als ihm gleichartig erkannte und dies in der Namensgebung aussprach, so „möge der Mann sein Spiegelbild erkennen"; der Aspekt der Spiegelbildlichkeit kommt genau dann hinzu (*schate*), wenn die verallgemeinernde Rede über die Geschlechter einsetzt. Zentraler Gedanke ist der Zusammenhang zwischen dem Erkennen, das die Begegnung zwischen Mann und Frau charakterisiert und sowohl das erotische Moment wie das Gewahrwerden des eben- und spiegelbildlichen Gegenübers umfaßt, und dem Akt der Namensgebung, d.h. dem Auffinden eines der *res* adäquaten Namens. Das heißt, daß der Konnex zwischen Namensgebung und Erkenntnis, der von Frauenlob andernorts reflektiert wird (s.o., S. 265f.), hier mit dem unmittelbaren Bezug auf die Liebesthematik eine neue, konkrete Bedeutung erhält. Das für den *wîp-vrouwe-Streit* zentrale Benennungsmotiv wird direkt auf die ebenfalls zentrale Liebes- und Frauenpreisthematik zurückgebunden.

Zu diesem Ergebnis haben, um noch einmal zusammenzufassen, folgende Beobachtungen am Text geführt: 1. Das Motiv der Namensgebung rückt in den Vordergrund. 2. Der Gedanke der Ebenbildlichkeit der Frau wird mit Bezug auf das Geschlechterverhältnis stark hervorgehoben. 3. Das Stichwort *erkennen* fällt in diesem Kontext im den Aufgesang abschließenden Halbvers, der zugleich den Bogen zurück zur Erläuterung des ersten Namens schlägt. 4. Die exemplarische Rede (die Namensgebung durch Adam) und die generalisierende Rede (*der man* [...]) sind nicht voneinander zu isolieren.

Von der Forderung in Vers 12 her erhält auch Vers 11, insbesondere der Kommentar *der was do din sippe*,[926] eine zusätzliche Akzentuierung. Wenn dieser Zusatz die Mitschuld Adams beim Sündenfall andeutet,[927] so heißt das: Adam, der die Frau abwertend *weichelmut* genannt hat, wird in seine Schranken verwiesen; er wird daran erinnert, daß auch er sich schuldig gemacht hat, daß er

---

[925] Rupert von Deutz, *De Trinitate et operibus Ejus*, In Genesim lib. II, *PL* 167, 285B-C (cap. XXXVIII).
[926] Wachinger, *Sängerkrieg*, S. 223, paraphrasiert: „Dieser Wankelmut war mit dir verwandt, d.h. du warst ebenso wankelmütig".
[927] Dies vermutet Wachinger, ebd., S. 225, Anm. 47.

also gewissermaßen nicht zur herabsetzenden Namensgebung befugt ist. Als exemplarische Rede und vor dem Hintergrund der Mahnung, der Mann möge in der Frau sein spiegelbildliches Gegenüber erkennen (v. 12), läßt sich die Zurechtweisung Adams als am Exempel formulierte Kritik verstehen: Der implizite Tadel trifft denjenigen, der aufgrund fehlender Erkenntnis die Gleichgeartetheit nicht auch im Versagen sieht und letzteres daher allein der Frau als 'Tochter Evas' zuweist. Ein pejorativ konnotierter Name für die *deflorata* – das ist im Kontext des gesamten *wîp-vrouwe-Streits* wichtig – wird diskutiert, aber im Sinne einer Kritik an ihrer generellen Abwertung abgelehnt.

Der Abgesang von Strophe V, 103 setzt neu ein. Nach den drei 'adamitischen' Namen, die volkssprachliche Übertragungen lateinischer Etymologien darstellen, werden nun *origo*-Deutungen der deutschen Bezeichnungen '*wîp*' und '*vrouwe*' erläutert. Zum einen wird durch die Einführung des Mennor eine augenfällige Parallele hergestellt (v. 13f.): zwischen Adam, dem ersten Menschen, der auf Gottes Geheiß (vgl. Gn 2, 19f.) in der Ursprache – also auf Hebräisch, wie die Genesis-Kommentatoren wissen – die Dinge benannte, und Mennor, dem ersten, der in der ihm von Gott verliehenen deutschen Sprache redete. In diesem Zusammenhang erklärt sich auch der Name 'Mennor': Er scheint (wie 'Wippeon' in Strophe V, 104) eine Klangerfindung Frauenlobs zu sein, welche wie *mennin* von *man* abgeleitet ist und damit auf das hebräische Wort 'Adam' in seiner ursprünglichen Bedeutung verweist. Mit der so noch stärker betonten Parallelisierung spinnt Frauenlob also in sehr freier Übertragung das biblische Thema der erstmaligen Namensgebung durch einen göttlich berufenen Ersten weiter aus.

Zum anderen wird die *diutisch rede* aufgewertet, deren Entstehung nicht aus der babylonischen Sprachverwirrung erklärt wird, sondern als göttliche Offenbarung (v. 14). Dadurch wie auch durch die genannten Parallelen wird die Würde des Deutschen als (in Grenzen) analog zur Würde der adamitischen Ursprache betrachtet. Vielleicht ist hier die Vorstellung impliziert, daß auch im Deutschen – wie in der Ursprache – Korrespondenzen zwischen *res* und *nomen* zumindest möglich sind und daß die im Folgenden vorgeführten Etymologien der deutschen Begriffe (v. 16-19 und V, 104) dieselbe Legitimierung erhalten wie die Namensgebungen Adams.[928]

Die genuin volkssprachlichen Etymologien haben eine andere Ausrichtung und Funktion als die 'biblischen'. Während letztere dazu verwendet werden, bestimmte Eigenschaften der *res* und Aspekte der Beziehung zwischen Mann und Frau differenzierend hervorzuheben, zielen die Etymologien im Abgesang von V, 103 und in V, 104 auf eine eindeutige Wertung. So setzt erst mit den Worten

---

[928] Zugleich wird mit der Erwähnung der *diutisch rede* der Gedanke der Sprachendifferenz gestreift, der später in den Strophen V, 111 und V, 112 in Zusammenhang mit dem Übersetzungsproblem stärker in den Vordergrund rückt. Daß dies reflektiert wird, hat wiederum Entsprechungen in den Genesis-Kommentaren zu Gn 2, 19f. und 2, 23; besonders deutlich bei Augustinus, *De Genesi contra Manichæos*, lib. II, *PL* 34, 206 (cap. XIII, 18); vgl. auch Rupert von Deutz, *De Trinitate et operibus Ejus*, In Genesim lib. II, *PL* 167, 285C (cap. XXXVIII).

Mennors der preisende Duktus ein (V, 103, 16-18). An dieser Stelle liegt erstmals eine klare, allerdings sehr kurze Anspielung auf die *vrô-wê*-Etymologie vor.[929]

Die Silbe *we* (v. 18) ist hier in jedem Fall auf den Schmerz der Gebärenden zu beziehen: Heil bringt sie den Menschen, indem sie die Reproduktion des menschlichen Geschlechts ermöglicht. Schwieriger ist *bant* zuzuordnen (v. 16): Während Wachinger *bant* und *we* als parallel zueinander auffaßt („das Band, mit dem du gebunden bist, [...] das *we*, das du leidest"[930]), schlägt Stackmann vor, unter *bant* „die Verbindung von *vro* und *we*" zu verstehen; „das Wort als 'Fessel' um die beiden kontrastierenden Begriffe" ist es nach dieser Auffassung, das „für die Menschheit ein 'Männer'-Land voller Ehre gefunden" habe (v. 17).[931] Für Stackmanns Lösung spricht, daß man erstens bei Parallelität der beiden preisenden Ausdrücke statt *bant* eher einen Kontrastbegriff zu 'Weh' (wie *vrô*, *vreude*, *wunne* etc.) erwarten würde. Zweitens läßt sich ein versteckter Hinweis auf eben diesen, in der *vrô-wê*-Etymologie eingefangenen Gegensatz in der Gegenüberstellung „dein Schmerz – unser Heil" (v. 18) erkennen, so daß die beiden kontrastierenden Begriffe hiermit schon abgedeckt sind.

Anders als die ältere und sehr viel weiter verbreitete Etymologie *vrouwe – vröuwen*[932] (bzw. – *vröuden*) ist die silbenzerlegende *vrô-wê*-Deutung, die dem Prinzip der *interpretatio per syllabas* folgt,[933] außer bei Frauenlob explizit nur in einem Spruch des Meißners belegt.[934] Welchen Traditionshintergrund könnte sie haben? Einige Hinweise führen zum mariologischen Kontext, in den Frauenlob die Etymologie in der Erweiterung seiner Argumentation einbindet (V, 111 und 112). Zum einen ist die mariologische Verwendung der Ableitung *vrouwe –*

---

[929] Die anderen Belege für die *vrô-wê*-Etymologie im *wîp-vrouwe-Streit*: V, 111, 9-11; V, 112, 11f.; V, 113, 5f.; vgl. auch V, 105, 12; 19. Schwer zu entscheiden ist, ob versteckte Anspielungen auch in V, 106, 5; 11; 15 vorliegen. Außerhalb des *wîp-vrouwe-Streits* ist noch VIII, 17, 8-12 mit einer besonders ausführlichen und präzisen Formulierung der Etymologie zu anzuführen.

[930] Wachinger, *Sängerkrieg*, S. 223f. (zit. S. 224).

[931] *GA*, S. 825. Zur syntaktischen Struktur der Verse 16-18: *bant* und *we* sind Subjekte zu *vant*; vgl. Wachinger, *Sängerkrieg*, S. 224; Objekt ist jeweils *lant* bzw. *heil*, *selde*, und in Vers 17 ist *manlicher* (J a; dagegen die Konjektur *manlicher* der anderen Herausgeber, denen Fragment a noch nicht bekannt war) als Attribut zu *lant* zu stellen.

[932] Belege bei Völker, *Gestalt der vrouwe*, S. 124f.; Wachinger, *Sängerkrieg*, S. 237, Anm. 67; Ruberg, „Etymologisieren", S. 325 u. Anm. 109f.

[933] Sanders, „Etymologie", S. 374f.

[934] Der Meißner, Objartel XVII, 1, 7 (*Die vrouwen haben vrolich we, die daz irkenpfen, daz sie sten in eren ringe*). – Die Frage der Einordnung des Antwortverhältnisses kann hier außer acht gelassen werden. Wachinger, *Sängerkrieg*, S. 237-240, argumentiert für die Priorität Frauenlobs; Objartel, *Meißner*, S. 52-55, nimmt eher die umgekehrte Entlehnungsrichtung an, schließt aber auch nicht aus, daß die Strophen unabhängig voneinander entstanden sind. Es ist in diesem Zusammenhang zu berücksichtigen, daß Frauenlob und der Meißner, der sich mit der Überordnung des *namen* '*wîp*' Walthers *wîp-vrouwe*-Strophe anschließt, die Etymologie in je verschiedenem Kontext und zu unterschiedlichen Zwecken einsetzen, so daß auch die 'Ungeschicklichkeit', die der Meißner nach Ansicht Wachingers (S. 239) im Umgang mit dem etymologischen Motiv mehrfach erkennen lasse, kein starkes Argument dafür ist, daß die Anregung von Frauenlob ausging; so läßt etwa der Spruch des Meißners die bei Frauenlob gerade fehlende adhortative Intention erkennen.

*vröuwen* mehrfach belegt.⁹³⁵ Zum anderen kann eine Anregung von der lateinischen *Ave*-Spekulation (*a vae* = *sine vae*) ausgegangen sein, die sich ja problemlos ins Mittelhochdeutsche übertragen ließ (*âne wê*).⁹³⁶ Zum Etymologisieren mit der Kompositionssilbe -*wê* bemerkt Ruberg: „*wê* konnte sich als konstituierender Wortteil leicht aus etymologiegesättigter Luft niederschlagen, weil die Silbe in der etymologischen Spekulation über das *Ave* des Engelsgrußes in der Verkündigung eine Rolle spielte."⁹³⁷ Das Verfahren dieser Silbenausdeutung konnte somit auch in den Kontext des höfischen Frauenpreises übernommen werden. In den *Ave*-Auslegungen ist also wohl ein Hintergrund der *vrô-wê*-Etymologie zu sehen. Das heißt nicht, daß im konkreten Verwendungszusammenhang auch immer mariologische Konnotationen transportiert werden.

Inwieweit Frauenlob in V, 103, 16-18 mit mariologischen Konnotationen arbeitet, ist schwer zu entscheiden. Auszuschließen ist dies nicht, nimmt man vergleichend einige Beispiele der *Ave*-Etymologie aus der Mariendichtung in den Blick.⁹³⁸ Der Reiz dieser Wortauslegung bestand unter anderem darin, daß für das *a vae* bzw. *âne wê* unterschiedlichste Auslegungsmöglichkeiten offen standen: Maria war ohne Sünde, sie war von den Schmerzen des Gebärens befreit, sie überwand für die Menschen Sünde und Leid und brachte ihnen ewige Freude. Zugleich können verschiedene Implikationen der Silbe '*wê*' auch kontrastiv miteinander verknüpft werden, so z.B. wenn das *Ave* (in einer der erwähnten Bedeutungen) mit den in der *compassio* erlittenen Schmerzen Mariens in Beziehung gesetzt wird.⁹³⁹ Das '*wê und ach*' Mariens im Sinne der sieben Schmerzen kann dann wieder als Herleitung des *Ave* aufgefaßt werden,⁹⁴⁰ in welchem es aufgehoben erscheint. Der heilsgeschichtlich akzentuierte Freude-Leid-Kontrast scheint also die Verwendung der Etymologie in einigen der Beispiele zu steuern.

Ein vergleichbares Komplementärverhältnis von Schmerz und Freude thematisieren auch die Frauenlobschen Verse; deren Begründungsstrategie des Preises läge also entsprechenden Passagen in Mariendichtungen relativ nah. Konkret

---

⁹³⁵ Diese Etymologie ist erstmals im *Rheinischen Marienlob* belegt (v. 1382-1389), bevor sie dann im 13. Jahrhundert im weltlichen Kontext mehrfach Verwendung findet; vgl. ferner z.B. Hermann Damen, Leich, *HMS* 3, Sp. 161a, I, 22, 1-5.

⁹³⁶ Zur *Ave*-Ausdeutung Ruberg, „Etymologisieren", S. 326-328 (mit Belegen). – Auch Objartel, *Meißner*, S. 54f., nimmt für die *vrô-wê*-Etymologie beim Meißner im weltlichen Kontext mariologische Anregung an. In der Tat kommt hier die volkssprachliche (und weltliche) Entsprechung zum *a vae* wörtlich vor: *die mit tugenden vrouwen ane we, die heiz ich vrouwen* (Objartel XVII, 1, 4; Hervorhebung M.E.); vgl. z.B. beim Meißner selbst im mariologischen Kontext: *Ane we die reine / gebar got eine* (Objartel XIX, 1, 9f.); weitere Belege zum mariologischen '*âne wê*' bei Salzer, *Sinnbilder und Beiworte Mariens*, S. 476-487.

⁹³⁷ Ruberg, „Etymologisieren", S. 326.

⁹³⁸ Zum Folgenden vgl. die ebd., S. 326-328, besprochenen Beispiele.

⁹³⁹ Z.B. im *Kreuziger* des Johannes von Frankenstein, v. 9663-9666.

⁹⁴⁰ Nach der etymologischen Kategorie des *contrarium* (*Antiphrasis*) wird eine Benennung gerade über das semantische Gegenteil der *res* hergeleitet; Sanders, „Etymologie", S. 367.

spricht für mariologische Konnotationen allenfalls das Präteritum, das auf die Einmaligkeit der Heilstat verweisen könnte, und die 1. Person Plural (v. 18). Grundsätzlich ist jedoch deutlich geworden, daß der Umgang mit der *vrô-wê*-Etymologie, ihr Einsatz als rhetorisches Preisargument, analog zur Verfahrensweise der *Ave*-Auslegung in mariologischen Texten ist:[941] Die Struktur baut jeweils auf dem einfachen Freude-Leid-Kontrast auf, der zwar verschiedene Facetten aufweisen kann, aber nicht, wie in der hochhöfischen Minnekanzone, dialektisch aufgefaßt wird: Seine zwei Aspekte werden zum doppelten Argument des Lobpreises zusammengesetzt.

An der *vrô-wê*-Deutung demonstriert Frauenlob also eine andere als die an der 'biblischen' Namenstrias realisierte Verwendung der Etymologie: Sie erhält hier die Funktion, den Wert des favorisierten *namen* argumentativ zu begründen. Anders als in V, 102 wird nun ein Rangverhältnis auch auf der metasprachlichen Ebene aufgebaut, das sich auf die Begriffe selbst bezieht.

Es schließt sich nun in der Folgestrophe, V, 104, der ergänzende Argumentationsschritt an: die ebenfalls wertende Herleitung des *namen* '*wîp*'. Die Ausgangsbasis für die (nur hier verwendete) *wîp*-Etymologie wird mit der Geschichte von König Wippeon geschaffen, die der Aufgesang erzählt; der Name scheint ebenfalls eine etymologische Erfindung Frauenlobs zu sein. Von diesem König heißt es, er habe jungen Mädchen die Jungfräulichkeit genommen, die schwangeren Frauen dann aus seinem Land vertrieben. Der Ausdruck *sunder e* („Sonderrecht"; v. 8) impliziert, daß das so wenig höfische Verhalten nur durch die königliche Macht ermöglicht wurde und an sich keineswegs 'rechtens' war.[942]

Der Abgesang fährt mit der etymologischen Herleitung fort, die mit didaktischer Deutlichkeit erklärt: „Also kam '*wîp*' von 'Wippeon'" (v. 14; *origo*-Formel). Die Abfolge von Erzählung und belehrender Pointe gleicht der Struktur des Exemplums. An ein solches könnte die Wippeon-Erzählung zunächst durchaus denken lassen – nur daß an Stelle von Ermahnung oder Tadel die Etymologie folgt; Frauenlobs Pointe der Namens-Erläuterung hat aber mit dem üblichen Exempla-Abschluß die didaktische Explizitheit wie auch die Wertung gemeinsam, die vom konkreten Fall auf das Allgemeine übertragen wird.

Der über generelle Merkmale der Rede nicht hinausgehende Vergleich mit dem Exemplum betrifft lediglich Argumentationsweise und Redehaltung der Strophe. Hält man an der Auffassung der Definitionsstrophe als Ausgangstext fest, so kann abermals eine Relation der Vereindeutigung und Explikation zu diesem Referenztext beobachtet werden. Strophe V, 104 bietet die Explizierung, Erläuterung und Begründung eines Gedankens aus V, 102, und zwar der definitorischen Setzung *wîp = deflorata*. Die Formel *der [...] blumen lust* aus V, 102, 7

---

[941] Dies gilt sowohl für Frauenlob als auch für die Strophe des Meißners (Objartel XVII, 1).

[942] Vgl. auch Wachingers Hinweis auf das *ius primae noctis* (*Sängerkrieg*, S. 226); ein direkter Konnex läßt sich zwar nicht festmachen, aber es handelt sich grundsätzlich um dieselbe Verknüpfung von Sexualität und herrscherlicher Gewalt. Vgl. Stackmann, GA, S. 826, mit Hinweisen auf ähnliche Erzählungen.

wird in der vorliegenden Strophe in auffälliger Doppelung – im jeweils 5. Vers der beiden Stollen – wiederaufgenommen. Damit ist die Anknüpfung an die *wîp*-Definition in V, 102 deutlich signalisiert. Diese wird nun mit einer gegenüber den knapp und sachlich gehaltenen Versen V, 102, 7-9 ausführlichen Illustration versehen, die das Faktum der Schwängerung in einer unmißverständlichen Sprache benennt.

Die Hauptfunktion der Wippeon-Etymologie ist jedoch der Ausbau der unterscheidend-wertenden Ebene, die in V, 102 fehlt. Die als Argument eingesetzte etymologische Erzählung ermöglicht, eine Abwertung des *namen* 'wîp' zu entfalten und zu begründen, ohne daß die *res* dadurch herabgesetzt wird. Die Abwertung des Begriffs darf nicht aus dem Kontext gelöst werden: Sie hat nur Gültigkeit für die Begründung der Hierarchie der beiden *namen*, also der Überordnung des Begriffs 'vrouwe'.

Sprachlich realisiert wird die Wertung mehrfach: zunächst explizit, eingeleitet durch die lakonische Kennzeichnung des Königs, dessen „Sinn veränderlich[943] war" (v. 2); gemäß der etymologischen Herleitung wird im Abgesang die abwertende Charakterisierung des Wippeon auf den Begriff 'wîp' übertragen (*bar billicher scham*, v. 16). Das Urteil beschränkt sich auf die Ebene der Begriffe und wird von der bezeichneten *res* abgerückt – beide Ebenen bleiben voneinander abgelöst.

Außerdem wird die Abwertung des *namen* 'wîp' durch uneigentliche Rede zum Ausdruck gebracht. Die Verse 10-12 sind nicht anders denn als ironischer Preis zu verstehen. Ironiesignale sind hier mit Irritationsmomenten gegeben, die durch das Aufeinandertreffen kontrastierender Rede-Register entstehen. Ein Verfremdungseffekt wird z.B. durch den sprachlichen Kontrast zwischen den Versen 1-9 und 10-12 erzielt. Zunächst wird der Tatbestand der Schwängerung mit seltener Deutlichkeit beim Namen genannt (v. 3-6).[944] Auf die Darstellung des königlichen Fehlverhaltens, welche auch das Unglück der Mädchen betont (v. 7-9), folgt unvermittelt eine kleine Variation über das Thema der *vröude* mit Elementen höfischer Preisrede (besonders v. 10 und 12: *welch ein wünne; sin trost, sin heil, sin hort, al siner vreuden* <anger>[945]). Der Kontrast läßt die höfischen Formeln durch den Verfremdungseffekt als bloße Hüllformeln erscheinen und deckt ihre eigentliche Zielrichtung, den in der Ironie versteckten Tadel, auf. Durch die Verwendung semantisch benachbarter Wörter in Vers 9 und 10-12 mit anderer Kontextualisierung (*vreuden, wünne, trost, heil*) wird der abrupte Wechsel des Registers noch verschärft. Möglicherweise antwortet der ironische Preis

---

[943] *rünic*, „beweglich, veränderlich": Stackmann, *GA*, S. 826.

[944] Das Wort *swanger* ist bei Frauenlob im weltlichen Kontext sonst nicht belegt, auch nicht im Preis der weiblichen Fruchtbarkeit – im gesamten Werk nur noch in zwei Versen des Marienleichs, einmal im wörtlichen Sinne, auf die Himmelskönigin bezogen, und einmal metaphorisch verwendet (*GA* I, 1, 2; I, 12, 21); im Preis der schwangeren Gottesmutter mag die im ersten Fall ohnehin durch Apc 12, 2 vorgegebene Verwendung des Wortes eher üblich sein.

[945] Das letzte Wort des Verses fehlt in J; wenn dort ein anderes Wort stand als das konjizierte *anger*, so höchstwahrscheinlich keines, das aus der höfischen Formelsprache herausfällt.

in Vers 10-12 außerdem auf den Lobpreis der Gebärerin in V, 103, 16-18; in diesem Fall würde die Kontrastwirkung dadurch erzielt, daß vergleichbare preisende Wendungen (vgl. etwa V, 103, 18 und 104, 12) durch die gänzlich verschiedene Einbindung entgegengesetzte Wertungen implizieren.[946]

Ferner entsteht ein Irritationsmoment durch den scharfen Bruch zwischen Vers 15 und dem Folgevers, der die ironische Redehaltung verläßt. Das bei Frauenlob seltene Fremdwort *kurtois* – es erinnert zugleich an das 'Herkunftsland' des Namens – signalisiert noch einmal die uneigentliche Rede und den in der Ironie implizierten Tadel. Die Kritik am Fehlverhalten Wippeons prangert gerade das Fehlen höfischer Gesinnung an, das nur scheinbar höfische Betragen, welches das genaue Gegenbild wahrer *hövescheit* ist.[947]

Der auf diese Weise eingeordnete *name* '*wîp*' kann, das suggeriert die rhetorische Frage in Vers 17, aufgrund seiner diskreditierenden Herkunft der *parens* nicht angemessen sein. Die beiden Bezeichnungen werden hier besonders scharf voneinander abgegrenzt: So folgt der als Negativ-Folie fungierenden Wippeon-Etymologie schließlich die preisende Erhöhung der *vrouwelparens*: Ihr *bernder grunt* „trotzt allem Wandel" (v. 19). Damit ist mit wenigen Worten eine Wertopposition skizziert, die für die Strophen V, 106 und V, 113 zentral sein wird. Was genau setzt der Schlußvers dem Wankelmut und Wandel entgegen? Im wörtlichen Verständnis[948] bezeichnet *din bernder grunt* die weibliche Fruchtbarkeit, die durch die Erhaltung der menschlichen Art und der Kontinuität der Generationen gegen den *wandel*, hier einfach „Veränderung, Diskontinuität", wirkt. Ganz ähnlich preist Frauenlob an anderer Stelle die Gebärerin als Bekämpferin des *wandels*.[949] Diese konkrete, physiologische Aussage verschmilzt indes mit einer allgemeinen höfisch-werthaften Vorstellung, die auch aufgrund der vorher entfalteten, entgegengesetzten Wertung Wippeons und des Begriffs '*wîp*' (v. 2, vgl. *weichelmut* in V, 103, 11; v. 16) mitzudenken ist. Faßt man *din bernder*

---

[946] Die Verse V, 104, 8-12 zielen selbstredend auf einen ganz anderen Zusammenhang von Leid und Freude als die Verse V, 103, 16-18 mit der *vrô-wê*-Etymologie; in V, 104 ist weder das Leid der geschwängerten Mädchen noch – aufgrund ihrer Einseitigkeit – die 'Freude' des Königs als Wert zu verbuchen.

[947] Es wäre demnach ein Mißverständnis, in den Versen 15f. eine Kritik am Hof oder an höfischer Gesinnung generell zu lesen. Eine solche Auffassung der Verse würde auch der grundsätzlichen Vereinbarkeit von Frauenlobs Minne- und Frauenpreis mit 'höfischen' Wertvorstellungen widersprechen. – Sehr ähnlich in polemischem Sinne verwendet eine Spruchstrophe des Marner das Wort *kurtois*, Strauch XI, 2, 6 [25] (*Ez mac wol curteis povel sîn*), der in seiner *kerge*-Schelte der rheinischen Höfe gegen das nur äußerlich höfische Verhalten polemisiert, das keine *milte* und damit keine wahre *hövescheit* kennt. – Den Hinweis auf diese Stelle verdanke ich Burghart Wachinger.

[948] Im Wortsinn wird die Formel *du bernder grunt* auch in GA IV, 2, 10 verwendet, wo sie sich auf die *Werlt* als hervorbringende Instanz bezieht.

[949] GA VIII, *18, 3: [...] *lop wandels slag!* Unmittelbar anschließend folgt der Preis der Frau als formgebende Instanz (*elementen gurt*; v. 4).

*grunt* zugleich metaphorisch auf,[950] nämlich als preisende Metapher für die *vrouwe* selbst,[951] so ist gemeint, daß sie als Repräsentantin höfischer Grundwerte wie der *stæte* Unbeständigkeit besiegt.

Auf der Grundlage der abwertenden Begriffsherleitung von '*wîp*' wird somit eine zweifache Opposition skizziert: Die *vrouwe* (*parens*) stellt sich aufgrund ihrer die Reproduktion gewährleistenden Fruchtbarkeit dem *wandel* in der Bedeutung von Diskontinuität entgegen und bietet zugleich Schutz gegen die Untugend des Wankelmuts und der Unbeständigkeit. Diese Verschmelzung von ethischem Wert und physischer Eigenschaft im Preis der *vrouwe* wird Frauenlob in anderen Strophen des *wîp-vrouwe-Streits* als Ausgangsbasis für die weitere Entfaltung seiner Begriffsreflexion nutzen.

Mit dem Wechsel zur direkten Anrede an die *vrouwe* erinnert der Schluß der Strophe an die Verse 16-18 aus V, 103. Der dort Mennor in den Mund gelegte Lobpreis der *vrouwe* wird hier gleichsam fortgesetzt. Über die Strophengrenze hinweg wird die *wîp*-Etymologie also vom Preis der Gebärerin bzw. des *namen* '*vrouwe*' umrahmt. Durch den Aufbau wird noch einmal deutlich: Das wertende Fazit zu '*wîp*' (v. 16) darf nicht aus dem mit diesem Rahmen gegebenen Kontext gelöst werden und gilt nur in der Konkurrenz mit dem *namen* '*vrouwe*'. Dessen Wert gibt den Beurteilungsmaßstab ab. Die Funktion der Wippeon-Erzählung und der Etymologie ist nicht die generelle Diskreditierung des *namen* '*wîp*', sondern die Grundlegung der ethischen Dimension der *namen*-Differenzierung, die hier begonnen und in anderen Strophen weiter ausgeführt wird.

Im Strophenpaar V, 103 und 104 rückt, das sei abschließend festgehalten, die Thematik der *namen* in doppelter Hinsicht in den Vordergrund: mit der Thematisierung der Namensgebung und mit der Wertung der *namen*. In V, 103, 1-12 hat die prototypische Namensfindungsszene allgemein die Funktion, die Setzungen aus V, 102 zu legitimieren, stellt das Sprecher-Ich sich doch als Nachfolger des ersten Namensgebers Adam dar. Ferner setzt der Aufgesang Grundauffassungen über die Natur des Wortzeichens um: Die *namen* sind nicht willkürlich gesetzt, sie führen in Wortsetzung und -deutung zu einzelnen Eigenschaften der *res* heran. Dies weist die Fixierung der begrifflichen Differenzen in V, 102 als adäquaten Umgang mit dem Wortzeichen aus und schafft zugleich einführend eine Basis für die etymologisierenden Wert-Abstufungen der konkurrierenden *namen* '*vrouwe*' und '*wîp*'. Schließlich wird der Konnex zwischen Namensgebung und Erkenntnis, der andernorts von Frauenlob im sprachreflektorischen Ansatz erfaßt wird, direkt auf die Thematisierung des Geschlechterverhältnisses zurückgebunden.

---

[950] Dieselbe Doppelverwendung im wörtlichen und metaphorischen Sinne liegt auch bei der Anrede *du bernder grunt* an die Gottesmutter vor (*GA* I, 6, 12).

[951] Die Verwendung von Metaphern mit dem Possessivpronomen *mîn* bzw. *dîn*, die sich jedoch auf das Ich selbst bzw. auf die direkt Apostrophierte beziehen, ist bei Frauenlob gut belegt (insbesondere im Marienleich); vgl. Bertau, *Geistliche Dichtung*, S. 58, der hierfür den Begriff 'Attribution' verwendet.

Der Abgesang von V, 103 und Strophe V, 104 konzentrieren sich auf den systematischen Ausbau der werthaften Dimension der Begriffe. Die Argumentation bewegt sich primär auf der begrifflichen Ebene (*vrô-wê*-Etymologie und Wippeon-Etymologie), die besonders im zweiten Fall von der Sach-Ebene isoliert bleibt; dabei kommentiert die '*wîp*'-Herleitung gleichsam die *deflorata*-Definition aus V, 102. Durch die Abwertung des *namen* '*wîp*' und den umrahmenden Preis der *vrouwe* wird das ethische Kriterium der Begriffsdifferenzierung und -hierarchisierung neu eingeführt.

Die Relation des Strophenpaars zur Definitionsstrophe ist dadurch gekennzeichnet, daß mehrere Linien der letzteren hier weiter ausgezogen, jedoch auf einzelne Argumentationsabschnitte aufgeteilt werden. Verschiedene Begründungs- und Argumentationsebenen, die in V, 102 miteinander verschmelzen und nicht voneinander zu trennen sind, werden voneinander abgelöst und entsprechen einzelnen, nacheinander durchgeführten Schritten: Der auffächernden Erfassung des Gegenstandes durch systematische, weitgehend wertfreie Begriffsdifferenzierungen folgt die Wertung, die nun erst unterscheidend eingesetzt wird und zur Hierarchisierung der *namen* führt.

Während das in V, 104 eingeführte ethische Differenzierungskriterium auf begrifflicher Ebene insbesondere für V, 106 und V, 113 zentral sein wird, ergänzt Strophe V, 105 die bisher untersuchten Argumentationen um die Begründung des Rangverhältnisses zwischen *wîp* und *vrouwe* auf der Sach-Ebene.

### 4.2.2.3 Das *proles*-Argument in V, 105

```
    Ane arebeit vil selten lob, lon, wirde komt.
    swer hie zu vromt
    ein losen <.....>
    <......> waz ich scheide:⁹⁵²
5   weder ist ir lob billicher dem,    der lieb, leit mit vreide
    wol treit, oder dem, der durch daz lon    nicht komt in not gevere?

    Wib, vrouwe menlich wunne beide wirken grob⁹⁵³.
    durch wirdic lob
    doch grifen vrouwen vrone
10  vürbaz nach dem lone
    durch geistes gunst, durch menschen nicht,    durch naturen krone⁹⁵⁴
    mit bernder we, mit lustes twanc,    ouch mit der bürden swere.
```

---

952 In dem einzigen Textzeugen J müssen mehrere Worte ausgefallen sein; ob man die Lücke so ansetzt wie Thomas bzw. die *GA* oder ob man sie nach dem Wort *scheide* vermutet (wie die anderen Herausgeber) – der Sinn der Verse, soweit rekonstruierbar, wird im großen und ganzen derselbe bleiben: Es wird die in Vers 5f. formulierte Frage zur Entscheidung vorgelegt.

953 Hier: „reichlich"; Stackmann, *Wörterbuch*, Sp. 134a.

954 Zu v. 11 s.u., S. 279.

> Wib bringen vreidenrichen glast,
> dar an ouch vreuden nie gebrast.⁹⁵⁵
> 15  wib, sunder last,
> ein blünder ast,
> daz spürt und me der vrouwen gast:
> ir boum treit schaten, o*bez*, nutzez mast.⁹⁵⁶
> wib sunder ach ein süzer nam,   doch vrouwe ie bezzer were.

Die Strophe konzentriert sich ganz auf das *proles*-Argument. Dieses erhält hier selbst noch ein argumentatives Fundament mit der Erläuterung, inwiefern das Hervorbringen von Nachkommenschaft überhaupt als Wert aufzufassen ist. Die Argumentation nimmt ihren Ausgangspunkt in der Eingangssentenz: „ohne Mühsal kein Lohn (gemeint sein mag hier der in Ansehen und Lob liegende) und keine Anerkennung". Die klare und knappe Sprachgestalt des Diktums gemahnt an Sprichwörtliches⁹⁵⁷ und suggeriert so die Allgemeingültigkeit der formulierten Regel – sie wird damit einem nicht hinterfragbaren Erfahrungs- und Alltagswissen als Referenzbasis der weiteren Argumentation zugeordnet.

Die vereindeutigende und belehrende Tendenz bestimmt darüber hinaus auch die gesamte Struktur des Textes, dessen in klarer Linie fortschreitender Aufbau sofort zu erkennen ist. Der erste Stollen ist der Aufstellung der Regel gewidmet, der zweite Stollen und der Abgesang ihrer Anwendung auf das konkrete Beispiel. Beiden Abschnitten ist das Grundmuster der Gegenüberstellung zweier Alternativen gemeinsam.

Im Detail wird diese Gegenüberstellung im Anschluß an die Eingangssentenz direkt aus ihr abgeleitet. Die Verse 3f. sind nicht mehr herstellbar, sicher ist jedoch, daß in Vers 2-6 die Frage zur Entscheidung vorgelegt wird, ob derjenige preiswürdiger sei, der mit der Freude auch Leid auf sich nimmt, oder der, der keine Not erduldet. Die Antwort ist in Vers 1 schon vorweggenommen: Das wertkonstituierende Leiden ist Bedingung für Ehrung und Ansehen. Das Verfahren der Vorwegnahme suggeriert auch für die eigentliche Streitfrage des *wîp-vrouwe*-Streits, welche im weiteren Strophenverlauf als Beispiel für die allgemeine Regel auf den Aspekt des wertsteigernden Leidens zugespitzt wird, daß sie im Grunde schon eindeutig im Sinne Frauenlobs beantwortet ist.

Erst im zweiten Stollen erfolgt die Anwendung der allgemeinen Lebenswahrheit auf das Beispiel. Für dieses fungiert die „Regel als Kommentar"⁹⁵⁸, welche die konkrete Aussage – die Überordnung der *parens* – in ein regelhaft fixierbares, allgemeingültiges Erfahrungswissen einordnet und damit affirmiert; an Wert

---

⁹⁵⁵ V. 13f.: „[...] gefahrvolle Schönheit, die auch Freuden in sich trägt."

⁹⁵⁶ *nutzez mast*; „Nutzen bringende Frucht" (zu *mast* vgl. Stackmann, *Wörterbuch*, Sp. 232a).

⁹⁵⁷ Vgl. etwa *TPMA* 8 (1999), S. 35, 1.3, 27-28; allerdings liegt in den hier angegebenen Sprichwörtern der Akzent eher auf dem konkreten Lohn der Arbeit.

⁹⁵⁸ Grubmüller, „Regel als Kommentar"; von Grubmüller wird der den Titel seines Aufsatzes bildende Ausdruck etwas anders verwendet; er bezeichnet die Relation zwischen der mit Anspruch auf Allgemeingültigkeit formulierten Regel und der konkreten Verwendungssituation, welche durch die Regel kommentiert und eingeordnet wird (vgl. bes. S. 31).

gewinnt die *vrouwe* durch die Last der Schwangerschaft und den Schmerz der Geburt. Die drei Schritte – die Aufstellung der Regel, die Ableitung der beiden Alternativen und deren Exemplifizierung – sind durch die Stichworte *lob, lon, wirde* miteinander verknüpft (v. 1; v. 5f.: *lob, lon*; v. 8 und 10: *wirdic lob, lon*[]); die Responsionen unterstreichen die Parallelität der Aussagen.

In der Anwendung der Eingangssentenz auf die Wertrelation zwischen *wîp* und *vrouwe* wird präzise unterschieden: Beiden, *wîp* und *vrouwe*, kommt der Preis als Freudebringerin zu (v. 7; vgl. auch v. 13-16), aber gerade von dieser gemeinsamen Basis heben sich die distinkten Vorzüge der *vrouwe* um so deutlicher ab, aus denen sich ihre hierarchische Überordnung klar ergibt (v. 8-12, vgl. auch v. 17f.). Dieses logische Muster wiederholt sich nach einem Durchlauf im zweiten Stollen in derselben Abfolge der Argumentationsschritte im Abgesang.

Neben der Transparenz des Textaufbaus ist also dem Umgang der Strophe mit der Kernfrage des *wîp-vrouwe-Streits* das Bestreben eigentümlich, die Hierarchie mit größtmöglicher sprachlicher Exaktheit zu fixieren. Hierin wird das Explikations-Verhältnis dieses Textes zur Definitionsstrophe erkennbar, die zwar generell dieselben Begründungen des Preises aufweist, die unterschiedlichen Würdigungen des *wîbes* und der *vrouwe* aber nicht explizit in Beziehung zueinander setzt.

Im Detail setzen Gegenstollen und Abgesang in V, 105 unterschiedliche Akzente. So wird in Vers 11 möglicherweise ein Zusammenhang zwischen der Gebärfähigkeit der Frauen und einer nicht genauer bestimmten Vermittlungsinstanz angedeutet, welche zwischen Gott und seiner Schöpfung anzusiedeln ist und den Frauen diese Fähigkeit und damit auch den Lohn verleiht (*durch geistes gunst*).[959] Eindeutig ist die Stelle nicht, doch könnte auch der Ausdruck *durch naturen krone* auf den kosmologischen Zusammenhang hindeuten. Im Abgesang wird das *proles*-Argument stärker in den Kontext der Beziehung zwischen Mann und Frau gestellt: Es ist eben *der vrouwen gast*, welcher die Fruchtbarkeit der *vrouwe* als Wohltat erfährt. Dieser Zusammenhang wird durch die Baummetapher versprachlicht (v. 18), welche sowohl terminologisch verwendet wird (*obez, nutzez mast*: 'Leibesfrucht') als auch die Konnotationen des Wohltuenden, Erquickenden erhält (*treit schaten*) und in beiden Bedeutungsaspekten die Überordnung über das *wîp* ins Bild setzt.

Bedeutsamer für die Verfahrenweise des gesamten Textes ist eine Ergänzung, die der Abgesang zu den Ausführungen des zweiten Stollens hinzufügt. Dieser konkretisiert die allgemeine Gegenüberstellung der Alternativen aus Vers 5f. explizit nur mit Bezug auf die *vrouwe*. Der Abgesang fügt dem nun ergänzend die entsprechende Feststellung zum *wîp*, dem ausdrücklich der Lohn aufgrund von Schmerzen und Mühsal abgesprochen wird. Dabei wird die Entgegensetzung sprachlich genau herausgearbeitet: *wib, sunder last* (v. 15) antwortet auf *mit der bürden swere* (v. 12), *wib sunder ach* (v. 19) auf *mit bernder we* (v. 12).[960]

---

[959] Stackmann, *Wörterbuch*, Sp. 107b (I.B.2), zu *geist*: „Geist oder Geister im Dienste der Schöpfungsordnung"; vgl. auch ebd., Sp. 138a (B.4), zu *gunst*, und Wachinger, *Sängerkrieg*, S. 228.

[960] Die Gegenüberstellung wird im Abgesang noch einmal neu akzentuiert, und zwar durch die Responsion *mit vreide* (v. 5) – *vreidenrich*[] (v. 13). Der Kontrast entsteht hier durch die

Die über Rückverweise hergestellte, präzise Gegenüberstellung im sprachlichen Detail zeigt dieselbe Tendenz wie die explizite, logisch-exakte Festlegung der Relation der beiden Lebensstadien.

Im letzten Vers wird schließlich auch das genaue hierarchische Verhältnis zwischen den beiden *namen* '*wîp*' und '*vrouwe*' ausdrücklich formuliert – eine weitere Vereindeutigung gegenüber Strophe V, 102. Die Hierarchisierung der *namen* bildet den Abschluß des gesamten Gedankengangs, doch ist festzuhalten, daß die eigentliche Argumentation in der Strophe nicht die metasprachliche Ebene erreicht: Begründet wird die Werthierarchisierung auf der Sach-Ebene und dann auf das Verhältnis der *namen* zueinander übertragen.

Neben der expliziten Argumentation liegen in Vers 12 und 19 Anspielungen auf die *vrô-wê*-Etymologie vor (*mit bernder we, mit lustes twanc; wib sunder ach*),[961] die Frauenlob andernorts mit größerer Eindeutigkeit einsetzt.[962] Sie sind hier lediglich dadurch betont, daß sie an gleicher Stelle im zweiten Stollen und Abgesang erscheinen, nämlich jeweils in der ersten Hälfte der abschließenden Verse. Das eine Mal wird mit der Doppelformel *wê/lust* gespielt. Die verwendeten Signalwörter, hinter denen sich die Etymologie versteckt, stellen eine entfernte Ähnlichkeit mit V, 112, 12 her (*vro von der lust, we durch die burt*), wo die Begriffsherleitung – übrigens in beiden Strophen in demselben Vers – allerdings ausdrücklich thematisiert wird.

Das *sunder ach* des Strophenschlusses erinnert durch die sprachliche Analogie an mittelhochdeutsche *Ave*-Deutungen im mariologischen Kontext (*sine vae/âne wê* etc.). Das Spiel mit der Engelsgruß-Deutung und der Silbe *wê* läßt die unterschiedlichsten, ja zum Teil entgegengesetzten Verwendungsmöglichkeiten und Sinngebungen zu;[963] auf der Folie der *sine-vae-*Etymologie, die z.B. die Sündenfreiheit der Gottesmutter oder auch ihre Befreiung vom Schmerz der Geburt als eine Gnade preist, zeichnet sich um so deutlicher die Verwendung der Variante *sunder ach* in diesem Kontext ab, die hier gerade umgekehrt auf den geringeren Rang des *wîbes* gegenüber der *vrouwe* hinweist. Die darin implizierte Deutung der Silbe *wê* ist im religiösen Kontext auch im expliziten *argumentum a nomine* belegt, wie folgendes Beispiel zeigt: Berthold von Regensburg zerlegt den Begriff *witewe* deutend in *wîte-wê* und begründet so via Etymologie mit dem Argument des wertsteigernden Leidens den höheren Rang der Witwen gegenüber den Eheleuten.[964] In ganz unterschiedlichem Kontext liegt in beiden Stellen nicht nur dasselbe Denkmuster – das Rangdenken in Werthierarchien –, sondern auch dieselbe Begründung des Werts (Argument des werthaften Leidens) und dasselbe sprachliche Verfahren vor, die Silben-Etymologie. Der Vergleich zeigt, daß es für den Überzeugungswert weniger auf eine bestimmte, feststehende Auslegung des *namen* ankam, sondern vor allem auf die Logik

---

Umdeutung des Stichworts *vreide*: Steht es im ersten Stollen für die Gefahr, welche die *parens* selbst auf sich nimmt, so im Abgesang umgekehrt für die Gefahren, die die Frau durch den Glanz ihrer Schönheit anderen bringt.

[961] Vgl. auch Völker, *Gestalt der vrouwe*, S. 92.

[962] V, 103, 16-18; V, 111, 9-11; V, 112, 11f.; V, 113, 5f. Eingehender zur *vrô-wê*-Etymologie s.o., 4.2.2.2, S. 271f.

[963] Zur Möglichkeit der Anregung der *vrô-wê*-Etymologie durch die *Ave*-Spekulation ebd.

[964] Berthold von Regensburg, Pfeiffer Bd. 1, Nr. 21 (Ehepredigt), S. 330, 25-29; vgl. Ruberg, „Etymologisieren", S. 326.

des Verfahrens der etymologischen Deutung selbst, und daß diese Logik von bestimmten Kontexten oder Inhalten unabhängig war.

Festzuhalten bleibt indes, daß V, 105 eben nicht explizit mit dem *namen* argumentiert: Das ausdrückliche Argumentieren, das sich hier auf Rang und Wert der *res* (*vrouwe* versus *wîp*) bezieht, ist in der Ausrichtung klar getrennt vom andeutenden, mit Konnotationen arbeitenden Spiel, die auf den *namen* selbst verweisen.

Zusammenfassend kann die Relation der vorliegenden Strophe zum Referenztext V, 102 als ein Verhältnis der Explizierung und Vereindeutigung beschrieben werden. Dies wird durch folgende Strategien erreicht: 1. Mit der Ableitung der zur Diskussion stehenden Rangfrage aus einer auf Erfahrungswissen referierenden Lebensregel wird die Geltung des *proles*-Arguments selbst erhärtet und die These auf ein übergeordnetes Deutungsmuster bezogen. 2. Die Rangverhältnisse werden durch die Differenzierung zwischen gemeinsamen und distinkten Eigenschaften präzise festgeschrieben. 3. Das Grundschema der Gegenüberstellung zweier Alternativen samt seinen augenfälligen Wiederholungen, die im Detail variieren, aber das Muster prinzipiell beibehalten, wird zur Affirmation der Werthierarchie eingesetzt.

Die Vereindeutigung geht mit einer Selektion der in V, 102 angesprochenen oder nur angedeuteten thematischen Aspekte einher, d.h. auch mit einer Auswahl der möglichen Perspektiven auf den Gegenstand. Die explizite Argumentation konzentriert sich ganz auf das Rangverhältnis zwischen *vrouwe* und *wîp* (*parens* und *deflorata*) auf der Sach-Ebene und wird erst abschließend auf die begriffliche Ebene übertragen; Hinweise auf die Hierarchie der *namen* entstehen nur auf konnotativer Ebene.

Nach der Klärung und Selektion, die V, 105 leistet, tritt in weiteren, zum Teil miteinander vernetzten Strophen des *wîp-vrouwe*-Streits mit der Konzentration auf die werthafte Dimension der Begriffe und auf ihre Relation zueinander die metasprachliche Begriffsverwendung in den Vordergrund und wird von der sachbezogenen isoliert.

### 4.2.2.4 Reflexion über lobende und tadelnde Verwendung der *namen* in V, 106

> Lobe ich die wib, dannoch sint vrouwen ungelobet,
> da bi verobet
> der vrouwen pris die beide
> mit des lobes kleide.[965]

---

[965] V. 2-4: Für *veroben* (v. 2) setzt Wachinger, *Sängerkrieg*, S. 202, die Bedeutung „erheben, erhöhen" an; die Verse 2-4 lassen sich dann, in der Kleidermetaphorik bleibend, etwa wie folgt paraphrasieren: „der Preis der *vrouwen* dagegen hüllt beide – *vrouwen* und *wîp* – mit dem Kleid des Lobes ein."

5      sint vrouwen wib, wib vrouwen nicht?    ja, durch lieb, durch leide.
        vrouwe ist ein name, der al ir art    mit einem nennen decket.[966]
        Unwib sint under vrouwen[967] ouch, daz prüfe ein man.
        swer merken kan,
        der volge miner witze
10    nach des rechtes spitze.[968]
        e daz ein wib mit bernder we    vrouwen stul besitze,[969]
        wie solde ir nam geheizen sin,    ob sich ir wandel wecket?

        Man sinne ez uz, man sinne ez in,
        kein vrouwe *en*mac sie nicht gesin.
15    ir nemeliche pin[970]
        muz in den schrin,
        da sich der vrouwen wanc unfin
        ouch birget nach den kunden min:
        in beiden wirt ein wandelnam    'unwib' dar uf gestecket.[971]

Die Strophe argumentiert in ihrem Verlauf zunehmend deutlicher auf metasprachlicher Ebene, d.h. sie knüpft in der hier gewählten Strophensequenz an die Reflexion aus V, 103 und 104 über Leistung und Wert der *namen* 'vrouwe' und 'wîp' an. Die *namen*-Thematik wird nun explizit mit der Thematik von Lob und Schelte verknüpft. Die Begriffe werden ausdrücklich auf ihre Wertsemantik hin befragt: Welcher Begriff hat preisenden, welcher tadelnden Sinn, welcher ist wertneutral? Dabei rückt insbesondere im zweiten Stollen und Abgesang die Argumentation mit ethischen Differenzierungskriterien noch stärker als in V, 104 in der Vordergrund.

Zugleich bildet der Text die einzige eindeutige Reaktion im *wîp-vrouwe-Streit* auf Walthers von der Vogelweide Strophe über *wîp* und *vrouwe* (*L* 48, 38).[972] Die Argumentation und Zielrichtung dieses Referenztextes sei kurz in

---

[966] „[...] der alle ihre Lebensstufen mit einem Nennen umfaßt".

[967] Zu den Lesarten in Vers 7 von J (*vnder vrouwen*) und C (*vnd$^s$ wiben*) s.u., S. 285.

[968] V. 10: „mit der Feinheit der Unterscheidung, die das *reht* fordert", Stackmann, *Wörterbuch*, Sp. 339a, zu *spitze*.

[969] V. 11: „ehe ein *wîp* durch den Schmerz des Gebärens den Thron der *vrouwe* erreicht".

[970] V. 15: „die Strafe, die in der Zuerkennung der Bezeichnung *unwib* besteht", Stackmann, *Wörterbuch*, Sp. 255a (*nemelich* [*namelich*]: „namentlich bestimmt", ebd.).

[971] V. 19: „Ihnen beiden wird ein und derselbe Lastername, nämlich 'unwîp', angeheftet"; *stecken*, „steckend befestigen": ebd., Sp. 345a.

[972] Auf diese Strophe Walthers bezieht sich auch in engerer Anlehnung eine Strophe des Meißners (Objartel XVII, 1; s.o., Anm. 934, zu V, 103 und derselben Meißner-Strophe). Die Klärung des Textverhältnisses zwischen letzterer und der Frauenlob-Strophe ist nicht von großer Bedeutung (und auch schwerlich zu erreichen). Folgende Parallelen sind anzuführen: 1.: der Meißner, Objartel XVII, 1, 5 (*doch sint alle wib vrouwen wol, so sint die vrouwen nicht wib, die wandel hat vurhouwen*) – Frauenlob, *GA* V, 106, 5; 2.: der Meißner, Objartel XVII, 1, 6 (*under vrouwen sin daz unwib, der mût an tugenden lazzet*) – Frauenlob, *GA* V, 106, 7; 3.: das Stichwort *wandel* spielt in beiden Texten eine zentrale Rolle (zum Meißner s.o.; Frauenlob, *GA* V, 106, 11f. und 19). Die ersten beiden Parallelen lassen sich aus dem gemeinsamen Bezug auf Walther, *L* 49, 7f. (*swiez umbe alle frowen var, / wîp sint alle frowen gar*) bzw.

Erinnerung gerufen,[973] wobei die Einbindung in den Liedzusammenhang hier vernachlässigt werden darf: Sie wird auch von Frauenlob ignoriert, der den Text gleichsam als Spruchstrophe behandelt.[974]

Der Gedankengang von Walthers Strophe zielt auf den Ausbau der werthaften Dimension der Bezeichnung 'wîp' mittels höfisch-ethischer Kriterien. Der grundlegende Gedanke ist die Bedeutung der *discretio*: Wirkliches Lob kann nur auf ethischer Unterscheidungsfähigkeit gründen; aus der Unterscheidung zwischen 'recht' und 'unrecht' durch das belehrende Ich geht bei Walther die Begriffsabgrenzung zwischen 'wîp' und 'unwîp' hervor. 'wîp' ist also der ethisch eindeutige Begriff.[975] Die Standesbezeichnung 'vrouwe' dagegen liegt jenseits dieses Aktes der *discretio*. Sie ist ethisch indifferent, stellt daher ein zweifelhaftes, wenig ehrenvolles Lob dar (*zwîvellop, daz hœnet*; L 49, 9): Unter *vrouwen* kann es auch *unwîp* geben – nicht so unter den *wîben* (L 49, 3f.). Damit wird die behauptete Wertobjektivität des favorisierten *namen* zum Problem der Wertverwirklichung in Beziehung gesetzt. Ziel der Strophe ist nicht eine Abwertung des Standesbegriffs und auch keine generelle Abkehr von 'Hoher Minne', sondern eine hierarchische Überordnung ethischer über ständische Kriterien im Rahmen der programmatischen Erörterung des angemessenen Lobens. In diesen Kontext ist Walthers eingangs formulierte These einzuordnen: *Wîp muoz iemer sîn der wîbe hôhste name* (L 48, 38), die er im Schlußvers der Strophe noch einmal aufnimmt.

Auf beide Argumentationselemente bei Walther – die Überordnung von 'wîp' als Ehrentitel im Sinne einer wertenden Stufung und die Bildung eines tadelnden Begriffs – nimmt Frauenlob Bezug und teilt sie zwei verschiedenen Argumentationsschritten zu.

In einem ersten Schritt wird im Eingangsstollen, wie Wachinger ausgeführt hat, '*vrouwe*' als der „umfassende Ehrenname" aufgebaut[976] und als solcher dem hier wertneutral gebrauchten Begriff '*wîp*' übergeordnet: Mit dem Preis der *wîbe* seien die *vrouwen* noch nicht erfaßt, wohl aber schmücke der Preis der *vrouwen*

---

L 49, 3f. erklären (*Under frowen sint unwîp, / under wîben sint si tiure*); keine Entsprechung bei Walther hat lediglich das Stichwort *wandel* zur Charakterisierung der *unwîbe*. Es wird nicht erkennbar, daß sich eine der Strophen Frauenlobs bzw. des Meißners tatsächlich konkreter auf die jeweils andere bezieht; wenn die Strophe des einen auch dem anderen Autor bekannt war, wird sie ihm doch allenfalls als motivischer 'Steinbruch' gedient und bei weitem nicht solche Bedeutung gehabt haben wie der Referenztext Walthers.

[973] Zu Walther, L 48, 38 unter den hier relevanten Themenaspekten vgl. Wachinger, *Sängerkrieg*, S. 232 und Huber, *Wort sint der dinge zeichen*, S. 36-40, auf den ich mich im Folgenden hauptsächlich beziehe.

[974] S. auch oben, Anm. 184.

[975] Daneben verwendet Walther, der eine logisch 'korrekte' Argumentation und Begriffsabgrenzung gar nicht beabsichtigt, den Begriff aber auch als unspezifische, wertneutrale Geschlechtsbezeichnung und leitet daraus, wie Huber, *Wort sint der dinge zeichen*, S. 37f., gezeigt hat, das Argument vom Begriffsumfang ab (L 49, 8: *wîp sint alle frowen gar*: „*wîp* sind sie alle, die edlen Damen").

[976] Wachinger, *Sängerkrieg*, S. 202f., zit. S. 203.

auch die *wîp* (v. 1-4). Frauenlob kehrt also zunächst die Begriffsstufung Walthers einfach um; so liest sich der Schlußvers des ersten Stollens als Antwort auf Walthers Strophenschluß: *wîp dest ein lop [name C e n], daz si alle krœnet* (*L* 49, 11).

Die physiologischen Definitionen aus V, 102 sind zwar Verständnisgrundlage, doch darf das Verhältnis der Begriffe zueinander auch im ersten Stollen nicht auf die sachlich-physiologische Abgrenzung reduziert werden. Die Metapher des Lob-Kleides (v. 4) signalisiert: Es geht um die Überlegenheit des Wertbegriffs in seiner preisenden Funktion gegenüber dem wertneutralen, lediglich benennenden Begriff. Auch für Vers 5 gilt dies, der sich der in Vers 1-4 formulierten Erkenntnis, daß nur '*vrouwe*' ein preisender Begriff ist, mit Anspielung auf das *proles*-Argument rückfragend versichert: „Sind also *vrouwen* auch *wîp*, *wîp* aber nicht immer auch *vrouwen*? Ja: aufgrund von Freude und Leid [sc. das die *vrouwen* erfahren].“[977] Vers 6 greift die Aussage von Vers 2-4 variierend wieder auf. *decken* ist eine Metapher für die Bezeichnungsrelation zwischen *nomen* und *res*,[978] läßt sich aber vielleicht zugleich als Fortsetzung der Kleidermetapher lesen (etwa: ein Name, der alle kleidet);[979] auch hierin böte der Vers dann ein Pendant zu Walthers Strophenschluß (*daz si alle krœnet*). Abstrakt gefaßt, ist es bei Frauenlob wie bei Walther prinzipiell derselbe Grundgedanke, von dem die Argumentation jeweils ausgeht und der in den entgegengesetzten Positionen konkretisiert wird: Man muß zwischen einem werthaften und einem wertneutralen Begriff unterscheiden, und nur der erstere taugt für ein eindeutiges Lob.[980]

---

[977] Die Freude-Leid-Formel in Vers 5 spielt wohl auf das Argument der Nachkommenschaft und damit auf die *parens*-Definition an. Dennoch ist der ganze Vers nicht einfach nur im Sinne der sachlichen *parens-deflorata*-Unterscheidung zu verstehen, denn die zweite Vershälfte deutet lediglich die Begründung für die implizite Aussage der ersten Vershälfte an. Diese selbst zielt auf die wertende Relation der Begriffe.

[978] Vgl. Huber, *Wort sint der dinge zeichen*, S. 176.

[979] Für *decken* in dieser Bedeutung ist im Frauenlob-Wörterbuch ein Beleg angegeben (*GA* V, *66, 19), allerdings in reflexiver Verwendung (*sich decken*, „sich kleiden": Stackmann, *Wörterbuch*, Sp. 55b); vergleichbar ist, daß auch hier unmittelbar vorher erstens die Gewandmetapher im Kontext von Preis und Preiswürdigkeit (*wat*; V, *66, 18) und zweitens der substantivierte Infinitiv *nennen* in der Bedeutung „lobendes Nennen" verwendet wird (ebd.).

[980] Die Überlegenheit des werthaften über den neutralen Begriff wird allerdings von Frauenlob weniger ausdrücklich gemacht und steht nicht so sehr im Vordergrund wie bei Walther (der mit *zwîvellop* einen eigenen Terminus für den indifferenten Begriff einführt). So ist auch die *discretio* bei Frauenlob kein zentrales Thema; die Bedeutung ethischer Unterscheidungen wird aber als selbstverständlich vorausgesetzt, wie Gegenstollen und Abgesang von V, 106 zeigen. Diese unterschiedliche Akzentuierung der beiden Texte erklärt sich leicht aus ihrer jeweiligen Einbindung: Frauenlob muß ja das – in der Spruchdichtung ganz selbstverständliche – Programm des unterscheidenden Lobes, das nur unter bestimmten Bedingungen vergeben wird und das daher als sein Komplement den Tadel braucht, nicht verteidigen – anders Walther, der dieses Programm in den Minnesang einzuführen sucht.

Der zweite Sinnabschnitt – vom zweiten Stollen bis zum Abgesang – greift Walthers Prägung *unwîp* auf. Zur Einordnung der Walther-Referenz ist vorab die Diskussion unterschiedlicher Lesarten erforderlich.

In Vers 7 ergeben beide Lesarten, die von J (*vnder vrouwen*) und von C (*vnd$^s$ wiben*), einen kohärenten Text. In der Variante von C[981] wendet sich Frauenlob gegen den Walther-Vers *L* 49, 4 (*under wîben sint si* [sc. die *unwîp*] *tiure*) und will zeigen, daß der Gegenbegriff '*unwîp*' nicht zur Begründung der Überordnung des Begriffs '*wîp*' taugt, denn: Auch unter *wîben* (*defloratae*) gibt es *unwîp* (im moralisch wertenden Sinne), ebenso wie unter den *vrouwen* (*parentes*; vgl. v. 17f.). Diese Version fügt sich einem in seinen Argumentationsschritten klar strukturierten Text ein: Die Möglichkeit, den tadelnden Namen zu erhalten, wird nacheinander zuerst an den *wîben* (v. 7 und 11-16) und dann an den *vrouwen* (v. 17f.), im physiologischem Sinne verstanden, demonstriert. In der Lesart von J, der die *Göttinger Ausgabe* folgt, nimmt Frauenlob „gerade das als selbstverständlich [...], was Walther abweisen wollte: Unter den *wiben* gibt es *unwip*".[982] Mit dem Walther-Zitat von Vers 7 (vgl. *L* 49, 3: *Under frowen sint unwîp*) wäre im Kontext des Abgesangs dann angedeutet, daß sich *unwîp* auch unter *vrouwen* befinden, d.h. aber ebenso unter *wîben*. Vorauszusetzen ist in dieser Version, daß Frauenlob „im Begriff *unwip* den Begriff *wip* mitgegeben sah".[983] Auf unterschiedlichen Argumentationswegen gelangen beide Varianten zu demselben, entscheidenden Ergebnis: '*unwîp*' ist ein umfassender Scheltname, der daher eine Rangordnung der Begriffe '*wîp*' und '*vrouwe*' nicht begründen kann. Grundsätzlich können beide Lesarten als gleichberechtigte Varianten gelten.

Die Ausführungen des Gegenstollens und des Abgesangs legen fest, unter welchen Voraussetzungen der Scheltname '*unwîp*' der *parens* und der *deflorata* gleichermaßen zuerteilt werden muß: dann nämlich, wenn eine Frau Unbeständigkeit und 'tadelnswertes' Verhalten an den Tag legt (*wandel, wanc unfin*; v. 12 und 17). Die Begriffe werden somit, im physiologischen Sinne verwendet, in bezug auf die Frage des konkreten Verhaltens gleichgeordnet; sie sind dann beide ethisch indifferent. Die Wertungsfrage verschiebt sich von der Frage der Rangordnung der Begriffe (vgl. den ersten Stollen) zur Problematik der Wertverwirklichung, zur Frage also, ob die einzelne Frau der dem Ehrennamen inhärenten Forderung mit ihrem Verhalten gerecht wird oder nicht. Für das Problem, wann Lob oder Tadel als Lohn bzw. Strafe zu vergeben seien, werden damit – wie bei Walther – höfisch-ethische Unterscheidungskriterien anderen Kriterien übergeordnet. Für Frauenlobs logisch-systematisches Vorgehen ist dementsprechend auch ein doppelter *vrouwe*-Begriff anzusetzen: auf der einen Seite die physiologisch eindeutige Bezeichnung in Vers 7 (in J) und 17, auf der anderen Seite der Ehrenname, der in lobender bzw. tadelnder Funktion zu- oder aberkannt werden kann (v. 11 und 14). Dies ist kein logischer Bruch, sondern zeigt gerade, daß Frauenlob beide Bedeutungsmöglichkeiten auseinanderhält. Er

---

[981] Wachinger, *Sängerkrieg*, S. 201, zieht sie vor (Diskussion S. 202). Die ganze erste Vershälfte lautet in C: *secht vn wip vnd$^s$ wiben ouch* (*GA*, S. 827).
[982] Stackmann, *GA*, S. 828.
[983] Ebd.; vgl. auch Kellners Interpretation auf der Grundlage der Lesart von J, die eine ähnliche Richtung einschlägt: Sie deutet Vers 7 als nur scheinbare Bestätigung von Walthers Aussage, die aber dann zu Zwecken der eigenen Argumentation umgebogen wird („*Vindelse*", S. 265f.).

trennt damit auch die Frage der Begriffshierarchie von dem Problem der Wertverwirklichung.

Indem er dies tut, demonstriert er, daß Walthers Hinweis auf die *unwîp* zur Begründung einer Werthierarchie der *namen* nicht geeignet ist. Tadel und tadelnder Begriff sind im gegebenen Fall eben immer angemessen – unabhängig davon, welcher *name* als preisender Begriff favorisiert wird. Frauenlob bezieht also, was den Grundgedanken von Walthers Argument betrifft – die Wertung vorrangig mittels ethischer Kriterien –, generell dieselbe Position, hebt aber zugleich dessen Argumentation aus den Angeln.[984]

Wie läßt sich also der Umgang des Textes mit seinem Referenztext beschreiben? Zunächst einmal ist festzuhalten: Frauenlob wendet sich gerade nicht gegen die Walthers Argumentation zugrundeliegenden Auffassungen über Lob und Tadel, sondern stimmt hierin mit ihm überein. Das gilt für die Überlegenheit des werthaften *namen* über den wertneutralen (erster Stollen): Nur die Begriffe sind vertauscht, der Gedankengang ist grundsätzlich analog. Und auch zur Überordnung ethischer Kriterien und zur Verteilung von Lob und Tadel, wo die Frage der konkreten Umsetzung von Werten berührt ist, vertritt Frauenlob hier generell dieselbe Auffassung – nur bindet er sie argumentativ anders ein (Gegenstollen und Abgesang).

Er nutzt also dieselben Grundelemente der Argumentation für seine Zwecke und ordnet sie neu an. Während sie bei Walther eine Einheit bilden, zerlegt Frauenlob sie in seiner Antwort in zwei einzelne Schritte, die er voneinander löst und systematisch nacheinander abhandelt. Er kann auf diese Weise zeigen: Es handelt sich um zwei voneinander unabhängige Argumente, die mit unterschiedlichen Kriterien operieren: einerseits mit dem 'objektiven' Wert der Begriffe, andererseits mit der konkreten Wertverwirklichung. Unterstrichen wird die Isolierung der beiden Grundaussagen durch die klar strukturierte Darstellung des Gedankengangs, die sich an den formalen Abschnitten der Kanzonenstrophe orientiert. Daß der Schlußvers des ersten Stollens in V, 106 auf den Strophenschluß bei Walther antwortet (*L* 49, 11), darf als Hinweis darauf gelten, daß einer einzigen Argumentationseinheit des Bezugstextes zwei Schritte des antwortenden Textes entsprechen, deren Zäsur mit der Stollengrenze zusammenfällt. Durch sein Vorgehen kann Frauenlob mit Walther gegen ihn argumentieren, den Vorgänger mit seinen eigenen Waffen schlagen. Es gilt festzuhalten, daß dabei nicht Argumentations-Inhalte eine Rolle spielen, sondern vielmehr ihre Verwendungsweise, d.h. die argumentative Strategie des Textes.

Fragt man ausgehend von diesen Beobachtungen nach der Zielrichtung der Strophe, so ist ohne Zweifel mit Wachinger das im Namensspiel versteckte Selbstlob Frauenlobs zu nennen – wird doch mit Entschiedenheit und polemi-

---

[984] Selbstverständlich ist damit keine Einordnung der Strophe Walthers ausgesprochen; es sollte nur die Perspektive des Frauenlobschen Textes auf seinen Bezugstext nachgezeichnet werden. Textimmanent betrachtet, scheint bei Walther die Pointe gerade in der (beabsichtigten) 'Unlogik' zu liegen.

scher Schärfe *der vrouwen pris* (v. 3) hochgehalten – und damit die Absicht, den älteren und kanonisierten Meister in der Kunst des Lobens zu überbieten.[985]

Bedeutsam ist hierbei, daß Frauenlob auf Walthers Argumentation nicht nur einfach mit der Gegenthese kontert, sondern die Meisterschaft und Überbietung gegenüber der Kunst des Älteren vor allem durch bestimmte Verfahren zu demonstrieren sucht.[986] Für die Begründung dieses Anspruchs und für das literarische Selbstverständnis sind daher gerade solche Strategien, die auch für andere seiner Strophen im *wîp-vrouwe-Streit* als charakteristisch festgestellt werden konnten, wie das Zerlegen in einzelne Teilschritte, deren systematische Durchführung und die Loslösung unterschiedlicher Argumentationsebenen und Wertungskriterien voneinander, als zentral anzusehen. Sie sind das Demonstrationsfeld des hier formulierten künstlerischen Anspruchs und des impliziten poetologischen Programms.

Zugleich stimmen Frauenlobs Ausführungen, wie gesagt, mit der Strophe Walthers in den wesentlichen Leitgedanken überein: Der werthafte Begriff benötigt als sein Komplement den tadelnden Begriff. Das mit dem Ehrennamen ausgesprochene Lob ist nicht unterschiedslos zu vergeben, es erfordert das entsprechende Verhalten der Namensträgerin. Dieses Verhalten wird gemessen an Wertkoordinaten höfischer Ethik; die urteilende und wertvermittelnde Instanz ist das Spruchmeister-Ich, das sich zugleich über diese Funktion profiliert. Die *namen*-Thematik wird in den Dienst der Ermahnung gestellt, zielt aber auch überhaupt erst auf die Artikulation höfischer Wertvorstellungen. Damit ist der Anschluß an eine Wertediskussion hergestellt, die schon bei Reinmar und Walther mit dem volkssprachlichen *namen*-Denken verknüpft ist und in der Spruchdichtung seit Reinmar von Zweter vertieft wird:[987] Frauenlob schließt sich eng an tradierte Grundvorstellungen höfischer Paränese an, wie sie in der *namen*-Reflexion früherer Autoren weitergegeben werden.

Zu diesem Traditionsanschluß paßt der didaktisch-erläuternde Zug in zweitem Stollen und Abgesang. Vor allem wird stichwortartig konkretisiert, welches Verhalten die 'Bestrafung' durch den Scheltnamen nach sich zieht. Die Bedingungen, unter denen der tadelnde Name vergeben werden muß, werden nacheinander für das *wîp* (v. 11-16) und für die *vrouwe/parens* (v. 17f.) genannt, wobei

---

[985] Vgl. Wachinger, *Sängerkrieg*, S. 203, zu V, 106. Dieser Zielrichtung entspricht auch, daß der Akt des Preisens nur in V, 106 thematisch wird, nicht jedoch in den anderen Strophen Frauenlobs im *wîp-vrouwe-Streit*.

[986] Vgl. Kellner, „*Vindelse*", die die von Frauenlob behauptete Überlegenheit seiner Kunst über die von Walther repräsentierte Tradition in den Sprachsetzungen bzw. Umsemantisierungen der Begriffe demonstriert sieht (S. 268 zu V, 115; S. 275). Demgegenüber wird in dem hier entwickelten Ansatz das Demonstrationsfeld des künstlerischen Anspruchs nicht primär in der semantischen (Neu-)Bestimmung der Begriffe gesehen, sondern auf übergeordneter Ebene, in der Hierarchisierung der Kriterien zur Begriffsbestimmung bzw. -wertung sowie in den argumentativen Verfahren, für welche die begrifflichen Setzungen nur den Ausgangspunkt bilden. Ferner ist gegen Kellners Ansatz der im Folgenden erläuterte zweifache Traditionsbezug Frauenlobs geltend zu machen.

[987] Huber, *Wort sint der dinge zeichen*, bes. S. 58-62 u.ö.

der physiologisch eindeutige Begriff in seiner Verwendung klar von dem Ehrennamen '*vrouwe*' geschieden wird. Analog zu Walthers Begriff *zwîvellop* für die wertindifferente Bezeichnung wird hier für den Scheltnamen eigens ein Terminus gefunden (*wandelnam*); die Opposition von ehrendem und tadelndem Namen wird dadurch unterstrichen. Der einordnende Terminus *wandelnam* expliziert, daß beide genannten Fälle derselben Kategorie angehören (v. 19).

Durch die Sprachgestalt der letzten fünf Verse wird ferner der Akt der Einordnung des Verhaltens und der Fixierung des Werturteils hervorgehoben. Die *schrîn*-Metapher steht für das ordnende Urteil, die eindeutige, Anspruch auf objektive Gültigkeit erhebende Klassifizierung von Verhalten im Rahmen vorgegebener Wertmaßstäbe. Ein Blick auf weitere Belegstellen bei Frauenlob unterstützt diese Auffassung. Zweimal verwendet er das Bild des Schreines in Sprüchen, die über die Gültigkeit verschiedener Rechtskonzepte bzw. über das richtige Strafen belehren;[988] in beiden Texten wird mit der Metapher offenbar die Vorstellung des angemessenen, 'gerechten' Urteils aufgrund allgemein gültiger Werte bzw. Rechtsnormen verknüpft.

Die Wendung '[jemandem einen Namen] *dar ûf stecken*' (V, 106, 19) bildet eine weitere Umschreibung für die Bezeichnungsrelation (vgl. auch *decken*, v. 6). Die Relation zwischen Wortzeichen und Sache wird hier unter dem Aspekt der in der wertenden Namensgebung enthaltenen Etikettierung und der Fixierung des Urteils dargestellt. Impliziert ist damit die Vorstellung: Ein solcher *wandelnam*, der von einer 'objektiv' urteilenden Instanz als Strafe verliehen wird und zugleich eine Kategorisierung bedeutet, macht das Fehlverhalten im Wortzeichen erkennbar und ist gleichsam ein Makel, der haften bleibt.[989] Die Sprachgebung der letzten Verse betont dergestalt ausdrücklich den Akt der urteilenden Namenszuweisung, wobei sowohl der paränetische Akzent wie auch der der fixierenden Begriffszuweisung hervortritt.

An die Analyse der Aktzentuierung und Einbindung der *namen*-Thematik schließt sich die Frage an, welche Position die Strophe, systematisch betrachtet, im *wîp-vrouwe-Streit* einnimmt. Aus der Auseinandersetzung mit dem Text Walthers gewinnt Frauenlob – vor allem in Gegenstollen und Abgesang – eine Akzentuierung und Vertiefung der *namen*-Thematik, die gegenüber seinen bisher behandelten Strophen neu ist. Deren Ausführungen werden um die Problematisierung der Wertverwirklichung und die davon abhängige Festsetzung von

---

[988] In Strophe *GA* V, 21 über dreierlei Recht wird die Metapher (*des rechtes schrin*, v. 15) im Zusammenhang mit der Unbestechlichkeit und Objektivität des weltlichen Rechts und damit auch der Bestrafung (*pin*, v. 17) eingesetzt. Strophe VII, 19 handelt vom richtigen (d.h. unparteiischen) Strafen, das *uz rechter sache schrin* erfolgen soll (v. 2). Die Metapher wird an dieser Stelle von Stackmann (*GA*, S. 885) konkreter aufgefaßt („Schrein eines Kaufmanns"). Hinter dem Kaufmann verbirgt sich hier der *strafer* (v. 3), der zum gerechtem Strafen angeleitet wird, und der 'Schrein' enthält gleichsam die richtigen Gründe für die Bestrafung.

[989] An anderer Stelle setzt Frauenlob eine verwandte Umschreibung in vergleichbarer Weise ein: Hier geht es darum, daß umgekehrt ein werthafter Begriff nicht haften bleibt (*der nam beclibet* / [...] *nicht*; *GA* V, 50, 4f.), wenn die Sache entwertet wird, genauer gesagt, wenn sich die Hierarchie von ethischen und materiellen Kriterien umkehrt.

Lob und Tadel, mit der Frauenlob an die traditionelle höfische Paränese anschließt, ergänzt und präzisiert.

Was die Erarbeitung einer ethischen Wertopposition betrifft, so verdient das Verhältnis zu Strophe V, 104 und V, 113 besondere Aufmerksamkeit.[990] Zu V, 104 stellt das Stichwort *wandel* eine lockere Verbindung her (vgl. V, 104, 19)[991], das in V, 106 größeres Gewicht erhält (vgl. v. 12; 17; 19). Die in V, 104 anklingende Wertung mittels moralischer Kriterien wird hier fortgesetzt und ausgearbeitet. Während aber in der Wippeon-Strophe die entgegengesetzten Wertungen auf die beiden konkurrierenden Namen verteilt werden, entlastet hier der eindeutige Scheltname '*unwîp*' den Begriff '*wîp*' von pejorativen Konnotationen.

Hinsichtlich der Logik der Begriffsverwendung geht die vorliegende Strophe konsequenter vor als V, 102 und V, 103-104 und präzisiert gleichsam die dort dargebotenen Ausführungen über die *namen*, indem sie verschiedene Parameter, die für die Begriffsverwendung von Bedeutung sind, voneinander trennt. Vorbereitet dadurch, daß die Begründung für die Hierarchisierung der Seinsstufen mit rein physiologischen Kriterien bereits in V, 105 geleistet ist, löst V, 106 die metasprachliche Verwendung von der sachbezogenen ab und führt zugleich die Trennung ethischer von sachlich-physiologischen Kriterien der Begriffsbestimmung neu ein. Das bedeutet: *wîp* wird nur noch sachbezogen eingesetzt (der *name* '*wîp*' kommt nicht vor) und auch nur im Sinne von '*deflorata*'. Kategorial davon abgetrennt ist der mit ethischen Kriterien aufgebaute Gegenbegriff '*unwîp*'. Bei '*vrouwe*' läßt sich zumindest ab Vers 7 die *res*-bezogene von der *namen*-bezogenen Verwendung trennen, ebenso die physiologische Begriffsbedeutung von der ethischen.

Die explizite Reflexion auf Leistung, Rang und Wert der Begriffe konzentriert sich in V, 106, 7ff. auf höfisch-ethische Kriterien. Die Argumentation zeigt, wie wenig die physiologischen Begriffsdefinitionen aus V, 102 Selbstzweck sind. Sie werden jedoch keineswegs zurückgenommen, sondern sind im Gegenteil notwendig, um zu zeigen, daß die sachlichen, an sich wertneutralen Unterscheidungen einerseits und die Wertsemantik und -hierarchie der *namen* andererseits unabhängig voneinander Gültigkeit besitzen und daß die physiologischen Kriterien den ethischen untergeordnet sind.

Damit entsteht in Verfahrensweise und Zielrichtung des Textes eine Verbindung zu Strophe V, 113, die weiter unten kommentiert wird: Die beschriebene differenzierende Verwendung der Begriffe ist die Voraussetzung für die in V, 113 konsequent vollzogene Bedeutungsübertragung von '*vrouwe*' auf die ethische Ebene.[992] Vorausgreifend sei erwähnt, daß sich diese beiden Strophen in

---

990 Die folgenden Bemerkungen sind, es sei wiederholt, keinesfalls als Herstellungsversuch einer ursprünglichen Chronologie mißzuverstehen, sondern bemühen sich um eine systematische Ordnung.
991 Vgl. ferner V, 104, 2 und 16 (*rünic*; *bar billicher scham*) sowie V, 103, 11.
992 Hierzu s.u., 4.2.2.7. Diese Übertragung, die zur Anwendung des Ehrennamens '*vrouwe*' als Prädikat der 'tugendhaften' Frau (nicht nur für die *parens*) führt, ist in V, 106 zumindest in

ihrer Argumentation komplementär zueinander verhalten – einmal geht es um die Leistung des tadelnden, das andere Mal um die des preisenden Namens.

Das Fazit der Textanalyse stellt erstens auf das Verfahren von Frauenlobs Reaktion auf den Referenztext ab, zweitens auf Traditionsbezug und poetologische Standortbestimmung und drittens auf die Schlußfolgerungen für das Konzept, mit welchem Frauenlobs Strophen im *wîp-vrouwe-Streit* aufeinander bezogen sind.

1. Die Bezugnahme auf Walthers Liedstrophe *L* 48, 38 zielt nicht auf eine inhaltliche Auseinandersetzung über divergierende Grundpositionen, etwa über unterschiedliche 'Liebeskonzeptionen'.[993] Einerseits wird Walthers *namen*-Hierarchie umgedreht, andererseits greift Frauenlob die einzelnen Argumentationselemente und zugrundeliegenden Gedanken des Bezugstextes auf und verwendet sie für die Begründung der eigenen These: Indem er sie beibehält, aber logisch zerlegt und neu zusammenfügt, und indem er die Parameter der Begriffsverwendung voneinander isoliert, grenzt er sich gegen die Walther-Strophe über das Verfahren und die Strategie seiner Widerlegung ab.

2. Dies hat Konsequenzen für die Einordnung der versteckten Selbstrühmung. Der Anspruch, den sie impliziert, mit der eigenen Lobkunst den älteren Meister zu überbieten sowie dessen Kunst, auf ihr aufbauend, zu vollenden, wird eben mit der Darbietung bestimmter Verfahrensweisen und Strategien der begriffslogischen Argumentation demonstriert. Dem entspräche ein poetologisches Programm, in welchem der angemessene Preis auf begriffsanalytischer Sprachverwendung und logisch-systematischem Vorgehen basiert. In diesem programmatischen Sinne richtet sich Frauenlobs Abgrenzung, so ist zu vermuten, gegen Walther eher als kanonisierten Repräsentanten einer als vorbildlich betrachteten Epoche denn als individuellen Autor.[994]

Zugleich mit der Abgrenzung zeigt sich gerade in dieser Strophe Frauenlobs Traditionsanschluß, was Denkmuster und Wertvorstellungen höfischer Didaxe, insbesondere spruchmeisterlicher, in Paränese und Tugendpreis eingebundener *namen*-Reflexion, betrifft (Thematisierung von Lob und Tadel, Wertbegriff und Wertverwirklichung). Frauenlob kommt also, ausgehend zunächst von neuen Begriffsdefinitionen und Begründungen des Frauenpreises nun wieder in bereits geebnete Bahnen höfischer Wertediskussion zurück. Die Frage der Wertver-

---

Vers 13f. schon impliziert; sonst könnte ja nicht die Frage erwogen werden, ob ein *wîp*, das noch nicht Mutter ist, '*vrouwe*' genannt werden kann.

[993]  Das heißt nicht, daß die Akzente nicht zum Teil unterschiedlich liegen können, aber Frauenlob grenzt sich von Walther nicht auf inhaltlicher Ebene ab.

[994]  Auch die 'Selbstrühmung' V, 115, deren Polemik ganz unspezifisch bleibt, weist den Gestus einer allgemeinen Herausforderung der großen Tradition auf, einzelne Autoren werden eher als deren Vertreter angegriffen; hinsichtlich dieser Einordnung der Polemik gegen die 'alten Meister' in V, 115 ist es nicht so sehr von Belang, ob Frauenlob der Autor war oder ob die Strophe ihm in entlarvender Absicht in den Mund gelegt wurde, wie Rettelbach, „Abgefeimte Kunst", vermutet.

wirklichung wird thematisch, die den Tadel provozierende Verhaltensalternative benannt, die Basis für die Argumentation mit der Überordnung der höfisch-ethischen Kriterien über sachlich-logische geschaffen und der Akt des 'objektiv' gültigen Urteils und der fixierenden Begriffszuordnung sprachlich unterstrichen: In all diesen Punkten tritt die paränetische Tendenz zusammen mit einer logisch-systematischen Darstellungsweise deutlich hervor.

3. Aus dem beobachteten Traditionsanschluß kann folgendes Konzept abgeleitet werden, das die einzelnen Strophen im *wîp-vrouwe-Streit* aufeinander bezieht. Sie führen, so die These, schrittweise die Integration von neuen, ihrer Herkunft nach 'fremden' Begründungen des Preises, mit denen letzterer nicht selbstreferentiell argumentiert, in den höfischen Frauenpreis und seine Wertoppositionen vor. Das 'höfische Frauenbild' und die Auffassung höfischer Liebe werden dadurch nicht gesprengt oder überformt, sondern sind flexibel, unspezifisch und offen genug, um Neues und nicht spezifisch Höfisches aufzunehmen. Dies demonstrieren Frauenlobs Texte, sofern man den Verbindungslinien zwischen ihnen Beachtung schenkt. Nach der Distinktion mittels zunächst nur physiologischer Kriterien (V, 102; auf der Sach-Ebene vor allem V, 105) werden die Begriffe in einzelnen Schritten in ihrer werthaften Dimension aufgebaut und in ein Rangverhältnis zueinander gestellt (V, 103-104); dieses wird schließlich logisch-begriffsanalytisch präzisiert und mit paränetischer Tendenz weiter herausgearbeitet (V, 106; vgl. auch V, 113).

Strophe V, 106 steht in der handschriftlichen Überlieferung ausschließlich in polemischem Kontext, d.h. mit einer oder mehreren Gegnerstrophen, an denen nun ihrerseits die Verfahren der Bezugnahme auf Referenztexte zu analysieren sind.

4.2.2.5 Argumentationen und Selektionen der Gegnerstrophen V, 109 G, V, 110 G, V, 107 G und V, 108 G

Die Gegnerstrophen V, 107 G bis V, 110 G, die unterschiedliche Perspektiven auf Frauenlobs Ausführungen dokumentieren, lassen sich unter dem Aspekt systematisieren, wie weit sie sich auf die Streitfrage um die Namen einlassen bzw. sich von ihr entfernen. Den größten Abstand läßt Strophe V, 109 G erkennen:[995]

    Künde ich in disem kriege nu geschaffen daz,
    daz mir die baz
    wib unde vrouwen günden![996]
    nu hört, lat mich iu künden:
5    swer sie mit ichte scheide, der    wirret sich in sünden.
    ir namen, ir forme, ir lib, ir lit    hat got in ein geeinet.

---

[995] Zu V, 109 G vgl. Wachinger, *Sängerkrieg*, S. 213f.
[996] V. 2f.: „daß mir die Frauen um so mehr Gutes gönnten"; vgl. Stackmann, *Wörterbuch*, Sp. 137b.

>      Swie n*u* der namen zwene sin, ein einic lib
>      ist vrouwe und wib.
>      wil man ez rechte erkennen,
> 10   so mac man wol nennen
>      die vrouwen wib, wib vrouwen ouch.   zware einer hennen
>      vuz gebe ich nicht um iuwern krieg,   sit daz wib vrouwe meinet
>
>      Und vrouwe wib. nu lazet abe!
>      verleitet iuch des krieges gabe,
> 15   der helleknabe
>      vreut sich der habe.
>      vürt ir den kriec mit iu zu grabe,
>      so lent ir zu eime kranken stabe.
>      bricht er, ir snabet über ein zil,   daz iu niur val erscheinet.[997]

Die Auseinandersetzung um die konkurrierenden Begriffe wird hier grundsätzlich als sinnlos abgelehnt, da, so das mehrfach wiederholte Argument, beide *namen* ein und dieselbe Sache bezeichnen und als Synonyme austauschbar seien (v. 7f.; 10f.; 12f.). Für diese Position, die das Gegenkonzept zu der in Frauenlobs Strophe V, 103 am Beispiel der biblischen Namensgebungsszene vorgeführten Position bildet,[998] sind die begrifflichen Differenzierungen bedeutungslos. So wendet sich der Text auch nicht gegen ein bestimmtes Argument Frauenlobs oder seiner anderen Gegner.

Zu der *res*-orientierten Haltung kommt die als Sprachgestus aufzufassende 'religiöse' Begründung der Verurteilung des Streits. Hierzu gehört die Berufung auf Gott – das begriffliche *scheiden* richtet sich gegen ihn, der beide *namen* und die *res* jeweils als Einheit entworfen hat (v. 6) –, der Sündenvorwurf (v. 5) und vor allem die Rhetorik der Mahnung zur 'Umkehr' im Abgesang, die auch die Warnung vor der Höllenstrafe impliziert: „Nun laßt ab! Wenn euch der Gewinn[999] des Streits verleitet, freut sich der Höllensohn seiner Beute. Führt ihr den Streit bis zum Grab weiter, dann lehnt ihr euch auf eine schwache Stütze: Wenn die bricht, werdet ihr über ein Ziel straucheln, das euch nichts als den Untergang bringen wird." Die Metapher des *kranken stabe[s]* umschreibt sowohl eine Argumentation, die eine These nicht stützen kann, als auch grundsätzlicher in quasi-religiöser Polemik eine falsche Orientierung der Streitenden, vor deren angeblicher Gefahr für das Seelenheil gewarnt wird.

Sprache und Motivik der Schelte der Begriffsunterscheidung als 'Sünde' haben in anderen thematischen Zusammenhängen volkssprachlicher höfischer Literatur Entsprechungen. Zunächst sind die Berufung auf Gott und der Sündenvorwurf im Rahmen der Liebesthematik zu nennen, wo auf solche Weise jeder

---

[997] Der Relativsatz in Vers 19 (mit transitivem *erscheinen*) wörtlich: „das euch nichts als Untergang offenbart."

[998] S.o., 4.2.2.2.

[999] Was mit des *krieges gabe* gemeint ist, ist unklar – vielleicht der Lohn der Streitenden, der in V, 107 G, 18 in der Gunst der Frauen gesehen wird (vgl. V, 109 G, 1-3).

gegen die Frauen gerichtete Mißbrauch von Sprache geahndet wird.[1000] Noch auffälliger sind jedoch die Parallelen zu Spruchstrophen mit Zungensündenschelte im Sinne einer allgemeinen Moraldidaxe. Folgende Merkmale treten in einer Reihe von Sprüchen Reinmars von Zweter mit einer gewissen Konstanz auf: Mit Androhungen der Höllenstrafe und Verfluchungen begegnet er der *bœsen zunge*, dem Spötter, Lügner und Heuchler,[1001] auch mit dem Vorwurf der Sünde[1002] und der ausdrücklichen Berufung auf Gott: Der Verleumder zerstört *den cristentuom* und ist Gott daher verhaßt,[1003] der *spotter* bricht den von Gott gebrachten Frieden und wird von ihm selbst der Sünde angeklagt.[1004] Die genannten Merkmale der Polemik finden sich ferner in einer Rätselstrophe des Marner über die böse Zunge[1005] und in einem Spruch des Jungen Meißners gegen die *hinderrede*.[1006]

Die Entsprechungen dieser Texte zur Polemik in V, 109 G liegen auf der Hand. Sie betreffen nicht den konkreten Inhalt der Anschuldigungen und Vorwürfe, sondern die Sprachgestalt, das polemische Register, das gezogen wird. Daß es sich um ein verfügbares Register handelt, das in unterschiedlichen Zusammenhängen und zu unterschiedlichen Zwecken eingesetzt werden kann, zeigt auch eine Strophe in Frauenlobs Langem Ton außerhalb des *wîp-vrouwe-Streits*: V, 120 G wendet sich ebenfalls gegen Frauenlob und schließt mit 'religiöser' Polemik ab, hat aber als Stilparodie ansonsten eine ganz andere Ausrichtung als V, 109 G.[1007]

Bei den unterschiedlichen Verwendungsfunktionen läßt sich gleichwohl ein gemeinsamer Nenner angeben, von dem die Zungensündenschelte der Moraldidaxe und die Kritik am Begriffsstreit in V, 109 G gleichermaßen abgeleitet wer-

---

[1000] Der Sündenvorwurf in der Kritik der Frauenschelte: Hugo von Mühldorf, *KLD* 26, 2; Walther von der Vogelweide, *L* 24, 12-17; die Berufung auf Gott (wer Frauen verleumdet, ist Gott unlieb): Johann von Ringgenberg, *SSM* 13, 1, XI; Roethe 257, 8f. (anonyme Strophe in der Spiegelweise des Ehrenboten; Katalog der sprachlichen 'Sünden' gegenüber Frauen); die Verfluchung des Verleumder der Frau: z.B. Meinloh von Sevelingen, *MF* 13, 14.

[1001] Reinmar von Zweter, Roethe 94, 5 und 12 (die *bœse zunge*); 157, 4-6 und 12 (der verleumderische Heuchler); 212, 11f. (der *spotter*); ferner eine anonyme Strophe in Reinmars Frau-Ehren-Ton: Roethe 250a, 11 (der *Smirzwol*, der Schmeichler am Hof); weitere Strophen mit Zungensündenschelte: Reinmar von Zweter, Roethe 155; 169; Walther, *L* 30, 9.

[1002] Besonders eindrücklich wird der Sündenvorwurf von Reinmar in Roethe 212, 2-4 artikuliert.

[1003] Roethe 157, 7 (zit.) und 12.

[1004] Roethe 212, 2-4 und 7f.

[1005] Der Marner, Strauch XV, 9; vgl. auch: der Meißner, Objartel I, 3; weitere Beispiele nennt Strauch, *Marner*, S. 177.

[1006] Der Junge Meißner, Peperkorn A, I, 18.

[1007] V, 120 G, 15-19: *han sies geniez, / die got verstiez, / daz er dich mensch ie werden liez, / daz wirt dir leit. der helle spiez / richt ez dort an der sele din* [...] („Wenn die, die Gott verstoßen hat, Nutzen davon haben, daß Gott dir das Leben geschenkt hat, wird dir das Leid bringen. Der Spieß der Hölle möge es an deiner Seele in jenem Leben rächen [...]!"); zu dieser Strophe auch Wachinger, *Sängerkrieg*, 271-273.

den können: die Kritik am Mißbrauch der Sprache und an der Verfälschung der Wahrheit als allgemeines Schema moralkritischer Schelte, das je unterschiedlich konkretisiert und funktionalisiert werden kann. Die Kritik am allgemeinen Mißbrauch der Sprache wird in der vorliegenden Strophe nicht expliziert, wohl aber der Tadel an einer seiner konkreten Formen. Da das polemische Register samt Sündenvorwurf, Höllenstrafenandrohung und Berufung auf Gott andernorts mit einiger Konstanz dem Zungensündentadel assoziiert ist, kann vermutet werden, daß dieser durch die Verwendung des Registers auch in der vorliegenden Strophe präsent gehalten und rhetorisch der Begründung der Position dient. Die Festigung des Angriffs mit einem polemischen Schema der Moralkritik erzeugt einen weitaus aggressiveren Streit-Gestus, als es die einfache Behauptung der Synonymität der *namen* '*wîp*' und '*vrouwe*' vermocht hätte.

Die drei anderen Gegnerstrophen des *wîp-vrouwe-Streits* greifen jeweils unterschiedliche Einzelaspekte von Frauenlobs Argumentation heraus und konzentrieren sich auf diese. Strophe V, 110 G, die ebensowenig wie V, 109 G mit eindeutigen Zitaten und Responsionen auf eine bestimmte Strophe Frauenlobs als Bezugstext verweist, ist die einzige, die auf das *proles*-Argument und die physiologischen Differenzierungen Frauenlobs eingeht.

       Gesanges friunt, war umme strafest du die wip?
       din selbes lip,
       der *quam* von wibes libe.
       du bist von einem wibe
5     geborn als ich. nu widersprich!    la sehen, wer mich tribe
       von dem gelouben, den ich weiz,   daz dich ein wip gebere.

       Ob <*ich*> sie nande vrouwe [] <*und*> wip, die dich gebar,[1008]
       seite ich unwar
       ald hete ich war gesprochen?
10    † ist dir icht gebrochen
       an <*wibes*>[1009] art, die schult ist din   alle dise wochen †:
       ob ich ir spreche 'vrouwe und wip',  die kindes muter were,

       Ich hete an beiden war gesaget.
       swie wilen hiez ein wip ein maget,
15    ez ist verklaget
       und wirt verdaget.[1010]

---

[1008] In Vers 7 ist der Text ohne Konjektur nicht verständlich (der einzige Textzeuge C überliefert: *Ob si nan* [Zeilenbruch] *di vrŏwe ein wip* [...]). Wachinger, *Sängerkrieg*, S. 205, schlägt vor: *Ob ich si vrouwe nande „ein wip"* [...]. Für die Konjektur der *GA* (mit Ettmüller und Thomas) spricht jedoch, daß die Parallelität der beiden Vordersätze Vers 7 und 12, die bei den Verseingängen und den beiden Relativsätzen ohnehin offensichtlich ist, sich auf die ganzen Verse erstrecken würde. Die Entscheidung ist aber für die Analyse nicht von sehr großer Tragweite, da grundsätzlich beide Konjekturen jede der beiden im Folgenden diskutierten Deutungen zulassen.

[1009] Zur Konjektur *wibes* und zum ganzen Satzgefüge v. 10f. s.u., S. 296.

> des krieges bin ich unverzaget:
> ich vichte, daz mir min gugel waget.[1011]
> schimpf unde spot, schilt unde sper   han ich zu kampfes gere[1012].

Der Text macht sich das bei Frauenlob zentrale Argument der Mutterschaft für seine eigenen Zwecke zunutze. Wie wird es eingesetzt und worauf zielt die Argumentation? Zunächst wendet sich die Strophe gegen das *strâfen* der Frauen (erster Stollen); wie dieser Vorwurf gemeint ist, bleibt vorerst offen und wird erst im Strophenverlauf deutlicher. Als Begründung der Kritik wird mit auffälliger Redundanz das Argument der Mutterschaft wiederholt (v. 2f.; 4f.; 5f.; vgl. auch v. 7 und 12), und zwar in einer Variante, die im Sangspruch und in anderen Gattungen bereits vereinzelt nachgewiesen werden konnte und wahrscheinlich gegenüber der Frauenlobschen Version des Arguments die gebräuchlichere war. „Wir sind alle von Frauen geboren": So wird sowohl der Preis der Frau als auch der Tadel der Frauenschelte begründet.[1013]

Der Beginn des zweiten Stollens bringt ein neues Argument. Es wird einmal als rhetorische Frage (v. 7-9), dann noch einmal als Antwort formuliert (v. 12f.) und durch die augenfällige Parallelität zwischen beiden Satzgefügen besonders hervorgehoben: Es sei kein logischer Widerspruch, wenn man die *parens* sowohl *wîp* als auch *vrouwe* nennt. Offenbar schiebt der Text nicht wie V, 109 G und V, 107 G (s.u.) die begrifflichen Unterscheidungen als gegenstandslos beiseite,[1014] sondern argumentiert inhaltlich und läßt sich auf Frauenlobs physiologische Definitionen ein, wenn er *beide* Benennungen als zutreffend bezeichnet: Denn die *parens* ist (in Frauenlobs Definition) sowohl *vrouwe* als auch *wîp* (*deflorata*).

---

[1010] Wachinger, *Sängerkrieg*, S. 206, zu v. 14-16: „Wenn auch ein *wip* vorher *maget* gewesen ist, so ist das (der Verlust der Jungfräulichkeit) verschmerzt und man spricht nicht mehr davon."

[1011] Stackmann, *Wörterbuch*, Sp. 137a, versteht *gugel* („Kapuze") als Pars pro toto für „Narrengewand"; erwägenswert ist auch „Narrenkappe" (die beim Kämpfen wackelt).

[1012] Aufgrund dieser und einer Stelle bei Frauenlob (*GA* VI, 8, 13) wird von Stackmann, ebd., Sp. 101b, ein Femininum *gære*, „Gärung, rechter Grad der Gärung", mit Fragezeichen angesetzt; vgl. auch ders., *GA*, S. 831 („für den gärenden Kampf"); in V, 110 G würde auch eine Auffassung als *ger*, „Verlangen", passen (Wachinger, *Sängerkrieg*, S. 206).

[1013] Der Meißner, Objartel II, 8, 11f.; Hugo von Mühldorf, *KLD* 26, 2; *Winsbecke* 11, 1-8; s.o., 4.1.2.2.

[1014] Für sich genommen könnten die Verse 7-9 und 12f. auch so verstanden werden, daß die beiden *namen* gleichgesetzt werden: „Beide Begriffe sind für die Frau, die Mutter geworden ist, zutreffend, denn sie besagen dasselbe". Schon die Opposition 'wahr/unwahr' weist jedoch darauf hin, daß es hier um die Sache geht und nicht wie in V, 109 G und V, 107 G mit der Austauschbarkeit der Begriffe argumentiert wird. Vor allem aber entsteht nur in dem hier vertretenen Verständnis der Verse eine sinnvolle Einbindung in den Gedankengang des Strophenganzen, insbesondere in Zusammenhang mit den im Folgenden besprochenen Versen 10f. und 14-16.

Ergänzt wird diese Argumentation schließlich mit den Versen 10f. (mit der Konjektur *wibes*) und 14-16, welche die *deflorata* gegen vermeintliche Kritik in Schutz nehmen.

Der Text in Vers 10f. ist möglicherweise nicht mehr herstellbar. Die Möglichkeit, einen kohärenten Text zu erhalten, bietet jedoch die von Ettmüller in seinen Anmerkungen vorgeschlagene, von Thomas und Wachinger übernommene Konjektur *wibes* in Vers 11:[1015] „Wenn dir etwas mangelhaft erscheint an der *art* des *wîbes* – [dann bedenke:] daran bist du, was diese Zeit betrifft, nicht unschuldig."[1016] In dieser Version muß mit *wîp* in Frauenlobs Definition die *deflorata* gemeint sein; sie wird gegen den (vermeintlichen) Tadel, der auf den Verlust der Jungfräulichkeit zielt, mit dem Hinweis auf die männliche 'Schuld' an der Entjungferung verteidigt. In der in C gebotenen Lesart von Vers 11, die die *Göttinger Ausgabe* übernimmt (*an vröwen art*), käme dagegen für *art* in diesem Kontext nur die Bedeutung 'Begriff' in Frage („Wenn dir [bei der Bezeichnung *wip*] noch etwas zum Begriff *vrouwe* fehlt ..."[1017]). Eine solche Verwendung von *art* wäre ganz ungebräuchlich und hätte auch keine Parallele im *wîp*-*vrouwe*-Streit. Ferner wäre in der überlieferten Lesart der Zusammenhang von Vers 10f. mit den umgebenden Versen des zweiten Stollens und mit den Versen 14-16 unklar.

In Vers 10f. wird also in der konjizierten Version gegen die Abwertung derjenigen, die nicht mehr Jungfrau ist, argumentiert und der Gegner, dem eine solche Wertung unterstellt wird, zurechtgewiesen. Daran schließt der Beginn des Abgesangs an (v. 14-16), wo dieselbe Begriffsverwendung vorliegt (*wîp* = *deflorata*, in Abgrenzung zu *maget*) und sinngemäß wieder die Herabsetzung der *deflorata* abgewehrt wird. Im zweiten Stollen und Abgesang wird also der allgemein gehaltene Vorwurf vom Strophenanfang, Frauenlob schelte die *wîp*, wiederaufgenommen, in seiner Zielrichtung spezifiziert und auf diese Weise im nachhinein erläutert.

Der Doppelsinn in der Verwendung von '*wîp*' – als unspezifische Geschlechtsbezeichnung (erster Stollen) und als physiologisch eindeutiger Begriff (v. 11 und 14) – wird gezielt eingesetzt: kann doch der erste Stollen zunächst nicht anders denn als topische Kritik an der Herabsetzung der *wîbe* generell verstanden werden. Erst der zweite Stollen, der die Frauenlobsche Begriffsdifferenzierung aufnimmt, deckt die eigentliche Pointe der gegnerischen Argumentation auf und gibt auch dem *proles*-Argument des ersten Stollens diese Zuspitzung: Das *wîp* (*deflorata*) darf nicht herabgesetzt werden, denn damit trifft man auch die *parens*, die ja zugleich auch *wîp* in der engeren Bedeutung ist (v. 2-6).

Der Eindruck einer sprunghaften Gedankenführung täuscht: Das Sprecher-Ich wendet sich konsequent gegen eine wertende Unterordnung des *wîbes* unter die *vrouwe*, wobei es von einer strikt physiologischen Begriffsverwendung ausgeht, die zunächst absichtlich nicht kenntlich gemacht ist. Die Abwertung der *deflorata*, die Frauenlob unterstellt wird, sei unerlaubt, denn erstens sei der

---

[1015] Zum Folgenden Wachinger, *Sängerkrieg*, S. 205f.

[1016] Spielt Vers 11 mit *alle dise wochen* auf die Zeit der Schwangerschaft an, oder lautete der ursprüngliche Text ganz anders? Thomas scheint, wie seine Konjektur *alle vierzic wochen* zeigt, ersteres angenommen zu haben.

[1017] Wachinger, *Sängerkrieg*, S. 205.

Verlust der Jungfräulichkeit ohnehin kein Grund zur Frauenkritik (v. 10f. und 14-16), und zweitens würde dies auch eine Herabsetzung der *parens* bedeuten, was dem topischen Verbot der Frauenschelte und seiner Begründung („wir sind alle von einer Frau gekommen") zuwider liefe. Mit scheinbar logischen Argumenten wird versucht, Frauenlobs Begründung seiner *namen*-Hierarchie mit dessen eigenem Kriterium der physiologischen Unterscheidung umzustoßen.

Offensichtlich ist, daß die Strophe Frauenlobs Argumentation bewußt 'verfälscht', oder anders gesagt, stark umdeutet. Es wird gleichsam so getan, als ob es ihm ausschließlich um die Überordnung der *vrouwe* aufgrund physiologischer Kriterien gehe. Tatsächlich jedoch gilt sein besonderes Interesse einer Wertsemantik und -hierarchie der *Begriffe*, die zwar auf der physiologischen Differenzierung aufbaut, aber auch losgelöst von dieser gültig bleibt (vgl. V, 106 und V, 113) und mit ethischen Kriterien ausgebaut wird.[1018]

In der Umdeutung wird ein bestimmter Argumentationsstrang, der auf die physiologische Differenzierung und die Hierarchie der Lebensstufen zielt, herausgegriffen und aus dem Gesamtzusammenhang der Frauenlobschen Argumentation isoliert; die Wertopposition aufgrund ethischer Kriterien oder die mariologischen Implikationen etwa finden keinen Widerhall. Das Verfahren gründet also im wesentlichen auf der Selektion und Isolierung einzelner Argumente, auf die der Gegner festgelegt wird. Für die Verengung und Zuspitzung von Frauenlobs *namen*-Reflexion kann der Text auf Vorgeprägtes zurückgreifen: auf das topische *proles*-Argument in seiner bereits belegten Variante und auf die geläufige Sprachregelung, die zwischen *wîp* und *maget* (*deflorata* und *virgo*) unterscheidet.[1019] Im Grunde sucht die Gegnerstrophe Frauenlobs Ausführungen auf diese beiden vorgeprägten Elemente zu reduzieren, indem die Abgrenzung '*wîp*' – '*vrouwe*' im Sinne einer wertenden Stufung ignoriert wird.

Im Rahmen eines Sängerstreits ist also das absichtliche Mißverstehen, die Selektion und Zuspitzung der gegnerischen Position, die auf diese Weise erst Schwachstellen erhält, eine mögliche polemische Strategie. Da der Text sichtlich eine gewisse Lust am Streiten zum Ausdruck bringt, kann er ferner kaum als bitterernster Angriff aufgefaßt werden.[1020] Vielmehr weisen verschiedene Elemente der Argumentation und der Polemik darauf hin, daß der Begriffsstreit hier ein komisches Moment erhält. Hierzu gehören eines der Gegenargumente („auch

---

[1018] Ein derartiges bewußtes 'Mißverstehen' von Frauenlobs Position könnte wohl am ehesten durch die Wippeon-Strophe V, 104 provoziert sein: Die Erzählung vom 'unhöfischen' König, in welcher die Tatsache der Entjungferung deutlich benannt wird, und die *wîp*-Etymologie eignen sich als Aufhänger für den Vorwurf der Frauenschelte, da hier eine Abwertung des Begriffs '*wîp*' am deutlichsten spürbar wird. Ein Bezug auf V, 106 ist weniger naheliegend, da auf den Tadel der *unwîbe* im moralischen Sinne mit keinem Wort angespielt wird. Die Frage, welche und wie viele Strophen Frauenlobs der Autor wirklich gekannt haben könnte und welche er mit seiner Kritik meint, verliert jedoch vor dem Hintergrund der Interpretation als beabsichtigtes Mißverständnis an Bedeutung.
[1019] Vgl. Wachinger, *Sängerkrieg*, S. 197 u. Anm. 8.
[1020] Vgl. ebd., S. 207.

[d]eine Mutter ist keine Jungfrau mehr"; vgl. v. 7-9 und 12f.), die möglicherweise anzüglich gemeinte Anspielung auf die 'Schuld' des Gegners am Verlust der Jungfräulichkeit (v. 10f. in der konjizierten Version) und vor allem die spielerische Betonung der Kampfeslust mit dem Bild der hüpfenden Narrenkappe (v. 18). Zu diesem Gestus der Strophe paßt auch die Strategie der Irreführung, die im ersten Stollen mit der Mehrdeutigkeit von 'wîp' im allgemeinen und im physiologisch definierten Verständnis spielt. Weniger eine Parodie und ironische Ablehnung des gesamten Streits ist in den komischen Akzenten zu sehen, als vielmehr ein scherzhafter und spielerischer Umgang mit den Möglichkeiten polemischer Äußerung, die der Rahmen des literarischen Streits bietet. Dieser wird hier, der Schlußvers spricht es aus, im Sinne eines höfisches Streit-Spiels als *schimpf unde spot* verstanden.

Die Strophe realisiert eine Rezeptionsmöglichkeit, die insofern auch etwas über die Referenztexte aussagt, als diese solche (polemischen) Umdeutungen zulassen. Zugleich damit gibt die Gegenüberstellung mit einer bewußt verzerrenden Antwort, die sich auf einzelne Argumentationselemente einläßt, andere dafür unbeachtet läßt, dem Verfahren Frauenlobs noch einmal deutlichere Kontur und bestätigt gleichsam ex negativo die Zusammengehörigkeit seiner einzelnen Argumentationsstränge und Begründungsstrategien. Zur vorliegenden Strophe läßt sich eine weitere Gegnerstrophe zuordnen: Auch V, 107 G bezieht sich in einer verengenden Perspektive auf einen Teilausschnitt der Frauenlobschen Argumentation; nur sind es hier andere Argumentationselemente, die herausgegriffen werden.

Strophe V, 107 G[1021] ist die einzige überlieferte, die sich ausdrücklich auf einen bestimmten Text Frauenlobs bezieht (V, 106); ihren Antwortcharakter unterstreicht sie, indem sie einzelne Verse aus V, 106 in polemischer Absicht und überdies in jeweils denselben Versen wie in dem Referenztext zitiert (vgl. V, 106, 5 und V, 107 G, 5; V, 106, 7 und V, 107 G, 7; V, 106, 13 und V, 107 G, 13):

---

[1021] Wachinger, ebd., S. 210, hält die Autorschaft Rumelants, dem die Strophe in J zugeschrieben wird, für möglich; er weist in diesem Zusammenhang darauf hin, daß das Spiel mit dem Namen des Gegners (v. 1) und die zitathaften Anklänge an den Bezugstext (bes. v. 5; 7; 13) von Rumelant auch in anderen polemischen Strophen eingesetzt werden (das Spiel mit dem Namen: Rumelant, *HMS* 2, Sp. 369a, IV, 1, 1; 5 [gegen den Marner]; *HMS* 3, Sp. 65a, VIII, 2, 9 [gegen Meister Singauf]; zitathafte Anklänge: *HMS* 3, Sp. 65a-b, VIII, 2, 3; 5-7 und VIII, 3, 5f. [Bezug auf Meister Singauf, *HMS* 3, Sp. 49a, 3, 1-3]; hierzu Wachinger, *Sängerkrieg*, S. 168f. u. 178). Hinzuzufügen ist, daß wie in V, 107 G auch in zwei weiteren in J Rumelant zugeschriebenen Strophen (Wachinger nimmt mit Vorbehalt dessen Autorschaft an, ebd., S. 175), die – in Meister Singaufs Ton – gegen diesen polemisieren, die Technik eingesetzt wird, die Anspielungen jeweils in denselben Versen zu formulieren wie in der Gegenstrophe (*HMS* 3, Sp. 49b, 1, 7f. und 2, 7f., Bezug auf Meister Singauf, *HMS* 3, Sp. 49a, 3, 7f.). Dies scheint im übrigen eine Strategie zu sein, die im Sangspruch auch außerhalb von Streitzusammenhängen zur Strophenverknüpfung verwendet wird; Frauenlob setzt sie z.B. in VIII, *19 und *20 ein, um Querverbindungen zwischen eigenen Strophen herzustellen (s.o., 4.2.1.2).

*Strophen Frauenlobs* 299

```
        Der wibe name grozer ist dan vrouwen lob.
        kleine oder grob,
        kurz oder lanc genennet,
        swie manz joch bespennet,¹⁰²²
5       sint vrouwen wib, wib vrouwen lib.    kieset unde erkennet:
        wie möchten vrouwen wib gesin,    die wib enweren vrouwen?

        Unvrouwen unde unwib ist vil. waz wil ich des
        gemeldet? wes
        möchte ich die baz der sprüche,
10      daz ich rüge ir brüche?¹⁰²³
        ir wandelname, ir wanc, ir we,    ob daz vor mir krüche,
        doch sünge ich guter wibe lob,    der pris nie wart verhouwen.

        Man glose ez hin, man glose ez her,
        mit reinen wiben ich gewer
15      wol vrouwen, der
        mut hat die ger,
        daz ere in ir becher mer.¹⁰²⁴
        ungerne ich solcher hulde enber.
        wib ist ir erste name, da von    sint vrouwen † uf gebrouwen.¹⁰²⁵
```

Der Eingangsvers benennt bündig die nicht eigens begründete Position zur *namen*-Frage; er enthüllt zugleich Frauenlobs verstecktes Selbstlob aus V, 106, 2-4 (*da bi verobet / der vrouwen pris die beide / mit des lobes kleide*) und kontert, indem er den literarischen Anspruch Frauenlobs, ihn in seine Schranken weisend, mit dem hohen Namen und Wert der *wîbe* konfrontiert.¹⁰²⁶ Damit wird eine polemische Variante des Unsagbarkeitstopos verwendet: „Der *name* der *wîbe* – also auch ihr Ruhm – ist viel größer als deine Lobkunst und wird von ihr keineswegs erfaßt."

---

¹⁰²² V. 4: „wie auch immer man [den Preis der *wîbe*] abmißt/messend gestaltet" (*joch*, „auch": Stackmann, *Wörterbuch*, Sp. 177b); zu v. 2-4 s.u., Anm. 1027.

¹⁰²³ Wachinger, *Sängerkrieg*, S. 208, zu v. 7 (zweite Hälfte) bis 10: „Warum sollte ich wollen, daß das *gemeldet* (verraten, gerügt) wird? Um wie viel [oder: weshalb, M.E.] verstünde ich mich denn besser auf *sprüche*, könnte ich etwa besser dichten, wenn ich die Mängel und Verfehlungen des weiblichen Geschlechts rüge?"; zur Konstruktion von *mugen* mit Genitiv der Sache (v. 9) *GA*, S. 829.

¹⁰²⁴ V. 15-17: „[...] *vrouwen*, deren Verlangen darauf gerichtet ist, daß *êre* ihnen den Becher mische" (vgl. Wachinger, *Sängerkrieg*, S. 208); zum Hauptsatz (v. 14f.) s.u., S. 301f.

¹⁰²⁵ Die Crux in Vers 19 bleibt. Das in J (einziger Textzeuge) überlieferte, sonst nicht belegte *of gedrouwen* ist unverständlich. Mit Stackmanns Konjektur *uf gebrouwen*, die er selbst als Notlösung bezeichnet (*GA*, S. 829), die allerdings durch einen weiteren Beleg des Verbs in der jüngeren Neidhart-Überlieferung gestützt wird (*ûfbriuwen*, „aufrühren, anstiften": Hinweis bei Stackmann, *Wörterbuch*, Sp. 47a), wäre in der zweiten Vershälfte wohl gemeint: „dadurch [d.h. durch den erhöhenden Namen 'wîp'] sind die *vrouwen* angespornt" – nämlich zu einem dem Lob gemäßen Verhalten.

¹⁰²⁶ Die Strategie der Aufdeckung und Abweisung des im Namen 'Frauenlob' formulierten künstlerischen Anspruchs ist in einer Gegenstrophe, die auf die 'Selbstrühmung' V, 115 antwortet, noch deutlicher (V, 119 G, 1; 13f.; 19).

Im weiteren Strophenverlauf zeigt sich, daß die Argumentation nicht nur gegen Frauenlobs auftrumpfendes Selbstlob und die Favorisierung des *namen* '*vrouwe*' Stellung bezieht, sondern zugleich auch die Auffassung von (Preis-)Dichtung berührt. Hauptsächlich hierauf zielt der Aufgesang; er geht Schritt für Schritt auf die einzelnen Begriffsdifferenzierungen Frauenlobs ein, die in V, 106 im Vordergrund stehen, und bringt Gegenargumente.

Der erste Stollen erklärt Unterscheidungen zwischen *wîp* und *vrouwen* auf der Sach-Ebene für nichtig. Die Aussage zielt aber nicht eigentlich gegen Frauenlobs physiologische Differenzierungen selbst, sondern darauf, daß definitorische Abgrenzungen zwischen beiden Begriffen *für den Preis* bedeutungslos seien (v. 2-5). Dies gelte für Frauenpreisdichtung generell, unabhängig von der Gestalt, die sie erhält – so sind die Verse 2-4 mit ihren Ausdrücken aus rhetorischer und stilistischer Tradition zu verstehen:[1027] „Ob sie in zierlichem oder ausladendem Stil, in kurz- oder langgliedriger Form gepriesen werden, wie auch immer man [ihren Preis] abmessend gestaltet – die *vrouwen* sind doch immer *wîp*, und die *wîp* bleiben *vrouwen*."[1028]

Der zweite Stollen wendet sich gegen Frauenlobs wertende Unterscheidung zwischen *unwîp* (*unvrouwen*)[1029] und solchen Frauen, die Lob verdienen. Mit der hier im Hintergrund stehenden Auffassung, daß Tadel und Mahnung anspruchsvoller Lobdichtung inadäquat und daher abzulehnen seien, kann auf einen Topos zurückgegriffen werden, mit welchem der Sänger im absolut gesetzten Preis, insbesondere im Minnesang, als Postulat und eigenen Vorsatz formuliert, daß ein Mann von den Frauen stets nur Gutes sagen dürfe, ihre Schelte unhöfisch und inakzeptabel sei.[1030]

---

[1027] Mit Wachinger, *Sängerkrieg*, S. 208 sind in den Ausdrücken in Vers 2 (vielleicht: „in zierlicher oder ausladender Weise") und wohl auch in Vers 3 („kurz- oder langgliedrig", „in kurzen oder langen Formen bzw. Versen"?) Termini aus rhetorisch-stilistischer Tradition zu sehen. Sie kommen auch bei Frauenlob in poetologischem Zusammenhang vor: im Preis der Dichtkunst Konrads von Würzburg (*GA* VIII, 26, 12); vgl. ferner eine anonyme Strophe in Frauenlobs Langem Ton, die einen Dialog zwischen Meister und Schüler über die Regeln des Sanges entstehen läßt (V, *122, 12). Zur rhetorischen Begrifflichkeit paßt Stackmanns Auffassung von Vers 4, der mit Ettmüller (*Heinrich von Meissen*, S. 323) ein allerdings sonst nicht belegtes Verb *bespennen*, „mit dem Maß einer Spanne, nach Spannen messen", ansetzt (Stackmann, *Wörterbuch*, Sp. 30b), was ebenfalls auf das Dichten nach den Regeln der Rhetorik hinweisen würde; vergleichbar ist bei Frauenlob sowie in einer Gegnerstrophe etwa der Gebrauch von *mezzen* im Zusammenhang des Dichtens (*GA* V, 13, 9; V, 118 G, 12).

[1028] Ferner sucht der Autor Frauenlobs These auch begriffslogisch umzustoßen, indem er – in einem logischen Kurzschluß – aus dem Frauenlobschen *sint vrouwen wib* (V, 106, 5) die Umkehrgleichung ableitet (V, 107 G, 6: „Wie könnten denn wohl *vrouwen wîp* sein, wenn die *wîp* nicht auch *vrouwen* wären?").

[1029] Indem der Autor den Scheltbegriff '*unwîp*' durch das Pendant '*unvrouwe*' zur Doppelformel ergänzt, deutet er an, daß für ihn auch *ad malam partem* begriffliche Unterscheidungen irrelevant sind.

[1030] Der Vorsatz des Sänger-Ich, von der Dame bzw. von allen Frauen stets nur Gutes zu sagen: z.B. Friedrich von Hausen, *MF* 47, 1-4; Hartmann von Aue, *MF* 208, 4-7; Reinmar, *MF*

Bemerkenswert ist jedoch die Akzentuierung des topischen generellen Schelt-Verbots. Dieses wird bereits mit der polemischen Frage in Vers 8-10 ausdrücklich auf das Dichtungspostulat hin zugespitzt: „Werden denn meine Verse durch den Tadel weiblicher Verfehlungen etwa besser?" Bereitwillig wird 'zugegeben', daß Anlaß für Tadel durchaus bestünde (v. 7), und diese Möglichkeit noch in drastischer Weise betont (v. 11, etwa: „[...] selbst wenn ihre Verfehlungen vor meinen Augen umherkröchen"). Das höfische Postulat, nie schlecht von Frauen zu sprechen, wird damit als poetologisches Konzept spezifiziert: als Vorsatz und Gebot, weibliches Fehlverhalten als Gegenstand von Dichtung auszusparen. Demgegenüber richtet sich die Kritik an der Frauenschelte sonst in allgemein höfisch-gesellschaftlicher Ausrichtung gegen die Herabsetzung der (reinen) wîbe durch üble Nachrede etc., gegen die Entwertung ihrer Tugenden durch den Mißbrauch der Sprache, welcher seinerseits auf eine tugendfeindliche innere Haltung hinweise.[1031] Das poetologische Verdikt, mit welchem die Frauenschelte aus höfischer Dichtung ausgegrenzt wird, impliziert dieser generelle Tadel zwar auch, er wird jedoch nicht darauf eingeschränkt. Eine Aussage wie in V, 107 G, 7-10 („tadelnswerte Frauen gibt es zwar häufig, die Schelte gehört aber nicht in den sanc") stellt somit eine auffällige Abweichung von der sonst üblichen Kritik dar – eine Abweichung, die das allgemeine Scheltverbot im Grunde ad absurdum führt.[1032]

Die allgemeine höfische Norm der angemessenen Rede über Frauen wird also mit der Festsetzung einer poetologischen Norm oder zumindest des angemessenen Rede-Registers spezifiziert. Höfischer Gesang soll uneingeschränkter, absolut gesetzter Preis sein; dazu gehört im Sinne des aptum auch die Wahl des adäquaten Gegenstandes: Das bedeutet eine Explizierung und Abspaltung der poetologischen Aussage von der allgemeinen, umfassenden.

Sein Bekenntnis vertritt das Ich in der minnesängerischen Rolle des Frauendieners.[1033] Diese Rolle, deren Verbindlichkeitspotential genutzt wird, erhält im Abgesang noch deutlichere Konturen.

Verständnisschwierigkeiten bereitet Vers 14f. Wachinger lehnt zu Recht die Annahme eines scharfen begrifflichen Gegensatzes zwischen 'wîp' und 'vrouwe' ab. Er schlägt als Konjektur vor: mit reiner wibe nam gewer / ich vrouwen [...], und leitet das Verb von gewern „gewähren,

---

171, 2f.; die Kritik des Ich am falschen Redeverhalten anderer (ruomære): Dietmar von Aist, MF 33, 33f.; Heinrich von Veldeke, MF 61, 1f.; Walther von der Vogelweide, L 41, 16-18.

[1031] Vgl. die Beispiele für die allgemein gehaltene Kritik an der Frauenschelte und für die Aufforderung zum wol sprechen im Minnesang: Heinrich von Veldeke, MF 61, 25; Hugo von Mühldorf, KLD 26, 2; der von Sachsendorf, KLD 51, IV, 1, 1-7; der Marner, Strauch VIII, 5, 1-6 [41-46] und IX, Refrain; Konrad von Würzburg, Schröder 12, 19-22; im Sangspruch: z.B. Walther von der Vogelweide, L 24, 3; Johann von Ringgenberg, SSM 13, 1, XI; 13, 1, XII, 1-3 und 7f.

[1032] Am weitesten geht diesbezüglich noch eine kleine Einschränkung des Frauenpreises in einer Strophe Kelins, welcher spot und Gerede über Frauen scharf tadelt und fortfährt: ir deheine selten missetuot / wan nach der manne lere (HMS 3, Sp. 21a, I, 7, 11f.).

[1033] Vgl. auch Wachinger, Sängerkrieg, S. 210.

bezahlen" ab. Von der Satzaussage her leuchtet dies ein: „Den Namen *reinez wip* gewähre ich solchen *vrouwen*, die nach dem Becher der Ehre verlangen."[1034] Stackmann bleibt bei der Lesart von J und paraphrasiert: „Mit dem Hinweis auf *reine wip* komme ich der Forderung der *vrouwen* nach, die auf *ere* bedacht sind (und deshalb die Lehre des Dichters suchen)."[1035] Dagegen spricht meines Erachtens, daß der Gedanke der Frauendidaxe in der Strophe nicht sehr in den Vordergrund tritt; das Ich stilisiert sich nicht als Lehrer, sondern als stets preisender Sänger.

Will man beim überlieferten Text bleiben, so wäre noch eine dritte Möglichkeit zu bedenken, die von *gewern* in der Bedeutung „verteidigen" ausgeht:[1036] „Zusammen mit[1037] *reinen wîben* [d.h. indem ich sie verteidige] verteidige ich zugleich auch die *vrouwen*, die nach *êre* streben". Sie alle – denn in der Sache zu unterscheiden, wird wieder abgelehnt – gleichermaßen gegen die Tadler zu schützen, verpflichtet sich der Sänger gemäß seiner Rolle.

In der zuletzt vorgeschlagenen Auffassung würde Vers 14f. am deutlichsten auf die Frauendiener-Rolle hinweisen. Diese prägt auch Vers 18, der den Lohn für die Leistung des Sängers benennt. Erst im Schlußvers (in der Konjektur Stackmanns) wird, auf den Beginn zurückgreifend, der Vorrang des *namen* 'wîp' noch einmal festgehalten. Ergänzt wird nun, daß der Ehrenname 'wîp' den *vrouwen* Antrieb für ihr Tugendstreben sei; damit wird eine deutlich lobende von einer neutralen Bezeichnung unterschieden.

Im Strophenganzen erhält die Streitfrage nach Wert und Rang der Begriffe somit nur in den Rahmenversen Raum. Sie steht nicht im Mittelpunkt des Interesses und wird wie nebenbei entschieden, sicher auch aufgrund der Möglichkeiten des Namensspiels mit *vrouwen lob*. Es ergibt sich, worauf auch Wachinger hinweist,[1038] aus der Überordnung des *namen* 'wîp' kein Widerspruch zu der Argumentation in Vers 2-6, denn im Eingangs- und im Schlußvers wird nur zwischen einem preisenden und einem neutralen *namen* unterschieden, während die Bezeichnungen in der Sache gleichgesetzt werden.

Der Hauptteil der Strophe setzt dagegen in seiner Argumentation gegen V, 106 nicht bei der *namen*-Frage an, sondern bei einem poetologischen Programm. Abgelehnt werden zum einen sachliche Begriffsdifferenzierungen im Preis, die für die Lobdichtung irrelevant seien. Zum anderen werden wertende Begriffsabgrenzungen abgewiesen, die auf einer ethischen Unterscheidung gründen und zum preisenden Begriff den tadelnden ergänzen: Der Tadel und auch schon die ermahnende Einschränkung des Lobes gehören nicht in das anspruchsvolle Register der Lobkunst, wie es hier definiert wird. Nach diesem Konzept von Preis-

---

[1034] Ebd., S. 209.

[1035] *GA*, S. 829; ausgegangen wird hier von der Konstruktion *gewérn einen mit etwas*, „gewähren", „leisten, was jemand zu fordern hat".

[1036] Sofern man den Reim *hêr:gewer:dêr:gêr:enbêr* in Betracht ziehen will (v. 13-16; 18); vgl. jedoch *mêr* in Vers 17; *BMZ* 3, Sp. 513a-514 (*wer*, I. „vertheidige, behaupte, schütze") u. 515b (*gewer*, „wehre").

[1037] Voraussetzung ist, daß *mit* in diesem zusammenfassenden Sinne verwendet werden kann. Andernfalls ist auf Stackmanns Satzeinleitung zurückzugreifen : „Mit dem Hinweis auf [...]" (s.o.).

[1038] Wachinger, *Sängerkrieg*, S. 209f.

dichtung ist das adäquate literarische Lob erstens unspezifisch und kommt ohne Differenzierungen aus, zweitens wird es absolut gesetzt und gilt ohne Einschränkungen.

Welche Strategie verfolgt also der Text in seiner Antwort auf den Referenztext V, 106? Auf einzelne Aussagen der Frauenlobschen Strophe, vor allem auf die These, daß der *name* 'vrouwe' als umfassender Wertbegriff auch die *wîp* ehre, und auf den Ausschluß der *unwîbe* aus dem Preis, reagiert er und löst sie aus dem Gedankengang von V, 106 heraus. Andere Aspekte des Bezugstextes, gerade solche, die für Frauenlobs Argumentation besonderes Gewicht haben, werden dagegen beiseite gelassen: vor allem der Preis der Frau als *parens* und die physiologischen Begriffsdefinitionen im einzelnen. Ignoriert wird ferner, daß Frauenlob tatsächlich keinen generellen Tadel der Frauen ausspricht und den absolut gesetzten Preis (mit der Erhöhung des Begriffs 'vrouwe') durchaus zelebriert.

Wie in Strophe V, 110 G ist die Selektion auch hier als kalkuliertes 'Mißverstehen' aufzufassen, als Umdeutung, in der zugleich die Zielrichtung der Strophe greifbar wird: Sie wendet sich im erläuterten Sinne gegen ein literarisches Programm des Preises, dessen Diskussion bereits eine längere Tradition hat und in welchem das differenzierende, damit tendenzielle ermahnende Lob vom absolut gesetzten unterschieden wird.[1039] Von besonderer Bedeutung hierfür ist im Minnesang Walthers von der Vogelweide Programm des *scheiden* im Sinne der ethischen *discretio*, das er schließlich in seiner begrifflichen Unterscheidung zwischen 'wîp' und 'vrouwe' vorführt.[1040] Auch Spruchstrophen können neben dem uneingeschränkten den ermahnenden Preis aufweisen.[1041] Wenn die vorliegende Strophe polemisiert, daß eine Preisdichtung kaum dadurch besser werde, daß sie die *unwîp* tadele, könnte sich die Kritik somit grundsätzlich ebenso gegen Walther oder andere richten. Tatsächlich ist dies einer der Vorwürfe, den letzterer seinen fiktiven Kritikern in den Mund legt: Daß er *ûz gelobet* habe, spottet die Dame, weil er nicht ausschließlich lobt (*L* 45, 7f.). Das Sänger-Ich setzt sich mit seinem eigenen Programm von Lobdichtung zur Wehr: Nur der unterscheidende Preis wird gelten gelassen, der den (gerechtfertigten) Tadel bereits impliziert, während das gleichmachende Lob als zweifelhafte Ehrung abgelehnt wird (*L* 45, 11-16; *L* 58, 34-38 u.ö.). Auch die Position der differenzierenden Lobkunst ist also – wie die entgegengesetzte poetologische Auffassung in V, 107 G – in ausdrücklicher Stellungnahme belegt.

Demnach darf von einem Bewußtsein für zwei unterschiedliche Auffassungen von Preisdichtung, die jeweils mit allgemeinen höfischen Werten begründet

---

[1039] Zum ermahnenden Preis s.o., 4, S. 185.

[1040] Walther von der Vogelweide, *L* 45, 27; *L* 58, 34-38; *L* 48, 38 (*wîp* und *vrouwe*); hierzu s.o., 2.1.1, S. 89f. Zum ermahnenden Preis in den genannten Liedern Walthers vgl. ferner G. Hahn, „Ein Minnesänger macht Spruchdichtung", S. 58f.

[1041] Vgl. z.B. das Nebeneinander von absolut gesetztem Preis (Roethe 34; 39; 43; 48) und ermahnendem Lob (Roethe 35; 37) bei Reinmar von Zweter.

und legitimiert werden, die Rede sein. Dieser Gegensatz ist nicht einfach als Gattungsdifferenz einzuordnen, baut aber auf ihr auf: Beide Positionen sind bestimmten Sänger-Rollen zuzuordnen, der minnesängerischen Rolle des Frauendieners einerseits und der Spruchdichter-Rolle des Belehrenden und Ermahnenden andererseits, die wiederum – zumindest im 13. Jahrhundert – durchaus auch in Texte der jeweils anderen Gattung integriert sein können, wie schon das Beispiel Walthers zeigt.

In V, 107 G werden das Verbindlichkeitspotential und die Artikulationsmöglichkeiten der Minnesänger-Rolle des Frauendieners genutzt, um über das in solcher Weise instrumentalisierte Programm 'rechter' Lobkunst und über die Kritik am *scheiden* die polemische Zurechtweisung Frauenlobs, die auf dessen verstecktes Selbstlob reagiert, zu begründen. Dabei rückt in der auf poetologische Positionen fokussierten Perspektive auf den Frauenlobschen Referenztext dieser gerade in die Nähe von Walthers *wîp-vrouwe*-Strophe, gegen die er sich (allerdings nicht in seinen 'Konzepten', sondern in seinen Strategien) selbst wendet.

Eine weitere Möglichkeit, die Frauenlobschen Texte zu interpretieren, zeigt schließlich Strophe V, 108 G. Sie unterscheidet sich von den bisher besprochenen Gegnerstrophen in ihrem Interesse an dem eigentlichen *namen*-Streit: Der Text läßt sich am deutlichsten auf die metasprachliche Argumentation Frauenlobs ein und argumentiert weder mit der Austauschbarkeit der Begriffe noch sachlich bzw. wertend mit der bezeichneten Sache, sondern mit dem Wert des *namen* selbst, den er favorisiert.

```
         Ich spriche: 'wib', der name ist ob den vrouwen ho.
         nu merket: do
         die hochgezit was uf erden,
         do got liez gewerden
5        von wazzer win, die muter sin    gütlich mit geberden
         sprach: 'sun, hie enist kein win <nicht> me.'   sien redete nicht um vuter.

         In schenkevazzen[1042] wazzer san zu wine wart.
         sin gotlich art,
         die erscheinte sich da schone.
10       lob wart im zu lone.
         do vreuwete sich der zeichen kraft   al der megede krone.[1043]
         'wib, desne han ich nicht von dir',  sus sprach er, got vil guter.

         Er hat ir wibes namen gegeben,
         do er nicht langer solte leben.
15       in todes streben
         er sunder reben[1044]
```

---

[1042] Stackmann, *Wörterbuch*, Sp. 307b: *schenkevaz*, „Gefäß zum Einschenken".

[1043] V. 11: „Der Macht, die in den Wunderzeichen sichtbar wurde, freute sich da die höchste aller Jungfrauen."

[1044] Stackmann, *Wörterbuch*, Sp. 284a: *reben*, „das Träumen, das Verwirrtsein".

> gab sine muter sime neben,
> sin herze muste in milde sweben,
> do er sprach: 'wib, diz ist din sun,    junger, diz ist din muter'.

Das mariologische Argument, Gott habe seine Mutter mit *'wîp'* angeredet, wird mit zwei Schriftstellen belegt, Io 2, 1-11 (im Aufgesang) und Io 19, 26f. (im Abgesang, insbesondere v. 19); *wîp* als Pendant zu *mulier* aufzufassen, entspricht dem allgemeinen Sprachgebrauch.

Wachinger hat auf Entsprechungen zur lateinischen exegetischen Tradition zu diesen Bibelstellen aufmerksam gemacht:[1045] Zum einen werden in der Johannes-Exegese die besagten Stellen häufig miteinander verknüpft, zum anderen werden die Worte Christi Io 2, 4[1046] auf die Unterscheidung zwischen göttlicher und menschlicher Natur Gottsohns hin ausgelegt: Aus der Kraft seiner göttlichen Natur, die er nicht von seiner Mutter erhalten hat, wirkt er das Wunder. Vor dem Hintergrund dieser Auslegung im Sinne der Zwei-Naturen-Lehre sind auch die Formulierungen in Vers 8f. und 12 in der vorliegenden Strophe zu verstehen. Eine Erläuterung der Anrede Mariens weisen die von Wachinger angegebenen Stellen indes nicht auf.

Außerhalb der exegetischen Literatur kann ferner eine Stelle aus den *Sermones nulli parcentes* angeführt werden (cap. XXVII, v. 997-1008), wo die Benennung Mariens zumindest hervorgehoben, wenn auch nicht weiter erörtert wird. Die bekannte mariologische Begründung der Mahnung, Frauen immer zu ehren,[1047] wird hier mit dem Hinweis auf Io 19, 26f. ergänzt (*quam mulierem nominavit, / cum Iohanni commendavit*, v. 1005f.), um Maria, die vorher *virgo* genannt wird, aufgrund der Anrede durch Christus auch den *mulieres*, von denen das 27. Kapitel handelt, zuordnen zu können.

Eine explizite Thematisierung der Anrede Mariens mit *'mulier'* bietet dagegen die *Historia scholastica* des Petrus Comestor.[1048] Seine Deutung des Spiritualsinns entspricht der gängigen Auffassung von Io 2, 1-11.[1049] Doch schaltet er eine höchst aufschlußreiche Erörterung über den Begriff *mulier* vor, dessen Verwendung für Maria er rechtfertigt: *Licet mulier sit quasi adjectum nomen fractionis quasi molier*[1050]*, tamen quandoque nomen sexus est, maxime quando virgo viri potens est.*

Es werden kategorial zwei Begriffsverwendungen unterschieden und auch noch terminologisch fixiert: *'Mulier'* kann *nomen fractionis* sein, Bezeichnung der *deflorata*, aber auch *nomen sexus*, allgemeine Geschlechtsbezeichnung, die auch auf die Gottesmutter bezogen werden kann. Petrus argumentiert also streng begrifflich. Dahinter steht die Absicht, Mariens Anrede als *mulier* mit dem Dogma ihrer Jungfräulichkeit in Einklang zu bringen – hat Petrus doch vorher zu Gn 2, 23 denselben Begriff physiologisch eindeutig in Abgrenzung zu *virgo*

---

[1045] Wachinger, *Sängerkrieg*, S. 212, mit einem Zitat aus Haimo, *Homiliæ de tempore*, Homilia XVIII (*PL* 118, 129D-130A), u. Anm. 31 (mit weiteren Stellenangaben).

[1046] [...] *quid mihi et tibi est mulier / nondum venit hora mea.*

[1047] *Sermones nulli parcentes*, cap. XXVII, v. 1001f.: *quia virgo creatorem / peperitque redemptorem.*

[1048] Petrus Comestor, *Historia scholastica, In Evangelia, PL* 198, 1559B (cap. XXXVIII).

[1049] Die Göttlichkeit Christi wird von Petrus nicht so stark hervorgehoben wie in der von Wachinger angeführten Stelle bei Haimo, und Petrus verknüpft die Stelle auch nicht mit Io 19, 26f. Dafür bietet die Erläuterung des *quid mihi et tibi est* (Io 2, 4) in der Formulierung eine noch deutlichere Parallele zu *GA* V, 108 G, 12: *Ex natura tibi communi non hoc ago* (*PL* 198, 1559B).

[1050] Das Wort *molier* kann als fehlerhafte Form für *mollior* erklärt werden, da in diesem Zusammenhang eine Anspielung auf die bekannte *mulier-mollior*-Etymologie naheliegt.

definiert: *Postea vero fractæ dicuntur mulieres*;[1051] an diese Definition knüpft der Terminus *nomen fractionis* an.

Die Position, die Petrus zur Begriffsverwendung im mariologischen Kontext vertritt, entspricht dem Hauptargument der Gegnerstrophe V, 108 G; doch argumentiert letztere weniger differenziert und hat vor allem keine Entsprechung der bei Petrus wichtigen Unterscheidung zwischen zwei verschiedenen *mulier*-Begriffen. Auf die physiologische Begriffsdefinition Frauenlobs (*deflorata*), die Analogien im lateinischen Bereich bei Petrus und anderen Autoren hat, läßt die Strophe sich ebenfalls nicht ein. Dennoch bleibt als Parallele bemerkenswert, daß sowohl in der *Historia scholastica* als auch in V, 108 G anläßlich der Stelle aus dem Johannes-Evangelium die Namensgebung überhaupt zum Thema wird. Ein ähnlicher Zugriff auf den Bibeltext und ein grundsätzlich vergleichbarer, argumentierender Umgang mit Begriffen werden in völlig unterschiedlichen Kontexten erkennbar: Wieder ist es das Verfahren, nicht seine je spezifische Funktion, die beiden Stellen gemeinsam ist.

Die explizit mit Heilstatsachen argumentierende Begründung der These, die sich des Verbindlichkeitspotentials des Schriftworts versichert und Parallelen im lateinischen Bereich hat, erinnert an Frauenlobs eigenes Begründungsverfahren in V, 103, welches ja ebenfalls lateinische Entsprechungen hat;[1052] der Zugriff auf das Bibelwort für die begriffliche Argumentation mit Heilstatsachen ist durchaus vergleichbar. Die Strophe belegt daher, daß solche Vorgehensweisen nicht lediglich als 'Frauenlob-typisch' zu verbuchen sind, sondern gelegentlich auch bei anderen Spruchdichtern Anwendung finden.

Einerseits reagiert auch der vorliegende Text, wie die Gegnerstrophen V, 107 G und V, 110 G, auf einen bestimmten Aspekt von Frauenlobs Ausführungen und läßt andere Aspekte unbeachtet, wie z.B. die grundlegenden physiologischen Begriffsdefinitionen, geht also ebenfalls bewußt selektiv vor.

Andererseits hebt sich die Strophe mit ihrem Antwortverfahren in einem entscheidenden Punkt von den anderen Gegnerstrophen ab: Indem sie den mariologischen Hintergrund von Frauenlobs *namen*-Spekulation aufgreift, expliziert sie eine Sinndimension, die in seinen als Referenztexte in Frage kommenden Strophen nur impliziert, nicht argumentativ genutzt ist.[1053] Damit bezieht der Autor als einziger unter den Gegnern nicht nur gegen ein bestimmtes Argument Frauenlobs Stellung, sondern findet für seine Position ein eigenes, neues Argument. Zugleich stellt dies eine eigenständige Interpretationsleistung dar, die Wesentliches an dem Referenztext bzw. den Referenztexten erst hervorhebt; von einem beabsichtigten 'Mißverstehen' kann hier nicht die Rede sein.

---

[1051] Petrus Comestor, *Historia scholastica*, *Liber Genesis*, *PL* 198, 1071A (cap. XVIII).
[1052] S.o., 4.2.2.2, S. 262-264.
[1053] Vgl. Wachinger, *Sängerkrieg*, S. 212. Zum generellen mariologischen Hintergrund der Frauenlobschen Trias selbst: ebd., S. 198 u. Anm. 12. Zu mariologischen Implikationen der *vrô-wê*-Etymologie in V, 103 s.o., 4.2.2.2, S. 272f.

Abstrahiert man von der unmittelbaren Zielrichtung der Strophe im Streitkontext, so lassen sich zwischen ihrem Verfahren und dem Vorgehen Frauenlobs allgemeine Entsprechungen erkennen. Auch letzterer deutet, um seine These zu stützen und weiter auszuarbeiten, seinen Ausgangstext V, 102 in den Folgestrophen um und geht dabei selektiv vor, indem er jeweils einzelne Aspekte herauslöst und weiter ausarbeitet, Impliziertes explizit hervorhebt etc. Die Bedeutung dieser Verfahrensweise und Argumentationsstrategie für die Spruchdichtung der Zeit wird durch die Analogie hierzu in V, 108 G einmal mehr bestätigt.

Abschließend seien die Beobachtungen zu den Gegnerstrophen zusammengeführt. Das Augenmerk soll dabei hauptsächlich den Strategien gelten, die für die Widerlegung von Frauenlobs These eingesetzt werden, und den verschiedenen Rezeptionsmöglichkeiten, die einen je unterschiedlichen Zugang zu dem Bezugstext bzw. den -texten bilden. Da V, 109 G auf den *namen*-Streit selbst nicht eingeht, sondern ihn insgesamt mit dem polemischen Register der Zungensündenschelte und dem impliziten Lügenvorwurf ablehnt, gelten die folgenden Bemerkungen nur V, 110 G, V, 107 G und V, 108 G. Systematisch betrachtet, ergänzen sich die drei Repliken, indem sie sich je einen Aspekt aus Frauenlobs Begriffsspekulation herausgreifen und sich auf diesen konzentrieren: die physiologische Unterscheidung, die ethische Wertung zusammen mit dem poetologischen Hintergrund sowie schließlich die religiöse Begründung.[1054] Sie repräsentieren unterschiedliche Möglichkeiten der selektiven Rezeption und damit der Umdeutung von Frauenlobs Ausführungen.

Für Strophe V, 110 G ist eine Verengung und Zuspitzung der *namen*-Stufung auf die rein physiologische Unterscheidung konstitutiv; sie argumentiert rein sachbezogen und nicht mit den Begriffen selbst und ihrer Wertsemantik. In dieser verzerrenden Umdeutung – unterstellend, daß Frauenlob seine Wertungen primär physiologisch begründe – wird dessen These erst angreifbar. Damit wird ersichtlich, daß die hier ignorierten Argumentationsschritte Frauenlobs, wie z.B. die Begründung der Begriffshierarchie mit ethischen Kriterien und die Loslösung dieser Ebene von der Sach-Ebene mit ihren physiologischen Definitionen (vor allem in V, 106 und V, 113), nicht bloße Zusätze und Erweiterungen, sondern notwendige Bestandteile der These darstellen. Das bewußte Mißverständnis als polemische Strategie verbindet sich in der Strophe mit der Lust am Streiten und der Akzentuierung des komischen Elements im spielerischen Umgang mit der Streitpolemik.

Strophe V, 107 G, die auf V, 106 antwortet, läßt umgekehrt die physiologisch-sachlichen Definitionen unberücksichtigt und reagiert in erster Linie auf die ethischen Differenzierungen. Wieder macht die selektive Rezeption und Umdeutung sichtbar, daß die verschiedenen Teilausschnitte von Frauenlobs Argumentation ineinandergreifen, basiert doch die für die Begriffshierarchie relevante Wertopposition auf den – für sich genommen wertneutralen – physiologi-

---

[1054] Dies deutet auch Kellner an, „*Vindelse*", S. 267.

schen Unterscheidungen. Die Strophe argumentiert zugleich mit einem eigenen poetologischen Programm, geht also, insofern die poetologische Ebene bei Frauenlob lediglich impliziert ist, nicht nur selektiv vor, sondern hebt auch vereindeutigend hervor, was im Referenztext (V, 106) unausgesprochen bleibt.

Strophe V, 108 G schließlich spürt die mariologischen Implikationen von Frauenlobs These auf und arbeitet diesen Argumentationsbereich in der Begründung der Gegenposition selbständig aus; sie expliziert damit einen wichtigen, von Frauenlob in den vorangegangenen Strophen noch nicht ausdrücklich thematisierten Aspekt. Diese Gegenstrophe ist zugleich die einzige, auf deren Erörterungen Frauenlob (zumindest in den überlieferten Texten) reagiert, womit sich bestätigt, daß der auf solche Weise hervorgehobene mariologische Hintergrund eine wesentliche Dimension der Frauenlobschen *namen*-Systematik darstellt.

### 4.2.2.6 Die mariologischen Erwiderungen auf V, 108 G: V, 111 und V, 112

Die Gegenstrophe V, 108 G bietet Frauenlob Gelegenheit, die mariologische Ebene seiner Argumentation voll zu entfalten. In diesem Zusammenhang wird in V, 111, wie dann noch einmal in V, 112, die *vrô-wê*-Etymologie explizit erläutert und argumentativ eingesetzt, mit dem Ziel, 'vrouwe' als einzigen der Gottesmutter würdigen Namen auszuweisen.

       Die tummen jehen, got spreche siner muter 'wib'.[1055]
       valsch ist ir trib,
       er sprach: 'du vröulich künne'.
       swie gar menschen wünne
5      von wiben kome, doch were ez valsch,   der in dorthin spünne,
       da'z engels kunst noch menschen sin   nicht kunnen wol bescheinen.[1056]

---

[1055] Zur Interpunktion Stackmann, „Frauenlob (Heinrich von Meissen)", S. 132 (geändert gegenüber der Ausgabe).

[1056] Sinngemäß wird in Vers 4-6 abgelehnt, den Namen 'wîp' – bei aller Freude, die die *wîp* brächten – auf Maria anzuwenden. Wachinger, *Sängerkrieg*, S. 216, faßt in Vers 5 *in* als Dativ Plural des Personalpronomens auf und paraphrasiert (v. 5f.): „[...] es wäre falsch, wenn jemand ihnen (den *wiben*) den Lobesfaden so weit ausspönne [...], daß auch das umschlossen würde, was weder Engelsweisheit noch Menschenverstand zeigen und erklären kann, nämlich das wunderbare Wesen Mariens." Will man darauf verzichten, ein absolutes *spinnen* anzusetzen, so muß *in* Akkusativ-Objekt sein (so *GA*, S. 832); als Bezugswort bleibt, da ein Stichwort wie *name* fehlt, das man hier am ehesten erwarten würde, nur *trib* (vgl. *GA*, ebd.), das allerdings schon recht weit entfernt steht. Inhaltlich wäre der Bezug nur herzustellen mit einer Umschreibung von *trib*, wie sie von Stackmann, *Wörterbuch*, Sp. 338b (zu *spinnen*), vorgeschlagen wird: „es wäre falsch, wenn jmd. das, was nach dem Betreiben der *tummen* Anrede Christi an seine Mutter war, bei seiner Auslegung an eine Stelle brächte, wo [...]".

```
         Daz wort mac, weiz got, vrouwe sprechen michel baz,¹⁰⁵⁷
         nu merket, daz
         'vrouwe der engel horden
10       vro' nimt baz ir orden;
         swie wite zitet naturen we,    ir gelt we was worden.¹⁰⁵⁸
         doch mac daz wort wol sprechen meit,   sit got wolte ez dar leinen.¹⁰⁵⁹

         Sie jehen, got spreche: 'mulier'.
         daz ist ouch mins gelouben ger.
15       † nu schrenket wer
         diz drivach sper
         noch; welchez wiltu leinen her
         ob aller himel wernder wer? †¹⁰⁶⁰
         ez sprach da nicht wan vrouwen slacht,   swaz anderswa sie meinen.
```

Die Strophe setzt ohne Umschweife mit der Entgegnung auf das biblische Argument aus V, 108 G ein und verharrt wie ihr Bezugstext ganz auf der begrifflichen Ebene.

Der erste Stollen weist – vorerst nur implizit – auf das Übersetzungsproblem hin[1061] und kontert ex negativo, die Anrede Christi an seine Mutter in den Schriftstellen, auf die der Gegner rekurriert,[1062] könne (im Deutschen) nicht 'wîp' lauten. Die Definition *wîp* = *deflorata* ist dabei sicher vorausgesetzt, bleibt aber unausgesprochen. Da Frauenlob 'systemimmanent' argumentiert, von seinen eigenen Begriffsdefinitionen ausgehend, spielt es keine Rolle, daß die Übersetzungsgleichung *mulier – wîp* die gängige war. Dem setzt er in einem ersten Schritt mit *vröulich künne* eine, wie es scheint, unspezifische Bedeutungs- und Übertragungsmöglichkeit entgegen – *mulier* bedeute „weibliches Geschlecht" –, die zugleich auf 'vrouwe' in Frauenlobs Verwendung anspielen mag. Die Zielrichtung der unterschiedlichen Übersetzungsangebote (vgl. noch v. 12 und 19) liegt auch darin, auf das Übersetzungsproblem überhaupt erst aufmerksam zu machen, indem es vorgeführt wird.

Darüber hinaus wird eingangs eine weitere, der Hierarchisierung der *namen* 'wîp' und 'vrouwe' dienende Opposition entfaltet: diejenige zwischen irdischem und transzendentem Sinnbereich, die besonders im zweiten Stollen zentral sein wird. Dem Begriff 'wîp' wird eine potentielle religiöse Bedeutungsdimension

---

1057 Wachinger, *Sängerkrieg*, S. 216, zu v. 7: „Das Wort, das Christus sprach, kann *vrowe* viel besser wiedergeben".

1058 Zu v. 9-11 s.u., S. 310f.

1059 Stackmann, *Wörterbuch*, Sp. 208b, zu *leinen* (vgl. auch v. 17): „etwas irgendwo anlehnen". Es handelt sich um eine der Metaphern, mit denen Frauenlob die – in diesem Fall von Gott hergestellte – Relation zwischen *name* und *sache* umschreibt (vgl. V, 106, 19): „[...] da Gott selbst das Wort ['*mulier*'] dort 'anlehnen' [d.h. auf die *meit* anwenden] wollte."

1060 Zu v. 15-18 s.u., S. 312.

1061 Vgl. Huber, *Wort sint der dinge zeichen*, S. 165.

1062 Der Plural *die tummen* (vgl. *sie* in v. 13) schließt den Bezug auf einen bestimmten Gegner nicht aus (vgl. Wachinger, *Sängerkrieg*, S. 95) und ist hier wohl im Sinne einer polemischen Taktik gemeint (der Gegner wird zu den Unverständigen gerechnet).

abgesprochen, er wird ausdrücklich nur auf die Garantin irdischen Glücks bezogen (v. 4f.). Man kann sich hier an die *w-î-p*-Etymologie (V, 102, 11) erinnert fühlen; sie entspricht dem hier postulierten, begrenzten Bedeutungsumfang des Begriffs und erhält im nachhinein durch die Betonung dieser Einschränkung eine neue Akzentuierung.

Der zweite Stollen bringt das ergänzende Argument: Das von Christus gesprochene Wort könne besser mit '*vrouwe*' wiedergegeben werden. Die hier explizit entfaltete *vrô-wê*-Etymologie begründet, daß (neben *meit*) nur dieser Begriff der Gottesmutter angemessen ist. Die schwierigen Verse 9-11 werfen eine Reihe von Fragen auf; sicher ist aber, daß die Silbe *vrô* dem Bereich der Engel zugeordnet wird (v. 9f.) und das *wê* der Natur, d.h. ihrer Veränderlichkeit (v. 11).

In Vers 9 entsteht durch die leichte Konjektur Stackmanns (*vrouwe*; gegen *vro wie* in J) eine Parallele zwischen Vers 9f. und 7; in beiden Stellen geht es ja um die bessere Eignung dieses Namens für Maria. In dieser Lesart wäre *orden* (als Subjekt) auf Maria, nicht auf die Engel, zu beziehen; in der Bedeutung „Art, Eigenschaft, Beschaffenheit" ist das Wort bei Frauenlob noch andernorts belegt[1063]. Der Kern der Aussage wäre dann also, daß das 'Wesen' Mariens besser die Anrede (den Titel) '*vrouwe*' empfange; *der engel horden vro* faßt Stackmann als Ergänzung zu diesem Titel auf, die noch zur Anrede gehört: „welche die Engel fröhlich als Schatz hüten".[1064]

Will man mit Wachinger in Vers 9 die Lesart von J beibehalten (bei entsprechender Interpunktion: Komma nach *horden*), so müßte Vers 10 auf die *engel* bezogen werden;[1065] denn daß das *vrô* besser zum Wesen Mariens passen soll als, so wäre dann zu ergänzen, das *wê*, kann kaum gemeint sein, da ja die favorisierte Anrede der Gottesmutter beide Silben umfaßt.

In Vers 11 erwartet man die ergänzende Aussage, daß auch das *wê*, da Bestandteil ihres Titels, in irgendeiner Weise zu Maria gehört; ohne einen Eingriff in den Text von J in der ersten Vershälfte (*wie wir tzitet naturen we*) kommt man hier indes nicht aus. In der Version Stackmanns (*wite* statt *wir*)[1066] meint der Vers – unter der Voraussetzung, daß *zîten* („reif werden") wie folgt wiedergegeben werden darf:[1067] „So weit immer sich das Leiden der Natur in der Zeit ereignet [im irdischen Leben also], wurde auch Maria Leid zum Lohn." Möglicherweise spielt der Nachsatz auf die menschliche Natur der Gottesmutter an, die auch dem Gesetz der Vergänglichkeit unterworfen war. Besser paßt jedoch in diesem Kontext, von einer Anspielung auf die sieben Schmerzen Mariens auszugehen,[1068] d.h. also von einem Gegensatz zwischen ihrem

---

[1063] Stackmann, *Wörterbuch*, Sp. 268b (1).

[1064] *GA*, S. 833; dort auch zu *horden*, „als Schatz bewahren" (vgl. auch Stackmann, *Wörterbuch*, Sp. 162b).

[1065] Wachinger, *Sängerkrieg*, S. 216.

[1066] Wachinger, ebd., S. 215, geht für die erste Vershälfte von F aus; auch seine Konjektur ergibt einen kohärenten Text (*we: wie sie tet naturen we*), der schon das erste *wê* mariologisch erläutern würde (vgl. S. 217): „*wê* [bedeutet]: wie Maria der Natur Leid zufügte [indem sie sie mit der Inkarnation Gottes besiegte], so war ihr doch selbst Leid zum Lohn". Für die Lösung der *GA* spricht jedoch, daß sie mit dem Text einer Handschrift auskommt, während Wachingers Konjektur in der ersten Vershälfte von F, in der zweiten von J ausgeht.

[1067] Vgl. *GA*, S. 833; Stackmann, *Wörterbuch*, Sp. 498b (zu *zîten*).

[1068] So auch Wachinger, *Sängerkrieg*, S. 217.

*wê* und dem *wê* der Natur. Dies entspricht auch der bei Frauenlob andernorts angedeuteten typologischen Beziehung zwischen Natur und Maria als Typus und Antitypus.[1069]

Die etymologische Silbenzerlegung und ihre Auslegung dient also als *argumentum a nomine* für die These, daß '*vrouwe*' die richtige Entsprechung für *mulier* als biblische Bezeichnung Mariens ist. Das Verfahren zeigt eine vergleichbare Logik wie die volkssprachliche *Ave*-Deutung: Auch hier kann, wie oben bereits erwähnt,[1070] der Gegensatz zwischen unterschiedlichen Wertungen des Leides eine Rolle spielen (etwa das *wê* der Erbsünde einerseits und die *compassio* Mariens andererseits), ebenso das Komplementärverhältnis zwischen Freude und Leid Mariens im heilsgeschichtlichen Sinne.[1071]

Der Gegenstollen verknüpft somit im traditionellen christlichen Sinne den Freude-Leid-Gegensatz mit der Opposition von transzendenter und irdischer Existenz; er greift damit im ersten Stollen Angedeutetes auf: Das religiöse Argument zur Begründung der begrifflichen Hierarchisierung wird in zwei Schritten systematisch auf beide *namen* angewendet. Der Verknüpfung 'menschliche Existenz/Freude', die im Eingangsstollen dem *namen* '*wîp*' zugeordnet wird, werden im zweiten Stollen die Verknüpfungen 'himmlische Existenz/Freude' und 'irdisches Dasein/Leid' gegenübergestellt. Die Gegenüberstellung zeigt einmal mehr: Keine Abwertung der *wîbe* bzw. ihres *namen* ist gemeint, sondern eine Stufung der Begriffe nach ihrem Rang.

Der Aufgesang bringt damit nicht lediglich die Widerlegung des biblischen Arguments aus V, 108 G, sondern Frauenlob baut im Sinne seiner Begriffshierarchie die mariologische Argumentation konsequent aus. Diese wird im Schlußvers des Aufgesangs, der die Jungfräulichkeit Mariens hervorhebt, vervollständigt: Das Wort (*mulier*) kann auch mit '*meit*' wiedergegeben werden, da Gott es auf eine Jungfrau 'anwenden' wollte. Mit dem Hinweis auf die von Gott selbst gestiftete Bezeichnungsrelation zwischen *wort* und *res* wird umschrieben, daß eine Jungfrau durch göttliches Wirken Mutter wurde. Die Betonung der Jungfräulichkeit wendet sich implizit noch einmal gegen die Wiedergabe der Anrede Mariens mit '*wîp*'. Die eigentliche, auf den Einwand von V, 108 G antwortende Gegenargumentation ist damit abgeschlossen.

Der Abgesang setzt neu ein und nennt, was schon Ausgangspunkt für die beiden Stollen war: den lateinischen Begriff. Die Parallelen zwischen den Eingangsversen von Aufgesang und Abgesang (v. 1 und 13; vgl. *trib*, v. 2; *gelouben ger*, v. 14) sowie der Kontrast von Verneinung und Zustimmung heben den in

---

[1069] Vgl. hierzu Huber, *Alanus ab Insulis*, S. 151, zu *GA* IX, *3, 1-6.

[1070] S.o., 4.2.2.2, S. 272; zur *Ave*-Etymologie mit ihren volkssprachlichen Entsprechungen Ruberg, „Etymologisieren", S. 326-328.

[1071] Die Zuordnung „in dieser Welt *wê und ach* – in jener *vreude*" in mariologischer Wendung bringt z.B. Johannes von Frankenstein im *Kreuziger*: „ave Maria" er zû ir sprach, / hî mûst si schrîen **wê und ach**; / swaz ir vreuden dort geschach, / dâ wider erstûnt ir ungemach (v. 9663-9666).

Frauenlobs Darstellung kritischen Punkt der gegnerischen Argumentation hervor, das Übersetzungsproblem, ohne es explizit zu thematisieren.

Bei dem konjekturbedürftigen Text, den J in den Versen 15-18 bietet, kommt Stackmann mit einem Eingriff aus: *schrenket* (mit k) in Vers 15 (gegen *merkent* J).[1072] „Dieser dreifache Speer verschränkt sich fest zur Verteidigung.[1073] Welches [sc. Wort, das besser passen würde] willst du auf die anwenden, die dauernde Gewährung verspricht?"[1074] Wachinger übernimmt in einem von mehreren Lösungsvorschlägen den Text von J fast unverändert[1075] und paraphrasiert (v. 15-19): „Nun merkt auf meine Verteidigung: Dieser dreifache Speer (eure Waffe, das Argument *mulier*), oder welchen Speer du sonst noch hierher richten willst, er bedeutete – bei aller Himmel Ewigkeit – nichts anderes als *vrowen slaht*."[1076] Diese Textversion wäre zwar in sich kohärent; als Abschluß der sonst so pointiert argumentierenden Strophe überzeugt sie indes nicht, da sie bloße Kampfpolemik bietet und keinen direkten Bezug auf den vorher entfalteten Gedankengang herstellt. Vers 18 wirkt als Beteuerungsformel zu blaß, und das Bild vom dreifachen Speer ist einleuchtender, wenn es von Frauenlob auf die eigene Argumentation bezogen wird.[1077]

Stackmanns Text bietet den Vorteil, daß der Strophenschluß dann direkt auf den Gedankengang des Aufgesangs zurückverweist und damit der Kampfpolemik und dem herausfordernden Duktus eine konkrete Zielrichtung gibt. So könnte der *drivach sper* auf die Übersetzungen von *mulier* bezogen werden, die Frauenlob statt *wîp* anbietet (*vröulich künne, vrouwe, meit*).[1078] Einwenden ließe sich hier, daß die ersten beiden Bedeutungen nicht gegeneinander abgegrenzt werden können, sondern als unspezifische und als eng definierte Begriffsübertragung auf verschiedenen Ebenen liegen. Es ist daher zu überlegen, ob das Bild nicht auch die Umschreibung für ein dreifaches Argument bilden kann, dessen Schlagkraft noch einmal dem gegnerischen Argument entgegengehalten wird. In diesem Sinne wäre gemeint: 1. Der Begriff '*wîp*' darf nicht für Maria verwendet werden, da er nur die Frau als Garantin weltlicher Freuden, gerade auch im erotischen Sinne, bezeichnet. 2. Die passende Übersetzung von '*mulier*' als Anrede der Gottesmutter ist '*vrouwe*', wie die etymologische Deutung zeigt. 3. Mit

---

[1072] Er greift damit eine Anregung Wachingers auf (*Sängerkrieg*, S. 218), bleibt aber insgesamt noch näher am Text von J und faßt das Satzgefüge anders auf.

[1073] Vgl. Stackmann, *Wörterbuch*, Sp. 462b (zu *wer* an dieser Stelle).

[1074] *leinen* ist wie in Vers 12 aufzufassen (s.o.): das 'Anlehnen' des Wortes an die zu bezeichnende Sache; zu *wernder wer* als Umschreibung für Maria, die als Vermittlerin nie endende Gewährung der Gnade garantiert, Stackmann, *GA*, S. 833. Eine Unsicherheit in dieser Auffassung von Vers 17f. liegt in der Verwendung von *ob* mit Dativ; in Verbindung mit *leinen* in der hier vermuteten Bedeutung würde man Akkusativ erwarten.

[1075] Wachinger, *Sängerkrieg*, S. 218: *nu merket wer! / diz drivach sper / noch welchez du wilt leinen her, / uf aller himel wernder wer / ez sprach da niht wan „vrowen slaht".*

[1076] Ebd.

[1077] Daß mit dem *drivach sper* die drei Silben des Wortes *mulier* gemeint sind (Ettmüller, *Heinrich von Meissen*, S. 321), ist unwahrscheinlich, handelt es sich doch bei dem in V, 108 G genutzten Hinweis auf die Anrede Mariens mit *mulier* nur um eine einzige argumentative 'Waffe'.

[1078] Vgl. Wachinger, *Sängerkrieg*, S. 217.

'*meit*' ist ein weiterer mariologischer Bedeutungsaspekt von '*mulier*' benannt, welcher noch einmal gegen die Anrede mit '*wîp*' (in Frauenlobs Definition) spricht.

In jedem Fall rekurriert die Metapher des dreifachen Speers auf die Vorgehensweise selbst, auf die Argumentation. In konsequenter Zuspitzung traditioneller Kampfmetaphorik im Sängerstreit, die sonst eher unspezifisch bleibt,[1079] wird damit ausdrücklich das Argument als Waffe bezeichnet. Der zentralen Bedeutung der in einzelnen Schritten vorgehenden und systematisierenden Argumentation für Frauenlobs Strophen entspricht es, daß sie selbst andeutungsweise thematisch wird.

Nach der rhetorischen Frage, welche andere Bezeichnung das direkt apostrophierte Gegenüber denn als Alternative zu Frauenlobs Vorschlägen angeben könnte, gibt Frauenlob selbst mit dem Schlußvers die Antwort und hält diesmal *vrouwen slacht* als passende Übertragung von *mulier* fest. Daß die Strophe nicht mit der Verteidigung des favorisierten Ehrennamens schließt, sondern mit einer Umschreibung, ist auffällig; wie *vröulich künne* weist diese jedoch auf jenen hin.

Insgesamt sucht Frauenlob, indem er das Gegenargument, Christus habe seine Mutter mit '*wîp*' angeredet, umdreht, weiter ausbaut und für seine eigene These zu nutzen weiß, indem er also die Gelegenheit zur Explizierung des latent vorhandenen mariologischen Kerns seiner *namen*-Hierarchie ergreift, die Erhöhung des Ehrennamens '*vrouwe*' heilsgeschichtlich zu legitimieren. In diesem Rahmen zielt die begriffliche Argumentation vor allem auf die Entfaltung einer doppelten Opposition (irdisch/transzendent; Freude/Leid), die Frauenlob aus der *vrô-wê*-Etymologie entwickelt und mit der er ein weiteres Kriterium der Begriffswertung und -hierarchisierung erhält.

Die Doublette V, 112 reagiert ebenfalls direkt auf das Gegenargument aus V, 108 G, verfolgt jedoch eine etwas andere Strategie.

```
        Got der hat nicht gesprochen, ez ensi allez war,
        die rede ist clar.
        min witze müste ich rouben,
        jehe ich nach den touben,[1080]
5       got spreche siner muter 'wib'.     vromt daz dem gelouben?
        des weiz ich nicht. wib muz den val    der blumen han geneiget.[1081]

        Got sprach zu siner muter jüdisch, latin nicht.
        die schrift des gicht.
```

---

[1079] Vgl. die Gegnerstrophe V, 110 G, 17-19, aber auch (in der Polemik gegen die 'Selbstrühmung' Frauenlobs) V, 116 G, 7 und 13f.

[1080] V. 3f.: „Meinen Verstand müßte ich verloren haben, wenn ich mit den Unvernünftigen behaupten wollte [...]".

[1081] *den val [...] han geneiget* ist als pleonastische Konstruktion aufzufassen (zu transitivem *neigen*, „bewirken, daß etwas zu Boden sinkt": Stackmann, *Wörterbuch*, Sp. 257a).

|    | nante er sie nach der vrüchte |    |
|----|---|---|
| 10 | – daz zam wol der zühte –, | |
|    | so sprach er 'vrouwe' und nicht 'wib': | vro we bernder trüchte, |
|    | vro von der lust, we durch die burt; | daz we naturen sweiget.[1082] |

|    | Er hat sich selber tot geslagen, |    |
|----|---|---|
|    | swer sinen vint sich hilfet jagen.[1083] | |
| 15 | diz liute sagen | |
|    | mac wol behagen | |
|    | den juden; well wir in so tagen[1084] | |
|    | und uns die nacht zu huse tragen? | |
|    | die glose ist valsch, got sprach nicht 'wib', | sin wort sich 'vrouwe' erzeiget. |

Die Gliederung des Strophenganzen entspricht in etwa derjenigen von Strophe V, 111: Der Ablehnung von '*wîp*' als Marientitel im ersten Stollen folgt die *vrôwê*-Auslegung im zweiten Stollen, und der Abgesang bringt die abschließende, polemische Bekräftigung der These.

Gegenüber der Zwillingsstrophe gibt sich der Text jedoch, wie schon Wachinger anmerkt,[1085] deutlicher und geradliniger. So greift der erste Stollen explizit auf die *deflorata*-Definition zurück (v. 6), die in der Argumentation von V, 111 zwar vorausgesetzt, aber nicht ausgesprochen wird. V, 112 erläutert also, was dort nur angedeutet ist.

Entsprechend wird im zweiten Stollen das Übersetzungsproblem nicht, wie in V, 111, vorgeführt, sondern mit der Benennung der Sprachen ausdrücklich thematisiert (v. 7). Mit Wachinger[1086] ist in der Aussage dieses Verses kein argumentativer Widerspruch zu V, 111, 13f. zu sehen (*Sie jehen, got spreche: 'mulier'*). Dort ging es Frauenlob mit der Zustimmung zu dieser Annahme (V, 111, 14) nicht primär um den lateinischen Begriff, sondern bereits um die Sprachendifferenz und das sich aus ihr ergebende Problem der Wiedergabe. In V, 112 geht er in der Abfolge der Sprachen noch eine Stufe zurück. Hierin kann ein Indiz dafür gesehen werden, daß sich die Strophe insgesamt 'bibeltreuer' und 'dogmatischer' geriert – verstanden als Habitus und nicht im Sinne nachprüfbarer Korrektheit der Behauptungen – und aus dieser Ausrichtung zusätzliches Legitimationspotential gewinnt; so beruft sich Frauenlob ja auch ausdrücklich auf die Heilige Schrift als Zeugnis dafür, daß Christus Hebräisch gesprochen habe (v. 7f.).

Die folgenden Ausführungen zum Begriff '*vrouwe*' (v. 9-12) setzen die vereindeutigende Argumentation mit den ursprünglichen Frauenlobschen Begriffsbestimmungen aus V, 102 konsequent fort und lassen der *deflorata*-Definition

---

[1082] Zu v. 11f. und zur Lesart *naturen* (v. 12) s.u., S. 315 u. Anm. 1090.

[1083] *helfen* kann auch mit Akkusativ stehen (vgl. auch Stackmann, *Wörterbuch*, Sp. 149a [3]); zur Konstruktion mit Akkusativ-Objekt und Infinitiv Paul/Wiehl/Grosse, *Mittelhochdeutsche Grammatik*, § 335b.

[1084] Stackmann, *Wörterbuch*, Sp. 361a, zu *tagen*: „den Tag bringen, leuchten".

[1085] Wachinger, *Sängerkrieg*, S. 220.

[1086] Ebd., S. 221 („nur ein Unterschied der Taktik").

(v. 6) nun die Bestimmung der *vrouwe* als *parens* folgen (v. 9-11, 1. Hälfte). Bei dem Versuch, die mariologische *vrô-wê*-Auslegung auf der physiologischen Begriffsbestimmung aufzubauen (v. 11f.), entsteht, aus dogmatischer Sicht betrachtet, ein Problem: In Vers 12 hat man bislang eine mariologisch sehr angreifbare Aussage gesehen (*we durch die burt*).[1087] Sollte Frauenlob tatsächlich mit dem Schmerz der Geburt argumentieren, so steht dies im Widerspruch zur kirchlichen Lehre, laut welcher Maria bekanntlich gerade von diesem *wê* befreit war. Ohne einen literarischen Text auf eine dogmatisch korrekte Lesart zurechtstutzen zu wollen: Es ist unwahrscheinlich, daß ausgerechnet in dieser Strophe eine derartige Abweichung vom Dogma vorliegen soll, denn das entspräche dem Argumentationsduktus und dem Gestus gerade des vorliegenden Textes überhaupt nicht, der sich so dogmentreu gibt und so sehr auf den 'rechten Glauben' zu verweisen vorgibt (z.B. v. 5f.; 7f.; 15-18).

Könnte Vers 12 daher nicht in doppeltem Sinne, d.h. vordergründig als angreifbare, zugleich aber als heilsgeschichtlich 'korrekte' Aussage aufzufassen sein? Letzteres ist im vorausgehenden Halbvers der Fall (*vro we bernder trüchte*, v. 11). Maria war „froh über die Last ihres Leibes, die ihr Schmerz bringen sollte."[1088] Dieses *wê* läßt sich leicht auf die Maria prophezeiten Schmerzen und auf ihre *compassio* beziehen, welche der Freude über die Erwählung und Gottesmutterschaft folgten (vgl. Lc 1, 46f. und 2, 35). Auch die Formel *vro von der lust*, mit der in Vers 12 die etymologische Erläuterung einsetzt, ist kaum anders zu verstehen als in Vers 11, mag indes gleichzeitig erotische Konnotationen transportieren als Umschreibung der Vereinigung Gottes mit Maria mittels der Liebesmetaphorik.[1089] Das *we durch die burt* anders als auf den Geburtsschmerz zu beziehen, mag problematisch erscheinen; von Vers 11 her eröffnet sich jedoch die Möglichkeit, daß der Schmerz gemeint ist, der für Maria aus der Geburt des Sohnes durch dessen Passion und Tod entstanden ist. Unter diesen Voraussetzungen kann die abschließende Vershälfte in der Lesart von J (mit F; *naturen sweiget*), die sonst unklar bleibt, problemlos im mariologischen Sinne verstanden werden; ein Eingriff in den Text von J (*nature* statt *naturen*) ist dann nicht notwendig:[1090] „Dieser Schmerz [demonstratives *daz*] bringt die Natur zum Schweigen", d.h. das Naturgesetz wird durch die Inkarnation, aus dem die Schmerzen Mariens hervorgehen werden, überwunden.[1091]

---

[1087] So Wachinger, ebd., S. 220.

[1088] Ebd., S. 219.

[1089] Vgl. hierzu die Belege zu *lust* im mariologischen Kontext, Stackmann, *Wörterbuch*, Sp. 222b-223b.

[1090] Die Lesart *naturen* hat auch Wachinger, *Sängerkrieg*, S. 219. Für die Konjektur *nature* entscheidet sich Stackmann, eine Anregung Ettmüllers (*Heinrich von Meissen*, S. 323) aufnehmend, gegen J (F) und mit k (*nature* wäre dann Subjekt); als Übersetzung für *nature sweiget* erwägt er: „stillt die Natur, die es hervorgebracht hat" (Stackmann, *Wörterbuch*, Sp. 358a).

[1091] Die Überwindung der Natur durch Maria, durch die Inkarnation Christi, sehen auch Wachinger (*Sängerkrieg*, S. 217, Anm. 37) und Huber (*Alanus ab Insulis*, S. 184, Anm. 184) in Vers 12 angedeutet.

Vers 12 birgt also einen Doppelsinn, ein Spiel mit unterschiedlichen Deutungsmöglichkeiten der *vrô-wê*-Etymologie. Die Irreführung des Rezipienten kann durchaus beabsichtigt sein: Möglicherweise liegt gerade hierin die Pointe des Stollenschlusses, denn auf den ersten Blick scheint von dem Geburtsschmerz die Rede zu sein. In dieser *lectio facilior* stimmt die Silbendeutung mit der physiologischen Begriffsbestimmung und mit dem, was Frauenlob sonst zum Lob der irdischen *vrouwe* (*parens*) sagt, überein (vgl. etwa V, 105, 12: *mit bernder we, mit lustes twanc*). Zugleich enthüllt sich jedoch vom Kontext her eine mariologische Lesart des Verses. Erst in dieser (heilsgeschichtlichen) Auffassung, die die beiden Namenssilben umdeutet, stellt die Etymologie ein neues, zusätzliches Argument für den Ehrennamen 'vrouwe' dar.[1092]

Der Abgesang setzt unvermittelt mit einer Sentenz ein, die zunächst nur erkennen läßt, daß der argumentierende Abschnitt der Strophe abgeschlossen ist und nun der ausschließlich polemische beginnt: „Derjenige hat sich selbst den Tod gebracht, der seinem Feind, der ihn jagt, dabei noch hilft" (v. 13f.). Die konkrete Anwendung der Sentenz, die ausdrücklich als Sprichwort eingeordnet wird (*diz liute sagen*, v. 15),[1093] auf den Kontext der Strophe unterbleibt. Unmißverständlich ist jedoch, daß die Differenz zwischen den Streit-Positionen nun polemisch als Konflikt zwischen 'rechtem Glauben' und 'Irrglauben' gefaßt wird: Das Dunkel der Unwissenheit und der falschen Lehre liege auf der Seite derer, die '*wîp*' für die richtige Bezeichnung Mariens halten.[1094] Vor dem Hintergrund der Definition *wîp* = *deflorata* wird somit vor der Abweichung vom mariologischen Dogma der unversehrten Jungfräulichkeit gewarnt. Im Sinne dieser Warnung ist auch die Polemik gegen den jüdischen Glauben zu verstehen (v. 15-18): Die Christen, auf die das *wir* in Vers 17 zu beziehen ist, sollten den Juden eigentlich das 'Licht des rechten Glaubens' bringen (vgl. v. 17);[1095] dem handeln sie entgegen, wenn sie von der eigenen Lehre abweichen und damit das Glaubenslicht selbst verlieren (v. 18). In diese Richtung zielt also auch der Beginn des Abgesangs, sind doch die Metaphern von selbstverschuldeter Dunkelheit und selbstverschuldetem Tod parallel konstruiert: Im Kontext warnt die Sentenz (v. 13f.) vor dem geistigen Tod und vor dem Feind der Seele, der durch Irrglauben leichtes Spiel hat. Behauptet der folgende Satz (v. 15-17) von dem Sprichwort, genauer: dem darin beschriebenen Verhalten, daß es den Juden besonders zusage, so impliziert er, daß ein entsprechendes Verhalten durch einen

---

[1092] Die doppelsinnige Auslegung des Begriffs paßt gut zu den je unterschiedlichen Argumentationen mit der *vrô-wê*-Etymologie in anderen Strophen Frauenlobs, insbesondere zu den Umdeutungen der Silbe -*wê* in V, 111 und V, 113.

[1093] Vgl. Stackmann, *Wörterbuch*, Sp. 218a. – Vgl. *TPMA* 3 (1996), S. 210, 5.3.4, 220-221; es handelt sich allerdings um etwas allgemeiner gehaltene Sprichwörter, die das Fehlverhalten thematisieren, das darin besteht, dem eigenen Feind zu helfen.

[1094] Vgl. Stackmann, *Wörterbuch*, Sp. 254b, zu *nacht* [*naht*].

[1095] Die Tag- und Nachtmetaphorik in bezug auf Christentum und Judentum findet sich in ganz ähnlicher Weise z.B. auch in Roethe 301 (anonyme Strophe im Frau-Ehren-Ton Reinmars von Zweter mit der Lösung einer Rätselstrophe).

Christen um so mehr zu verurteilen sei. Daß zuletzt die Abwehr des Gegenarguments noch einmal wiederholt wird (v. 19), erhält vor dem Hintergrund der vorausgehenden Verse das Gewicht einer Verurteilung derer, die einem 'Irrglauben' anhängen und zu denen in polemischer Verzerrung der Gegner gerechnet wird.

Das polemische Register der Strophe konkretisiert sich, anders als etwa die Variante der Zungensündenschelte in V, 109 G, im Vorwurf der Irrlehre, der Abweichung vom Dogma. Das Sprecher-Ich polemisiert quasi in der Rolle des Theologen; nicht zufällig fällt im Abgesang das Stichwort der *valsch[en] glose*. Mit der Analogie zu Stil und Habitus vergleichbarer Bemerkungen in theologischem Schrifttum, die sich zum Teil ebenfalls gegen abweichende Auslegungen der Schrift richten, paßt sich die polemische Äußerungsform der Argumentation und ihrer mariologischen Akzentsetzung an.

Im Bereich lateinischer Exegese und Predigtliteratur werden gelegentlich Invektiven gegen die Juden und ihren Glauben formuliert, u.a. auch im Zusammenhang mit der Affirmation mariologischer Dogmen. So greift Hildebert von Lavardin in einer Adventspredigt 'den Juden' an, der die unverletzte Jungfräulichkeit Mariens bezweifelt und behauptet, daß Christus menschlich gezeugt sei.[1096] Wieder benutzt Frauenlob also ein in der lateinischen geistlichen Literatur belegtes Artikulationsmuster, ohne Inhalte zu übernehmen, und verwendet es für eigene Zwecke.

Auf die lateinische theologische Literatur verweist die Strophe noch auf andere Weise. Petrus Comestor berücksichtigt in seiner oben zitierten Erläuterung zu Io 2, 4[1097] für den lateinischen Begriff (*mulier*) dasselbe Definitionskriterium wie Frauenlob, ebenfalls im mariologischen Kontext, für den volkssprachlichen (V, 112, 6). In seinem Bemühen, die Verwendung des Begriffs für Maria, wo die Vulgata ihn überliefert, zu rechtfertigen, unterscheidet Petrus zwei Begriffsverwendungen von '*mulier*': bezogen auf die *deflorata* und als allgemeines *nomen sexus*.

Beide Autoren reflektieren als Ausgangspunkt ihrer Argumentationen dieselbe mariologische Frage und weisen – bei entgegengesetzten Positionen – grundsätzlich einen ähnlichen Umgang mit Begriffen auf. Petrus nimmt gleichsam einen Einwand gegen '*mulier*' voraus, den Frauenlob in bezug auf '*wîp*' formuliert. Die Aussagen greifen, systematisch betrachtet, als Argument und Gegenargument genau ineinander; man könnte sich z.B. eine weitere Gegnerstrophe vorstellen, die die Argumentation des Petrus, auf den volkssprachlichen Begriff übertragen, gegen dieses eine Argument von Strophe V, 112 („'*wîp*' heißt doch *deflorata*") einsetzt. Analog ist die Art des Umgangs mit dem Bibeltext und die streng begriffliche Argumentation, schließlich generell die hohe Bedeutung, die den Begriffen bzw. der Frage ihrer Verwendung beigemessen wird.

Im Fazit zu den Strophen V, 111 und V, 112 ist nach ihrem Verhältnis zu anderen Strophen des *wîp-vrouwe-Streits* sowie nach Unterschieden in der Darstellungsweise und Strategie der beiden Texte und nach der Funktion der doppelten Ausführung des mariologischen Arguments zu fragen.

---

[1096] Hildebert von Lavardin, Sermo CXLII (*Sermo in adventu Domini*), PL 171, 951-954, hier 952C-953A: *Erubescat Judæus infelix* [...]. / *Derogat Judæus divinitati Christi, uterque perpetuæ virginitati matris Christi.* [...] *Facescat perfidia Judæi fabulantis ex Joseph conceptum Christum*; vgl. auch 953C.

[1097] Petrus Comestor, *Historia scholastica, In Evangelia*, PL 198, 1559B (cap. XXXVIII); s.o., 4.2.2.5, S. 305f.

Beide Strophen vervollständigen mit ihrer Argumentation die Ausführungen der anderen Strophen Frauenlobs. Erstens stellen sie mit ihren Entgegnungen auf V, 108 G den mariologischen Implikationen in V, 102 und V, 103 die ausdrückliche mariologische Argumentation zur Seite und enthüllen damit einen zentralen Hintergrund der Begriffstrias. Die verschiedenen Begründungsstrategien der anderen Strophen für den Vorrang des Begriffs 'vrouwe' werden durch ein Verfahren ergänzt, das mit der Argumentation mit Heilstatsachen und dem Rekurs auf das Wort Gottes die Erhöhung des *namen* heilsgeschichtlich zu legitimieren sucht.

Zweitens entstehen im einzelnen Verbindungen zu anderen Strophen des *wîp-vrouwe-Streits*: mit der expliziten Erläuterung der *vrô-wê*-Etymologie, die in V, 103 und V, 105 nur angedeutet wird und in jeweils unterschiedlichen Funktionszusammenhängen steht.[1098] In V, 105 wird mit ihr auf rein sachbezogener und physiologischer Ebene argumentiert. Dagegen scheint die Silben-Ausdeutung in V, 103 heilsgeschichtlich-mariologische Konnotationen zu transportieren; eine Hierarchie der Begriffe wird nahegelegt, aber nicht explizit-argumentativ ausgearbeitet. Mit der Durchführung des Verfahrens, der etymologischen Begründung der These, an verschiedenen Aspekten beziehen die vorliegenden Strophen die unterschiedlichen Begründungsstränge als Teilaspekte eines umfassenden Argumentationskomplexes aufeinander.

Was das Verhältnis von V, 111 und V, 112 zueinander betrifft, hat bereits Wachinger auf eine charakteristische Differenz aufmerksam gemacht: V, 111 ist „stilistisch dunkel", „auch unentschiedener", V, 112 dagegen klarer und eindeutiger.[1099] Einiges, was in V, 111 nur angedeutet ist, wird in V, 112 expliziert: vor allem die Argumentation mit den physiologischen Begriffsbedeutungen sowie die Reflexion des Übersetzungsproblems, das in der einen Strophe vorgeführt, in der anderen ausdrücklich benannt wird. Hierin gibt V, 112 also gleichsam die ergänzenden Erläuterungen zur Zwillingsstrophe. Letztere hat ihrerseits eine eigene Akzentsetzung: Sie führt als neue Wertopposition diejenige von irdischer und transzendenter Existenz ein, die sich mit dem Freude-Leid-Gegensatz (vgl. V, 103 und V, 105) verbindet und an welcher die beiden konkurrierenden Begriffe gemessen werden.

Der zweite zentrale Unterschied betrifft das polemische Register. V, 111 wendet sich eingangs gegen die *tummen*, die aus Unwissenheit schwach gestützte Behauptungen wagen. Entsprechend hebt das Ich in der Rolle des gelehrten und professionellen 'Wortfechters' abschließend die sichere Begründung der These durch das dreifache Argument hervor (*diz drivach sper*; v. 16). Ein anderes Register wird in V, 112 gezogen, das im Vorwurf der Irrlehre und der Abweichung vom Dogma (Abgesang) greifbar wird: Das Ich polemisiert in der

---

[1098] Zur *vrô-wê*-Etymologie in V, 103, V, 105 und V, 113 vgl. 4.2.2.2, S. 272f., 4.2.2.3, S. 280f. und 4.2.2.7, S. 320f.

[1099] Vgl. Wachinger, *Sängerkrieg*, S. 219-221, zum Verhältnis der beiden Strophen zueinander, zit. S. 220.

Rolle des 'Theologen', was auch der Parallele zu Invektiven im Bereich lateinischer theologischer Literatur entspricht. Die Warnung vor falscher Lehre, die den Gegner noch gründlicher zu diskreditieren sucht als der Vorwurf der Unwissenheit, paßt in den Tenor des Textganzen, das sich den Habitus der Glaubens-, Dogmen- und Bibeltreue gibt.[1100] Die Pointe ist hier – gerade gegenläufig zum Gestus der 'theologischen' Polemik – die doppelbödige Argumentation, die vordergründig dogmatisch angreifbar, in einer zweiten Lektüre jedoch 'korrekt' ist.

Die Frage nach der Funktion der zweifachen Ausführung führt nicht zu Überlegungen zur Chronologie oder zu unterschiedlichen Entstehungsanlässen bzw. Vortragssituationen, für welche die Texte keinerlei Anhaltspunkte bieten. Aus dem Textvergleich wird ersichtlich, daß es sich bei den Doubletten um Alternativen der Reaktion auf V, 108 G handelt. Die zweifache Ausführung ist als Demonstration verschiedener strategischer Möglichkeiten und Verfahrensweisen aufzufassen, die sich sowohl in der Akzentuierung der Argumente wie auch in ihrem polemischen Register voneinander unterscheiden; beabsichtigt ist die souveräne Vorführung der vielseitigen Sprach- und Argumentationskunst des Autors.

### 4.2.2.7 Bedeutungsübertragung des 'Ehrennamens' auf die ethische Ebene in V, 113

> Ein maget heizet wol ein vrouwe rechter schult,
> durch kiusche dult[1101]
> swenn sie *ir* art verdemphet,
> daz ir blume an kemphet.[1102]
> 5    der strit ir zilt so süze ein we    uf ein vro gestemphet,[1103]
> swenn sie uns tragen ein lebendez vro    in spilnder ougen weide.
>
> Ein wib, die mac sich vr*ou*wen wol an*e* lebende vrucht[1104]
> mit voller zucht
> der du*rn*echtigen stete

---

[1100] Diese Beobachtung steht nicht im Widerspruch zu Wachingers Bemerkung, daß V, 111 „die Etymologie vorsichtiger und mariologischer" begründe als V, 112 (ebd.). Er spricht von Argumentationsinhalten, während hier auf das polemische Register, den Habitus des Textes abgezielt ist; beide Kriterien sind auseinanderzuhalten.

[1101] *kiusche* ist ein von *dult* abhängiger Genitiv; Vers 2 ist zum folgenden Konditionalsatz zu ziehen („wenn sie, um Reinheit zu erdulden, ihre *art* mäßigt").

[1102] Zu v. 3f. s.u., S. 321f.

[1103] V. 5: „Der Kampf bewirkt für sie ein so süßes 'wê', das dem 'vrô' aufgeprägt wird" (*stemphen* [stempfen], „prägen, einen Stempel aufdrücken": Stackmann, *Wörterbuch*, Sp. 346a).

[1104] V. 7: „Ein *wîp* kann zur *vrouwe* werden, auch ohne daß sie ein Kind gebiert." Zu *sich vrouwen* im Sinne von „zu einer *vrouwe* werden": Wachinger, *Sängerkrieg*, S. 230, auf den auch die Textgestalt der GA (Konjektur *vrouwen* aus *vrewen* J) und Deutung des Verses zurückgeht (S. 229f.).

10  gar bar slimmer wete.[1105]
   der kriec e*r*grüe*t* süzen namen mit der tugende rete:[1106]
   von art ein wib, von tugent ein vrouwe und ouch von art die beide.[1107]

   Der vrüchte tugent, der blumen art
   han vrouwen namen so ho geschart.[1108]
15  niur art, wib zart,
   dich hat entspart.[1109]
   von küne*c* Wippeone wart
   di*m* mitte*l-s*ie des namen vart.[1110]
   vrouwe, an dir art*et*[1111] blünd*e* blut und *tugent* in berndem kleide.

Wird in V, 106, 7ff. die Frage nach der Verwendung des umfassenden tadelnden Begriffs '*unwîp*' gestellt, so befaßt sich Strophe V, 113 im Aufgesang mit der angemessenen Zuweisung von '*vrouwe*', verstanden als Ehrenname; hier kommt somit wieder das Verhältnis von den im Ehrentitel repräsentierten Werten und dem Verhalten, d.h. die Frage nach der Wertverwirklichung, in den Blick. Demgegenüber konzentriert sich der Abgesang eher auf die Hierarchie der konkurrierenden Begriffe selbst und auf ihren 'objektiv' gültigen Wert. Wie so oft im *wîp-vrouwe-Streit* ist die Strophe in ihrem Argumentationsgang deutlich zweigeteilt. Beide Abschnitte werden zunächst zu Fragen der Darstellungsweise, der Traditionshintergründe und der Textbezüge zu anderen Strophen des *wîp-vrouwe-Streits* getrennt voneinander behandelt, um anschließend die Ergebnisse zusammenzuführen.

 Der Aufgesang erläutert, daß eine *maget* wie auch ein *wîp* unter bestimmten Bedingungen den preisenden Namen '*vrouwe*' verdienen können.[1112] Diese Bedingungen sind mit dem alten Motiv des inneren Kampfes formuliert (v. 4f. und 11): Der innere Widerstreit ermöglicht es sowohl der *maget*, zum '*vrô*' das den

---

[1105] Zu v. 10 Stackmann, „Frauenlob, Ettmüller", S. 336: „frei von verkehrter Kleidung"; *slim* meint hier etwa „verdorben, pervertiert", oder, um im Bild der angedeuteten Tugendkleider-Metaphorik zu bleiben, „zerrissen, befleckt".

[1106] V. 11: „Der [innere] Widerstreit läßt mit dem Rat der Tugend den süßen Namen grünen." – Zur Interpunktion Stackmann, „Frauenlob (Heinrich von Meissen)", S. 132 (geändert gegenüber der Ausgabe).

[1107] Zu v. 12 s.u., S. 322f.

[1108] *so ho geschart*: „so hoch gestellt, so sehr erhöht" (vgl. Stackmann, *Wörterbuch*, Sp. 305b, zu *scharn*).

[1109] Zu v. 15f. s.u., S. 330.

[1110] Stackmann, *Wörterbuch*, Sp. 405b, zu *vart*, paraphrasiert Vers 17f.: „Wippeon brachte den Begriff *wib* in Umlauf"; *dim mittel-sie* etwa: „dir [d.h. dem *wîp*] in deiner Mittelstellung" (*mittel-sie* steht wie in V, 104, 13 für die Mittelstellung des *wîbes* zwischen *maget* und *vrouwe*; vgl. auch *mittenkünne* in V, 104, 11).

[1111] Für die Gelegenheitsbildung *arten* (von *art*) schlägt Stackmann, ebd., Sp. 15b, vor: „die *art* erkennen geben"; denkbar ist auch: „zur *art* gehören", vgl. Völker, *Gestalt der vrouwe*, S. 111.

[1112] Hierzu und zum Folgenden vgl. Huber, *Wort sint der dinge zeichen*, S. 167 und bes. Wachinger, *Sängerkrieg*, S. 229-232.

Ehrennamen vervollständigende '*wê*' hinzuzufügen, als auch dem *wîp*, das nicht *parens* ist, zur *vrouwe* im übertragenen Sinn zu werden. In diesem Antagonismus steht Vorbildlichkeit im Sinne höfischer Tugenden gegen einen Teil der Person, der für die *maget* nur knapp mit *art* bzw. *blume*, für das *wîp* gar nicht benannt ist.

Damit sind schon einzelne Verständnisfragen angesprochen, die auf ein grundsätzliches Deutungsproblem bestimmter, in der Strophe mehrfach verwendeter Zentralbegriffe hinführen. Zunächst zum ersten Stollen: Wofür steht *art* in Vers 3, wofür *blume* in Vers 4? Ursprünglich ist die Bedeutung „Geschlechtstrieb" für *art* von Ettmüller nur aufgrund des hier einmalig belegten Neutrums (*daz art* J) vermutet worden,[1113] wogegen schon Wachinger Bedenken äußerte.[1114] In der *Göttinger Ausgabe* wich die Neutrum-Form der Lesart von Thomas und Stackmann (mit F), der jedoch an der Bedeutung festhält.[1115] Er ergänzt für Vers 4 das Subjekt aus Vers 3 und faßt *blume* auf als „Umschreibung der in *blume* angelegten Möglichkeit, eine Frucht hervorzubringen".[1116] Eine Paraphrase der Verse 2-4 würde dann lauten: „wenn sie [die *maget*] um der Reinheit willen ihren Geschlechtstrieb erstickt[1117], so daß sie gegen die Verwandlung ihrer Blüte ankämpft."

Folgende Argumente sprechen indes für eine weniger enge Bedeutung von *art* in Vers 3, was Konsequenzen für die Interpretation des ganzen Stollens hat. 1.: Zwar ist die Verwendung des Begriffs in einem konkreten, fast terminologisch fixierten Sinn in Frauenlobs Minnedidaxe und -preis belegt, jedoch stets in einem anderen Kontext als in V, 113 und mit ganz anderer Zielrichtung. Von den in Frage kommenden Belegen[1118] können mehrere zu einer Gruppe zusammengefaßt werden, da der Kontext vergleichbar ist und wiederkehrende Wortkombinationen und ähnliche Formulierungen eine quasi terminologische Verwendung nahelegen. Hierzu gehören die Stellen mit *art* und *twalm*, möglicherweise ein sexualphysiologischer Terminus[1119] (III, 12, 4f.; VI, 11, 2), ferner die Belege, in denen die *art* der Liebenden als *gelich*[] bezeichnet wird (VII, 40, 2 und 18; sinngemäß auch VIII, 15, 1). Der engere thematische Kontext ist bei diesen Stellen die Entstehung der Liebe auch in ihrer sexuellen Dimension bzw. in einem Fall ein Rat an beide Liebenden zur Erhaltung der Liebe und des Verlangens (VII, 40). Der Begriff *art* könnte in diesen Texten „sexuelles Verlangen" meinen[1120] oder noch allgemeiner „Befindlichkeit oder Eigenschaft als Liebende(r)". In keinem dieser Belege ist mit *art* etwas gemeint, wogegen anzukämpfen als lobenswert dargestellt wird. In der Frauendidaxe XIII, 42 (v. 2) endlich hat *art* eindeutig die Bedeutung „[angeborene] Natur der Frau" (die unter Um-

---

[1113] Ettmüller, *Heinrich von Meissen*, S. 324; vgl. *BMZ* 1, Sp. 50b.

[1114] Wachinger, *Sängerkrieg*, S. 230.

[1115] Vgl. Stackmann, *Wörterbuch*, Sp. 14b (5.b).

[1116] *GA*, S. 835.

[1117] Vgl. Stackmann, *Wörterbuch*, Sp. 410a, zu *verdemphen* [*verdempfen*].

[1118] Es handelt sich um diejenigen Stellen, die bei Stackmann, ebd., Sp. 14b (5.b), aufgeführt sind unter: „mit erkennbarem Einschluß des Geschlechtlichen"; andere Verwendungszusammenhänge von *art* bei Frauenlob können hier unberücksichtigt bleiben. – Der Beleg in VIII, *18, 5 aus einer Frauenpreisstrophe bietet zu wenig Anhaltspunkte für eine genauere Bedeutungseingrenzung.

[1119] Zu *twalm* s.o., 2.2.1, S. 114 u. Anm. 480 (zu VI, 11, 2).

[1120] Vgl. Steinmetz, *Liebe als universales Prinzip*, S. 114f. u. 120, der für *art* in III, 12, 5 und VI, 11, 2 „cupiditas" (bzw. „geschlechtliche Begierde") vorschlägt; als seinen wichtigsten Beleg hierfür führt er jedoch die vorliegende Stelle (V, 113, 3) an, offensichtlich aufgrund der Wiedergabe von *kiusche* an dieser Stelle mit nhd. „Keuschheit" (S. 114, Anm. 142), die mir fraglich zu sein scheint; s. hierzu weiter unten.

ständen der Eigenkontrolle bedarf). Dieser Spruch bietet insofern noch am ehesten einen vergleichbaren Verwendungszusammenhang des Begriffs wie in V, 113, 3, als hier ein Ratschlag gegeben wird, der der Mahnung, die eigene Natur zu mäßigen, nicht sehr fern ist;[1121] auch der Aufgesang von V, 113 weist implizit einen ermahnenden Impuls auf. 2.: Daß eine solche Bedeutung von *art* mitgedacht ist („weibliche Natur"), legen auch Texte zum *strît*-Gedanken nahe, mit denen Frauenlobs Strophe in eine Reihe gestellt werden kann und die mit einer ähnlichen Vorstellung von der Natur der Frau operieren (s.u., S. 324-327); bei Gottfried von Straßburg fällt in diesem Zusammenhang ebenfalls das Stichwort *art*. Von der Verwendung des Begriffs in anderen Texten kann selbstverständlich nicht direkt auf den vorliegenden Text geschlossen werden; als Folie sind Anwendungen in vergleichbaren Kontexten indes präsent zu halten. 3.: Zu berücksichtigen ist vor allem die Einbindung des Begriffs im unmittelbaren Strophenkontext. Mit der Auffassung von *art* als „Geschlechtstrieb" wäre eine Opposition angedeutet, die zu eng angesetzt ist und deren andere Seite nur mit 'Keuschheit/Enthaltsamkeit' besetzt werden könnte. Auf einen solchen Antagonismus ist jedoch die in der Strophe verwendete Begrifflichkeit nicht festzulegen. Die Wertkoordinaten, die hier und in V, 106 oder V, 104 aufgebaut werden, sind keine festen Größen, sondern stecken mit Wertabstrakta von großer semantischer Breite den Rahmen für die Diskussion des 'rechten' und 'falschen' Verhaltens ab. Die Grundopposition (vgl. *wandel, wanc* etc. in V, 104 und V, 106 versus *kiusche*,[1122] *zucht, stete, tugent* in V, 113, 2; 8f.; 11-13; 19) ist so allgemein gefaßt wie fast stets in höfischer Didaxe. 4.: Geht man von einer konkreteren Bedeutung von *art* aus, was nicht auszuschließen ist, so ist zu bedenken: Eine präzise, engere Begriffsverwendung ist ja im *wîp-vrouwe*-Streit bereits gegeben, nämlich im Sinne von „Lebensstufe, Stadium der weiblichen Entwicklung" auf Frauenlobs physiologische Differenzierung bezogen (V, 106, 6; evt. auch V, 102, 6). Diese Bedeutung liegt auch in V, 113, 12 (erster Beleg), 13 und 15 vor. Im Kontext des *strît*-Gedankens in V, 113, 3f. meint *art* also etwa: „weibliche *art* (Natur, Wesen), wie sie sich der Lebensstufe entsprechend ausprägt".

Auch Vers 4, insbesondere das Stichwort *blume*, ist erläuterungsbedürftig. Die Blumenmetaphorik wird im *wîp-vrouwe*-Streit sonst ausschließlich im Sinne der physiologischen Differenzierungen (*virgo – deflorata*) verwendet; nur in Strophe V, 113 im Abgesang wird, wie noch zu zeigen ist, die Verwendung mehrschichtig. Im Eingangsstollen irritiert die Formulierung *ir blume an kemphet*, da die Blumenmetapher, bezogen auf *maget*, sonst nur mit positiver Wertung belegt ist (V, 102, 3). Man wird sich hier mit einer Paraphrase helfen, wie sie Stackmann vorschlägt (s.o.), etwa: „gegen den Fall ihrer Blume ankämpfen". Auch dann ist die Aussage jedoch nicht auf die Erhaltung der Jungfräulichkeit zu reduzieren. Möglicherweise ist angedeutet, daß generell eine Haltung Lob verdient, die Sexualität jenseits höfischer Liebe und ihrer Werthaftigkeit vermeidet.[1123]

Im zweiten Stollen bereitet die Doppelung von *art* (v. 12) Schwierigkeiten. In der ersten Vershälfte meint der Begriff zweifellos die physiologische Zuordnung (*wîp = deflorata*), von der die Wertung nach ethischen Maßstäben abgelöst werden kann (*von tugent ein vrouwe*). Das

---

[1121] Es geht um die Kontrollierung des Blicks, die sich letztendlich auch auf die 'Natur' der Frau bezieht: *Wip, sit du loser blicke bist, / als dich von art ist angeborn, / [...] / Wis diner blicke nicht zu bald* (XIII, 42, 1f.; 5).

[1122] Auch *kiusche* ist im Mittelhochdeutschen bekanntlich in den seltensten Fällen auf den körperlichen Bereich beschränkt im Sinne von nhd. „Keuschheit", sondern ebenfalls in viel weiterem Sinne zu verstehen; vgl. Stackmann, *Wörterbuch*, Sp. 184b: „Reinheit, sittliche Vorbildlichkeit".

[1123] Als Alternative bliebe noch, die Lesart von J (*daz art*) beizubehalten; hierfür plädiert W. Schröder, Rez. zu Stackmann/Bertau, S. 197f.; *blume* (als Subjekt aufgefaßt) wäre dann leichter verständlich, und zwar in einem Doppelsinn: „wenn sie [...] ihre Natur mäßigt, gegen die die Blume [ihrer Jungfräulichkeit und Tugend] ankämpft." Problematisch bleibt jedoch die Rückkehr zu einem sonst nicht belegten Neutrum *art*.

zweite *art* ist vielleicht durch Textverderbnis zu erklären.[1124] Unklar ist aber auch, worauf sich *die beide* bezieht. Falls der Vers verderbt ist, stelle ich folgende Alternative zur Diskussion: Vielleicht hat die zweite Vershälfte (ab *und*) in ihrer ursprünglichen Gestalt schon zum Abgesang übergeleitet. Für diese Überleitung wäre dann etwa adversative Bedeutung anzunehmen (z.B. mit der leichten Konjektur *und doch*). Das zweimalige *art* könnte beibehalten werden, da *die beide* in dieser Version schon auf *wîp* und *vrouwe* im Abgesang bezogen werden könnte: Dort wird ja tatsächlich noch einmal auf das Rangverhältnis zwischen beiden im physiologischen Sinne (d.h. also *von art*) hingewiesen. Sinngemäß würde der zweite Stollen dann etwa folgendermaßen argumentieren: Ein *wîp* kann sich aufgrund ihrer Tugend den Ehrennamen 'vrouwe' erkämpfen. Doch was die *art* betrifft, so verhalten sich beide (*wîp* und *vrouwe*) so zueinander: (Es schließt sich die Überordnung von 'vrouwe' im Abgesang an.)

Im Zentrum des Aufgesangs steht also die Übertragung des werthaften Namens 'vrouwe', der damit als Ehrenname bestätigt wird, auf die Ebene höfisch-ethischer Kriterien. Sprachlich sinnfällig gemacht wird die Bedeutungsübertragung im Eingangsstollen durch die Etymologie, die den Wert dieses *namen* unabhängig von seiner sachlichen Definition begründet.[1125] Zugleich nähert sich die Strophe dem Typus des ermahnenden Preises: Das Lob wird nur unter bestimmten Bedingungen vergeben – implizit wird die Verwirklichung der durch den Begriff bezeichneten Werte eingefordert. Diese an einer allgemeinen höfischen Ethik gemessenen Leistung darf auch im ersten Stollen nicht auf Keuschheit bzw. den Kampf gegen *cupiditas* eingeengt werden, sondern ist eher dahingehend zu verstehen, daß sich die Geschlechterliebe in allen Komponenten (einschließlich ihrer sexuellen Dimension) auf höfische Tugenden hin orientieren soll.

Mit dem adhortativen Zuschnitt der Strophe verbindet sich ein systematisierender Zug der Darstellung, der die Aussagen der beiden Stollen deutlich erkennbar in Parallele zueinander bringt. Das erste Satzgefüge reicht vom jeweils ersten bis zum vierten Vers, der jeweils fünfte Vers bringt einen Neueinsatz. Sowohl bei Vers 1 und 7 als auch besonders bei Vers 5 und 11 ist der Verseingang parallel gestaltet. Durch sprachliche Parallelisierung wird die übergeordnete, allgemeine Aussage unterstrichen: Der Wert des ranghöchsten *namen* gilt auch losgelöst von der physiologischen Bedeutung.

Durch die Übertragung des werthaften *namen* 'vrouwe' wird jedoch, wie Wachinger betont hat,[1126] die ursprüngliche Frauenlobsche Definition und Ranghierarchie der Begriffe nicht umgestoßen. Denn was analog für Strophe V, 106 festgehalten werden konnte, gilt auch hier: Die unterschiedlichen Kriterien, die für die Begriffsverwendung wichtig sind, werden voneinander abgelöst. Für die Zuerkennung des Wertbegriffs 'vrouwe' sind die ethischen Kriterien ausschlag-

---

[1124] Wachinger, *Sängerkrieg*, S. 230, vermutet statt der Folge von *tugent* und zweimaligem *art* in Vers 12 eine ursprüngliche Begriffsdreiheit.

[1125] Diese Funktion können, wie Huber, *Wort sint der dinge zeichen*, S. 167, festgehalten hat, die Etymologien gerade deshalb erhalten, weil sie eben keine Begriffsdefinition mittels feststehender Kriterien leisten. Etwa kann der Leistungsgedanke, auf den die Deutung der Silbe -*wê* zielt, ganz unterschiedlich konkretisiert werden.

[1126] Wachinger, *Sängerkrieg*, S. 232.

gebend und werden den sachlich-physiologischen Kriterien (die deshalb ihre Gültigkeit nicht verlieren) übergeordnet. Beide Texte stehen in einem Ergänzungsverhältnis zueinander: Das ermahnende Lob (V, 113, 1-12) braucht als sein Komplement den mahnenden Tadel (V, 106, 7-19), für den ja ebenfalls mit Blick auf die Wertverwirklichung bestimmte Bedingungen formuliert werden. Die relevante Wertopposition ist über die Einzelstrophe hinaus gültig.

Darüber hinaus stellt die Verwendung des *strît*-Motivs, dessen Anwendungsgeschichte kurz skizziert sei, die Strophe in eine Reihe mit Texten anderer Autoren. Der alte Gedanke der *pugna interior* ist ursprünglich in der geistlichen Paränese beheimatet. Das Muster des Antagonismus entgegengesetzter Prinzipien kann – auch innerhalb christlicher Moraltheologie – unterschiedlich besetzt werden. Grundsätzlich ist der Kampf zwischen *ratio* und *sensualitas*, Stärke und Schwachheit, oder wie immer der Gegensatz definiert wird, kennzeichnend für die menschliche Natur schlechthin; das Postulat der Selbstbesiegung ist somit generell gültig. Die Opposition kann aber auch in dem Schema 'männlich/weiblich' wiederkehren.[1127] Gleichungen wie *sensualitas = mulier* und *ratio = vir* können als christlich-moraltheologische Umfunktionalisierung und Differenzierung vorchristlicher misogyner Klischees erklärt werden. Sie werden in lateinischer geistlicher Literatur keineswegs nur in einfachen Qualifizierungen der 'Natur' der Frau bzw. des Mannes greifbar. Vielmehr kann die mit solchen Gegensatzpaaren bezeichnete Opposition auch wieder in das Innere des einzelnen hineingelegt werden, der den Konflikt zwischen 'männlich' und 'weiblich' in diesem moralisch wertenden Sinne, etwa zwischen *fortitudo* und *infirmitas*, in sich trägt. In geistlicher Frauendidaxe wird mit dem Motiv des inneren Kampfes häufig der Topos der *femina virilis* kombiniert,[1128] in welchem das Schema 'Schwachheit/Stärke' wiederkehrt: Mit männlicher *fortitudo* soll die Frau die weibliche *infirmitas* oder *sensualitas* etc. in sich besiegen, d.h. also ihre eigene (so definierte) 'Natur'.

Wo das Motiv der *pugna interior* in der mittelhochdeutschen höfischen Literatur aufgenommen wird, bedeutet dies nicht notwendigerweise eine Übernahme des Frauenbildes oder der paränetischen Anliegen geistlicher Literatur, da der Antagonismus unter den Vorzeichen höfischer Wertigkeit auch neu bestimmt wird. Auch hier ist von einer Analogie der literarischen Elemente und Strategien auszugehen. Die Beispiele zeigen die Bandbreite der unterschiedlichen Verwendungsmöglichkeiten des Motivs.

Als erstes ist die Einbindung des *strît*-Gedankens an prominenter Stelle, nämlich im sogenannten *huote*-Exkurs Gottfrieds von Straßburg, zu nennen.[1129] Das kommentierende Ich zi-

---

[1127] Zum Folgenden vgl. Schnell, „Frauenexkurs", S. 10-12; von Moos, *Hildebert von Lavardin*, S. 209 u. Anm. 4f., S. 214-217 (jeweils mit Belegen).

[1128] Zum Topos der *femina virilis* vgl. Schnell, „Frauenexkurs", S. 17-20 (mit Belegen); von Moos, *Hildebert von Lavardin*, S. 213.

[1129] Gottfried von Straßburg, *Tristan*, v. 17858-18114; in diesem Kontext ist vor allem die Passage ab Vers 17925 von Interesse. Grundlegend zum *huote*-Exkurs: I. Hahn, „*Daz lebende*

tiert, wohl aus einer gewissen Distanz heraus, in der eigenakzentuierten Darstellung des Sündenfallgeschehens das Frauenbild klerikaler Prägung; die Implikationen dieses Zitats im komplexen Kontext des Exkurses und des Romanganzen können hier nicht in den Blick genommen werden.[1130] Mehrfach wird zur Bezeichnung der Eva-Natur der Frau das Stichwort *art* verwendet (v. 17933; 17951; 17967; 17971f.; auch kombiniert mit *an geborn* bzw. mit *natiure*, v. 17932; 17968). Der Erzähler/Kommentator bietet bekanntlich für den Umgang der Frau mit ihrer derart qualifizierten *art* drei Entwürfe an. Die ersten beiden dieser Modelle, die er sofort beiseite schiebt, sind wiederum Zitate bekannter Topoi.[1131] Zunächst entwirft er das Bild der *femina virilis* (v. 17971-17985). Die Formeln *ein man mit muote* und *herzet sich mit manne* (v. 17975; 17981) stellen volkssprachliche Äquivalente zu geläufigen lateinischen Formeln dar wie *virilis animus* (*virile pectus/cor*) *in femineo corpore* (*sexu* etc.)[1132] Antagonismen wie *tugent* gegen *art* und *wîpheit* gegen männliche Gesinnung (v. 17971; 17979-17981) weisen darauf hin, daß der Gedanke des inneren Kampfes vorausgesetzt wird. Explizit wird diese Vorstellung erst in dem als nächstes vorgestellten Frauenideal (v. 17986-18014; vgl. *vehte*[n]/*kampf*, v. 17989 und 17992), jedoch in einer entscheidenden Umformung, die auf die Herstellung einer prekären Balance der widerstreitenden Kräfte zielt (*êre*[1133]/*lîp*; vgl. v. 17992-18005). Das *strît*-Motiv wird im *huote*-Exkurs also in zwei Varianten aufgespalten.[1134]

Verschiedene Bedeutungsaspekte des *strît*-Gedankens, die der *huote*-Exkurs aktualisiert, sowie zum Teil auch dessen Terminologie kehren in einigen Spruchstrophen wieder, die sich zu einer Textreihe zusammenstellen lassen. Damit ist weder eine direkte Abhängigkeit von Gottfrieds Text noch der Autoren untereinander impliziert; die Aufmerksamkeit gilt vielmehr den Sinngebungsmöglichkeiten des Schemas 'innerer Kampf', das jeweils unterschiedlich spezifiziert werden kann.

Konrad von Würzburg paßt das *strît*-Motiv ebenfalls, jedoch in anderer Weise als Gottfried, der Liebesthematik an (Schröder 32, 91).[1135] Die Strophe zeichnet das Ideal einer Frau, die *unstæte* überwindet und meidet, was sie *innnecliche triutet* (v. 91f.), auf diese Weise gegen sich selbst ankämpft und ihr Herz meistert (v. 97f. und 103). Der mahnende Preis mündet zuletzt – an Tristan, Vers 17971-17985, erinnernd – in den *femina virilis*-Topos: *diu leit unde stemphet / in wîplich herze mannes craft* (v. 104f.). Der bestimmende Antagonismus von *kiusche/reinekeit* und *unstæte* ist jedoch nicht in einem engeren, 'minnekritischen' Sinne zu verstehen. Vielmehr ist er mit dem höfischen Selbstdisziplinierungsideal vereinbar, das auch für die Geschlechterliebe eingefordert werden kann: Wird doch nicht die Frau gepriesen, die ihr Liebesverlangen (*minnegernden sin, minneflamme*; v. 95; 101) vollständig ausmerzt, sondern diejenige, die es nach außen hin verbirgt (v. 95: *ze tougenheite* [...] *verkêren*; v. 102) bzw.

---

*paradis"* und Tomasek, *Utopie im 'Tristan'*, S. 180-211. Zu den im Folgenden untersuchten Topoi und Motiven bei Gottfried vgl. bes. Schnell, „Frauenexkurs", der wertvolle Hinweise auf das von Gottfried benutzte topische Material gibt, dabei aber das eigentliche Argumentationsziel des Exkurses verkennt, indem er diesen in Gänze als konventionell einordnet.

[1130] Auch die Frage der Wertung des Frauenbildes durch den Erzähler muß unberücksichtigt bleiben; es genügt hier die Einordnung als Zitat.

[1131] Die Wertung dieser beiden Entwürfe durch das kommentierende Ich wird unterschiedlich veranschlagt; vgl. I. Hahn, „*Daz lebende paradis*", S. 189; Schnell, „Frauenexkurs", S. 20f.; Tomasek, *Utopie im 'Tristan'*, S. 191.

[1132] Vgl. Schnell, „Frauenexkurs", S. 18.

[1133] Zum *êre*-Begriff bei Gottfried, der hier eine eigene Prägung erhält: Tomasek, *Utopie im 'Tristan'*, S. 192f.

[1134] Sie machen schließlich einem dritten Entwurf Platz, der die Versöhnung der antagonistischen Prinzipien preist und damit die alte topische Vorstellung der *pugna interior* in ihr Gegenteil verkehrt (*Tristan*, v. 18015-18114).

[1135] Zur Interpretation dieser Strophe Konrads von Würzburg in anderem Zusammenhang s.o., 2.1.2, S. 102-106.

mäßigt (*demphet*; v. 101). Das Motiv der heimlichen Liebe wird im Sinne des höfischen *mâze*-Ideals gewendet. Zwischen den unterschiedlichen Oppositionen ist hier also zu differenzieren: So wird ein allgemeines Schema eingesetzt ('männlich/weiblich'), das nur scheinbar auf nichthöfische Wertvorstellungen hinweist und mit einer Opposition konkretisiert wird, die höfischen Vorstellungen entspricht: Die Disziplinierung der Liebe steht der *passio*-Liebe ohne Maß und Selbstkontrolle gegenüber.

In k ist Konrads Strophe als mittlere in einem Dreier-Bar überliefert, dessen letzte (anonyme) Strophe eine Variation über Konrads Text darstellt.[1136] Für die Seite, die die Frau in sich zu überwinden hat, wird in dieser dritten Strophe eine Terminologie eingesetzt (*von art sie angeborn*; *nâtiure*; v. 4 [34] und 6 [36]), die wiederum an Gottfrieds *huote*-Exkurs oder auch an die Frauenlob-Strophe GA V, 113 erinnert. Diese Begrifflichkeit konnte also gerade für die Vorstellung des inneren Kampfes genutzt werden.

Auch Strophe 35 von Reinmar von Zweter nutzt das Motiv des inneren Kampfes für den adhortativen Preis.[1137] Es ist hier nicht mit dem Schema 'männlich/weiblich' kombiniert, sondern mit der Begriffsdifferenzierung zwischen den *namen* '*wîp*' und '*vrouwe*', die im ermahnenden Lob in unterschiedlichen Varianten seit Walther von der Vogelweide präsent ist:[1138] Besteht die Frau den inneren Kampf von *tugen[t]* und *reinikeit* gegen *missezemende[] tât* und *unkiusche*, so ist sie *von lîbe ein wîp, von tugende ein vrouwe, / ein engel an der reinikeit* (v. 9f.). Daß Reinmar hier, während sonst eher '*wîp*' favorisiert wird, als Ehrennamen im ethischen Sinne '*vrouwe*' einsetzt, erklärt sich aus dem Strophenkontext: Das Tugendadel-Motiv im ersten Stollen (ein *wîp*, die durch tugendhafte Haltung ihr Herz *gevürstet* hat, v. 3) bildet die Basis für die (in den zitierten Versen bereits vollzogene) Übertragung der Rangbezeichnung von der ständischen auf die ethische Ebene.

Ob nun '*wîp*' oder wie hier '*vrouwe*' als ehrender *name* gewählt wird[1139] – grundsätzlich ist die Verwendungsfunktion des *namen*-Motivs dieselbe: Das Insistieren auf der Gültigkeit eines werthaften Begriffs beinhaltet immer die Einforderung des ihm gemäßen Verhaltens. Wird auch das Rangverhältnis der Begriffe bei Reinmar nicht explizit thematisiert,[1140] so ist das *namen*-Motiv doch in seiner Funktion für die Problematisierung der Wertverwirklichung unersetzbar: Es ermöglicht, die Differenzierung der Kriterien anzudeuten (*von lîbe/von tugende*) und die Bedeutungsübertragung ('*vrouwe*' als Ehrenname) zum Ausdruck zu bringen.

Das *strît*-Motiv erhält bei Reinmar eine eigene Akzentuierung, die erst der Strophenschluß erkennen läßt. Die Fortsetzung der zitierten Stelle lautet: *ein engel an der reinikeit, / dâ mite der geist ie an gestreit / vleischlîcher gir, als sunne tuot dem touwe* (v. 10-12). Beginnt die Strophe zunächst mit Wertbegriffen und Vorstellungen (wie z.B. dem Tugendadel-Gedanken), die auf die höfische Wertediskussion verweisen, so erinnert zuletzt die Opposition *geist/vleischlîche[] gir* unüberhörbar an die Sprache der geistlichen Paränese.[1141] Die Mahnung tritt damit ganz aus der Minnedidaxe heraus. Mit der Strophe Konrads etwa hat der Text nur

---

[1136] BML 114, 3 (im Hofton Konrads von Würzburg).

[1137] Zum Verhältnis zwischen dieser Strophe Reinmars von Zweter und Frauenlob V, 113: Wachinger, *Sängerkrieg*, S. 231 u. 235f.

[1138] Vgl. Huber, *Wort sint der dinge zeichen*, bes. S. 31-40; Wachinger, *Sängerkrieg*, S. 232-236. Zu Walthers Strophe *L* 48, 38 s.o., 4.2.2.4, S. 283.

[1139] Vgl. Wachinger, *Sängerkrieg*, S. 234-236, zu Reinmar von Zweter, Roethe 36, wo '*wîp*' der Ehrenname ist, und zu Ulrich von Liechtenstein, der ebenfalls beide Varianten kennt.

[1140] Ebd., S. 236.

[1141] Die Metaphorik von Sonne und Tau besagt überdies, daß hier ein Antagonismus gemeint ist, der nicht durch Ausgleich oder *mâze* überwunden werden kann. Roethe, *Reinmar von Zweter*, S. 584, gibt Beispiele für die Taumetapher als Bild des Unbeständigen (u.a. Reinmar von Zweter, Roethe 64, 8; *Parzival*, Buch I, 2, 4). Er verweist auch auf die in dieser Bedeutung häufigere Kombination Eis (Schnee)/Sonne (ebd.; vgl. auch S. 590; prominentes Beispiel: *Parzival*, Buch I, 3, 8f.).

das allgemeine Schema des inneren Widerstreits gemeinsam; die konkrete Auffüllung des Musters wandelt sich hier im Strophenverlauf entscheidend.[1142]

In Strophe XVII, 1 des Meißners schließlich spielt das *strît*-Motiv eine untergeordnete Rolle. Es wird nur im Zusammenhang mit der *vrô-wê*-Etymologie verwendet, die eine Parallele zu Frauenlob, V, 113, 5 bildet (*Die vrouwen haben vrolich we, die daz irkenpfen, daz si sten in eren ringe*; v. 7f.).[1143] Die Strophe, die im Anschluß an Walther, L 48, 38 das Rangverhältnis der Begriffe ausdrücklich thematisiert, ist ein weiteres Beispiel für die Verknüpfung des *strît*-Motivs mit der *namen*-Differenzierung und deren Nutzung für die Adhortatio. Der mahnende Gestus ist deutlich; die Wertopposition wird entschieden und in mehrfacher Variation in den Vordergrund gestellt.

Die verschiedenen literarischen Realisierungen des *strît*-Motivs differieren in ihrer je spezifischen Sinngebung und Tendenz auffällig voneinander. Gemeinsam ist den Texten die unspezifische Vorstellung eines Antagonismus gegensätzlicher Prinzipien im Inneren der Frau; das Denken in Wertoppositionen, das der *adhortatio* bzw. dem ermahnenden Preis generell zugrunde liegt, schlägt sich hier konkret als Konstituens des literarischen Topos nieder.

Für Frauenlobs Strophe V, 113, die mit diesen Texten in eine Reihe gestellt werden kann, gilt daher: Auch sie nimmt mit dem Topos des inneren Kampfes nicht bestimmte Konzepte oder Postulate auf, sondern nur das unspezifische Schema. Dieses verweist wie die verwendeten Topoi und wie auch der Begriff *art* auf den Rahmen einer allgemeinen Wertediskussion, in welcher am Gegenbild 'weiblicher Natur' je unterschiedliche Entwürfe weiblicher Idealität erarbeitet werden.

Die Ausführungen zu den Implikationen des Begriffs *art* im Kontext des *strît*-Gedankens (V, 113, 3) können nun ergänzt werden. Ganz gewiß nicht zufällig wird hier für die zu bekämpfende oder zu mäßigende Seite der Frau der Begriff eingesetzt, der in Gottfrieds *huote*-Exkurs eine zentrale Rolle spielt. In der Frauenlob-Strophe gibt es allerdings keine Anhaltspunkte für die oben erläuterten Spezifizierungen der Begriffsbedeutung, wie sie bei Gottfried durch den Kontext gegeben sind, z.B. für die Verwendung von *art* für die 'Eva-Natur' innerhalb der Sündenfall-Darstellung oder im Zusammenhang mit dem *femina virilis*-Topos. Überdies ist bei Frauenlob ja noch die andere, in zwei weiteren Strophen belegte Verwendungsmöglichkeit mitzubedenken (*art* als „Lebensstufe"). Dennoch weisen beide Texte, so unterschiedlich die Kontexte sind, allgemeinere Entsprechungen der Begriffsverwendung auf, die jeweils auf eine in der

---

[1142] Entweder wird am Strophenschluß der Antagonismus des Strophenbeginns zugespitzt, oder es wird mit den *namen* 'vrouwe' und 'engel' noch eine weitere Stufung formuliert (Zuordnung zur *tugent* auf der einen Seite, zur *reinekeit* im engeren Sinne der 'Überwindung des Fleisches' auf der anderen Seite).

[1143] Für die Untersuchung der Verwendungsfunktionen des Motivs ist die Frage des 'Abhängigkeitsverhältnisses' der Meißner- und der Frauenlobstrophe zueinander nebensächlich; vgl. hierzu ausführlich Wachinger, *Sängerkrieg*, S. 236-240. Da auch noch das Verhältnis der Meißnerstrophe zu Frauenlobs Strophe V, 106 zur Diskussion steht (s.o., 4.2.2.4, Anm. 972), kompliziert sich das schwerlich letztgültig zu klärende Textverhältnis. Generell wird indes die Bedeutung der Prioritätsfrage schon dadurch zweifelhaft, daß keine der Strophen Frauenlobs und des Meißners zu erkennen gibt, daß sie zum jeweils anderen Text Stellung beziehet.

Natur der Frau liegende, je verschieden bestimmte Seite zielt und ihr einen ebenfalls unterschiedlich definierten Wert entgegensetzt und überordnet. Diese Korrespondenzen zeigen, daß sich der Frauenlobsche Text auf eine Wertediskussion als Folie bezieht, die im höfischen Kontext mit Topoi ursprünglich lateinisch-geistlicher Prägung operiert und in Gottfrieds Exkurs einen differenzierten und vielrezipierten Beitrag erhalten hat.

Auf die Bezüge von V, 113 zu den Spruchstrophen Konrads von Würzburg und Reinmars von Zweter ist wiederholt hingewiesen worden.[1144] Zu Konrads Strophe 32, 91 stellen neben dem *strît*-Motiv noch die Reime (*verdemphet:kemphet:gestemphet*) eine Verbindung her.[1145] Auch diese Textreferenz ist im oben erläuterten Sinne als Anschluß an eine höfische Wertediskussion um Entwürfe der 'Wesensart' und des idealen Verhaltens der Frau einzuordnen. Die vielfältigen intertextuellen Vernetzungen berechtigen dazu, von einem solchen Diskussionsrahmen auszugehen: Stellt doch Konrads Strophe mit dem Topos der männlichen Frau wiederum eine Verbindung zu Gottfrieds *huote*-Exkurs her und antwortet die anonyme Strophe in Konrads Hofton offenbar auf beide Texte. Die Spruchstrophe des Meißners schließlich (Objartel XVII, 1), die Parallelen zu Frauenlobs Text aufweist, stellt das Verbindungsglied zwischen dieser Textreihe zum *strît*-Motiv und Walthers Liedstrophe zu 'wîp' und 'vrouwe' her.

Von Interesse für die Begriffsreflexion in Frauenlobs Strophe ist jedoch vor allem das Verhältnis zu Reinmars von Zweter Strophe 35. Beide Strophen verbinden das Motiv des inneren Widerstreits mit der Wertabstufung zwischen 'vrouwe' als erhöhendem und 'wîp' als wertindifferentem Begriff, beide stellen die Erringung des Ehrennamens in Aussicht. Signal für die Antwort auf Reinmars Text ist das Zitat in V, 113, 12 (vgl. Reinmar, Roethe 35, 9). Evident ist aber auch die Differenz in der spezifischen Ausführung des *strît*-Motivs und in der Tendenz der beiden Strophen. Zu erinnern ist an die Opposition *geist/ vleischlîche[] gir* bei Reinmar von Zweter (v. 11f.), mit der er eine 'minnekritische' Haltung zu formulieren scheint, zumindest eine Begrifflichkeit benutzt, für die es bei Frauenlob keine Entsprechung gibt. Bei den unterschiedlichen inhaltlichen Tendenzen ist die genaue Analogie der Verfahrensweise im Umgang mit den Begriffen um so augenfälliger, die über die Gemeinsamkeit der verwendeten Topoi hinausgeht:[1146] Von den zwei zur Verfügung stehenden Möglichkeiten, einen werthaften *namen* zu gewinnen,[1147] wird beide Male das Verfahren der Bedeutungsübertragung gewählt, d.h. der in der ursprünglichen Verwendung (in ständischer respektive physiologischer Bedeutung) engere und eine höhere Po-

---

[1144] Völker, *Gestalt der vrouwe*, S. 107 u. 109f.; Wachinger, *Sängerkrieg*, S. 230f.

[1145] Vgl. Konrad, Schröder 32, 101-104: *demphet:verkremphet:kemphet:stemphet*.

[1146] Auf diese Entsprechung weist auch Wachinger, *Sängerkrieg*, S. 231, hin: „Reinmar geht dabei davon aus, daß der Unterschied von *wip* und *vrouwe* gesellschaftlich begründet sei. Sieht man von diesem Unterschied der Begriffe ab, so sagt Frauenlob fast genau dasselbe [...]."

[1147] Die andere Möglichkeit, einen ethisch eindeutigen Begriff einzugrenzen, führen Walther und nach ihm andere Autoren vor: Der eigentlich unspezifische und umfassende Begriff 'wîp' ist offen genug für eine Neudefinition im höfisch-werthaften Sinne.

sition anzeigende Rangbegriff '*vrouwe*' wird auf die ethische Ebene übertragen. Der Wert der *vrouwe* als *parens* wird von Frauenlob, wofern beides nicht zusammentrifft, dem tugendhaften Verhalten ebenso untergeordnet wie von Reinmar der Geburtsadel dem Tugendadel.

Unterschiedlich sind dabei Ausgangspunkt und Voraussetzung des Übertragungsakts in beiden Strophen. So geht Reinmar von einer usuellen Wortbedeutung aus ('*vrouwe*' als Standesbegriff). Überdies ist die Übertragung von einer ständischen Bezeichnung auf einen höfischen Wertbegriff sowohl durch den Tugendadel-Gedanken als auch innerhalb der Reflexion um rechte Liebe schon gründlich vorbereitet; zu erinnern ist etwa an Walthers *bona*-Differenzierung[1148] oder an seine Apostrophe *herzeliebez vrowelîn* (*L* 49, 25).

Frauenlob dagegen geht von seinen eigenen, selbstgesetzten Begriffsdefinitionen aus. Er übernimmt das Verfahren der Übertragung des ehrenden Begriffs, löst es aus den Kontexten, in denen es ursprünglich herausgebildet wurde, und setzt es in einem neuen Verwendungszusammenhang ein. Er greift damit bewußt auf ein Verfahren höfischer Literatur, die Differenzierung von Werthierarchien durch die Überordnung ethischer Kriterien, für seine *namen*-Systematik und Wertabstufung zurück.

Dies ist auch für die Frage nach der systematischen Position der Strophe im *wîp-vrouwe-Streit* von Relevanz: Das *strît*-Motiv und die *namen*-Differenzierung werden in V, 113 gezielt in Analogie zu geläufigen Verfahrensweisen eingesetzt, um die Integration der Frauenlobschen Neudefinitionen, Preisbegründungen und Argumentationsstrategien in höfischen Frauenpreis und höfische Didaxe zu demonstrieren. Frauenlobs Preis der *vrouwe* als Gebärerin und seine Strategien zur Verteidigung dieses *namen* lassen sich auf dem Wege begriffslogischer Erörterung in die höfische Wertediskussion integrieren: Darauf weisen die intertextuellen Bezüge zu den genannten Referenztexten früherer Autoren, insbesondere zu Reinmars Strophe, hin.

Bezüglich der Integration neuer Argumente und Argumentationsverfahren in die höfische Diskussion erweist sich V, 113 (Aufgesang) als Ergänzung und Weiterführung von Strophe V, 106 (zweiter Stollen und Abgesang): In letzterer führt Frauenlob die Überordnung ethischer Kriterien am Gegenbegriff '*unwîp*' vor und stellt sich ebenfalls in die Tradition der *namen*-Reflexion mit wertbestätigendem und adhortativem Zuschnitt, indem er direkt auf einen Vorgänger-Text zur *namen*-Thematik reagiert. Dieselbe Frage (wann eine Frau den Namen '*vrouwe*' verdient hat) wird in der einen Strophe negativ, in der anderen positiv beantwortet.

Während der Aufgesang von V, 113 an der Möglichkeit, daß physische Eigenschaft und Tugendvollkommenheit einer *vrouwe* im definierten Sinne auseinandertreten können, die bleibende Bedeutung höfisch-gesellschaftlicher Kriterien demonstriert, wendet sich der Abgesang wieder der Frage des 'objektiven'

---

[1148] Hierzu Kuhn, „*Herzeliebez frowelîn*", S. 201 u. 208f. und Ranawake, „Walthers Lieder der 'herzeliebe'", S. 114f., 130ff. u. 150f.

Verhältnisses zwischen den Begriffen zu. Nun wird im absolut gesetzten Preis der *vrouwe*, die dies *von tugent* wie *von art* ist, daran festgehalten, daß idealiter beides zusammengehört; der Begriff 'vrouwe' umfaßt im Lob diese Einheit. Die Hierarchie der *namen* wird bestätigt, indem an die physiologische Unterscheidung erinnert wird.

Schwierigkeiten bereitet vor allem Vers 15f. Wachinger paraphrasiert: „Wenn du dich ausschließlich deinem *art* hingibst, bist du von dem Ehrennamen *vrowe* ausgesperrt"; er setzt damit für *entsperren* eine sonst nicht belegte Bedeutung an und versteht unter *art* wie in Vers 3 und 12 „das 'Wesen', das der jeweiligen Frauenlobschen Definition entspricht".[1149] Dagegen vermutet Stackmann für *entsperren* („öffnen") eher einen Bezug auf die Defloration[1150] und erwägt ferner, *niur* als einsilbigen Nominativ Singular von *niuwe* aufzufassen.[1151] Seine Paraphrase folgt der Deutung von *art* in Vers 3 im Sinne von „Geschlechtstrieb": „die neue Befindlichkeit, die mit dem Eintreten der Geschlechtsreife gegeben ist, hat dich für den Verkehr mit dem Manne geöffnet."[1152] Gegen diese Auffassung sind generell dieselben Gründe geltend zu machen wie gegen die Annahme der engeren Bedeutung von *art* in Vers 3 (s.o.). Im besonderen scheint hier das Verständnis von *art* zu viele Vorannahmen zu erfordern; ferner wird der argumentative Wert der Aussage in dieser Version, die ja lediglich eine Definition der *deflorata* beinhalten würde, für die Frage der *namen*-Hierarchie nicht recht deutlich. Ich nehme daher Wachingers Lösung auf. Ein konditionaler Sinn von Vers 15 muß jedoch nicht angenommen werden, wenn man davon ausgeht, daß der Abgesang das Problem des rechten Verhaltens hinter sich läßt und wieder nur um das Begriffsverhältnis kreist: „Allein deine *art* [die Lebensstufe der *deflorata*, die nicht *parens* ist] hat dich, anmutiges *wîp*, vom Ehrennamen ausgenommen"; oder: „nur in bezug auf deine *art* bist du vom Ehrennamen ausgenommen." Der Begriff *art*, im physiologischen Sinne verstanden, ist wertneutral gebraucht. Betont wird auf diese Weise, daß die physiologischen Kriterien für die Begriffsdifferenzierung weiterhin Gültigkeit haben; zugleich ist in der Einschränkung *niur* noch einmal die Möglichkeit der *vrouwe* aufgrund von *tugent* (zweiter Stollen) impliziert.

Gerade bei der Verwendung der Zentralbegriffe *tugent* und *art*, aber auch der Metaphern *blume*[]/*blut* und *vrüchte* stellen sich weitere Fragen zum Textverständnis. Der Preis der *vrouwe* (v. 13f. und 19) spielt mit zwei verschiedenen Bedeutungsebenen. Im Frauenlob-Wörterbuch werden die preisenden Attribute im engeren Sinne aufgefaßt, so vor allem *der vrüchte tugent* („das Vermögen, *vruht* hervorzubringen") und *in berndem kleide* („im Kleid der Schwangeren").[1153] Dagegen weist Wachinger für Vers 13 auf die Mehrsinnigkeit beider Genitivkonstruktionen hin, die nicht nur in konkret physiologischer Bedeutung, sondern zugleich im allgemeinen Sinne geblümter Lobsprache für die Vollkommenheit der Frau eingesetzt werden: So ist in Vers 13 zugleich auch „*der tugende vruht*" gemeint sowie „der Preis der *vrowe* und ihrer blütenhaften Reinheit und Schönheit" (*der blumen art*) angedeutet.[1154] Auf die Polyvalenz der lobenden Attribute und Metaphern, die ebenso für Vers 19 gilt, weist auch die Sprachgestalt der Verse hin, die noch genauer in den Blick zu nehmen ist.

Die Ausführungen zum *namen* 'wîp' (v. 15-18), die das Lob der *vrouwe* einrahmen, erinnern sowohl an das relevante Definitionskriterium (*art*) als auch an

---

[1149] Wachinger, *Sängerkrieg*, S. 230 u. Anm. 55.
[1150] Stackmann, *Wörterbuch*, Sp. 82b-83a (vgl. auch *GA*, S. 836).
[1151] Stackmann, *Wörterbuch*, Sp. 263a.
[1152] Ebd., Sp. 14b (5.c), zu *art*.
[1153] Ebd., Sp. 377a-b (zu *tugent*, v. 13) u. 27b (zu *bernde*, v. 19).
[1154] Wachinger, *Sängerkrieg*, S. 231.

die Etymologie des Wortes aus Strophe V, 104 (*künec Wippeone*), um noch einmal zu begründen, warum '*wîp*' als wertindifferenter Begriff nicht der übergeordnete Ehrenname sein kann, und um das hierarchische Verhältnis der Begriffe zu bestätigen.

Der umfassende Preis der *vrouwe* (v. 13f. und 19) bildet eine Klammer, die den Abgesang als in sich relativ geschlossene Sinneinheit von den beiden Stollen abrückt. In dieser Verzahnung stellt der Schlußvers eine auffällige Rückbindung an den Eingangsvers des Abgesangs her: Die preisenden Attribute aus Vers 13 kehren hier als Varianten in umgekehrter Reihenfolge wieder. Es liegt eine doppelte chiastische Anordnung vor,[1155] vorausgesetzt, man darf das Attribut *bernde[z]* („hervorbringend, fruchtbar") als Variante von *vrüchte* ansehen: *der vrüchte tugent* kehrt wieder in *tugent in berndem kleide*, desgleichen *der blumen art* in *an dir artet blünde blut*. In den Responsionen werden die preisenden Attribute im Schlußvers zum Teil in anderer Wortart (*art/arte[n]*; *blume[]/blünde*; vgl. auch *vrüchte/bernde[z]*) und größtenteils in anderer Satzfunktion variiert. Die zentralen Begriffe und Metaphern können in beiden Versen zweifach verstanden werden (physiologisch *und* ethisch). So entfernt sich etwa Vers 19 durch Wortartwechsel (*arte[n]*; *blünde*) und Wahl eines Synonyms für *blume[]* (*blut*) von der terminologischen Vorgeprägtheit der im *wîp-vrouwe*-Streit überwiegend physiologisch verwendeten Begriffe *art* und *blume*. Vergleichbar polyvalent ist das Attribut *bernde[z]*, das Frauenlob für Maria oder für die Frau recht häufig in unspezifischem preisenden Sinne einsetzt oder auch im doppelten Lob der Tugendvollkommenheit und der Mutterschaft.[1156] Das Bild des Kleides schließlich, das als einziges keine Entsprechung in Vers 13 hat, verweist zurück auf den zweiten Stollen (*bar slimmer wete*; v. 10), wo die angedeutete Tugendkleider-Allegorie die ethische Leistung des *wîbes* umschreibt, so daß die Metapher auch im Schlußvers nicht ausschließlich auf den Preis der Schwangerschaft zielen wird; zu denken ist ferner an das Bild des Lob-Kleides in V, 106, 4, dort ebenfalls in umfassender Bedeutung auf die *vrouwe* bezogen. Entsprechendes gilt für das zweifache *tugent* (v. 13 und 19), dem im zweiten Stollen der eindeutig ethisch gemeinte Begriff vorausgeht und das im Abgesang sowohl das physische Vermögen als auch die ethische Vorbildlichkeit meint.

Die augenfällige Verklammerung zwischen Anfangs- und Schlußvers des Abgesangs führt die Möglichkeit verschiedener Kontextualisierungen der relevanten Stichworte vor. Dabei wird die Polyvalenz der preisenden Attribute und Metaphern noch je unterschiedlich eingesetzt und mehrfach durchgespielt, daß für die Zentralbegriffe des Lobes sowohl die engere als auch die weitere, unspezifische Bedeutung in Frage kommt, daß der höchste Preis der *vrouwe* ihre konkrete physiologische Eigenschaft und ihre ethischen Vorzüge als Einheit erfaßt.

---

[1155] In Vers 19 sind die Stichworte in jeweils umgekehrter Reihefolge aufeinander bezogen, und auch die Abfolge der beiden Wortkombinationen selbst ist vertauscht.

[1156] Vgl. die Belege bei Stackmann, *Wörterbuch*, Sp. 27b; zu nennen sind besonders sowohl im Marienlob als auch im Frauenpreis belegte, preisende Formeln wie *berndez lop* (*GA* I, 19, 16; III, 2, 3) oder *bernder grunt* (I, 6, 12; V, 104, 19).

Der Abgesang stellt eine Verbindung zu V, 104 her: zum einen mit dem Zitat der Wippeon-Etymologie, der aber in V, 113 die Ironie und tadelnde Schärfe genommen ist und die hier nur noch als knapper Hinweis auf die Begriffsherkunft wiedererscheint: Zitiert sind in V, 113, 17f. insbesondere die Verse V, 104, 13f.,[1157] die für sich genommen keine Wertung, sondern allein die *origo*-Formel als etymologisches Fazit der Wippeon-Erzählung enthalten. Die Erinnerung an die Herkunft des *namen* dient in V, 113 hauptsächlich dazu, '*wîp*' als wertindifferente Bezeichnung dem Ehrennamen unterzuordnen; eine Abwertung des Begriffs wie in V, 104 wird hier nicht spürbar.

Nimmt man den Abgesang von V, 103 hinzu, so ist zum anderen vergleichbar, daß im Strophenpaar V, 103-104 die *origo*-Bestimmung vom Preis der *vrouwe* eingerahmt wird; die Strophenschlüsse von V, 103 und V, 104 bilden eine Klammer um die Wippeon-Herleitung. Diese Abfolge kehrt somit in gedrängter Gestalt im Abgesang der vorliegenden Strophe wieder. Ähnlich ist ferner, daß das umfassende Lob der *vrouwe* im jeweils letzten Vers die Polyvalenz zentraler Attribute nutzt (vgl. *bernder grunt*, V, 104, 19;[1158] *in berndem kleide*, V, 113, 19) und mit der direkten Apostrophe der *vrouwe* in hymnisch-preisendem Ton schließt (V, 104, 17-19; V, 113, 19). Aufgrund der verkürzten, zitathaften Wiederkehr der Rahmenstruktur darf im Abgesang von V, 113 eine Bezugnahme auf die Argumentation in V, 103, 13ff. und V, 104 vermutet werden, genauer: auf die dort entfaltete Begründung der Begriffshierarchie auf metasprachlicher Ebene.

Abschließend seien die zentralen Ergebnisse, insbesondere zur textinternen Struktur und zur Position der Strophe innerhalb des *wîp-vrouwe-Streits*, gebündelt.

Beide Strophenteile verfolgen unterschiedliche Möglichkeiten des *namen*-Denkens. Der Aufgesang stellt – als Pendant zu V, 106 – den Anschluß an vorgeprägte Wege der Begriffsreflexion im Kontext höfischer Wertediskussion zum Problem der Wertverwirklichung her; mit mehrfachen intertextuellen Bezügen auf frühere Texte zum Motiv des inneren Kampfes verweist er insbesondere auf einen Diskussionsrahmen zu Entwürfen weiblicher Idealität am Gegenbild 'weiblicher Natur'. Wie die genaue Analogie zur Strategie bei Reinmar von Zweter zeigt, löst Frauenlob das Verfahren der Übertragung des Rangbegriffs auf die ethische Ebene aus dem ursprünglichen Kontext des Tugendadelgedankens und wendet es auf seine neuen Begriffsdifferenzierungen an. Auf diese Weise demonstriert er die Integration des Preises der Gebärerin und der physiologischen Differenzierungen sowie der verwendeten Argumentationsstrategien in den höfischen Frauenpreis. Der Abgesang nimmt in zitathafter Verkürzung die in V, 103 (Abgesang) und V, 104 entfaltete Argumentation wieder auf, wel-

---

[1157] Die Responsion wird dadurch unterstützt, daß das erste (v. 13f.) und das dritte Verspaar des Abgesangs (v. 17f.) im Langen Ton dasselbe metrische Schema haben (2 x A 4 m).

[1158] Hierzu s.o., 4.2.2.2, S. 275f.

che die Werthierarchie der *namen* auf rein begrifflicher Ebene begründet; das von der Frage der Wertrealisierung unabhängige, 'objektiv' gültige Rangverhältnis der konkurrierenden Begriffe wird im umfassenden Preis der *vrouwe* bestätigt.

Im Textganzen werden somit zwei grundlegende Möglichkeiten des Begriffsdenkens einander gegenübergestellt. Ihre logische Trennung voneinander und ihre konsequente Ausführung verdeutlichen, daß sie einander ergänzen: Der Aufgesang diskutiert das hierarchische Verhältnis zwischen der Fähigkeit der *generatio* und höfisch-ethischen Qualitäten, was nur dann zur Frage steht, wenn beides nicht in einer Person zusammentrifft; der Abgesang geht umgekehrt von der Vereinigung beider Eigenschaften aus, die idealiter im ehrenden Namen zusammengefaßt werden. Der Antwortcharakter der Strophe, deren zwei Abschnitte mit mehrfachen Rückverweisen auf jeweils andere Strophen des *wîp-vrouwe*-Streits zurückgreifen, unterstreicht noch die Gegenüberstellung der beiden Formen des *namen*-Denkens: Die unterschiedlichen Argumentationsweisen aus V, 106 und V, 103-104 werden hier in einer Strophe zueinander in Beziehung gesetzt.

Dem entspricht, daß in der Strophe auffällig gehäufte, zentrale Stichworte (*art, tugent, bluome, vruht*) in den beiden Abschnitten je unterschiedlich kontextualisiert werden. Im Aufgesang ist *art* („Wesen, wie es der Lebensstufe entspricht") als Bezeichnung auf der physiologischen Ebene von der Ebene ethischer Qualitäten abgelöst und ihr gegenübergestellt, die vegetabile Metaphorik wird im Aufgesang 'terminologisch' verwendet, und komplementär dazu hat der Begriff *tugent* hier eindeutig ethische Bedeutung. Dagegen arbeitet der Abgesang gezielt mit der Polyvalenz der preisenden Attribute und Metaphern; sie umfassen Tugendvollkommenheit und physiologische Eigenschaft der *parens* als Einheit, was dem umfassenden Lob der *vrouwe* entspricht. Auch mit dieser Differenz werden demnach verschiedene Möglichkeiten im Umgang mit den für den Preis und die *namen*-Differenzierung relevanten Kriterien demonstriert und in einer Strophe zusammengeführt: die analytische Anwendung der Kriterien und ihre Zusammenführung.

Zentrale Ausführungen zu den *namen* aus anderen Strophen des *wîp-vrouwe*-Streits – die etymologischen Herleitungen, die Begründung des 'objektiv' gültigen Rangverhältnisses auf rein begrifflicher Ebene, die Bedeutungsübertragung des werthaften Begriffs, die Trennung und Hierarchisierung der Wertkriterien – werden in V, 113 wieder aufgegriffen und zum Teil weitergeführt. Die Strophen V, 103, V, 104 und V, 106 stellen ihrerseits, wie gezeigt werden konnte, neben den Vernetzungen untereinander intertextuelle Bezüge zur Definitionsstrophe her, indem sie dort implizierte Aspekte und Ebenen der Argumentation voneinander isolieren, explizit machen und vereindeutigen, argumentativ weiter ausarbeiten oder die Begründung einzelner Aussagen nachholen. Es wird also in einzelne Schritte zerlegt, was in der Darstellung von V, 102 nicht getrennt ist. Wurde diese Strophe daher als Ausgangstext eingeordnet, der verschiedene Fortführungen gleichermaßen verlangt wie ermöglicht, so kann der vorliegende Text als Synthese betrachtet werden, die nach der Entfaltung einzelner Gedankenschritte in mehreren Strophen nun wieder verschiedene Wege der *namen*-Reflexion in einer einzigen Strophe zusammenführt. In dieser Synthese zeigt sich die Absicht, nicht nur den Gegenstand des Lobes, ihn systematisch aufgliedernd und wieder zusammenführend, in seiner Totalität zu erfassen, sondern auch die laudative Rede selbst, die hier von der Begriffsreflexion nicht loszulösen ist, mit größtmöglicher Klarheit und logischer Konsequenz vorzuführen wie zu thematisieren.

### 4.2.2.8 Fazit zum *wîp-vrouwe*-Streit

Im *wîp-vrouwe*-Streit nutzt Frauenlob Möglichkeiten der Systematisierung des Frauenpreises, die erst mit dem die Einzelstrophe übergreifenden Bezugsrahmen gegeben sind. Als konstitutiv kann die Entfaltung von in den jeweiligen Referenztexten nicht explizierten oder ausdifferenzierten argumentativen Komplexen sowie deren Synthese angesehen werden. Am Verhältnis der Strophen zueinander, die – über den Rahmen des literarischen Streits hinaus – im einzelnen durch eine Vielzahl intertextueller Bezüge miteinander verflochten sind, werden verschiedene literarische Verfahrensweisen im Prozeß vorgeführt: die Explizierung und Vereindeutigung von in anderen Strophen nur angedeuteten Argumentationsschritten, ihre Präzisierung und Differenzierung, die Selektion und konsequente Ausarbeitung einzelner Aspekte, die logische Zerlegung eines Gedankenganges in mehrere Einzelschritte und schließlich deren neue Anordnung sowie die systematische Verknüpfung verschiedener Begründungen des Preises. Strophe V, 102 hat dabei in mehreren Fällen die Funktion des Bezugstextes, der Weiterführungen nahelegt; doch rekurrieren die anderen Strophen nicht nur auf diesen Referenztext, an welchem sie als kommentierende Glossen jeweils unterschiedliche Aspekte hervorheben, sondern treten auch untereinander in ein Verhältnis von Bezugstext und deutendem Kommentar.

Das Verfahren ermöglicht zum einen die systematische Zusammenführung verschiedener Preisargumente und -kriterien (die Frau als Repräsentantin höfischer Werte, als Liebespartnerin und Garantin der Liebeseinheit, als Gebärerin und als Geschlechtsgenossin der Gottesmutter) und damit auch die vollständige Integration von nicht spezifisch höfischen Begründungen des Lobes in den höfischen Frauenpreis. Zum anderen werden auch die Argumentationsverfahren und Begründungsstrategien zur Verteidigung der *namen*-These selbst als Elemente einer umfassenden, vielschichtigen Darstellung aufeinander bezogen.

Die Integration der Erhöhung der Frau als Gebärerin in den höfischen Preis deutet sich zum Teil bereits im Referenztext V, 102 an. In der doppelten Logik von hierarchisierender Wertung und nicht-hierarchisierender Auffächerung ist mit der definitorischen Abgrenzung zwischen den drei *namen* (*maget*, *wîp* und *vrouwe*), die in die Überordnung der *vrouwe* (*parens*) mündet, zugleich ein dreifaches Argument für den umfassenden Preis aller drei Lebensstufen formuliert.

Das physiologische Kriterium der Frauenlobschen Begriffsdefinitionen (*virgo, deflorata, parens*) wird auf den thematischen Rahmen der Geschlechterliebe bezogen, das *proles*-Argument auf diese Weise mit dem Preis der Frau als Liebespartnerin und Garantin der Freude unmittelbar verknüpft.

Das Strophenpaar V, 103 und V, 104 stellt das *namen*-Motiv ganz in den Vordergrund. Der Aufgesang von V, 103 impliziert sprachreflektorische Positionen und führt in programmatischer Grundlegung anhand der prototypischen biblischen Namensgebungs-Szene vor, daß die *namen* einen Zugang zu einzelnen Eigenschaften der *res* eröffnen können und daß sich Sprachsetzung und etymologische Deutung komplementär zueinander verhalten. Die Frauenlobschen Begriffsdifferenzierungen (aus V, 102) und -etymologien werden so als adäquater Umgang mit dem Wortzeichen ausgewiesen und mit Rekurs auf die analogen Setzungen des ersten, göttlich berufenen Namensgebers Adam legitimiert. Zugleich wird an der biblischen Urszene ein Zusammenhang zwischen Namensgebung und Erkenntnis des Gegenübers im Kontext der Liebesthematik entfaltet.

Der Abgesang von V, 103 und Strophe V, 104 setzen die begriffsreflektorischen Implikationen um und begründen die wertende Überordnung des Begriffs '*vrouwe*' über '*wîp*' etymologisch. Eine vereindeutigende Interpretation der Definitionsstrophe ist mit der ausdrücklichen Abwertung des *namen* '*wîp*' und mit der scharfen Abgrenzung der beiden Begriffe gegeben. Die angedeutete Opposition (Veränderlichkeit/Beständigkeit), die dem physiologischen ein höfischwerthaftes Differenzierungskriterium zur Seite stellt, wird in weiteren Strophen ausgearbeitet.

Strophe V, 105 steht mit ihrem didaktischen Duktus und dem transparenten Aufbau zum Referenztext in einem Verhältnis der Explikation. Sie greift aus den Ausführungen von V, 102 das *proles*-Argument heraus und fixiert die Relation zwischen *wîp* und *vrouwe* auf der *res*-Ebene in eindeutigen Aussagen als Rangverhältnis, in welchem das *wîp* nicht abgewertet, sondern die *vrouwe* ihm übergeordnet wird; die doppelte Logik der Definitionsstrophe löst sich hier auf.

Strophe V, 106 vervollständigt die *namen*-Argumentation mit einem Programm des Lobens und Tadelns und führt das Thema der Verwirklichung des im preisenden Begriff eingeforderten Werts ein. Der Text arbeitet damit die ethische Wertopposition (vgl. V, 104) stärker heraus und stellt den Anschluß zur spruchmeisterlichen Begriffsreflexion her. Die Auseinandersetzung mit der *wîpvrouwe*-Strophe Walthers von der Vogelweide (*L* 48, 38) ist geprägt von einem Verfahren, welches die Argumentation des Referenztextes in einzelne Teilschritte zerlegt, diese nacheinander abhandelt und hinsichtlich der Relationierung der Kriterien (des physiologischen und des höfisch-werthaften) logisch auseinanderhält. Gerade durch die logische Analyse kann Frauenlob seine neuen Begriffsdefinitionen und Preisargumente, wiederum ihre Integration vorführend, auf den Boden der Sangspruchtradition in Frauenpreis und Paränese stellen und zugleich auf der Ebene des Verfahrens die Überbietung der Tradition behaupten;

dies impliziert ein Programm des kunstvollen Preisens, das auf logisch-systematischer Differenzierung und begriffsanalytischer Präzision beruht.

Die Gegnerstrophen greifen – außer V, 109 G, wo die Ablehnung des gesamten *namen*-Streits den Gestus eines Rede-Registers erhält, das in der Morallehre zum Zungensündenvorwurf gehört – jeweils einen anderen Aspekt aus Frauenlobs *namen*-Reflexion heraus: die physiologische Differenzierung zwischen *maget*, *wîp* und *vrouwe* (V, 110 G), das ethische Kriterium mitsamt der poetologischen Reflexion über Lob und Tadel (V, 107 G) und die religiösen Implikationen (V, 108 G). Vor allem in V, 110 G und V, 107 G liegt der Strategie der Selektion und Isolierung einzelner Argumentationselemente die Absicht verengender Umdeutung zugrunde. Zugleich demonstrieren die Texte im Zerrspiegel ihrer je unterschiedlichen Rezeption, daß die hier isolierten Gedankenschritte bei Frauenlob zusammengehören und daß seine *namen*-Erörterungen in der Konsequenz auf die Synthese der Preisbegründungen und Begründungsstrategien zielen. Strophe V, 108 G schließlich expliziert als eigenständiger Kommentar den bei Frauenlob noch unausgesprochenen mariologischen Hintergrund und findet hier ein neues Gegenargument.

Diese Vorgabe nutzt Frauenlob in seinen Erwiderungen V, 111 und V, 112 mit der Entfaltung der mariologischen Dimension. Die in anderen Strophen erst anklingende *vrô-wê*-Etymologie wird nun expliziert und wiederum als Gegenargument eingesetzt. In V, 111 deutet die etymologische Argumentation die Freude-Leid-Polarität heilsgeschichtlich und gewinnt hieraus mit der Opposition von irdischer und transzendenter Existenz ein weiteres Kriterium der begrifflichen Ranghierarchie. Strophe V, 112 gibt sich als alternative Replik insgesamt geradliniger und eindeutiger als V, 111. Dies zeigt sich in der ausdrücklichen Thematisierung des Übersetzungsproblems, im Habitus der dogmatischen Korrektheit, in der Rolle des 'Theologen'. Die Argumentation mit dem 'rechten Glauben' und der Vorwurf der Irrlehre wie der verfälschenden Schriftauslegung sind Elemente eines polemischen Registers als Sprachgestus, das auf die 'religiöse' Argumentation konsequent zugeschnitten ist.

Strophe V, 113 hat, mit der Frage der Wertverwirklichung an V, 106 anknüpfend und in der begrifflichen Argumentation endend, die logische Trennung dieser beiden Argumentationsschritte voneinander vollzogen. Im ersten Schritt ist die Ablösung des ethischen vom physiologischen Kriterium konsequent durchgeführt. Durch intertextuelle Bezüge auf den Rahmen einer höfischen Wertediskussion verweisend, löst Frauenlob das Verfahren der Bedeutungsübertragung eines Rangbegriffs auf die ethische Ebene aus seinen ursprünglichen Diskussionskontexten (z.B. der Tugendadel-Diskussion) und setzt es gezielt in Analogie zu einer Strophe Reinmars von Zweter ein (Roethe 35), um die Integration seiner neuen Definitionen, Begründungen und Ranghierarchien in den höfischen Frauenpreis und seine Wertkoordinaten zu demonstrieren. Im zweiten Schritt der Hierarchisierung der Begriffe werden die Kriterien wieder miteinander verknüpft. Die Überlegenheit des Begriffs '*vrouwe*' besteht darin, daß er die Einheit von physiologischer Eigenschaft und Vorbildlichkeit im höfisch-ethischen

Sinne bezeichnet. Indem Strophe V, 113 die wichtigsten begriffsreflektorischen Ausführungen aus den anderen Strophen, die ihrerseits den Gedankengang der Definitionsstrophe zerlegen, vereindeutigen und vertiefen, kurz wieder aufgreift bzw. andeutend zitiert, erhält sie den Status einer Synthese, die verschiedene Argumentationsstrategien und Artikulationsmöglichkeiten der *namen*-Reflexion zusammenführt.

## 4.3 Resümee zum Frauenpreis im Sangspruch

Im vorliegenden Kapitel wurden generalisierende Frauenpreisstrophen im Sangspruch auf Begründungen der Lobrede sowie auf Begründungsverfahren und -strategien hin befragt, insbesondere solche, die über den Preis der Frau aufgrund ihrer höfischen Vollkommenheit, als Liebesobjekt, Freudebringerin und ethisches Vorbild, den die Spruchstrophen weitertradieren, hinausgehen.

Derartige Begründungen bzw. -strategien konnten schon, wenn auch erst vereinzelt, in der Zeit vor Frauenlob aufgezeigt werden (4.1). Von Verfahren metaphorischer Rede war unter anderem die breite Ausführung einer einzigen mariologischen Metapher zu beobachten (4.1.1.1; Reinmar von Zweter); sie zielt auf eine Vereindeutigung des Rekurses auf das religiöse Referenzsystem, der auf diese Weise nicht verschleiert, sondern im Text ausgestellt wird. Dagegen ist das Verfahren der metaphorischen Vernetzung einer ganzen Reihe von Metaphern (4.1.1.2; Reinmar von Brennenberg) als Manifestation des übergeordneten Gestaltungsprinzips der Häufung bzw. Verkettung gleicher oder variierender Textelemente aufzufassen; es erreicht eine Systematisierung des Preises in verschiedenen, zugleich aufeinander bezogenen Aspekten.

Die argumentierende Beweisführung mit 'Tatsachen', welche die Lobwürdigkeit als nicht hinterfragbar erweisen soll, erscheint in zwei verschiedenen Konkretisierungen. Sowohl für das mariologische Argument, mit dem die Analogie zwischen Frauen- und Marienpreis explizit wird (4.1.2.1; Reinmar von Zweter), wie auch für das *proles*-Argument (4.1.2.2; der Meißner) ist festzuhalten: Die Parallelen zu lateinischer Literatur lassen *nicht* auf eine 'Überformung' des volkssprachlichen höfischen Preises durch geistlich-gelehrtes Gedankengut schließen. Nicht Inhalte sind analog, sondern Verfahren, die – wie auch auf der untergeordneten Ebene paralleler Motive und Topoi – kontextabhängig je unterschiedliche Funktionen erhalten. Die nicht spezifisch höfischen Begründungen des Preises lassen sich indes mühelos in den höfischen Frauenpreis integrieren. Die Strategie, die damit in die laudative Rede neu eingeführt wird, bestätigt das höfische Ideal nicht allein aus sich selbst heraus, sondern zielt auf zusätzliche *Bestätigung und Sicherung mittels fremdreferentieller Begründungen*.

Punktuell werden Verfahrensweisen erkennbar – die Vereindeutigung der religiösen Referenz, die Explizierung, die Systematisierung mittels sprachlicher Ordnungsprinzipien und die 'Tatsachen'-Argumentation –, mit denen sich die Artikulationsmöglichkeiten des Preises im Sangspruch erweitern.

In Frauenlobs Strophen erhalten diese Strategien andere Dimensionen, werden teilweise miteinander kombiniert und um weitere ergänzt. So wird z.B. die Anaphernreihe als systematisierendes Ordnungsprinzip einmal zur Gliederung der Lobbegründungen in verschiedene, in sich noch strukturierte Unterbereiche eingesetzt, ein anderes Mal durch das Verfahren der metaphorischen Verknüpfung ergänzt (4.2.1.1); mit der Relation zwischen anaphorischem und metaphorischem Abschnitt wird überdies der Frauenpreis als Leistung angekündigt und als höfisch-exklusives Frage- und Antwort-Spiel zwischen Sänger-Ich und impliziertem Publikum inszeniert.

Andere Texte Frauenlobs verbinden die Verdichtung mariologischer Konnotationen metaphorischer Rede mit der expliziten Argumentation mit 'Heilstatsachen' (4.2.1.2), wobei mit dem Hinweis auf die Erschaffung der Frau aus der Rippe des Mannes ein weiteres 'heilsgeschichtliches' Argument für den Preis der Frau als Liebespartnerin eingeführt wird. Bemerkenswert ist hier aber vor allem, daß die Anbindung der 'religiösen' an andere Begründungen des höfischen Frauenpreises nicht nur durch logisch-argumentative und assoziative Verknüpfungen geleistet wird, sondern darüber hinaus durch den Aufbau einer Responsionsstruktur: Mit der Wiederkehr ein und desselben zentralen, je unterschiedlich kontextualisierten Begriffs werden verschiedene an diesen 'Gerüstbegriff' angeschlossene Begründungszusammenhänge des Lobes (höfisch, 'religiös', poetologisch) als differierende Konkretisierungen des übergeordneten, abstrakten Leitgedankens uneingeschränkter Preiswürdigkeit aufeinander bezogen. Durch einzelne Responsionen wie durch die Responsionsstruktur des Textganzen werden schließlich auch beide einander ergänzenden Strophen miteinander verklammert. Erst in ihrer Zusammenschau wird somit das hier entwickelte Systematisierungsverfahren in Gänze sichtbar.

Im *wîp-vrouwe-Streit* erhalten die aus ihrer Selbstreferentialität hervorgehenden Entfaltungsmöglichkeiten der laudativen Rede gemeinsam mit den bisher erwähnten Verfahren fundamentale Bedeutung (4.2.2).

1. Grundsätzlich wird der Preis samt seinen Begründungsstrategien mit der *namen*-Thematik auf die Selbstreflexion der laudativen Rede als zusätzliche Ebene hin geöffnet. Frauenlob kann auf die in spruchmeisterlicher Paränese und im Tugendpreis entwickelte *namen*-Reflexion, an die er zum Teil auch direkt anknüpft, mit neuer Funktionalisierung zurückgreifen: Der der Lobrede generell inhärente Selbstbezug wird mit den Möglichkeiten der Systematisierung und Abstrahierung, die das Begriffsdenken bietet, ausgearbeitet bis hin zum poetologischen Entwurf. Dieser bezieht sich auf die Strategien und Verfahrensweisen des Lobes, mit deren Demonstration Frauenlob einen Traditionsanschluß herstellt und zugleich den im 'Selbstlob' implizierten künstlerischen Anspruch einer Überbietung der Tradition zu begründen sucht.

2. Es liegt auf der Hand, daß die mariologische Begründung des Preises als größtenteils unausgesprochener Hintergrund von Frauenlobs Begriffsabgrenzungen (*maget*, *wîp* und *vrouwe*) sowie auch das *proles*-Argument, das gegenüber der zuvor im Sangspruch belegten Variante (die Herkunft jedes Menschen von einer Frau) einen höheren Abstraktionsgrad aufweist und auf die Liebesthematik zurückgebunden wird, zentrale Bedeutung erhalten. Es handelt sich indes um sekundäre Phänomene – ihnen übergeordnet sind die Verfahrensweisen. Die Einzelanalysen konnten zeigen, daß die von Frauenlob über intertextuelle Beziehungen entfalteten Strategien der Explizierung, Vereindeutigung, der kommentierenden Vertiefung, Herauslösung, Zerlegung, logischen Präzisierung und Zusammenführung von Argumentationselementen einander in ihrer Funktion er-

gänzen. Sie ermöglichen es, den Frauenpreis differenzierend und zugleich als integrales Ganzes zu entwerfen. *Die konsequente Integration fremdreferentieller Begründungen* (die Frau als Gebärerin, die mariologische Überhöhung) *sowie entsprechender Strategien* (die 'Fakten'-Argumentation, die begriffslogische Argumentation, die 'theologisch-gelehrte' Begründung, der Rückgriff auf den Bibeltext) *in den höfischen Frauenpreis wird auf dem Wege intertextueller Vernetzung prozeßhaft vorgeführt.*

## 5 Schluß und Ausblick

### 5.1 Zusammenfassung der Ergebnisse

Das Erkenntnisinteresse dieser Untersuchungen wurde einleitend als ein dreifaches skizziert: Am Beispiel der Minne- und Frauenpreisstrophen richtet es sich auf den Begriff höfischer Liebe, auf eine Poetik der Gattung und auf eine gattungsgeschichtliche Perspektivierung. An diesem Problemrahmen orientiert sich auch die Bündelung der Ergebnisse, zu denen die Analysen von Liebesentwürfen in der Sangspruchdichtung, genauer der textuellen Verfahrensweisen, geführt haben.

1. Dem Sangspruch ist kein grundsätzlich, auch nicht in der Tendenz, von der höfischen Liebe der Minnekanzone abweichendes 'Minnekonzept' oder 'Frauenbild' zuzuordnen. Das ist die Konsequenz des oben entwickelten Begriffs höfischer Liebe, mit dem die Annahme vorab fixierter Minneauffassungen, welche die Texte gleichsam generieren, hinfällig wird (s.o., 1.1.2). Vielmehr sind Liebesentwürfe, wie inhaltliche Konzepte literarischer Texte generell, umgekehrt Effekt der Gestaltung vorgeprägten Sprachmaterials bzw. der 'Wiederentstehung' der Sprachgestalt im Akt literarischer Kommunikation. Dies haben aber auch die Untersuchungen zu den verschiedenen Spruchtypen bestätigt. Ein selektiver Blick auf die Spruchdichtung führt leicht zu einem verzerrten Bild, wie besonders die in Kapitel 2 und 3 behandelten Texte verdeutlichen. Solange man z.B. nur ermahnende Minnesprüche berücksichtigt, könnte sich der Schluß aufdrängen, für die Thematisierung der Geschlechterliebe in der Spruchdichtung sei generell eine restriktive oder moralisierende Grundhaltung kennzeichnend, ihre 'Lehre' ziele stets auf eine starke Beschränkung des Liebesaffekts. Zwar ist es zutreffend, daß die adhortativen Minnesprüche vornehmlich die Grenze höfischer Liebe zu bestimmen suchen (Kapitel 2). Doch ist dies eben kein für die Minnesprüche insgesamt verallgemeinerbares 'Minnekonzept', sondern vielmehr charakteristisch für eine bestimmte Perspektive auf das Thema und damit für einen Ausschnitt der höfischen Rede über Liebe, welcher in der Gattung nicht der einzige und auch nicht der dominierende ist. Das zeigen allein schon die beschreibenden Minnesprüche, die das Problem des rechten Liebesverhaltens in der Regel ausblenden und die Minne als Agens und/oder als Prozeß darstellen (Kapitel 3). Entsprechend gilt für die Frauenpreisstrophen, daß der Tugendpreis und das Lob der Frau als Liebespartnerin bzw. Garantin der Freude keine polaren Gegensätze bilden.

2. Differenzen zwischen Minnesang und Sangspruch in der Realisierung des Liebesdiskurses sind vielmehr struktureller Art und betreffen den Status des Einzeltextes. Diesbezüglich erwies sich die in der Einleitung erläuterte These als weiterführend:[1159] In der Spruchdichtung werden verschiedene Ausschnitte, die in der Minnekanzone aufeinander bezogen oder direkt übereinandergeblendet sind – wie die Ermahnung und der Entwurf des rechten Liebesverhaltens,

---

[1159] S.o., 1.4, S. 80f.

die Beschreibung der Minne, der Frauenpreis –, stärker voneinander abgelöst und zu relativ selbständigen Segmenten, die im Text nicht miteinander verknüpft sind, auf textübergreifender Ebene jedoch aufeinander bezogen bleiben.[1160] Diese Segmentierung erforderte unter anderem, die Literarizität der Texte und ihren gesellschaftlich-kulturellen Bezug, der in der Institutionalisierung des 'Höfischen' als übergeordneter gesellschaftlicher Wert besteht, in einem unauflösbaren Wechselverhältnis zu sehen: Denn eine selektive Sicht auf nur einen der Liebesdiskurs-Segmente kann, was die Frage nach ihrem Kunstcharakter betrifft, zu einer einseitigen Verortung der Gattung führen ('Artistik' vs. 'Pragmatik').

3. Wurde höfische Liebe nicht als feste Größe aufgefaßt, sondern als im Rahmen einer variablen Struktur nicht vordefinierter Relationen je neu entworfen, so entspricht dem der gewählte Textzugang: Die Analyse literarischer Verfahrensweisen und der sprachlichen Organisation der Texte wurde der Frage nach inhaltlichen Entwürfen insofern vorgeordnet, als diese selbstredend nur über jene ermittelt werden können. Da sich im Sinne einer Ästhetik der Identität (Lotman) die spezifische Akzentsetzung des Einzeltextes und seine Eigenleistung auf der Folie der Anwendungsgeschichte konventionalisierter Sprachelemente und Darstellungsmuster abzeichnen, eröffnete sich damit zugleich eine gattungsgeschichtliche Sicht. In dieser Perspektive – mit der Verlagerung der Relation 'traditionsverbunden/innovativ' in den einzelnen Text nämlich – ließen sich auch die Liebesentwürfe Frauenlobs vor dem Hintergrund der Gattungstradition einordnen.

Grundsätzlich ist für Entwürfe höfischer Liebe und für Begründungsmuster des Frauenpreises in der Spruchdichtung die Tendenz zur schärferen Konturierung, Präzisierung, Systematisierung und Vereindeutigung kennzeichnend. Zur Frage nach der Kontinuität von Darstellungsmöglichkeiten sowie nach Frauenlobs Traditionsanschluß haben die Textanalysen bei den drei Spruchtypen zu graduell unterschiedlichen Ergebnissen geführt.

Am klarsten ließen die beschreibenden Minnesprüche die Kontinuität literarischer Muster und zugleich die Spannbreite ihrer Anwendungen und Neuakzentuierungen erkennen (Kapitel 3). Die Strophen suchen präzisierend und differenzierend zu entwerfen, wie Minne, vorgestellt als agierende Instanz, wirkt

---

[1160] Selbstverständlich handelt es sich um eine modellhafte Charakterisierung; auch im Sangspruch sind die Segmente auf der Textebene nicht immer vollständig voneinander isoliert, wie ja schon die recht häufige Verbindung von Ermahnung und Frauenpreis zeigt. Außerdem ließe sich die Ablösung der Segmente an anderen Textbereichen als an den hier untersuchten möglicherweise weniger klar zeigen. – Nicht weiterverfolgt werden konnte die Frage, ob diese Segmentierung ausschließlich eine Gattungsdifferenz darstellt oder in späthöfischer Zeit auch – in geringerem Maß – den Minnesang kennzeichnet. Vielleicht kann als Beispiel in diesem Zusammenhang die von Gert Hübner herausgearbeitete Differenzierung der Gattung Minnesang im Œuvre Ulrichs von Liechtenstein genannt werden (Hübner, *Frauenpreis*, z.B. S. 252, 257f., 337, 347f.): Durch die Dominanz jeweils eines spezifischen Kanzonenelements entsteht eine Spezialisierung, eine deutliche Konturierung unterschiedlicher Kanzonentypen.

bzw. wie sie in einem genau analysierten Prozeß in den Liebenden entsteht und von ihnen erfahren wird. Relevante Kriterien sind die nicht a priori vordefinierten Relationen zwischen einzelnen Instanzen (z.B. Mann und Frau, den Liebenden und der Minne), zwischen Innen und Außen oder zwischen verschiedenen Vorgangsaspekten. Die zu zwei Textreihen zusammengestellten Strophen von Sangspruchautoren vor Frauenlob (von Reinmar von Zweter, Konrad von Würzburg, dem Litschauer, dem Jungen Meißner) konnten zwei modellhaft unterschiedenen Beschreibungstypen zugeordnet werden (3.1.1 und 3.1.2); diese stecken auf einer Skala vielfältiger Verwendungs- und Festlegungsmöglichkeiten der genannten Relationen lediglich die beiden einander entgegengesetzten Pole ab, zwischen denen die Texte je unterschiedlich verortet werden konnten. Die jeweils dominanten Verfahrensweisen der Beschreibungstypen sind Unifizierung auf der einen und Differenzierung, Auffächerung und Aufspaltung auf der anderen Seite. 'Nicht unterschiedene Einheit' und 'Unterschiedenheit'/'Ungleichheit' sind die hieraus resultierenden, für die beiden Textreihen konstitutiven Kategorien.

Die in Kapitel 3 untersuchten Texte lassen auch die Orientierung Frauenlobs an konventionalisierten Darstellungsmustern am deutlichsten erkennen, auf die er mit eigenen Lösungen reagiert. Seinen Strophen liegen mit den erwähnten Relationen dieselben Basiskriterien zugrunde. An die beiden Beschreibungstypen knüpft er an, indem er die genannten Kategorien der Liebesdarstellung weiterentwickelt bzw. durch eine dritte ergänzt. Dabei ist sein Verfahren beide Male dasselbe: die weitergehende, noch genauere Differenzierung und Aufspaltung des Handlungspersonals und des Minnegeschehens. Im einen Fall verbindet Frauenlob Gestaltungselemente des ersten und des zweiten Beschreibungstyps miteinander, indem er die Auffächerung der agierenden Instanzen und Einzelvorgänge weitertreibt, sie jedoch nicht in Gegensatz zueinander bringt oder in fest definierten Konstellationen voneinander abgrenzt; mit dem Entwurf der Liebe als Wechselseitigkeit in allen zentralen Aspekten findet er eine dritte Kategorie, in der 'Einheit' und 'Unterschiedenheit' kein Ausschlußverhältnis mehr bilden (3.2.1). Im anderen Fall greift Frauenlob Gestaltungsmöglichkeiten des zweiten Beschreibungstyps auf, die er in konsequenter und systematischer Ausarbeitung, vor allem durch die Aufspaltung der Person des Liebenden und der Minne in ein vielschichtig differenziertes Handlungspersonal sowie des Minneprozesses in weitgehend selbständige Einzelereignisse, einer Deutung der Liebe als Selbstwiderspruch und unaufgelöste Ambivalenz zuführt (3.2.2). Anders als in den älteren Strophen des zweiten Darstellungstyps wird hier, indem die einzelnen Handlungsszenen bzw. die Widersprüche zwischen ihnen keine Lösung erfahren, die Inkommensurabilität der Liebeserfahrung inszeniert.

Auch für die ermahnenden Minnsprüche konnten sowohl die Konstanz textueller Verfahrensweisen wie auch die Vielfalt ihrer Verwendungen und Sinngebungen beobachtet werden (Kapitel 2); allerdings kristallisierten sich hier keine klar voneinander abgrenzbaren Beschreibungstypen heraus. Die Strophen suchen im Bemühen um Präzisierung, Vereindeutigung, Differenzierung und systematische Darstellung die 'rechte' Liebe zu bestimmen. Sie orientieren sich an dem Basiskriterium eines je neu zu definierenden Wertgegensatzes ('richtig/falsch' im Sinne der Leitdifferenz 'höfisch/unhöfisch') und an dem Kriterium der Innen-Außen-Relation, das ebenfalls unterschiedlich spezifiziert werden kann. Dasselbe gilt für die aus diesem Kriterium abgeleiteten binären Relationen: Einsicht und Täuschung, Sich-Offenbaren und Verbergen, Erkennen und Erkanntwerden. An Texten von Walther, Reinmar von Zweter, dem Marner, Konrad von Würzburg und dem Jungen Meißner wurden zwei grundlegende Ansätze zur Konturierung höfischer Liebe aufgedeckt. So kann mit der Forderung der entsprechenden Erkenntnisleistung, der *discretio*, Liebe als Wert über die Ausgrenzung 'falscher' Liebe definiert werden (2.1.1). Die Innen-Außen-Relation wird hier in der Darstellung der Manipulierbarkeit von *muot* und *herze* durch die Außenwelt relevant sowie vor allem in der Problematisierung der Erkenntnis des verborgenen Inneren. Aus der Polarität von Innen und Außen wird ein Kriterium für die Abgrenzung zwischen richtigem und falschem Liebesverhalten entwickelt, indem die am Modellthema Liebe exemplifizierte, allgemeine Struktur der Täuschung als Inkongruenz gedeutet wird, als gestörte Einheit der postulierten Zeichenrelation zwischen Sichtbarem und Unsichtbarem. Liebe als Wert wird außerdem über die ihr gesetzte Grenze definiert (2.1.2). Das Verhältnis von Innen und Außen kann hier zur Spezifizierung des mit dem Heimlichkeitsgebot verknüpften Postulats der Selbstdisziplinierung und Affektkontrolle eingesetzt werden, und zwar diesmal in der Option der genauen Entsprechung des Inneren und der sichtbaren Außenseite: Im Zeichenverhältnis von Affekt und unwillkürlicher Ausdrucksgebärde wird jener auch ungewollt nach außen hin sichtbar. Das eingeforderte Verbergen des inneren Zustandes wird dann als Disziplinierung des Gefühls erläutert – Voraussetzung dafür, daß der *affectus cordis* sich nicht nach außen hin verrät. Die Grenze werthafter Liebe wird damit in derjenigen zwischen Innenraum und Außenwelt gesehen.

Frauenlobs Strophen weisen auch hier einen deutlichen Traditionsanschluß auf. Die Möglichkeiten der Definition rechter, höfischer Liebe mittels der vorgegebenen Kategorien erweitert er durch die Einführung zusätzlicher Differenzierungen und den noch stärker systematisierenden Zugriff. Im Problemfeld von Erkennen und Täuschen nutzt er intertextuelle Beziehungen, um in mehrfachem Ansatz mit dem Kriterium der Innen-Außen-Relation verschiedene Präzisierungen höfischer Liebe zu erarbeiten (2.2.1). Sexualität kommt dabei ausführlicher zur Sprache als bei früheren Autoren, jedoch im Rahmen der vorgegebenen Koordinaten (Kongruenz/Inkongruenz von Innen und Außen etc.). Unter dem Vorzeichen falscher Liebe, damit – so wie Frauenlob sie definiert – der Substanzlosigkeit und Vergänglichkeit, ordnet er Sexualität als entwertet ein, während sie unter der Voraussetzung der Offenheit und Transparenz der Herzen zum Beginn und Ziel werthafter Liebe wird; über sein spezifisches Konzept des Blicks stellt er einen unmittelbaren Konnex zwischen Liebesethik und Eros her. Die Strophen, in denen er die höfischer Liebe gesetzte Grenze zu fixieren sucht, greifen ebenfalls ein vorgeprägtes Argumentationsmuster auf: die Begründung des Selbstdisziplinierungsgebots mit dem Erkenntniswert der unwillkürlichen Affektgebärde (2.2.2). Frauenlob macht den übergeordneten, zeichentheoretischen Rahmen der Forderung explizit und führt eine doppelte Differenzierung ein. Sie betrifft zum einen die das Zeichen lesende Instanz, von deren Erkenntnisfähigkeit die Relationierung von Innen und Außen auch abhängt; zum anderen wird der Raum der 'Öffentlichkeit' von dem der 'Intimität' der Liebenden abgegrenzt: In letzterem gilt – eine genaue Umkehrung des Heimlichkeitsgebots – gerade die Notwendigkeit, den Affekt in der Gebärde zu offenbaren. Aus dieser Unterscheidung geht bei Frauenlob konsequenterweise eine dritte Gruppe ermahnender Sprüche hervor, die keine Entsprechung bei anderen Autoren hat; mit ihr avanciert Liebe als Intimität zum zentralen Sujet der *adhortatio* (2.2.3). Weitere Differenzierungen konstituieren diese Thematik als eigenständige; sie zielen auf den richtigen Umgang der Liebenden mit der Scham wie auf den Ausgleich von Liebesfreude und Verlangen und gipfeln in einem komplexen Modell der Liebeskommunikation, das neben neueingeführten Kriterien letztlich immer noch mit denselben allgemeinen Relationen operiert wie die ermahnenden Sprüche früherer Autoren. Mit der Herausarbeitung dieser Basiskriterien konnten die Analysen einen gemeinsamen Bezugsrahmen der drei Gruppen ermahnender Minnesprüche bei Frauenlob aufdecken und plausibel machen, daß seine Texte zur Liebesintimität nicht – im Sinne einer vermeintlichen 'Revolutionierung' oder 'Überwindung' höfischer Liebe – von seinen eher 'konventionellen' Sprüchen abgespalten werden dürfen. Seine Eigenleistung liegt vielmehr in der differenzierenden Verwendung vorgegebener Kriterien, aus denen er außerdem neue ableitet, und im konsequent systematischen Ansatz. Beides eröffnet die Möglichkeit, zwei verschiedene Segmente der höfischen Rede über Liebe mit je unterschiedlichen Perspektiven auf ihren Gegenstand aufeinander zu beziehen, die sonst in der Zuordnung zu ermahnenden bzw. preisenden Sprüchen eher voneinander abgelöst sind: die Thematisierung des rechten Liebesverhaltens und des erotischen Geschehens.

Die Frauenpreisstrophen wurden auf die Begründungen des Lobes, die den Selbstbezug laudativer Rede implizieren, sowie auf die Verfahrensweisen der Begründung hin untersucht (Kapitel 4). Die Kontinuität bestimmter Muster zeichnete sich hier weniger deutlich ab. Daher wurde hauptsächlich nach denjenigen Preisbegründungen und Strategien gefragt, die im Sangspruch zur Erhöhung der Frau als Liebespartnerin und Inbegriff des Höfischen hinzukommen. Für die Zeit vor Frauenlob (vor allem bei Reinmar von Zweter, Reinmar von Brennenberg und dem Meißner) waren bereits ansatzweise zu erkennen: Vereindeutigung, Explizierung, Systematisierung mittels sprachlich-stilistischer Ordnungsprinzipien und die Argumentation mit 'Tatsachen'. Von spezifischen Verwendungsweisen metaphorischer Rede war zum einen der Ausbau einer einzelnen mariologisch konnotierten Metapher zu beobachten, mit dem die Vereindeutigung des Rekurses auf das religiöse Referenzsystem einhergeht (4.1.1.1). Das Verfahren der metaphorischen Vernetzung, das an dem übergeordneten Gestaltungsprinzip der Häufung und Verkettung gleicher oder variierender Textelemente orientiert ist, zielt dagegen auf eine systematische Erfassung der Preisgründe in einer Reihe von aufeinander bezogenen Aspekten (4.1.1.2). Die Begründung mit 'Tatsachen-Argumenten' zeigte sich in der Einführung zweier in der höfischen Lyrik neuer Motive. Mit dem mariologischen Argument („Gott selbst ist in einer Frau Mensch geworden") wird der Bezug zwischen Frauen- und Marienpreis expliziert (4.1.2.1); dem stellt sich das Argument zur Seite, daß jeder Mensch von einer Frau geboren ist (4.1.2.2). Für beide Begründungen gilt, daß sie keineswegs eine klerikal-gelehrte 'Überformung' höfischen Gedankenguts belegen, sondern in den höfischen Frauenpreis durchaus vollständig integriert werden können. Verfahren, nicht Inhalte, sind analog und, wie die mittelhochdeutschen Belege und die lateinischen Parallelen zeigen, unterschiedlich funktionalisierbar. Damit wird eine neue Strategie der Lobbegründung entwikkelt, die das im Preis entfaltete höfische Ideal der Frau nicht nur in einer gleichsam tautologischen Struktur aus sich selbst heraus bestätigt, sondern zusätzlich 'von außen' in der expliziten Argumentation mit 'Tatsachen' stützt, die allgemeine Gültigkeit beanspruchen.

Frauenlobs spezifisches Profil zeichnet sich – auch hier indes in Anknüpfung an zuvor punktuell erkennbare Strategien – in den Frauenpreisstrophen sicherlich am deutlichsten ab. Dies betrifft die Gewichtung und den Ausbau von Argumentationen, die Kombination verschiedener Begründungsstrategien und schließlich die Nutzung der selbstreferentiellen Dimension der laudativen Rede für die explizite poetologische Reflexion. Der Einsatz von Anaphernketten und der Aufbau einer Responsionsstruktur stellen Möglichkeiten der systematisierenden Verwendung wiederkehrender Sprachelemente dar. Anaphorische Fragereihen setzt Frauenlob zur Strukturierung der Lobgründe ein, die er ausdifferenziert, um sie wieder aufeinander zu beziehen; überdies wird der Preis als höfisches Frage- und Antwort-Spiel zwischen textuellem Sänger-Ich und impliziertem Publikum inszeniert (4.2.1.1). Durch die Entfaltung einer Responsionsstruktur mit wiederkehrenden zentralen 'Gerüstbegriffen' entstehen intertextuelle Bezüge zwischen Einzelstrophen, die einander in ihren Argumentations- und Begründungsverfahren systematisch ergänzen (4.2.1.2). In diesem Rahmen werden mariologische Konnotationen verdichtet, wird auch die explizite Argumentation mit Heilstatsachen weiter ausgebaut: Zu dem mariologischen Argument tritt der Hinweis auf die Erschaffung Evas nach dem Genesis-Bericht; beide Begründungen wie auch die mariologische Metaphorik verknüpft Frauenlob mit dem Preis der Frau aufgrund ihrer höfischen Vollkommenheit und als Garantin der Freude. Die Integration ursprünglich 'fremder' Begründungen in den höfischen Preis führt er mit dem Verfahren, mehrfach verwendete abstrakte Zentralbegriffe (wie *name* und *vunt*) jeweils unterschiedlich zu kontextualisieren, im Text vor: Die Responsionsstruktur leistet die Relationierung der verschiedenen, an ein und denselben Begriff angeschlossenen Begründungszusammenhänge des Lobes (allgemein-höfisch, 'religiös', poetologisch) als differierende Konkretisierungen des abstrakten Gedankens uneingeschränkter Preiswürdigkeit.

Im *wîp-vrouwe-Streit* (4.2.2) erhalten zum einen das *proles-* und das mariologische Argument fundamentale Bedeutung. Von dem Argument der Mutterschaft der Frau leitet sich das zentrale Kriterium der *namen*-Differenzierung ab;[1161] die mariologische Begründung des Lobes wird zunächst nicht expliziert, bildet aber einen unausgesprochenen Hintergrund der Begriffsabgrenzung. Zum zweiten entfaltet sich mit der Streitfrage nach dem höchsten ehrenden Begriff – und das heißt auch nach dem anspruchsvollsten, exklusivsten literarischen Preis – die Ebene der expliziten Selbstreflexion von Dichtung. Zu diesem Zweck knüpft Frauenlob an das spruchmeisterliche Begriffsdenken an, das im Kontext der poetologischen Thematik eine neue Funktion erhält, und nutzt die bereits etablierten Möglichkeiten der Systematisierung, Differenzierung und Abstraktion. Sein eigenes Programm des Lobens bezieht sich auf die Begründungen und Verfahrensweisen des Preises, nicht auf seine Inhalte. Zum dritten wird die Integration dieser Begründungen und Strategien in den höfischen Frauenpreis über intertextuelle Beziehungen demonstriert. Die Texte treten zueinander in ein Verhältnis von Referenztext und interpretierender Glosse und führen so die für den *wîp-vrouwe-Streit* konstitutiven literarischen Verfahrensweisen prozeßhaft vor: Die 'Kommentare' entfalten im jeweiligen Referenztext nicht ausgearbeitete gedankliche Komplexe, explizieren Angedeutetes, wählen einzelne Aspekte aus und begründen sie, zerlegen einen Gedankengang in mehrere Teilschritte; schließlich faßt eine Synthese die voneinander abgelösten und einzeln ausgearbeiteten Argumentationsschritte wieder zusammen. Herausgegriffen bzw. expliziert werden z.B. die physiologische und die mariologische Begründung für die Erhöhung der *vrouwe*. Die *namen*-Thematik erhält mit Rückgriff auf die biblische Urszene der Namensgebung eine programmatische Grundlegung. Die Begriffserläuterungen zu 'vrouwe' und 'wîp' bauen zunächst die Wertdimension der Begriffe auf und lösen hiervon die Problematik der Wertverwirklichung ab. Die Übertragbarkeit des 'Ehrennamens' (*vrouwe*) indiziert die Trennung der Ebene höfisch-ethischer Kriterien, die für die Begriffshierarchie primär von Belang sind, von der physiologischen Ebene: Das aus der Tugendadel-Diskussion übernommene und analog verwendete Verfahren der Bedeutungsübertragung macht die Integration der Erhöhung der Gebärerin und der physiologischen Begriffsdefinitionen in den höfischen Preis sinnfällig. Die Gegnerstrophen, die mit unterschiedlichen polemischen Registern experimentieren, zeigen zum Teil durch ihre bewußt verzerrenden Repliken ex negativo, daß die hier isolierten einzelnen Argumentationsschritte bei Frauenlob zusammen-

---

[1161] Mit dem kosmologischen Minne-Entwurf der größeren Dichtungen Frauenlobs ist der Preis der Frau als Gebärerin in den Spruchstrophen zwar kompatibel, jedoch keineswegs durch die Rezeption der *Anima Mundi*-Lehre 'erklärbar', da dies die Einbindung in die volkssprachliche Tradition ignorieren hieße, grundsätzlicher aber aufgrund der potentiell je neuen Sinnakzentuierung des einzelnen Textes.

gehören und sein Vorgehen letztlich auf deren Synthese zielt. Viertens und letztens verweist Frauenlob insbesondere mit zwei konkreten Referenzen auf die Wertediskussion höfischer Lyrik; beide Male fällt auf, daß er einen deutlichen Anschluß an die Tradition herstellt und sich zugleich von ihr abgrenzt. Im einen Fall nimmt er insbesondere mit der Frage der Wertverwirklichung die Argumentation von Walthers Strophe zu 'wîp' und 'vrouwe' auf, zerlegt jedoch dessen begriffliche Argumentation in Einzelschritte und sucht sie auf diese Weise durch begriffslogische Konsequenz, nicht primär mit abweichenden inhaltlichen Konzepten, zu widerlegen. Von Reinmar von Zweter greift Frauenlob das Verfahren der Bedeutungsübertragung auf, mit welchem 'vrouwe' als ehrender Begriff von der ständischen Konnotierung gelöst werden konnte, und nutzt es in den von ihm entworfenen neuen Begründungszusammenhängen des Preises. Gerade im Traditionsanschluß sucht Frauenlob also mit seinem poetologischen Programm den Anspruch der Überbietung volkssprachlicher Traditionen, den das versteckte Selbstlob impliziert, zu begründen und mit der Demonstration literarischer Verfahrensweisen und Strategien zu rechtfertigen.

## 5.2 Ausblick: Überlegungen zum performativen Prozeß und zur Aufführung von Sangspruchstrophen

Die Frage nach der Aufführung mittelhochdeutscher Lyrik, speziell der Spruchdichtung, wurde in den vorliegenden Studien aus den eingangs erläuterten Gründen weitgehend ausgeklammert.[1162] Sie soll an dieser Stelle, anknüpfend an die Erörterungen der Einleitung, ausblickartig wiederaufgenommen werden.

### 5.2.1 Ein allgemeines Modell der Performanz

Zu einem der wichtigsten Aspekte der Forschungsdiskussion zur Minnesang-Performanz wurde bereits Stellung bezogen:[1163] zur Frage der Fiktionalität bzw. der entsprechenden Kommunikationsmodi unter den Bedingungen der Textaufführung im Raum wechselseitiger Wahrnehmung. Wenn auch nicht von solch zentraler Bedeutung wie für den Minnesang mit seiner Verdoppelung der Sänger-Rolle bzw. mit der Möglichkeit der Aufspaltung in ein textuelles Sprecher-Ich und den textexternen Sänger, ist die Problematik für die Spruchdichtung doch ebenfalls von Relevanz. Auch hier kann sich – das ist allerdings kein gattungskonstitutives Merkmal – textintern ein Ich äußern, wobei die Ich-Rollen etwas breiter gefächert und vielleicht weniger fest etabliert sind,[1164] sich aber wie im Minnesang im Rahmen bestimmter literarischer Konventionen bewegen. In den Minne- und Frauenpreisstrophen kann ein Ich als Verwalter und Vermittler eines spezifischen Wissens auftreten, mit tadelndem oder ermahnendem Gestus, mit der Attitüde der 'objektiven Beobachtung' (etwa des Minneprozesses) oder der Verherrlichung der Frau. Ermahnt, tadelt, preist, belehrt ein Sänger in den Augen des Publikums 'tatsächlich' oder führt er solche sprachlichen Handlungen, führt er Preis und Ermahnung etc. vor? Wieder könnte somit die Frage aufkommen, inwieweit eine Kompetenz des Publikums, zwischen Text-Ich und leibhaft präsentem Sänger zu unterscheiden, vorhanden war bzw. sich in einem 'Lernprozeß' erst entwickeln mußte. Es sei daran erinnert, daß diese Problematik nicht etwa aufgrund einer gegenüber dem Minnelied angeblich 'pragmatischeren' Ausrichtung des Sangspruchs – eine Auffassung, die ich zu widerlegen versucht habe[1165] – gegenstandslos wird. Da ich es jedoch aus den bereits erläuterten Gründen generell für unmöglich halte, schriftlich überlieferten Texten eindeutige Indizien für die Beantwortung dieser Frage abzulesen,[1166]

---

[1162] S.o., 1.1.1, S. 18-28.

[1163] Ebd.

[1164] Inwieweit man angesichts der möglicherweise geringen rollenhaften Verfestigung berechtigt ist, hier von 'Ich-Rollen' zu sprechen, sei dahingestellt; dies hebt jedoch das grundsätzliche Problem der Situationsspaltung nicht auf.

[1165] S.o., 1.2.2.

[1166] Hierzu und zum Folgenden s.o., 1.1.1, S. 18-28.

möchte ich sie umformulieren in ein Modell, das vor allem jene kommunikativen Möglichkeiten hypothetisch entwerfen soll, welche – das ist eine Vorannahme – als spezifisch für eine literal-orale *Misch*kultur gelten könnten. Vorausgesetzt wird dabei, daß letztere tatsächlich als solche aufzufassen ist und nicht lediglich als 'Variante' primärer Oralität. Es geht also um die Suche nach kommunikativen Optionen, die weder als dominante Konstituenten einer 'rein' mündlichen noch einer überwiegend schriftlichen Kultur anzusehen sind. Ich bin mir darüber im klaren, daß ich für das Folgende basale Kompetenzen auf seiten des Publikums voraussetze und daß auch diese Vorannahme letztlich nicht objektivierbar ist. *Ohne Präsuppositionen kommen Überlegungen zur mittelalterlichen Performanz, die ihren hypothetischen Charakter nie verleugnen dürfen, jedoch in keinem Fall aus.* Diese Tatsache wird durch den argumentativen Rückgriff auf schriftlich überlieferte Texte, die hinsichtlich ihres Vortrags allenfalls mehrdeutige 'Spuren' aufweisen, nur verschleiert. Grundsätzlich spreche ich nicht über konkrete Aufführungen (auch nicht über vermeintlich 'wahrscheinliche'), sondern über die von mir behauptete Spannbreite ihrer Möglichkeiten. In einem weiteren Schritt wäre – das hätten zukünftige Arbeiten zu leisten – das skizzierte Modell auf die Ergebnisse von Textanalysen zurückzubeziehen.

Mein Vorschlag ist, das Konzept der Aufführungssituation zu dynamisieren und den Interaktionscharakter der Kommunikation unter Anwesenden, insbesondere die so oft erwähnte potentielle Reziprozität, tatsächlich zu berücksichtigen.[1167] Es ist dann nicht zwingend, daß eine bestimmte Einstellung des Publikums für die Dauer des Vortrags einer Textsequenz konstant sein muß. Trägt also ein Sänger Strophen vor (in welcher Relation diese zueinander stehen können, ist vorerst nicht von Belang), in denen sich mehrfach ein Text-Ich äußert, so kann ein Publikum, das sich aufgrund der Teilnahme an anderen Performanzen bereits literarisches Wissen erworben hat, theoretisch die ganze Palette von Möglichkeiten in der Kommunikation mit dem Sänger erproben. Und das gilt auch für die Aufführung von Sangspruchdichtung: Das Publikum kann sich auf die Suggestion von Oralität, von Präsenz und Authentizität einlassen, auf das Angebot einer Identifizierung von sichtbarem Sänger und textueller Sprecherinstanz, und die externe und interne Sprechsituation miteinander verschmelzen lassen; es kann die Spaltung im Sinne einer Negierung von Präsenz vollständig vollziehen; es kann Möglichkeiten des Changierens zwischen diesen Polen durchspielen. In der Konsequenz dieser Hypothese liegt es somit nahe, den Binarismus 'fiktional/nichtfiktional' zugunsten einer Gradation zu verabschieden.[1168] Für den Vortrag von Sangspruchstrophen bedeutet dies, daß die Alternative des 'unmittelbaren' Vollzugs von Preis, Schelte, Mahnung einerseits und

---

[1167] Vgl. zum Folgenden Egidi, „Text, Geste, Performanz", S. 137f.

[1168] Vgl. den Diskussionsbeitrag von Hans Ulrich Gumbrecht, in: Unzeitig-Herzog, „Diskussionsbericht", S. 132.

der Inszenierung, der Vorführung solcher Sprechakte andererseits keine Ausschlußrelation darstellt, sondern sich in eine Vielfalt kommunikativer Optionen auflöst. Vorausgesetzt ist dabei allerdings eine grundlegende Differenzierungskompetenz des Publikums, die indes nicht immer auch aktualisiert werden muß. Sie kann ferner unterschiedlich aktualisiert werden, und die Art der Aktualisierung muß für die Dauer der Aufführung nicht gleichbleiben. Rezipientenkompetenzen geben (ähnlich wie Textstrukturen) das Geschehen einer Performanz nicht schon vor, arretieren nicht deren potentielle Dynamik.

Die Möglichkeit der Referentialisierung (des textinternen Ich auf den Sänger) ist in einem solchen Modell also eher als Spiel konzipiert. Ich gehe dabei von folgender Annahme über literarische Kommunikation generell aus, zunächst einmal unabhängig von den jeweiligen medialen Bedingungen: Offenheiten literarischer Texte erzwingen für jeden einzelnen Augenblick der Rezeption eine Entscheidung, eine Festlegung. Der Entscheidungscharakter (auch) literarischer Kommunikation scheint mit der vorgeschlagenen Dynamisierung des Aufführungskonzepts auf den ersten Blick nicht vereinbar zu sein. Doch legen, so eine zweite These, textuelle Unbestimmtheiten und Inkohärenzen zugleich nahe, nacheinander unterschiedliche, unter Umständen auch einander widersprechende Entscheidungen durchzuspielen, und hierfür ist die Prozessualität des kommunikativen Aktes von entscheidender Bedeutung. Wenn Entscheidungen (gemeint sind selbstverständlich nicht notwendig bewußte Entscheidungen) in literarischer Kommunikation konträr zueinander sein können, so sind es gerade die augenblickshaften Festlegungen, welche die Bedingung für die Entstehung von Uneindeutigkeit bilden. Anders gesagt: Zwischen der eindeutigen Einzelentscheidung und dem gesamten kommunikativen Geschehen kann eine Spannung entstehen.

Was heißt dies nun für das Aufführungsgeschehen? Worin unterscheiden sich seine konstitutiven Kommunikationsmerkmale überhaupt noch von denen der schriftgestützten Rezeption? Aufgrund der Kopräsenz von Sänger und Publikum und aufgrund der Flüchtigkeit der Einzelereignisse, aus denen sich das performative Geschehen zusammensetzt, kann sich beides verstärken: die Eindeutigkeit wie der flüchtige Charakter der Einzelentscheidung. Letzteres ergibt sich aus dem ephemeren Charakter der nonverbalen Zeichenordnungen wie Gestik und Mimik usw., mit denen Entscheidungen kommuniziert werden können. Hinzu kommt, daß der Zuhörer/Zuschauer, anders als der Leser, unterschiedliche momenthafte Festlegungen nicht im nachhinein miteinander abgleichen, sie etwa harmonisieren oder eine von ihnen verwerfen kann. Daraus ergibt sich die Möglichkeit einer gegenüber schriftgestützter Kommunikation noch größeren Spannung zwischen der momenthaften Festlegung und dem gesamten Geschehen, zwischen Eindeutigkeit und Vielschichtigkeit.

Konkret läßt sich die These potentiell widersprüchlicher Entscheidungen auf die vielfältigen Optionen der Referentialisierung bzw. 'Aufspaltung' als Leistungen des Publikums übertragen, und damit wird zugleich auch der Reziprozität und der Vielfalt von Zeichenebenen als zwei wesentlichen distinktiven Merkmalen der Aufführungssituation Rechnung getragen: In ihr lebt das skizzierte 'Referentialisierungsspiel', das sich noch durch die Referenz auf den Autor im Sinne einer 'Autorkonkretisation'[1169] komplizieren kann, davon, daß Sänger und Publikum aufeinander reagieren können. Nonverbale Zeichensysteme dürften hier aufgrund ihrer phatischen Funktion eine große Rolle spielen, jedoch nicht notwendigerweise im Sinne von Vorgaben des Sängers, welche die Rezeption stark festlegen und ihre Spielräume einschränken. Der Sänger kann zwar mittels Stimme, Mimik, Gestik etc. bestimmte Einstellungen nahelegen, z.B. das Herstellen oder auch das Kappen von Referenzen. Doch kann der Zuhörer/Zuschauer auf Angebote einer Vorstrukturierung des kommunikativen Geschehens unterschiedlich reagieren: den Angeboten folgend oder gegenläufig zu ihnen. Der Sänger, der damit den kommunikativen Prozeß keineswegs vollständig kontrolliert, kann wiederum auf das Publikum reagieren. Wichtig sind die nonverbalen Zeichenordnungen also ganz allgemein für die potentielle Wechselseitigkeit der Reaktionen, die den 'Text-als-Aufführung' allererst entstehen lassen. Sie haben nicht zwingend die Funktion einer Einschränkung der Offenheit und Unvorhersehbarkeit der Kommunikation.[1170]

Das Modell räumt den Zuhörern/Zuschauern somit erstens eigene Zuschreibungs- und Entscheidungsleistungen ein und zweitens eine potentiell aktive Teilnahme am kommunikativen Geschehen, gerade was die nonverbalen Kommunikationsmöglichkeiten betrifft, mit denen die wechselnde Einstellung mitgeteilt werden kann. Selbstverständlich muß eine Rollenverteilung ('Sänger/Publikum') in irgendeiner Form vorausgesetzt werden. Wenn es jedoch zutrifft, daß literarische Kommunikation, daß die Textinszenierung als ästhetische Praxis im Mittelalter noch nicht stabil gegen ihr mutmaßliches unmittelbares 'Umfeld', die umfassende gesellschaftlich-kulturelle Praxis des Hofes, abgedichtet und relativ schwach institutionalisiert ist, gilt auch, wie Peter Strohschneider ausführt, daß die Rolle des Sängers „[w]eniger personal als vielmehr situativ begründet" ist und damit „eine labile Konstruktion" darstellt.[1171] Der Rahmen der Aufführung „garantiert schließlich keine Zuschauerrolle", und er schafft nicht die Voraussetzungen, unter welchen „die Mitglieder der Hofgesellschaft [...] nichts als Zuschauer des Liedvortrages sein können".[1172] Dann ist auch nicht davon auszugehen, daß die Rolle der Zuschauer auf das bloße passive Aufnehmen von Dargebotenem beschränkt ist.

---

[1169] Vgl. Hausmann, *Reinmar der Alte*, S. 33 u.ö.

[1170] Derartige Einschränkungen müssen, meine ich, auch solche Texte nicht notwendigerweise zur Konsequenz haben, in denen die Kommunikationssituation ansatzweise vertextet ist, wie z.B. im Fall einer Strophe Frauenlobs im Grünen Ton, die ein Frage- und Antwortspiel zwischen Sänger-Ich und impliziertem Publikum als textinternen Instanzen andeutet (*GA* VII, 36; s.o., 4.2.1.1).

[1171] Strohschneider, „'nu sehent, wie der singet!'", S. 9-13, zit. 11.

[1172] Ebd., S. 12 u. 11f.

## Ausblick: Zum performativen Prozeß

Das hier entworfene flexible Konzept der Kommunikation im Rahmen der Textinszenierung betrifft – das ist gerade für die Spruchdichtung von Bedeutung – nicht nur Fragen der 'Situationsspaltung' und Referentialisierung, auf die sich die Minnesangforschung konzentriert hat. Nicht nur, ob der Sänger 'tatsächlich' preist, tadelt, belehrt oder ob er diese Sprechakte inszeniert, ist den (potentiell wechselnden und widersprüchlichen) *ad hoc*-Entscheidungen des Publikums anheimgegeben. Entsprechendes müßte vielmehr auch für weitere Optionen gelten, etwa für den Nachvollzug des propositionalen Gehalts auf der einen und für die Wahrnehmung der Literarizität der Texte, ihrer ästhetischen Struktur, auf der anderen Seite. Man kann, meine ich, nicht davon ausgehen, daß letzteres für die vokale Aufführung grundsätzlich unwahrscheinlicher ist als ersteres. Auch die Relation solch basaler Komponenten literarischer Kommunikation zueinander darf nicht als starre Dichotomie aufgefaßt werden. Ich binde somit die Möglichkeit der Einstellung auf die ästhetische Dimension der Texte nicht, auch nicht tendenziell, an die schriftgestützte Rezeption, das Lesen.[1173] Setzt man die bekannte, in der Performanz-Debatte jedoch häufig nicht berücksichtigte Differenzierung zwischen konzeptioneller und medialer Mündlichkeit bzw. Schriftlichkeit voraus,[1174] dann kann für konzeptionell schriftliche Texte – und hierzu zähle ich auch die höfische Lyrik[1175] – nicht eine „Oralisierung oder Reoralisierung in der Performanz" angenommen werden.[1176] Optionen wie Wahrnehmung des Inhalts, Partizipation, Anteilnahme einerseits und Aufmerksamkeit für die Literarizität der Texte sowie Distanznahme andererseits, die ohnehin nicht als dichotome Relationen zu denken sind, sondern als Kontinuum, können unter solchen Prämissen auch nicht der Performanz bzw. der schriftgestützten Rezeption fest zugeordnet werden.[1177]

Hält man an der Unterscheidung zwischen nichtliterarischer und literarischer Kommunikation als einer, welche die Polyvalenz-Potentiale von Sprache stärker nutzt als jene, fest, so spricht nichts dagegen, diese Unterscheidung nicht nur für Texte, sondern auch für die Interaktion im Raum wechselseitiger Wahrnehmung gelten zu lassen. Auch die Aufführung von Texten muß dann nicht primär

---

[1173] Anders Wandhoff, *Der epische Blick*, S. 360-367 (zur Rezeption höfischer Epik).

[1174] Koch/Oesterreicher, „Sprache der Nähe".

[1175] Genauer gesagt: Auch hier gilt der Zuschreibungscharakter; die Kommunikationsteilnehmer hätten somit in der Aufführungssituation die Entscheidung, das Vorgetragene als 'konzeptionell mündlich' oder 'konzeptionell schriftlich' einzuordnen, immer wieder neu zu treffen (s.u.).

[1176] Gegen Bäuml, „Autorität und Performanz", S. 253; vgl. 249.

[1177] Unbestreitbar weisen einige Spruchstrophen einen höheren Aufwand hinsichtlich der sprachlichen Elaboriertheit, der Artifizialität, auf als andere; dies gilt z.B. für Frauenpreisstrophen Frauenlobs oder auch für Strophen zum Minneprozeß von Reinmar von Zweter oder Konrad von Würzburg. Doch ist für die Aufführung solcher Texte nun nicht umgekehrt davon auszugehen, daß sich die Spannung zwischen der Einstellung auf die ästhetische Dimension und derjenigen auf den Gehalt notwendigerweise zugunsten einer einseitigen Wahrnehmung der Literarizität auflösen muß; eher besteht in solchen Fällen die Möglichkeit, daß sich diese Spannung noch verstärkt.

von dem Bemühen um Vereindeutigung und Sinnfixierung geprägt sein. Genauer: Die Differenzierung zwischen literarischer und nichtliterarischer Kommunikation mag, so meine Vermutung, unter den Bedingungen der Performanz den Rezipienten selbst anheimgegeben sein, wofern – das ist zwar nicht die einzige Option, aber eine durchaus ernstzunehmende – die Möglichkeit einer auch nur minimalen Herausgehobenheit aus nichtliterarischer Kommunikation in der Wahrnehmung der Zuhörer/Zuschauer grundsätzlich gegeben ist.[1178] Voraussetzung für einen solchen Ansatz ist, die Konzepte der 'Stimme' und der nonverbalen Kommunikation, ja des Aufführungsprozesses insgesamt, *von einem mit Implikationen der Vollständigkeit, Abgeschlossenheit, Unmittelbarkeit und Authentizität behafteten, emphatischen Präsenzbegriff im Sinne von Gegenwärtigkeit als Erfahrungskonzept abzukoppeln*.[1179] Die dieses Präsenzkonzept tragende, „nahezu evangelikale Begeisterung für Kulturen der Mündlichkeit", die „als historisches Korrektiv aufgefaßt" wurde und wird, scheint mittlerweile selbst eine Korrektur zu benötigen.[1180]

### 5.2.2 Spruchstrophen und Strophensequenzen in der Aufführung

In den Analyse-Kapiteln ließen sich an den Minne- und Frauenpreisstrophen verschiedentlich Tendenzen zur Explizierung, Vereindeutigung, Präzisierung und Systematisierung beobachten. Kann man davon ausgehen, daß solche Textstrukturen die Entscheidungen der Rezipienten im performativen Prozeß bereits stark vorgeben und dessen Unvorhersehbarkeit einschränken? Selbstverständlich ist mit der Möglichkeit zu rechnen, daß sich die erwähnten textuellen Tendenzen im kommunikativen Geschehen verstärken, welches dann von der Vermeidung von Ambiguität geprägt ist. Diese Option halte ich indes nicht für generell wahrscheinlicher als andere: z.B. daß Vereindeutigung und Explizierung in der vielschichtigen, potentiell wechselseitigen Kommunikation zwischen Sänger und Publikum in einer den dominanten Textstrategien gegenläufigen Tendenz zur Ambiguierung wieder aufgehoben werden können.

Fragt man nach der Aufführung von Spruchdichtung, so ist vor allem zwei Tatsachen Rechnung zu tragen: Einerseits weisen Minnespruchstrophen eine stärkere Ablösung der Segmente des höfischen Liebesdiskurses voneinander auf als Minnelieder; andererseits dürften in der Performanz – sieht man von der theoretisch ebenso denkbaren Option ab, daß Sangspruchstrophen im Vortrag mit Texten anderer Gattungen kombiniert wurden –, immer mehrere Strophen

---

[1178] Die Kreisstruktur, die meine Ausführungen an dieser Stelle aufweisen, ist unumgehbar und muß als unvermeidbare Komponente hypothetischer Modelle zur Performanz gerade betont werden.

[1179] S.o., 1.1.1, S. 25.

[1180] Marks, „Schrift und Mikra", S. 103; Marks analysiert die Konzepte der 'Stimme' und der 'Schrift' in den Aufsätzen von Martin Buber und Franz Rosenzweig zu ihrer Übersetzung der hebräischen Bibel.

zu Sequenzen zusammengefügt worden sein, wenn wir auch über solche Vortragsfolgen und ihren Status nichts wissen.[1181] Ersteres hat zur Folge, daß zwischen den auf der Textebene nicht miteinander vermittelten Segmenten Differenzen entstehen können. Deutlich wurde dies beispielsweise bei den ermahnenden Minnespruchstrophen und denjenigen, die Minne als Agens und/oder als Prozeß entwerfen; sie nehmen in der Regel unterschiedliche Perspektiven auf die Geschlechterliebe ein und lassen zum Teil konträre Wertungen von Sexualität erkennen. Wenn solche Texte in der Aufführung miteinander kombiniert werden – den Fall monothematischer Zusammenstellung vorausgesetzt, der natürlich auch nicht der einzig mögliche ist –, entstehen potentiell Unbestimmtheitsstellen, was die Relationierung der erwähnten, diskursiv nicht aufeinander bezogenen Segmente betrifft. Derartige Relationierungen sind von Vortrag zu Vortrag je neu von den Teilnehmern zu leisten, von Sänger wie Publikum gleichermaßen, und können auf eine Harmonisierung divergierender Entwürfe zielen, auf deren Polarisierung oder auf die Herstellung von Ambiguität.

Die ausblickartigen Überlegungen zur Performanz sind als Experiment aufzufassen: als Versuch, die kommunikative Praxis der Aufführung höfischer Lyrik theoretisch zu modellieren. Es sei noch einmal daran erinnert: Sofern sie eine größere Reichweite beanspruchen, kommen solche Überlegungen – das ist aber gerade kein Argument dafür, sie zu vernachlässigen – *grundsätzlich*, auch wenn sie mit Texten argumentieren, nicht ohne Präsuppositionen aus, die nicht objektivierbar sind, es nicht sein können. Das hat nicht nur den (banalen) Grund, daß uns allein die Texte, nicht 'ihre Situationen' erhalten sind. Von noch größerer Bedeutung ist die Tatsache, daß Konzepte wie 'Mündlichkeit', 'Schriftlichkeit', 'Performanz' und 'Präsenz' nie als neutrale Konzepte verwendet werden können, sondern immer aufgeladen, mit bestimmten – jeweils unterschiedlichen – Konnotationen behaftet sind, die ihre eigene Geschichte haben. Und das gilt nicht nur für Beschreibungsparameter, die einer Fixierung auf Schriftkulturen und Schriftlichkeit geschuldet sind, sondern auch für jene, die einer programmatischen Abkehr von dieser Einstellung entspringen – ein momentan in nahezu allen gesellschaftlichen und kulturellen Bereichen aktuelles Denkmuster. Die Kritik an der neuerlichen Fixierung auf Kulturen der Mündlichkeit und Präsenzerfahrung richtet sich keineswegs gegen die Tatsache, daß dem 'Geist der Zeit' verdankte Orientierungen auch den wissenschaftlichen Diskurs prägen, sondern gegen die Dominanz und Erstarrtheit solcher Denkmodelle sowie gegen den häufigen Mangel an Reflexion über ihre eigene Historizität und Relativierbarkeit.

Was die Prämissen betrifft: Die hier getroffene Entscheidung, nämlich eine basale Kompetenz der Rezipienten vorauszusetzen, läßt sich nur mit ihrem potentiellen Erkenntnisgewinn begründen, der in dem Versuch liegen könnte, das

---

[1181] Strophenzusammenstellungen in der handschriftlichen Überlieferung lassen keine Rückschlüsse auf Vortragsfolgen zu.

Publikum als Teilnehmer zu konzipieren, die Reziprozität wie generell die Dynamik und Prozessualität des performativen Geschehens ernstzunehmen. Vorannahmen solcher Art sind allein mit der durch sie entstehenden Möglichkeit einer Korrektur zu rechtfertigen, die sich im Kontext der diskutierten Problematik gegen herrschende Vorstellungen von einem statischen Aufführungsgeschehen richtet, von einem passiven Publikum, das keine Zuschreibungen vornimmt bzw. nur irrelevante – grundsätzlicher aber noch gegen die Vorstellung von 'mündlicher' literarischer Kommunikation als abgeschlossen, unmittelbar, authentisch und auf Eindeutigkeit zielend.

Aus dem skizzierten Performanz-Modell läßt sich schließlich für das Verständnis der Sangspruchdichtung wie höfischer Lyrik generell Gewinn schlagen. Über die produktionsästhetische Problematisierung dichotomer Kategorien noch hinausgehend, *können auf dieser Basis (vermeintliche) Dichotomien wie fiktional/nichtfiktional, artifiziell/pragmatisch, Präsenz/Repräsentation im Sinne einer Dynamisierung und Gradation aufgelöst werden*: Die jeweiligen zwei Seiten einer Opposition werden zu Elementen eines Spiels zwischen Sänger und Publikum, das den Charakter des Unvorhersehbaren hat, und zu Optionen potentiell widersprüchlicher Entscheidungen. Falls es zutrifft, daß die Texte mit Blick auf die Aufführung konzipiert sind, so muß ihnen auch in irgendeiner Weise die Tatsache eingeschrieben sein, daß literarische Kommunikation nie nur der einen oder nur der anderen Seite der erwähnten Binarismen zuzurechnen ist.

# Angaben zur Zitierweise

1. Zur Zitierweise: Die meisten der editionstechnischen Sonderzeichen und Zeichenformatierungen der *GA* (und entsprechend der anderen Editionen jüngeren Datums) werden in den eingerückten längeren Zitaten (nicht in kürzeren kursivierten im fortlaufenden Text) berücksichtigt (vgl. *GA*, S. 188 u. 1055):

| | |
|---|---|
| Kursivsatz | Veränderungen gegenüber der Leithandschrift (in anderen Handschriften überlieferte Wörter oder auch handschriftlich nicht gedeckte einzelne Buchstaben); |
| < > | in Verbindung mit Kursivsatz: ergänzte Wörter, die in keiner Handschrift überliefert sind; |
| <...> | Lücken in der Überlieferung; |
| [ ] | Auslassungen gegenüber dem Text der Leithandschrift; |
| ⌈ ⌉ | Veränderungen der Wortfolge; |
| † | verderbte Textstellen. |

Die normalisierten mittelhochdeutschen Formen der Lemmata des *Wörterbuchs zur Göttinger Frauenlob-Ausgabe* werden (in Erläuterungen zu Textzitaten) in eckige Klammern hinter die Formen gesetzt, die der Text der *GA* hat, sofern Abweichungen vorliegen. (Auch in Ausführungen zu Texten, die in der jeweiligen Ausgabe ohne Längenzeichen [Zirkumflex] und Ligaturen wiedergegeben sind, werden einzelne mittelhochdeutsche Wörter mit Längenzeichen und Ligaturen – sowie in normalisierten mittelhochdeutschen Formen – gesetzt, sofern sie nicht eindeutig als Zitat gelten können.) – Die Namensformen der mittelhochdeutschen Autoren und Werktitel richten sich nach dem ²*VL*.

2. Zur Vereinheitlichung der Kanzonenform-Darstellung: Bei mittelhochdeutschen Strophenzitaten wird grundsätzlich, auch gegen die Ausgabe, der Beginn des Gegenstollens und des Abgesangs durch eine Leerzeile gekennzeichnet. (Ignoriert wird die Markierung weiterer Unterteilungen des Abgesangs durch Objartel.) Zusätzlich wird auch – wenn die Ausgabe sie aufweist – die Kennzeichnung der Kanzonenformteile durch Großschreibung berücksichtigt. In den eingerückten längeren Zitaten wird die Zäsur im Versinneren übernommen, ebenso der Einzug des jeweils letzten Verses in Frauenlobs Flugton-Strophen (*GA* VI).

3. Zur Zählung: Die Verszählung beginnt mit jeder Strophe (bzw. mit jedem Versikel) neu, auch gegen die Ausgabe. Letzteres ist der Fall bei Strauchs Marner-Ausgabe, *BML* sowie bei den Leichs von Reinmar von Zweter (Roethe), Meister Alexander und Ulrich von Winterstetten (*KLD*); hier füge ich meiner Verszählung die Zählung der Ausgabe in eckigen Klammern an. Von dieser Regelung werden ausgenommen: die Zählung von *Minnesangs Frühling*, diejenige Lachmanns bei Walther und Schröders bei Konrad von Würzburg, da hier die gebräuchliche Zitierweise die Verse innerhalb eines Tons durchzählt. In diesen drei Fällen kann mit der Angabe des ersten Verses einer Strophe oder eines Liedes – wie üblicherweise – die ganze Strophe bzw. das ganze Lied bezeichnet sein. – Bei der Zählung von *MF* richte ich mich in Fällen abweichender Versgrenzen in den verschiedenen Auflagen (insbesondere wenn zwei Verse der früheren Auflagen in der verwendeten Auflage zu einem Vers zusammengefaßt werden), nach der Version, auf der die Zählung ursprünglich basierte. Gleiches gilt für die Lachmannsche Zählung der Strophen Walthers. – Die Strophenzählung wird ergänzt bei *BML*.

4. Alle in eckigen Klammern in Zitate eingefügten Erläuterungen und, sofern nicht anders angegeben, neuhochdeutschen Übersetzungen stammen von mir (M.E.).

# Liste der Handschriftensiglen

A  Kleine Heidelberger Liederhandschrift:
   Heidelberg, Universitätsbibliothek, Cpg 357.

B  Weingartner Liederhandschrift:
   Stuttgart, Württembergische Landesbibliothek, HB XIII 1.

a  Soest, Stadtarchiv und Wissenschaftliche Stadtbibliothek, Fragment 157 (Frauenlob-Fragment A; aus: V Ee 8.10).

b  Wrocław, Biblioteka Uniwersytecka (vormals Staats- und Universitätsbibliothek Breslau), Akc. 1955/193 (Frauenlob-Fragment b; aus: I Q 365).

C  Große Heidelberger/Manessische Liederhandschrift:
   Heidelberg, Universitätsbibliothek, Cpg 848.

D  Heidelberg, Universitätsbibliothek, Cpg 350, Reinmar von Zweter-Sammlung (Bl. 1-43; mit einem Anhang von Strophen anderer Autoren).

e  der von Lachmann abgegrenzte Teil (Bl. $189^{rb}$-$191^{va}$) der Reinmar-Sammlung in E (Würzburger Liederhandschrift/Hausbuch des Michael de Leone: München, Universitätsbibliothek, 2° Cod. ms. 731).

F  Weimarer Liederhandschrift:
   Weimar, Herzogin Anna Amalia Bibliothek (vormals Zentralbibliothek der deutschen Klassik), Q 564.

i  Schratsche Handschrift/Liebhard Eghenvelders Liederbuch:
   Wien, Österreichische Nationalbibliothek, Cod. s.n. 3344.

J  Jenaer Liederhandschrift:
   Jena, Universitäts- und Landesbibliothek, Ms. El. f. 101.

k  Kolmarer Liederhandschrift:
   München, Bayerische Staatsbibliothek, Cgm 4997.

M  Codex Buranus:
   München, Bayerische Staatsbibliothek, Clm 4660.

n  Niederrheinische Liederhandschrift:
   Leipzig, Universitätsbibliothek, Rep. II 70$^a$.

Z  Marburg, Hessisches Staatsarchiv, Bestand 147, Hr. 1.2 (Frauenlob-Fragment Z).

# Literaturverzeichnis
## 1 Abkürzungen

| | |
|---|---|
| ABäG | Amsterdamer Beiträge zur älteren Germanistik. |
| AfdA | *Anzeiger für deutsches Altertum und deutsche Literatur.* |
| ATB | Altdeutsche Textbibliothek. |
| BML | *Meisterlieder der Kolmarer Handschrift*, hg. v. Karl Bartsch, Stuttgart 1862 (Bibliothek des Litterarischen Vereins in Stuttgart 68). |
| BMZ | *Mittelhochdeutsches Wörterbuch*, mit Benutzung des Nachlasses v. Georg Benecke ausgearbeitet v. Wilhelm Müller u. Friedrich Zarncke, 3 Bde., Leipzig 1854-1866, ND Hildesheim u.a. ³1986. |
| CCSL | *Corpus Christianorum. Series Latina*, Bd. 1ff., Turnhault 1954ff. |
| DVjs | *Deutsche Vierteljahrsschrift für Literaturwissenschaft und deutsche Literatur.* |
| EdF | Erträge der Forschung. |
| GA | *Göttinger Frauenlob-Ausgabe*; s. 2.2 Textausgaben. Mittelhochdeutsche und altfranzösische Texte: Frauenlob. |
| GA-S | *Supplement zur Göttinger Frauenlob-Ausgabe*; s. 2.2 Textausgaben. Mittelhochdeutsche und altfranzösische Texte: Frauenlob. |
| GAG | Göppinger Arbeiten zur Germanistik. |
| GRM | *Germanisch-Romanische Monatsschrift.* |
| HMS | *Minnesinger. Deutsche Liederdichter des zwölften, dreizehnten und vierzehnten Jahrhunderts*, aus allen bekannten Handschriften und früheren Drucken gesammelt und berichtigt [...] v. Friedrich Heinrich von der Hagen, 4 Teile in 3 Bden., Leipzig 1838. |
| HWbPh | *Historisches Wörterbuch der Philosophie*, hg. v. Joachim Ritter, ab Bd. 4 hg. v. Karlfried Gründer, völlig neubearbeitete Ausg. des *Wörterbuchs der philosophischen Begriffe* v. Rudolf Eisler, Bd. 1ff., Basel/Stuttgart (ab Bd. 7: Basel) 1971ff. |
| IASL | *Internationales Archiv für Sozialgeschichte der deutschen Literatur.* |
| JOWG | *Jahrbuch der Oswald von Wolkenstein-Gesellschaft.* |
| KLD | *Deutsche Liederdichter des 13. Jahrhunderts*, hg. v. Carl von Kraus, 2. Aufl. durchgesehen v. Gisela Kornrumpf, Bd. 1: *Text*; Bd. 2: *Kommentar*, besorgt v. Hugo Kuhn, Tübingen 1978. |
| L | [Lachmann (Hg.)] s. 2.2 Textausgaben. Mittelhochdeutsche und altfranzösische Texte: Walther von der Vogelweide. |
| L/C | [Lachmann/Cormeau (Hgg.)] s. ebd. |
| Lexer | Matthias Lexer, *Mittelhochdeutsches Handwörterbuch. Zugleich als Supplement und alphabetischer Index zum Mittelhochdeutschen Wörterbuche von Benecke-Müller-Zarncke*, 3 Bde., Leipzig 1872-1878, ND mit einer Einleitung von Kurt Gärtner, Stuttgart 1992. |
| LiLi | *Zeitschrift für Literaturwissenschaft und Linguistik.* |
| MF | *Des Minnesangs Frühling*, unter Benutzung der Ausg. v. Karl Lachmann u. Moritz Haupt, Friedrich Vogt u. Carl von Kraus bearbeitet v. Hugo Moser u. Helmut Tervooren, Bd. 1: *Texte*, 38., erneut revidierte Aufl., mit einem Anhang: Das Budapester und Kremsmünsterer Fragment, Stuttgart 1988. |
| MTU | Münchener Texte und Untersuchungen zur deutschen Literatur des Mittelalters. |
| NDB | *Neue deutsche Biographie*, hg. v. der Historischen Kommission bei der Bayerischen Akademie der Wissenschaften, Bd. 1ff., Berlin 1953ff. |

| | |
|---|---|
| PBB | *Beiträge zur Geschichte der deutschen Sprache und Literatur.* |
| PhStQu | Philologische Studien und Quellen. |
| PL | *Patrologiæ cursus completus, sive bibliotheca universalis, integra, uniformis, commoda, œconomica, omnium ss. patrum, doctorum scriptorumque ecclesiasticorum,* hg. v. Jaques-Paul Migne, *Series latina,* 217 Bde., 4 Register- u. 5 Supplementbände, Paris 1842ff. |
| Poetica | *Poetica. Zeitschrift für Sprach- und Literaturwissenschaft.* |
| RL | *Reallexikon der deutschen Literaturgeschichte,* unter Mitwirkung zahlreicher Fachgelehrter hg. v. Paul Merker u. Wolfgang Stammler, 4 Bde., Berlin 1925-1931. |
| ²RL | *Reallexikon der deutschen Literaturgeschichte,* begründet v. Paul Merker u. Wolfgang Stammler, 2. Aufl. neu bearbeitet u. [...] unter Mitwirkung zahlreicher Fachgelehrter hg. v. Werner Kohlschmidt u. Wolfgang Mohr, ab Bd. 4 hg. v. Klaus Kanzog u. Achim Masser, 4 Bde. u. ein Registerbd., Berlin 1958-1988. |
| RSM | *Repertorium der Sangsprüche und Meisterlieder des 12. bis 18. Jahrhunderts,* hg. v. Horst Brunner u. Burghart Wachinger, unter Mitarbeit v. Eva Klesatschke u.a., Bd. 1ff., Tübingen 1986ff.; Bd. 3-5: *Katalog der Texte. Älterer Teil,* Tübingen 1986-1991. |
| SSM | *Die Schweizer Minnesänger,* nach der Ausg. v. Karl Bartsch neu bearbeitet u. hg. v. Max Schiendorfer, Bd. 1: *Texte,* Tübingen 1990. |
| TPMA | *Thesaurus proverbiorum medii aevi. Lexikon der Sprichwörter des romanisch-germanischen Mittelalters,* begründet v. Samuel Singer, hg. v. Kuratorium Singer der Schweizerischen Akademie der Geistes- und Sozialwissenschaften, Bd. 1ff., Berlin/New York 1995ff. |
| TRE | *Theologische Realenzyklopädie,* hg. v. Gerhard Krause u. Gerhard Müller, ab Bd. 13 hg. v. Gerhard Müller, Bd. 1ff., Berlin/New York 1977ff. |
| ²VL | *Die deutsche Literatur des Mittelalters. Verfasserlexikon,* begründet v. Wolfgang Stammler, fortgeführt v. Karl Langosch, 2., völlig neu bearbeitete Aufl. unter Mitarbeit zahlreicher Fachgelehrter hg. v. Kurt Ruh u.a., ab Bd. 9 hg. v. Burghart Wachinger u.a., Bd. 1ff., Berlin/New York 1978ff. |
| WdF | *Wege der Forschung.* |
| WW | *Wirkendes Wort.* |
| ZfdA | *Zeitschrift für deutsches Altertum und deutsche Literatur.* |
| ZfdPh | *Zeitschrift für deutsche Philologie.* |
| ZfrPh | *Zeitschrift für romanische Philologie.* |

## 2 Textausgaben
## 2.1 Lateinische Texte
(Mehrere Einzelausgaben eines Autors sind alphabetisch geordnet.)

Abaelard: J.T. Muckle CSB, „The Letter of Heloise on Religious Life and Abelard's First Reply", in: *Mediaeval Studies* 17 (1955), S. 240-281.

– *Petri Abælardi Sermones, PL* 178, 379-610.

Andrea Sunonis filius: *Andreae Sunonis filii Hexaemeron,* nach M.Cl. Geertz hg. v. Sten Ebbesen u. Laurentius Boethius Mortensen, 2 Bde., Hauniae 1985-1988 (Corpus philosophorum Danicorum Medii Aevi 11/1-2).

Arnulf: *Arnulfi monachi de Boeriis Liber de modo bene vivendi, PL* 184, 1199-1306.

# Textausgaben

Augustinus: *Sancti Aurelii Augustini De doctrina christiana libri IV*, CCSL 32, S. 1-167.

- *S. Aurelii Augustini Hipponensis episcopi De Genesi ad litteram libri duodecim*, PL 34, 245-486.
- *S. Aurelii Augustini Hipponensis episcopi De Genesi contra Manichæos libri duo*, PL 34, 173-220.

Avitus: *Alcimi ecdicii Aviti Poematum de Mosaicæ historiæ gestis libri quinque*, PL 59, 323-382 (lib. I: *De initio mundi*, 323-330).

Beda: *Bedæ Venerabilis Hexaemeron, sive libri quatuor in principium Genesis usque ad nativitatem Isaac et electionem Ismaelis*, PL 91, 9-190.

*Decretum dei fuit*: *Decretum dei fuit*, in: Heinrich Weisweiler SJ, *Das Schrifttum der Schule Anselms von Laon und Wilhelms von Champeaux in deutschen Bibliotheken. Ein Beitrag zur Geschichte der Verbreitung der ältesten scholastischen Schule in deutschen Landen*, Münster 1936 (Beiträge zur Geschichte der Philosophie und Theologie des Mittelalters, Texte und Untersuchungen 33/1-2), S. 361-379.

*Facetus cum nihil utilius*: in: C. Schroeder, *Der deutsche Facetus*, S. 14-28; s. 3 Hilfsmittel und Untersuchungen.

Faral: Edmond Faral, „Le manuscrit 511 du 'Hunterian Museum' de Glasgow", in: *Studi medievali*, Serie 2, 9 (1936), S. 18-121.

Haimo: *Haymonis Halberstatensis Homiliæ de tempore*, PL 118, 9-746.

Hieronymus: *S. Hieronymi presbyteri Hebraicae quaestiones in Libro Geneseos*, CCSL 72, S. 1-56.

Hildebert von Lavardin: *Venerabilis Hildeberti Epistolæ*, PL 171, 142-312.

- *Venerabilis Hildeberti Sermones*, PL 171, 343-968.

Hugo von St. Viktor: *Hugonis de S. Victore De institutione novitiorum*, PL 176, 925-952.

- *Hugonis de S. Victore De sacramentis Christianæ fidei*, PL 176, 173-618.
- *Hugonis de S. Victore Sermones centum*, PL 177, 899-1222.
- *Hugonis de S. Victore De B. Mariæ virginitate*, PL 176, 857-876.

Marbod von Rennes: *Marbodi Redonensis episcopi Liber decem capitulorum*, PL 171, 1693-1716 (cap. III: *De meretrice*, 1698-1699; cap. IV: *De matrona*, 1699-1702).

Mone, *Lateinische Hymnen*: *Lateinische Hymnen des Mittelalters*, aus Handschriften hg. u. erklärt v. Franz Joseph Mone, 3 Bde., Freiburg/Br. 1853-1855, ND Aalen 1964.

Petrus Comestor: *Petri Comestoris Historia scholastica*, PL 198, 1049-1722.

Petrus Riga: *Aurora. Petri Rigae Biblia versificata. A Verse Commentary on the Bible*, hg. v. Paul E. Beichner CSC, 2 Bde., Notre Dame/Indiana 1965 (University of Notre Dame, Publications in Mediaeval Studies 19).

Richard von St. Viktor: *Richardi Sancti Victoris Tractatus de gemino paschate*, PL 196, 1059-1074.

Rupert von Deutz: *Ruperti abbatis Tuitiensis De Trinitate et operibus Ejus libri XLII, Commentariorum in Genesim*, PL 167, 197-566.

*Salomon et Marcolfus*: *Salomon et Marcolfus*, kritischer Text mit Einleitung, Anmerkungen, Übersicht über die Sprüche, Namens- u. Wörterverzeichnis hg. v. Walter Benary, Heidelberg 1914 (Sammlung mittellateinischer Texte 8).

*Sermones nulli parcentes*: *Sermones nulli parcentes*, in: Theodor von Karajan, „buch der rügen", in: *ZfdA* 2 (1842), S. 6-92, hier 15-45.

*Vulgata*: *Biblia Sacra iuxta vulgatam versionem*, recensuit et brevi apparatu instruxit Robertus Weber OSB, 3., verbesserte Aufl. Stuttgart 1983.

## 2.2 Mittelhochdeutsche und altfranzösische Texte
(Mehrere Ausgaben eines Autors sind alphabetisch geordnet.)

Berthold von Regensburg: Berthold von Regensburg, *Vollständige Ausgabe seiner Predigten*, mit Einleitungen, Anmerkungen u. Wörterbuch v. Franz Pfeiffer (Bd. 2: v. Joseph Strobl), 2 Bde., Wien 1862-1880, ND mit einem Vorwort, einer Bibliographie u. einem überlieferungsgeschichtlichen Beitrag v. Kurt Ruh, Berlin 1965 (Deutsche Neudrucke, Texte des Mittelalters).

– Berthold von Regensburg, *Deutsche Predigten (Überlieferungsgruppe \*Z)*, hg. v. Dieter Richter, München 1968 (Kleine deutsche Prosadenkmäler des Mittelalters 5).

Boppe: Heidrun Alex, *Der Spruchdichter Boppe. Edition – Übersetzung – Kommentar*, Tübingen 1998 (Hermaea, N.F. 82).

*Buch der Rügen*: Buch der Rügen, in: Theodor von Karajan, „buch der rügen", in: *ZfdA* 2 (1842), S. 6-92, hier 45-92.

Cramer: *Die kleineren Liederdichter des 14. und 15. Jahrhunderts*, hg. v. Thomas Cramer, 4 Bde., München 1977-1985.

Evrat; s. 3 Hilfsmittel und Untersuchungen: Grimm, *Schöpfung und Sündenfall*.

Frauenlob: *Heinrichs von Meissen des Frauenlobes Leiche, Sprüche, Streitgedichte und Lieder*, erläutert u. hg. v. Ludwig Ettmüller, Quedlinburg/Leipzig 1843 (Bibliothek der gesammten deutschen National-Literatur von der ältesten bis auf die neuere Zeit 16).

– Frauenlob (Heinrich von Meissen), *Leichs, Sangsprüche, Lieder*, auf Grund der Vorarbeiten v. Helmuth Thomas hg. v. Karl Stackmann u. Karl Bertau, 1. Teil: *Einleitungen, Texte*; 2. Teil: *Apparate, Erläuterungen*, Göttingen 1981 (Abhandlungen der Akademie der Wissenschaften in Göttingen, Philol.-Hist. Klasse 3/119-120).

– Ludwig Pfannmüller, *Frauenlobs Marienleich*, Straßburg 1913 (Quellen und Forschungen zur Sprach- und Culturgeschichte der germanischen Völker 120).

– *Sangsprüche in Tönen Frauenlobs. Supplement zur Göttinger Frauenlob-Ausgabe*, unter Mitarbeit v. Thomas Riebe u. Christoph Fasbender hg. v. Jens Haustein u. Karl Stackmann, 1. Teil: *Einleitungen, Texte*; 2. Teil: *Apparate, Erläuterungen, Anhänge, Register*, Göttingen 2000 (Abhandlungen der Akademie der Wissenschaften in Göttingen, Philol.-Hist. Klasse 3/232).

Gottfried von Straßburg: Gottfried von Straßburg, *Tristan*, nach dem Text v. Friedrich Ranke neu hg., ins Neuhochdeutsche übersetzt, mit einem Stellenkommentar u. einem Nachwort v. Rüdiger Krohn, 3 Bde., Stuttgart ³1985.

Hartmann von Aue: Hartmann von Aue, *Iwein*, Text der 7. Ausg. v. Georg Friedrich Benecke, Karl Lachmann u. Ludwig Wolff, Übersetzung u. Anmerkungen v. Thomas Cramer, 3., durchgesehene u. ergänzte Aufl. Berlin/New York 1981.

– Hartmann von Aue, *Die Klage. Das (zweite) Büchlein aus dem Ambraser Heldenbuch*, hg. v. Herta Zutt, Berlin 1968.

Heinen, *Mutabilität*: Hubert Heinen (Hg.), *Mutabilität im Minnesang. Mehrfach überlieferte Lieder des 12. und frühen 13. Jahrhunderts*, Göppingen 1989 (GAG 515).

Heinrich von Langenstein (?): Heinrich von Langenstein, *Erchantnuzz der sund*, nach österreichischen Handschriften hg. v. P. Rainer Rudolf SOS, Berlin 1969 (Texte des späten Mittelalters und der frühen Neuzeit 22).

Heinrich von Morungen: Heinrich von Morungen, *Lieder. Mittelhochdeutsch und Neuhochdeutsch*, Text, Übersetzung, Kommentar v. Helmut Tervooren, Stuttgart 1986.

Heinrich von Veldeke: Heinrich von Veldeke, *Eneasroman. Mittelhochdeutsch/Neuhochdeutsch*, nach dem Text v. Ludwig Ettmüller ins Neuhochdeutsche übersetzt, mit einem Stellenkommentar u. einem Nachwort v. Dieter Kartschoke, Stuttgart 1986.

*Textausgaben* 365

Hugo von Langenstein: *Martina von Hugo von Langenstein*, hg. v. Adelbert von Keller, Stuttgart 1856 (Bibliothek des Litterarischen Vereins in Stuttgart 38).

Johannes von Frankenstein: *Der Kreuziger des Johannes von Frankenstein*, hg. v. Ferdinand Khull, Tübingen 1882 (Bibliothek des Litterarischen Vereins in Stuttgart 160).

Der Junge Meißner: Der Junge Meißner, *Sangsprüche, Minnelieder, Meisterlieder*, hg. v. Günther Peperkorn, München 1982 (MTU 79).

Konrad von Würzburg: *Kleinere Dichtungen Konrads von Würzburg*, hg. v. Edward Schröder, mit einem Nachwort v. Ludwig Wolff, Bd. 3: *Die Klage der Kunst. Leiche Lieder und Sprüche*, Dublin/Zürich $^4$1970.

– *Das Herzmaere*, in: *Kleinere Dichtungen Konrads von Würzburg*, hg. v. Edward Schröder, mit einem Nachwort v. Ludwig Wolff, Bd. 1, Dublin/Zürich $^{10}$1970, S. 12-40.

– *Der trojanische Krieg von Konrad von Würzburg*, nach den Vorarbeiten v. K. Frommanns u. F. Roth hg. v. Adelbert von Keller, Stuttgart 1858 (Bibliothek des Litterarischen Vereins in Stuttgart 44).

– *Die goldene Schmiede des Konrad von Würzburg*, hg. v. Edward Schröder, Göttingen $^2$1969.

*Das Leben der heiligen Elisabeth*: *Das Leben der heiligen Elisabeth vom Verfasser der Erlösung*, hg. v. Max Rieger, Stuttgart 1868 (Bibliothek des Litterarischen Vereins in Stuttgart 90).

Der Marner: *Der Marner*, hg. v. Philipp Strauch, Straßburg/London 1876 (Quellen und Forschungen zur Sprach- und Culturgeschichte der germanischen Völker 14), ND Berlin 1965, mit einem Nachwort, einem Register u. einem Literaturverzeichnis v. Helmut Brackert (Deutsche Neudrucke, Texte des Mittelalters).

Der Meißner: Georg Objartel, *Der Meißner der Jenaer Liederhandschrift. Untersuchungen, Ausgabe, Kommentar*, Berlin 1977 (PhStQu 85) (Diss. Bonn 1974).

Neidhart: *Die Lieder Neidharts*, hg. v. Edmund Wießner, fortgeführt v. Hanns Fischer, 4. Aufl. revidiert v. Paul Sappler, mit einem Melodieanhang v. Helmut Lomnitzer, Tübingen 1984 (ATB 44).

Reinfrid von Braunschweig: *Reinfrid von Braunschweig*, hg. v. Karl Bartsch, Tübingen 1871 (Bibliothek des Litterarischen Vereins in Stuttgart 109), ND Hildesheim u.a. 1997.

Reinmar von Zweter: *Die Gedichte Reinmars von Zweter*, hg. v. Gustav Roethe, mit einer Notenbeilage, Leipzig 1887, ND Amsterdam 1967.

*Rheinisches Marienlob*: *Das Rheinische Marienlob. Eine deutsche Dichtung des 13. Jahrhunderts*, hg. v. Adolf Bach, Leipzig 1934 (Bibliothek des Litterarischen Vereins in Stuttgart 281).

Schönbach, *Altdeutsche Predigten*: *Altdeutsche Predigten*, hg. v. Anton E. Schönbach, 3 Bde., Graz 1886-1891, ND Darmstadt 1964.

Schweikle, *Mittelhochdeutsche Minnelyrik*: Günther Schweikle (Hg.), *Die Mittelhochdeutsche Minnelyrik*, Bd. 1: *Die frühe Minnelyrik. Texte und Übertragungen, Einführung und Kommentar*, Darmstadt 1977.

Der Stricker: *Die Kleindichtung des Strickers*, hg. v. Wolfgang Wilfried Moelleken u.a., 5 Bde., Göppingen 1973-1978 (GAG 107/1-5); Bd. 5, Göppingen 1978 (GAG 107/5).

Suchensinn: Emil Pflug, *Suchensinn und seine Dichtungen*, Breslau 1908 (Germanistische Abhandlungen 32), ND Hildesheim/New York 1977.

Der Tannhäuser: Johannes Siebert, *Der Dichter Tannhäuser. Leben – Gedichte – Sage*, Halle a.d. Saale 1934.

Thomasin von Zerklære: Thomasin von Zerklaere, *Der Welsche Gast*, hg. v. F. W. von Kries, 4 Bde., Göppingen 1984-1985 (GAG 425). [Die Versangaben richten sich nach der alten Zählung von Rückert, die bei von Kries neben der neuen mit aufgenommen ist.]

Ulrich von Liechtenstein: Ulrich von Liechtenstein, *Frauenbuch*, hg. v. Franz Viktor Spechtler, Göppingen 1989 (GAG 520).
- Ulrich von Liechtenstein, *Frauendienst*, hg. v. Franz Viktor Spechtler, Göppingen 1987 (GAG 485).

Walther von der Vogelweide: Walther von der Vogelweide, *Leich, Lieder, Sangsprüche*, 14., völlig neu bearbeitete Aufl. der Ausg. Karl Lachmanns mit Beiträgen v. Thomas Bein u. Horst Brunner, hg. v. Christoph Cormeau, Berlin/New York 1996. [Die Versangaben richten sich nach der Zählung von Lachmann.]
- Walther von der Vogelweide, *Werke. Gesamtausgabe*, Bd. 1: *Spruchlyrik. Mittelhochdeutsch/Neuhochdeutsch*, hg., übersetzt u. kommentiert v. Günther Schweikle, Stuttgart 1994.

*Winsbecke*: *Winsbecke*, in: *Winsbeckische Gedichte nebst Tirol und Fridebrant*, hg. v. Albert Leitzmann, 3., neubearbeitete Aufl. v. Ingo Reiffenstein, Tübingen 1962 (ATB 9), S. 1-45.

*Winsbeckin*: *Winsbeckin*, in: *Winsbeckische Gedichte nebst Tirol und Fridebrant*, hg. v. Albert Leitzmann, 3., neubearbeitete Aufl. v. Ingo Reiffenstein, Tübingen 1962 (ATB 9), S. 46-66.

Wolfram von Eschenbach: Wolfram von Eschenbach, *Parzival*, hg. v. Albert Leitzmann, 1. Heft: Buch I-VI, 7. Aufl. revidiert v. Wilhelm Deinert, Tübingen 1961; 2. Heft: Buch VII-XI, Tübingen $^6$1963; 3. Heft: Buch XII-XVI, 6. Aufl. revidiert v. Wilhelm Deinert, Tübingen 1965 (ATB 12-14).

## 3 Hilfsmittel und Untersuchungen

(Bei mehreren Titeln eines Autors sind die Kurztitel alphabetisch geordnet.)

Apfelböck, *Tradition und Gattungsbewußtsein*: Hermann Apfelböck, *Tradition und Gattungsbewußtsein im deutschen Leich. Ein Beitrag zur Gattungsgeschichte mittelalterlicher musikalischer „discordia"*, Tübingen 1991 (Hermaea, N.F. 62).

Bäuml, „Autorität und Performanz": Franz H. Bäuml, „Autorität und Performanz. Gesehene Leser, gehörte Bilder, geschriebener Text", in: Christine Ehler/Ursula Schaefer (Hgg.), *Verschriftung und Verschriftlichung. Aspekte des Medienwechsels in verschiedenen Kulturen und Epochen*, Tübingen 1998 (ScriptOralia 94), S. 248-273.

Baldzuhn, *Vom Sangspruch zum Meisterlied*: Michael Baldzuhn, *Vom Sangspruch zum Meisterlied. Untersuchungen zu einem literarischen Traditionszusammenhang auf der Grundlage der Kolmarer Liederhandschrift*, Tübingen 2002 (MTU 120) (Diss. Münster 1996).

Baldzuhn, „Wege ins Meisterlied": Michael Baldzuhn, „Wege ins Meisterlied. Thesen zum Prozess der Barbildung und Beobachtungen am k-Bestand unikaler Strophen in unfesten Liedern", in: Brunner/Tervooren, *Mittelhochdeutsche Sangspruchdichtung*, S. 252-277.

Baltzer, „Strategien der Persuasion": Ulrich Baltzer, „Strategien der Persuasion in den Sangsprüchen Walthers von der Vogelweide", in: *ZfdA* 120 (1991), S. 119-139.

Behr, „Der 'ware meister'": Hans-Joachim Behr, „Der 'ware meister' und der 'schlechte lay'. Textlinguistische Beobachtungen zur Spruchdichtung Heinrichs von Mügeln und Heinrichs des Teichners", in: *LiLi* 10 (1980), H. 37 (Politik und Dichtung vom Mittelalter bis zur Neuzeit), S. 70-85.

Bein, „*Liep unde lust*": Thomas Bein, „*Liep unde lust*. Beobachtungen zu einem 'Minneprinzip' Frauenlobs unter besonderer Berücksichtigung von VII 38-40", in: W. Schröder, *Cambridger 'Frauenlob'-Kolloquium*, S. 159-168.

Bein, *Frauenlobs Minneleich*: Thomas Bein, *Sus hup sich ganzer liebe vrevel. Studien zu Frauenlobs Minneleich*, Frankfurt a.M. 1988 (Europäische Hochschulschriften I/1062) (Diss. Bonn 1987).

Bertau, *Geistliche Dichtung*: Karl Heinrich Bertau, *Untersuchungen zur geistlichen Dichtung Frauenlobs*, Diss. (masch.) Göttingen 1954.

Bertau, „Genialität und Resignation": Karl Bertau, „Genialität und Resignation im Werk Heinrich Frauenlobs", in: *DVjs* 40 (1966), S. 316-327.

Bertau, „Krypto-Polyphonie": Karl Bertau, „Einige Gedanken zur poetisch-musikalischen Struktur und zu einer historischen Folgeerscheinung der Krypto-Polyphonie im 'Minneleich' des Heinrich Frauenlob (ca. 1260-1318)", in: *JOWG* 1 (1980/1981), S. 139-159.

Bertau, *Sangverslyrik*: Karl Heinrich Bertau, *Sangverslyrik. Über Gestalt und Geschichtlichkeit mittelhochdeutscher Lyrik am Beispiel des Leichs*, Göttingen 1964 (Palaestra 240).

Bertau, „*wîp-vrowe*-Streit": Karl Bertau, „Zum *wîp-vrowe*-Streit – anläßlich von Burghart Wachingers *Sängerkrieg. Untersuchungen zur Spruchdichtung des 13. Jahrhunderts*", in: *GRM*, N.F. 28 (1978), S. 225-232.

Bertelsmeier-Kierst, „Diskussionsbericht": Christa Bertelsmeier-Kierst, „Diskussionsbericht" [zur 4. Sektion], in: Joachim Heinzle (Hg.), *Literarische Interessenbildung im Mittelalter. DFG-Symposion 1991*, Stuttgart/Weimar 1993 (Germanistische Symposien, Berichtsbände 14), S. 495f.

Biehl, *Der wilde Alexander*: Jürgen Biehl, *Der wilde Alexander. Untersuchungen zur literarischen Technik eines Autors im 13. Jahrhundert*, Diss. Hamburg 1970.

de Boor, *Deutsche Literatur im späten Mittelalter*: Helmut de Boor, *Die deutsche Literatur im späten Mittelalter. Zerfall und Neubeginn*, Teil 1: *1250-1350*, mit einem bibliographischen Anhang v. Klaus P. Schmidt, München ⁴1973 (Helmut de Boor/Richard Newald, Geschichte der deutschen Literatur von den Anfängen bis zur Gegenwart 3/1).

de Boor, „Frauenlobs Streitgespräch": Helmut de Boor, „Frauenlobs Streitgespräch zwischen Minne und Welt", in: *PBB* (Tüb.) 85 (1963), S. 383-409.

Brandt, *Konrad von Würzburg*: Rüdiger Brandt, *Konrad von Würzburg*, Darmstadt 1987 (EdF 249).

Brunner, *Die alten Meister*: Horst Brunner, *Die alten Meister. Studien zu Überlieferung und Rezeption der mittelhochdeutschen Sangspruchdichter im Spätmittelalter und in der frühen Neuzeit*, München 1975 (MTU 54).

Brunner/Tervooren, „Einleitung": Horst Brunner/Helmut Tervooren, „Einleitung: Zur Situation der Sangspruch- und Meistersangforschung", in: dies., *Mittelhochdeutsche Sangspruchdichtung*, S. 1-9.

Brunner/Tervooren, *Mittelhochdeutsche Sangspruchdichtung*: Horst Brunner/Helmut Tervooren (Hgg.), *Neue Forschungen zur mittelhochdeutschen Sangspruchdichtung*, Berlin u.a. 2000 (ZfdPh 119, Sonderh.).

Bühler, „Lyrisches Ich": Harald Bühler, „Zur Gestaltung des lyrischen Ichs bei Cavalcanti und Frauenlob", in: W. Schröder, *Cambridger 'Frauenlob'-Kolloquium*, S. 179-189.

Bumke, *Die vier Fassungen*: Joachim Bumke, *Die vier Fassungen der 'Nibelungenklage'. Untersuchungen zur Überlieferungsgeschichte und Textkritik der höfischen Epik im 13. Jahrhundert*, Berlin/New York 1996 (Quellen und Forschungen zur Literatur- und Kulturgeschichte 8 [242]).

Bumke, „Höfischer Körper": Joachim Bumke, „Höfischer Körper – Höfische Kultur", in: Joachim Heinzle (Hg.), *Modernes Mittelalter. Neue Bilder einer populären Epoche*, Frankfurt a.M./Leipzig 1994, S. 67-102.

Conzelmann, *Minnediskurs*: Jochen Conzelmann, *Der Minnediskurs in den Liedern Frauenlobs*, Magisterarbeit (masch.) Berlin 1998.

Cormeau, *Deutsche Literatur im Mittelalter*: Christoph Cormeau (Hg.), *Deutsche Literatur im Mittelalter. Kontakte und Perspektiven. Hugo Kuhn zum Gedenken*, Stuttgart 1979.

Cramer, „Mouvance": Thomas Cramer, „Mouvance", in: Tervooren/Wenzel, *Philologie als Textwissenschaft*, S. 150-169.

Cramer, „Sô sint doch gedanke frî": Thomas Cramer, „Sô sint doch gedanke frî. Zur Lieddichtung Burgharts von Hohenfels und Gottfrieds von Neifen", in: Rüdiger Krohn (Hg.), *Liebe als Literatur. Aufsätze zur erotischen Dichtung in Deutschland*, München 1983, S. 47-61.

Cramer, *Waz hilfet âne sinne kunst?*: Thomas Cramer, *Waz hilfet âne sinne kunst? Lyrik im 13. Jahrhundert. Studien zu ihrer Ästhetik*, Berlin 1998 (PhStQu 148).

Curtius, *Europäische Literatur*: Ernst Robert Curtius, *Europäische Literatur und lateinisches Mittelalter*, Bern/München ¹⁰1984.

Curtius, „Literaturästhetik des Mittelalters": Ernst Robert Curtius, „Zur Literarästhetik des Mittelalters II", in: *ZfrPh* 58 (1938), S. 129-232.

Dallapiazza, *minne, hûsêre*: Michael Dallapiazza, *minne, hûsêre und das ehlich leben. Zur Konstitution bürgerlicher Lebensmuster in spätmittelalterlichen und frühhumanistischen Didaktiken*, Frankfurt a.M./Bern 1981 (Europäische Hochschulschriften 1/455) (Diss. Frankfurt a.M. 1981).

Diesenberg, *Religiöse Gedankenwelt*: Hans Diesenberg, *Studien zur religiösen Gedankenwelt in der Spruchdichtung des 13. Jahrhunderts*, Diss. Bonn 1937.

Dietl, „*Du bist der aventŭre fruht*": Cora Dietl, „*Du bist der aventŭre fruht*. Fiktionalität im 'Wilhelm von Österreich' Johanns von Würzburg", in: Volker Mertens/Friedrich Wolfzettel (Hgg.), *Fiktionalität im Artusroman. Dritte Tagung der Deutschen Sektion der Internationalen Artusgesellschaft in Berlin vom 13.-15. Februar 1992*, unter Mitarbeit v. Matthias Meyer u. Hans-Jochen Schiewer, Tübingen 1993, S. 171-184.

Egidi, „Dissoziation": Margreth Egidi, „Dissoziation und Status der Ich-Rolle in den Liedern Suchensinns", in: Brunner/Tervooren, *Mittelhochdeutsche Sangspruchdichtung*, S. 237-251.

Egidi, Rez. Hübner: Margreth Egidi, Rezension zu: Gert Hübner, *Frauenpreis. Studien zur Funktion der laudativen Rede in der mittelhochdeutschen Minnekanzone*, in: *Arbitrium* 2 (1999), S. 164f.

Egidi, „Text, Geste, Performanz": Margreth Egidi, „Text, Geste, Performanz. Zur mediävistischen Diskussion um das performative Spiel", in: dies. u.a. (Hgg.), *Gestik. Figuren des Körpers in Text und Bild*, Tübingen 2000 (Literatur und Anthropologie 8), S. 131-140.

Egidi, „Textuelle Verfahrensweisen": Margreth Egidi, „Textuelle Verfahrensweisen in Minnespruchstrophen von Reinmar von Zweter bis Frauenlob", in: *GRM*, N.F. 48 (1998), S. 405-433.

Ehlert, *Konvention – Variation – Innovation*: Trude Ehlert, *Konvention – Variation – Innovation. Ein struktureller Vergleich von Liedern aus „Des Minnesangs Frühling" und von Walther von der Vogelweide*, Berlin 1980 (PhStQu 99).

Ehrismann, *Mittelhochdeutsche Literatur*: Gustav Ehrismann, *Die mittelhochdeutsche Literatur*, Bd. 2/2 (Schlußband), München 1935, ND München 1966 (ders., Geschichte der deutschen Literatur bis zum Ausgang des Mittelalters II, 2/2).

Eikelmann, *Denkformen im Minnesang*: Manfred Eikelmann, *Denkformen im Minnesang. Untersuchungen zu Aufbau, Erkenntnisleistung und Anwendungsgeschichte konditionaler Strukturmuster des Minnesangs bis um 1300*, Tübingen 1988 (Hermaea, N.F. 54).

Eikelmann, „Todesmotivik": Manfred Eikelmann, „*Ahi, wie blüt der anger miner ougen*. Todesmotivik und Sprachgestalt in Frauenlobs Lied 4", in: W. Schröder, *Cambridger 'Frauenlob'-Kolloquium*, S. 169-178.

von Ertzdorff, „Die Dame im Herzen": Xenja von Ertzdorff, „Die Dame im Herzen und das Herz bei der Dame. Zur Verwendung des Begriffs 'Herz' in der höfischen Liebeslyrik des 11. und 12. Jahrhunderts", in: *ZfdPh* 84 (1965), S. 6-46.

Erzgräber, „Europäische Literatur": Willi Erzgräber, „Europäische Literatur im Kontext der politischen, sozialen und religiösen Entwicklungen des Spätmittelalters", in: ders. (Hg.), *Europäisches Spätmittelalter*, Wiesbaden 1978 (Klaus von See [Hg.], Neues Handbuch der Literaturwissenschaft 8), S. 11-85.

Ettmüller, *Heinrich von Meissen*; s. 2.2 Textausgaben. Mittelhochdeutsche und altfranzösische Texte: Frauenlob.

Faral, „Le manuscrit 511"; s. 2.1 Textausgaben. Lateinische Texte.

Franz, *Soziologie des Spruchdichters*: Kurt Franz, *Studien zur Soziologie des Spruchdichters in Deutschland im späten 13. Jahrhundert*, Göppingen 1974 (GAG 111) (Diss. München 1973).

Freytag, *Theorie der allegorischen Schriftdeutung*: Hartmut Freytag, *Die Theorie der allegorischen Schriftdeutung und die Allegorie in deutschen Texten besonders des 11. und 12. Jahrhunderts*, Bern/München 1982 (Bibliotheca Germanica 24).

Frings/Lea, „Lied vom Spiegel": Theodor Frings/Elisabeth Lea, „Das Lied vom Spiegel und von Narziß. Morungen 145, 1, Kraus 7, Minnelied, Kanzone, Hymnus. Beobachtungen zur Sprache der Minne. Deutsch, Provenzalisch, Französisch, Lateinisch", in: *PBB* (Halle) 87 (1965), S. 40-200.

Fritsch, „Körper – Korpus – Korporale": Susanne Fritsch, „Körper – Korpus – Korporale. Zur Eucharistie bei Frauenlob, in: Brunner/Tervooren, *Mittelhochdeutsche Sangspruchdichtung*, S. 222-236.

Ganßert, *Das formelhafte Element*: Erwin Ganßert, *Das formelhafte Element in der nachwaltherschen Spruchdichtung und im frühen Meistersang*, Diss. (masch.) Mainz 1956.

Gerdes, *Bruder Wernher*: Udo Gerdes, *Bruder Wernher. Beiträge zur Deutung seiner Sprüche*, Göppingen 1973 (GAG 97) (Diss. Berlin 1969).

Glier, *Artes amandi*: Ingeborg Glier, *Artes amandi. Untersuchung zu Geschichte, Überlieferung und Typologie der deutschen Minnereden*, München 1971 (MTU 34).

Glier, „Konkretisierung im Minnesang": Ingeborg Glier, „Konkretisierung im Minnesang des 13. Jahrhunderts", in: Franz H. Bäuml (Hg.), *From Symbol to Mimesis. The Generation of Walther von der Vogelweide*, Göppingen 1984 (GAG 368), S. 150-168.

Glier, „Minneleich": Ingeborg Glier, „Der Minneleich im späten 13. Jahrhundert", in: Hans Fromm (Hg.), *Der deutsche Minnesang. Aufsätze zu seiner Erforschung*, Bd. 2, Darmstadt 1985 (WdF 608), S. 433-457; zuerst in: Ingeborg Glier u.a. (Hgg.), *Werk – Typ – Situation. Studien zu poetologischen Bedingungen in der älteren deutschen Literatur (Hugo Kuhn zum 60. Geburtstag)*, Stuttgart 1969, S. 161-183.

Grimm, *Schöpfung und Sündenfall*: Reinhold R. Grimm, *Schöpfung und Sündenfall in der altfranzösischen Genesisdichtung des Evrat*, Bern u.a. 1976 (Europäische Hochschulschriften 13/39).

Grubmüller, „Etymologie": Klaus Grubmüller, „Etymologie als Schlüssel zur Welt? Bemerkungen zur Sprachtheorie des Mittelalters", in: Hans Fromm u.a. (Hgg.), *Verbum et Signum*, Bd. 1: *Beiträge zur mediävistischen Bedeutungsforschung (Festschrift Friedrich Ohly zum 60. Geburtstag)*, München 1975, S. 209-230.

Grubmüller, „Gattungskonstitution im Mittelalter": Klaus Grubmüller, „Gattungskonstitution im Mittelalter", in: Nigel F. Palmer/Hans-Jochen Schiewer (Hgg.), *Mittelalterliche Literatur und Kunst im Spannungsfeld von Hof und Kloster: Ergebnisse der Berliner Tagung 9.-11. Oktober 1997*, Tübingen 1999, S. 193-210.

Grubmüller, *Meister Esopus*: Klaus Grubmüller, *Meister Esopus. Untersuchungen zu Geschichte und Funktion der Fabel im Mittelalter*, Zürich/München 1977 (MTU 56).

Grubmüller, „Regel als Kommentar": Klaus Grubmüller, „Die Regel als Kommentar. Zu einem Strukturmuster in der frühen Spruchdichtung", in: Werner Schröder (Hg.), *Wolfram-Studien* 5, Berlin 1979, S. 22-40.

Guiette, *D'une poésie formelle*: Robert Guiette, *D'une poésie formelle en France au Moyen Age*, Paris 1972.

Gumbrecht, „Einführung": Hans Ulrich Gumbrecht; „III. Inszenierung von Gesellschaft – Ritual – Theatralisierung. Einführung", in: J.-D. Müller, *'Aufführung' und 'Schrift'*, S. 331-337.

Gumbrecht, „Ein Hauch von Ontik": Hans Ulrich Gumbrecht, „Ein Hauch von Ontik. Genealogische Spuren der New Philology", in: Tervooren/Wenzel, *Philologie als Textwissenschaft*, S. 31-45.

Haferland, *Hohe Minne*: Harald Haferland, *Hohe Minne. Zur Beschreibung der Minnekanzone*, Berlin 2000 (Beihefte zur ZfdPh 10).

G. Hahn, „Politische Aussage in der Spruchdichtung": Gerhard Hahn, „Möglichkeiten und Grenzen der politischen Aussage in der Spruchdichtung Walthers von der Vogelweide", in: Cormeau, *Deutsche Literatur im Mittelalter*, S. 338-355.

G. Hahn, „*ich*-Aussagen": Gerhard Hahn, „Zu den *ich*-Aussagen in Walthers Minnesang", in: J.-D. Müller/Worstbrock, *Walther von der Vogelweide*, S. 95-104.

G. Hahn, „Ein Minnesänger macht Spruchdichtung": Gerhard Hahn, „Walther von der Vogelweide. Ein Minnesänger macht Spruchdichtung, ein Spruchdichter Minnesang", in: Hans Bungert (Hg.), *Hauptwerke der Literatur. Vortragsreihe der Universität Regensburg*, Regensburg 1990 (Schriftenreihe der Universität Regensburg 17), S. 49-70.

I. Hahn, „*daz lebende paradis*": Ingrid Hahn, „*daz lebende paradis* (Tristan 17858-18114)", in: *ZfdA* 92 (1963), S. 184-195.

I. Hahn, „Parzivals Schönheit": Ingrid Hahn, „Parzivals Schönheit. Zum Problem des Erkennens und Verkennens im 'Parzival'", in: Hans Fromm u.a. (Hgg.), *Verbum et Signum*, Bd. 2: *Beiträge zur mediävistischen Bedeutungsforschung. Studien zu Semantik und Sinntradition im Mittelalter*, München 1975, S. 203-232.

I. Hahn, „Theorie der Personerkenntnis": Ingrid Hahn, „Zur Theorie der Personerkenntnis in der deutschen Literatur des 12. bis 14. Jahrhunderts", in: *PBB* (Tüb.) 99 (1977), S. 395-444.

Hausmann, *Reinmar der Alte*: Albrecht Hausmann, *Reinmar der Alte als Autor. Untersuchungen zur Überlieferung und zur programmatischen Identität*, Tübingen/Basel 1999 (Bibliotheca Germanica 40) (Diss. München 1996/1997).

Haustein, „Autopoietische Freiheit": Jens Haustein, „Autopoietische Freiheit im Herrscherlob. Zur deutschen Lyrik des 13. Jahrhunderts", in: *Poetica* 29 (1997), S. 94-113.

Haustein, *Marner-Studien*: Jens Haustein, *Marner-Studien*, Tübingen 1995 (MTU 109).

Haustein/Stackmann, „Sangspruchstrophen in Tönen Frauenlobs": Jens Haustein/Karl Stackmann, „Sangspruchstrophen in Tönen Frauenlobs. Aus den Vorarbeiten für die Ergänzung der Göttinger Ausgabe", in: Heinzle, *Neue Wege der Mittelalter-Philologie*, S. 74-103.

Heinen, *Mutabilität*; s. 2.2 Textausgaben. Mittelhochdeutsche und altfranzösische Texte.

Heinzle, *Wandlungen und Neuansätze*: Joachim Heinzle, *Wandlungen und Neuansätze im 13. Jahrhundert (1220/30-1280/90)*, Königstein i.Ts. 1984 (ders. [Hg.], Geschichte der deutschen Literatur von den Anfängen bis zum Beginn der Neuzeit 2/2).

Heinzle, *Neue Wege der Mittelalter-Philologie*: Joachim Heinzle u.a. (Hgg.), *Wolfram-Studien 15. Neue Wege der Mittelalter-Philologie. Landshuter Kolloquium 1996*, Berlin 1998.

Hellmich, *Gelehrsamkeit*: Peter Hellmich, *Die Gelehrsamkeit in der mittelhochdeutschen Spruchdichtung*, Diss. (masch.) Tübingen 1951.

Henkel, „Vagierende Einzelstrophen": Nikolaus Henkel, „Vagierende Einzelstrophen in der Minnesang-Überlieferung. Zur Problematik des Autor- und Werkbegriffs um 1200", in: Hedda Ragotzky/Gisela Vollmann-Profe/Gerhard Wolf (Hgg.), Fragen der Liedinterpretation, Stuttgart 2001, S. 13-39.

Henkel, „'Sermones nulli parcentes'": Nikolaus Henkel, „'Sermones nulli parcentes' und 'Buch der Rügen'. Überlegungen zum Gattungscharakter und zur Datierung", in: Walter Haug u.a. (Hgg.), *Zur deutschen Literatur und Sprache des 14. Jahrhunderts. Dubliner Colloquim 1981*, Heidelberg 1983, S. 115-140.

Huber, *Alanus ab Insulis*: Christoph Huber, *Die Aufnahme und Verarbeitung des Alanus ab Insulis in mittelhochdeutschen Dichtungen. Untersuchungen zu Thomasin von Zerklære, Gottfried von Straßburg, Frauenlob, Heinrich von Neustadt, Heinrich von St. Gallen, Heinrich von Mügeln und Johannes von Tepl*, München 1988 (MTU 89).

Huber, „Frauenlob zum Minneprozeß": Christoph Huber, „Frauenlob zum Minneprozeß", in: W. Schröder, *Cambridger 'Frauenlob'-Kolloquium*, S. 151-158.

Huber, „Herrscherlob": Christoph Huber, „Herrscherlob und literarische Autoreferenz", in: Joachim Heinzle (Hg.), *Literarische Interessenbildung im Mittelalter. DFG-Symposion 1991*, Stuttgart/Weimar 1993 (Germanistische Symposien, Berichtsbände 14), S. 452-473.

Huber, *Wort*: Christoph Huber, *Wort sint der dinge zeichen. Untersuchungen zum Sprachdenken der mittelhochdeutschen Spruchdichtung bis Frauenlob*, München 1977 (MTU 64).

Hübner, *Frauenpreis*: Gert Hübner, *Frauenpreis. Studien zur Funktion der laudativen Rede in der mittelhochdeutschen Minnekanzone*, 2 Bde., Baden-Baden 1996 (Saecula spiritalia 34-35).

Huschenbett, „Frauenlobs Artus-Sprüche": Dietrich Huschenbett, „Literarische Modelle zur Bewältigung der Gegenwart. Zu Frauenlobs Artus-Sprüchen", in: W. Schröder, *Cambridger 'Frauenlob'-Kolloquium*, S. 190-206.

Huschenbett, *Medium aevum deutsch*: Dietrich Huschenbett u.a. (Hgg.), *Medium aevum deutsch. Beiträge zur deutschen Literatur des hohen und späten Mittelalters. Festschrift für Kurt Ruh zum 65. Geburtstag*, Tübingen 1979.

Jauß, „Ästhetische Erfahrung": Hans Robert Jauß, „Ästhetische Erfahrung als Zugang zu mittelalterlicher Literatur. Zur Aktualität der *Questions de littérature* von Robert Guiette", in: ders., *Alterität und Modernität der mittelalterlichen Literatur. Gesammelte Aufsätze 1956-1976*, München 1977, S. [411]-[427]; zuerst in: *GRM*, N.F. 25 (1975), S. 385-401.

Jauß, „Literaturgeschichte als Provokation": Hans Robert Jauß, „Literaturgeschichte als Provokation der Literaturwissenschaft", in: Rainer Warning (Hg.), *Rezeptionsästhetik. Theorie und Praxis*, München ⁴1993, S. 126-162; zuerst selbst. unter demselben Titel, Konstanz ²1969 (Konstanzer Universitätsreden 3); ferner in: Hans Robert Jauß, *Literaturgeschichte als Provokation*, Frankfurt a.M. ⁶1979, S. 144-207.

Jauß, „Theorie der Gattungen": Hans Robert Jauß, „Theorie der Gattungen und Literatur des Mittelalters", in: ders., *Alterität und Modernität der mittelalterlichen Literatur. Gesammelte Aufsätze 1956-1976*, München 1977, S. [327]-[358]; zuerst in: Maurice Delbouille (Hg.), *Grundriß der romanischen Literaturen des Mittelalters*, Bd. 1, Heidelberg 1972, S. 107-138.

Karnein, „Deutsche Lyrik": Alfred Karnein, „Die deutsche Lyrik", in: Willi Erzgräber (Hg.), *Europäisches Spätmittelalter*, Wiesbaden 1978 (Klaus von See [Hg.], Neues Handbuch der Literaturwissenschaft 8), S. 303-329.

Kellner, *„Vindelse"*: Beate Kellner, *„Vindelse. Konturen von Autorschaft in Frauenlobs 'Selbstrühmung' und im 'wip-vrowe-Streit'"*, in: Elizabeth Andersen u.a. (Hgg.), *Autor und Autorschaft im Mittelalter. Kolloquium Meißen 1995*, Tübingen 1998, S. 255-276.

I. Kern, *Höfisches Gut*: Irmentraud Kern, *Das höfische Gut in den Dichtungen Heinrich Frauenlobs*, Berlin 1934 (Germanische Studien 147), ND Nendeln/Liechtenstein 1967.

P. Kern, „Frauenlob V, 59-61": Peter Kern, „Frauenlob V, 59-61", in: W. Schröder, *Cambridger 'Frauenlob'-Kolloquium*, S. 51-70.

Kesting, *Maria – Frouwe*: Peter Kesting, *Maria – Frouwe. Über den Einfluß der Marienverehrung auf den Minnesang bis Walther von der Vogelweide*, München 1965 (Medium Aevum 5).

Kibelka, *der ware meister*: Johannes Kibelka, *der ware meister. Denkstile und Bauformen in der Dichtung Heinrichs von Mügeln*, Berlin 1963 (PhStQu 13).

Kibelka, „Typen der Spruchdichtung": Johannes Kibelka, „Linguistische Überlegungen zu Typen der Spruchdichtung", in: Werner Besch u.a. (Hgg.), *Studien zur deutschen Literatur und Sprache des Mittelalters. Festschrift für Hugo Moser zum 65. Geburtstag*, Berlin 1974, S. 216-227.

Kiepe-Willms, „Herman Dâmen": Eva Kiepe-Willms, „Sus lêret Herman Dâmen. Untersuchungen zu einem Sangspruchdichter des späten 13. Jahrhunderts", in: *ZfdA* 107 (1978), S. 33-49.

Kissling, *Ethik Frauenlobs*: Helmut Kissling, *Die Ethik Frauenlobs (Heinrichs von Meissen)*, Halle a.d. Saale 1926 (Sächsische Forschungsinstitute in Leipzig 1/3).

Klinck, *Lateinische Etymologie*: Roswitha Klinck, *Die lateinische Etymologie des Mittelalters*, München 1970 (Medium Aevum 17).

Koch/Oesterreicher, „Sprache der Nähe": Peter Koch/Wulf Oesterreicher, „Sprache der Nähe – Sprache der Distanz. Mündlichkeit und Schriftlichkeit im Spannungsfeld von Sprachtheorie und Sprachgeschichte", in: *Romanistisches Jahrbuch* 36 (1985), S. 15-43.

Köbele, „'Reine' Abstraktion?": Susanne Köbele, „'Reine' Abstraktion? Spekulative Tendenzen in Frauenlobs Lied 1", in: *ZfdA* 123 (1994), S. 377-408.

Köbele, „Liedautor Frauenlob": Susanne Köbele, „Der Liedautor Frauenlob. Poetologische und überlieferungsgeschichtliche Überlegungen", in: Elizabeth Andersen u.a. (Hgg.), *Autor und Autorschaft im Mittelalter. Kolloquium Meißen 1995*, Tübingen 1998, S. 277-298.

Kokott, *Konrad von Würzburg*: Hartmut Kokott, *Konrad von Würzburg. Ein Autor zwischen Auftrag und Autonomie*, Stuttgart 1989.

Kolb, Rez. Krayer: Herbert Kolb, Rezension zu: Rudolf Krayer, *Frauenlob und die Natur-Allegorese. Motivgeschichtliche Untersuchungen*, in: *PBB* (Tüb.) 83 (1961/1962), S. 383-397.

Kornrumpf, „Konturen der Frauenlob-Überlieferung": Gisela Kornrumpf, „Konturen der Frauenlob-Überlieferung", in: W. Schröder, *Cambridger 'Frauenlob'-Kolloquium*, S. 26-50.

Kornrumpf/Wachinger, „Alment": Gisela Kornrumpf/Burghart Wachinger, „Alment. Formentlehnung und Tönegebrauch in der mittelhochdeutschen Spruchdichtung", in: Cormeau, *Deutsche Literatur im Mittelalter*, S. 356-411.

Krayer, *Natur-Allegorese*: Rudolf Krayer, *Frauenlob und die Natur-Allegorese. Motivgeschichtliche Untersuchungen. Ein Beitrag zur Geschichte des antiken Traditionsgutes*, Heidelberg 1960 (Germanische Bibliothek, Reihe 3).

Kretschmann, *Stil Frauenlobs*: Herbert Kretschmann, *Der Stil Frauenlobs*, Jena 1933 (Jenaer Germanistische Forschungen 23).

Kron, *Frauenlobs Gelehrsamkeit*: Joseph Kron, *Frauenlobs Gelehrsamkeit. Beiträge zu seinem Verständnis*, Diss. Straßburg 1906.

Kuhn, „Determinanten der Minne": Hugo Kuhn, „Determinanten der Minne", in: ders., *Liebe und Gesellschaft*, S. 52-59 u. 182-186; zuerst in: *LiLi* 7 (1977), H. 26 (Höfische Dichtung oder Literatur im Feudalismus?), S. 83-94.

Kuhn, „Zur inneren Form": Hugo Kuhn, „Zur inneren Form des Minnesangs", in: Hans Fromm (Hg.), *Der deutsche Minnesang. Aufsätze zu seiner Erforschung*, Darmstadt [5]1972 (WdF 15), S. 167-179.

Kuhn, „Herzeliebez frowelîn": Hugo Kuhn, „Herzeliebez frowelîn (Walther 49, 25)", in: ders., *Liebe und Gesellschaft*, S. 69-79 u. 186-188; zuerst in: Huschenbett, *Medium aevum deutsch*, S. 199-213.

Kuhn, „Gattungsprobleme": Hugo Kuhn, „Gattungsprobleme der mittelhochdeutschen Literatur", in: ders., *Dichtung und Welt im Mittelalter* (Kleine Schriften 1), Stuttgart [2]1969,

S. 41-61 u. 251-254; zuerst selbst. unter demselben Titel, München 1956 (Sitzungsberichte der Bayerischen Akademie der Wissenschaften, Philos.-Hist. Klasse 1956/4).

Kuhn, „Manessesche Handschrift": Hugo Kuhn, „Die Voraussetzungen für die Entstehung der Manesseschen Handschrift und ihre überlieferungsgeschichtliche Bedeutung", in: ders., *Liebe und Gesellschaft*, S. 80-105 u. 188-192.

Kuhn, *Liebe und Gesellschaft*: Hugo Kuhn, *Liebe und Gesellschaft* (Kleine Schriften 3), hg. v. Wolfgang Walliczek, Stuttgart 1980.

Kuhn, „Liebe und Gesellschaft": Hugo Kuhn, „Liebe und Gesellschaft in der Literatur", in: ders., *Liebe und Gesellschaft*, S. 60-68 u. 186; zuerst in: *Gerhard Hess zum 70. Geburtstag. Reden und Bilder*, Konstanz 1978 (Beilage zu: Konstanzer Blätter für Hochschulfragen), S. 26-35.

Kuhn, „Minnesang als Aufführungsform": Hugo Kuhn, „Minnesang als Aufführungsform", in: ders., *Text und Theorie* (Kleine Schriften 2), Stuttgart 1969, S. 182-190 u. 364-366; zuerst in: Eckehard Catholy/Winfried Hellmann (Hgg.), *Festschrift für Klaus Ziegler*, Tübingen 1968, S. 1-12.

Kuhn, „Tristan": Hugo Kuhn, „Tristan – Nibelungenlied – Artusstruktur", in: ders., *Liebe und Gesellschaft*, S. 12-35 u. 179f.; zuerst selbst. unter demselben Titel, München 1973 (Sitzungsberichte der Bayerischen Akademie der Wissenschaften, Philos.-Hist. Klasse 1973/5).

Kuhn, *Minnesangs Wende*: Hugo Kuhn, *Minnesangs Wende*, 2., vermehrte Aufl. Tübingen 1967 (Hermaea, N.F. 1).

Kurz/Pelster, *Metapher*: Gerhard Kurz/Theodor Pelster, *Metapher. Theorie und Unterricht*, Düsseldorf 1976.

Lausberg, *Rhetorik*: Heinrich Lausberg, *Handbuch der literarischen Rhetorik. Eine Grundlegung der Literaturwissenschaft*, 3. Aufl., mit einem Vorwort v. Arnold Arens, Stuttgart 1990.

Lieb, „Modulationen": Ludger Lieb, „Modulationen. Sangspruch und Minnesang bei Heinrich von Veldeke", in: Brunner/Tervooren, *Mittelhochdeutsche Sangspruchdichtung*, S. 38-49.

Lienert, '*Frau Tugendreich*': Elisabeth Lienert, '*Frau Tugendreich*'. *Eine Prosaerzählung aus der Zeit Kaiser Maximilians I. Edition und Untersuchungen*, München 1988 (MTU 92).

Löser, „Rätsel lösen": Freimut Löser, „Rätsel lösen. Zum Singûf-Rumelant-Rätselstreit", in: Heinzle, *Neue Wege der Mittelalter-Philologie*, S. 245-275.

Lomnitzer, „Geliebte und Ehefrau": Helmut Lomnitzer, „Geliebte und Ehefrau im deutschen Lied des Mittelalters", in: Xenja von Ertzdorff/Marianne Wynn (Hgg.), *Liebe – Ehe – Ehebruch in der Literatur des Mittelalters. Vorträge des Symposiums vom 13. bis 16. Juni 1983 am Institut für deutsche Sprache und mittelalterliche Literatur der Justus Liebig-Universität Giessen*, Gießen 1984 (Beiträge zur deutschen Philologie 58), S. 111-124.

Lotman, *Struktur literarischer Texte*: Jurij M. Lotman, *Die Struktur literarischer Texte*, übersetzt v. Rolf-Dietrich Keil, München $^4$1993.

Lotman, *Vorlesungen*: Jurij M. Lotman, *Vorlesungen zu einer strukturalen Poetik. Einführung, Theorie des Verses*, hg. u. mit einem Nachwort versehen v. Karl Eimermacher, übersetzt v. Waltraud Jachnow, München 1972 (Theorie und Geschichte der Literatur und der schönen Künste 14).

Ludolphy, Art. „Frau": Ingetraut Ludolphy, Art. „Frau. V. Alte Kirche und Mittelalter", in: *TRE* 11 (1983), Sp. 436-441.

Ludwig, *Wip und frouwe*: Erika Ludwig, *Wip und frouwe. Geschichte der Worte und Begriffe in der Lyrik des 12. und 13. Jahrhunderts*, Stuttgart/Berlin 1937 (Tübinger Germanistische Arbeiten 24).

Lütcke, *Philosophie der Meistersänger*: Heinrich Lütcke, *Studien zur Philosophie der Meistersänger. Gedankengang und Terminologie*, Berlin 1911 (Palaestra 107) (Diss. Berlin 1910).

März, *Frauenlobs Marienleich*: Christoph März, *Frauenlobs Marienleich. Untersuchungen zur spätmittelalterlichen Monodie*, Erlangen 1987 (Erlanger Studien 69) (Diss. Erlangen/Nürnberg 1986).

März, Rez. Steinmetz: Christoph März, Rezension zu: Ralf-Henning Steinmetz, *Liebe als universales Prinzip bei Frauenlob. Ein volkssprachlicher Weltentwurf in der europäischen Dichtung um 1300*, in: *ZfdA* 125 (1996), S. 113-118.

Marks, „Schrift und Mikra": Herbert Marks, „Schrift und Mikra", in: Gerhard Sellin/François Vouga (Hgg.), *Logos und Buchstabe. Mündlichkeit und Schriftlichkeit im Judentum und Christentum der Antike*, unter Mitarbeit v. Stefan Alkier u.a., Tübingen/Basel 1997 (Texte und Arbeiten zum neutestamentlichen Zeitalter 20), S. 103-126.

Maurer, *Politische Lieder*: Friedrich Maurer, *Die politischen Lieder Walthers von der Vogelweide*, Tübingen ²1964.

Maurer, „Walthers 'Sprüche'": Friedrich Maurer, „Walthers 'Sprüche'", in: Moser, *Mittelhochdeutsche Spruchdichtung*, S. 146-171; zuerst in: Felix Arends (Hg.), *Hennig Brinkmann. Zur Vollendung des 60. Lebensjahres*, Düsseldorf 1961 (WW, 3. Sonderh.), S. 51-67.

McLaughlin, „Peter Abelard": Mary Martin McLaughlin, „Peter Abelard and the Dignity of Women: Twelfth Century 'Feminism' in Theory and Practice", in: René Louis (Hg.), *Pierre Abélard – Pierre le Vénérable. Les courants philosophiques, littéraires et artistiques en Occident au milieu du XII$^e$ siècle. Abbaye de Cluny, 2 au 9 juillet 1972*, Paris 1975 (Colloques internationaux du Centre National de la Recherche Scientifique 546), S. 287-333.

Mertens, „Autor, Text und Performanz": Volker Mertens, „Autor, Text und Performanz. Überlegungen zu Liedern Walthers von der Vogelweide", in: Carla Dauven-van Knippenberg/Helmut Birkhan (Hgg.), *Sô wold ich in fröiden singen. Festgabe für Anthonius H. Touber zum 65. Geburtstag*, Amsterdam/Atlanta 1995 (ABäG 43-44), S. 379-397.

Mertens, Art. „Hugo von Mühldorf": Volker Mertens, Art. „Hugo von Mühldorf (Kunz von Rosenheim)", in: ²*VL* 4 (1983), Sp. 251f.

Mertens, Rez. Wachinger: Volker Mertens, Rezension zu: Burghart Wachinger, *Sängerkrieg. Untersuchungen zur Spruchdichtung des 13. Jahrhunderts*, in: *AfdA* 87 (1976), S. 12-18.

von Moos, *Hildebert von Lavardin*: Peter von Moos, *Hildebert von Lavardin 1056-1133. Humanitas an der Schwelle des höfischen Zeitalters*, Stuttgart 1965 (Pariser Historische Studien 3).

Moser, „'Lied' und 'Spruch'": Hugo Moser, „'Lied' und 'Spruch' in der hochmittelalterlichen deutschen Dichtung", in: ders., *Mittelhochdeutsche Spruchdichtung*, S. 180-204; zuerst in: Felix Arends (Hg.), *Hennig Brinkmann. Zur Vollendung des 60. Lebensjahres*, Düsseldorf 1961 (WW, 3. Sonderh.), S. 82-97.

Moser, „Minnesang und Spruchdichtung?": Hugo Moser, „Minnesang und Spruchdichtung? Über die Arten der hochmittelalterlichen deutschen Lyrik", in: *Euphorion* 50 (1956), S. 370-387.

Moser, *Mittelhochdeutsche Spruchdichtung*: Hugo Moser (Hg.), *Mittelhochdeutsche Spruchdichtung*, Darmstadt 1972 (WdF 154).

Moser, „Mittelhochdeutsche 'Spruchdichtung'": Hugo Moser, „Noch einmal: Mittelhochdeutsche 'Spruchdichtung'", in: Huschenbett, *Medium aevum deutsch*, S. 247-250.

J.-D. Müller, „Aufführung – Autor – Werk": Jan-Dirk Müller, „Aufführung – Autor – Werk. Zu einigen blinden Stellen gegenwärtiger Diskussion, in: Nigel F. Palmer/Hans-Jochen Schiewer (Hgg.), *Mittelalterliche Literatur und Kunst im Spannungsfeld von Hof und Kloster: Ergebnisse der Berliner Tagung, 9.-11. Oktober 1997*, Tübingen 1999, S. 149-166.

J.-D. Müller, *'Aufführung' und 'Schrift'*: Jan-Dirk Müller (Hg.), *'Aufführung' und 'Schrift' in Mittelalter und Früher Neuzeit*, Stuttgart/Weimar 1996 (Germanistische Symposien, Berichtsbände 17).

J.-D. Müller, „Die *frouwe* und die anderen": Jan-Dirk Müller, „Die *frouwe* und die anderen. Bemerkungen zur Überlieferung einiger Lieder Walthers", in: ders./Worstbrock, *Walther von der Vogelweide*, S. 127-146.

J.-D. Müller, „*Ir reinen wîp*": Jan-Dirk Müller, „Walther von der Vogelweide: *Ir reinen wîp, ir werden man*", in: *ZfdA* 124 (1995), S. 1-25.

J.-D. Müller, „*Ir sult sprechen willekomen*": Jan-Dirk Müller, „*Ir sult sprechen willekomen*. Sänger, Sprecherrolle und die Anfänge volkssprachlicher Lyrik", in: *IASL* 19 (1994), S. 1-21.

J.-D. Müller, „Ritual, Sprecherfiktion und Erzählung": Jan-Dirk Müller, „Ritual, Sprecherfiktion und Erzählung. Literarisierungstendenzen im späten Minnesang", in: Michael Schilling/Peter Strohschneider (Hgg.), *Wechselspiele. Kommunikationsformen und Gattungsinterferenzen mittelhochdeutscher Lyrik*, Heidelberg 1996 (GRM-Beiheft 13), S. 43-74 (Diskussionsbericht S. 74-76).

J.-D. Müller, „Performativer Selbstwiderspruch": Jan-Dirk Müller, „Performativer Selbstwiderspruch. Zu einer Redefigur bei Reinmar", in: *PBB* 121 (1999), S. 379-405.

J.-D. Müller/Worstbrock, *Walther von der Vogelweide*: Jan-Dirk Müller/Franz Josef Worstbrock (Hgg.), *Walther von der Vogelweide. Hamburger Kolloquium 1988 zum 65. Geburtstag von Karl-Heinz Borck*, Stuttgart 1989.

M. Müller, *Paradiesesehe*: Michael Müller, *Die Lehre des hl. Augustinus von der Paradiesesehe und ihre Auswirkung in der Sexualethik des 12. und 13. Jahrhunderts bis Thomas von Aquin. Eine moralgeschichtliche Untersuchung*, Regensburg 1954 (Studien zur Geschichte der kath. Moraltheologie 1).

U. Müller, „Beschreibungsmodell": Ulrich Müller, „Ein Beschreibungsmodell zur mittelhochdeutschen Lyrik – ein Versuch", in: *ZfdPh* 98 (1979), S. 53-73.

U. Müller, *Politische Lyrik*: Ulrich Müller, *Untersuchungen zur politischen Lyrik des deutschen Mittelalters*, Göppingen 1974 (GAG 55-56).

Nagel, Art. „Frauenlob": Bert Nagel, Art. „Frauenlob", in: *NDB* 5 (1961), Sp. 380a-382a.

Niles, *Pragmatische Interpretationen*: Bernd Niles, *Pragmatische Interpretationen zu den Spruchtönen Walthers von der Vogelweide. Ein Beitrag zu einer kommunikationsorientierten Literaturwissenschaft*, Göppingen 1979 (GAG 274) (Diss. Bonn 1978).

Nyholm, *Geblümter Stil*: Kurt Nyholm, *Studien zum sogenannten geblümten Stil*, Åbo 1971 (Acta Academiae Aboensis A, 39/4).

Obermaier, „'Dichtung über Dichtung'": Sabine Obermaier, „Möglichkeiten und Grenzen der Interpretation von 'Dichtung über Dichtung' als Schlüssel für eine Poetik mittelhochdeutscher Lyrik. Eine Skizze", in: Thomas Cramer/Ingrid Kasten (Hgg.), *Mittelalterliche Lyrik: Probleme der Poetik*, Berlin 1999 (PhStQu 154), S. 11-32.

Obermaier, *Nachtigallen und Handwerker*: Sabine Obermaier, *Von Nachtigallen und Handwerkern. 'Dichtung über Dichtung' in Minnesang und Sangspruchdichtung*, Tübingen 1995 (Hermaea, N.F. 75).

Objartel, *Meißner*; s. 2.2 Textausgaben. Mittelhochdeutsche und altfranzösische Texte: Der Meißner.

Oesterreicher, „*Verschriftung* und *Verschriftlichung*": Wulf Oesterreicher, „*Verschriftung* und *Verschriftlichung* im Kontext medialer und konzeptioneller Schriftlichkeit", in: Ursula Schaefer (Hg.), *Schriftlichkeit im frühen Mittelalter*, Tübingen 1993 (ScriptOralia 53), S. 267-292.

Ohly, „Cor amantis": Friedrich Ohly, „Cor amantis non angustum. Vom Wohnen im Herzen", in: ders., *Schriften zur mittelalterlichen Bedeutungsforschung*, Darmstadt ²1983, S. 128-155; zuerst in: Dietrich Hofmann (Hg.), *Gedenkschrift für William Foerste*, unter Mitarbeit v. Willy Sanders, Köln/Wien 1970, S. 454-476.

Ong, *Orality and Literacy*: Walter L. Ong, *Orality and Literacy: The Technologizing of the Word*, London/New York 1982.

Ortmann, „Die Kunst *ebene* zu werben": Christa Ortmann, „Die Kunst *ebene* zu werben. Zu Walthers *Aller werdekeit ein füegerinne* (L. 46, 32)", in: *PBB* (Tüb.) 103 (1981), S. 238-263.

Ortmann, „Der Spruchdichter am Hof": Christa Ortmann, „Der Spruchdichter am Hof. Zur Funktion der Walther-Rolle in Sangsprüchen mit *milte*-Thematik", in: J.-D. Müller/Worstbrock, *Walther von der Vogelweide*, S. 17-35.

Pagnoni-Sturlese, Art. „Phantasia": M.R. Pagnoni-Sturlese, Art. „Phantasia", in: *HWbPh* 7 (1989), Sp. 516-535.

Paul/Wiehl/Grosse, *Mittelhochdeutsche Grammatik*: Hermann Paul, *Mittelhochdeutsche Grammatik*, 23. Aufl., neu bearbeitet v. Peter Wiehl u. Siegfried Grosse, Tübingen 1989 (Sammlung kurzer Grammatiken germanischer Dialekte A/2).

Peil, *Gebärde*: Dietmar Peil, *Die Gebärde bei Chrétien, Hartmann und Wolfram. Erec – Iwein – Parzival*, München 1975 (Medium Aevum 28) (Diss. Münster 1972).

Peil, „*Wîbes minne*": Dietmar Peil, „*Wîbes minne ist rehter hort*. Die Beziehung zwischen den Geschlechtern im Spannungsfeld von Minnesang und Spruchdichtung bei Reinmar von Zweter", in: Michael Schilling/Peter Strohschneider (Hgg.), *Wechselspiele. Kommunikationsformen und Gattungsinterferenzen mittelhochdeutscher Lyrik*, Heidelberg 1996 (GRM-Beiheft 13), S. 179-204 (Diskussionsbericht S. 205-207).

Peperkorn, *Der Junge Meißner*; s. 2.2 Textausgaben. Mittelhochdeutsche und altfranzösische Texte: Der Junge Meißner.

Peter, *Theologisch-philosophische Gedankenwelt*: Brunhilde Peter, *Die theologisch-philosophische Gedankenwelt des Heinrich Frauenlob*, Speyer 1957 (Quellen und Abhandlungen zur mittelrheinischen Kirchengeschichte 2).

Peters, *Literatur in der Stadt*: Ursula Peters, *Literatur in der Stadt. Studien zu den sozialen Voraussetzungen und kulturellen Organisationsformen städtischer Literatur im 13. und 14. Jahrhundert*, Tübingen 1983 (Studien und Texte zur Sozialgeschichte der Literatur 7).

Peters, „*Roman courtois*": Ursula Peters, „*Roman courtois* in der Stadt. Konrads von Würzburg *Partonopier und Meliur*", in: *LiLi* 12 (1982), H. 48 (Stadt und Literatur), S. 10-28.

Petzsch, „Transzendierendes": Christoph Petzsch, „Transzendierendes im *hoveliet* eines *meisters*", in: *Euphorion* 72 (1978), S. 344-347.

Petzsch, „Transzendierendes II": Christoph Petzsch, „Transzendierendes im *hoveliet* eines *meisters* II", in: *Euphorion* 75 (1981), S. 105-109.

Pfannmüller, *Frauenlobs Marienleich*; s. 2.2 Textausgaben. Mittelhochdeutsche und altfranzösische Texte: Frauenlob.

Pinborg, *Entwicklung der Sprachtheorie*: Jan Pinborg, *Die Entwicklung der Sprachtheorie im Mittelalter*, Münster 1967 (Beiträge zur Geschichte der Philosophie und Theologie des Mittelalters 42/2).

Ploss, „Deutungsversuch": Emil Ploss, „Walther: 29, 4-14 und 37, 34-38, 9. Ein Deutungsversuch unter Zuhilfenahme der Linguistik", in: *DVjs* 47 (1973), S. 201-222.

Ranawake, „Walthers Lieder der 'herzeliebe'": Silvia Ranawake, „Walthers Lieder der 'herzeliebe' und die höfische Minnedoktrin", in: Helmut Birkhan (Hg.), *Minnesang in Österreich*, Wien 1983 (Wiener Arbeiten zur Germanischen Altertumskunde und Philologie 24) (zugleich: University of London, Publications of the Institute of Germanic Studies 31), S. 109-152.

Ranawake, „*der manne muot*": Silvia Ranawake, „*der manne muot – der wîbe site*. Zur Minnedidaxe Walthers von der Vogelweide und Ulrichs von Lichtenstein", in: J.-D. Müller/Worstbrock, *Walther von der Vogelweide*, S. 177-196.

Ranawake, „Reinmar-Fehde": Silvia Ranawake, „Gab es eine Reinmar-Fehde? Zu der These von Walthers Wendung gegen die Konventionen der hohen Minne", in: *Oxford German Studies* 13 (1982), S. 7-35.

Rettelbach, „Abgefeimte Kunst": Johannes Rettelbach, „Abgefeimte Kunst: Frauenlobs 'Selbstrühmung'", in: Cyril Edward u.a. (Hgg.), *Lied im deutschen Mittelalter. Überlieferung, Typen, Gebrauch. Chiemsee-Colloquium 1991*, Tübingen 1996, S. 177-193.

Rettelbach, *Variation*: Johannes Rettelbach, *Variation – Derivation – Imitation. Untersuchungen zu den Tönen der Sangspruchdichter und Meistersinger*, Tübingen 1993 (Frühe Neuzeit 14).

Richter, „Wirkungsästhetik": Matthias Richter, „Wirkungsästhetik", in: Heinz Ludwig Arnold/Heinrich Detering (Hg.), *Grundzüge der Literaturwissenschaft*, München 1996, S. 516-535.

Roethe, *Reinmar von Zweter*; s. 2.2 Textausgaben. Mittelhochdeutsche und altfranzösische Texte: Reinmar von Zweter.

Ruberg, „Etymologisieren": Uwe Ruberg, „Verfahren und Funktionen des Etymologisierens in der mittelhochdeutschen Literatur", in: Hans Fromm u.a. (Hgg.), *Verbum et Signum*, Bd. 1: *Beiträge zur mediävistischen Bedeutungsforschung (Festschrift Friedrich Ohly zum 60. Geburtstag)*, München 1975, S. 295-330.

Ruh, „Mittelhochdeutsche Spruchdichtung": Kurt Ruh, „Mittelhochdeutsche Spruchdichtung als gattungsgeschichtliches Problem", in: ders., *Dichtung des Hoch- und Spätmittelalters* (Kleine Schriften 1), hg. v. Volker Mertens, Berlin/New York 1984, S. 86-102; zuerst in: *DVjs* 42 (1968), S. 309-324.

Saechtig, *Bilder und Vergleiche*: Oskar Saechtig, *Über die Bilder und Vergleiche in den Sprüchen und Liedern Heinrichs von Meißen, genannt Frauenlob*, Diss. Marburg 1930.

Salzer, *Sinnbilder und Beiworte Mariens*: Anselm Salzer, *Die Sinnbilder und Beiworte Mariens in der deutschen Literatur und lateinischen Hymnenpoesie des Mittelalters, mit Berücksichtigung der patristischen Literatur. Eine literar-historische Studie*, Linz 1893, ND Darmstadt 1967.

Sanders, „Wortkundliches Denken": Willy Sanders, „Die Anfänge wortkundlichen Denkens im deutschen Mittelalter", in: *ZfdPh* 88 (1969), S. 57-78.

Sanders, „Etymologie": Willy Sanders, „Grundzüge und Wandlungen der Etymologie", in: *WW* 17 (1967), S. 361-384.

Schaefer, *Vokalität*: Ursula Schaefer, *Vokalität. Altenglische Dichtung zwischen Mündlichkeit und Schriftlichkeit*, Tübingen 1992 (ScriptOralia 39).

Schanze, *Meisterliche Liedkunst*: Frieder Schanze, *Meisterliche Liedkunst zwischen Heinrich von Mügeln und Hans Sachs*, Bd. 1: *Untersuchungen*; Bd. 2: *Verzeichnisse*, München 1983-1984 (MTU 82-83).

Scheer, „Frauenlobs Lied 4": Eva B. Scheer, „*Ja muz ich sunder riuwe sin*. Zu Frauenlobs Lied 4", in: Wolfgang Dinkelacker u.a. (Hgg.), *Ja muz ich sunder riuwe sin. Festschrift für Karl Stackmann zum 15. Februar 1990*, Göttingen 1990, S. 170-179.

Scheerer, Art. „Die Sinne": E. Scheerer, Art. „Die Sinne", in: *HWbPh* 9 (1995), Sp. 824-869.

Schleusener-Eichholz, *Auge im Mittelalter*: Gudrun Schleusener-Eichholz, *Das Auge im Mittelalter*, 2 Bde., München 1985 (Münstersche Mittelalter-Schriften 35/1-2) (Diss. Münster 1984).

Schmitt, *La raison des gestes*: Jean-Claude Schmitt, *La raison des gestes dans l'Occident médiéval*, Paris 1990 (Bibliothèque des Histoires) (dt. *Die Logik der Gesten im europäischen Mittelalter*, aus dem Französischen v. Rolf Schubert u. Bodo Schulz, Stuttgart 1992).

Schneider, „Mittelhochdeutsche Spruchdichtung": Hermann Schneider, „Mittelhochdeutsche Spruchdichtung", in: Moser, *Mittelhochdeutsche Spruchdichtung*, S. 134-145; zuerst in: *RL* 3 (1928/29), S. 287a-293a.

Schnell, *Causa amoris*: Rüdiger Schnell, *Causa amoris. Liebeskonzeption und Liebesdarstellung in der mittelalterlichen Literatur*, Bern/München 1985 (Bibliotheca Germanica 27).

Schnell, „Frauenexkurs": Rüdiger Schnell, „Der Frauenexkurs in Gottfrieds Tristan (V. 17858-18114). Ein kritischer Kommentar", in: *ZfdPh* 103 (1984), S. 1-26.

Schnell, „'Höfische' Liebe": Rüdiger Schnell, „Die 'höfische' Liebe als 'höfischer' Diskurs über die Liebe", in: Josef Fleckenstein (Hg.), *Curialitas. Studien zu Grundfragen der höfisch-ritterlichen Kultur*, Göttingen 1990 (Veröffentlichungen des Max-Planck-Instituts für Geschichte 100), S. 231-301.

Schnell, „Unterwerfung und Herrschaft": Rüdiger Schnell, „Unterwerfung und Herrschaft. Zum Liebesdiskurs im Hochmittelalter", in: Joachim Heinzle (Hg.), *Modernes Mittelalter. Neue Bilder einer populären Epoche*, Frankfurt a.M./Leipzig 1994, S. 103-133.

Schrader, *Sinne und Sinnesverknüpfungen*: Ludwig Schrader, *Sinne und Sinnesverknüpfungen*, Heidelberg 1969 (Beiträge zur neueren Literaturgeschichte 3/9).

C. Schroeder, *Der deutsche Facetus*: Carl Schroeder, *Der deutsche Facetus*, Teil 1-2, Diss. Berlin 1909.

W. Schröder, *Cambridger 'Frauenlob'-Kolloquium*: Werner Schröder (Hg.), *Wolfram-Studien 10. Cambridger 'Frauenlob'-Kolloquium 1986*, Berlin 1988.

W. Schröder, Rez. Stackmann/Bertau: Werner Schröder, „Zu Stackmanns kritischer Frauenlob-Edition", in: *Mittellateinisches Jahrbuch* 17 (1982), S. 193-199.

Schulze, „Kaiser und Reich": Ursula Schulze, „Zur Vorstellung von Kaiser und Reich in staufischer Spruchdichtung bei Walther von der Vogelweide und Reinmar von Zweter", in: Rüdiger Krohn u.a. (Hgg.), *Stauferzeit. Geschichte – Literatur – Kunst*, Stuttgart 1978, S. 206-219.

Schweikle, *Mittelhochdeutsche Minnelyrik*; s. 2.2 Textausgaben. Mittelhochdeutsche und altfranzösische Texte.

Schweikle, „Minnethematik in der Spruchlyrik": Günther Schweikle, „Minnethematik in der Spruchlyrik Walthers von der Vogelweide. Zum Problem der Athetesen in der Minnesangphilologie", in: Walter Tauber (Hg.), *Aspekte der Germanistik. Festschrift für*

*Hans-Friedrich Rosenfeld zum 90. Geburtstag*, Göppingen 1989 (GAG 521), S. 173-184.

Schweikle, *Walther von der Vogelweide*; s. 2.2 Textausgaben. Mittelhochdeutsche und altfranzösische Texte: Walther von der Vogelweide.

Stackmann, „Wechselseitige Abhängigkeit": Karl Stackmann, „Über die wechselseitige Abhängigkeit von Editor und Literarhistoriker. Anmerkungen nach dem Erscheinen der Göttinger Ausgabe", in: *ZfdA* 112 (1983), S. 37-54.

Stackmann, „Bild und Bedeutung": Karl Stackmann, „Bild und Bedeutung bei Frauenlob", in: *Frühmittelalterliche Studien* 6 (1972), S. 441-460.

Stackmann, „Frauenlob, Ettmüller": Karl Stackmann, „Frauenlob, Ettmüller und das Mittelhochdeutsche Wörterbuch", in: Huschenbett, *Medium aevum deutsch*, S. 335-348.

Stackmann, „Frauenlob (Heinrich von Meissen)": Karl Stackmann, „Frauenlob (Heinrich von Meissen) – eine Bilanz", in: *Göttingische Gelehrte Anzeigen* 244 (1992), S. 96-143.

Stackmann, „Wiederverwerteter Frauenlob": Karl Stackmann, „Wiederverwerteter Frauenlob. Nichts Ungewöhnliches – und was man daraus lernen kann", in: Heinzle, *Neue Wege der Mittelalter-Philologie*, S. 104-113.

Stackmann, „Frauenlob und Wolfram von Eschenbach": Karl Stackmann, „Frauenlob und Wolfram von Eschenbach", in: Kurt Gärtner/Joachim Heinzle (Hgg.), *Studien zu Wolfram von Eschenbach. Festschrift für Werner Schröder zum 75. Geburtstag*, Tübingen 1989, S. 75-84.

Stackmann, „Frauenlob-Überlieferung": Karl Stackmann, „Probleme der Frauenlob-Überlieferung", in: *PBB* (Tüb.) 98 (1976), S. 203-230.

Stackmann, *GA*; s. 2.2 Textausgaben. Mittelhochdeutsche und altfranzösische Texte: Frauenlob.

Stackmann, *Heinrich von Mügeln*: Karl Stackmann, *Der Spruchdichter Heinrich von Mügeln. Vorstudien zur Erkenntnis seiner Individualität*, Heidelberg 1958 (Probleme der Dichtung. Studien zur deutschen Literaturgeschichte 3).

Stackmann, „Minne als Thema": Karl Stackmann, „Minne als Thema der Sangspruch- und Lieddichtung Heinrichs von Mügeln", in: Dorothee Lindemann u.a. (Hgg.), *bickelwort und wildiu mære. Festschrift für Eberhard Nellmann zum 65. Geburtstag*, Göppingen 1995 (GAG 618), S. 324-339.

Stackmann, „*Redebluomen*": Karl Stackmann, „*Redebluomen*. Zu einigen Fürstenpreis-Strophen Frauenlobs und zum Problem des geblümten Stils", in: Hans Fromm u.a. (Hgg.), *Verbum et Signum*, Bd. 2: *Beiträge zur mediävistischen Bedeutungsforschung. Studien zu Semantik und Sinntradition im Mittelalter*, München 1975, S. 329-346.

Stackmann, „Verführer": Karl Stackmann, „Frauenlob, Verführer zu 'einer gränzenlosen Auslegung'", in: W. Schröder, *Cambridger 'Frauenlob'-Kolloquium*, S. 9-25.

Stackmann, *Wörterbuch*: Karl Stackmann, *Wörterbuch zur Göttinger Frauenlob-Ausgabe*, unter Mitarbeit v. Jens Haustein, Göttingen 1990 (Abhandlungen der Akademie der Wissenschaften in Göttingen, Philol.-Hist. Klasse 3/186).

Steinmetz, *Liebe als universales Prinzip*: Ralf-Henning Steinmetz, *Liebe als universales Prinzip bei Frauenlob. Ein volkssprachlicher Weltentwurf in der europäischen Dichtung um 1300*, Tübingen 1994 (MTU 106).

Stolz, *'Tum'-Studien*: Michael Stolz, *'Tum'-Studien. Zur dichterischen Gestaltung im Marienpreis Heinrichs von Mügeln*, Tübingen/Basel 1996 (Bibliotheca Germanica 36).

Strauch, *Marner*; s. 2.2 Textausgaben. Mittelhochdeutsche und altfranzösische Texte: Der Marner.

Strohschneider, „Aufführungssituation": Peter Strohschneider, „Aufführungssituation: Zur Kritik eines Zentralbegriffs kommunikationsanalytischer Minnesangforschung", in: Johannes

Janota (Hg.), *Methodenkonkurrenz in der germanistischen Praxis*, Tübingen 1993 (Vorträge des Augsburger Germanistentages 1991. Kultureller Wandel und die Germanistik in der Bundesrepublik 3), S. 56-71.

Strohschneider, „'nu sehent, wie der singet!'": Peter Strohschneider, „'nu sehent, wie der singet!' Vom Hervortreten des Sängers im Minnesang", in: J.-D. Müller, *'Aufführung' und 'Schrift'*, S. 7-30.

Strohschneider, „Situationen des Textes": Peter Strohschneider, „Situationen des Textes. Okkasionelle Bemerkungen zur 'New Philology'", in: Tervooren/Wenzel, *Philologie als Textwissenschaft*, S. 62-86.

Strohschneider, „Textualität": Peter Strohschneider, „Textualität der mittelalterlichen Literatur. Eine Problemskizze am Beispiel des 'Wartburgkrieges'", in: Jan-Dirk Müller/Horst Wenzel (Hgg.), *Mittelalter. Neue Wege durch einen alten Kontinent*, Stuttgart/Leipzig 1999, S. 19-41.

Tervooren, „Die 'Aufführung' als Interpretament": Helmut Tervooren, „Die 'Aufführung' als Interpretament mittelhochdeutscher Lyrik", in: J.-D. Müller, *'Aufführung' und 'Schrift'*, S. 48-66.

Tervooren, *Einzelstrophe oder Strophenbindung?*: Helmut Tervooren, *Einzelstrophe oder Strophenbindung? Untersuchungen zur Lyrik der Jenaer Handschrift*, Diss. Bonn 1976.

Tervooren, *Heinrich von Morungen*; s. 2.2 Textausgaben. Mittelhochdeutsche und altfranzösische Texte: Heinrich von Morungen.

Tervooren, „Säkularisierungen": Helmut Tervooren, „Säkularisierungen und Sakralisierungen in der deutschen Liebeslyrik des Mittelalters", in: Lothar Bornscheuer u.a. (Hgg.), *Glaube – Kritik – Phantasie. Europäische Aufklärung in Religion und Politik, Wissenschaft und Literatur. Interdisziplinäres Symposium an der Universität-GH-Duisburg vom 16.-19. April 1991*, Frankfurt a.M. u.a. 1993 (Europäische Aufklärung in Literatur und Sprache 6), S. 213-231.

Tervooren, *Sangspruchdichtung*: Helmut Tervooren, *Sangspruchdichtung*, Stuttgart/Weimar 1995 (Sammlung Metzler 293).

Tervooren, „'Spruch' und 'Lied'": Helmut Tervooren, „'Spruch' und 'Lied'. Ein Forschungsbericht", in: Moser, *Mittelhochdeutsche Spruchdichtung*, S. 1-25.

Tervooren, Art. „Mittelhochdeutsche Spruchdichtung": Helmut Tervooren, Art. „Mittelhochdeutsche Spruchdichtung", in: ²RL 4 (1984), Sp. 160b-169b.

Tervooren/Wenzel, *Philologie als Textwissenschaft*: Helmut Tervooren/Horst Wenzel (Hgg.), *Philologie als Textwissenschaft. Alte und neue Horizonte*, Berlin u.a. 1997 (ZfdPh 116, Sonderh.).

Thomas, *Untersuchungen*: Helmuth Thomas, *Untersuchungen zur Überlieferung der Spruchdichtung Frauenlobs*, Leipzig 1939 (Palaestra 217) (Diss. Berlin 1939), ND New York 1970.

Tomasek, *Rätsel im Mittelalter*: Tomas Tomasek, *Das deutsche Rätsel im Mittelalter*, Tübingen 1994 (Hermaea, N.F. 69).

Tomasek, *Utopie im „Tristan"*: Tomas Tomasek, *Die Utopie im 'Tristan' Gotfrids von Straßburg*, Tübingen 1985 (Hermaea, N.F. 49).

Tynjanov, „Literarische Evolution": Jurij Tynjanov, „Über die literarische Evolution", in: Jurij Striedter (Hg.), *Russischer Formalismus. Texte zur allgemeinen Literaturtheorie und zur Theorie der Prosa*, eingeleitet v. Jurij Striedter, München ⁵1994, S. 433-461.

Unzeitig-Herzog, „Diskussionsbericht": Monika Unzeitig-Herzog, „Diskussionsbericht. Vortrag – Abbildung – Handschrift am Beispiel der höfischen Lied- und Sangspruchdichtung", in: J.-D. Müller, *'Aufführung' und 'Schrift'*, S. 130-137.

Vinge, *The Five Senses*: Louise Vinge, *The Five Senses. Studies in a Literary Tradition*, Lund 1975.

Völker, *Gestalt der vrouwe*: Barbara Völker, *Die Gestalt der vrouwe und die Auffassung der minne in den Dichtungen Frauenlobs*, Diss. Tübingen 1966.

Wachinger, „Corpusüberlieferung": Burghart Wachinger, „Von der Jenaer zur Weimarer Liederhandschrift. Zur Corpusüberlieferung von Frauenlobs Spruchdichtung", in: Ludger Grenzmann u.a. (Hgg.), *Philologie als Kulturwissenschaft. Studien zur Literatur und Geschichte des Mittelalters. Festschrift für Karl Stackmann zum 65. Geburtstag*, Göttingen 1987, S. 193-207.

Wachinger, „Drei spätmittelalterliche Lieder": Burghart Wachinger, „Die Welt, die Minne und das Ich. Drei spätmittelalterliche Lieder", in: James F. Poag/Thomas C. Fox (Hgg.), *Entzauberung der Welt. Deutsche Literatur 1200-1500*, Tübingen 1989, S. 107-118.

Wachinger, „Marner": Burghart Wachinger, „Anmerkungen zum Marner", in: *ZfdA* 114 (1985), S. 70-87.

Wachinger, „Hohe Minne um 1300": Burghart Wachinger, „Hohe Minne um 1300. Zu den Liedern Frauenlobs und König Wenzels von Böhmen", in: W. Schröder, *Cambridger 'Frauenlob'-Kolloquium*, S. 135-150.

Wachinger, Rez. Stackmann/Bertau: Burghart Wachinger, Rezension zu: Frauenlob (Heinrich von Meissen), *Leichs, Sangsprüche, Lieder*, hg. v. Karl Stackmann u. Karl Bertau, in: *AfdA* 96 (1985), S. 119-130.

Wachinger, *Sängerkrieg*: Burghart Wachinger, *Sängerkrieg. Untersuchungen zur Spruchdichtung des 13. Jahrhunderts*, München 1973 (MTU 42).

Wachinger, „Was ist Minne?": Burghart Wachinger, „Was ist Minne?", in: *PBB* (Tüb.) 111 (1989), S. 252-267.

Wandhoff, *Der epische Blick*: Haiko Wandhoff, *Der epische Blick. Eine mediengeschichtliche Studie zur höfischen Literatur*, Berlin 1996 (PhStQu 141).

Warning, „Der inszenierte Diskurs": Rainer Warning, „Der inszenierte Diskurs. Bemerkungen zur pragmatischen Relation der Fiktion", in: Dieter Henrich/Wolfgang Iser (Hgg.), *Funktionen des Fiktiven*, München 1983 (Poetik und Hermeneutik 10), S. 183-206.

Warning, „Lyrisches Ich": Rainer Warning, „Lyrisches Ich und Öffentlichkeit bei den Trobadors", in: Cormeau, *Deutsche Literatur im Mittelalter*, S. 120-159.

Warning, „Rezeptionsästhetik": Rainer Warning, „Rezeptionsästhetik als literaturwissenschaftliche Pragmatik", in: ders. (Hg.), *Rezeptionsästhetik. Theorie und Praxis*, München [4]1993, S. 9-41.

Wehrli, *Geschichte der deutschen Literatur*: Max Wehrli, *Geschichte der deutschen Literatur vom frühen Mittelalter bis zum Ende des 16. Jahrhunderts*, Stuttgart [2]1984 (ders., Geschichte der deutschen Literatur von den Anfängen bis zur Gegenwart 1).

Weinrich, „Semantik der kühnen Metapher": Harald Weinrich, „Semantik der kühnen Metapher", in: Anselm Haverkamp (Hg.), *Theorie der Metapher*, Darmstadt 1983 (WdF 389), S. 316-339; zuerst in: *DVjs* 37 (1963), S. 324-344.

Wenzel, „Beweglichkeit der Bilder": Horst Wenzel, „Die Beweglichkeit der Bilder. Zur Relation von Text und Bild in den illuminierten Handschriften des 'Welschen Gastes'", in: Tervooren/Wenzel, *Philologie als Textwissenschaft*, S. 224-252.

Wenzel, *Hören und Sehen*: Horst Wenzel, *Hören und Sehen – Schrift und Bild. Kultur und Gedächtnis im Mittelalter*, München 1995.

Wenzel, „Typus und Individualität": Horst Wenzel, „Typus und Individualität. Zur literarischen Selbstdeutung Walthers von der Vogelweide", in: *IASL* 8 (1983), S. 1-34.

*Hilfsmittel und Untersuchungen*

Werner, Rez. Michel: Richard Maria Werner, Rezension zu: Ferdinand Michel, *Heinrich von Morungen und die Troubadours. Ein Beitrag zur Betrachtung des Verhältnisses zwischen deutschem und provenzalischem Minnesang*, in: *AfdA* 7 (1881), S. 121-151.

Willms, *Liebesleid*: Eva Willms, *Liebesleid und Sangeslust. Untersuchungen zur deutschen Liebeslyrik des späten 12. und frühen 13. Jahrhunderts*, München/Zürich 1990 (MTU 94).

Zumthor, „Orale Dichtung": Paul Zumthor, „Die orale Dichtung: Raum, Zeit, Periodisierungsprobleme", in: Hans Ulrich Gumbrecht/Ursula Link-Heer (Hgg.), *Epochenschwellen und Epochenstrukturen im Diskurs der Literatur- und Sprachhistorie*, unter Mitarbeit v. Friederike Hassauer u.a., Frankfurt a.M. 1985, S. 359-375.

Zumthor, „Körper und Performanz": Paul Zumthor, „Körper und Performanz", in: Hans Ulrich Gumbrecht/K. Ludwig Pfeiffer (Hgg.), *Materialität der Kommunikation*, Frankfurt a.M. 1988, S. 703-713.

Zumthor, *La poésie et la voix*: Paul Zumthor, *La poésie et la voix dans la civilisation médiévale*, Paris 1984 (dt. *Die Stimme und die Poesie in der mittelalterlichen Gesellschaft*, aus dem Frz. v. Klaus Thieme, München 1994 [Forschungen zur Geschichte der älteren deutschen Literatur 18]).

# Register

## Register 1: Stellenregister
Statt auf Anmerkungen wird nur auf die entsprechenden Seitenzahlen verwiesen.

### 1 Bibelstellen
Die Siglenverwendung richtet sich nach der *Biblia Sacra iuxta vulgatam versionem* (s. Literaturverzeichnis).

| | | |
|---|---|---|
| Gn | 1, 28 | 236 |
| | 2 | 263 |
| | 2, 18 | 211, 268 |
| | 2, 18-24 | 236f. |
| | 2, 19f. | 270 |
| | 2, 20 | 265 |
| | 2, 21f. | 240 |
| | 2, 22f. | 268 |
| | 2, 23 | 262, 269f., 305 |
| | 2, 23f. | 236 |
| | 3, 20 | 262 |
| | 4, 1 | 268 |
| Iob | 13, 9 | 97 |
| Prv | 15, 11 | 97 |
| Sir | 35, 26 | 225 |
| | 42, 18 | 97 |
| Is | 11, 1 | 232 |
| | 12, 3 | 194 |
| | 33, 15 | 91 |
| Ier | 9, 21 | 91 |
| Ez | 47, 8-12 | 194 |
| Mt | 7, 15 | 111 |
| Lc | 1, 46f. | 315 |
| | 2, 35 | 315 |
| Io | 1, 13 | 256 |
| | 2, 1-11 | 305 |
| | 2, 4 | 305, 317 |
| | 4, 10-14 | 194 |
| | 7, 38 | 194 |
| | 19, 26f. | 203, 305 |
| 1 Cor | 7, 2 | 236 |
| | 11, 8f. | 236 |
| 1 Tim | 2, 13f. | 236 |
| 1 Io | 2, 16 | 91 |
| Apc | 12, 2 | 274 |
| | 21, 6 | 194 |
| | 22, 17 | 194 |

## 2 Lateinische Texte

Abaelard
   Muckle, Epistola VI     **203**
   Sermo XXVI     236
Andrea Sunonis filius
   Hexaemeron III     237, 240, 251, **263f.**
Arnulf
   De modo bene vivendi     104
Augustinus
   De doctrina christiana
   II, I-II     104
   De Genesi ad litteram
   IX, XIII, 23     236
   XI, XXXVIII, 51     263
   De Genesi contra Manichæos II, XIII, 18     263, 270
Avitus
   De initio mundi     236, 240
Beda
   Hexaemeron I     236, 240, 263, 268f.

*Decretum dei fuit*     236

*Facetus cum nihil utilius*, Glosse     211f.

Faral Nr. 3     **210f.**, 254f.

Haimo
   *Homiliæ de tempore*,
   Homilia XVIII     305
Hieronymus
   *Hebraicae quaestiones in Libro Geneseos*     263
Hildebert von Lavardin
   Epistola I, 22     202f.
   Sermo CXLII     317
Hugo von St. Viktor
   *De institutione novitiorum*     104
   *De sacramentis Christianæ fidei* I, VI, XXXV     237
   Sermo XXXV     91
   *De Beatæ Mariæ virginitate*     236
Marbod von Rennes
   *Liber decem capitulorum*
   III: *De meretrice*     210
   IV: *De matrona*     **210**, 254f.
Mone, *Lateinische Hymnen*
   Bd. 2, Nr. 580     206

Petrus Comestor
   *Historia scholastica*,     251, 263f.,
   *Liber Genesis* XVIII     305f.
   *In Evangelia* XXXVIII     **305f.**, **317**
Petrus Riga
   *Aurora, Liber Genesis* [II]     240, 263
Richard von St. Viktor
   *De gemino paschate*     104
Rupert von Deutz
   *De Trinitate et operibus Ejus*,
   *In Genesim* II, XXXIII     263
   *In Genesim* II, XXXIV     236
   *In Genesim* II, XXXVII     240
   *In Genesim* II, XXXVIII     263, 269f.
*Salomon et Marcolfus* [XII]     **211**, 212
*Sermones nulli parcentes* XXVII     **203f.**, 211f., 305

*Stellenregister*

## 3 Mittelhochdeutsche und altfranzösische Texte

Bei fraglicher Autorschaft mittelhochdeutscher Sangspruchstrophen habe ich mich nach dem *RSM* gerichtet.[1182] Töne werden nur bei Fremdtonverwendung angegeben. Anonyme Strophen sind nach Tonautoren (auch bei späteren, unter ihrem Namen überlieferten Tönen) und Tönen geordnet. Einzeleditionen von Strophen außerhalb der Sammel- und Autorenausgaben sind nur in Einzelfällen angegeben.

Bei der Zählung nach Lachmann und Schröder sowie derjenigen von *Minnesangs Frühling* wurden auch die genauen Versangaben in das Register übernommen, da aufgrund der fortlaufenden Zählung das Auffinden von Strophenangaben im Text sonst sehr erschwert wäre. Ausnahmen bilden Versangaben zu Walther von der Vogelweide und Konrad von Würzburg in solchen Abschnitten der Untersuchung, in denen die jeweilige Strophe ausführlicher besprochen wird, worauf fettgedruckte Seitenzahlen verweisen. – Beim Marner und bei den Leichs von Reinmar von Zweter, Meister Alexander und Ulrich von Winterstetten wurde die Strophen- bzw. Versikelzählung, nicht die durchgehende Verszählung, gewählt; bei den Texten aus *BML* wird die Strophenzählung ergänzt.

Zu den Sangspruchstrophen verzeichnet das Register in der zweiten Spalte die *RSM*-Nummern, fungiert also zugleich als *RSM*-Konkordanz; bei Mehrfachüberlieferung gilt stets die im *RSM* an erster Stelle genannte Überlieferung (a-Überlieferung; die Kennzeichnung von Mehrfachüberlieferung durch Kleinbuchstaben in der *RSM*-Zählung findet daher keine Berücksichtigung).

Anonyme Strophen bzw. Lieder
    *HMS* 3, Sp. 398a-b, XVIII, 4      ¹ZX/531/1      208
    *HMS* 3, Sp. 398b, XVIII, 5      ¹ZX/532/1      208
    *KLD* 16, [III, 2]                  205
    *KLD* 38, n I, 9                ¹ZX/30/1        212, 255
    *MF* 3, 12                             44
Boppe, Hofton
    Petzsch, „Transzendierendes II",      ¹Bop/1/512.2      255
    S. 107
Ehrenbote, Spiegelweise
    Roethe 257                     ¹Ehrb/1/504.1      212, 293
Frauenlob, Langer Ton
    (*GA* V, 107 G: ⇨ Rumelant)
    *GA* V, 108 G                 ¹Frau/2/12      245-247, 291, **304-307**, 308f., 311-313, 318f., 336
    *GA* V, 109 G                 ¹Frau/2/13      245, 247, 267, **291-294**, 295, 307, 317, 336
    *GA* V, 110 G                 ¹Frau/2/60      245, 247, 291, **294-298**, 303, 306, **307**, 313, 336
    *GA* V, 116 G                 ¹Frau/2/56      247, 313
    *GA* V, 117 G                 ¹Frau/2/57      247
    *GA* V, 118 G                 ¹Frau/2/66      300
    *GA* V, 119 G                 ¹Frau/2/14      247, 299
    *GA* V, 120 G                 ¹Frau/2/15      247, 293
    *GA* V, 121 G                 ¹Frau/2/16      247
    *GA* V, *122                   ¹Frau/2/17      300

---

[1182] Ausnahmen bilden Strophe *GA* VIII, *18 (hier unter „Frauenlob"; s.o., Anm. 825) und die in C überlieferten Strophen *L* 27, 17 und 27, 27 in der Gespaltenen Weise Walthers von der Vogelweide, die das *RSM* Walther abspricht; für Walthers Autorschaft vgl. jedoch Schweikle, „Minnethematik in der Spruchlyrik", bes. S. 179-181.

GA-S V, 205 A, 1-2 | ¹Frau/2/58-59 | 247
Frauenlob, Zarter Ton
  GA-S VIII, 215 B, 1 | ¹Frau/5/512.1 | 118f.
  GA-S VIII, 215 C, 2 | ¹Frau/5/520.2 | 118f.
  GA-S VIII, 215 C, 5 | ¹Frau/5/520.5 | 212
Frauenlob, Vergessener Ton
  – | ¹Frau/7/503.1 | 212
  – | ¹Frau/7/503.2 | 208
Konrad Harder, Sanfter Ton
  BML 185, 2 | ¹Hardr/3/7.2 | 124
Herzog-Ernst-Ton
  – | ¹HerzE/5.1-9 | 83
Der Junge Meißner, Ton I
  Peperkorn B, I, 57 | ¹JungMei/1/516.1 | 208
  Peperkorn B, I, 59 | ¹JungMei/1/516.3 | 208
Der Kanzler, Goldener Ton
  KLD 28, II, [14] | ¹Kanzl/2/500.3 | 208
Der Kanzler, Süßer Ton
  KLD 28, [XVII, 2] | ¹Kanzl/10/1.2 | 237
Konrad von Würzburg, Morgenweise
  – | ¹KonrW/6/507 | 255
Konrad von Würzburg, Hofton
  BML 114, 3 | ¹KonrW/7/500.3 | 326, 328
Konrad von Würzburg, Blauer Ton
  – | ¹KonrW/8/10.1 | 237
  – | ¹KonrW/8/19.5 | 255
Albrecht Lesch, Feuerweise
  Cramer 4, S. 92f., II, 1 | ¹Lesch/5/3.1 | 237
  Cramer 4, S. 94f., II, 2 | ¹Lesch/5/3.2 | 212
Der Marner, Kurzer Ton
  BML 105, 2 | ¹Marn/6/509.2 | 190
Der Marner, Langer Ton
  HMS 2, Sp. 252b-256a, XV, 24-36 | ¹Marn/7/101.1-17 | 101
  (Str. 1: s. der Marner, Strauch XV)
  HMS 2, Sp. 255b, XV, 35 | ¹Marn/7/101.16 | 148
  – | ¹Marn/7/550.3 | 208, 237
Regenbogen, Briefweise
  BML 55 | ¹Regb/1/502.1-9 | 83
  BML 59, 4 | ¹Regb/1/510.4 | 212
  BML 59, 7 | ¹Regb/1/510.7 | 208, 212
  BML 61 | ¹Regb/1/512 | 208
  BML 74, 1 | ¹Regb/1/545.1 | 208, 212
  BML 74, 3 | ¹Regb/1/545.3 | 208
  – | ¹Regb/1/566.2 | 237
Regenbogen, Langer Ton
  BML 81, 1 | ¹Regb/4/508.1 | 237
  – | ¹Regb/4/563.1-3 | 83
Reinmar von Brennenberg, Hofton
  KLD 44, IV, [14] | ¹ReiBr/506.3 | 48
  KLD 44, IV, [15] | ¹ReiBr/14 | 48
Reinmar von Zweter, Frau-Ehren-Ton
  Roethe 250a | ¹ReiZw/1/253 | 293
  Roethe 301 | ¹ReiZw/1/507.2 | 316

*Stellenregister*

Stolle, Alment
    –                                    ¹Stol/529.2      237
Walther von der Vogelweide,
Gespaltene Weise
    L 152, 1 (L/C 11, I*)    ¹WaltV/8/22    83
  ⇨ Dietmar von Aist
  ⇨ Leuthold von Seven
  ⇨ Der Marner
  ⇨ Reinmar von Brennenberg
  ⇨ Reinmar von Zweter
  ⇨ Rumelant
  ⇨ Stolle
  ⇨ Walther von der Vogelweide

Meister Alexander
(Der Wilde Alexander)
    KLD 1, VII                               114
    KLD 1, VII, IV                       113
    KLD 1, VII, V                       113, 115
    KLD 1, VII, V-VI                 130
    KLD 1, VII, VII                    113, 115
    KLD 1, VII, X-XVII            114

Berthold von Regensburg
    Pfeiffer Bd. 1, Nr. 21          280
    Richter Nr. 4                      91

Boppe
    Alex I.2                   ¹Bop/1/2        53, 201

*Buch der Rügen*
    [*Den werltlîchen vrowen*]      212

Burkhard von Hohenfels
    KLD 6, II, 5                     192

Christan von Hamle
    KLD 30, IV                       44

Hermann Damen
    HMS 3, Sp. 161a, I, 22       272

Dietmar von Aist
    MF 33, 31                      44
    MF 33, 33f.                   301

Dietmar von Aist?
    MF 36, 28f.                   205

Der Düring
    KLD 8, III, 2                  192

Evrat
    *Altfranzösische Genesisdichtung*    236

Frauenlob
    GA I                           276
    GA I, 1                       274
    GA I, 6                       276, 331
    GA I, 8                       220
    GA I, 12                    240, 274
    GA I, 16                    220

| | | |
|---|---|---|
| *GA* I, 17 | | 168, 174 |
| *GA* I, 19 | | 331 |
| *GA* II, 2 | | 220 |
| *GA* II, 10 | | 235 |
| *GA* II, 13 | | 220 |
| *GA* II, 16-17 | | 220 |
| *GA* III | | 71, **72f.**, **75f.**, 77, 79, **252f.**, 254 |
| *GA* III, 1 | | 209 |
| *GA* III, 1-20 | | 253 |
| *GA* III, 2 | | 331 |
| *GA* III, 4 | | 71 |
| *GA* III, 9-13 | | 73, 160 |
| *GA* III, 12 | | 114, 129, 321 |
| *GA* III, 14-32 | | 74 |
| *GA* III, 15-19 | | 217, 224 |
| *GA* III, 20-21 | | 235, 241 |
| *GA* III, 21 | | 252f. |
| *GA* III, 22 | | 252 |
| *GA* III, 22-26 | | 253 |
| *GA* III, 23 | | 73, 224 |
| *GA* III, 23-26 | | 217 |
| *GA* III, 27-33 | | 253 |
| *GA* III, 30-32 | | 217 |
| *GA* III, 31 | | 167 |
| *GA* III, 32 | | 256 |
| *GA* III, 33 | | 76, 252 |
| *GA* IV | | 71, **72**, 73f., 77, 254 |
| *GA* IV, 1 | ¹Frau/1/1-21 | 174 |
| *GA* IV, 2 | ¹Frau/1/1-21.1 | 275 |
| *GA* IV, 3 | ¹Frau/1/1-21.2 | 160, 174, 219f. |
| *GA* IV, 8 | ¹Frau/1/1-21.3 | 174 |
| *GA* IV, 10 | ¹Frau/1/1-21.8 | 235 |
| *GA* IV, 13 | ¹Frau/1/1-21.14 | 174 |
| *GA* IV, 21 | ¹Frau/1/1-21.12 | 223 |
| *GA* V, 2 | ¹Frau/1/1-21.21 | 240 |
| *GA* V, 10 | ¹Frau/2/54 | 127 |
| *GA* V, 13 | ¹Frau/2/18-22.4 | 300 |
| *GA* V, 19 | ¹Frau/2/100.1 | 247 |
| *GA* V, 21 | ¹Frau/2/2 | 288 |
| *GA* V, 38-41 | ¹Frau/2/4 | 121, 265f. |
| *GA* V, 50 | ¹Frau/2/46-49 | 288 |
| *GA* V, 91 | ¹Frau/2/110.2 | 128 |
| *GA* V, 101 | ¹Frau/2/113.1 | 77, 138 |
| *GA* V, 102-113 (*wîp-vrouwe-Streit*) | ¹Frau/2/26 | 66f., 77, 216f., **245-248**, 249, 252-254, 256f., 262, 267, 269f., 278f., 320, 322, 331, **334**, **339f.**, **347f.** |
| *GA* V, 102 ('Definitionsstrophe') | ¹Frau/2/27 | 245-247, **248-260**, 262, 264, 267, 273f., 276f., 279-280, 283, 289, 291, 306, 310, 314, 318, 322, 333, **334f.**, 337 |
| *GA* V, 103 | ¹Frau/2/28-29.1 | 235, 241, 259, **261-273**, 275, **276f.**, 280, 292, 306, 318, **335** |

| | | |
|---|---|---|
| GA V, 103-104 | ¹Frau/2/28-29 | 245-248, 260, 282, 289, 291, 332f. |
| GA V, 104 | ¹Frau/2/28-29.2 | 109, 256, 261, 270, **273-277**, 297, 322, 331, 335 |
| GA V, 105 | ¹Frau/2/30 | 246, 248, 253, 258f., 271, **277-281**, 289, 291, 318, 335 |
| GA V, 106 | ¹Frau/2/10 | 246f., 251, 253, 258, 260, 271, 275, 277, **281-291**, 297-300, 302f., 307-309, 320, 322-324, 327, 329, 331-333, **335f.** |
| GA V, 111 | ¹Frau/2/31 | 245-248, 260, 270f., 280, **308-313**, 314, **317-319**, 336 |
| GA V, 112 | ¹Frau/2/32 | 245-248, 260, 270f., 280, 308, **313-319**, 336 |
| GA V, 113 | ¹Frau/2/33 | 246-248, 260, 271, 275, 277, 280, 289, 291, 297, 307, 318, **319-324**, 326, **327-334**, **336f.** |
| GA V, 115 ('Selbstrühmung') | ¹Frau/2/55 | 57, 245, 247, 287, 290, 299, 313 |
| GA VI, 8 | ¹Frau/3/12 | 295 |
| GA VI, 9 | ¹Frau/3/3 | 77, 99, **107-110**, 111, 113, 117f. |
| GA VI, 10 | ¹Frau/3/2 | 77, 99, 107, **110-112**, 116, 117f. |
| GA VI, 11 | ¹Frau/3/11 | 73, 77, 107, **112-117**, 114, 118, 321 |
| GA VII, 1 | ¹Frau/4/11 | 164, 232 |
| GA VII, 6 | ¹Frau/4/18 | 220 |
| GA VII, 19 | ¹Frau/4/10 | 288 |
| GA VII, 35 | ¹Frau/4/108.2 | 216, **217-221**, 227, 244 |
| GA VII, 36 | ¹Frau/4/108.3 | 216, **217f.**, **222-226**, 227, 244, 352 |
| GA VII, 37 | ¹Frau/4/108.1 | 217f. |
| GA VII, 38 | ¹Frau/4/110.2 | 77, 114, 118, 128f., **160-163**, 165f., 169 |
| GA VII, 39 | ¹Frau/4/110.3 | 77, 128f., 132, 140, **160-170**, 171-173, **182**, 186 |
| GA VII, 40 | ¹Frau/4/111.1 | 77, 114, 127, **128-133**, 136, 160f., 165, 169f., 321 |
| GA VIII, 15 | ¹Frau/5/5 | 73, 77, 114, 118, 140, 160, 164, **170-180**, **182**, 321 |
| GA VIII, 16 | ¹Frau/5/10 | 118, 217, 230 |
| GA VIII, 17 | ¹Frau/5/15 | 127, 228, 252, 271 |
| GA VIII, *18 | ¹Frau/5/16 | 217, **241f.**, 275, 321 |
| GA VIII, *19 | ¹Frau/5/12-14.1 | 216f., **227-235**, 238f., **242-245**, 298 |
| GA VIII, *20 | ¹Frau/5/12-14.2 | 216f., **227-230**, **235-245**, 262, 267, 298 |
| GA VIII, *21 | ¹Frau/5/12-14.3 | 216f., 220, 227, 230 |
| GA VIII, *22 | ¹Frau/5/11 | 216, 227, 235 |
| GA VIII, 24 | ¹Frau/5/101.3 | 217 |
| GA VIII, 26 | ¹Frau/5/2 | **68**, 179, 200, 300 |
| GA IX, *1-*3 | ¹Frau/6/8-10 | 200 |
| GA IX, *3 | ¹Frau/6/8-10.3 | 311 |
| GA IX, 13 | ¹Frau/6/2 | 111 |
| GA X, 1 | ¹Frau/7/101.3 | 220 |

392  Register 1

GA X, 9 — ¹Frau/7/100.3 — 122
GA XI, 13 — ¹Frau/8/104.3 — 128
GA XIII, *39 — ¹Frau/10/11-15.3 — 256
GA XIII, 42 — ¹Frau/10/107.1 — **118-120**, 121f., 124f., 321f.
GA XIII, 45 — ¹Frau/10/2 — 66, **126-128**, 130f.
GA XIII, 46 — ¹Frau/10/3 — **126-128**, 130-132
GA XIII, 49 — ¹Frau/10/107.4 — 66, 120, **123-126**, 127, 130-132
GA XIII, 50 — ¹Frau/10/1 — 115, **120-123**, 125f.
GA XIII, 60 — ¹Frau/10/110.5 — 256
GA XIV, 1-5 [Lied 1] — **178**
GA XIV, 7 — 219
GA XIV, 20 — 219
GA XIV, 26-30 [Lied 6] — 178
GA XIV, 29 — 54

Frauenlob?
GA V, *66 — ¹Frau/2/69 — 284

Friedrich von Hausen
MF 44, 22-25 — 205
MF 44, 31f. — 205
MF 46, 17f. — 205
MF 47, 1-4 — 300
MF 49, 37-50, 2 — 205

Gottfried von Neifen
KLD 15, VI, 3 — 190
KLD 15, [XVII], 3 — 190
KLD 15, XXII, 2-3 — 190
KLD 15, XXV, 3 — 190

Gottfried von Straßburg
*Tristan* — 125, 130, 138, 171, 194f., **324f.**, 326-328

Hartmann von Aue
MF 208, 4-7 — 300
MF 216, 29-32 — 19
*Iwein* — 103, 176
*Die Klage* — 176

Heinrich von Langenstein?
*Erchantnuzz der sund*, Teil 2, 30 — 91

Markgraf Heinrich III. von Meißen
KLD 21, V — 44

Heinrich von Morungen
MF 122, 4-7 — 192f.
MF 123, 1-3 — 192
MF 124, 35-40 — 148, 192f.
MF 125, 33-36 — 192
MF 126, 3f. — 219
MF 126, 24f. — 164
MF 127, 1 — 149
MF 127, 4-6 — 115, 148
MF 127, 7-9 — 148, 192
MF 129, 20f. — 192
MF 132, 11 — 98
MF 133, 37f. — 205

*Stellenregister*

| | | |
|---|---|---|
| *MF* 134, 36-38 | | 192 |
| *MF* 136, 5-7 | | 192 |
| *MF* 136, 8 | | 153 |
| *MF* 136, 35f. | | 192 |
| *MF* 138, 38 | | 148 |
| *MF* 140, 16 | | 192 |
| *MF* 141, 8f. | | 205 |
| *MF* 143, 22-28 | | 192 |
| *MF* 144, 24f. | | 147f., 193 |
| *MF* 144, 24-27 | | 192 |

Heinrich von Rugge
| | | |
|---|---|---|
| *MF* 101, 15f. | | 205 |

Heinrich von Veldeke
| | | |
|---|---|---|
| *MF* 61, 1 | | 44 |
| *MF* 61, 1f. | | 301 |
| *MF* 61, 18 | | 44 |
| *MF* 61, 25 | | 44, 301 |
| *MF* 65, 21 | | 44 |
| *Eneasroman* | | 149 |

Hugo von Langenstein
| | | |
|---|---|---|
| *Martina* | | 190 |

Hugo von Mühldorf
| | | |
|---|---|---|
| *KLD* 26 | | 44 |
| *KLD* 26, 1 | | 213 |
| *KLD* 26, 2 | | 212f., 293, 295, 301 |

Johann von Ringgenberg
| | | |
|---|---|---|
| *SSM* 13, 1, X | ¹JohR/10 | 206 |
| *SSM* 13, 1, XI | ¹JohR/11 | 206-208, 293, 301 |
| *SSM* 13, 1, XII | ¹JohR/12 | 301 |

Johann von Würzburg
| | | |
|---|---|---|
| *Wilhelm von Österreich* | | 19 |

Johannes von Frankenstein
| | | |
|---|---|---|
| *Der Kreuziger* | | 272, 311 |

Der Junge Meißner
| | | |
|---|---|---|
| Peperkorn A, I, 5 | ¹JungMei/1/5 | 140, **142-146**, 163, 181 |
| Peperkorn A, I, 6 | ¹JungMei/1/6 | 85, 145, 145 |
| Peperkorn A, I, 7 | ¹JungMei/1/7 | 101 |
| Peperkorn A, I, 18 | ¹JungMei/1/18 | 293 |
| Peperkorn A, I, 24 | ¹JungMei/1/24 | **93f.**, 95, **96**, 100, 190 |
| Peperkorn A, I, 25 | ¹JungMei/1/25 | 93, **94-96**, 100, 190 |
| Peperkorn A, IV-V | | 44 |

Der Kanzler
| | | |
|---|---|---|
| *KLD* 28, V-XII | | 44 |
| *KLD* 28, VI | | 54 |
| *KLD* 28, VI, 3 | | 192 |
| *KLD* 28, XIII | | 50 |
| *KLD* 28, XVI, 14-16 | ¹Kanzl/5/14-16 | 128 |
| *KLD* 28, XVI, 15 | ¹Kanzl/5/14-16.2 | 127 |

Kelin
| | | |
|---|---|---|
| *HMS* 3, Sp. 21a-b, I, 7 | ¹Kel/1/7 | 301 |

Konrad von Würzburg
  Schröder 3, 21 — **47f.**
  Schröder 3, 30 — 192
  Schröder 3-5 — 44
  Schröder 7-12 — 44
  Schröder 11 — 54
  Schröder 11, 43f. — 192
  Schröder 12, 19-22 — 301
  Schröder 16-17 — 44
  Schröder 17, 25-28 — 205, 238
  Schröder 19, 1-30 — ¹KonrW/2/1-3 — 50
  Schröder 20-22 — 44
  Schröder 21 — 54
  Schröder 23 — ¹KonrW/3/1-3 — 50
  Schröder 25, 21 — ¹KonrW/5/1 — 127
  Schröder 29-30 — 44
  Schröder 31, 1 — ¹KonrW/6/1 — 50
  Schröder 32, 91 — ¹KonrW/7/7 — **102-106**, 119, 123, 186, **325f.**, 328
  Schröder 32, 101-104 — ~ — 328
  Schröder 32, 106 — ¹KonrW/7/8 — 152, **154-158**, 168f., 181f., 186
  Schröder 32, 109 — ~ — 171
  *Das Herzmaere* — 105
  *Die goldene Schmiede* — 190
  *Trojanerkrieg* — 124

Graf Kraft von Toggenburg
  SSM 1, 7, II — 190

*Das Leben der heiligen Elisabeth* — 190

Leuthold von Seven
  KLD 35, II, 4 — 47

Leuthold von Seven?
  KLD 35, VIII, 1 — ¹Leut/2/1 — 128

Der Litschauer
  HMS 2, Sp. 387a-b, 5 — ¹Lit/1/5 — **152-154**, 156, 158, 172f., 176, 181

Markgraf von Hohenburg
  KLD 25, III, 4 — 205

Der Marner
  Strauch V — 44
  Strauch VIII, 5 — 301
  Strauch IX — 44, 301
  Strauch X, 1 — 112
  Strauch XI, 2 — ¹Marn/3/2 — 275
  Strauch XV, 1 — ¹Marn/7/1 — 240
  Strauch XV, 9 — ¹Marn/7/9 — 293
  Strauch XV, 18 — ¹Marn/7/18 — **101f.**, 138
  (⇨ Anonyma:
  Der Marner, Langer Ton)

Der Marner?
  HMS 3, Sp. 332b-333a, I — ¹Marn/15/1 — 232

Stellenregister 395

| | | |
|---|---|---|
| Meinloh von Sevelingen | | |
| *MF* 12, 1 | | 44 |
| *MF* 12, 14 | | 44 |
| *MF* 13, 14 | | 293 |
| *MF* 14, 14 | | 44 |
| Der Meißner | | |
| Objartel I, 3 | ¹Mei/1/3 | 293 |
| Objartel II, 8 | ¹Mei/2/8 | **209**, 210, 212f., **214f.**, 295 |
| Objartel II, 10 | ¹Mei/2/10 | 130 |
| Objartel III, 1 | ¹Mei/3/1 | **142f.**,151f., 166 |
| Objartel IV, 6 | ¹Mei/4/6 | 127 |
| Objartel VI, 6 | ¹Mei/6/6 | 237 |
| Objartel XVII, 1 | ¹Mei/17/1 | 250, **271**, 272f., **282f.**, 327f. |
| Objartel XIX, 1 | ¹Mei/19/1 | 272 |
| Objartel XX, 1-2 | ¹Mei/20/1-2 | 111 |
| Neidhart | | |
| Wießner 84, 8 (Wl 28, VIII) | | 109 |
| *Reinfrid von Braunschweig* | | 125, 130, 237 |
| Reinmar der Alte | | |
| *MF* 154, 23f. | | 205 |
| *MF* 171, 2f. | | 300f. |
| Reinmar von Brennenberg | | |
| *KLD* 44, I-III | | 48f., 197 |
| *KLD* 44, III | | 44 |
| *KLD* 44, IV, 1 | ¹ReiBr/1 | 53, 164, **197-200**, 214, 226 |
| *KLD* 44, IV, 1-9 | ¹ReiBr/1-¹ReiBr/9 | 48f., 65, 197 |
| *KLD* 44, IV, 2 | ¹ReiBr/2 | 53, 201, 226 |
| *KLD* 44, IV, 3-4 | ¹ReiBr/3-¹ReiBr/4 | 201, 226 |
| *KLD* 44, IV, 5-6 | ¹ReiBr/5-¹ReiBr/6 | 226 |
| *KLD* 44, IV, 7 | ¹ReiBr/7 | 201 |
| *KLD* 44, IV, 10-12 | ¹ReiBr/10-12 | 49, 197 |
| *KLD* 44, V | | 48f., 197 |
| Reinmar von Brennenberg? | | |
| *KLD* 44, IV, 13 | ¹ReiBr/13 | 48f., 197 |
| Reinmar der Fiedler | | |
| *KLD* 45, I | ¹ReiFi/1/1-4 | 50 |
| *KLD* 45, III, 2 | ¹ReiFi/3/2 | **207** |
| Reinmar von Zweter | | |
| Roethe, Leich, 31 | | 225 |
| Roethe 14 | ¹ReiZw/1/14 | 225 |
| Roethe 21 | ¹ReiZw/1/21 | 224 |
| Roethe 24-29 | ¹ReiZw/1/24-¹ReiZw/1/29 | 51 |
| Roethe 27 | ¹ReiZw/1/27 | 115 |
| Roethe 30 | ¹ReiZw/1/30 | 138 |
| Roethe 31 | ¹ReiZw/1/31 | 116 |
| Roethe 32 | ¹ReiZw/1/32 | 116 |
| Roethe 33 | ¹ReiZw/1/33 | 105, 127, 186, 189, 196 |
| Roethe 34 | ¹ReiZw/1/34 | 189, 196, 205f., 303 |
| Roethe 35 | ¹ReiZw/1/35 | 186, 189, 196, 206, 250, 303, **326-329**, 336 |
| Roethe 36 | ¹ReiZw/1/36 | 186, 189, 196, 250, 326 |

| | | |
|---|---|---|
| Roethe 37 | ¹ReiZw/1/37 | 186, **202**, **204-207**, **214f.**, 231, 303 |
| Roethe 38 | ¹ReiZw/1/38 | **90-93**, 100, 147, 190 |
| Roethe 39 | ¹ReiZw/1/39 | 189, 196, 303 |
| Roethe 40 | ¹ReiZw/1/40 | 102 |
| Roethe 42 | ¹ReiZw/1/42 | 186, 189, 196 |
| Roethe 43 | ¹ReiZw/1/43 | **189f.**, **193-197**, 198f., **214**, 225f., 303 |
| Roethe 44-45 | ¹ReiZw/1/44-45 | 64 |
| Roethe 45 | ¹ReiZw/1/44-45.2 | 90, 186 |
| Roethe 48 | ¹ReiZw/1/48 | 189, 196, 303 |
| Roethe 50 | ¹ReiZw/1/50 | **139-142**, 144, 146, 163f., 181, 186 |
| Roethe 51 | ¹ReiZw/1/51 | 186 |
| Roethe 54 | ¹ReiZw/1/54 | 90 |
| Roethe 64 | ¹ReiZw/1/64 | 326 |
| Roethe 94 | ¹ReiZw/1/94 | 293 |
| Roethe 101 | ¹ReiZw/1/101 | 83 |
| Roethe 102 | ¹ReiZw/1/102 | 83 |
| Roethe 155 | ¹ReiZw/1/155 | 293 |
| Roethe 157 | ¹ReiZw/1/157 | 111, 293 |
| Roethe 169 | ¹ReiZw/1/169 | 293 |
| Roethe 198 | ¹ReiZw/1/198 | 127f. |
| Roethe 210 | ¹ReiZw/1/210 | 116 |
| Roethe 212 | ¹ReiZw/1/212 | 293 |
| Roethe 261 | ¹ReiZw/2/1 | 147 |
| Roethe 262 | ¹ReiZw/2/2 | 147 |
| Roethe 266 | ¹ReiZw/2/6 | 147 |
| Roethe 267 | ¹ReiZw/2/7 | 147 |
| Roethe 268 | ¹ReiZw/2/8 | 140, **146-151**, 152, 156, 158, 163f., 166, 181f., 190 |
| Roethe 269 | ¹ReiZw/2/9 | 147, 150, 155f. |
| Roethe 270 | ¹ReiZw/2/10 | 147, 150, 152 |
| Roethe 271 | ¹ReiZw/2/11 | 150 |
| Roethe 272 | ¹ReiZw/2/12 | 140, 147 |
| Roethe 273 | ¹ReiZw/2/13 | 140, **142**, 144, 147 |
| Roethe 274 | ¹ReiZw/2/14 | 85, 147, 189 |
| Roethe 330 | ¹ReiZw/4/1-7.1 | 189 |
| Roethe 339 | ¹ReiZw/5/1-3.3 | 92 |

Reinmar von Zweter?
| | | |
|---|---|---|
| Roethe 254 | ¹ReiZw/3/2 | 85, 98f. |

*Rheinisches Marienlob*     272

Rubin
   *KLD* 47, XIX     50

Rumelant
| | | |
|---|---|---|
| *HMS* 2, Sp. 369a, IV, 1 | ¹Rum/4/7 | 298 |
| *HMS* 3, Sp. 65a-b, VIII, 2-3 | ¹Rum/8/2-3 | 298 |

Rumelant?
   Frauenlob, Langer Ton
| | | |
|---|---|---|
| *GA* V, 107 G | ¹Frau/2/11 | 245, 247, 291f., 295, **298-304**, 306-308, 336 |

*Stellenregister* 397

| | | |
|---|---|---|
| [Rumelant?] | | |
|   Meister Singauf, Ton | | |
|     *HMS* 3, Sp. 49b, 1 | ¹Rum/11/1-2.2 | 298 |
|     *HMS* 3, Sp. 49b, 2 | ¹Rum/11/1-2.1 | 298 |
| Der von Sachsendorf | | |
|   *KLD* 51, IV, 1 | | 301 |
| Schönbach, *Altdeutsche Predigten* | | |
|   Bd. 3, Nr. 88 | | 206 |
|   Bd. 3, Nr. 113 | | 262 |
| Meister Singauf | | |
|   *HMS* 3, Sp. 49a, 2 | ¹Singuf/2 | 127 |
|   *HMS* 3, Sp. 49a, 3 | ¹Singuf/3 | 298 |
| Stolle? | | |
|   *HMS* 3, Sp. 10a, 38 | ¹Stol/34 | 207 |
| Der Stricker | | |
|   Moelleken Nr. 146 | | 19 |
|   (*Die Minnesänger*) | | |
| Suchensinn | | |
|   Cramer 3, S. 337-339, XXIV | ¹Suchs/22 | 255 |
|   Pflug 6 | ¹Suchs/6 | 212, 255 |
|   Pflug 21 | | 255 |
| Thomasin von Zerklære | | |
|   *Der Welsche Gast* | | 90, 97, 103, **105**, 111, 115 |
| Ulrich von Liechtenstein | | |
|   *KLD* 58, XVI | | 65, 114 |
|   *KLD* 58, XVIII | | 65 |
|   *KLD* 58, XX, 3 | | 171 |
|   *KLD* 58, XXIII | | 65 |
|   *KLD* 58, XXXIV, 4 | | 250 |
|   *KLD* 58, XXXVIII | | 65, 114 |
|   *Frauenbuch* | | 97 |
|   *Frauendienst* | | 97 |
| Ulrich von Winterstetten | | |
|   *KLD* 59, Leich III, 11 | | 148 |
| Walther von Breisach | | |
|   *KLD* 63, I, 4 | ¹WaltBr/1/3-4.2 | 143 |
|   *KLD* 63, III, 9 | ¹WaltBr/2/9 | 206 |
| Walther von der Vogelweide | | |
|   *L* 4, 10-12 (*L/C* 1, II b1, 5f.) | | 147 |
|   *L* 6, 29 (*L/C* 1, II* b1, 2) | | 225 |
|   *L* 14, 6f. (*L/C* 6, II, 1f.) | | 98 |
|   *L* 14, 24-29 (*L/C* 6, IV, 3-8) | | 98 |
|   *L* 24, 3 (*L/C* 10, X) | ¹WaltV/7/10 | 301 |
|   *L* 24, 12-17 (*L/C* 10, X, 10-15) | ~ | 293 |
|   *L* 27, 17 (*L/C* 11, V) | ¹WaltV/8/6 | 53, 201 |
|   *L* 27, 26 (*L/C* 11, V, 10) | ~ | 149 |
|   *L* 27, 27 (*L/C* 11, VI) | ¹WaltV/8/7 | 53, 201 |
|   *L* 27, 30 (*L/C* 11, VI, 4) | ~ | 206 |
|   *L* 30, 9 (*L/C* 11, XII) | ¹WaltV/8/16 | 293 |
|   *L* 30, 13 (*L/C* 11, XII, 5) | ~ | 111 |
|   *L* 40, 35-38 (*L/C* 17, III, 1-4) | | 149 |

*L* 41, 16-18 (*L/C* 18, I, 4-6)     301
*L* 43, 9 (*L/C* 20)     89
*L* 44, 35 (*L/C* 22)     89
*L* 45, 7f. (*L/C* 22, II, 1f.)     303
*L* 45, 11-16 (*L/C* 22, II, 5-10)     303
*L* 45, 21-26 (*L/C* 22, III, 5-10)     205
*L* 45, 27 ((*L/C* 22, IV)     303
*L* 48, 12 (*L/C* 25)     89, 185
*L* 48, 38 (*L/C* 25, IV) (*wîp-vrouwe*-Strophe)     47, 249f., 258, 271, **282f.**, 284-288, 290, 303f., 326-328, 335, 348
*L* 49, 25 (*L/C* 26, I, 1)     329
*L* 53, 35-38 (*L/C* 30, III, 1-4)     205
*L* 58, 21 (*L/C* 34)     89, 185
*L* 58, 34-38 (*L/C* 34, IV, 5-9)     303
*L* 81, 12f. (*L/C* 54, XIII, 6f.)     ¹WaltV/14/13     127
*L* 81, 31 (*L/C* 54, XVI)     ¹WaltV/14/16     138
*L* 87, 1 (*L/C* 58)     92
*L* 95, 17 (*L/C* 65)     89
*L* 102, 1 (*L/C* 71, II)     ¹WaltV/17/2     **96-100**, 102, 108
*L* 102, 3f. (*L/C* 71, II, 3f.)     ~     116
*L* 119, 11-13 (*L/C* 91, V, 1-3)     19

Walther von der Vogelweide?
*L* 29, 12 (*L/C* 11a, 9)     ¹WaltV/8/12     111
*L* 29, 12-14 (*L/C* 11a, 9-11)     ~     112

Wernher von Teufen
    *SSM* 9, 4, VI     148

*Winsbecke*
    11     212f.
    16-19     114

*Winsbeckin*
    5     119, 127
    5-8     105
    7     119f.

Wolfram von Eschenbach
    *Parzival*, Buch I     103, 326
    Buch IV     103
    Buch VII     103
    Buch X     153f.
    Buch XIV     103

# Register 2: Forschungsliteratur

Statt Anmerkungen werden nur die entsprechenden Seitenzahlen angegeben. – Aufgrund ihrer großen Zahl wurden Verweise auf das *Wörterbuch zur Göttinger Frauenlob-Ausgabe* nicht aufgenommen.

Apfelböck, H. 75
Bäuml, F.H. 25-27, 353
Baldzuhn, M. 55, 118, 216
Baltzer, U. 63
Behr, H.-J. 62
Bein, Th. 75-77, 162, 175
Bertau, K.H. 43, 68, 75f., 164, 240, 245, 276
Biehl, J. 60
de Boor, H. 40, 58, 72, 76
Brandt, R. 44
Brunner, H. 43, 51, 55, 78
Bühler, H. 75
Bumke, J. 25, 104
Conzelmann, J. 31f.
Cramer, Th. 20f., 25, 35
Curtius, E.R. 205
Dallapiazza, M. 64f.
Diesenberg, H. 55
Dietl, C. 19
Egidi, M. 24, 27, 53, 146, 170, 350
Ehlert, T. 188, 205
Ehrismann, G. 58
Eikelmann, M. 28-30, 35, 75, 140
von Ertzdorff, X. 148
Erzgräber, W. 35
Ettmüller, L. 94, 162, 294, 296, 300, 312, 315, 321
Faral, E. 210
Franz, K. 55
Freytag, H. 195
Frings, Th. 147
Fritsch, S. 68
Ganßert, E. 55
Gerdes, U. 60
Glier, I. 35, 43, 76, 79, 252f.
Grubmüller, K. 40, 44f., 49, 59, 111, 140, 266, 278

Guiette, R. 16
Gumbrecht, H.U. 20, 25, 350
Haferland, H. 18f., 21-23
von der Hagen, F.H. 162
Hahn, G. 44, 63, 65, 89f., 158, 303
Hahn, I. 97, 103-106, 108, 111, 123f., 324f.
Hausmann, A. 23f., 352
Haustein, J. 51, 60-62, 68, 101
Heinen, H. 27
Heinzle, J. 35
Hellmich, P. 55, 67
Henkel, N. 48, 203
Huber, Ch. 55, 57-60, 67, 71-73, 76f.
Hübner, G. 16, 31-33, 35, 44, 46, 49, 51-54, 101, 137, 185-187, 191f., 198, 205, 342
Huschenbett, D. 68
Jauß, H.R. 16f., 26, 44f., 48
Karnein, A. 35
Kellner, B. 77, 247, 266f., 285, 287, 307
Kern, I. 67, 71
Kern, P. 68
Kesting, P. 148, 192, 205f.
Kibelka, J. 60f., 83, 140
Kiepe-Willms, E. ⇨ Willms, E.
Kissling, H. 58, 67
Klinck, R. 262f.
Koch, P. 26, 353
Köbele, S. 75, 178
Kokott, H. 44, 46, 54, 60
Kolb, H. 71
Kornrumpf, G. 42, 55, 68
Krayer, R. 71
Kretschmann, H. 67, 71
Kron, J. 67
Kuhn, H. 15-17, 22, 24, 29f., 35, 40f., 43, 50, 61, 64, 74-76, 78, 93, 191, 234, 329

Kurz, G. 193
Lausberg, H. 185f.
Lea, E. 147
Lieb, L. 44, 48, 62
Lienert, E. 185
Löser, F. 62
Lomnitzer, H. 83
Lotman, J.M. 16, 28f., 62, 342
Ludolphy, I. 202
Ludwig, E. 249
Lütcke, H. 58, 67
März, Ch. 75
Marks, H. 354
Maurer, F. 37f., 40f.
McLaughlin, M.M. 203, 236f.
Mertens, V. 17f., 24, 31, 55, 57, 212
von Moos, P. 203, 210, 324
Moser, H. 27, 37-39, 52
Müller, J.-D. 17-20, 23, 26f., 47f., 51, 81
Müller, M. 236f.
Müller, U. 39, 55
Nagel, B. 58, 71
Niles, B. 27, 38, 52
Nyholm, K. 54, 198
Obermaier, S. 43, 52
Objartel, G. 50f., 60, 67, 93, 271f.
Oesterreicher, W. 26f., 353
Ohly, F. 148
Ong, W.L. 25
Ortmann, Ch. 44, 49, 62-64
Pagnoni-Sturlese, M.R. 153
Peil, D. 46, 51f., 54, 65, 87, 103f.
Pelster, Th. 193
Peperkorn, G. 93-95, 145
Peter, B. 58, 67
Peters, U. 64
Petzsch, Ch. 191
Pfannmüller, L. 168
Pinborg, J. 266
Ploss, E. 111
Ranawake, S. 30f., 44, 63, 89f., 329
Rettelbach, J. 55, 67f., 245, 290

Richter, M. 45
Roethe, G. 60, 93, 98, 115, 146-148, 326
Ruberg, U. 252, 262, 271f., 280, 311
Ruh, K. 40-42, 44, 47f., 70
Saechtig, O. 67
Salzer, A. 147, 194, 224f., 240, 272
Sanders, W. 252, 271f.
Schaefer, U. 26
Schanze, F. 42, 55, 216
Scheer, E.B. 75
Scheerer, E. 91, 149, 166
Schleusener-Eichholz, G. 91f., 97, 115, 149, 166
Schmitt, J.-C. 104
Schneider, H. 37, 40
Schnell, R. 32f., 35, 91, 101, 202, 211, 324f.
Schrader, L. 91
Schröder, W. 322
Schubert, M. 60
Schulze, U. 62
Schweikle, G. 27, 65, 387
Stackmann, K. 46f., 55f., 58-62, 65-70, 74, 76-78, 86, 107-114, 116-119, 121, 128f., 131, 162, 164, 170, 174, 177, 179, 196, 198, 200, 216f., 222, 227, 233, 235, 241, 245, 248f., 255f., 271, 273f., 285, 288, 295, 299, 302, 308, 310, 312, 315, 320-322, 330
Steinmetz, R.-H. 72-75, 114, 129, 160, 171, 174f., 177, 254, 321
Stolz, M. 61
Strauch, Ph. 60, 293
Strohschneider, P. 16, 18, 20, 24f., 28, 352
Tervooren, H. 24, 26, 37, 39f., 51, 78, 149, 191
Thomas, H. 58, 67f., 123, 216, 227, 241, 255, 277, 294, 296, 321
Tomasek, T. 58, 325
Tynjanov, J. 46, 49
Vinge, L. 91
Vögel, H. 52
Völker, B. 71, 271, 280, 320, 328
Wachinger, B. 35, 42f., 55, 57, 61, 67f., 70, 75, 78, 110, 161, 174, 178, 245f., 248-253, 255f., 258, 262f., 268f.,

*Forschungsliteratur*

   271, 273, 279, 281, 283, 285-287, 291, 293-302, 305f., 308-310, 312, 314f., 318-321, 323, 326-328, 330

Wandhoff, H.  353

Warning, R.  15-19, 45, 50, 74, 78, 93, 190-193, 195, 234

Wehrli, M.  35

Weinrich, H.  193

Wenzel, H.  27, 51, 63, 104

Werner, R.M.  205

Willms, E. (Kiepe-Willms, E.)  41, 188

Zumthor, P.  18, 24-26

# Anhänge

## Anhang 1: Die Minne- und Frauenpreisstrophen von Walther von der Vogelweide und Reinmar von Zweter bis Frauenlob

Die Liste verzeichnet alle von mir eruierten Minne- und Frauenpreissprüche in dem angegebenen Zeitraum, nach den drei 'Spruchtypen' geordnet,[1183] im Anschluß daran diejenigen Strophen, die sich hier nicht einordnen lassen. Spezifische Merkmale werden in Klammern angegeben.[1184] Unter mehreren Rubriken aufgeführt werden nur solche Strophen, bei denen die Dominanz eines Typus nicht auszumachen ist; es erscheint dann in Klammern ein entsprechender Verweis mit Pfeil.[1185]

Die kürzer oder ausführlicher besprochenen Texte werden durch Fettdruck hervorgehoben; zu Fragen der Autorzuweisung, der *RSM*-Angaben und der Strophenzählung etc. vgl. die Erläuterungen auf S. 387. Editionen einzelner Strophen außerhalb der Sammel- und Autorenausgaben werden nicht angegeben; stattdessen erscheint in Klammern ein Verweis auf das *RSM*.

Die Sicherheit, die eine Textliste wie die folgende zu versprechen scheint, kann trügerisch sein, schon weil in anderer Forschungsperspektive aufgrund der Entscheidung für andere Exklusionsregeln einzelne Strophen immer unterschiedlich eingeordnet bzw. ganz fortgelassen und andere hinzugenommen werden könnten; ferner sind einige Abgrenzungen schwierig und nur von Fall zu Fall zu treffen, z.B. diejenige zwischen ermahnenden Minnesprüchen an die Adresse der Frau und allgemeiner Frauendidaxe ohne eigentliche Minnethematik (die in der Regel nicht aufgenommen wurde). Insbesondere folgende Entscheidungen zur Eingrenzung der Textgrundlage sind zwar durchaus begründet, ließen sich aber bei einem abweichenden Forschungsinteresse durch andere Entscheidungen austauschen:[1186]

Um ein übersichtliches Textcorpus zu erhalten, habe ich mich auf den Zeitraum von Walther von der Vogelweide bis Frauenlob beschränkt.

Aus demselben Grund wurde Vollständigkeit nur bei den Autorcorpora angestrebt und anonyme Strophen bzw. Lieder in Tönen älterer Autoren (bzw. in unter ihrem Namen überlieferten Tönen) zwar zahlreich, aber mit geringerer Konsequenz aufgenommen und mit einem geringeren Grad an Genauigkeit eingeordnet.

Strophen mit der Rolle des liebenden Ich wurden nicht berücksichtigt; die einzige Ausnahme bilden die preisenden Strophen in Reinmars von Brennenberg Ton IV (*KLD* 44, IV, 1-2; 5-6).[1187] Ferner mußte, um die Eingrenzbarkeit noch zu gewährleisten, auf eine Ausweitung

---

[1183] Über die Abgrenzung der Spruchtypen geben die Einleitung und die jeweiligen Kapitel-Anfänge Auskunft; s.o., S. 83-85, 87, 137 u. 185-187.

[1184] In generalisierende Rede eingeflochtene „Ich-Rede" bezeichnet dabei verkürzend die Rede des involvierten Ich, also nicht jede Ich-Rede, nicht z.B. die des Mahnenden oder Belehrenden etc.

[1185] Mit einem einfachen Hinweis, ohne Pfeil, wurden solche Strophen versehen, in denen ein Thema oder Fokus zu dominieren scheint; sie tauchen also nicht an der entsprechenden Stelle noch einmal auf.

[1186] S. auch oben, 1.4, S. 82f.

[1187] Zur Begründung s.o., 4.1.1.2, S. 197. Weitere Beispiele: Boppe, Alex I.18 (*RSM* ¹Bop/1/18); Alex V.2-6 (*RSM* ¹Bop/5/2-6; ironische Klage des Ich über die Wünsche der Minnedame); Pfeffel, *SSM* 24, 1, III (*RSM* ¹Pfefl/3); Reinmar von Zweter, Roethe 24-29 (*RSM* ¹ReiZw/1/24-¹ReiZw/1/29); Roethe 242 (*RSM* ¹ReiZw/1/510.5); der Schulmeister von Esslingen, *KLD* 10, I, 3 (*RSM* ¹Schulm/3/3; ironische Klage des Ich über Impotenz); der Tannhäuser, Siebert IX (*RSM* ¹Tanh/4/1.1-3; Thema: s. Boppe, Alex V.2-6); Wernher von Hohenberg, *SSM* 2, 1, I und 3, I (*RSM* ¹WernH/1/1-¹WernH/2/1); Anonyma: *KLD* 38, n I, 11 (*RSM* ¹ZX/30/2); Roethe 312-314 (*RSM* ¹Ehrb/1/505.1-3); *HMS* 3, Sp. 453b-454a, (XXXIV), 1-2 (*RSM*

der Textgrundlage in Richtung auf generalisierende (im frühen Minnesang häufig einstrophige) Minnelieder verzichtet werden, die in der Frühzeit wie dann seit der zweiten Hälfte des 13. Jahrhunderts nicht selten Berührungen mit den Minnespruchstrophen aufweisen.[1188] Minneliedstrophen, die in der Parallelüberlieferung als Einzelstrophen und damit – bei verallgemeinernder Rede und in entsprechendem Überlieferungskontext – quasi als Minnespruchstrophen überliefert sind, wurden (mit drei Ausnahmen)[1189] nicht berücksichtigt.

Strophen mit Ehethematik sind nicht unter die Minne- und Frauenpreisstrophen aufgenommen, sondern bilden einen eigenen Anhang (Anhang 2). Abgesehen von den eher seltenen Spruchstrophen, die Ehe- und Liebesthematik bzw. Frauenpreis miteinander verknüpfen und das Vokabular des höfischen Liebesdiskurses verwenden, grenzen sich die meisten Ehesprüche im abgesteckten Zeitrahmen deutlich vom Liebesdiskurs ab und weisen eine andere Sprache auf; die Mehrzahl von ihnen zielt auf die Affirmation der traditionellen Geschlechterrollen. Bei der Auflistung der letztgenannten Strophen (Anhang 2, 2.1-2.3) wird kein Anspruch auf Vollständigkeit erhoben.

Von Spruchstrophen über die Gottesliebe, die mit dem Vokabular des höfischen Liebesdiskurses operieren,[1190] ist nur eine Strophe als Beispiel aufgenommen (Peperkorn A, I, 25), da sie zusammen mit der in B vorausgehenden Strophe (Peperkorn A, I, 24) gerade den Übergang von der höfischen Liebesthematik zum Thema der Gottesliebe vorführt.

Insgesamt beansprucht die folgende Übersicht somit Vollständigkeit nur in dem angegebenen Rahmen; sie will lediglich eine Orientierung geben über einen Grundstock von Texten, der in unterschiedliche Richtungen ausgeweitet werden kann.

## 1 Ermahnende Minnesprüche

Hierzu gehört die an Frauen wie an Männer gerichtete oder auch nicht spezifizierte Ermahnung. Ferner wurden Scheltstrophen hinzugerechnet, wofern sie die Differenz zwischen 'richtig' und 'falsch' erkennen lassen, und zwar deshalb, weil es im Kontext der Liebesthematik keine absolut gesetzte Schelte – die komplementär wäre zum absolut gesetzten Frauenpreis – gibt, sich hier also kein eigener Spruchtypus von der Ermahnung abgrenzen läßt.

Anonyma
    *KLD* 38, D 230                                                                                                                                                                                         

| | |
|---|---|
| *KLD* 38, D 230 | ¹ZX/20/1 |
| *KLD* 38, D 231 | ¹ZX/20/2 |
| *KLD* 38, n III, 5-6 (mit Frauenpreis) | ¹ZX/32/1-2 |
| *KLD* 38, n III, 14 | ¹ZX/33/1 |
| Eberhard von Sax, Ton I | |
| *KLD* 58, [LIX, 2] (mit Frauenpreis) | ¹ZZEberhS/2/2.2 |

---

[1]KonrW/7/26.1-2). – Ebenfalls unberücksichtigt bleiben Strophen mit Dichter- oder Liedtypenkatalogen, mit Polemiken gegen Minnesänger oder Klagen über verstorbene Minnesänger.

[1188] Beispiele s.o., Anm. 170. Es handelt sich, insbesondere was die späthöfische Zeit betrifft, um einen Textbereich, dem sich die Forschung weitaus gründlicher gewidmet hat als der Sangspruchdichtung mit Liebesthematik und Frauenpreis. – Eine Ausnahme bildet Strophe *KLD* 38, n I, 14 (s. unter „Beschreibung der Minne"), die zwar auch (besonders aufgrund des Binnenreims) als einstrophiges Minnelied gelten könnte, aber in n im Kontext von Minnespruchstrophen überliefert ist (zu n I s.o., S. 47).

[1189] Konrad von Würzburg, Schröder 3, 21; Leuthold von Seven, *KLD* 35, II, 4; Walther von der Vogelweide, *L* 48, 38 (s. unter „Frauenpreis").

[1190] Z.B. Reinmar von Zweter, Roethe 19 (*RSM* ¹ReiZw/1/19); 20 (¹ReiZw/1/20); 166 (¹ReiZw/1/166); 278 (¹ReiZw/2/18); der Meißner, Objartel XVI, 7 (*RSM* ¹Mei/16/7).

Ehrenbote, Spiegelweise
   Roethe 257 (Männerschelte)                              ¹Ehrb/1/504.1
   Roethe 310 (Schelte)                                      ¹Ehrb/1/504.2
   Roethe 311 (Schelte)                                      ¹Ehrb/1/504.3
   Roethe 317 (Frauenschelte)                          ¹Ehrb/1/506.3
Ehrenbote, Schallweise
   –                                                              ¹Ehrb/2/5.2
Frauenlob, Langer Ton
   *BML* 15, 1-2 (mit Frauenschelte; mit kurzer Ich-Rede     ¹Frau/2/514.1-2
   *GA-S* V, 208, 1 (mit Minnesklaven-Exempeln)         ¹Frau/2/557.1
   (s. *RSM*)                                            ¹Frau/2/542.2-3
Frauenlob, Zarter Ton
   *BML* 49, 1                                             ¹Frau/5/513.1
   *GA-S* VIII, 215 B, 1 (mit ⇨ Frauenpreis)               ¹Frau/5/512.1
   *GA-S* VIII, 215 C, 1-3 (mit ⇨ Frauenpreis; ⇨ Beschreibung der    ¹Frau/5/520.1-3
   Minne/des Minneprozesses)
Frauenlob, Goldener Ton
   *GA-S* XII, 201 (mit Frauenpreis)                      ¹Frau/9/1
   – (mit kurzer Ich-Rede)                             ¹Frau/9/502.1
   –                                                            ¹Frau/9/522.1
Frauenlob, Kurzer Ton
   *GA-S* XIII, 203, 15-16                               ¹Frau/10/500.15-16
Der Junge Meißner, Ton I
   Peperkorn B, I, 60                                 ¹JungMei/1/517.1
Der Marner, Kurzer Ton
   – (Minnethematik nur am Rande)                 ¹Marn/6/502.1-2
Regenbogen, Briefweise
   *BML* 60 (mit ⇨ Frauenpreis; ⇨ Ehespruchstrophen 1)      ¹Regb/1/511.1-3
   *BML* 65                                            ¹Regb/1/521.1-3
   *BML* 73                                            ¹Regb/1/541.1-5
   *BML* 74 (mit ⇨ Frauenpreis)                         ¹Regb/1/545.1-3
Regenbogen, Grundweise
   *BML* 199                                         ¹Regb/3/15.1-3
Regenbogen, Langer Ton
   *HMS* 3, Sp. 468ᵏa-b, (V), 2-3 (mit ⇨ Frauenpreis)       ¹Regb/4/617.2-3
   – (Schelte; mit ⇨ Frauenpreis; ⇨ Ehespruchstrophen 1; mit Ich-    ¹Regb/4/563.1-3
   Rede)
Reinmar von Zweter, Neue Ehrenweise
   Roethe 282a                                        ¹ReiZw/2/23
Stolle, Alment
   (s. *RSM* ¹Stol/528.1 = *BML* 201, 1)                   ¹Stol/507.3
   *BML* 201, 4 (Frauenschelte mit Minnesklaven-Exempeln)    ¹Stol/528.4
Walther von der Vogelweide, „Erster Philippston"
   *L/C* 9, I\* (Schelte der Homosexualität)                 ¹WaltV/6/6-7.2
⇨ Der Junge Spervogel

Der von Buchein
   *KLD* 5, V, 3                                     ¹Buch/3
Frauenlob
   *GA* V, 46 (Minnethematik nur am Rande)               ¹Frau/2/63
   *GA* V, 100 (mit Frauenpreis; Abgesang: Beschreibung der Minne/    ¹Frau/2/25
   des Minneprozesses)
   **GA VI, 9**                                         **¹Frau/3/3**
   **GA VI, 10**                                     **¹Frau/3/2**

| | |
|---|---|
| **GA VI, 11** | ¹**Frau/3/11** |
| GA VII, 14 (Minnethematik nur am Rande) | ¹Frau/4/4 |
| **GA VII, 38** | ¹**Frau/4/110.2** |
| **GA VII, 40** | ¹**Frau/4/111.1** |
| GA VIII, 17 (mit ⇨ Frauenpreis) | ¹Frau/5/15 |
| GA IX, 6 (mit ⇨ Frauenpreis) | ¹Frau/6/100.3 |
| GA XI, 14 (über *ritterschaft* und *minnen spil*) | ¹Frau/8/105.7 |
| GA XIII, 19 | ¹Frau/10/103.5 |
| GA XIII, 36 | ¹Frau/10/106.5 |
| GA XIII, *41 | ¹Frau/10/11-15.5 |
| **GA XIII, 42** | ¹**Frau/10/107.1** |
| GA XIII, 43 | ¹Frau/10/107.2 |
| GA XIII, 44 | ¹Frau/10/501.3 |
| **GA XIII, 45** | ¹**Frau/10/2** |
| **GA XIII, 46** | ¹**Frau/10/3** |
| GA XIII, 47-48 | ¹Frau/10/4-5 |
| **GA XIII, 49** | ¹**Frau/10/107.4** |
| **GA XIII, 50** | ¹**Frau/10/1** |
| GA XIII, 51 (Minnelehre aus dem Mund der Geliebten; mit kurzer Ich-Rede) | ¹Frau/10/108.1 |
| GA XIII, 52 | ¹Frau/10/108.4 |
| GA XIII, 54 | ¹Frau/10/109.1 |
| GA XIII, 55 | ¹Frau/10/109.2 |
| GA XIII, 56-58 | ¹Frau/10/109.3-5 |
| Frauenlob? | |
| GA-S XII, 203 (fragmentarisch überliefert; Ermahnung der Frau?) | ¹Frau/9/3 |
| GA-S XIII, 201 | ¹Frau/10/6 |
| GA-S XIII, 202, 1-3 (mit Frauenpreis) | ¹Frau/10/502.1-3 |
| Johann von Ringgenberg | |
| SSM 13, 1, XI (Männerschelte, mit Frauenpreis) | ¹JohR/1 1 |
| Der Junge Meißner | |
| Peperkorn A, I, 6 (erster Stollen: ⇨ Preis der Minne als 'kultivierende' Instanz, s.u., 4.1) | ¹JungMei/1/6 |
| Peperkorn A, I, 7 | ¹JungMei/1/7 |
| **Peperkorn A, I, 24** | ¹**JungMei/1/24** |
| **Peperkorn A, I, 25** (Ermahnung zur Gottesliebe) | ¹**JungMei/1/25** |
| Der Junge Spervogel? | |
| KLD 38, h 34 (Schelte) | ¹SpervA/5/1 |
| Der Kanzler | |
| KLD 28, XVI, 4 (mit ⇨ Frauenpreis; Minnethematik nur am Rande) | ¹Kanzl/5/4 |
| Kelin | |
| HMS 3, Sp. 21a-b, I, 7 (Männerschelte) | ¹Kel/1/7 |
| Konrad von Würzburg | |
| **Schröder 32, 91** (mit ⇨ Frauenpreis) | ¹**KonrW/7/7** |
| Der Marner | |
| **Strauch XV, 18** (Abgesang: ⇨ Beschreibung der Minne/des Minneprozesses) | ¹**Marn/7/18** |
| Regenbogen | |
| HMS 2, Sp. 309b, 5 (Minnethematik nur am Rande) | ¹Regb/1/5 |

Reinmar von Zweter
- Roethe 23 (Frauenschelte) — ¹ReiZw/1/23
- Roethe 33 (Aufgesang: ⇨ Frauenpreis; Abgesang: Ermahnung zur Gottesliebe) — ¹ReiZw/1/33
- **Roethe 35** (mit ⇨ Frauenpreis) — **¹ReiZw/1/35**
- Roethe 36 — ¹ReiZw/1/36
- Roethe 37 (Abgesang: ⇨ Frauenpreis) — ¹ReiZw/1/37
- **Roethe 38** — **¹ReiZw/1/38**
- Roethe 40 — ¹ReiZw/1/40
- Roethe 41 (Minnethematik nur am Rande) — ¹ReiZw/1/41
- Roethe 42 (mit ⇨ Frauenpreis) — ¹ReiZw/1/42
- Roethe 44-45 (Ermahnung zur Eheliebe, mit Preis; ⇨ Ehespruchstrophen 1) — ¹ReiZw/1/44-45
- Roethe 46 (Ermahnung: *ein reinez wîp* und *Êre* als Geliebte; s.u., Frauenpreis, Roethe 47) — ¹ReiZw/1/46
- Roethe 51 (mit Frauenpreis) — ¹ReiZw/1/51
- Roethe 52 — ¹ReiZw/1/52
- Roethe 53 (Schelte, mit kurzer Ich-Rede) — ¹ReiZw/1/53
- Roethe 54 — ¹ReiZw/1/54
- Roethe 55 — ¹ReiZw/1/55
- Roethe 103 (Schelte; Minnesklaven-Exempel) — ¹ReiZw/1/103
- Roethe 112 (Schelte; Minnethematik nur am Rande) — ¹ReiZw/1/112
- Roethe 210 (Schelte) — ¹ReiZw/1/210
- Roethe 251 (fragmentarisch überliefert; Schelte) — ¹ReiZw/1/257
- Roethe 267 (Schelte; Minnethematik nur am Rande) — ¹ReiZw/2/7
- Roethe 271 (mit Beschreibung der Minne/des Minneprozesses und Frauenpreis) — ¹ReiZw/2/11
- Roethe 272 — ¹ReiZw/2/12
- Roethe 275 — ¹ReiZw/2/15
- Roethe 276 — ¹ReiZw/2/16
- Roethe 331 — ¹ReiZw/4/1-7.2
- Roethe 332 — ¹ReiZw/4/1-7.3
- Roethe 333 — ¹ReiZw/4/1-7.4
- Roethe 334 — ¹ReiZw/4/1-7.5
- Roethe 335 — ¹ReiZw/4/1-7.6
- Roethe 336 — ¹ReiZw/4/1-7.7
- Roethe 337 (Minnethematik nur am Rande) — ¹ReiZw/5/1-3.1
- Roethe 339 (ebenso) — ¹ReiZw/5/1-3.3

Walther von Breisach
- KLD 63, III, 10 (unvollständig überliefert; Männerschelte mit Frauenpreis) — ¹WaltBr/2/10

Walther von der Vogelweide
- L 24, 3 (*L/C* X, 10) (Minnethematik nur am Rande) — ¹WaltV/7/10
- **L 102, 1 (*L/C* 71, II)** (Nähe zur Verteidigung der Minne als Wert) — **¹WaltV/17/2**

## 2 Beschreibung der Minne als Agens und/oder des Minneprozesses

Hierzu werden Strophen gerechnet, die nicht primär um die Differenz zwischen 'rechter' und 'falscher' Liebe kreisen; sie beschreiben Minne als Agens, als überpersonale Macht, und/oder als Prozeß und damit auch als dessen im Entstehen begriffenes Produkt, als Erfahrung der Liebenden. Nicht aufgeführt werden Texte, welche die personifizierte Minne primär in Hinblick auf eine Wertopposition zu bestimmen suchen (s.u., 4.1-4.3: der Preis der Minne als 'kultivierende' Instanz; ihre Verteidigung als Wert; die Kritik an der Minne).

In diese Rubrik fällt also außer den beiden im dritten Kapitel besprochenen Beschreibungstypen noch der allgemeingehaltene Preis der Allgegenwart, Macht und Unfaßbarkeit der Minne (s.o., Anm. 550); auch hier sind selbstverständlich die Übergänge etwa zum zweiten Beschreibungstyp (vgl. Kapitel 3.1.2 und 3.2.2) fließend.

Anonyma
*KLD* 38, n I, 14 (mit Frauenpreis)
Frauenlob, Zarter Ton
   *BML* 49, 3 (mit Frauenpreis)     ¹Frau/5/513.3
   *GA-S* VIII, 215 C, 3-4 (mit ⇨ Ermahnung)     ¹Frau/5/520.3-4
Frauenlob, Goldener Ton
   –     ¹Frau/9/522.2
Frauenlob, Kurzer Ton
   *GA-S* XIII, 203, 9     ¹Frau/10/500.9
Frauenlob, Ankelweise
   –     ¹Frau/11/3.1-3
Der Kanzler, Süßer Ton
   *KLD* 28, [XVII, 1-5]     ¹Kanzl/10/1.1-5
Regenbogen, Briefweise
   *HMS* 3, Sp. 452b-453a, (I), 4-6     ¹Regb/1/561.1-3
Regenbogen, Langer Ton
   *BML* 81, 1     ¹Regb/4/508.1

Frauenlob
   *GA* V, 101 (erster Stollen: Frauenpreis)     ¹Frau/2/26
   **GA VII, 39** (mit Ermahnung)     **¹Frau/4/110.3**
   **GA VIII, 15**     **¹Frau/5/5**
Der Junge Meißner
   **Peperkorn A, I, 5**     **¹JungMei/1/5**
Konrad von Würzburg
   **Schröder 32, 106**     **¹KonrW/7/8**
Der Litschauer
   **HMS 2, Sp. 387a-b, 5**     **¹Lit/1/5**
Der Marner
   Strauch XV, 18 (Aufgesang: ⇨ Ermahnung)     ¹Marn/7/18
Der Meißner
   **Objartel III, 1**     **¹Mei/3/1**
Reinmar von Zweter
   Roethe 30 (mit kurzer Ich-Rede)     ¹ReiZw/1/30
   **Roethe 50**     **¹ReiZw/1/50**
   **Roethe 268**     **¹ReiZw/2/8**
   Roethe 270     ¹ReiZw/2/10
   **Roethe 273**     **¹ReiZw/2/13**
Walther von Breisach
   *KLD* 63, I, 4 (Aufgesang: ⇨ Frauenpreis; zusammengehörig mit     ¹WaltBr/1/3-4.2
   *KLD* 63, I, 3)
Walther von der Vogelweide
   *L* 81, 31 (*L/C* 54, XVI)     ¹WaltV/14/16

*Minne- und Frauenpreisstrophen* 409

## 3 Frauenpreis

Der *wîp-vrouwe-Streit* wird, da hier die Frage nach dem angemessenen preisenden Begriff wie implizit auch nach dem Programm des Preisens die übergeordnete ist, in Gänze in diese Rubrik aufgenommen. Von den Spruchstrophen Reinmars von Brennenberg sind nur diejenigen aufgenommen, in denen der Preis dominiert.

Stellenangaben zu spezifischen Begründungsmustern des Frauenpreises finden sich oben, S. 207f. und Anm. 730 (mariologisches Argument; ferner Reinmar von Zweter, Roethe 37), Anm. 748 (*proles*-Argument; ferner der Meißner, Objartel II, 8) und Anm. 817 (Argument der Erschaffung Evas aus der Rippe Adams; ferner Frauenlob, *GA* VIII, *20).

Anonyma
    *HMS* 3, Sp. 398a, XVIII, 1-3                                                    ¹ZX/530/1.1-3
    *HMS* 3, Sp. 398a-b, XVIII, 4                                                 ¹ZX/531/1
    *HMS* 3, Sp. 398b, XVIII, 5                                                   ¹ZX/532/1
    *KLD* 38, n I, 9                            ¹ZX/30/1
    *KLD* 38, n III, 23-25                        ¹ZX/32/3-5
    *L* 166, 21 (Cormeau, S. 306, 121, I; mit Ich-Rede und Preis der Geliebten)            ¹ZX/40/1-2.1
Boppe, Hofton
    Petzsch, „Transzendierendes II", S. 106-108 (mit kurzer Ich-Rede)      ¹Bop/1/512.1-3
Ehrenbote, Spiegelweise
    Roethe 315                        ¹Ehrb/1/506.1
    Roethe 316                        ¹Ehrb/1/506.2
Frauenlob, Langer Ton
    (*GA* V, 107 G ⇨ Rumelant)
    **GA V, 108 G**             **¹Frau/2/12**
    **GA V, 109 G**             **¹Frau/2/13**
    **GA V, 110 G**             **¹Frau/2/60**
    *GA-S* V, 208, 3 (mit Länderkatalog; Minnethematik nur am Rande)      ¹Frau/2/557.3
    (s. *RSM*)                  ¹Frau/2/542.1
Frauenlob, Zarter Ton
    *BML* 48 (Str. 1: *GA-S* VIII, 215 B, 1; mit ⇨ Ermahnung)      ¹Frau/5/512.1-3
    *BML* 49, 2                  ¹Frau/5/513.2
    *GA-S* VIII, 215 C, 1 (mit ⇨ Ermahnung)      ¹Frau/5/520.1
    *GA-S* VIII, 215 C, 5          ¹Frau/5/520.5
    – (mit Ermahnung)          ¹Frau/5/521.1-3
Frauenlob, Vergessener Ton
    –              ¹Frau/7/503.1-2
Frauenlob, Goldener Ton
    *GA-S* XII, 202          ¹Frau/9/2
    –              ¹Frau/9/502.2
Frauenlob, Kurzer Ton
    *GA-S* XIII, 203, 7          ¹Frau/10/500.7
Frauenlob, Zugweise
    *HMS* 3, Sp. 374b-375a, V, 1-3 (auch in: *GA-S*, S. 331-334)      ¹Frau/33/7.1-3
Der Junge Meißner, Ton I
    Peperkorn B, I, 47          ¹JungMei/1/512.2
    Peperkorn B, I, 49 (allgemeiner Frauenpreis und Preis der Geliebten gehen ineinander über)      ¹JungMei/1/513.2
    Peperkorn B, I, 57          ¹JungMei/1/516.1
    Peperkorn B, I, 58          ¹JungMei/1/516.2
    Peperkorn B, I, 59 (Marien- und Frauenpreis gehen ineinander über)      ¹JungMei/1/516.3
    Peperkorn B, I, 61          ¹JungMei/1/517.2

Der Kanzler, Goldener Ton
   *KLD* 28, II, [12-14]                                                      ¹Kanzl/2/500.1-3
Konrad von Würzburg, Morgenweise
   –                                                                  ¹KonrW/6/507.1-3
   –                                                                   ¹KonrW/6/514.3
Konrad von Würzburg, Hofton
   *BML* 114, 1 (mit Ermahnung)                          ¹KonrW/7/500.1
   *BML* 114, 3 (mit Ermahnung)                          ¹KonrW/7/500.3
Konrad von Würzburg, Blauer Ton
   –                                                                   ¹KonrW/8/19.5
Der Marner, Goldener Ton
   (s. *RSM*)                                                        ¹Marn/1/510.2-3
Der Marner, Kurzer Ton
   –                                                                   ¹Marn/6/502.3
Der Marner, Langer Ton
   –                                                                   ¹Marn/7/550.1-3
Regenbogen, Briefweise
   *BML* 59, 2-7                                             ¹Regb/1/510.2-7
   *BML* 60 (mit ⇨ Ermahnung; ⇨ Ehespruchstrophen 1)    ¹Regb/1/511.1-3
   *BML* 61 (fiktiver Streit zwischen Regenbogen und Frauenlob; Frau-    ¹Regb/1/512
   enpreis v.a. in Str. 8, 10, 12, 14, 16, 18, 20 u. 22)
   *BML* 74 (mit ⇨ Ermahnung)                            ¹Regb/1/545.1-3
   *HMS* 3, Sp. 452b, (I), 3                                  ¹Regb/1/104.3
   – (Preis als Ich-Rede der Frau)                     ¹Regb/1/566.2
Regenbogen, Grauer Ton
   – (z.T. mit Ich-Rede; Str. 4: Preis der Geliebten)      ¹Regb/2/31.1-7
   (s. *RSM*)                                                        ¹Regb/2/55.1-3
Regenbogen, Langer Ton
   *HMS* 3, Sp. 468ᵏa-b, (V), 2-3 (mit ⇨ Ermahnung)    ¹Regb/4/617.2-3
   Petzsch, „Transzendierendes", S. 346 (mit kurzer Ich-Rede und    ¹Regb/4/509.3
   Preis der Geliebten)
   – (mit ⇨ Ermahnung)                                 ¹Regb/4/563.2
   –                                                                   ¹Regb/4/589.1-3
   –                                                                   ¹Regb/4/621.3
Stolle, Alment
   –                                                                   ¹Stol/510.1-3
⇨ Spervogel
⇨ Stolle

Boppe
   Alex I.2 (mit Ermahnung)                              ¹Bop/1/2
Frauenlob
   *GA* V, 102                                                              **¹Frau/2/27**
   *GA* V, 103-104                                                 **¹Frau/2/28-29**
   *GA* V, 105                                                              **¹Frau/2/30**
   *GA* V, 106                                                              **¹Frau/2/10**
   *GA* V, 111                                                              **¹Frau/2/31**
   *GA* V, 112                                                              **¹Frau/2/32**
   *GA* V, 113                                                              **¹Frau/2/33**
   *GA* VII, 35                                                           **¹Frau/4/19**
   *GA* VII, 36                                                           **¹Frau/4/108.3**
   *GA* VII, 37                                                           ¹Frau/4/108.1
   *GA* VIII, 16                                                         ¹Frau/5/10
   *GA* VIII, 17 (mit ⇨ Ermahnung)                  ¹Frau/5/15

*Minne- und Frauenpreisstrophen*

| | |
|---|---|
| *GA* VIII, *18 | ¹**Frau/5/16** |
| *GA* VIII, *19 | ¹**Frau/5/12-14.1** |
| *GA* VIII, *20 | ¹**Frau/5/12-14.2** |
| *GA* VIII, *21 | ¹Frau/5/12-14.3 |
| *GA* IX, 6 (mit ⇨ Ermahnung) | ¹Frau/6/100.3 |
| *GA* XIII, 38 | ¹Frau/10/11-15.2 |
| *GA* XIII, 40 | ¹Frau/10/11-15.4 |
| *GA* XIII, 59 | ¹Frau/10/110.1 |
| Johann von Ringgenberg | |
| *SSM* 13, 1, X | ¹JohR/10 |
| *SSM* 13, 1, XII | ¹JohR/12 |
| Der Kanzler | |
| *KLD* 28, II, 9 | ¹Kanzl/2/9 |
| *KLD* 28, XVI, 4 (mit ⇨ Ermahnung; Minnethematik nur am Rande) | ¹Kanzl/5/4 |
| Konrad von Würzburg | |
| **Schröder 3, 21** (s.o., S. 47f.) | |
| Schröder 31, 96 | ¹KonrW/6/6 |
| **Schröder 32, 91** (mit ⇨ Ermahnung) | ¹**KonrW/7/7** |
| Leuthold von Seven | |
| *KLD* 35, II, 4 (s.o., Anm. 184) | |
| Der Meißner | |
| **Objartel II, 8** | ¹**Mei/2/8** |
| **Objartel XVII, 1** (mit Ermahnung) | ¹**Mei/17/1** |
| Reinmar von Brennenberg | |
| **KLD 44, IV, 1** (Ich-Rede) | ¹**ReiBr/1** |
| *KLD* 44, IV, 2 (Ich-Rede) | ¹ReiBr/2 |
| *KLD* 44, IV, 5 (Ich-Rede) | ¹ReiBr/5 |
| *KLD* 44, IV, 6 (Ich-Rede) | ¹ReiBr/6 |
| Reinmar von Zweter | |
| Roethe 33 (Frauen- und Minnepreis gehen ineinander über; Abgesang: ⇨ Ermahnung der Frauen zur Gottesliebe) | ¹ReiZw/1/33 |
| Roethe 34 | ¹ReiZw/1/34 |
| **Roethe 35** (mit ⇨ Ermahnung) | ¹**ReiZw/1/35** |
| **Roethe 37** (Aufgesang: ⇨ Ermahnung) | ¹**ReiZw/1/37** |
| Roethe 39 | ¹ReiZw/1/39 |
| Roethe 42 (mit ⇨ Ermahnung) | ¹ReiZw/1/42 |
| **Roethe 43** | ¹**ReiZw/1/43** |
| Roethe 47 (Preis eines *reinen wîbes* und der *Êre* als Geliebte; s.o., Ermahnung, Roethe 46) | ¹ReiZw/1/47 |
| Roethe 48 | ¹ReiZw/1/48 |
| Roethe 274 (mit ⇨ Preis der Minne als 'kultivierende' Instanz; s.u., 4.1) | ¹ReiZw/2/14 |
| Roethe 330 (mit Ermahnung) | ¹ReiZw/4/1-7.1 |
| Rumelant? | |
| **GA V, 107 G** | ¹**Frau/2/11** |
| Spervogel? | |
| *MF* 24, 1 (mit Ermahnung) | ¹Sperv/18 |
| Stolle? | |
| *HMS* 3, Sp. 10a, 38 | ¹Stol/34 |
| Süßkind von Trimberg | |
| *KLD* 56, III, 2 (Preis der Ehefrau; ⇨ Ehespruchstrophen 1) | ¹Süßk/3/2 |

Walther von Breisach
    *KLD* 63, I, 3-4 (Preis des *getriuwen mannes* und *wîbes*; Abgesang     ¹WaltBr/1/3-4
    von Str. 4: ⇨ Beschreibung der Minne/des Minneprozesses)
    *KLD* 63, III, 9     ¹WaltBr/2/9

Walther von der Vogelweide
    *L* 27, 17 (*L/C* 11, V)     ¹WaltV/8/6
    *L* 27, 27 (*L/C* 11, VI)     ¹WaltV/8/7
    ***L* 48, 38 (*L/C* 25, IV)** (s.o., Anm. 184)

## 4 Strophen, die nicht zu den drei Spruchtypen zu rechnen sind

Von ihnen sind folgende Texte wieder in drei (zum Teil nicht vollständig voneinander abgrenzbaren) Untergruppen erfaßbar, in denen wie in den oben unter 2 verzeichneten Texten die personifizierte Minne im Mittelpunkt steht:

### 4.1 Der Preis der Minne als 'kultivierende', 'disziplinierende' Instanz

Der Junge Meißner
    Peperkorn A, I, 6 (ab zweitem Stollen: ⇨ Ermahnung)     ¹JungMei/1/6

Reinmar von Zweter
    Roethe 31     ¹ReiZw/1/31
    Roethe 32     ¹ReiZw/1/32
    Roethe 274 (mit ⇨ Frauenpreis)     ¹ReiZw/2/14

### 4.2 Die Verteidigung der Minne als Wert

Insofern Minne gegen die Verfälschung und Pervertierung durch das Handeln der Menschen abgegrenzt wird, ist hier eine gewisse Nähe zu den ermahnenden Minnestrophen gegeben, und zwar zur Variante der normativen Aussagemuster.

Reinmar von Zweter?
    Roethe 254     ¹ReiZw/3/2

Walther von der Vogelweide
    *L* 82, 3 (*L/C* 54, XVII)     ¹WaltV/14/17

### 4.3 Die Kritik an der Minne als eigenverantwortlich für ihren Wertverlust und ihre Verfälschung (wiederum mit Nähe zur Ermahnung)

Der von Buchein
    *KLD* 5, V, 1 (mit Ermahnung)     ¹Buch/1

Reinmar von Zweter
    Roethe 49     ¹ReiZw/1/49

## 4.4 Strophen, die sich keiner der erwähnten Gruppen zuordnen lassen

Anonyma
⇨ Friedrich von Sonnenburg

Albrecht von Haigerloch
   *HMS* 1, Sp. 63a, 1     ¹AlbrH/1
   *HMS* 1, Sp. 63b, 2 (Str. 1-2: antithetische Erörterung über offene und heimliche Minne)     ¹AlbrH/2

Meister Alexander (Der Wilde Alexander)
   *KLD* 1, II, 10 (mit kurzer Ich-Rede; Kritik an der *huote*)     ¹Alex/10
   *KLD* 1, II, 11 (Nähe zur Beschreibung der Minne/des Minneprozesses)     ¹Alex/11
   *KLD* 1, II, 22-23 (mit kurzer Ich-Rede; Kritik an der *huote*)     ¹Alex/22-23

Frauenlob
   *GA* VIII, 23 (Begehren treibt alles in der Natur an; Bezug zur Minnethematik nicht expliziert)     ¹Frau/5/101.2

Frauenlob?
   *GA* VII, *5 (*liebe* und *lust* dienen *nature*, die nur durch *menschen lust unreine* getrübt wird)     ¹Frau/4/100.2

Friedrich von Sonnenburg
   *HMS* 2, Sp. 355a, I, 13 (das Ich sänge gerne Lieder von der Minne, doch den jungen Adligen behagt es mehr, Frauen zu schelten)     ¹FriSo/3/13

Friedrich von Sonnenburg?
   *HMS* 3, Sp. 77b, I, 48 (mit kurzer Ich-Rede; *bîspel* aus dem Mund der Geliebten)     ¹FriSo/1/47

Der Meißner
   Objartel II, 10 (über dreierlei Leid der Minne)     ¹Mei/2/10

Reinmar von Brennenberg
   *KLD* 44, IV, 10-12 (Streit zwischen *Liebe* und *Schœne*)     ¹ReiBr/10-12

Reinmar von Zweter
   Roethe 269 (*gougelspil* der Minne; mit Ich-Rede; Nähe zur Beschreibung der Minne/des Minneprozesses)     ¹ReiZw/2/9

414

Anhang 2: Ehestrophen

## 1 Strophen mit Berührung zum Liebesdiskurs, d.h. mit höfischem Vokabular[1191]

Anonyma
Herzog-Ernst-Ton
  – (Liebe als Voraussetzung für die Ehe)                                                    ¹HerzE/5.1-9
Regenbogen, Briefweise
  *BML* 55 (Meisterlied über listige Ehebrecherin, mit Minne-Exem-     ¹Regb/1/502.1-9
  peln, Ermahnung und Frauenpreis)
  *BML* 60 (⇨ Ermahnung der Frau, u.a. zur Treue in der Ehe [?]; mit    ¹Regb/1/511.1-3
  ⇨ Frauenpreis)
Regenbogen, Langer Ton
  – (⇨ Ermahnung der Ehefrau und Schelte käuflicher Minne; mit     ¹Regb/4/563.1-3
  ⇨ Frauenpreis)

Frauenlob
  *GA* XIII, *39 (Wunsch des liebenden Ich, die Geliebte zur Ehefrau    ¹Frau/10/11-15.3
  zu bekommen)
Reinmar von Zweter
  Roethe 44-45 (⇨ Ermahnung, mit Preis der Eheliebe)                   ¹ReiZw/1/44-45
Süßkind von Trimberg
  *KLD* 56, III, 2 (⇨ Frauenpreis: Preis der Ehefrau)                        ¹Süßk/3/2

## 2 Beispiele für Ehespruchstrophen ohne Berührung zum Liebesdiskurs (Auswahl)[1192]

2.1 Affirmation der traditionellen Geschlechterrollen (d.h. der Herrschaft des Mannes; hierzu wird auch die Schelte der bösen Ehefrau gerechnet, die ihren Mann beherrscht)

Anonyma
Regenbogen, Briefweise
  (s. *RSM*)                                                                                ¹Regb/1/563.1-3
  –                                                                                   ¹Regb/1/568.1-5
Walther von der Vogelweide, Gespaltene Weise
  L 152, 1 (*L/C* 11, I*; Schelte des *unbescheiden wîbes*, das den Mann   ¹WaltV/8/22
  an Leib und Seele schädigt, mit kurzem Preis der guten Ehefrau)

Fegfeuer
  *HMS* 3, Sp. 37a, II, 8                                                            ¹Fegf/1/14
Frauenlob
  *GA* XIII, 60 (die traditionellen Geschlechterrollen werden zum Teil    ¹Frau/10/110.5
  mit höfischem Vokabular bestätigt)
Der Meißner
  Objartel II, 9                                                                  ¹Mei/2/9
  Objartel VI, 6                                                                  ¹Mei/6/6

---

[1191] Vgl. ferner Anm. 1193.
[1192] Die Themen der Gruppen 2.1 bis 2.3 gehen selbstverständlich häufig ineinander über.

*Ehestrophen*

Reinmar von Zweter
   Roethe 101     ¹ReiZw/1/101
   Roethe 102     ¹ReiZw/1/102
   Roethe 104 (ironische Klage des Ich, das seine Ehefrau nicht *meistern* kann)     ¹ReiZw/1/104
   Roethe 105     ¹ReiZw/1/105
Bruder Wernher
   *HMS* 2, Sp. 231a, II, 2     ¹Wern/2/2
   *HMS* 3, Sp. 17b-18a, III, 6     ¹Wern/2/7

2.2  Preis der Ehe

Anonyma
Frauenlob, Langer Ton
   (s. *RSM*)     ¹Frau/2/567.4
Konrad von Würzburg, Blauer Ton
   –     ¹KonrW/8/10.1-3

Stolle, Alment
   –     ¹Stol/529.2-3

Reinmar von Zweter
   Roethe 225     ¹ReiZw/1/225

2.3  Schelte des Ehebruchs

Anonyma
Herger, Ton
   (Herger?) *MF* 29, 27     ¹SpervA/1/21-25.3

Reinmar von Zweter
   Roethe 121 (Ehebruchsthematik nur am Rande)[1193]     ¹ReiZw/1/121
Spervogel?
   *MF* 23, 21 (Ermahnung, der Ehefrau nicht zu häufig kostbare Kleider zu kaufen, da das dem Ehebruch Vorschub leiste)     ¹Sperv/16

---

[1193] Der Ehebruch (Gegenstollen) ist nur eine von drei Formen der Maßlosigkeit, die der Text tadelt. Allenfalls in einem eingeschränkten Sinne könnte man hier von einer Berührung zum Liebesdiskurs sprechen: Der untreue Ehemann wird als Minnetor bezeichnet.